三月拾壹日接到

汕头市档案馆侨批资料丛编　之一

麦保尔捐赠侨批档案萃编

（一）

汕头市档案馆　编

黄海燕　主编

暨南大学出版社
JINAN UNIVERSITY PRESS

中国·广州

图书在版编目（CIP）数据

麦保尔捐赠侨批档案萃编．一/汕头市档案馆编；黄海燕主编．—广州：暨南大学出版社，2021.12

（汕头市档案馆侨批资料丛编）

ISBN 978-7-5668-3296-2

Ⅰ.①麦… Ⅱ.①汕…②黄… Ⅲ.①华侨—档案资料—汇编—汕头 Ⅳ.①D634.3

中国版本图书馆CIP数据核字(2021)第246379号

麦保尔捐赠侨批档案萃编（一）

MAI BAO'ER JUANZENG QIAOPI DANG'AN CUIBIAN（YI）

编　者：汕头市档案馆　主　编：黄海燕

出版人：张晋升
策　　划：黄圣英
责任编辑：雷晓琪
责任校对：黄　球　王燕丽
责任印制：周一丹　郑玉婷

出版发行：暨南大学出版社（510630）
电　　话：总编室（8620）85221601
　　　　　营销部（8620）85225284　85228291　85228292　85226712
传　　真：（8620）85221583（办公室）　85223774（营销部）
网　　址：http：//www.jnupress.com
排　　版：广州市天河星辰文化发展部照排中心
印　　刷：深圳市新联美术印刷有限公司
开　　本：787mm×1092mm　1/16
印　　张：20.5
字　　数：340千
版　　次：2021年12月第1版
印　　次：2021年12月第1次
定　　价：128.00元

总 序

“一溪目汁（泪水）一船人，一条浴布去过番。火船驶过七洋洲，回头不见俺家乡。是好是劫全凭命，未知何时能回还。”一首潮汕民谣唱出了当年漂泊海外侨民的艰辛。许许多多的华侨虽然在异国他乡历尽艰辛、艰苦创业，但在站稳脚跟后，仍时时刻刻心系祖国，牵挂自己的家乡和亲人。由于当时东南亚等国金融邮讯机构尚未建立或极不完善，海外侨胞捎回家乡的款项和信息，只能通过专门往来国内外的“水客”和侨批局，把对家国的情怀、对眷属的思念以及赡养家人的钱物递送到家乡，从而产生了大量的侨批。从 19 世纪末至 20 世纪初一直存在于潮汕乃至闽西、赣南地区的特色侨批，被认为是海外交通史、移民史、华侨史的珍贵资料。

侨批，是海外侨胞通过民间渠道寄回国内、连带家书或简单附言的汇款凭证。由于侨批的特殊价值和世界意义，2010 年 2 月，侨批档案入选第三批“中国档案文献遗产名录”；2012 年 5 月，侨批档案入选“世界记忆亚太地区名录”；2013 年 6 月，侨批档案成功入选“世界记忆名录”，是我国 13 个进入“世界记忆名录”的项目之一，也是广东省第一个进入“世界记忆名录”的项目。

2020 年 10 月 13 日，习近平总书记参观了具有潮汕侨乡特色的侨批文物馆，听取了侨批历史和潮汕华侨文化的介绍。他强调，侨批记载了老一辈海外侨胞艰难的创业史和浓厚的家国情怀，也是中华民族讲信誉、守承诺的重要体现。要保护好这些侨批文物，加强研究，教育引导人们不忘近代我国经历的屈辱史和老一辈侨胞艰难的创业史，并推动全社会加强诚信建设。

习近平总书记关于侨批工作的重要指示，在社会各界引起强烈反响，提升了全社会对侨批作为世界记忆遗产、作为反映广大侨胞创业史和体现家国情怀的重要意义的认识。众多收藏家、社会人士以具体行动贯彻落实习近平总书记的重要讲话、重要指示精神，纷纷向侨批文物馆捐赠侨批原件及相关文物。其中，广东省美容美发化妆品行业协会会长马娅女士携其女儿麦琳琳女士无偿捐赠了其丈夫麦保尔先生生前收藏的侨批原件40 121封，揭阳市侨批业经营者后代陈元列等捐赠侨批原件103封及相关文物，侨批业经营者后代曾宗勇捐赠祖辈经营振盛兴批局的工作设备德国造显微镜，侨批业经营者后代芮永平捐赠有信批局创办人照片1张、侨批总包封6件，侨批收藏家张美生捐赠华侨银行票据152件，珠海市郭哲敏、澄海王家涛等侨眷来信来电表示捐赠意愿。目前，汕头市档案馆侨批分馆（侨批文物馆）馆藏量达到7.74万封，藏量国内最大。

为从更高的站位、更广的视野、更深的维度开展侨批档案的研究和开发利用，挖掘华侨华人爱国爱家的情怀和艰苦创业的奋斗精神，汕头市档案馆从馆藏侨批档案中选取精品，汇编出版“汕头市档案馆侨批资料丛编”，以飨读者。

人品的“底色”很重要

我拿到沉甸甸的书稿时，心里如沐春风，惊喜之余更带着释怀。

逾600页的《麦保尔捐赠侨批档案萃编》（一）（二）由汕头市档案馆编纂，也是汕头市档案馆侨批资料丛编首批出版的两卷。这套书得以付梓，居功至伟者当属我的先生同时也是我的良师益友麦保尔，他经年辗转收集，耗费精力巨资，终于让这些已有百年历史的尘封瑰宝，能够让更多人研究和瞻仰。

侨批，是史海烟尘中潮汕人的信用证，是潮汕人对家的情怀和海外奋斗的记录，它既有邮品实寄封的属性，也是一个记名的汇款凭证。侨批之所以珍贵，关键在于随着早期社会的离乱和变迁，大量侨批规模化湮没，流散于民间的侨批越来越稀少。侨批是历史文化遗迹，总得有人为传承挺身而出。为了抢救侨批，保尔耗尽了大半生精力与钱财，一直默默孜孜以求，将侨批收集、抢救、整理、捐赠给国家，他生前没有来得及做完的事，在我和女儿麦琳琳以及汕头市政府的接力下得以赓续，这应该是对保尔此生最大的慰藉了。

与保尔夫妻一场40余年，有两件事印象最深。

我与保尔的相识相知相爱，始于我17岁时的上山下乡。那时的年轻人关心国家大事，心志高远，谈哲学、话文学。那时，我对保尔的第一印象就是：英俊帅哥，满脸“侦察排长”的英气；每次话题讨论，总是他的结论最有见地；特别爱好学习，尤其是他笔下生花的文章，惹得当年还是小姑娘的我爱慕不已，什么《俄共布党史》《反杜林论》等，这些书当时我只是听说过书名，他却能侃侃而谈。到后来，他进了广东省委宣传部理论研究小组做研究及撰写文章，而我从医后的人生，也在他的影响下，从仅仅是对文学的热爱，逐渐有了更多的对哲学的思考，也有机会听保尔畅谈一些理论上“深奥”的见解。他是研究马克思列宁主义和毛泽东思想哲学体系及国际共产主义运动史的，且颇有造诣，带给我很多教益和启发，有的理念甚至贯穿了我整个人生历程。有一次，保尔和我说："我们党是一个特别讲政策的党，所以看干部主要就是看他政策水平的高低。但是政策水平如何定义？它的定义内容又是什么？这个东西，有深入思考的人不多。"这个似乎耳熟能详的话题，一下把我惊到了：好像还真是这么回事！

我忙不迭道："快、快，立即马上现在，细细说来——"

保尔说："所谓政策水平，具体是干部做事、做研究、思考问题的时候要有改革开放的观念，要有法制国家的观念，要有科学发展的观念，要有主动服务社会的观念。这四个观念的前提就是必须符合党的十一届三中全会以来的决议和路线。"这之后，我一直用他的这个理论概括去观察社会，观察人。虽然年代久远，但现在我仍能一字不差地默写出来，也常与人分享或探讨。

再一件事就是，保尔和我都曾经上过"广东好人榜"，但他最突出的是做什么事都能成"大家"，这一点让我和他的熟人朋友不得不啧啧称奇和佩服。比如集邮能成全国集邮和邮品鉴定专家；做好事、善事也是不让群英，助养边穷地区的儿童千余名；连献血也能成为"状元"受到全国表彰；收集侨批则成全国之最……他是一个做什么事都能做到极致的人。我常和女儿琳琳说："你爸爸做了一辈子的好事，你知道为什么这会成为一个自觉行动吗？因为人品的'底色'很重要——我'总结'了一下，这也许得益于他的哲学思维和高度概括提炼的能力吧，再加上一条：持续学习 + 深度思考。"

到汕头，别忘记去汕头市档案馆侨批分馆看看侨批的原件：斑驳的字里行间充满了让人追思的历史情怀。

2021 年 7 月 1 日

麦保尔先生事迹

麦保尔（1951—2018），广东广州人，毕业于华南师范大学中文系。1969年参加工作，从基层到广东省社会科学院、广东省委宣传部理论研究小组，一直研究马克思列宁主义、毛泽东思想哲学体系及国际共产主义运动史，并多有著述。20世纪90年代，麦保尔先生供职于汕头电信部门期间，接触了解潮汕侨批后，意识到侨批档案文献是潮汕历史文化的瑰宝。从此，便钟情于侨批的收集、整理、研究，并和女儿麦琳琳一起将收集到的侨批分类、编号并录制光盘，形成了“潮汕侨批”第一个数字化资料库，高峰期收集的侨批逾10万封。正是由于麦家父女的不懈努力，部分散佚于民间的侨批才得以汇集并保存至今。2021**年1月，麦保尔先生遗孀马娅女士将麦保尔先生收藏的40 121封侨批原件无偿捐赠给汕头市档案馆，希望让更多的后人了解潮汕华侨的创业史、奋斗史，体会华侨的家国情怀和责任担当。**

麦保尔先生毕生致力于公益事业。参与过西藏、青海、新疆及海南等边远地区的助学活动，连续12年偕同家人助养千余名留守儿童。连续义务献血至61岁，献全血和机采血小板数量汕头市最多。2004年曾荣获卫生部、中国红十字总会、中国人民解放军总后勤部联合颁发的“中国无偿献血奉献奖”金奖。麦保尔伉俪皆被列入“广东好人榜”。

麦保尔先生还是一位国内颇有影响力的集邮及邮品鉴定专家。其从七岁开始集邮，藏品涵盖自清代以来各个不同历史时期的珍贵邮品，堪称中国集邮界大家。麦保尔先生作为中华全国集邮联合会国家级邮展评审员，其集藏分别参加第16、第17届亚洲国际邮展并获奖，作品被录入《中国集邮人物风采录（第一卷）》。

凡 例

2021 年 1 月，已故著名收藏家麦保尔先生的遗孀马娅女士，以麦保尔先生的名义给汕头市档案馆无偿捐赠了逾 4 万封侨批原件，极大地丰富了汕头市档案馆侨批馆藏。麦保尔先生是著名民间收藏家，毕生钟情于侨批的收集、整理和研究工作。他和女儿麦琳琳一起将收集到的侨批进行分类、编号整理并刻录光盘，形成“潮汕侨批”第一个数字化资料库。正是由于他的不懈努力，这些散佚于民间的侨批才得以留存至今。为弘扬麦保尔先生的无私奉献精神，我们从其捐赠的侨批中遴选出 7 个家庭 307 件实寄批，这些侨批都是一个家族或家庭持续联系的证明，其中反映的信息内容再现了华侨家庭在不同历史时期发展生息的过程。这些家庭侨批的整理，可以帮助学者开展华侨家族史的研究。我们编辑成《麦保尔捐赠侨批档案萃编（一）》，原汁原味呈献给大家。这既是对侨批文化的传承，也是对麦保尔先生的深切纪念。

《麦保尔捐赠侨批档案萃编（一）》按下列原则编排：

一、编排次序

同一寄批人以写（寄）批时间先后为序排列，未见写（寄）批时间者，参考收批时间，无法判断具体时间的，参考寄批款货币类别，列于同一时期之后。

二、题名

每一封侨批题名的标准格式为：时间/寄批地/寄批人/收批地/收批人。题名上的每一元素原批照录。如：丙（子）六月十五日（1936 年 8 月 1 日）暹（泰国）刘寿春寄澄海月窟内乡母亲。

三、目录编写

根据侨批提供的原始信息，分列出寄批地、寄批人、收批地、收批人、批款、写（寄）批日期、收批地日戳、档案类别和页码 9 项，以表格形式著录。

（一）寄批地

著录当前使用的国家或地区名称。“暹罗”已于 1939 年 5 月 20 日改名为

"泰国"，侨批上写"暹罗""暹""暹国""泰""泰京"等五花八门，辑录时原批照录，但同一寄批人所寄侨批首次出现的不规范地名则以（　）标示规范名称，如：暹（泰国）；同样，侨批上写"叻"的，依上述原则著录并标示"（新加坡）"。

（二）寄批人

原批照录。同一寄批人有不同名字的，按原批照录，如刘寿春、刘鹤如，陈进清、陈亚清。若因同音、近音一个人名有几种写法的，仍按原批照录，如陈树龙、陈士龙。

（三）收批地

因历史年代不同，建置沿革，地名变更，尤其是区、镇一级，从明、清的都，到后来的区、乡、公社、镇，名称及其归属，多有改变。县，旧称"邑"，而同一地方，民间或称"乡"，或称"村"，且村名又有雅、俗之异。故题名及目录仅保留县、乡、村关键名称，村（乡）名后面的详细地址也不予著录。如"饶邑隆都前埔乡潮回头三房厅"按现行政区域归属，著录为"澄海隆都前埔乡"。入选本书的侨批，同一家族、同一地址著录的收批地，若与规范地名不一致的旧称、别称、简称，甚至用潮汕方言同音字书写的，以现行建制名称著录，如"渔州"录为"渔洲"，"龙尾"录为"龙美"，"白沙"录为"白砂"。

（四）收批人

按批封的姓名著录，不涉及亲属关系称谓。只有亲属关系称谓而缺姓名的，著录称谓；遇"慈亲""严亲""贤妻"等则统一著录为"母亲""父亲""妻子"。

（五）批款

用阿拉伯数字著录批封上记录的款项。如：叁拾元，著录为30元；肆拾万元，著录为40万元。

币类：侨批批款涉及的货币种类，不同时期法定货币的规范名称不同。1936年至1948年8月一般寄国币（法币），侨批中的"国银""国票""中央票""纸币"统一著录为"国币"；1948年8月至1949年7月一般寄金圆券，侨批中的“金圆”“金券”统一著录为“金圆券”；1949 年以后一般寄港币，侨批中的“香港币”“香港银”“香港票”“港纸”“港银”“港票”统一著录为“港币”。其余情况则原批照录。无法分析币类的不著录。

（六）写（寄）批日期

在《目录》中以公元纪年辑录。

1. 因时代不同，侨批的落款时间采用干支、年号、公元等不同纪年方式纪年，也有用阳历、阴（农）历署写月、日，甚至同一寄批人阳历、阴历混用的，一般按原批照录，再用公元纪年析出。析出时参考收批地日戳判定。

2. 1949 年 10 月 1 日中华人民共和国成立后，侨批中仍写“民国 × × 年”者，则一律径改为公元纪年。

3. 落款时间阿拉伯数字与中文、花码混用的，一律以阿拉伯数字著录。

4. 采用干支、年号纪年者，参考相关元素析出公元纪年，用（　）标示。采用干支纪年而只写天干缺地支者，参考相关元素补齐，用（　）标示。如丙（子）六月十五日（1936 年 8 月 1 日）。

5. 写（寄）批时间采用的依据顺序为：①内信落款时间（用公元纪年落款者一律用阿拉伯数字著录）；②批封寄批地批局日戳（若内信落款时间用农历署写月、日，则优先选用该日戳）；③寄批地邮戳（若用佛历径改为公元纪年）；④几个元素相互参考推定。

侨批没写年份，而邮戳又模糊不清，难以辨明，无法判断时间的，不著录。

（七）收批地日戳

采用民国纪年的，一律径改为公元纪年。收批时间采用的依据顺序为：①收批地邮戳；②收批地银行结汇日戳；③收批人标注于批封上日期；④模糊不清、难以辨明的不著录。

（八）侨批档案类别

1. 封、信（批封、批信配套齐全）。

2. 封（只有批封而缺批信）。

3. 信（只有批信而缺批封）。

目录

寄批地	寄批人	收批地	收批人	批款	写（寄）批日期	收批地日戳	档案类别	页码
暹（泰国）	刘寿春	澄海月窟内乡	母亲	国币 14 元	1936 年 8 月 1 日		封、信	001
暹	刘寿春	澄海月窟内乡	母亲	国币 15 元	1936 年 10 月 6 日		封、信	002
	寿春		母亲	国币 32 元	1937 年 3 月 23 日		信	003
暹	刘寿春	澄海月窟内乡	母亲	国币 24 元	1937 年 4 月 20 日		封、信	004
暹	刘寿春	澄海月窟内乡	母亲	国币 16 元	三月初三	三月十一日	封、信	005
暹	刘寿春	澄海月窟内乡	母亲	国币 10 元			封	006
暹罗（泰国）	刘寿春	澄海月窟内乡	母亲	港币 80 元	1951 年 2 月 2 日	1951 年 2 月 13 日	封、信	007
暹罗	刘寿春	澄海月窟内乡	刘宜宽	港币 80 元	1952 年 1 月 11 日	1952 年 1 月 17 日	封、信	008
暹罗	刘寿春	澄海月窟内乡	刘宜宽	港币 80 元	1952 年 11 月 13 日	1952 年 11 月 23 日	封、信	009
暹罗	刘寿春	澄海月窟内乡	刘宜宽	港币 100 元	1952 年 12 月 11 日	1952 年 12 月 18 日	封、信	010
暹罗	刘寿春	澄海月窟内乡	刘宜宽	港币 120 元	1953 年 2 月 18 日	1953 年 2 月 26 日	封、信	011
暹罗	刘寿春	澄海月窟内乡	刘宜宽	港币 120 元	1953 年 6 月 22 日	1953 年 6 月 27 日	封、信	012
暹罗	刘寿春	澄海月窟内乡	刘宜宽	港币 150 元	1954 年 1 月 13 日	1954 年 1 月 20 日	封、信	013
暹罗	刘寿春	澄海月窟内乡	刘宜宽	港币 120 元	1954 年 7 月 14 日	1954 年 7 月 21 日	封、信	014
暹罗	刘寿春	澄海月窟内乡	刘宜宽	港币 150 元	1954 年 8 月 18 日	1954 年 8 月 25 日	封、信	015
暹罗	刘寿春	澄海月窟内乡	刘宜宽	港币 140 元	1954 年 9 月 15 日	1954 年 9 月 22 日	封、信	016
暹罗	刘寿春	澄海月窟内乡	刘宜宽	港币 140 元	1954 年 11 月 17 日	1954 年 11 月 24 日	封、信	017
暹罗	刘寿春	澄海月窟内乡	刘宜宽	港币 100 元	1955 年 2 月 2 日	1955 年 2 月 13 日	封、信	018
暹罗	刘寿春	澄海月窟内乡	刘宜宽	港币 140 元	1955 年 3 月 30 日	1955 年 4 月 6 日	封、信	019
暹罗	刘寿春	澄海月窟内乡	刘宜宽	港币 160 元	1955 年 8 月 24 日	1955 年 8 月 31 日	封、信	020
暹罗	刘寿春	澄海月窟内乡	刘宜宽	港币 140 元	1955 年 10 月 19 日	1955 年 10 月 26 日	封、信	021
暹罗	刘寿春	澄海月窟内乡	刘宜宽	港币 150 元	1955 年 11 月 23 日	1955 年 11 月 30 日	封、信	022
暹罗	刘寿春	澄海月窟内乡	刘宜宽	港币 150 元	1955 年 12 月 16 日	1955 年 12 月 22 日	封、信	023
暹罗	刘寿春	澄海月窟内乡	刘宜宽	港币 120 元	1956 年 7 月 19 日	1956 年 7 月 27 日	封、信	024
暹罗	刘寿春	澄海月窟内乡	刘宜宽	港币 120 元	1958 年 4 月 23 日	1958 年 4 月 29 日	封、信	025
暹罗	刘鹤如	澄海月窟内乡	刘宜宽	港币 100 元	1959 年 6 月 17 日	1959 年 6 月 24 日	封、信	026
暹罗	刘鹤如	澄海月窟内乡	刘宜宽	港币 100 元	1959 年 7 月 15 日	1959 年 7 月 22 日	封、信	027
暹罗	刘鹤如	澄海月窟内乡	刘宜宽	港币 100 元	1959 年 8 月 19 日	1959 年 8 月 28 日	封、信	028

寄批地	寄批人	收批地	收批人	批款	写（寄）批日期	收批地日戳	档案类别	页码
	刘寿春		妻子	港币 120 元	1960 年 10 月 21 日		信	029
暹罗	刘寿春	澄海月窟内乡	母亲	港币 120 元	1961 年 2 月 24 日	1961 年 2 月 28 日	封、信	030
暹罗	刘鹤如	澄海月窟内乡	刘宜宽	港币 50 元	1961 年 8 月 3 日		封、信	031
曼谷（泰国）	洪顺维	澄海樟林南社	洪名溢	港币 200 元	1949 年 6 月 24 日	1959 年 6 月 30 日	封、信	032
曼谷	洪顺维	澄海樟林南社	洪名溢	港币 60 元	1950 年 1 月 20 日		封、信	033
暹罗（泰国）	洪顺维	澄海樟林南社	洪名溢	港币 120 元	1951 年 9 月 10 日	1951 年 10 月 24 日	封、信	034
暹罗	洪顺维	澄海樟林南社	洪名溢	港币 120 元	1952 年 7 月 26 日	1952 年 8 月 9 日	封、信	035
暹罗	洪顺维	澄海樟林南社	洪名溢	港币 130 元	1952 年 8 月 26 日	1952 年 9 月 4 日	封、信	036
暹罗	洪顺维	澄海樟林南社	洪名溢	港币 150 元	1953 年 6 月 1 日		封、信	037
	洪名津		母亲	港币 200 元	1953 年 6 月 4 日		信	038
暹罗	洪顺维	澄海樟林南社	洪名溢	港币 150 元	1953 年 8 月 2 日	1953 年 8 月 13 日	封、信	039
暹罗	洪顺维	澄海樟林南社	洪名溢	港币 150 元	1953 年 9 月 2 日	1953 年 9 月 16 日	封、信	040
暹罗	洪名津	澄海樟林南社	洪名溢	港币 50 元	1953 年 11 月 3 日	1953 年 11 月 14 日	封、信	041
暹罗	洪顺维	澄海樟林南社	洪名溢	港币 150 元	1953 年 12 月 4 日	1953 年 12 月 18 日	封、信	042
暹罗	洪顺维	澄海樟林南社	洪名溢	港币 150 元	1954 年 1 月 16 日	1954 年 1 月 26 日	封、信	043
暹罗	洪顺维	澄海樟林南社	洪名溢	港币 180 元	1954 年 9 月 8 日	1954 年 9 月 15 日	封、信	044
暹罗	洪顺维	澄海樟林南社	洪名溢	港币 180 元	1955 年 3 月 26 日	1955 年 4 月 20 日	封、信	045
暹罗	洪顺维	澄海樟林南社	洪名溢	港币 180 元	1955 年 5 月 6 日	1955 年 5 月 18 日	封、信	046
暹罗	洪顺维	澄海樟林南社	洪名溢	港币 200 元	1955 年 10 月 1 日	1955 年 10 月 12 日	封、信	047
暹罗	洪顺维	澄海樟林南社	洪名溢	港币 210 元	1956 年 1 月 1 日	1956 年 1 月 10 日	封	048
暹罗	洪顺维	澄海樟林南社	洪名溢	港币 220 元	1956 年 3 月 3 日	1956 年 3 月 13 日	封、信	049
暹罗	洪顺维	澄海樟林南社	洪名溢	港币 350 元	1956 年 3 月 30 日	1956 年 4 月 10 日	封、信	050
暹罗	洪顺维	澄海樟林南社	洪名溢	港币 200 元	1956 年 5 月 1 日	1956 年 5 月 9 日	封、信	051
暹罗	洪顺维	澄海樟林南社	洪名溢	港币 220 元	1956 年 6 月 30 日	1956 年 7 月 11 日	封、信	052
暹罗	洪名津	澄海樟林南社	洪名溢	港币 200 元	1958 年 1 月 1 日	1958 年 1 月 8 日	封、信	053
	许鉴裕	澄海隆都前埔乡	许木裕	金圆券 14 000 元	1949 年 3 月 6 日		封、信	054
暹国（泰国）	许辉裕	澄海隆都前埔乡	母亲	港币 100 元	1950 年 1 月 25 日	1950 年 2 月 8 日	封、信	055
暹罗（泰国）	许辉裕	澄海隆都前埔乡	母亲	港币 50 元		1950 年 9 月 19 日	封	056
	陈亚清	澄海隆都前埔乡	许木裕	港币 25 元	1951 年 1 月 18 日	1951 年 1 月 25 日	封、信	057
	许鉴裕	澄海隆都前埔乡	母亲	港币 20 元	1951 年 9 月 14 日	1951 年 10 月 20 日	封、信	058
	陈进清	澄海隆都前埔乡	许木裕	港币 100 元	1951 年 12 月 14 日		封	059
暹罗（泰国）	陈进清	澄海隆都前埔乡	许木裕	港币 25 元	1951 年 12 月 20 日	1952 年 1 月 24 日	封、信	060
泰国	许辉裕	澄海隆都前埔乡	母亲	港币 50 元	1952 年 5 月 18 日	1952 年 5 月 29 日	封、信	061
	许鉴裕	澄海隆都前埔乡	母亲	港币 30 元	1952 年 6 月 21 日	1952 年 8 月 20 日	封、信	062
泰国	许辉裕	澄海隆都前埔乡	母亲	港币 100 元	1952 年 10 月 20 日	1952 年 10 月 25 日	封、信	063
泰国	许辉裕	澄海隆都前埔乡	母亲	港币 100 元	1953 年 2 月 27 日	1953 年 3 月 12 日	封、信	064

寄批地	寄批人	收批地	收批人	批款	写（寄）批日期	收批地日戳	档案类别	页码
	许鉴裕	澄海隆都前埔乡	母亲	港币 60 元	1953 年 3 月 27 日	1953 年 4 月 2 日	封、信	065
	许鉴裕	澄海隆都前埔乡	母亲	港币 40 元	1953 年 6 月 3 日	1953 年 6 月 20 日	封、信	066
	许鉴裕	澄海隆都前埔乡	母亲	港币 30 元	1953 年 7 月 20 日	1953 年 7 月 28 日	封、信	067
	许鉴裕	澄海隆都前埔乡	母亲	港币 40 元	1953 年 8 月 31 日	1953 年 9 月 8 日	封、信	068
暹罗	许辉裕	澄海隆都前埔乡	母亲	港币 100 元	1954 年 1 月 4 日	1954 年 1 月 22 日	封、信	069
泰国	陈进清	澄海隆都前埔乡	许木裕	港币 40 元	1954 年 1 月 20 日		封、信	070
	许鉴裕	澄海隆都前埔乡	母亲	港币 30 元	1954 年 2 月 23 日	1954 年 3 月 4 日	封、信	071
	许鉴裕	澄海隆都前埔乡	母亲	港币 30 元	1954 年 7 月 21 日	1954 年 7 月 28 日	封、信	072
泰国	陈进清	澄海隆都前埔乡	许木裕	港币 40 元	1954 年 8 月 18 日	1954 年 9 月 2 日	封、信	073
	许鉴裕	澄海隆都前埔乡	母亲	港币 30 元	1954 年 8 月 25 日	1954 年 9 月 2 日	封、信	074
	许鉴裕	澄海隆都前埔乡	母亲	港币 40 元	1955 年 1 月 5 日	1955 年 1 月 12 日	封、信	075
泰国	陈进清	澄海隆都前埔乡	许木裕	港币 40 元	1955 年 1 月 5 日	1955 年 1 月 14 日	封、信	076
	许鉴裕	澄海隆都前埔乡	母亲	港币 30 元	1955 年 2 月 23 日	1955 年 3 月 2 日	封、信	077
	许鉴裕	澄海隆都前埔乡	母亲	港币 40 元	1955 年 4 月 5 日	1955 年 4 月 13 日	封、信	078
	许鉴裕	澄海隆都前埔乡	母亲	港币 30 元	1955 年 8 月 28 日	1955 年 9 月 7 日	封、信	079
暹罗	许辉裕	澄海隆都前埔乡	母亲	港币 120 元	1955 年 12 月 26 日	1956 年 1 月 4 日	封、信	080
	许鉴裕	澄海隆都前埔乡	母亲	港币 150 元	1956 年 1 月 24 日	1956 年 1 月 31 日	封、信	081
	许鉴裕	澄海隆都前埔乡	母亲	港币 30 元	1956 年 7 月 8 日	1956 年 7 月 16 日	封、信	082
暹罗	许辉裕	澄海隆都前埔乡	母亲	港币 50 元	1956 年 7 月 16 日	1956 年 7 月 27 日	封、信	083
	许鉴裕	澄海隆都前埔乡	母亲	港币 30 元	1956 年 10 月 31 日	1956 年 11 月 8 日	封、信	084
暹罗	许辉裕	澄海隆都前埔乡	母亲	港币 50 元		1956 年 11 月 5 日	封	085
	许鉴裕	澄海隆都前埔乡	母亲	港币 30 元	1956 年 11 月 16 日	1956 年 11 月 21 日	封、信	086
泰京（泰国）	许鉴裕	澄海隆都前埔乡	母亲	港币 30 元	1956 年 12 月 26 日	1957 年 1 月 2 日	封、信	087
暹罗	许辉裕	澄海隆都前埔乡	母亲	港币 50 元	1957 年 2 月 18 日	1957 年 2 月 26 日	封、信	088
	许鉴裕	澄海隆都前埔乡	母亲	港币 30 元	1957 年 4 月 3 日	1957 年 4 月 9 日	封、信	089
	许鉴裕	澄海隆都前埔乡	母亲	港币 50 元	1957 年 4 月 25 日	1957 年 5 月 2 日	封、信	090
暹罗	许辉裕	澄海隆都前埔乡	母亲	港币 100 元	1957 年 5 月 14 日	1957 年 5 月 26 日	封、信	091
	许鉴裕	澄海隆都前埔乡	母亲	港币 40 元	1957 年 5 月 29 日	1957 年 6 月 10 日	封、信	092
暹罗	许辉裕	澄海隆都前埔乡	母亲	港币 100 元	1957 年 7 月 23 日	1957 年 7 月 30 日	封、信	093
	许鉴裕	澄海隆都前埔乡	母亲	港币 40 元	1957 年 7 月 31 日	1957 年 8 月 6 日	封、信	094
暹罗	陈进清	澄海隆都前埔乡	岳母	港币 50 元	1957 年 7 月 31 日	1957 年 8 月 6 日	封、信	095
	许辉裕	澄海隆都前埔乡	母亲	港币 100 元		1958 年 1 月 6 日	封	096
暹罗	许辉裕	澄海隆都前埔乡	母亲	港币 100 元			封	097
暹罗	许辉裕	澄海隆都前埔乡	母亲	港币 100 元	十月初七		封、信	098
暹（泰国）	叶文荣	澄海樟林东社	叶阿尾	港币 50 元	1951 年 3 月 29 日	1951 年 4 月 16 日	封、信	099
暹	叶文荣	澄海樟林东社	叶阿尾	港币 50 元	1951 年 8 月 3 日		封	100
	叶文荣	澄海樟林东社	叶阿尾	港币 120 元	1951 年 12 月 14 日		封、信	101

寄批地	寄批人	收批地	收批人	批款	写（寄）批日期	收批地日戳	档案类别	页码
暹	叶文荣	澄海樟林东社	叶阿尾	港币 100 元	1952 年 3 月 12 日	1952 年 3 月 27 日	封、信	102
暹	叶文荣	澄海樟林东社	叶阿尾	港币 80 元	1955 年 1 月 12 日	1955 年 1 月 19 日	封、信	103
暹	叶文荣	澄海樟林东社	叶阿尾	港币 40 元	1955 年 9 月 28 日	1955 年 10 月 6 日	封、信	104
暹	叶文荣	澄海樟林东社	叶阿尾	港币 50 元	1956 年 12 月 12 日	1956 年 12 月 19 日	封、信	105
	叶文荣	澄海樟林东社	叶亚尾	港币 120 元	1964 年 1 月 27 日	1964 年 2 月 6 日	封、信	106
	文荣	澄海樟林东社	叶亚尾	港币 60 元	1964 年 3 月 24 日	1964 年 3 月 30 日	封、信	107
	文荣	澄海樟林东社	叶亚尾	港币 260 元	1964 年 4 月 27 日	1964 年 5 月 3 日	封、信	108
	文荣	澄海樟林东社	叶亚尾	港币 60 元	1964 年 6 月 7 日	1964 年 6 月 17 日	封、信	109
泰国	文荣	澄海樟林东社	叶亚尾	港币 200 元	1964 年 12 月 30 日	1965 年 1 月 5 日	封、信	110
泰国	文荣	澄海樟林东社	叶亚尾	港币 150 元	1965 年 6 月 22 日	1965 年 6 月 28 日	封、信	111
泰国	文荣	澄海樟林东社	叶亚尾	港币 100 元	1965 年 8 月 17 日	1965 年 8 月 23 日	封、信	112
泰国	文荣	澄海樟林东社	叶亚尾	港币 100 元	1965 年 10 月 20 日	1965 年 10 月 25 日	封、信	113
泰国	文荣	澄海樟林东社	叶亚尾	港币 100 元	1966 年 3 月 22 日	1966 年 3 月 28 日	封、信	114
泰国	文荣	澄海樟林东社	叶亚尾	港币 100 元	1966 年 6 月 21 日	1966 年 6 月 30 日	封、信	115
	文荣	澄海樟林东社	叶亚尾	港币 100 元	1966 年 8 月 16 日	1966 年 8 月 22 日	封、信	116
泰国	文荣	澄海樟林东社	叶亚尾	港币 100 元	1966 年 10 月 18 日	1966 年 10 月 24 日	封、信	117
泰国	文荣	澄海樟林东社	叶亚尾	港币 100 元	1966 年 11 月 22 日	1966 年 11 月 28 日	封、信	118
泰国	文荣	澄海樟林东社	叶亚尾	港币 100 元	1966 年 12 月 20 日	1966 年 12 月 27 日	封、信	119
泰国	文荣	澄海樟林东社	叶亚尾	港币 100 元	1967 年 3 月 21 日	1967 年 3 月 27 日	封、信	120
泰国	文荣	澄海樟林东社	叶亚尾	港币 100 元	1967 年 4 月 18 日	1967 年 4 月 25 日	封、信	121
泰国	文荣	澄海樟林东社	叶亚尾	港币 100 元	1967 年 5 月 16 日	1967 年 5 月 23 日	封、信	122
泰国	文荣	澄海樟林东社	叶亚尾	港币 100 元	1967 年 8 月 16 日	1967 年 9 月 5 日	封、信	123
泰国	文荣	澄海樟林东社	叶亚尾	港币 150 元	1967 年 10 月 17 日	1967 年 10 月 25 日	封、信	124
泰国	文荣	澄海樟林东社	叶亚尾	港币 150 元	1967 年 11 月 21 日	1967 年 11 月 28 日	封、信	125
泰国	文荣	澄海樟林东社	叶亚尾	港币 150 元	1967 年 12 月 18 日	1967 年 12 月 25 日	封、信	126
泰国	文荣	澄海樟林东社	叶亚尾	港币 100 元	1968 年 2 月 21 日	1968 年 2 月 27 日	封、信	127
	文荣	澄海樟林东社	叶亚尾	港币 20 元	1968 年 3 月 12 日	1968 年 3 月 20 日	封、信	128
泰国	文荣	澄海樟林东社	叶亚尾	港币 100 元	1968 年 12 月 17 日	1968 年 12 月 24 日	封、信	129
	文荣	澄海樟林东社	叶亚尾	港币 50 元	十二月廿五日		封、信	130
叻（新加坡）	周培初	澄海冠山乡	周培源	港币 20 元		1957 年 11 月 19 日	封	131
	周培初	澄海冠山乡	周培源	港币 70 元	1958 年 1 月 31 日	1958 年 2 月 10 日	封、信	132
	周培初	澄海冠山乡	周培源	港币 20 元	1958 年 10 月 7 日	1958 年 10 月 13 日	封、信	133
	周培初	澄海冠山乡	周培源	港币 10 元		1960 年 6 月 7 日	封	134
叻	周培初	澄海冠山乡	周培源	港币 5 元	1962 年 1 月 5 日		封、信	135
	周培初	澄海冠山乡	周培源	港币 60 元	1963 年 1 月 2 日		封、信	136
	周培初	澄海冠山乡	周培源	港币 30 元	1963 年 3 月 20 日		封、信	137
	周培初	澄海冠山乡	周培源	港币 50 元		1964 年 2 月 3 日	封	138

寄批地	寄批人	收批地	收批人	批款	写（寄）批日期	收批地日戳	档案类别	页码
	周培初	澄海冠山乡	周培源	港币 30 元	1964 年 3 月 11 日	1964 年 4 月 6 日	封、信	139
	周培初	澄海冠山乡	周培源	港币 50 元	1965 年 1 月 23 日	1965 年 2 月 27 日	封、信	140
	周培初	澄海冠山乡	周培源	港币 30 元		1965 年 3 月 8 日	封	141
叻	周培初	澄海冠山乡	周培源	港币 30 元	1965 年 8 月 31 日	1965 年 9 月 6 日	封、信	142
叻	周培初	澄海冠山乡	周培源	港币 20 元	1965 年 12 月 21 日	1965 年 12 月 27 日	封、信	143
	周培初	澄海冠山乡	周培源	港币 30 元	1966 年 3 月 1 日	1966 年 3 月 7 日	封、信	144
	周培初	澄海冠山乡	周培源	港币 30 元	1967 年 1 月 25 日	1967 年 1 月 31 日	封、信	145
	周培初	澄海冠山乡	周培源	港币 40 元	1967 年 3 月 14 日	1967 年 3 月 20 日	封、信	146
	周培初	澄海冠山乡	周培源	港币 60 元	1967 年 7 月 23 日	1967 年 8 月 8 日	封、信	147
	周培初	澄海冠山乡	周培源	港币 40 元		1968 年 1 月 16 日	封	148
	周培初	澄海冠山乡	周培源	港币 20 元	1968 年 4 月 2 日	1968 年 4 月 11 日	封、信	149
	周培初	澄海冠山乡	周培源	港币 40 元		1968 年 9 月 18 日	封	150
	周培初	澄海冠山乡	周培源	港币 40 元	1969 年 1 月 21 日		封、信	151
	周培初	澄海冠山乡	周培源	港币 30 元	1969 年 9 月 3 日	1969 年 9 月 11 日	封、信	152
	周培初	澄海冠山乡	周培源	港币 30 元	1970 年 7 月 29 日	1970 年 8 月 5 日	封、信	153
叻	周培初	澄海冠山乡	周培源	港币 20 元	1971 年 8 月 16 日	1971 年 9 月 2 日	封、信	154
叻	周培初	澄海冠山乡	周培源	港币 20 元		1971 年 1 月 20 日	封	155
	周培初	澄海冠山乡	周培源	港币 30 元	1971 年 10 月 25 日	1971 年 12 月 22 日	封、信	156
	周培初	澄海冠山乡	周培源	港币 50 元	1972 年 12 月 12 日	1972 年 12 月 20 日	封、信	157
叻	周培初	澄海冠山乡	周培源	港币 10 元	1973 年 12 月 18 日	1973 年 12 月 26 日	封、信	158
	周培初	澄海冠山乡	周培源	港币 30 元		1974 年 1 月 20 日	封	159
叻	周培初	澄海冠山乡	周培源	港币 30 元	1974 年 5 月 20 日	1974 年 5 月 29 日	封、信	160
	周培初	澄海冠山乡	周培源	港币 30 元		1974 年 12 月 1 日	封	161
	周培初	澄海冠山乡	周培源	港币 30 元	1975 年 1 月 21 日	1975 年 1 月 29 日	封、信	162
	周培初	澄海冠山乡	周培源	港币 30 元		1975 年 4 月 3 日	封	163
	周培初	澄海冠山乡	周培源	港币 30 元		1975 年 7 月 12 日	封	164
	周培初	澄海冠山乡	周培源	港币 30 元	1975 年 12 月 10 日	1975 年 12 月 18 日	封、信	165
叻	周培初	澄海冠山乡	周培源	港币 60 元	1976 年 1 月 10 日	1976 年 1 月 16 日	封、信	166
	周培初	澄海冠山乡	周培源	港币 40 元	1976 年 1 月 12 日	1976 年 1 月 22 日	封、信	167
	周培初	澄海冠山乡	周培源	港币 20 元	1976 年 3 月 16 日	1976 年 3 月 28 日	封、信	168
叻	周培初	澄海冠山乡	周培源	港币 50 元	1976 年 7 月 12 日	1976 年 7 月 24 日	封、信	169
叻	周培初	澄海冠山乡	周培源	港币 40 元		1976 年 12 月 22 日	封	170
	周培初	澄海冠山乡	周培源	港币 60 元	1977 年 1 月 26 日	1977 年 2 月 7 日	封、信	171
	周培初	澄海冠山乡	周培源	港币 50 元	1977 年 3 月 22 日	1977 年 4 月 1 日	封、信	172
	周培初	澄海冠山乡	周培源	港币 50 元	1977 年 8 月 16 日	1977 年 8 月 30 日	封、信	173
	周培初	澄海冠山乡	周培源	港币 50 元		1977 年 12 月 20 日	封	174
叻	周培初	澄海冠山乡	周培源	港币 60 元		1978 年 1 月 28 日	封	175

寄批地	寄批人	收批地	收批人	批款	写（寄）批日期	收批地日戳	档案类别	页码
叻	周培初	澄海冠山乡	周培源	港币 50 元		1978 年 10 月 16 日	封	176
	周培初	澄海冠山乡	周培源	港币 50 元		1978 年 12 月 22 日	封	177
叻	周培初	澄海冠山乡	周培源	港币 50 元	1979 年 3 月 20 日	1979 年 3 月 27 日	封、信	178
	周培初	澄海冠山乡	周培源	港币 50 元	1979 年 8 月 15 日	1979 年 8 月 23 日	封、信	179
	周培初	澄海冠山乡	周培源	港币 80 元		1979 年 12 月 12 日	封	180
	周培初	澄海冠山乡	周培源	港币 100 元	1980 年 1 月 26 日	1980 年 2 月 9 日	封、信	181
	周培初	澄海冠山乡	周培源	港币 500 元		1980 年 4 月 1 日	封	182
	周培初	澄海冠山乡	周培源	港币 40 元	1980 年 8 月 12 日	1980 年 8 月 20 日	封、信	183
叻	周培初	澄海冠山乡	周培源	港币 50 元	1980 年 12 月 12 日	1980 年 12 月 17 日	封、信	184
	周培初	澄海冠山乡	周培源	港币 100 元	1981 年 1 月 19 日	1981 年 1 月 27 日	封、信	185
	周培初	澄海冠山乡	周培源	港币 80 元		1981 年 3 月 24 日	封	186
	周培初	澄海冠山乡	周培源	港币 50 元		1981 年 8 月 5 日	封	187
	周培初	澄海冠山乡	周培源	港币 20 元	1981 年 11 月 11 日	1981 年 11 月 17 日	封、信	188
	周培初	澄海冠山乡	周培源	港币 80 元	1981 年 12 月 2 日	1981 年 12 月 8 日	封、信	189
	周培初	澄海冠山乡	周培源	港币 100 元		1982 年 1 月 13 日	封	190
	周培初	澄海冠山乡	周培源	港币 500 元	1982 年 2 月 16 日	1982 年 2 月 24 日	封、信	191
	周培初	澄海冠山乡	周培源	港币 50 元	1982 年 5 月 18 日	1982 年 5 月 26 日	封、信	192
	周培初	澄海冠山乡	周培源	港币 30 元			封	193
暹（泰国）	陈树龙	澄海下蓬渔洲龙美乡	母亲	国币 900 万元	1948 年 5 月 2 日		封、信	194
暹	陈树龙	澄海下蓬渔洲龙美乡	母亲	国币 1 500 万元	1948 年 6 月 7 日		封、信	195
暹	陈树龙	澄海下蓬渔洲龙美乡	母亲	金圆券 42 元	1948 年 9 月 25 日		封、信	196
暹	陈树龙	澄海下蓬渔洲龙美乡	母亲	金圆券 720 元	1948 年 12 月 13 日		封	197
暹	陈树龙	澄海下蓬渔洲龙美乡	母亲	金圆券 2 800 元	1949 年 1 月 10 日		封	198
暹	陈树龙	澄海下蓬渔洲龙美乡	母亲	金圆券 12 000 元	1949 年 2 月 6 日	1949 年 2 月 14 日	封、信	199
暹	陈树龙	澄海下蓬渔洲龙美乡	母亲	金圆券 20 万元	1949 年 3 月 27 日		封、信	200
暹	陈树龙	澄海下蓬渔洲龙美乡	母亲	港币 60 元	1949 年 5 月 15 日		封、信	201
暹	陈树龙	澄海下蓬渔洲龙美乡	母亲	港币 50 元	1949 年 7 月 31 日		封、信	202
	树龙		姐姐	港币 50 元	1949 年 12 月 21 日		信	203
暹京（泰国）	陈树龙	澄海下蓬渔洲龙美乡	母亲	港币 100 元		1951 年 5 月 11 日	封	204
暹罗（泰国）	陈树龙	澄海下蓬渔洲龙美乡	母亲	港币 60 元		1951 年 6 月 26 日	封	205
暹京	陈树龙	澄海下蓬渔洲龙美乡	母亲	港币 60 元	1951 年 7 月 12 日	1951 年 7 月 24 日	封、信	206

寄批地	寄批人	收批地	收批人	批款	写（寄）批日期	收批地日戳	档案类别	页码
暹京	陈树龙	澄海下蓬渔洲龙美乡	母亲	港币 50 元	1951 年 10 月 18 日	1951 年 10 月 25 日	封、信	207
暹京	陈树龙	澄海下蓬渔洲龙美乡	母亲	港币 120 元	1951 年 11 月 15 日	1951 年 11 月 22 日	封、信	208
暹京	陈树龙	澄海下蓬渔洲龙美乡	母亲	港币 60 元	1951 年 12 月 20 日	1951 年 12 月 30 日	封、信	209
暹京	陈树龙	澄海下蓬渔洲龙美乡	母亲	港币 100 元	1952 年 1 月 10 日	1952 年 1 月 17 日	封、信	210
暹京	陈树龙	澄海下蓬渔洲龙美乡	母亲	港币 50 元	1952 年 2 月 14 日	1952 年 2 月 23 日	封、信	211
暹京	陈树龙	澄海下蓬渔洲龙美乡	母亲	港币 70 元	1952 年 3 月 13 日	1952 年 3 月 27 日	封、信	212
暹京	陈树龙	澄海下蓬渔洲龙美乡	母亲	港币 50 元	1952 年 4 月 24 日	1952 年 5 月 2 日	封、信	213
暹京	陈树龙	澄海下蓬渔洲龙美乡	母亲	港币 60 元	1952 年 5 月 22 日	1952 年 5 月 29 日	封、信	214
暹京	陈树龙	澄海下蓬渔洲龙美乡	母亲	港币 60 元	1952 年 8 月 21 日	1952 年 8 月 29 日	封、信	215
	树龙		姐姐	港币 60 元	1952 年 9 月 18 日		信	216
暹京	陈树龙	澄海下蓬渔洲龙美乡	母亲	港币 60 元	1952 年 10 月 16 日	1952 年 10 月 23 日	封、信	217
暹京	陈树龙	澄海下蓬渔洲龙美乡	母亲	港币 60 元		1952 年 11 月 27 日	封	218
暹罗	陈树龙	澄海下蓬渔洲龙美乡	母亲	港币 70 元	1953 年 3 月 4 日	1953 年 3 月 12 日	封、信	219
暹罗	陈树龙	澄海下蓬渔洲龙美乡	母亲	港币 60 元	1953 年 4 月 8 日	1953 年 4 月 15 日	封、信	220
暹罗	陈树龙	澄海下蓬渔洲龙美乡	母亲	港币 60 元	1953 年 5 月 6 日	1953 年 5 月 13 日	封、信	221
暹罗	陈树龙	澄海下蓬渔洲龙美乡	母亲	港币 60 元	1953 年 8 月 5 日	1953 年 8 月 13 日	封、信	222
暹罗	陈树龙	澄海下蓬渔洲龙美乡	母亲	港币 60 元	1953 年 9 月 3 日	1953 年 9 月 8 日	封、信	223
暹罗	陈树龙	澄海下蓬渔洲龙美乡	母亲	港币 60 元	1953 年 10 月 7 日	1953 年 10 月 16 日	封、信	224
暹罗	陈树龙	澄海下蓬渔洲龙美乡	母亲	港币 60 元	1953 年 11 月 4 日	1953 年 11 月 14 日	封、信	225
暹罗	陈树龙	澄海下蓬渔洲龙美乡	母亲	港币 60 元	1953 年 12 月 3 日	1953 年 12 月 12 日	封、信	226
暹罗	陈树龙	澄海下蓬渔洲龙美乡	母亲	港币 130 元	1954 年 1 月 6 日	1954 年 1 月 13 日	封、信	227
暹罗	陈树龙	澄海下蓬渔洲龙美乡	母亲	港币 60 元	1954 年 2 月 10 日	1954 年 2 月 17 日	封、信	228
暹罗	陈树龙	澄海下蓬渔洲龙美乡	母亲	港币 110 元	1954 年 3 月 4 日	1954 年 3 月 9 日	封、信	229
暹罗	陈树龙	澄海下蓬渔洲龙美乡	母亲	港币 60 元	1954 年 4 月 7 日	1954 年 4 月 14 日	封、信	230
暹罗	陈树龙	澄海下蓬渔洲龙美乡	母亲	港币 60 元	1954 年 5 月 6 日	1954 年 5 月 11 日	封、信	231
暹罗	陈树龙	澄海下蓬渔洲龙美乡	母亲	港币 60 元	1954 年 7 月 8 日	1954 年 7 月 15 日	封、信	232
暹罗	陈树龙	澄海下蓬渔洲龙美乡	母亲	港币 60 元	1954 年 10 月 6 日	1954 年 10 月 14 日	封、信	233
暹罗	陈树龙	澄海下蓬渔洲龙美乡	母亲	港币 30 元	1954 年 12 月 8 日	1954 年 12 月 15 日	封、信	234
暹罗	陈树龙	澄海下蓬渔洲龙美乡	母亲	港币 60 元	1955 年 2 月 9 日	1955 年 2 月 16 日	封、信	235
暹罗	陈树龙	澄海下蓬渔洲龙美乡	母亲	港币 60 元	1955 年 4 月 6 日	1955 年 4 月 13 日	封、信	236
暹罗	陈树龙	澄海下蓬渔洲龙美乡	母亲	港币 60 元	1955 年 5 月 10 日	1955 年 5 月 18 日	封、信	237
暹罗	陈树龙	澄海下蓬渔洲龙美乡	母亲	港币 80 元	1955 年 6 月 8 日	1955 年 6 月 15 日	封、信	238
暹罗	陈树龙	澄海下蓬渔洲龙美乡	母亲	港币 60 元		1955 年 7 月 13 日	封	239
暹罗	陈树龙	澄海下蓬渔洲龙美乡	母亲	港币 60 元	1955 年 8 月 11 日	1955 年 8 月 19 日	封、信	240
暹罗	陈树龙	澄海下蓬渔洲龙美乡	母亲	港币 60 元	1955 年 9 月 7 日	1955 年 9 月 15 日	封、信	241
暹罗	陈树龙	澄海下蓬渔洲龙美乡	母亲	港币 60 元	1955 年 11 月 2 日	1955 年 11 月 8 日	封、信	242
暹罗	陈树龙	澄海下蓬渔洲龙美乡	母亲	港币 60 元	1955 年 12 月 7 日	1955 年 12 月 15 日	封、信	243

寄批地	寄批人	收批地	收批人	批款	写（寄）批日期	收批地日戳	档案类别	页码
暹罗	陈树龙	澄海下蓬渔洲龙美乡	母亲	港币 60 元	1956 年 1 月 4 日	1956 年 1 月 10 日	封、信	244
暹罗（泰国）	陈惠娟	澄海下蓬渔洲龙美乡	陈光崇	港币 40 元		1956 年 1 月 31 日	封	245
暹罗	陈树龙	澄海下蓬渔洲龙美乡	母亲	港币 60 元	1956 年 5 月 9 日	1956 年 5 月 19 日	封、信	246
暹罗	陈树龙	澄海下蓬渔洲龙美乡	母亲	港币 60 元	1956 年 6 月 7 日	1956 年 6 月 13 日	封、信	247
暹罗	陈树龙	澄海下蓬渔洲龙美乡	母亲	港币 60 元	1956 年 7 月 11 日	1956 年 7 月 19 日	封、信	248
暹罗	陈树龙	澄海下蓬渔洲龙美乡	母亲	港币 100 元	1956 年 8 月 8 日	1956 年 8 月 15 日	封、信	249
暹罗	陈树龙	澄海下蓬渔洲龙美乡	母亲	港币 60 元	1956 年 9 月 5 日	1956 年 9 月 12 日	封、信	250
暹罗	陈树龙	澄海下蓬渔洲龙美乡	母亲	港币 60 元		1956 年 10 月 18 日	封	251
暹罗	陈树龙	澄海下蓬渔洲龙美乡	母亲	港币 60 元	1956 年 11 月 7 日	1956 年 11 月 13 日	封、信	252
暹罗	陈树龙	澄海下蓬渔洲龙美乡	母亲	港币 60 元	1957 年 1 月 10 日	1957 年 1 月 14 日	封、信	253
暹罗	陈树龙 陈禅娟	澄海下蓬渔洲龙美乡	母亲	港币 50 元	1957 年 1 月 16 日	1957 年 1 月 21 日	封、信	254
暹罗	陈树龙	澄海下蓬渔洲龙美乡	母亲	港币 140 元	1957 年 6 月 12 日	1957 年 6 月 19 日	封、信	255
暹罗（泰国）	陈士龙	澄海下蓬渔洲龙美乡	母亲	港币 60 元	1957 年 12 月 11 日	1957 年 12 月 18 日	封、信	256
暹罗	陈士龙	澄海下蓬渔洲龙美乡	母亲	港币 60 元	1958 年 1 月 8 日	1958 年 1 月 15 日	封、信	257
暹罗	陈士龙	澄海下蓬渔洲龙美乡	母亲	港币 210 元	1958 年 2 月 6 日	1958 年 2 月 10 日	封、信	258
暹罗	陈士龙	澄海下蓬渔洲龙美乡	母亲	港币 60 元	1958 年 3 月 9 日	1958 年 3 月 11 日	封、信	259
暹罗	陈士龙	澄海下蓬渔洲龙美乡	母亲	港币 60 元	1958 年 4 月 10 日	1958 年 4 月 15 日	封、信	260
	树龙		母亲	港币 60 元	1958 年 5 月 8 日		信	261
暹罗	陈士龙	澄海下蓬渔洲龙美乡	母亲	港币 60 元		1958 年 5 月 18 日	封	262
	树龙		母亲	港币 100 元	1958 年 7 月 10 日		信	263
暹罗	陈士龙	澄海下蓬渔洲龙美乡	王明娇	港币 80 元	1958 年 8 月 5 日	1958 年 8 月 12 日	封、信	264
暹罗	陈士龙	澄海下蓬渔洲龙美乡	王明娇	港币 60 元	1958 年 10 月 8 日	1958 年 10 月 13 日	封、信	265
暹（泰国）	秦汉桐	澄海隆都白砂宫乡	母亲	港币 50 元	1950 年 3 月 3 日	1950 年 3 月 17 日	封、信	266
暹	秦汉桐	澄海隆都白砂宫乡	母亲	港币 50 元	1950 年 9 月 10 日		封、信	267
暹	秦汉桐	澄海隆都白砂宫乡	母亲	港币 70 元		1950 年 10 月 12 日	封	268
泰国	秦汉桐	澄海隆都白砂宫乡	母亲	港币 50 元	1952 年 2 月 14 日	1952 年 2 月 21 日	封、信	269
泰国	秦汉桐	澄海隆都白砂宫乡	母亲	港币 50 元	1952 年 5 月 1 日	1952 年 5 月 10 日	封、信	270
泰国	秦汉桐	澄海隆都白砂宫乡	母亲	港币 50 元	1952 年 11 月 18 日	1952 年 11 月 27 日	封、信	271
泰国	秦汉桐	澄海隆都白砂宫乡	母亲	港币 80 元	1953 年 5 月 13 日	1953 年 5 月 20 日	封、信	272
泰国	秦汉桐	澄海隆都白砂宫乡	母亲	港币 50 元	1953 年 11 月 4 日	1953 年 11 月 14 日	封、信	273
泰国	汉桐	澄海隆都白砂宫乡	母亲	港币 50 元	1953 年 11 月 25 日	1953 年 12 月 6 日	封、信	274
泰国	秦汉桐	澄海隆都白砂宫乡	母亲	港币 50 元	1954 年 2 月 10 日	1954 年 2 月 17 日	封、信	275
泰国	秦汉桐	澄海隆都白砂宫乡	母亲	港币 50 元	1954 年 3 月 24 日	1954 年 4 月 1 日	封、信	276
泰国	秦汉桐	澄海隆都白砂宫乡	母亲	港币 50 元	1954 年 4 月 29 日	1954 年 5 月 6 日	封、信	277
泰国	秦汉桐	澄海隆都白砂宫乡	母亲	港币 50 元	1954 年 6 月 10 日	1954 年 6 月 16 日	封、信	278
泰国	秦汉桐	澄海隆都白砂宫乡	母亲	港币 50 元	1954 年 7 月 7 日	1954 年 7 月 16 日	封、信	279

寄批地	寄批人	收批地	收批人	批款	写（寄）批日期	收批地日戳	档案类别	页码
泰国	秦汉桐	澄海隆都白砂宫乡	母亲	港币 50 元	1954 年 9 月 15 日	1954 年 9 月 22 日	封	280
泰国	秦汉桐	澄海隆都白砂宫乡	母亲	港币 50 元	1954 年 10 月 24 日	1954 年 10 月 27 日	封、信	281
泰国	秦汉桐	澄海隆都白砂宫乡	母亲	港币 50 元	1954 年 11 月 17 日	1954 年 11 月 24 日	封、信	282
泰国	秦汉桐	澄海隆都白砂宫乡	母亲	港币 50 元	1954 年 12 月 22 日	1954 年 12 月 29 日	封、信	283
泰国	秦汉桐	澄海隆都白砂宫乡	母亲	港币 70 元	1955 年 1 月 12 日	1955 年 1 月 19 日	封	284
泰国	秦汉桐	澄海隆都白砂宫乡	母亲	港币 50 元	1955 年 2 月 9 日	1955 年 2 月 16 日	封	285
泰国	秦汉桐	澄海隆都白砂宫乡	母亲	港币 50 元	1955 年 3 月 16 日	1955 年 3 月 24 日	封、信	286
泰国	秦汉桐	澄海隆都白砂宫乡	母亲	港币 50 元	1955 年 4 月 27 日	1955 年 4 月 27 日	封、信	287
泰国	秦汉桐	澄海隆都白砂宫乡	母亲	港币 70 元	1955 年 7 月 6 日	1955 年 7 月 15 日	封、信	288
泰国	秦汉桐	澄海隆都白砂宫乡	母亲	港币 50 元	1955 年 8 月 6 日	1955 年 8 月 10 日	封、信	289
泰国	秦汉桐	澄海隆都白砂宫乡	母亲	港币 50 元	1955 年 8 月 24 日	1955 年 8 月 31 日	封	290
泰国	秦汉桐	澄海隆都白砂宫乡	母亲	港币 50 元	1955 年 10 月 19 日	1955 年 10 月 26 日	封、信	291
泰国	汗桐	澄海隆都白砂宫乡	母亲	港币 120 元	1956 年 1 月 18 日	1956 年 1 月 24 日	封、信	292
泰国	秦汉桐	澄海隆都白砂宫乡	母亲	港币 50 元	1956 年 3 月 28 日	1956 年 4 月 2 日	封、信	293
泰国	秦汉桐	澄海隆都白砂宫乡	母亲	港币 40 元	1956 年 6 月 20 日		封、信	294
泰国	秦汉桐	澄海隆都白砂宫乡	母亲	港币 40 元	1956 年 7 月 18 日	1956 年 7 月 27 日	封、信	295
泰国	秦汉桐	澄海隆都白砂宫乡	母亲	港币 40 元	1956 年 8 月 22 日	1956 年 8 月 29 日	封、信	296
泰国	汉桐	澄海隆都白砂宫乡	母亲	港币 40 元		1956 年 10 月 18 日	封	297
泰国	秦汉桐	澄海隆都白砂宫乡	母亲	港币 70 元	1956 年 11 月 15 日	1956 年 11 月 24 日	封、信	298
泰国	秦汉桐	澄海隆都白砂宫乡	母亲	港币 40 元	1956 年 12 月 13 日	1956 年 12 月 19 日	封、信	299
泰国	秦汉桐	澄海隆都白砂宫乡	母亲	港币 50 元	1957 年 2 月 7 日	1957 年 2 月 12 日	封、信	300
泰国	秦汉桐	澄海隆都白砂宫乡	母亲	港币 40 元		1957 年 3 月 12 日	封、信	301
泰国	秦汉桐	澄海隆都白砂宫乡	母亲	港币 40 元	1957 年 5 月 8 日	1957 年 5 月 22 日	封、信	302
泰国	秦汗桐	澄海隆都白砂宫乡	母亲	港币 40 元	1957 年 6 月 13 日	1957 年 6 月 19 日	封、信	303
泰国	秦汗桐	澄海隆都白砂宫乡	母亲	港币 40 元	1957 年 7 月 11 日	1957 年 7 月 16 日	封、信	304
泰国	秦汉桐	澄海隆都白砂宫乡	母亲	港币 40 元	1957 年 7 月 31 日	1957 年 8 月 3 日	封、信	305
泰国	秦汗桐	澄海隆都白砂宫乡	母亲	港币 40 元	1957 年 10 月 2 日	1957 年 10 月 9 日	封、信	306
泰国	汉桐	澄海隆都白砂宫乡	母亲	港币 40 元	1957 年 12 月 5 日	1957 年 12 月 11 日	封、信	307

丙(子)六月十五日（1936 年 8 月 1 日）

暹(泰国)刘寿春寄澄海月窟内乡母亲

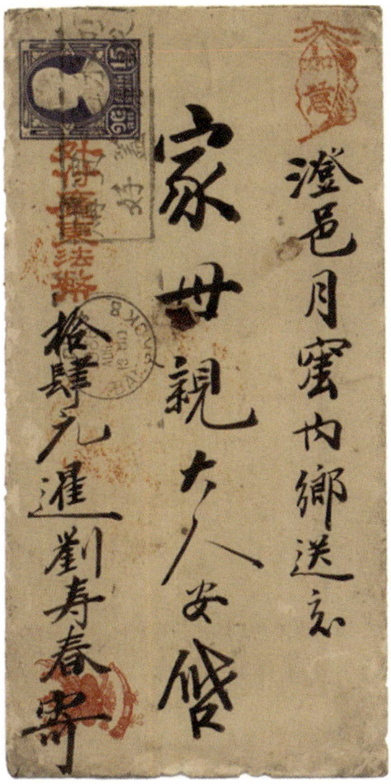

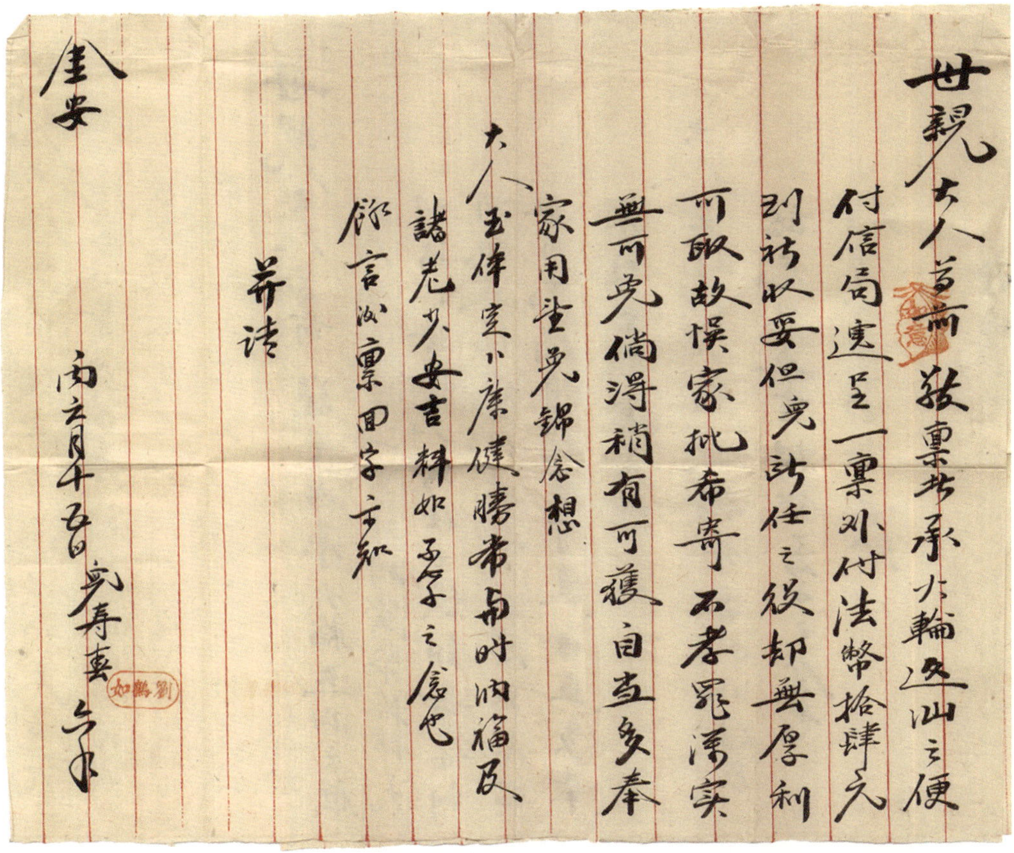
世親大人尊前敬禀者承大輪返汕之便
付信回邑呈一禀外付法幣拾肆元
到祈收妥但兒詐任之役却無厚利
可取故悮家批希寄不孝罪深实
無可免倘得稍有可獲自当多奉
家用望兒錦念想
大人玉体定卜康健勝常甬时纳福及
諸老少安吉料如予之念也
餘言後禀回字示知
並請
金安
丙六月十五日兒寿春禀

丙（子）八月廿一日（1936 年 10 月 6 日）暹刘寿春寄澄海月窟内乡母亲

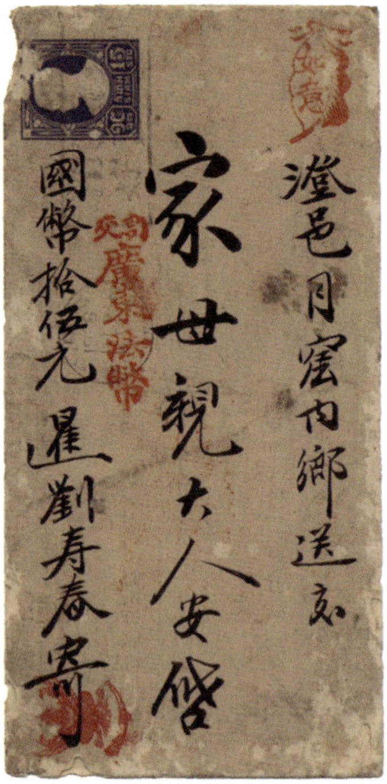

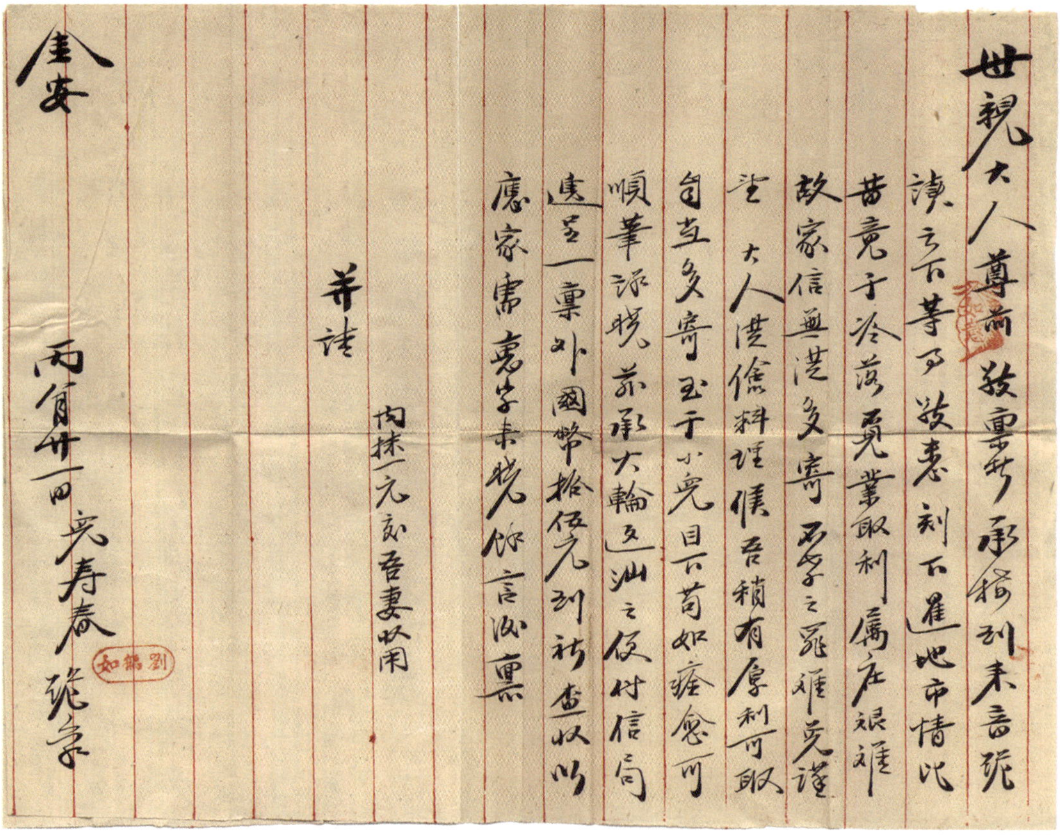

丁（丑）二月十一日（1937 年 3 月 23 日）寿春寄母亲

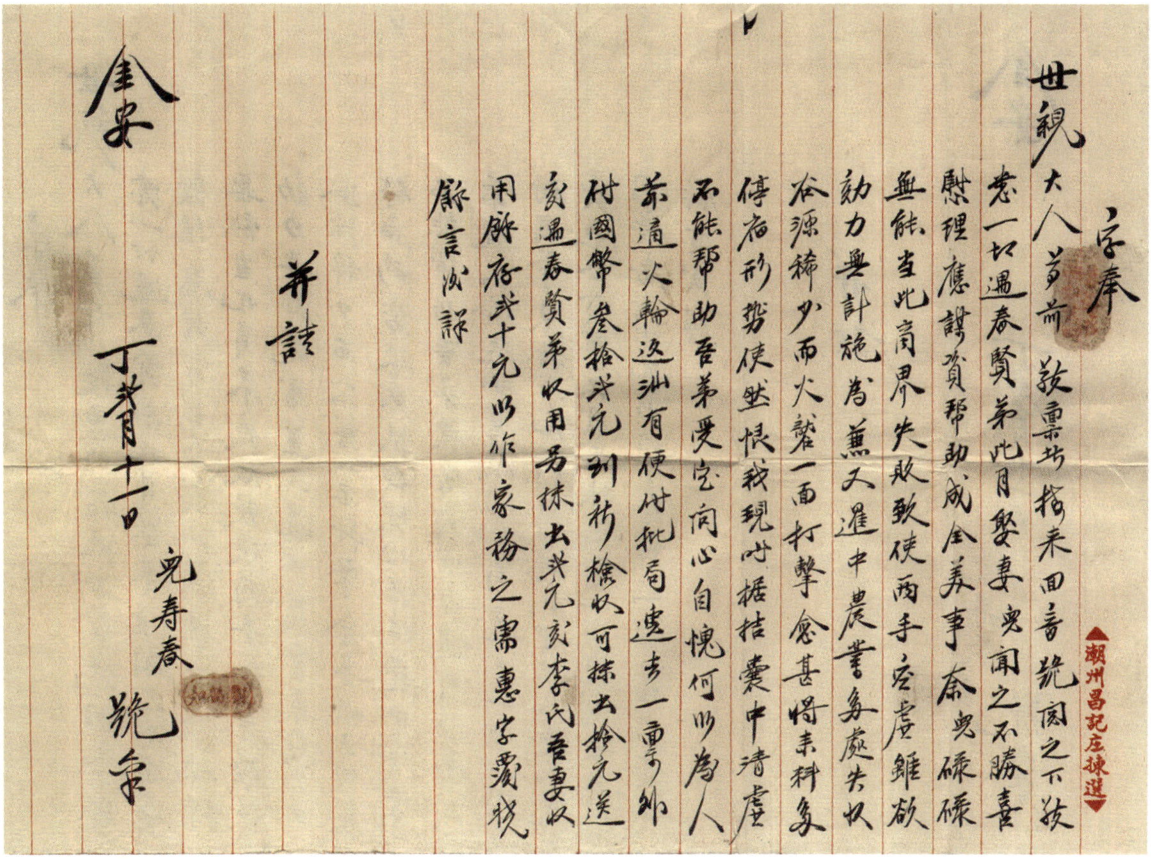
字奉
母親大人尊前　敬稟者，接來回音，跪閱之下，欣
悉一切。過春賢弟此月娶妻，兒聞之不勝喜
慰。理應講資幫助成全美事，奈兒碌碌
無能，當此商界失敗，致使兩手空虛，雖欲
效力，無計施為。兼又適中農業多處失收，
谷源稀少而火礱一面打擊愈甚，得米料多
停宿，形勢使然，恨我現時拮据，囊中清虛，
不能幫助吾弟要宜，向心自愧，何以為人。
茲適火輪返汕，有便付批局遞去一函，外
付國幣叁拾貳元，到祈檢收。可抹出拾元送
交過春賢弟收用，另抹出貳元交李氏吾妻收
用，餘存貳十元以作家務之需。惠字覆我，
餘言後詳，
并請
金安
丁二月十一日　兒壽春跪稟

丁（丑）三月初十（1937 年 4 月 20 日）暹刘寿春寄澄海月窟内乡母亲

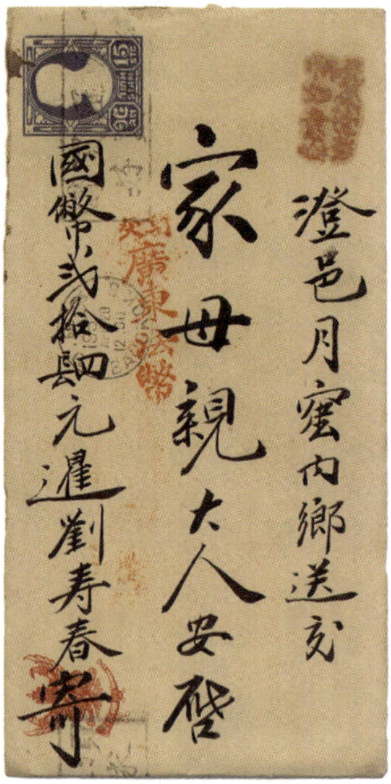

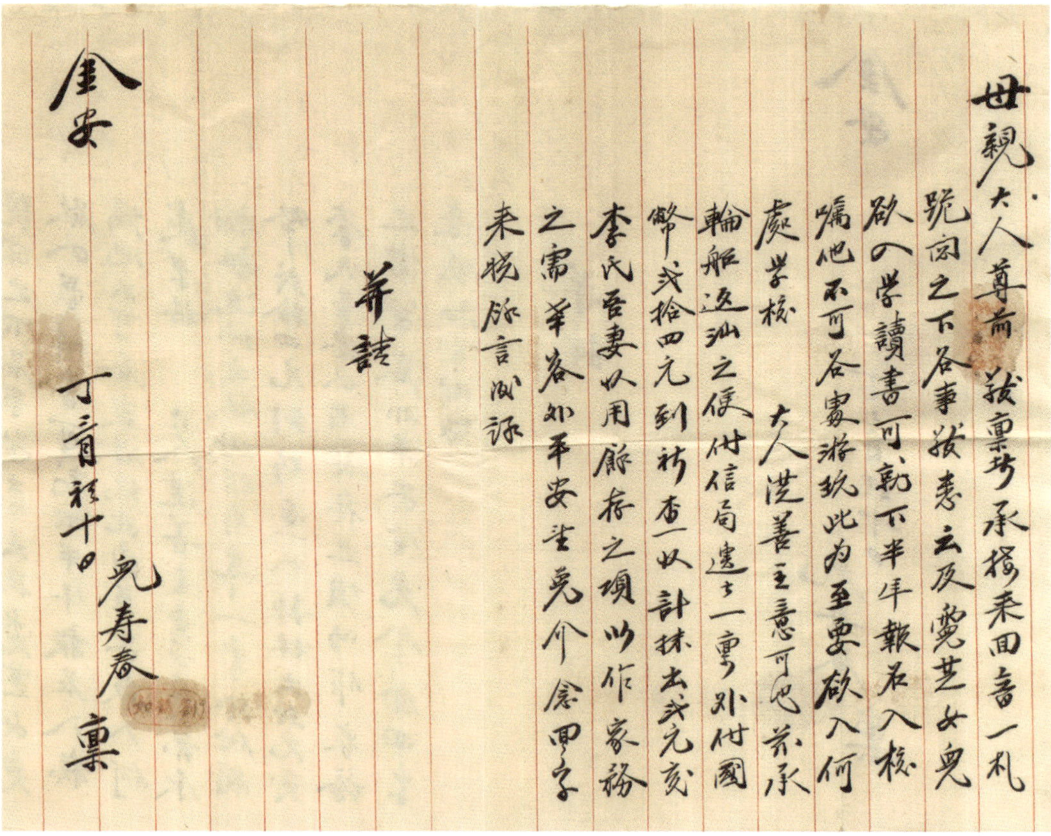

三月初二暹刘寿春寄澄海月窟内乡母亲

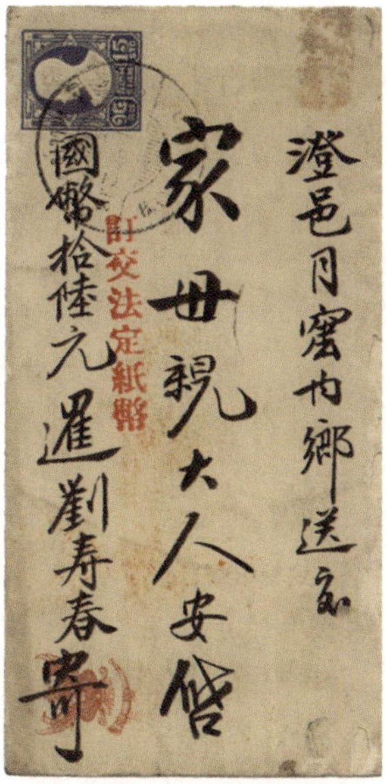
澄邑月窟内鄉送家
家母親大人安啓
國幣拾伍元
計交法定紙幣
暹劉壽春寄

三月拾壹日接到
執

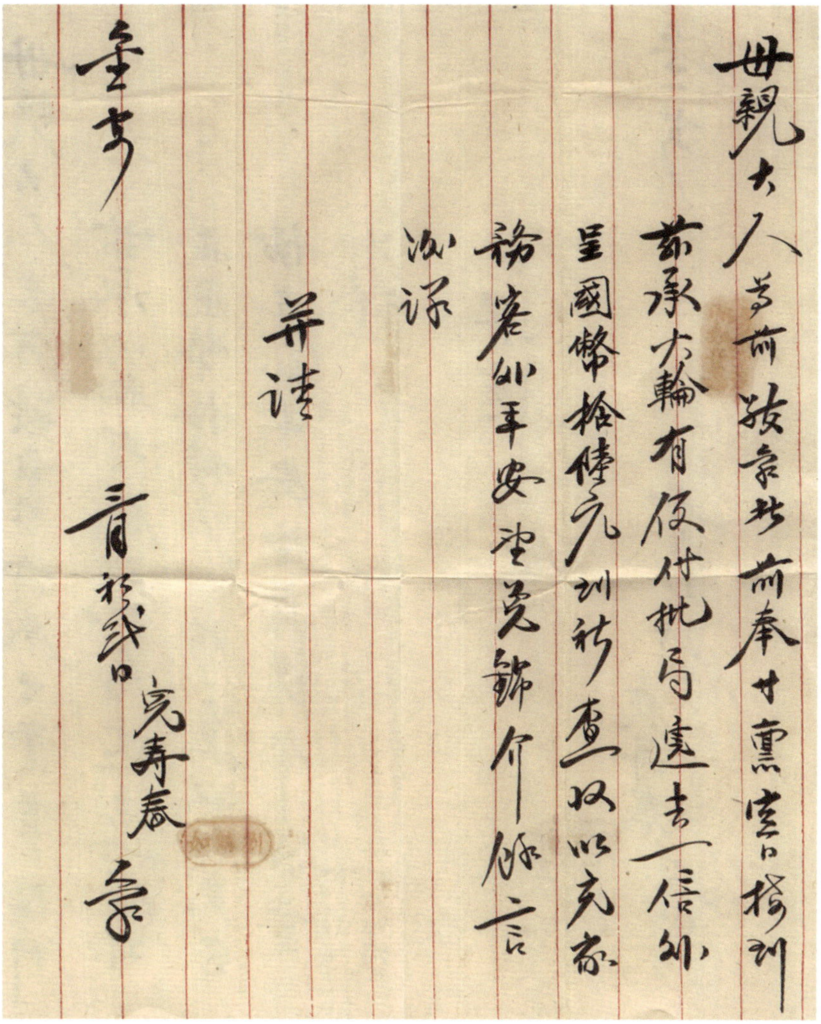
母親大人尊前 敬禀者前奉廿一日賜示接到
茲承大輪有便付批局遞去一信外
呈國幣拾伍元到祈查收以充家
務客外平安望免錦介懷言
不詳
並請
金安
三月初二日 兒壽春 禀

暹刘寿春寄澄海月窟内乡母亲

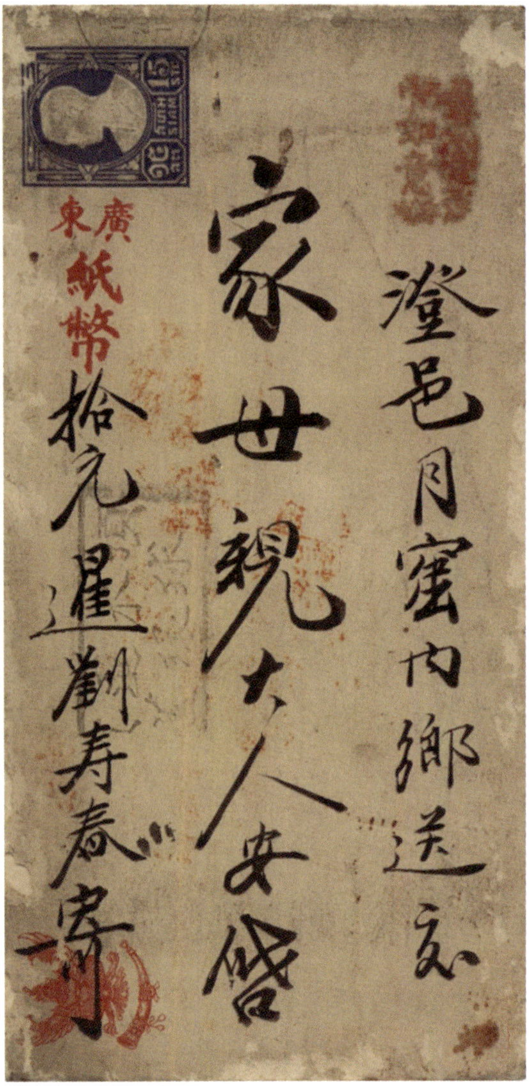

农历十二月廿六日（1951 年 2 月 2 日）
暹罗（泰国）刘寿春寄澄海月窟内乡母亲

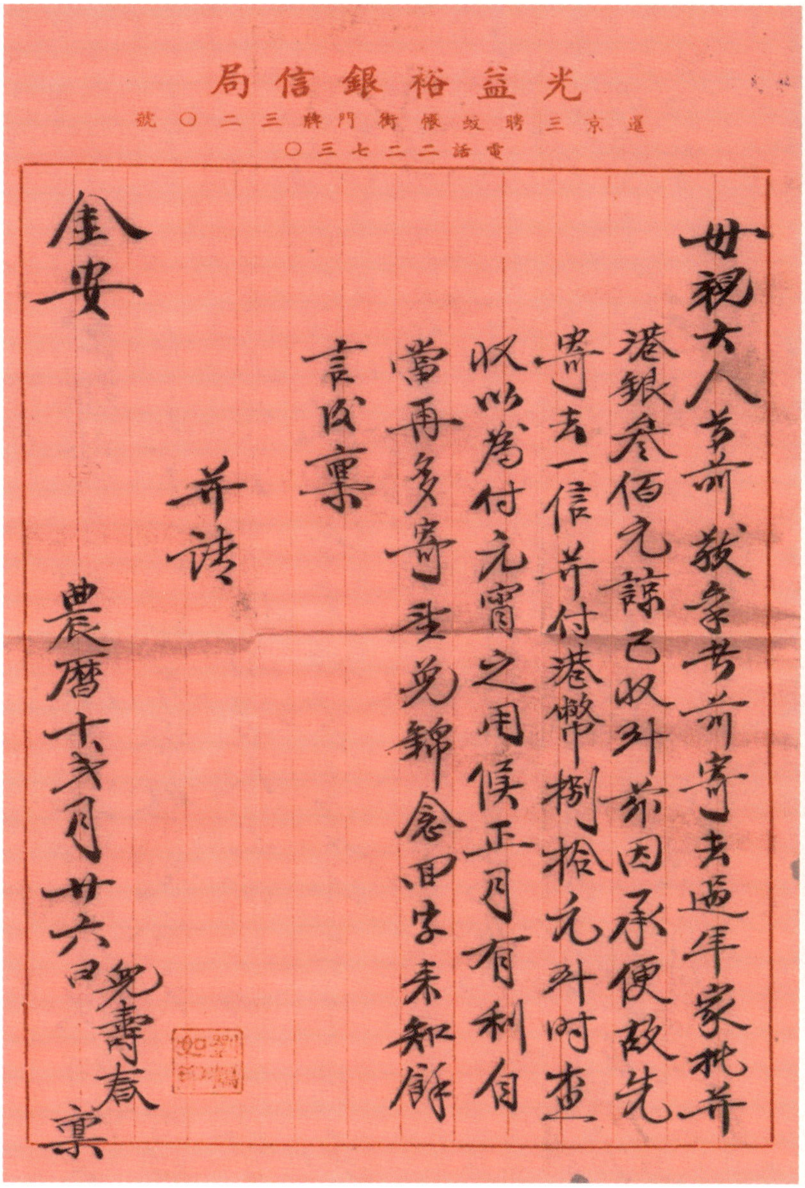

光益裕銀信局
暹京三聘蚊帳街門牌三二〇號
電話二二七三〇

母
親大人膝前 敬稟者前寄去過年家批並
港銀叁佰元諒已收到矣因承便故先
寄去一信並付港幣捌拾元到時查
收以為付元宵之用候正月有利自
當再多寄望免錦念回字來知餘
言改稟
並請
金安
農曆十二月廿六日兒壽春稟

农历十二月十五日（1952 年 1 月 11 日）

暹罗刘寿春寄澄海月窟内乡刘宜宽

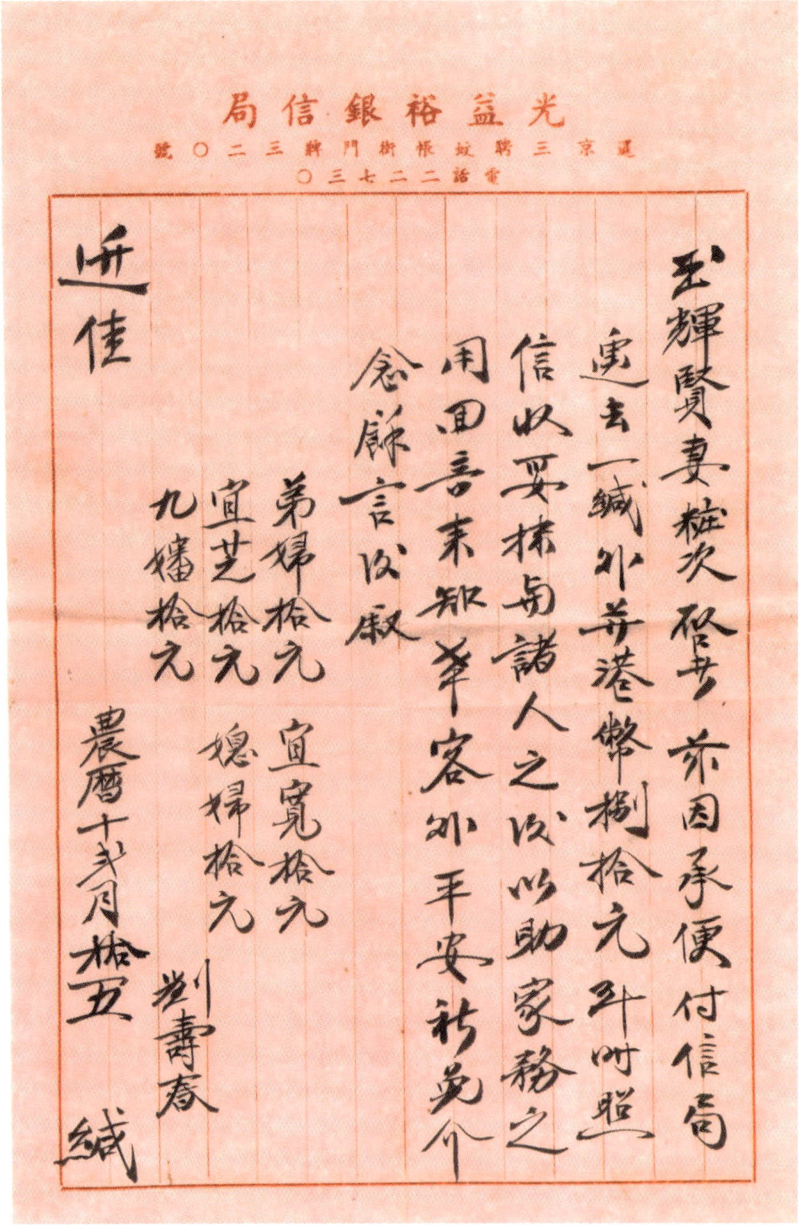

光益裕銀信局

暹京三聘紋帳街門牌三二〇號

電話二二七三〇

玉輝賢妻粧次啓者 茲因承便付信局遞去一緘外并港幣捌拾元到時照信收要抹角諸人之收以助家務之用田音未知華容外平安祈免介念餘言後叙

弟婦拾元 宜寬拾元

宜芝拾元 媳婦拾元

九嬸拾元

劉壽春

農曆十弍月拾五

緘

近佳

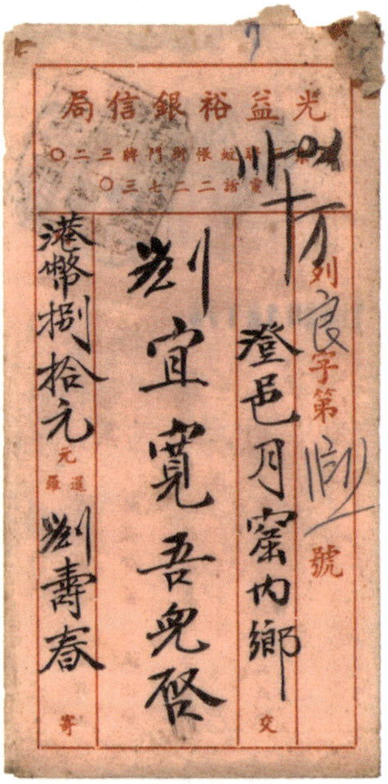

光益裕銀信局

暹京三聘紋帳街門牌三二〇號

電話二二七三〇

登邑月窟內鄉 交

劉宜寬吾兒啓

港幣捌拾元 暹元

劉壽春 寄

刘良字第 號

營業：專收國內各處銀信 銀項保家回批快捷

總局：汕頭永泰街三四號

分局：香港文咸西街三六號

农历九月廿六日（1952 年 11 月 13 日）
暹罗刘寿春寄澄海月窟内乡刘宜宽

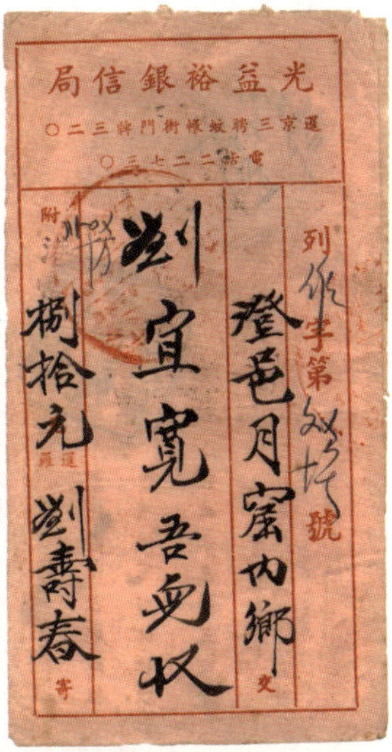

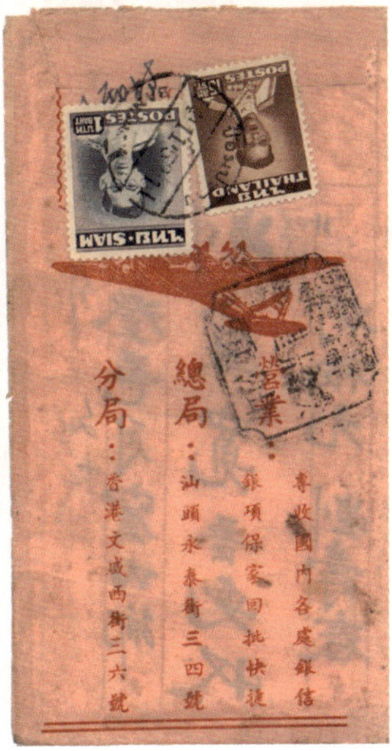

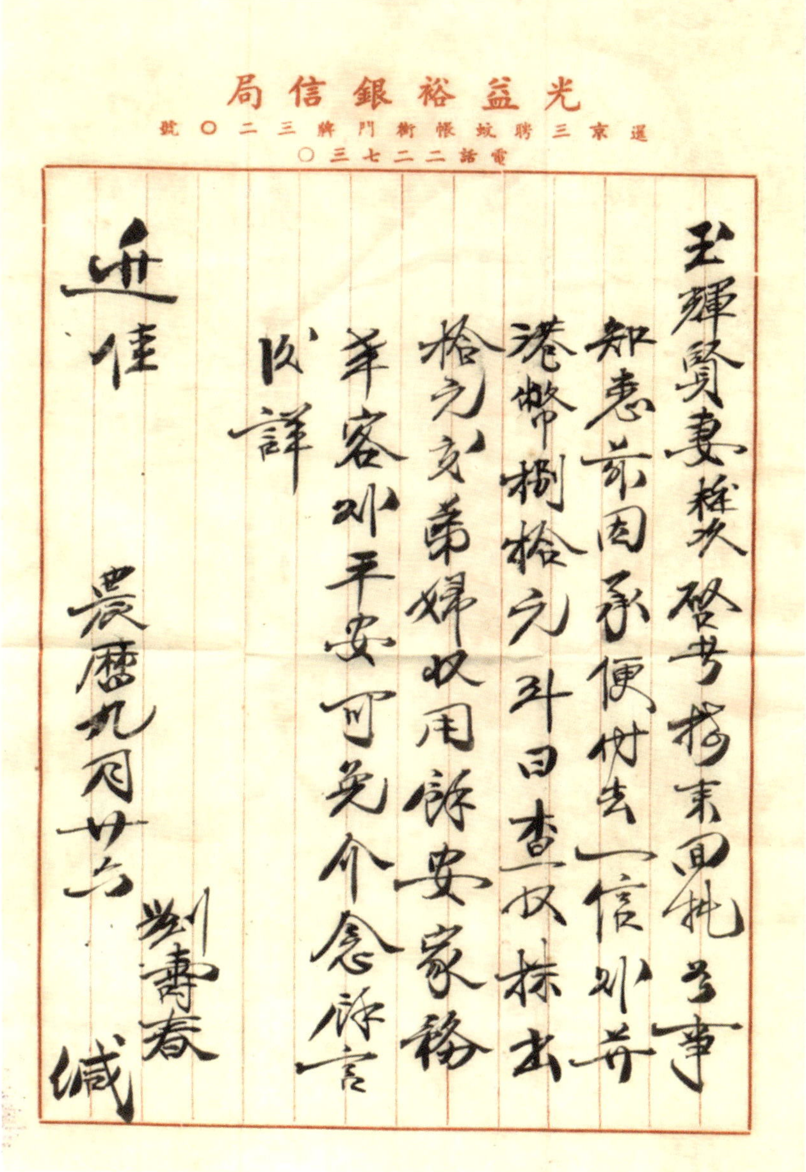

光益裕銀信局
暹京三聘蚊帳街門牌三二○號
電話二二七三○

玉輝賢妻妝次　啓者　揭來回批　並事
知悉　前因承便付去一信外并
港幣捌拾元　至日查收　祇出
拾元交弟婦收用　餘安家務
并家外平安　可免介念　餘言
後詳
近佳
農曆九月廿六
劉壽春　緘

农历十月廿五日（1952 年 12 月 11 日）
暹罗刘寿春寄澄海月窟内乡刘宜宽

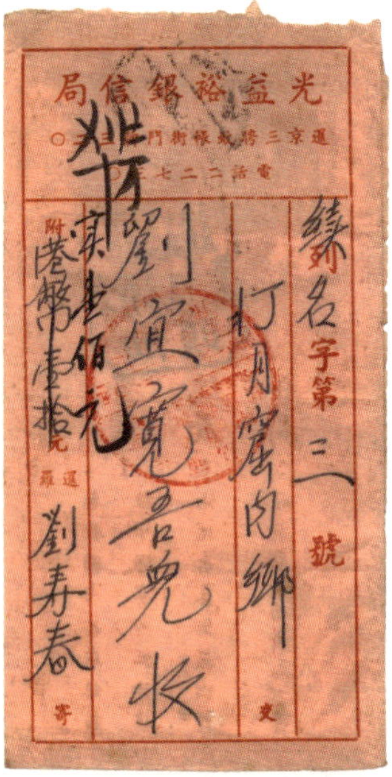

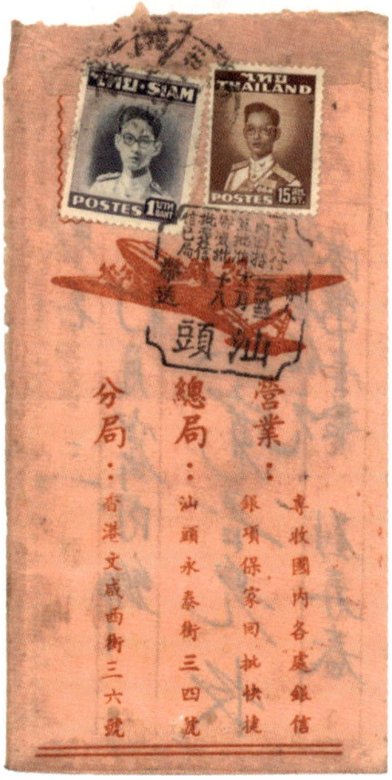

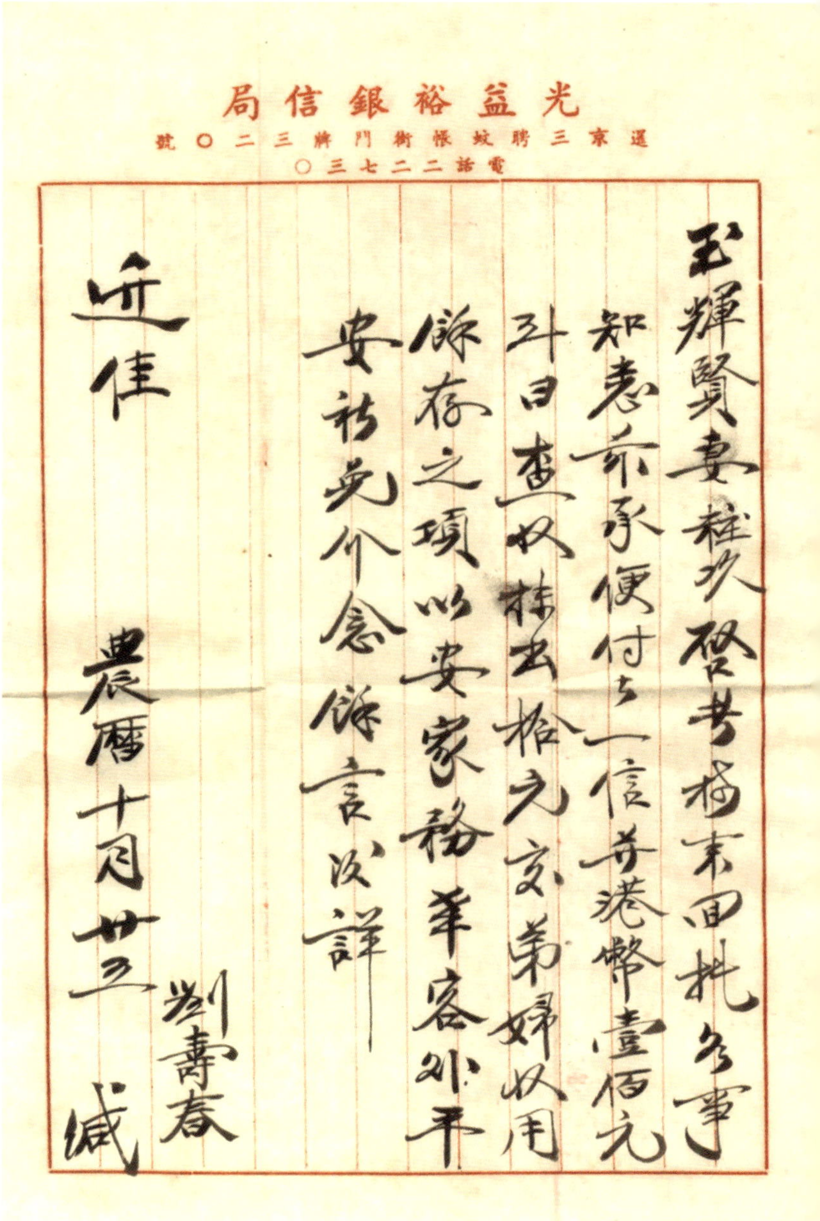
光益裕銀信局
暹京三聘蚊帳街門牌三〇二號
電話二七三〇

玉輝賢妻粧次 啓者前末回批各事
知悉亦承便付去一信並港幣壹佰元
到日查收抹去拾元交弟婦收用
餘存之項以安家務並家外平
安祈免介念餘言後詳
近佳
農曆十月廿三 劉壽春 緘

癸巳农历正月初五（1953 年 2 月 18 日）
暹罗刘寿春寄澄海月窟内乡刘宜宽

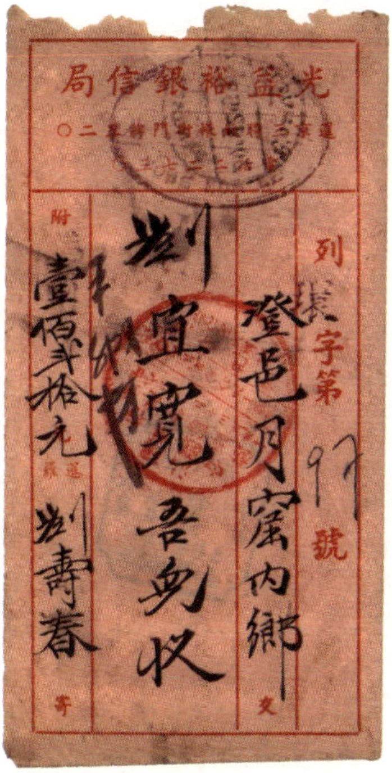

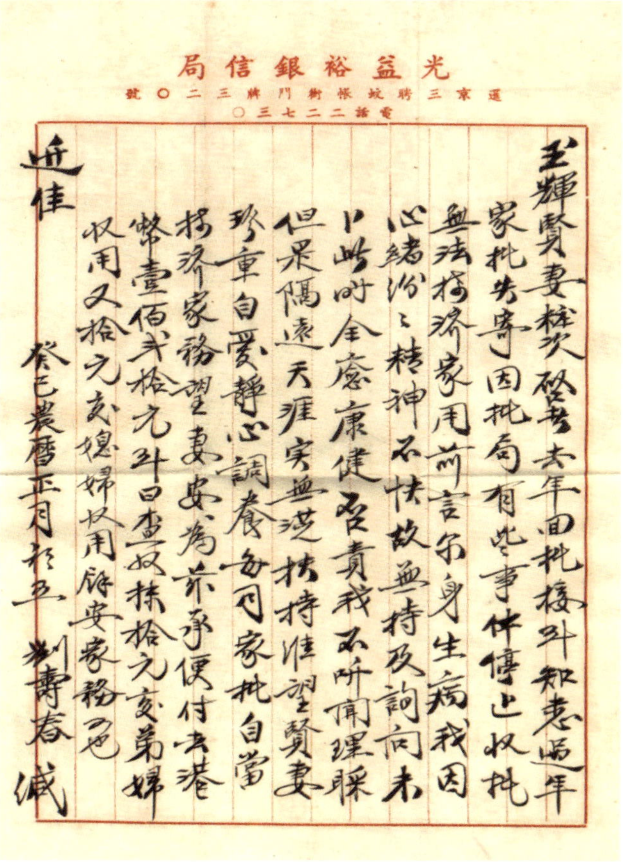

光益裕銀信局
暹京三聘蚊帳街門牌三二〇號
電話二二七三〇

玉輝賢妻粧次 啟者 去年由批接到知悉過年
家批先寄 因批局有些事件停止收批
無法接濟家用 前言尔身生病 我因
心緒紛紛 精神不快 故無持及詢向 未
卜此时全愈康健否 責我不所庯理睬
但果隔遠天涯 实無法扶持 惟望賢妻
珍重自愛 靜心調養 每月家批自當
接濟家務 望妻安為苏承 便付去港
幣壹佰弍拾元 到日查收 抹拾元交弟婦
収用 又拾元交媳婦収用 維安家務可也
近佳
癸巳農曆正月初五 劉壽春 緘

农历五月十二日（1953 年 6 月 22 日）
暹罗刘寿春寄澄海月窟内乡刘宜宽

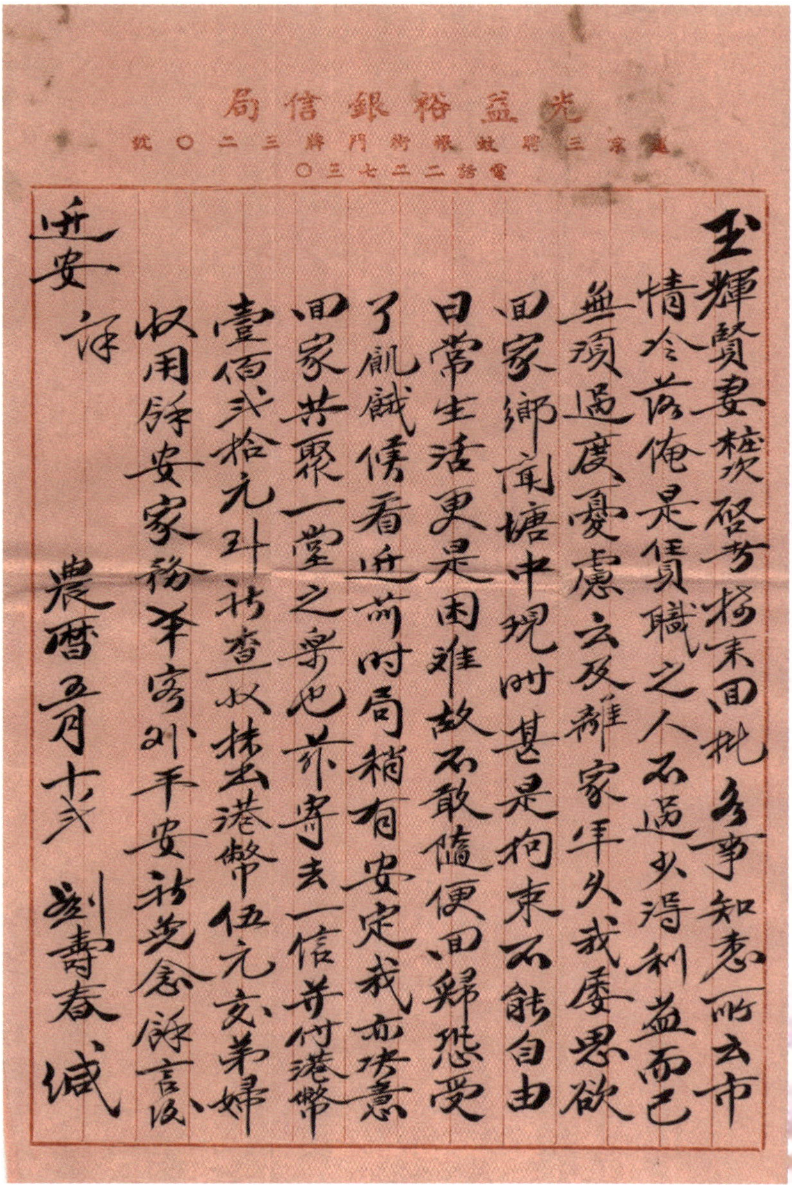
光益裕銀信局
暹京三聘鼓賴街門牌三〇二號
電話二二七三〇

玉輝賢妻粧次啓者 接來回批 多事知悉 所云市情今落 俺是賃職之人 不過少得利益而已 無須過度憂慮 云及離家年久 我屢思欲回家鄉 閩塘中現时甚是拘束 不能自由 日常生活更是困难 故不敢隨便回歸 恐受了飢餓 儕看近前时局稍有安定 我亦有意回家共聚一堂之樂也 茲寄去一信 並付港幣壹佰弍拾元 到祈查收 抹出港幣伍元交弟婦收用 餘安家務 本寓外平安 祈免念 餘言後詳

近安

農曆五月十六 劉壽春緘

农历十二月初九（1954 年 1 月 13 日）
暹罗刘寿春寄澄海月窟内乡刘宜宽

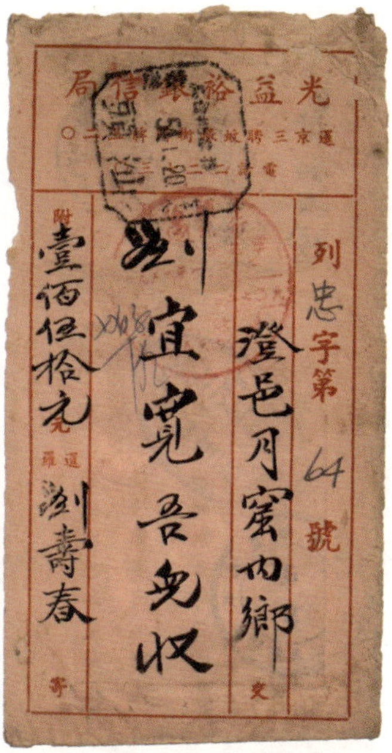

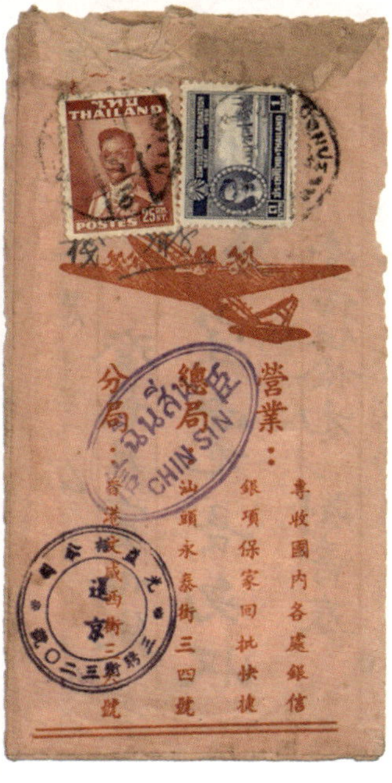

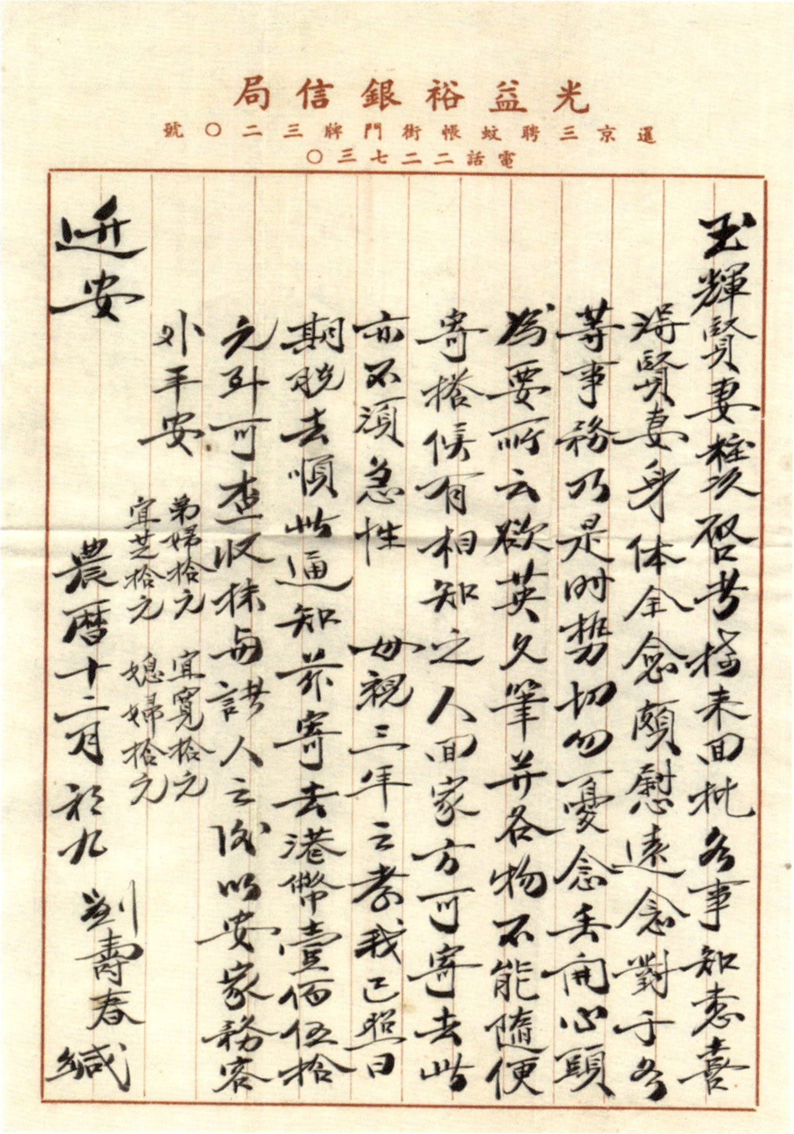
光益裕銀信局
暹京三聘蚊帳街門牌三二〇號
電話二二七三〇

玉輝賢妻粧次啓者接來回批各事知悉壹
諒賢妻身体全愈頗慰遠念對于各
等事務乃是時勢切勿憂念耳用心頭
為要所云欲英文筆并各物不能隨便
寄搭候有相知之人回家方可寄去此
亦不須急性　母親三年之孝我已照日
期脱去順此通知并寄去港幣壹佰伍拾
元外可查收株與諸人之[illegible]以安家務衷
外平安
弟婦拾元　宜寬拾元
宜芝拾元　媳婦拾元
近安
農曆十二月初九　劉壽春緘

农历六月十五日（1954 年 7 月 14 日）
暹罗刘寿春寄澄海月窟内乡刘宜宽

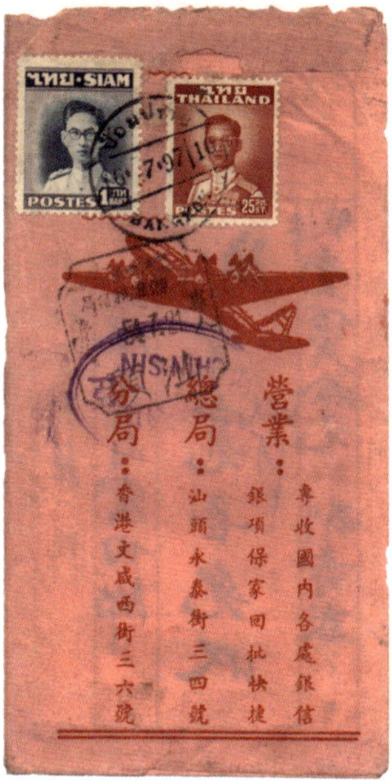

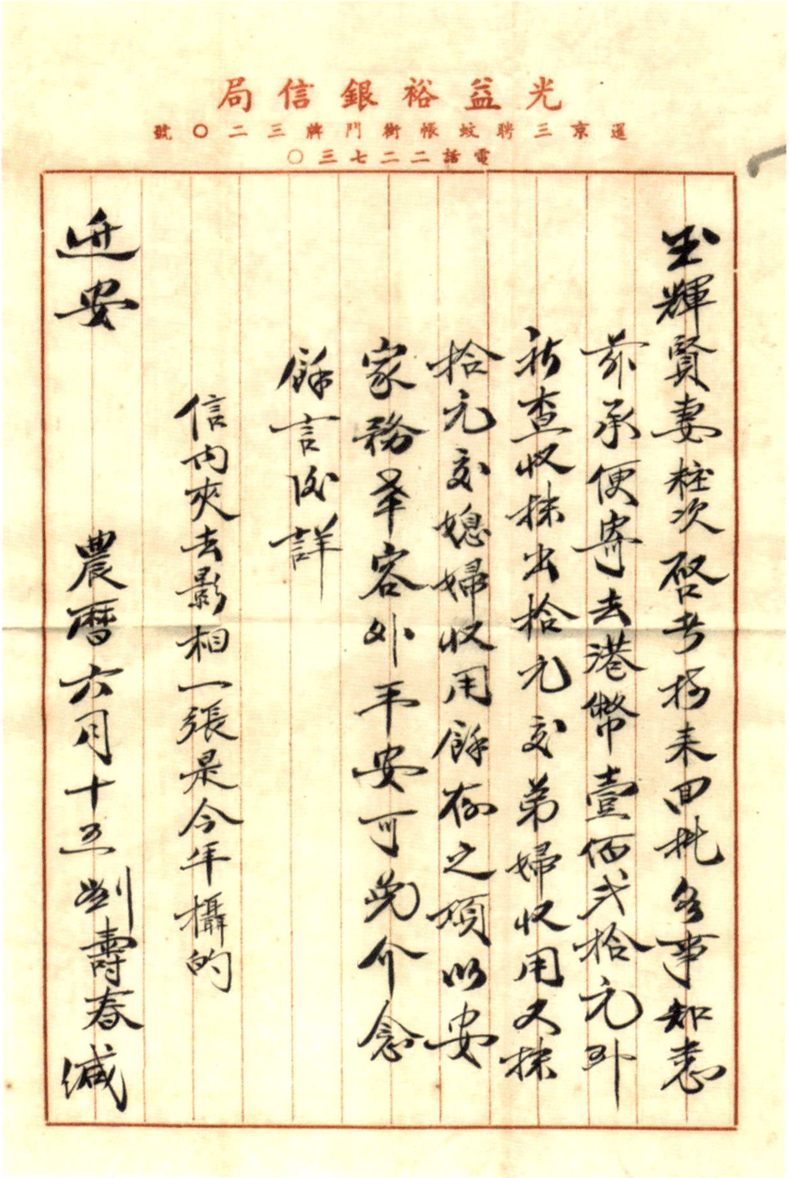

光益裕銀信局
暹京三聘蚊帳街門牌三二〇號
電話二二七三〇

玉輝賢妻粧次 啟者 務來回批多事知悉
茲承便寄去港幣壹佰弍拾元 外
祈查收 抹出拾元交弟婦收用 又抹
拾元交媳婦收用 餘存之項以安
家務 筆容外平安 可免介念
餘言後詳
信內夾去影相一張是今年攝的
近安
農曆六月十三 劉壽春 緘

农历七月廿日（1954 年 8 月 18 日）
暹罗刘寿春寄澄海月窟内乡刘宜宽

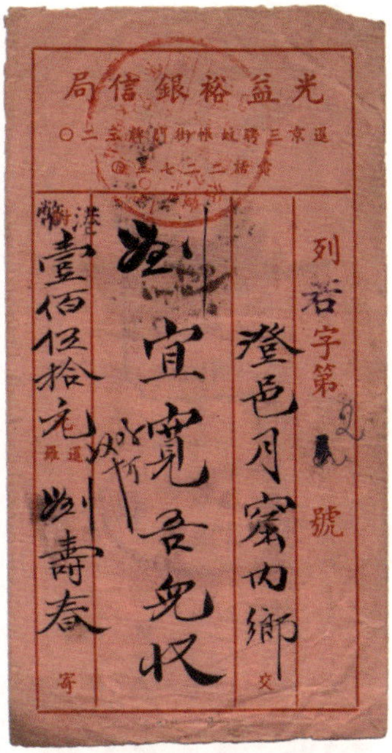

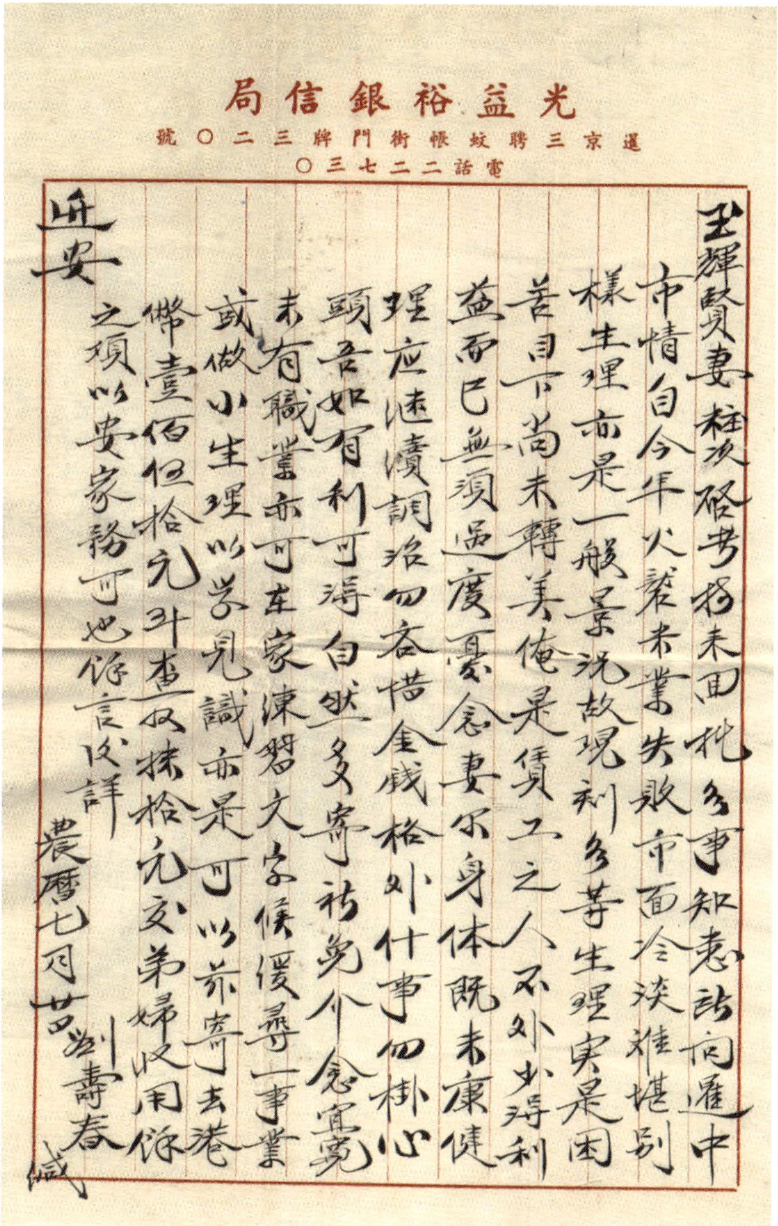
光益裕銀信局
暹京三聘蚊帳街門牌三〇二號
電話二二七三〇

玉輝賢妻粧次 啓者前來函批多事知悉詢问暹中市情自今年火礱米業失敗市面冷淡难堪别樣生理亦是一般景況故现刻多等生理实是困苦目下尚未轉美俺是賃工之人不外少得利益而已無須過度憂念妻你身体既未康健理应速讀調治勿吝惜金錢格外什事勿掛心頭吾如有利可得自然多寄补免个念宜寬未有職業亦可在家練習文字候緩尋一事業或做小生理以學見識亦是可以並寄去港幣壹佰伍拾元斗查收抹拾元交弟婦收用你之頃以安家務可也餘言後詳
近安
農曆七月廿日 劉壽春 識

农历八月十九日（1954 年 9 月 15 日）
暹罗刘寿春寄澄海月窟内乡刘宜宽

光益裕銀信局
暹京三聘蚊帳街門牌三○二號
電話二二七三○
列安字第16號
澄邑月窟內鄉 交
劉宜寬 吾兒收
附 壹佰肆拾元
劉壽春 寄

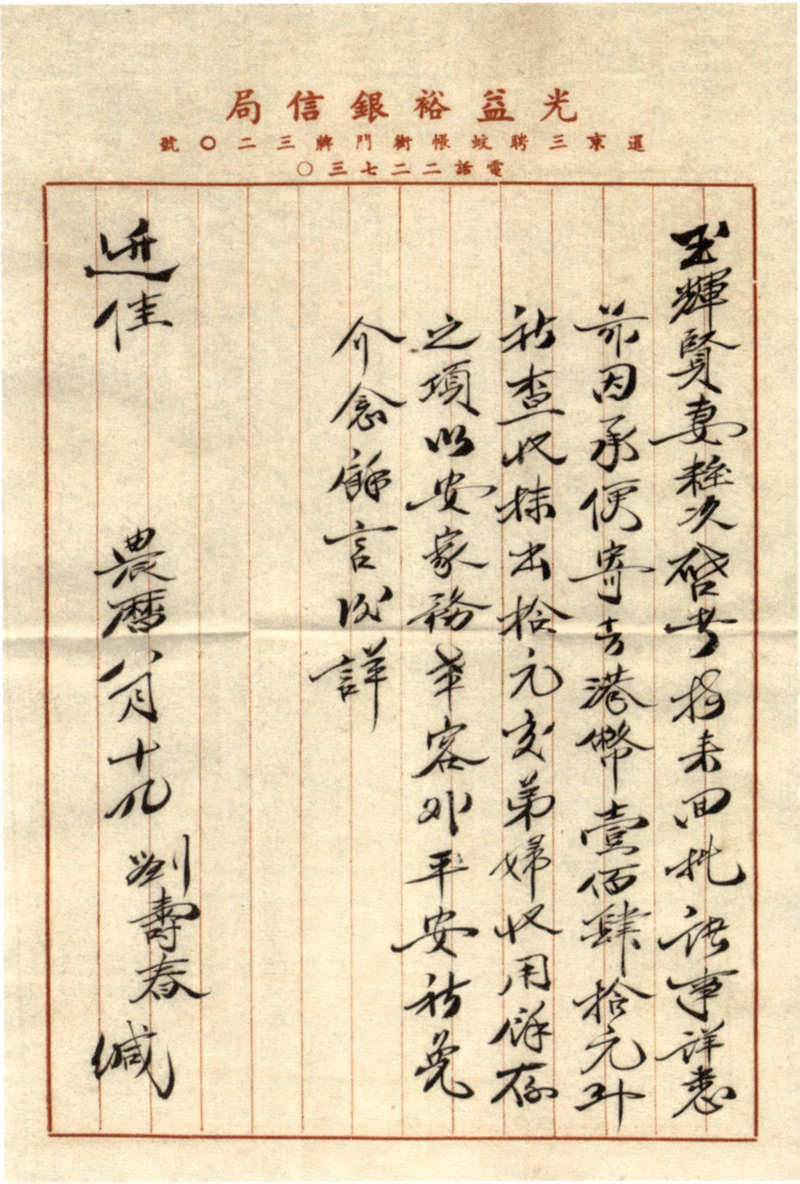
光益裕銀信局
暹京三聘蚊帳街門牌三○二號
電話二二七三○

玉輝賢妻粧次啓者 接來回批 諸事詳悉
茲因承便寄去港幣壹佰肆拾元 計
祈查收 抹出拾元交弟婦收用 餘存
之項以安家務 并客外平安 祈免
介念 餘言不詳
近佳
農曆八月十九 劉壽春 緘

农历十月廿二日（1954 年 11 月 17 日）
暹罗刘寿春寄澄海月窟内乡刘宜宽

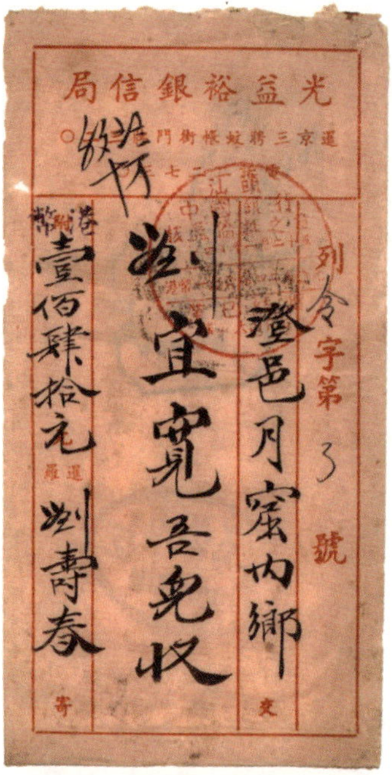

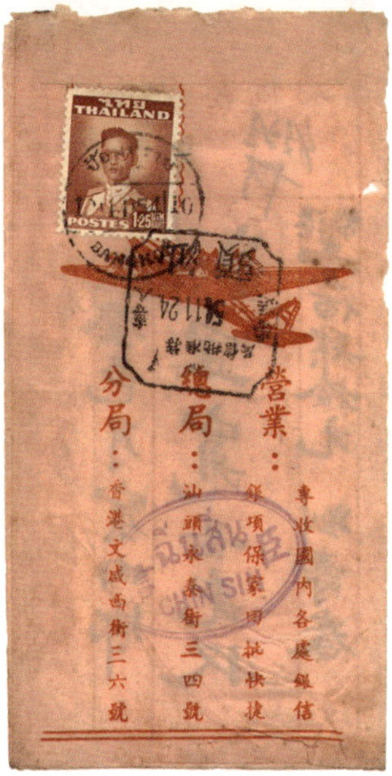

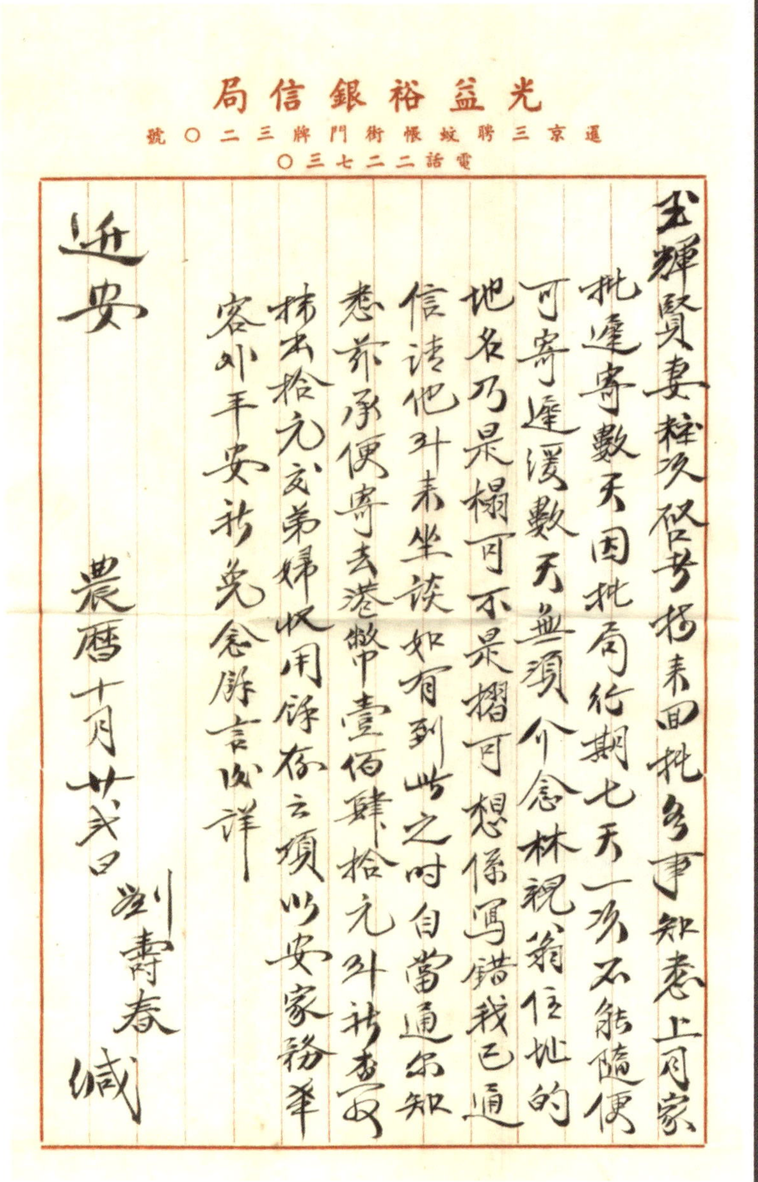

光益裕銀信局

暹京三聘蚊帳街門牌三二〇號
電話二二七三〇

玉輝賢妻粧次啓者接來回批多事知悉上司家
批遲寄數天因批局行期七天一次不能隨便
可寄遲緩數天無須介念林親翁住址的
地名乃是榻可不是擱可想係寫錯我已通
信請他到來坐談如有到此之時自當通你知
悉茲承便寄去港幣壹佰肆拾元到祈查收
捧出拾元交弟婦收用餘存之項以安家務華
容外平安祈免念餘言後詳
近安

農曆十月廿二日 劉壽春 識

一九五五年农历正月初十（2月2日）
暹罗刘寿春寄澄海月窟内乡刘宜宽

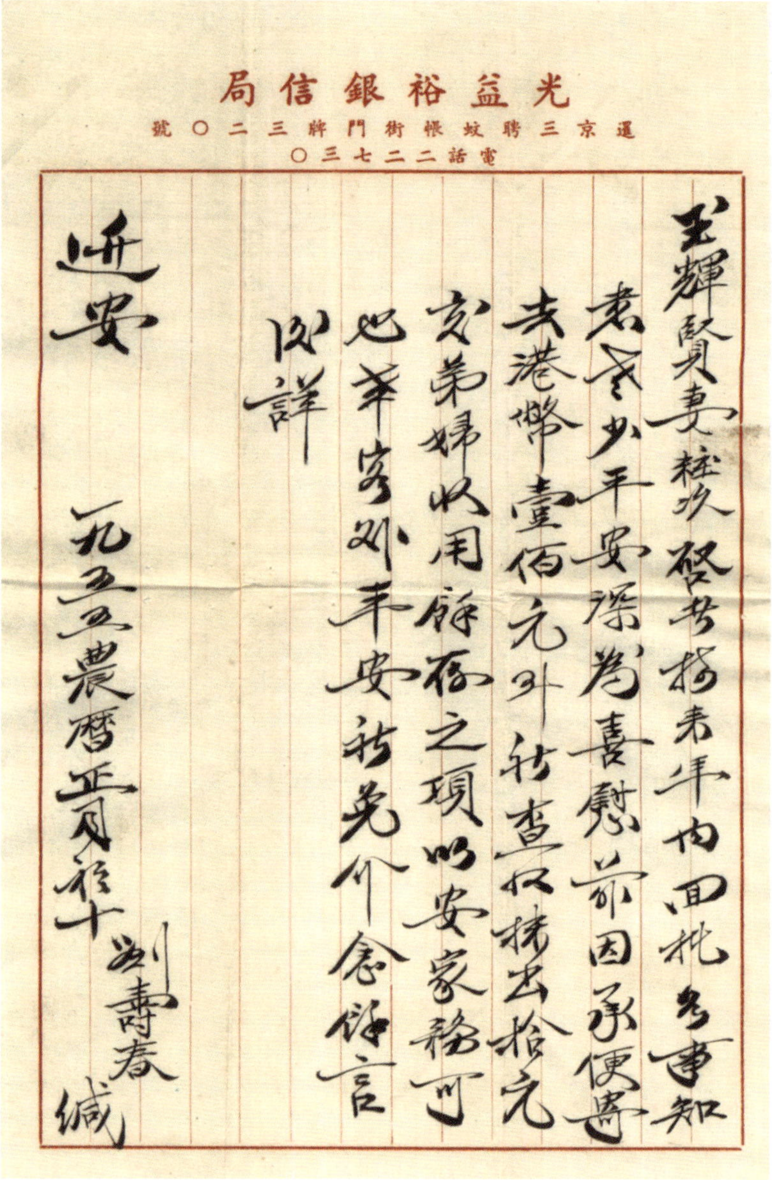

光益裕銀信局
暹京三聘蚊帳街門牌三〇二號
電話二二七三〇

玉輝賢妻粧次：啓者，接來年內回批，多事知悉，各人少平安，深為喜慰。前因承便寄去港幣壹佰元，外計查收，撥出拾元交弟婦收用，餘存之項以安家務可也。年家外平安，祈免介念。餘言后詳。

近安

一九五五農曆正月初十 劉壽春 緘

农历三月初七（1955 年 3 月 30 日）
暹罗刘寿春寄澄海月窟内乡刘宜宽

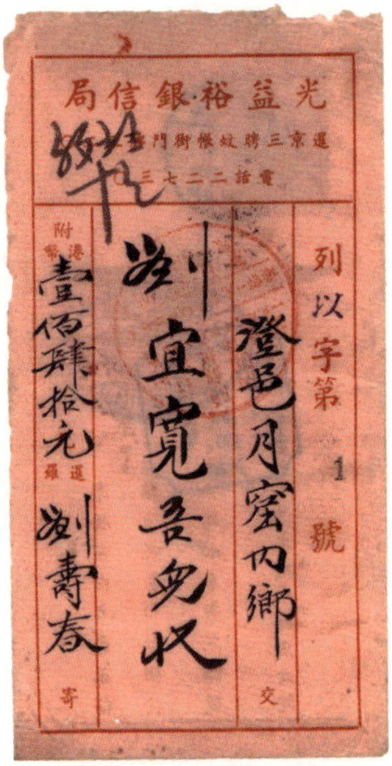
光益裕銀信局
暹京三聘蚊帳街門牌
電話二二七三
列以字第 1 號
澄邑月窟內鄉 交
劉宜寬吾兒收
附寄港 壹佰肆拾元
暹羅 劉壽春 寄

專收國內各處銀信
銀項保家回批快捷
汕頭永泰街三四號
香港文咸西街三六號

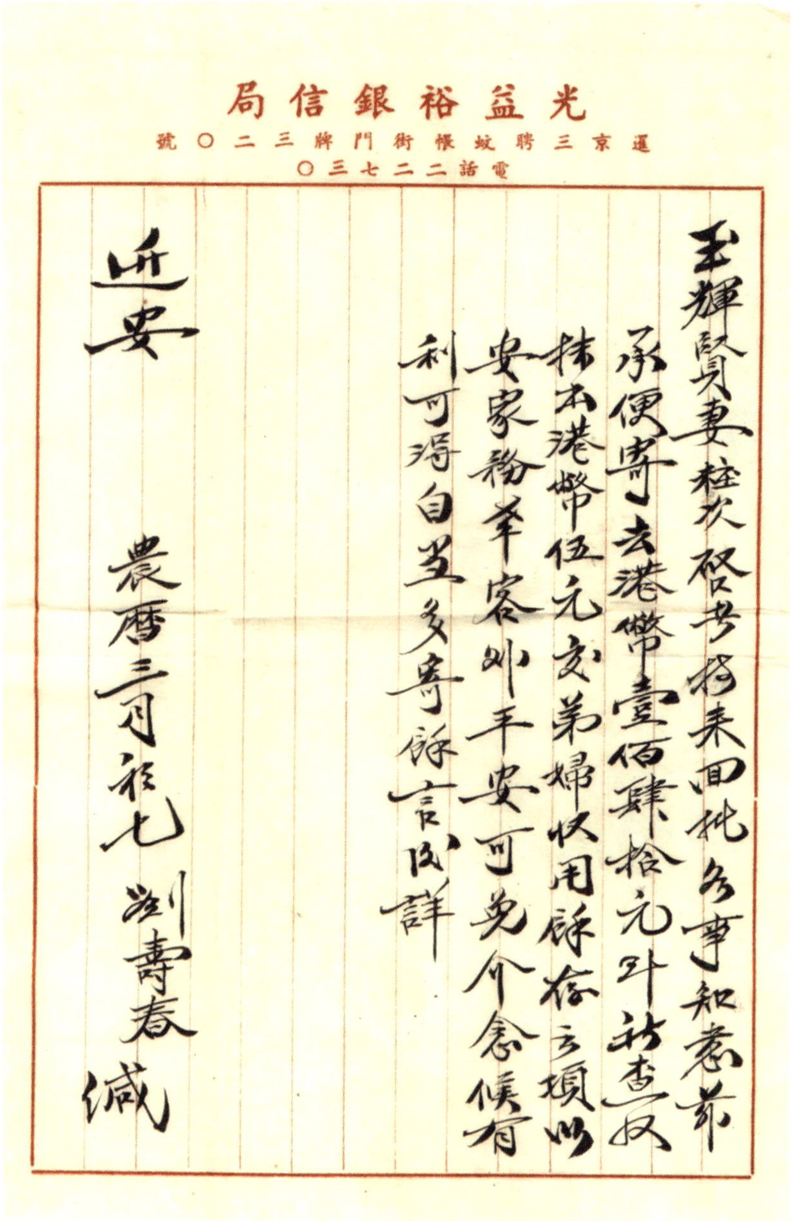
光益裕銀信局
暹京三聘蚊帳街門牌三二〇號
電話二二七三〇

玉輝賢妻粧次：啓者，將來回批各事知悉。茲承便寄去港幣壹佰肆拾元，外並交抹本港幣伍元，交弟婦收用，餘各項以安家務，希容外，手安，可免介念。候有利可得，自呈多寄。餘言後詳。

近安

農曆三月初七 劉壽春 識

农历七月初七（1955 年 8 月 24 日）
暹罗刘寿春寄澄海月窟内乡刘宜宽

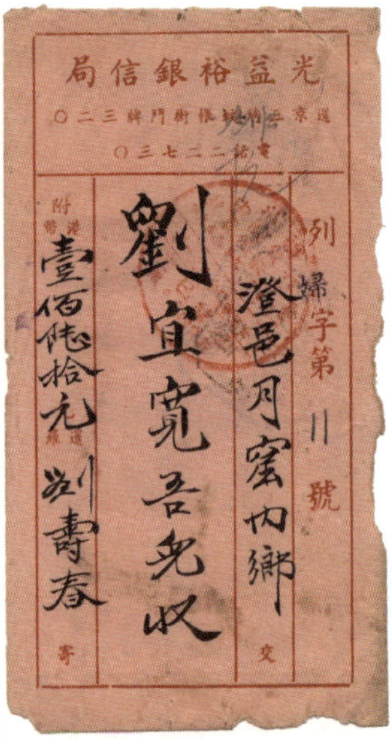

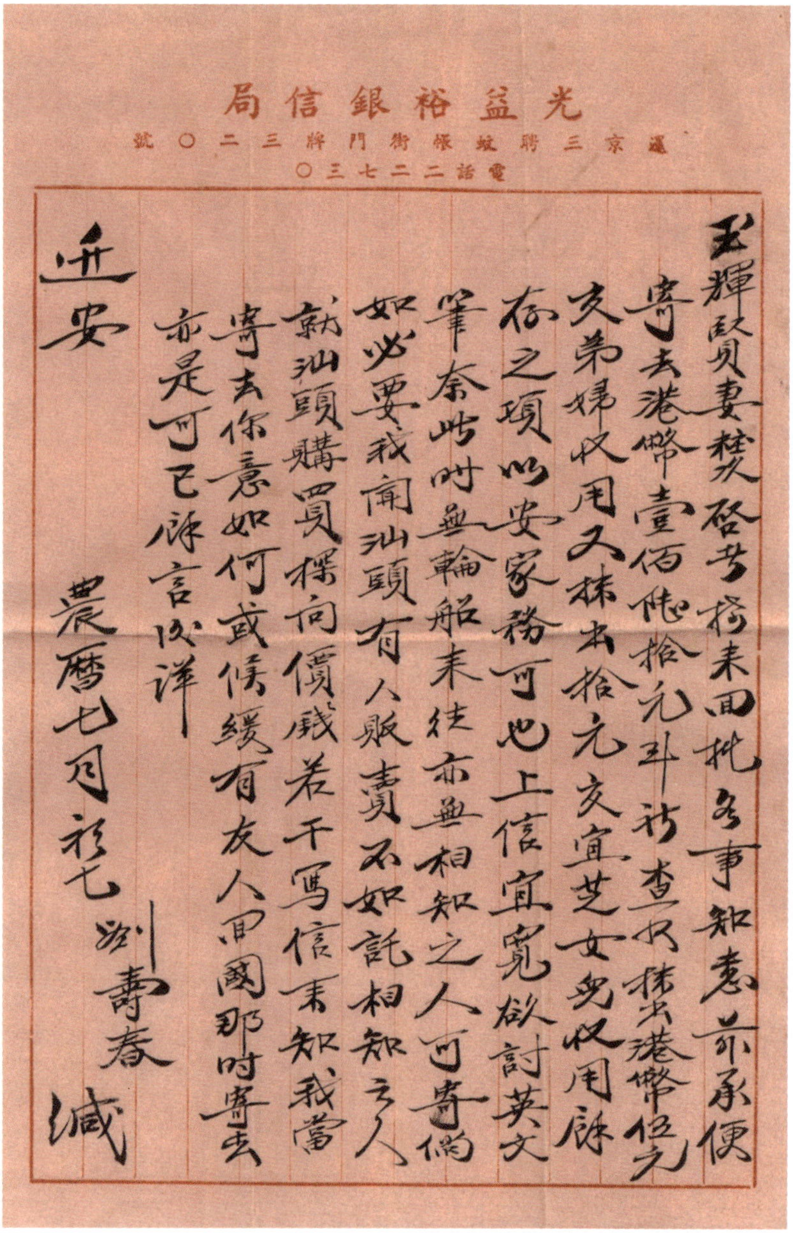

光益裕銀信局
暹京三聘嘜叻街門牌三〇二號
電話二二七三〇

玉輝賢妻粧次 啓者 接来回批 各事知悉 亦承便寄去港幣壹佰伍拾元 斗許查收 抹出港幣伍元交弟婦收用 又抹出拾元交宜芝女兒收用 餘你之項 以安家務可也 上信宜寬欲討英文筆 奈此時無輪船来往 亦無相知之人可寄 倘如必要 我南汕頭有人販賣 不如託相知之人就汕頭購買 採向價錢若干 寫信来知 我當寄去 你意如何 或候緩有友人回國 那時寄去亦是可已 餘言後詳

近安

農曆七月初七 劉壽春 緘

农历九月初四（1955 年 10 月 19 日）
暹罗刘寿春寄澄海月窟内乡刘宜宽

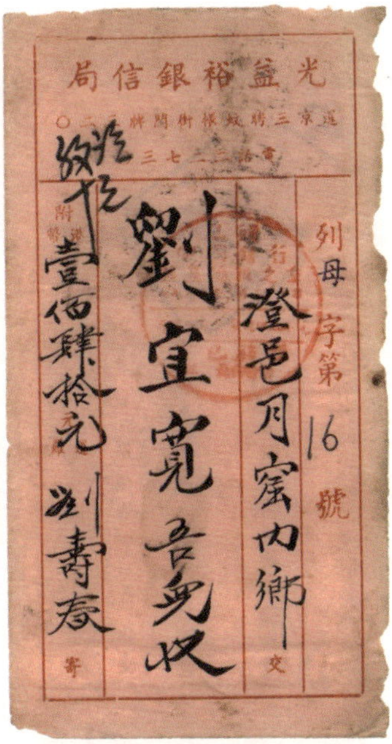

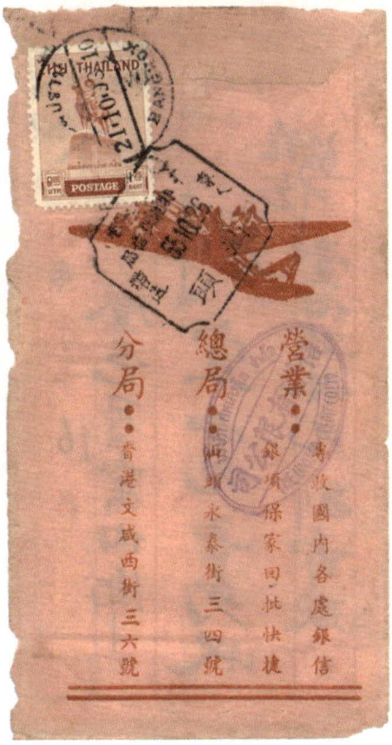

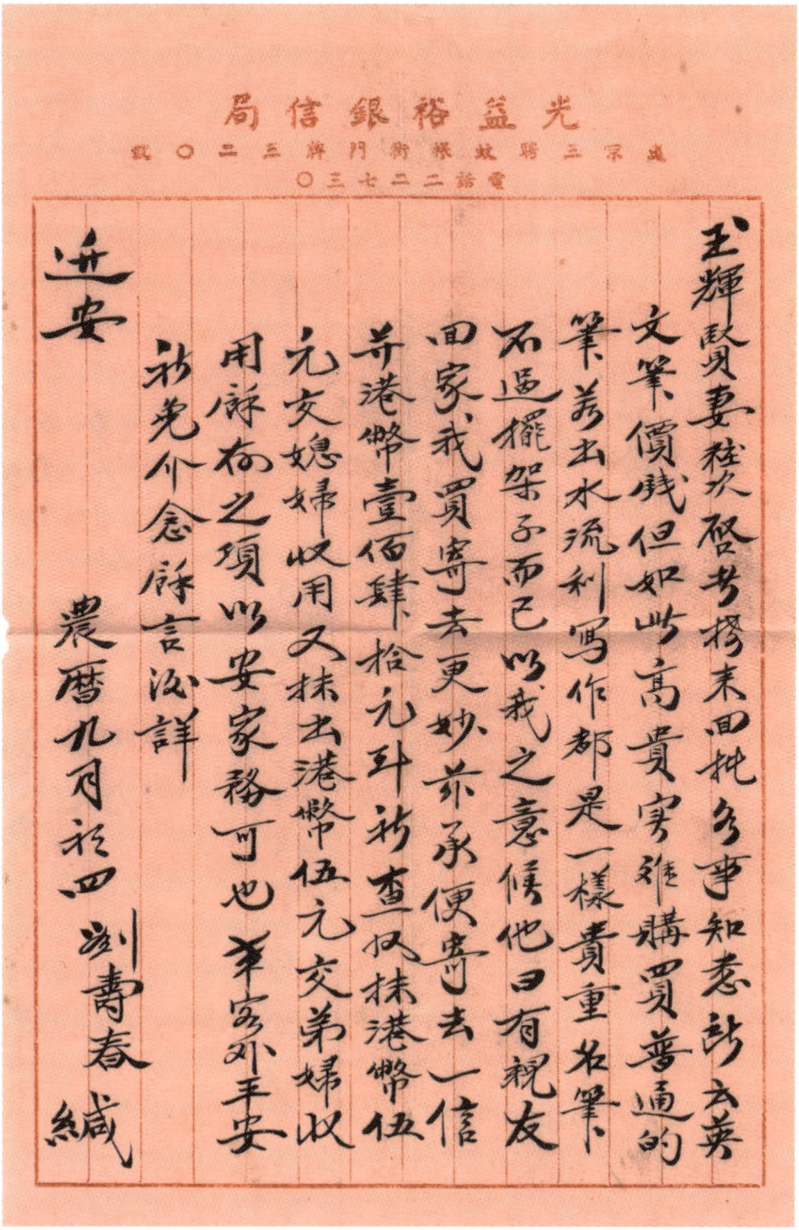

光益裕銀信局

暹京三聘放根街門牌三二〇號

電話二二七三〇

玉輝賢妻粧次啓者撂末回批多事知悉該云英
文筆價錢但如此高貴實難購買普通的
筆差出水流利寫作都是一樣貴重名筆
不過擺架子而已以我之意儂他日有親友
回家，我買寄去更妙並承便寄去一信
並港幣壹佰肆拾元到祈查收抹港幣伍
元交媳婦收用又抹出港幣伍元交弟婦收
用餘存之項以安家務可也幸家外平安
祈免介念餘言後詳
近安
農曆九月初四 劉壽春緘

农历十月初十（1955 年 11 月 23 日）
暹罗刘寿春寄澄海月窟内乡刘宜宽

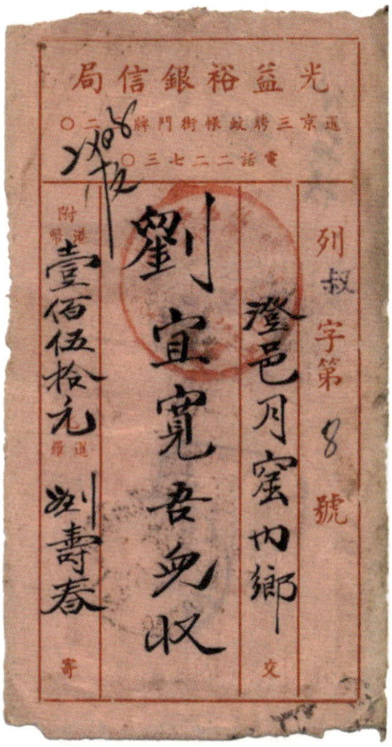
光益裕銀信局
暹京三聘蚊帳街門牌三〇二
電話二二七三〇
列叔字第8號
澄邑月窟內鄉
劉宜寬吾兒收
附壹佰伍拾元
劉壽春寄

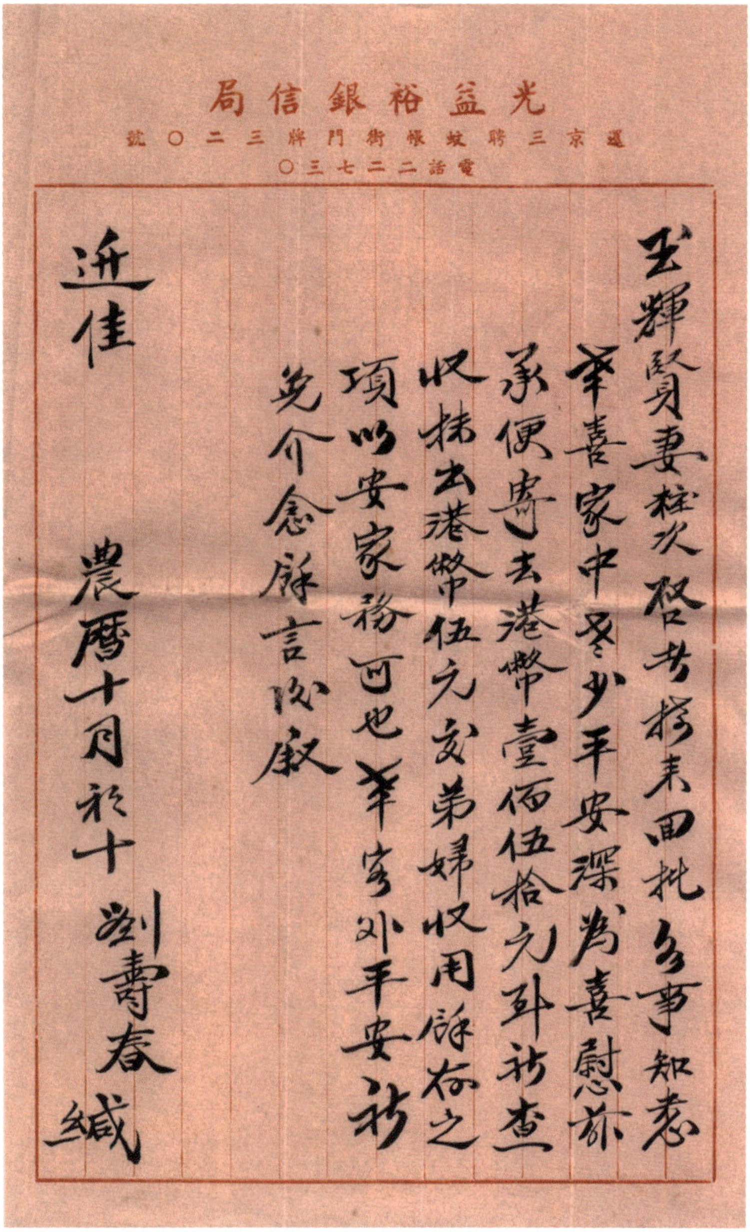
光益裕銀信局
暹京三聘蚊帳街門牌三〇二號
電話二二七三〇

玉輝賢妻粧次：啓者，於末回批之事知悉。幸喜家中老少平安，深為喜慰。茲承便寄去港幣壹佰伍拾元，到祈查收。抹出港幣伍元交弟婦收用，餘存之項以安家務可也。幸家外平安，祈免介念。餘言後叙。

近佳

農曆十月初十　劉壽春緘

农历十一月初三（1955 年 12 月 16 日）
暹罗刘寿春寄澄海月窟内乡刘宜宽

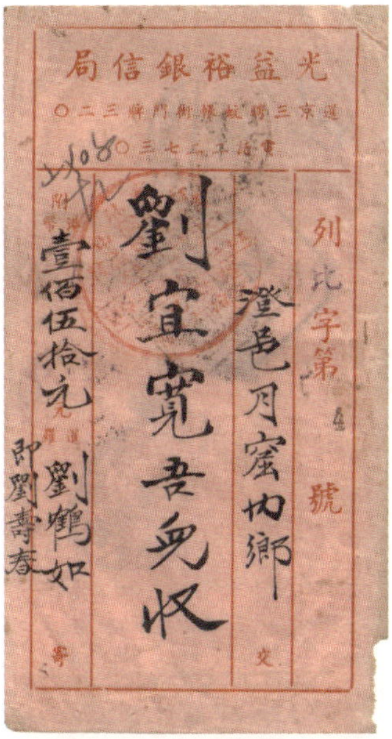

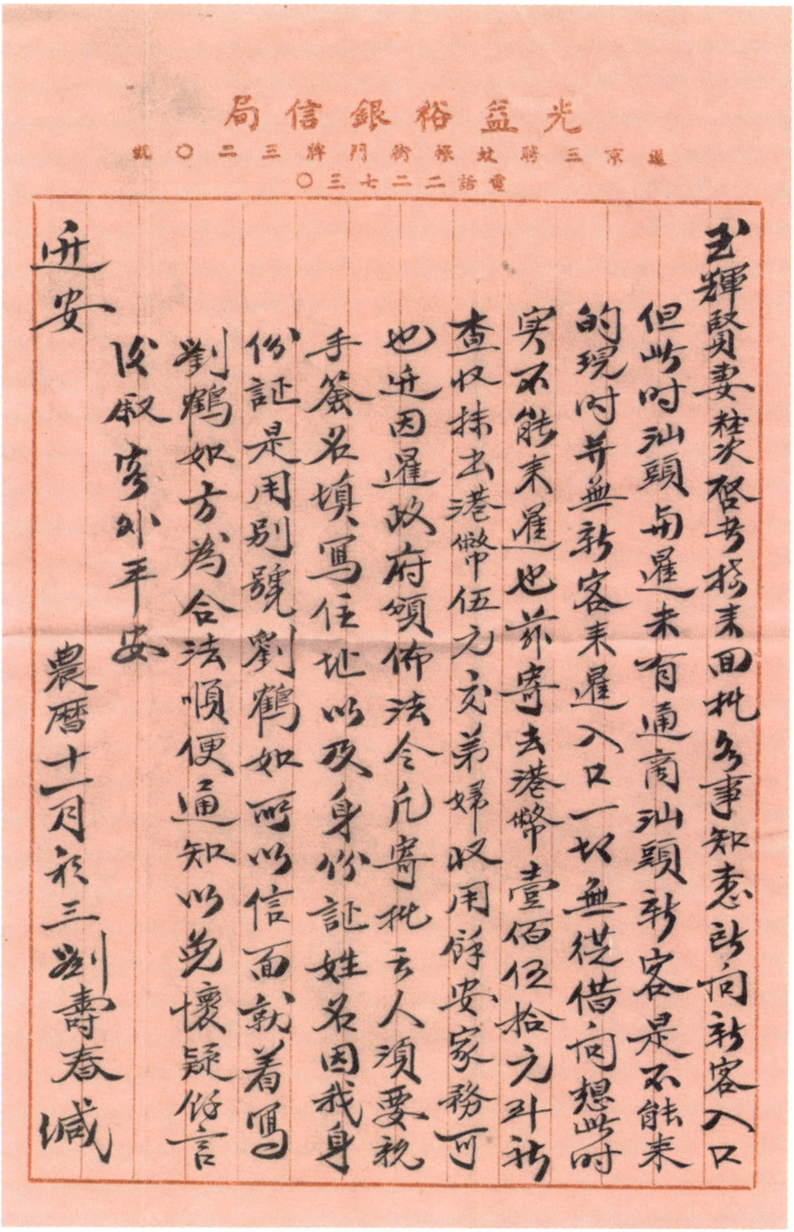

光益裕銀信局
暹京三聘坎勝街門牌三二〇號
電話二二七三〇

玉輝賢妻粧次啓者於來回批多事知悉所向新客入口
但此时汕頭与暹來有通商汕頭新客是不能來
的現时并無新客來暹入口一切無從借问想此时
实不能來暹也前寄去港幣壹佰伍拾元可於
查收抹去港幣伍元交弟婦收用餘安家務可
也近因暹政府頒佈法令凡寄批之人須要親
手簽名填寫住址以及身份証姓名因我身
份証是用別號劉鶴如所以信面就着寫
劉鶴如方為合法順便通知以免懷疑餘言
後叙 家外平安
近安
農曆十一月初三 劉壽春緘

农历六月十二日（1956年7月19日）
暹罗刘寿春寄澄海月窟内乡刘宜宽

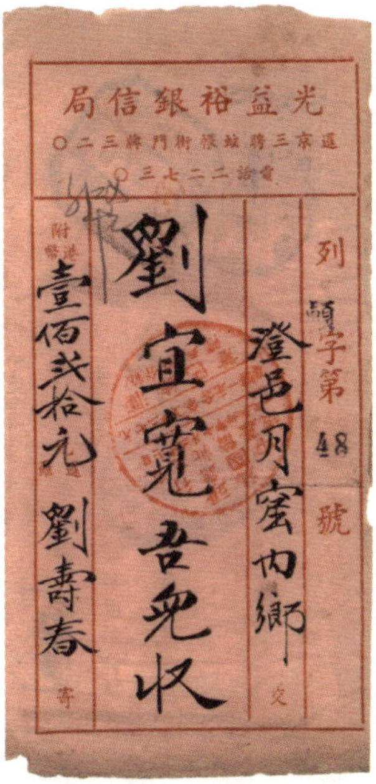
光益裕銀信局
暹京三聘越縣街門牌三二〇
電話二二七三〇
列暨字第48號
澄邑月窑內鄉
劉宜寬吾兒收
附壹佰弍拾元 劉壽春寄

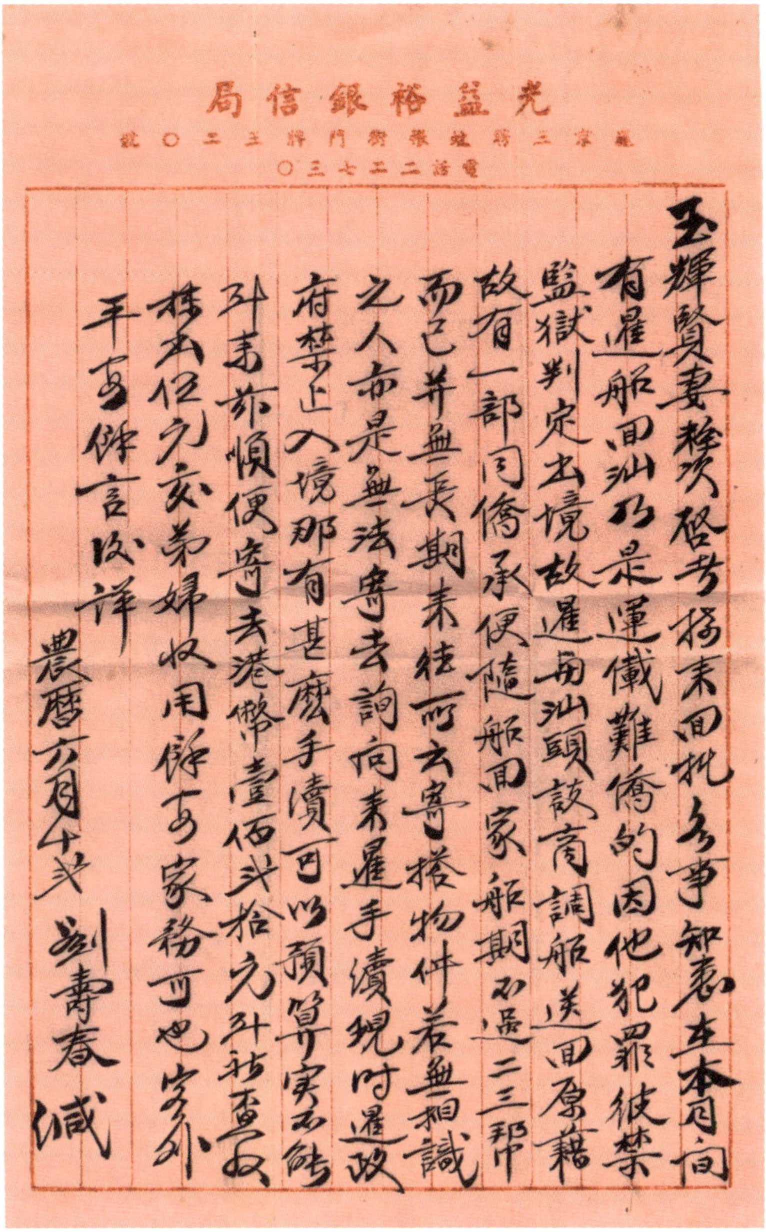
光益裕銀信局
暹京三聘越縣街門牌三二〇號
電話二二七三〇

玉輝賢妻粧次啓者接來回批各事知悉在本月向有暹船回汕乃是暹僑的因他犯罪被禁監獄判定出境故暹送回汕頭該商調船送回原籍故有一部同僑承便隨船回家船期不過二三帮而已并無長期來往所云寄搭物件甚無相識之人亦是無法寄去詢向來暹手續現時暹政府禁止入境那有甚麽手續可以預算實不能外弟亦順便寄去港幣壹佰弍拾元外祈查收拾五元交弟婦收用餘事家務可也安外平安餘言後詳

農曆六月十弍 劉壽春緘

一九五八年农历三月初五（4 月 23 日）
暹罗刘寿春寄澄海月窟内乡刘宜宽

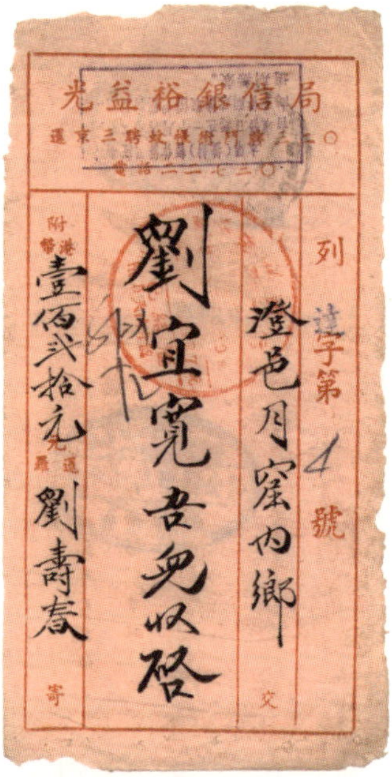
光益裕銀信局

列字第 4 號

澄邑月窟內鄉

劉宜寬 吾兒收啓

附港幣壹佰弍拾元

暹羅 劉壽春寄

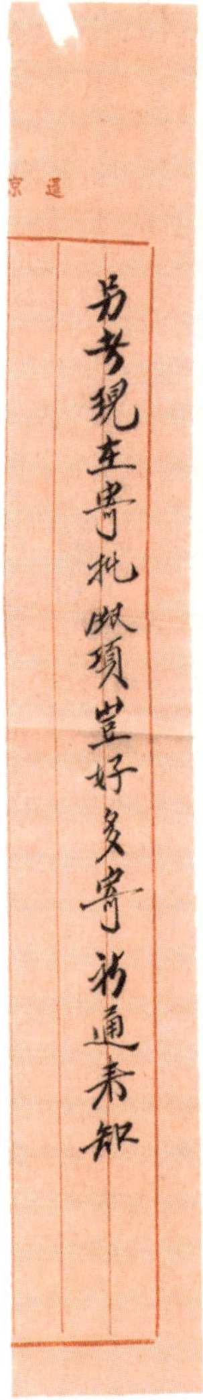
暹京

另者現在寄批紙項豈好多寄 祈通知

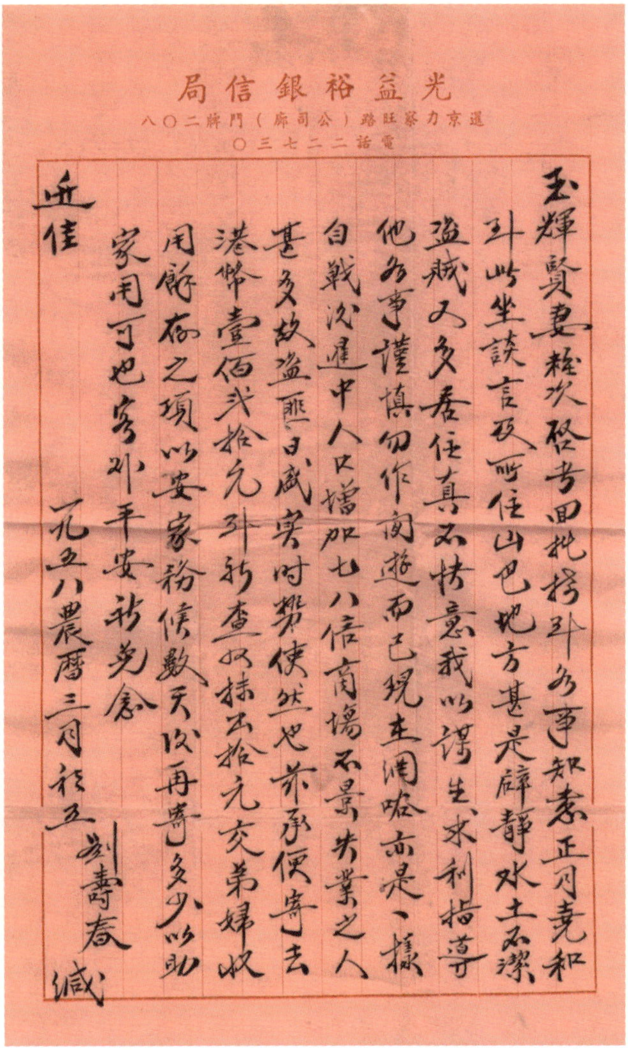
光益裕銀信局

暹京力察旺路（公司廊）門牌二○八

電話二二七三○

玉輝賢妻粧次：啓者由批拾到多事知悉，正月堯和到岇坐談言及所住山巴地方甚是僻靜水土不潔，盜賊又多居住甚不恬意，我以謀生水利指導他多事謹慎切作閑遊而已，現在潮汕亦是一樣。自戰後暹中人口增加七八倍，商場不景失業之人甚多，故盜匪日盛，實時勢使然也。兹承便寄去港幣壹佰弍拾元，到祈查收，抹伍拾元交弟婦收用，餘存之項以安家務，俟數天後再寄多少以助家用可也。客外平安祈免念。

近佳

一九五八農曆三月初五 劉壽春識

一九五九年农历五月十二日（6 月 17 日）
暹罗刘鹤如寄澄海月窟内乡刘宜宽

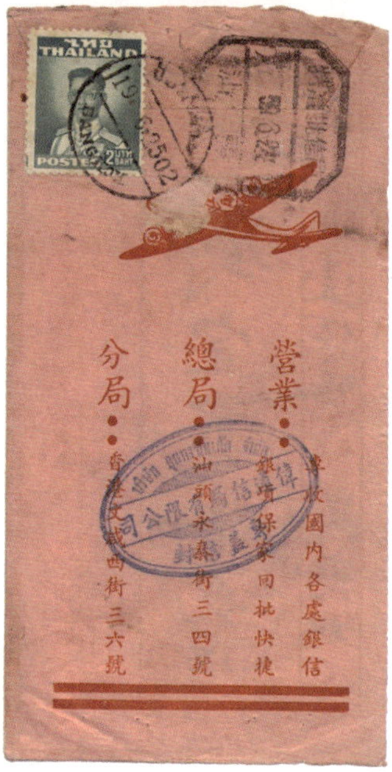

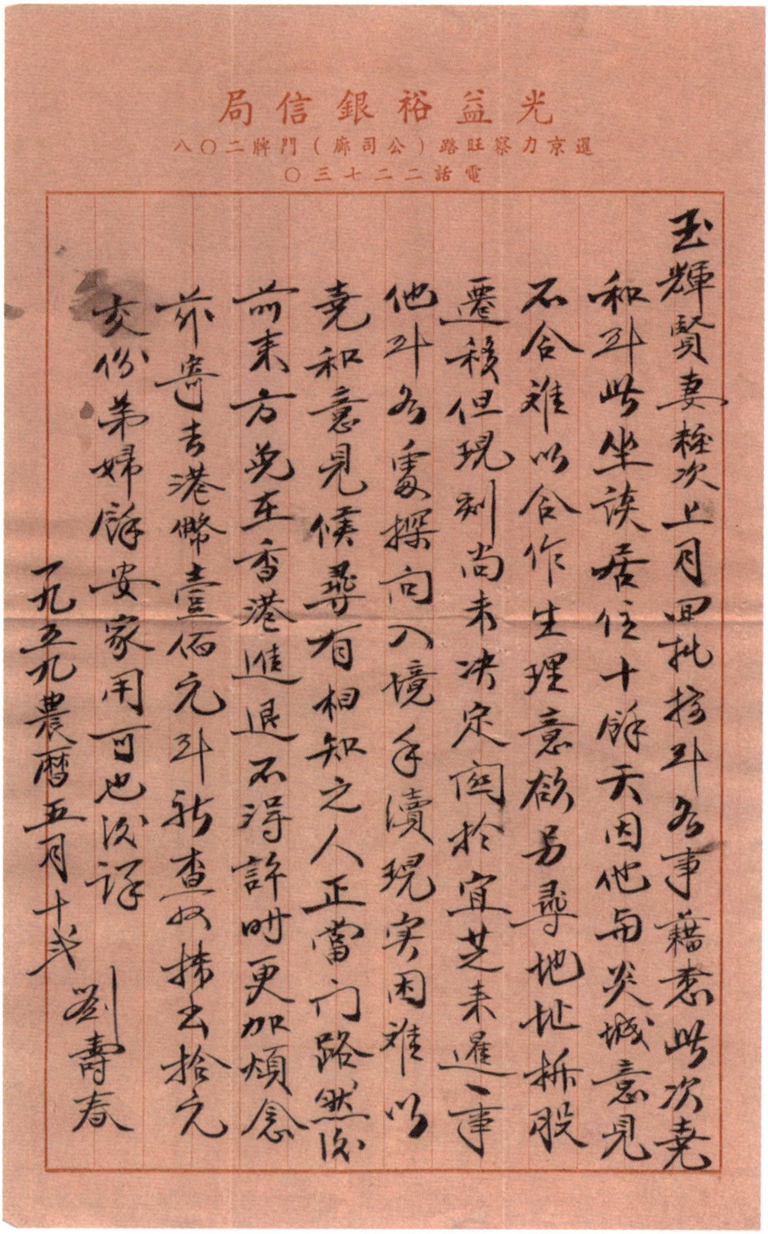

一九五九年农历六月初十（7 月 15 日）
暹罗刘鹤如寄澄海月窟内乡刘宜宽

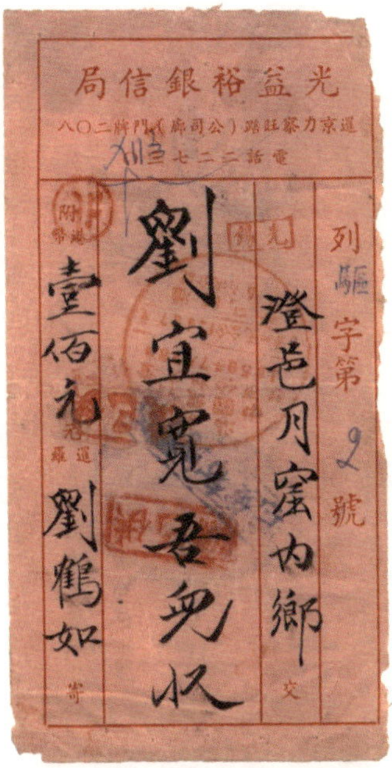

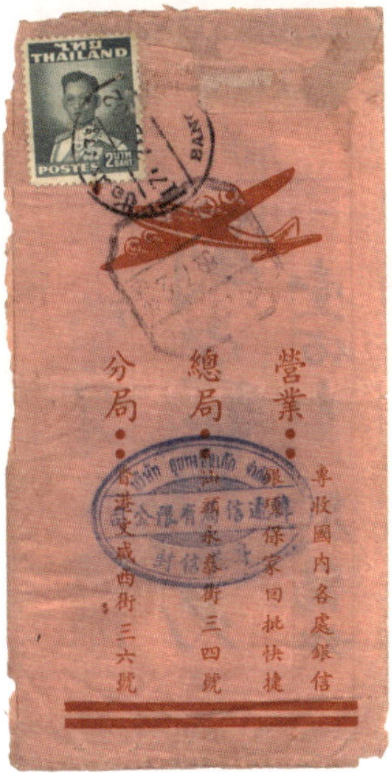

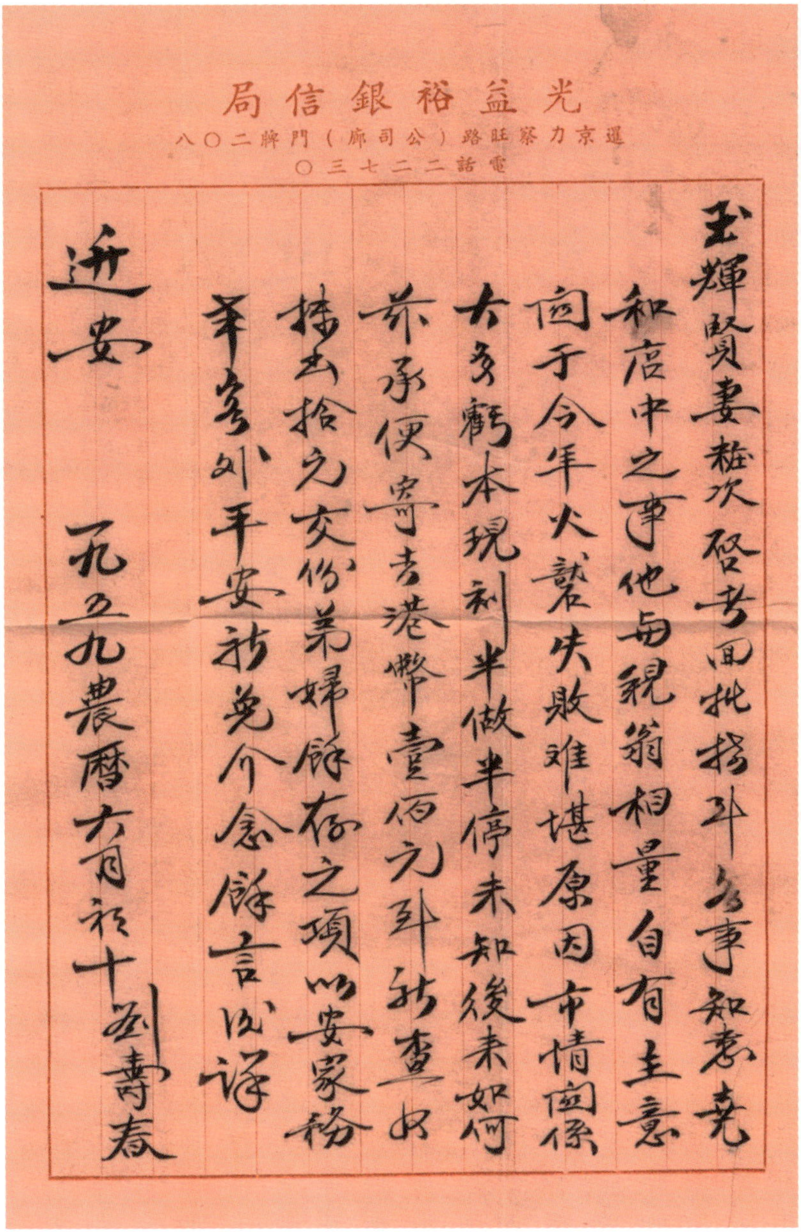

光益裕銀信局
暹京力察旺路（公司廊）門牌二〇八
電話二二七三〇

玉輝賢妻粧次：啓者，面批接到，各事知悉。竟和店中之事，他与親翁相量，自有主意。而于今年火礱失敗难堪，原因市情所係，大多鶴本現剩半做半停，未知後来如何。茲承便寄去港幣壹佰元，祈查收。抽出拾元交你弟婦，餘存之項以安家務。華家外平安，祈免介念。餘言后詳。

近安

一九五九農曆六月初十 劉壽春

一九五九年农历七月十六日（8 月 19 日）
暹罗刘鹤如寄澄海月窟内乡刘宜宽

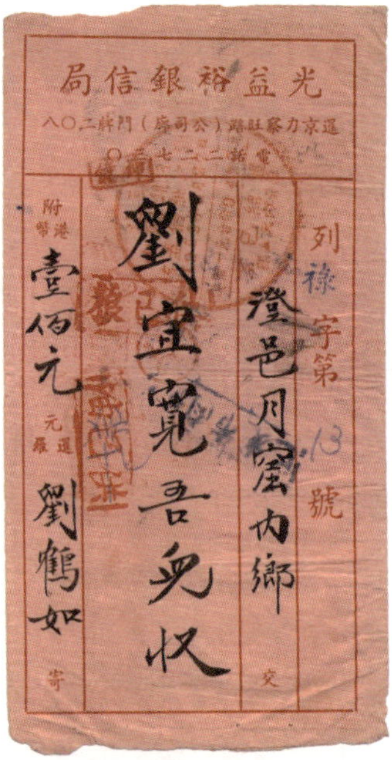

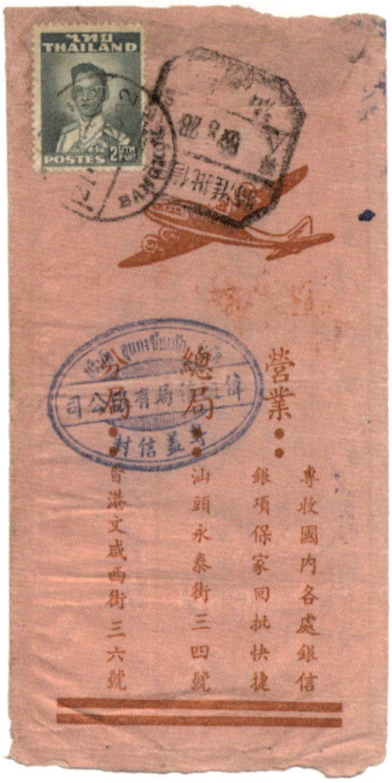

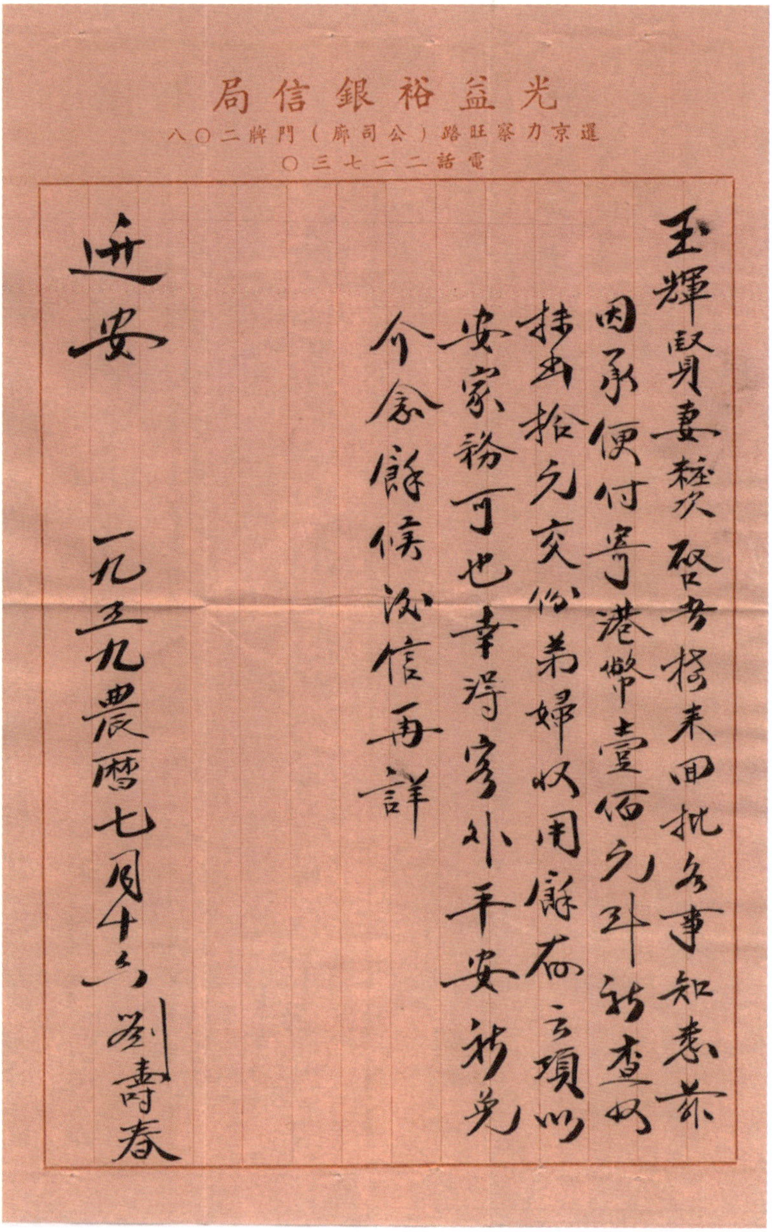
光益裕銀信局
暹京力察旺路（公司廊）門牌二〇八
電話二二七三〇

玉輝賢妻粧次 啟者茲來回批各事知悉茲
因承便付寄港幣壹佰元正 祈查收
抽出拾元交修弟婦收用餘存之項以
安家務可也幸得客外平安 祈免
介念餘候後信再詳
近安
一九五九農曆七月十六 劉壽春

一九六〇年农历九月初二（10 月 21 日）刘寿春寄妻子

光益裕銀信局
暹京力察旺路（公司廊）門牌二〇八
電話二二七三〇

玉輝賢妻粧次啟者　回批接到各事知悉　茲承便寄去港幣壹佰弍拾元　到祈查收　抽去拾元交弟婦收用　又抽拾元交媳婦收用　餘安家務可也　華家外平安　祈免介念　餘言後詳

付去萬金油一小包

近佳

一九六〇農九月初弍　劉壽春

农历正月初十（1961 年 2 月 24 日）
暹罗刘寿春寄澄海月窟内乡母亲

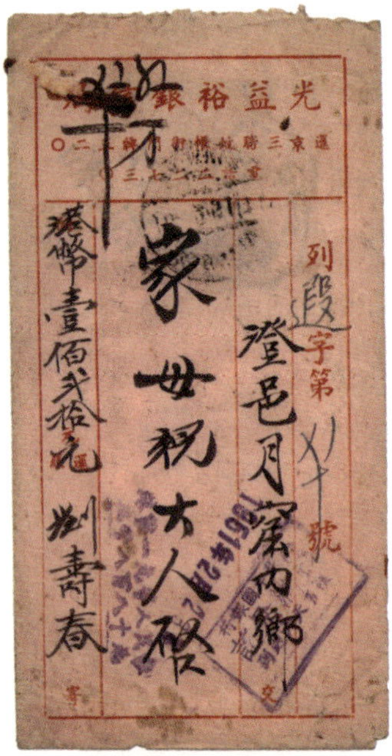

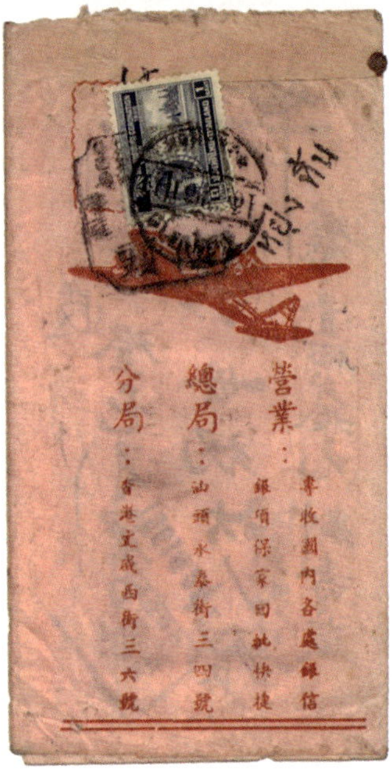

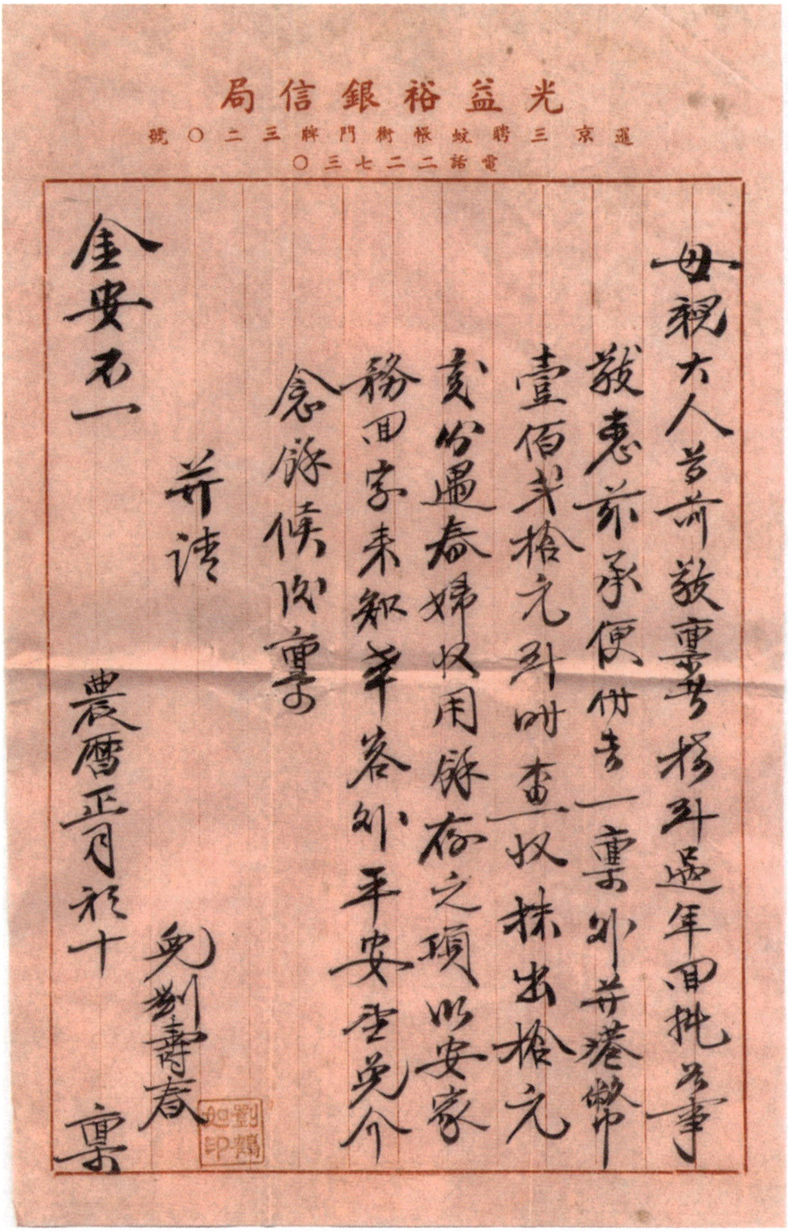

光益裕銀信局
暹京三聘蚊帳街門牌三〇二號
電話二二七三〇

母親大人尊前 敬禀者 移斗過年回批之事
敬悉 茲承便付去一禀外并港幣
壹佰弍拾元 到時查收 抹出拾元
貳份過春婦奴用 餘存之項以安家
務 田家來叙 年節外平安 望免介
念 餘候內禀
并請
金安 不一
兒 劉壽春 禀
農曆正月初十

一九六一年农历六月廿二日（8月3日）
暹罗刘鹤如寄澄海月窟内乡刘宜宽

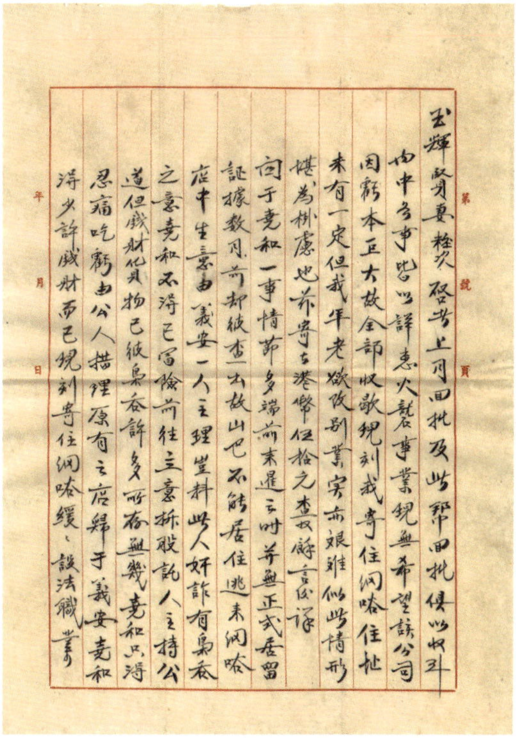
玉輝賢妻粧次　启者上月回批及此帮回批俱以收到
内中各事皆以詳悉。大龍事業現無希望，該公司
因虧本正大故全部收歇，現刘戒寄住网咯住址
未有一定。但我年老，熾改别業實亦艰难，似此情形
堪為掛慮也。茲寄去港幣伍拾元，查收為證。
向于竞和一事情節多端，前未暹之时并無正式存留
証據。数月前却被查出，故此也不能居住，逃来网咯。
店中生意由義安一人主理，豈料此人奸詐，有鳥吞
之意。竞和不得已冒險前往，主意拆股。訖人主持公
道，但钱财貨物已被鳥吞許多，所吞無幾。竞和只得
忍痛吃虧，由公人措理，原有之店歸于義安，竞和
得少許钱财而已。現刘寄住网咯，缓缓設法職業

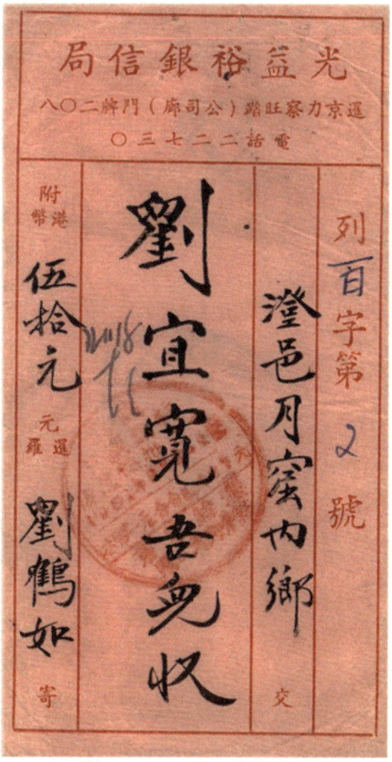
光益裕銀信局
暹京力察旺路（公司府）門牌二〇八
電話二二七三〇
列百字第2號
澄邑月窟内鄉
劉宜寬吾兒收
交
附港幣伍拾元
暹羅
劉鶴如寄

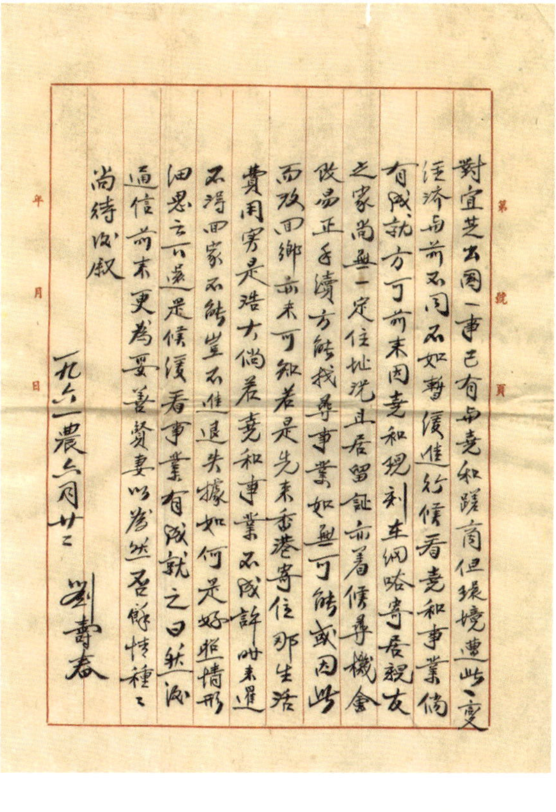
對宜芝出国一事已有與竞和蹉商，但環境遭此之变
遷，務與前不同，不如暫緩進行，候看竞和事業倘
有成就方可。前未因竞和現刘在网咯寄居親友
之家，尚無一定住址，况且存留証前着候尋機會
改易正手續方能找尋事業，如無可能或因此
而返回鄉，前未可知。若是先来香港寄住，那生活
费用實是浩大。倘若竞和事業不成，許此未暹
不得回家，不能豈不進退失據，如何是好？照情形
细思之，六妹是候缓看事業有成就之日，然後
通信前来更為要善。賢妻以為然否，餘情種種
尚待后叙
一九六一農六月廿二
刘壽春

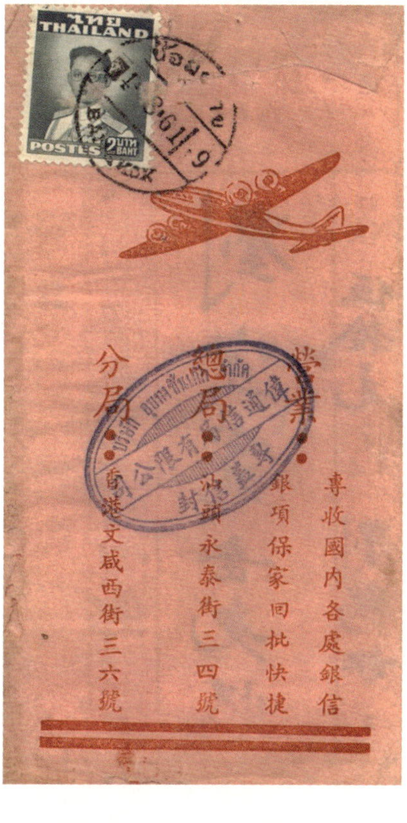

（民国）38年五月廿八日（1949年6月24日）
曼谷（泰国）洪顺维寄澄海樟林南社洪名溢

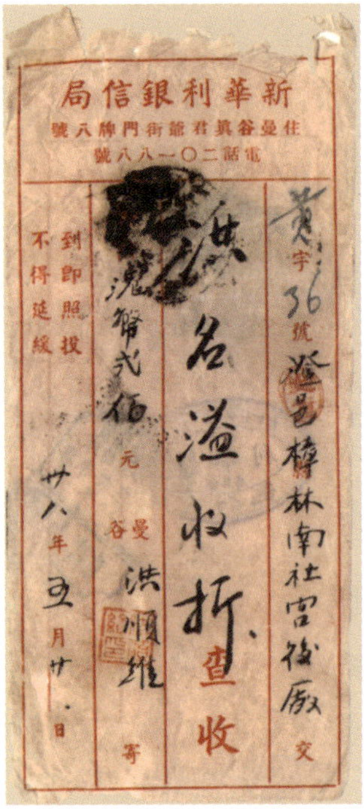

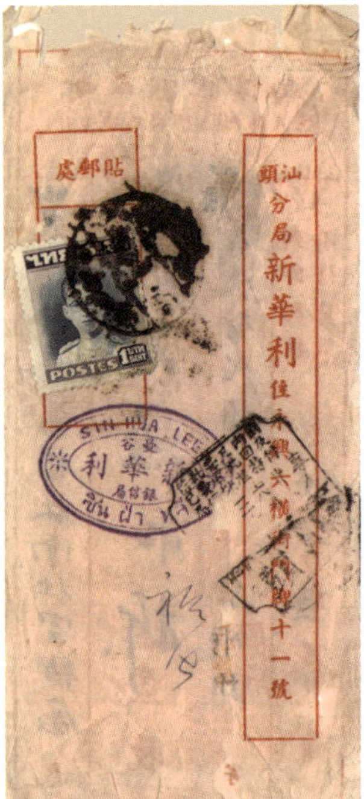

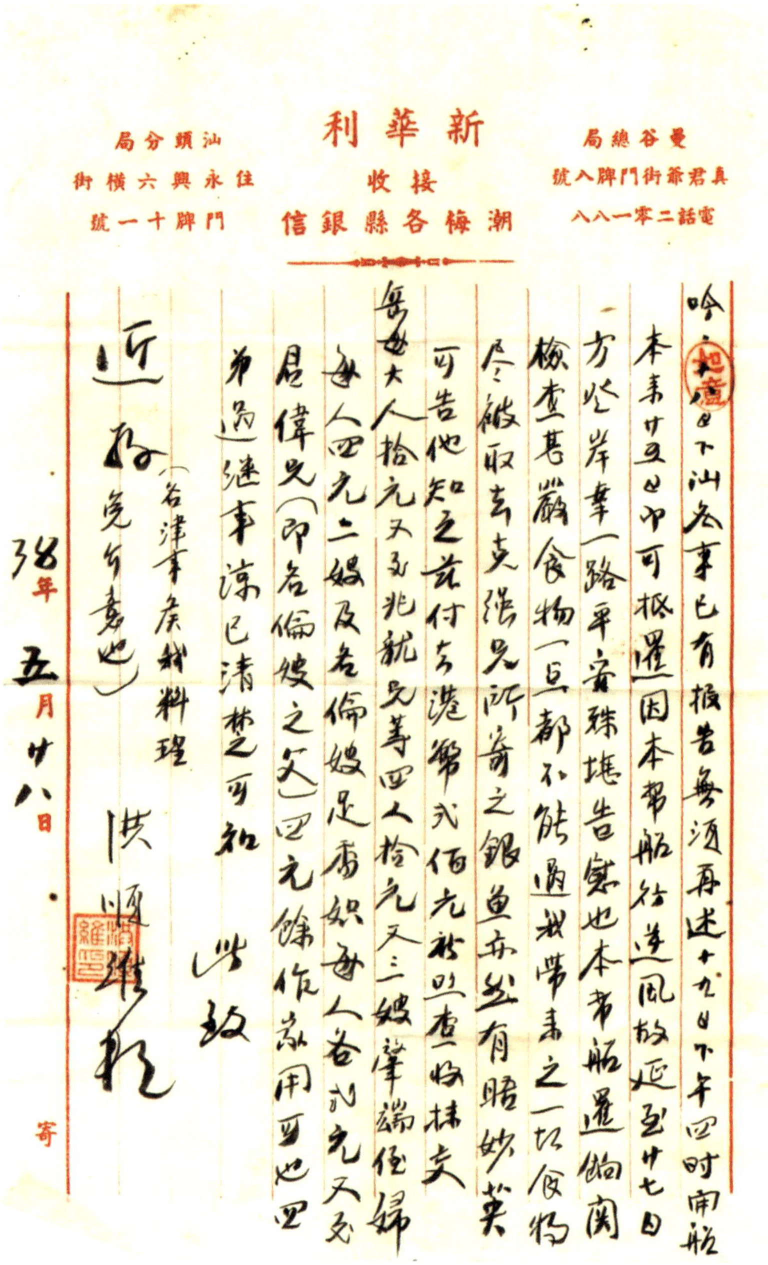
新華利
接收潮梅各縣銀信
曼谷總局 真君爺門街門牌八號 電話二零一八八
汕頭分局 住永興六橫街 門牌十一號

吟（知溢）兒：日下汕各事已有報告無須再述，十九日下午四时開船，本来廿五日可抵暹，因本帮船行逆風故延至廿七日方抵岸，幸一路平安，殊堪告慰也。本帮船暹偷関檢查甚嚴，食物一点都不能過，我带来之一切食物尽皆被取去矣。張兄所寄之銀魚亦無有賠妙矣，可告他知之。茲付去港幣弍佰元，祈照查收抹支：母大人拾元，又孙兆就兄等四人拾元，又三嫂、肇端侄婦每人四元，二嫂及各倫嫂、足香奴每人各弍元，又兒君偉兄（即名倫嫂之父）四元，餘作家用可也。四弟過继事諒已清楚之可知（各津事戾我料理）。此致
近存
兒台嘉也
洪順維 托
38年五月廿八日 寄

1950年1月20日曼谷洪顺维寄澄海樟林南社洪名溢

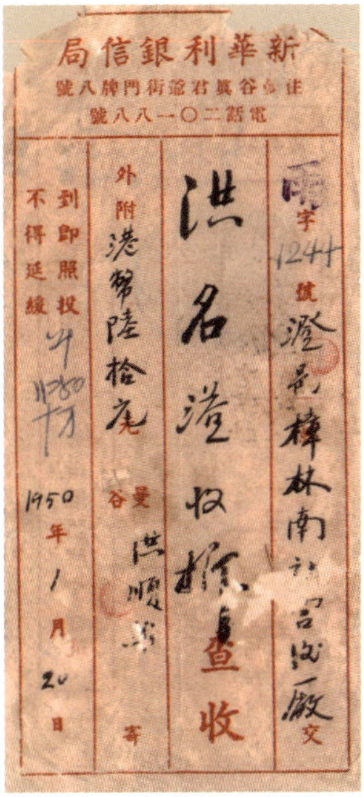
新華利銀信局
住曼谷萬君盛街門牌八號
電話二〇一八八號
甬字1244號
澄邑樟林南社
洪名溢收
查收
外附港幣陆拾元
曼谷洪順維寄
到即照投
不得延緩
1950年1月20日

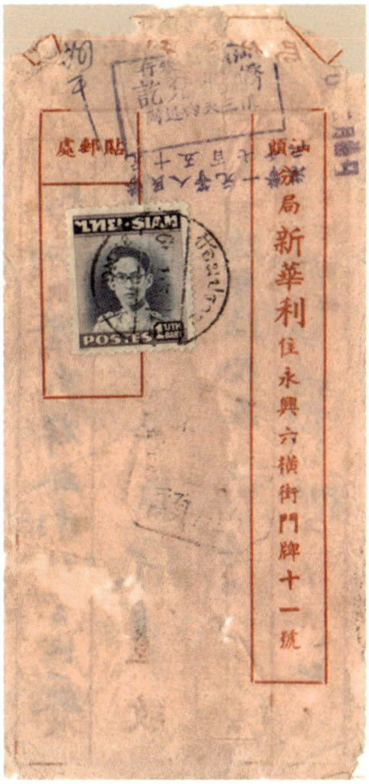

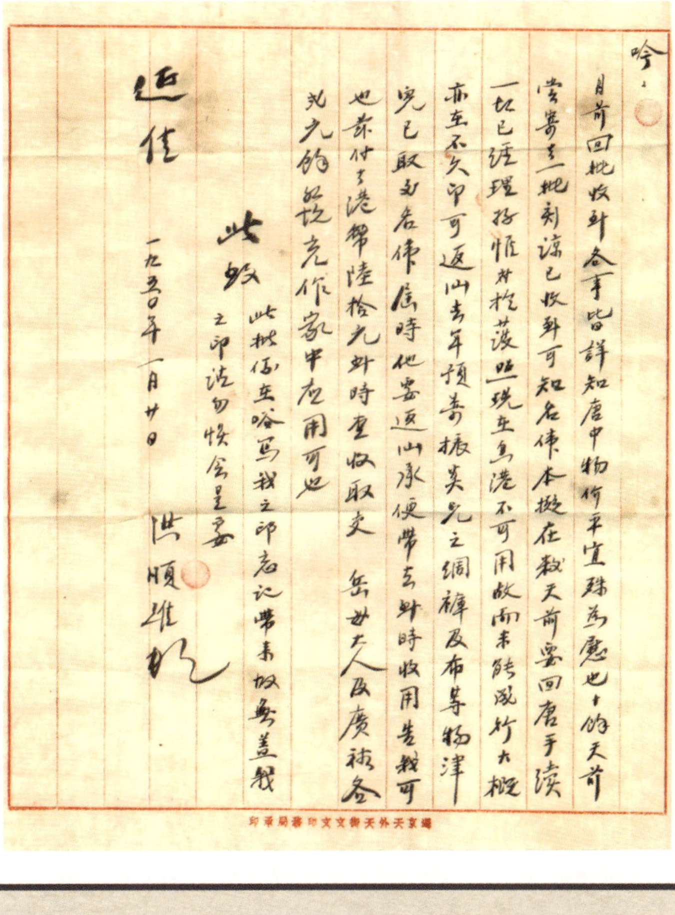
吟上
目前回批收到各事皆詳知唐中物價平宜殊為慮也十份天前
嘗寄去一批剋諒已收到可知名伟本擬在救天前要回唐手續
一切已經理好惟對於簽照現在香港不可用故而未能成行大概
亦在不久即可返山去年預寄振英兄之綢樟及布等物津
兒已取到名伟屆時他要返山承便帶去到時收用告我可
也茲付去港幣陆拾元到時查收取交　岳母大人及廣祐各
兄九的紙枝克作家中應用可也
此致
近佳
一九五〇年一月廿日　洪順維
此批係在哈巴我之印店記帶来故無盖戳之印請勿恢含是要

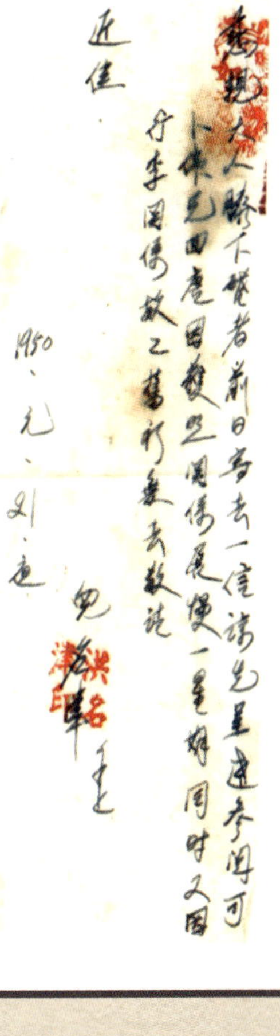

1951 年 9 月 10 日暹罗（泰国）洪顺维寄澄海樟林南社洪名溢

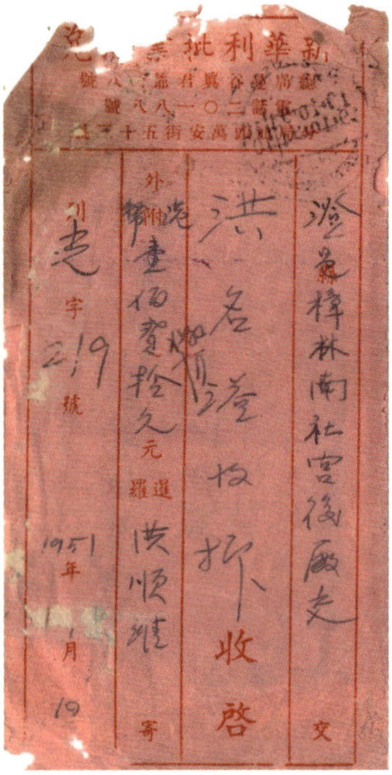

新華利批業
暹京總局 真君爺門牌八號 電話二零一八八號
汕頭分局 萬安街門牌五十三號

澄海樟林南社宫後厰内
洪名溢 收啓
外附港幣壹佰貳拾元
暹羅 洪順維 寄
別字 219 號
1951 年 9 月 10

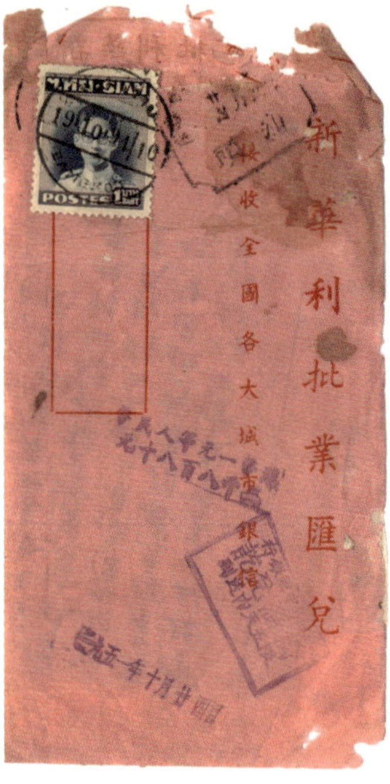

新華利批業匯兑
接收全國各大城市銀信

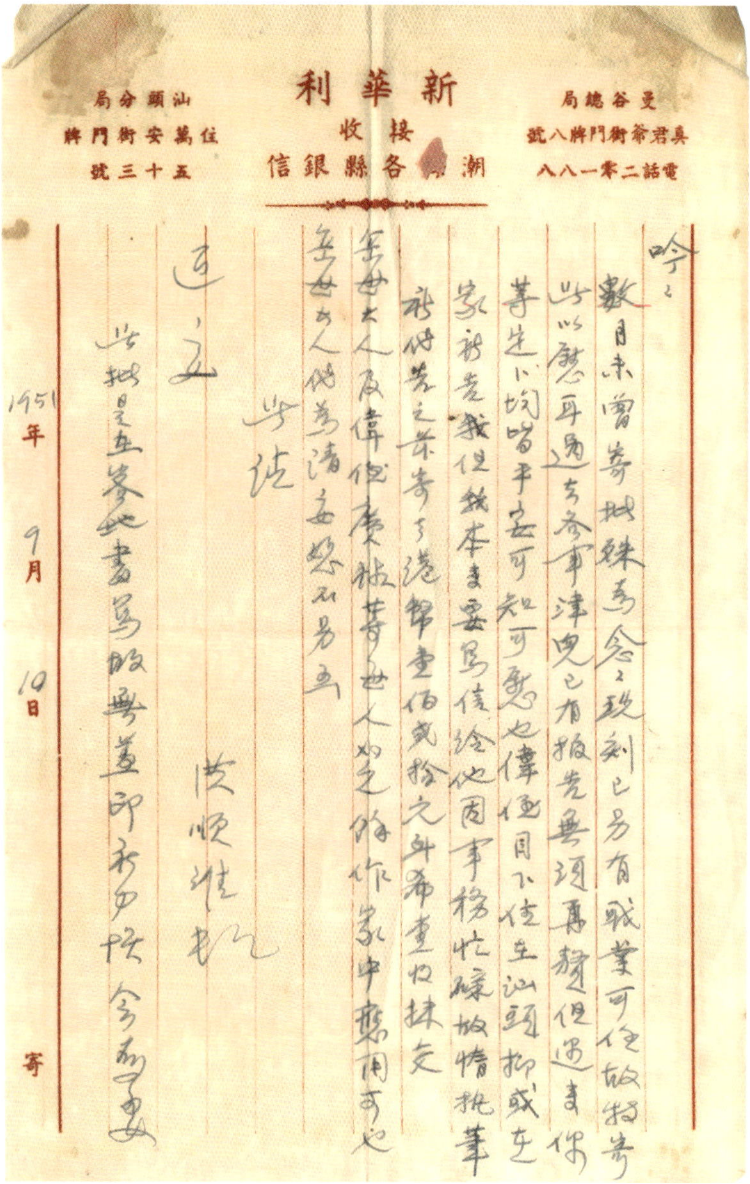

新華利
暹谷總局 真君爺街門牌八號 電話二零一八八
接收潮屬各縣銀信
汕頭分局 住萬安街門牌五十三號

吟之：

數月未曾寄批，殊為念之。致劍已另有職業可任，故特寄此以慰念。再遇事，津兜已有報告，無須再贅，但近來保等生下均增平安，可知可慰也。偉任目下住在汕頭抑或在家？祈告我住址，本來要寫信給他，因事務忙碌，故情批筆祈代告之。茲寄去港幣壹佰貳拾元，外希查收，抹交家母大人及偉倪、慶祿等出人收之，以作家中零用可也。余無別人，代為請安，恕不另函。此佈

近安

洪順維 書

此批是在寄此書寫，故無蓋印，祈勿怪念為要

1951 年 9 月 10 日寄

1952年7月26日暹罗洪顺维寄澄海樟林南社洪名溢

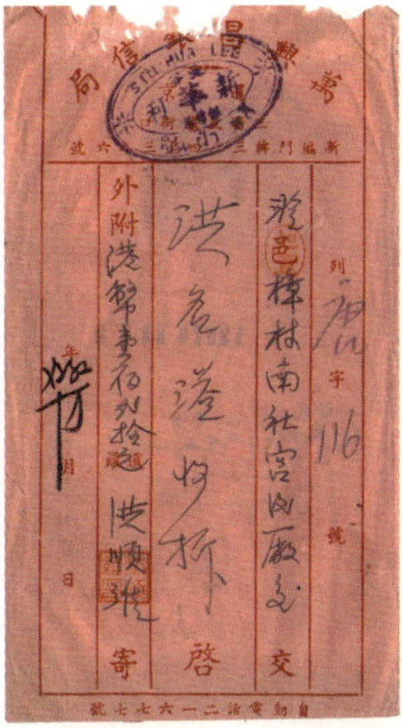

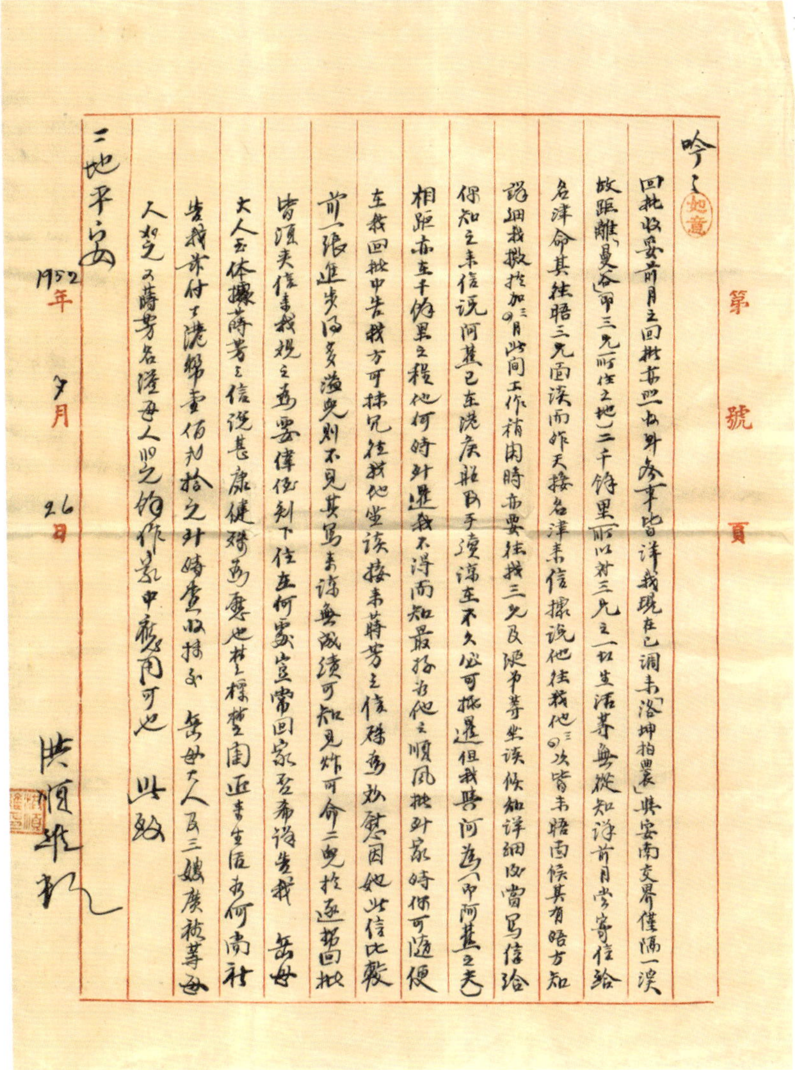
吟之（如意）

第　號　頁

回批收妥前月之回批共四封外务事皆详我现在已调来「洛坤柏罛」与安南交界仅隔一溪故距离「曼谷」（即三兄所住之地）二千馀里所以对三兄之一切生活毫无从知详前月尝寄信给名律命其往晤三兄面谈而昨天接名律来信据说他往找他三四次皆未晤面候其有晤方知详细我拟於加三四月此间工作稍闲时亦要往找三兄及德弟等坐谈俟知详细后当写信给你知之来信说河甚已在洗衣店做手续谅在不久必可批还但我与河为（即河甚之夫）相距亦在千馀里之程他何时外还我不得而知最好为他之顺风批到家时你可随便在我回批中告我方可抹兄往找他坐谈接来蒋芳之信殊为欢慰因她此信比较前一张进步得多若照此则不见其写来请无滋续可知见炸可命二儿拾逐期回批皆须夹信来我视之为要伟伍刻下住在何处宜常回家至希详告我 岳母大人玉体据蒋芳之信说甚康健殊为慰也林之标楚闺近来生活如何尚祈告我并付去港币壹佰九拾元外时查收拷交 岳母大人及三姨广被等每人一概又蒋芳各滢每人四元之的作家中费用可也 此致

二地平安

1952年7月26日

洪顺维 托

1952 年 8 月 26 日暹罗洪顺维寄澄海樟林南社洪名溢

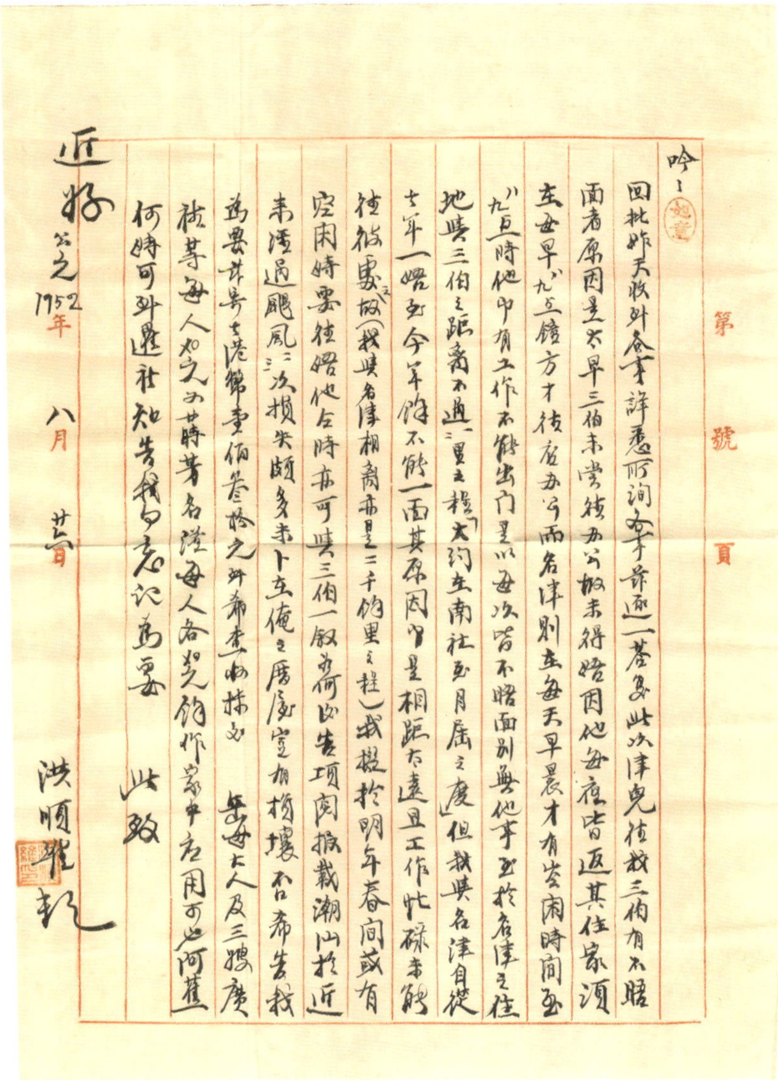

吟（x）　第　號　頁

回批昨天收到，今事詳悉。所詢家事，前述一番多此次侓兒往找三伯，有不晤面者，原因是大早三伯未嘗往出，所以未得晤面，因他每夜皆返其住家，須在每早八九点鐘方才往店，而兩名侓則在每天早晨才有空閑時間，至八九点時他即有工作，不能出門，是以每次皆不晤面，別無他事。至於侓兒之住地與三伯之距離不過二里之程，大约在南社五月底之處。但我與侓兒自從去年一別至今年仍不能一面，其原因即是相距太遠，且工作忙碌，未能往彼處，故（我與侓兒相离亦是二千的里之程）我擬於明年春間或有空閑時要往晤他，今時亦可與三伯一敘。至於所告項內，報載潮汕於近來遭過颱風二三次，損失頗多，未卜五弟之居屋宅有損壞否，希告我為要。並寄去港幣壹佰叁拾元，外希查收并抹之。母親大人及三嫂、庚妹等每人知之，如其時著名澄海人各知之，的作家中應用可也。阿崔何時可到暹社，知告我勿忘記為要。此致

近好

公之

1952年 八月 廿六日

洪順維 手札

1953 年 6 月 1 日暹罗洪顺维寄澄海樟林南社洪名溢

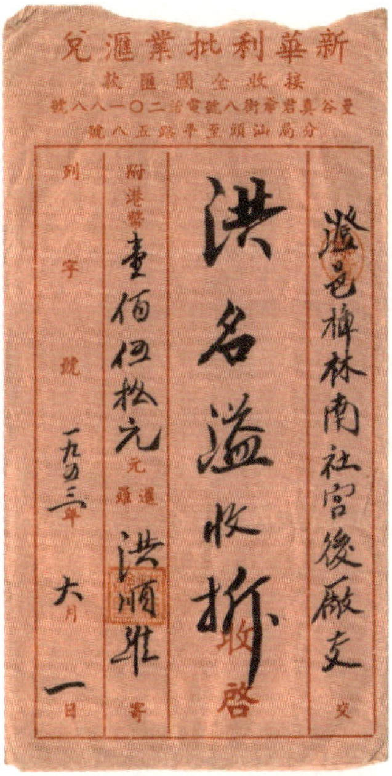

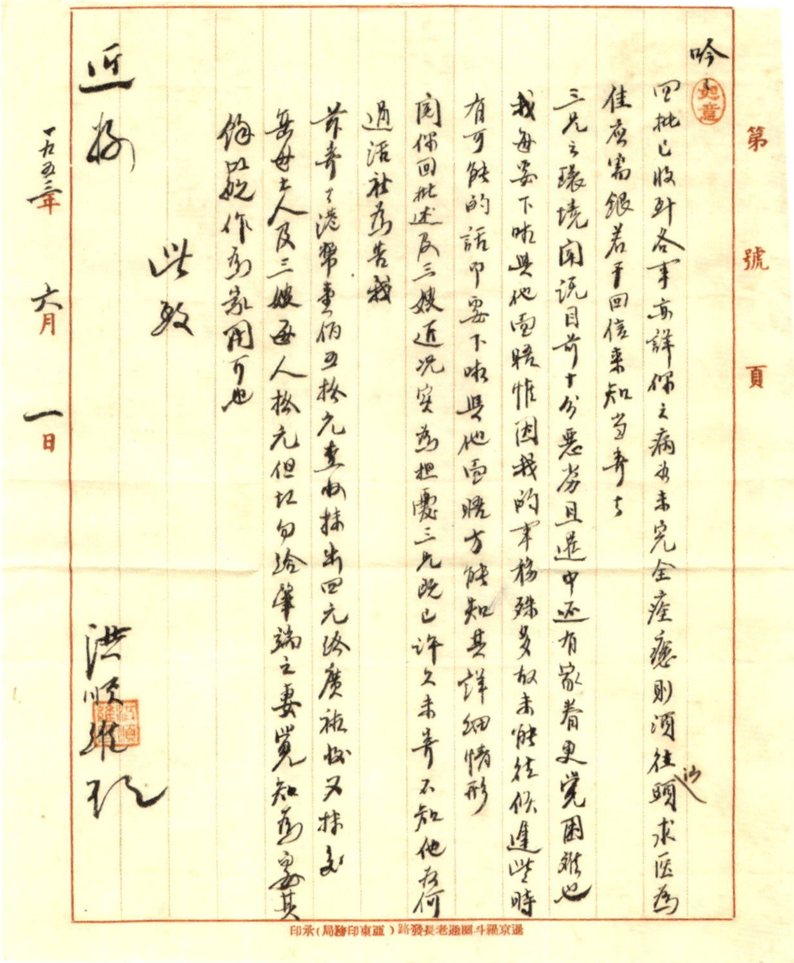

第　號　頁

吟兄如意

回批已收到，各事亦詳。你之病亦未完全痊癒，則須往汕頭求医為佳。應需銀若干，回信來知為要。三兄之環境，聞說目前十分惡劣，且這中返有家眷，更覺困難也。我每要下咁與他回贍，惟因我的事務殊多，故未能往你處，遲些時有可能的話，仍要下咁與他回贍，方能知其詳細情形。閱你回批述及三嫂近況，實為担憂，三兄晚上許久未寄，不知他如何過活，祈為告我。茲寄上港幣壹佰伍拾元，壹佰抹出四元給廣裕，拾又抹交安母大人及三嫂每人拾元，但切勿給筆端之妻，覺知為要。其餘的作為家用可也。

此致

近好

洪順維

一九五三年六月一日

1953 年 6 月 4 日洪名津寄母亲

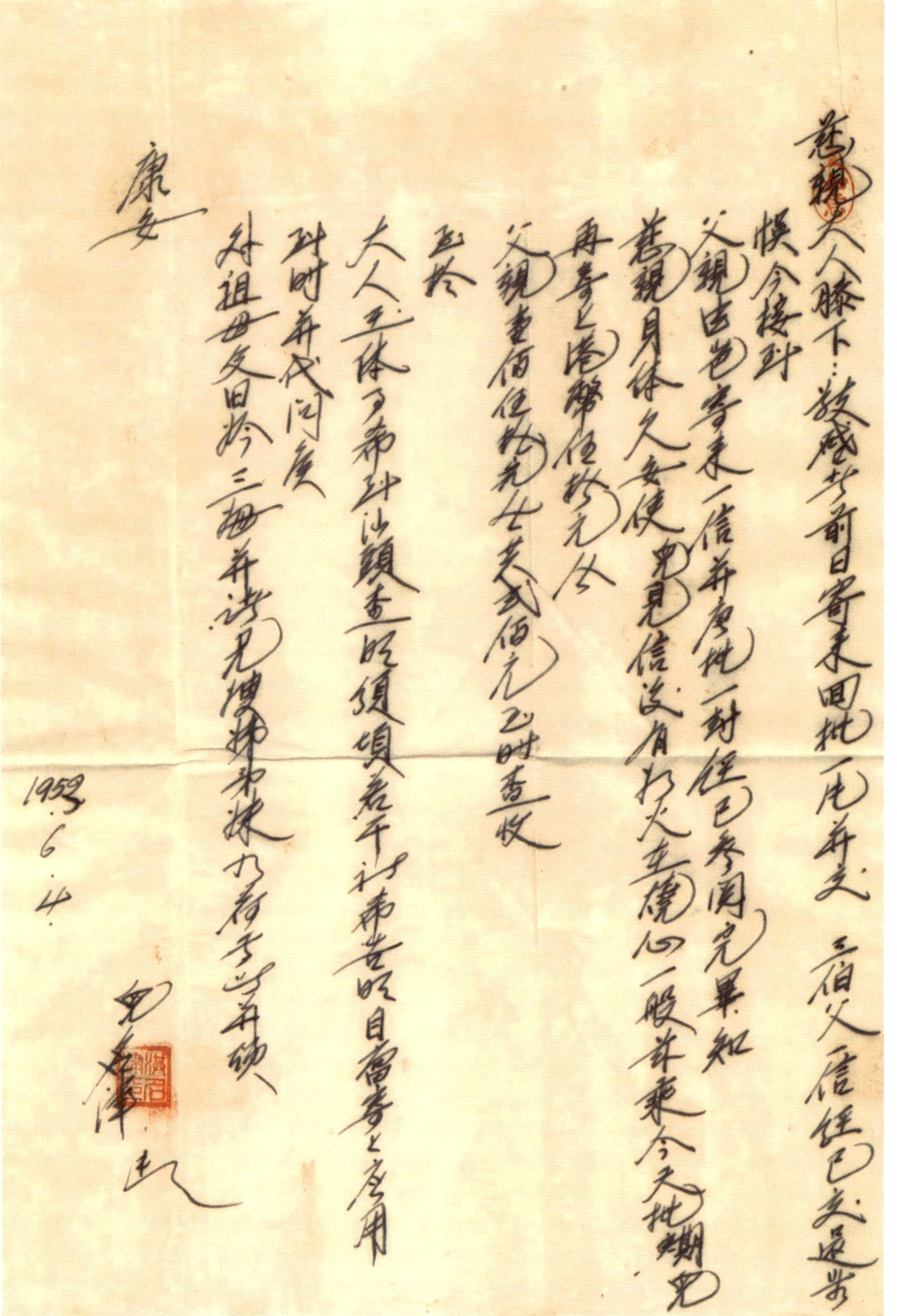

慈親大人膝下：敬啟者，前日寄來回批一張并交三伯父信經已交遞，岁
慎今接到
父親由芭寄來一信并唐批一封，經已參閱完畢，知
慈親身体久安，使兒見信沒有，好大在饒心一般，并乘今次批期，兒
再寄上港幣伍拾元，仝
父親壹佰伍拾元，先生共弍佰元，至时查收。
至於
大人玉体可希到汕頭查明須須若干，祈希告明，自當寄上應用。
到时并代問候
外祖母及日嬸三姆并諸兄嫂弟妹均各安并頌
康安
1953.6.4.
兒名津上

1953 年 8 月 2 日暹罗洪顺维寄澄海樟林南社洪名溢

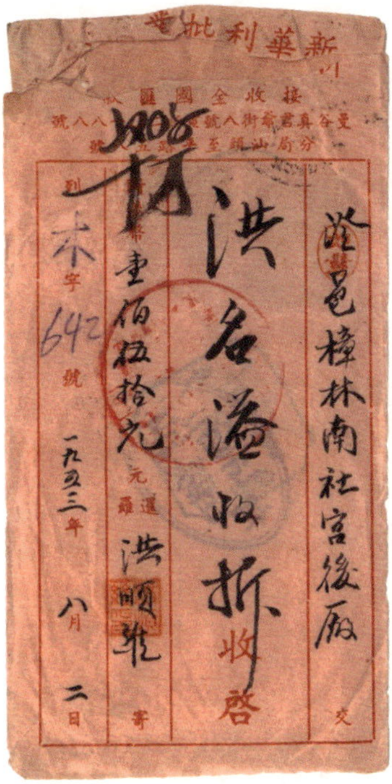

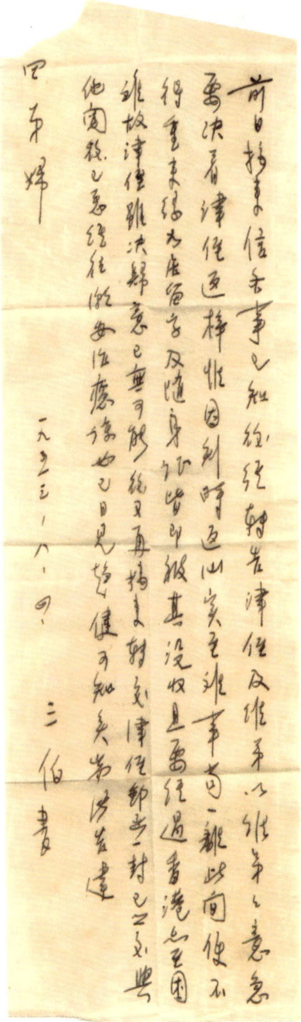

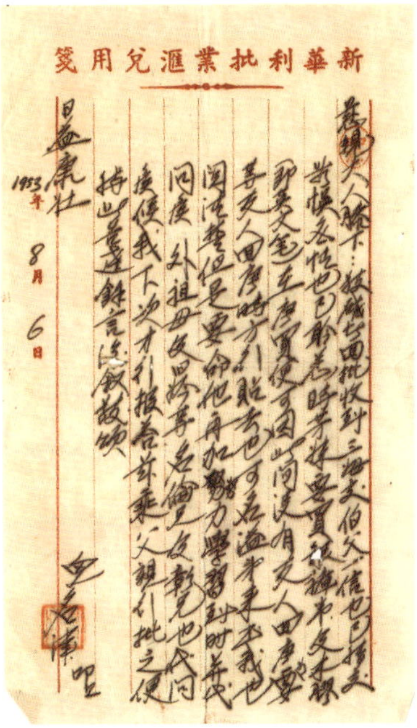

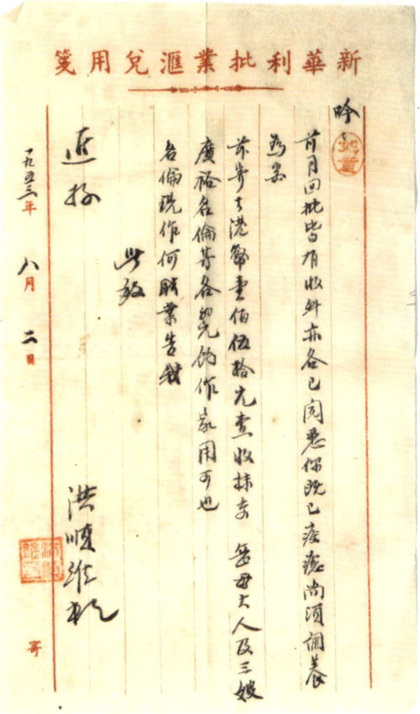

1953 年 9 月 2 日暹罗洪顺维寄澄海樟林南社洪名溢

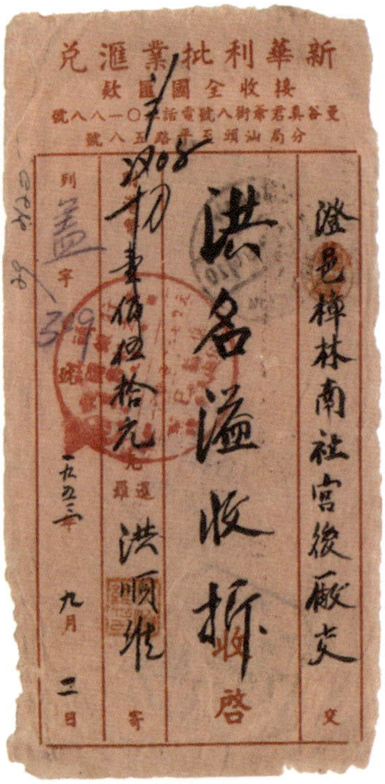

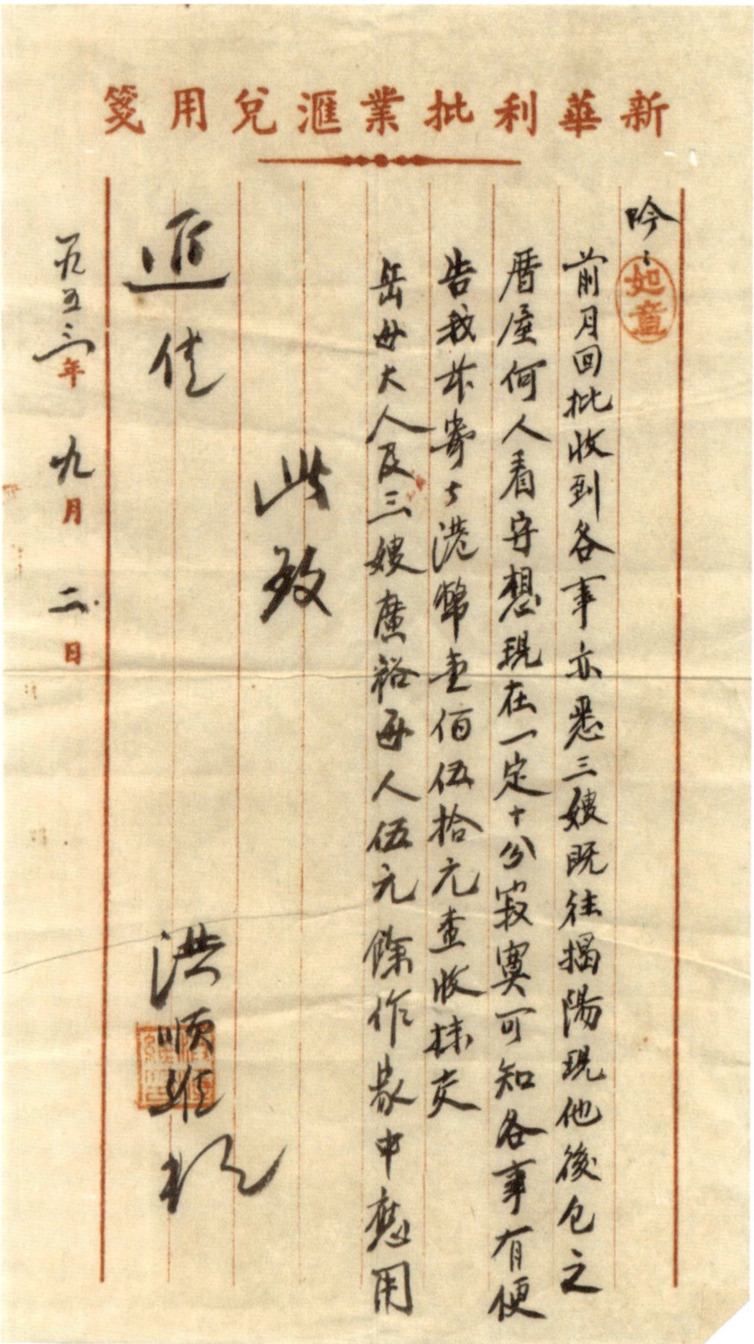
新華利批業滙兑用箋

吟

如意

前月回批收到各事亦悉三嫂既往揭阳现他后仓之厝屋何人看守想现在一定十分寂寞可知各事有便告我尔寄去港币壹佰伍拾元查收抹交岳母大人及三嫂应裕每人伍元余作家中应用

此致

近佳

洪顺维托

五三年九月二日

1953年11月3日暹罗洪名津寄澄海樟林南社洪名溢

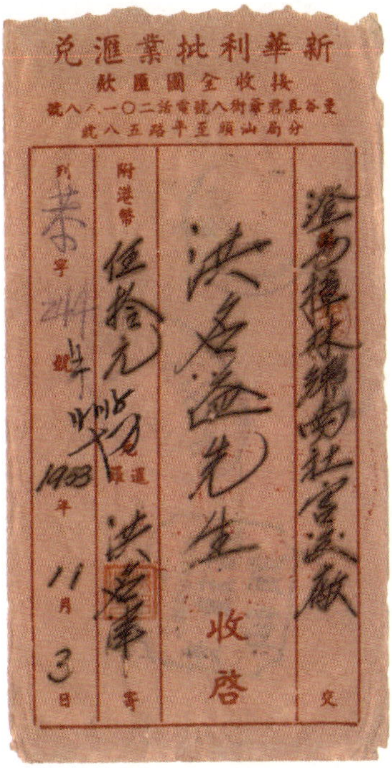

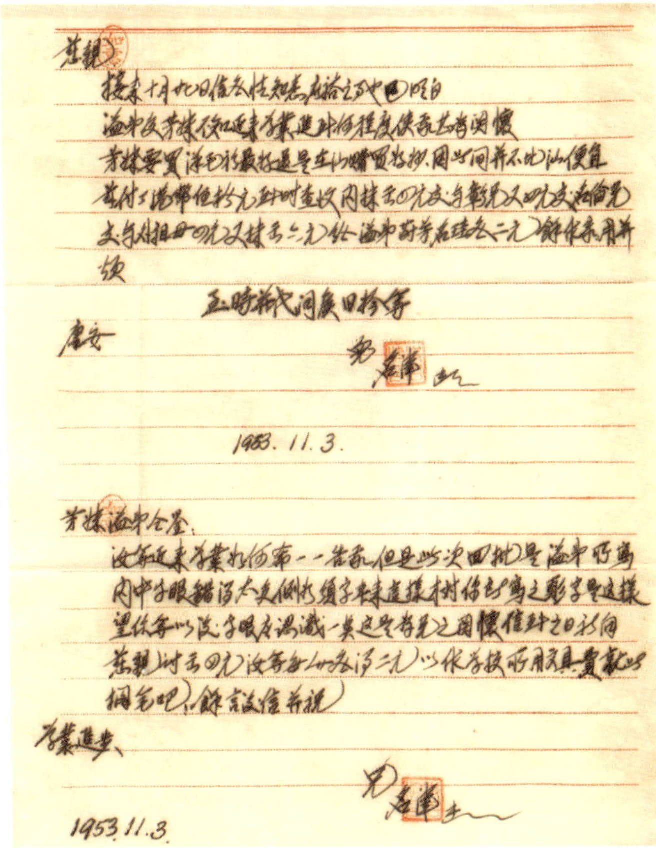

慈亲：

接来十月廿[illegible]日信，各情知悉，并拾元[illegible]明白。

溢中及青妹[illegible]近来学业进[illegible]，[illegible]关怀。

青妹要买洋毛衫，最好还是在汕购买为好，因此间并不比汕便宜。

兹付上港币伍拾元，到时查收，内[illegible]

[illegible]

颂

[illegible]

康安

儿 名津 上

1953.11.3.

青妹、溢中全鉴：

汝等近来学业如何？常一一告我，但是此次回批是溢中所写，内中字眼错得太多，[illegible]

[illegible]

[illegible]

[illegible]

学业进步、

兄 名津 上

1953.11.3.

1953 年 12 月 4 日暹罗洪顺维寄澄海樟林南社洪名溢

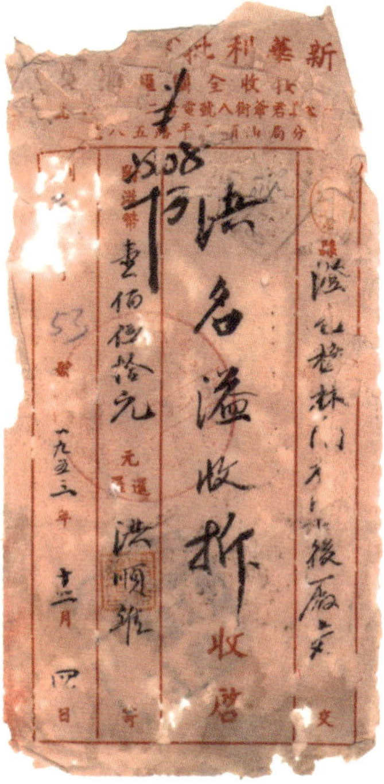

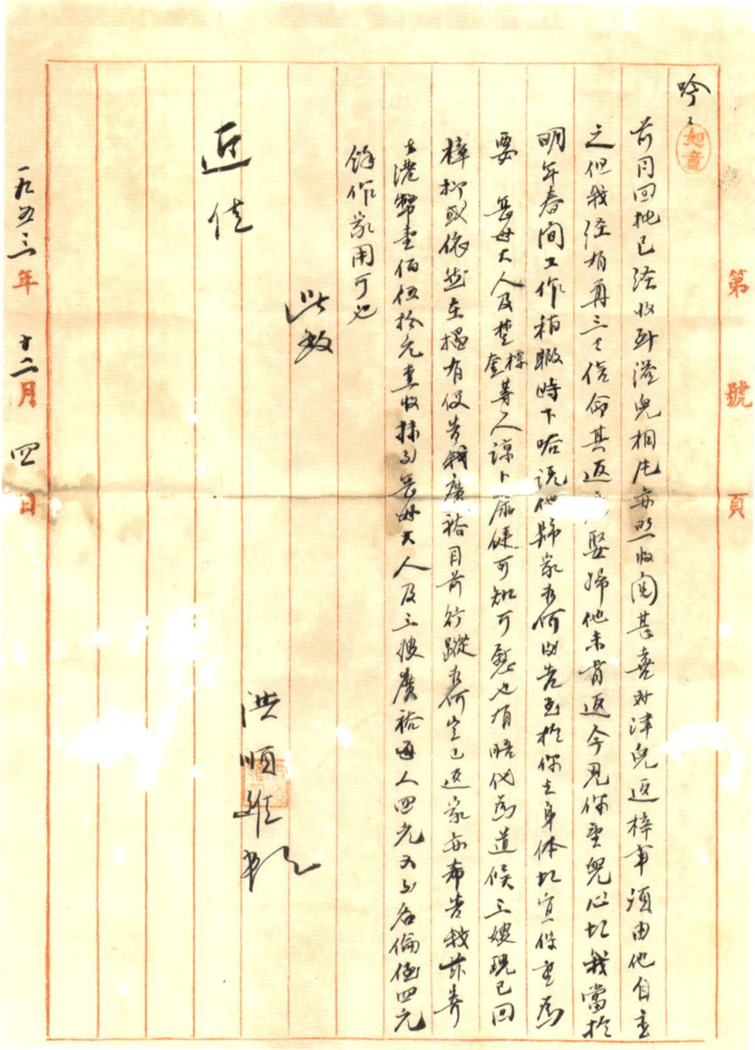

吟吟如意

前月回批已经收到，澄兜桐先亦照收，阅悉。嘉林津兜返樟事须由他自主之，但我经再三信命其返，要归他未肯返，今见你要兜心切，我当于明年春间工作稍暇时下咯说他归家，亦何必急。至于你之身体，亦宜保重为要。吾母大人及楚金、标菁人谅亦康健，可知可慰也。顺略代为道候。三嫂现已回樟，抑或仍然在暹，有几多钱，度裕目前，纺蹤亦何，望已返家，亦希告我。兹寄去港币壹佰伍拾元，查收。拨出吾母大人及三嫂、庚裕每人四元，又各编伍四元，余作家用可也。

此致

近佳

洪顺维

一九五三年十二月四日

1954年1月16日暹罗洪顺维寄澄海樟林南社洪名溢

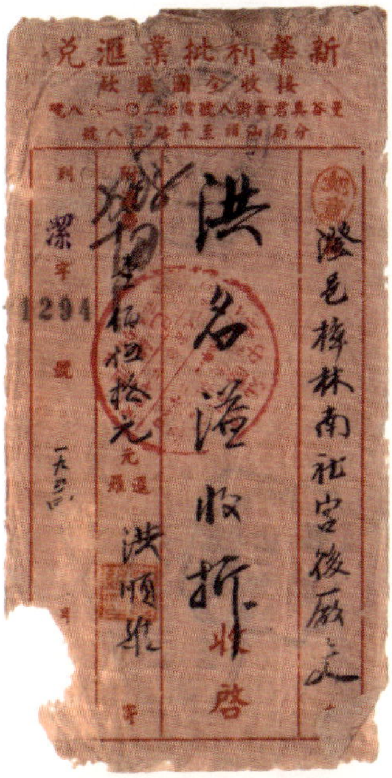

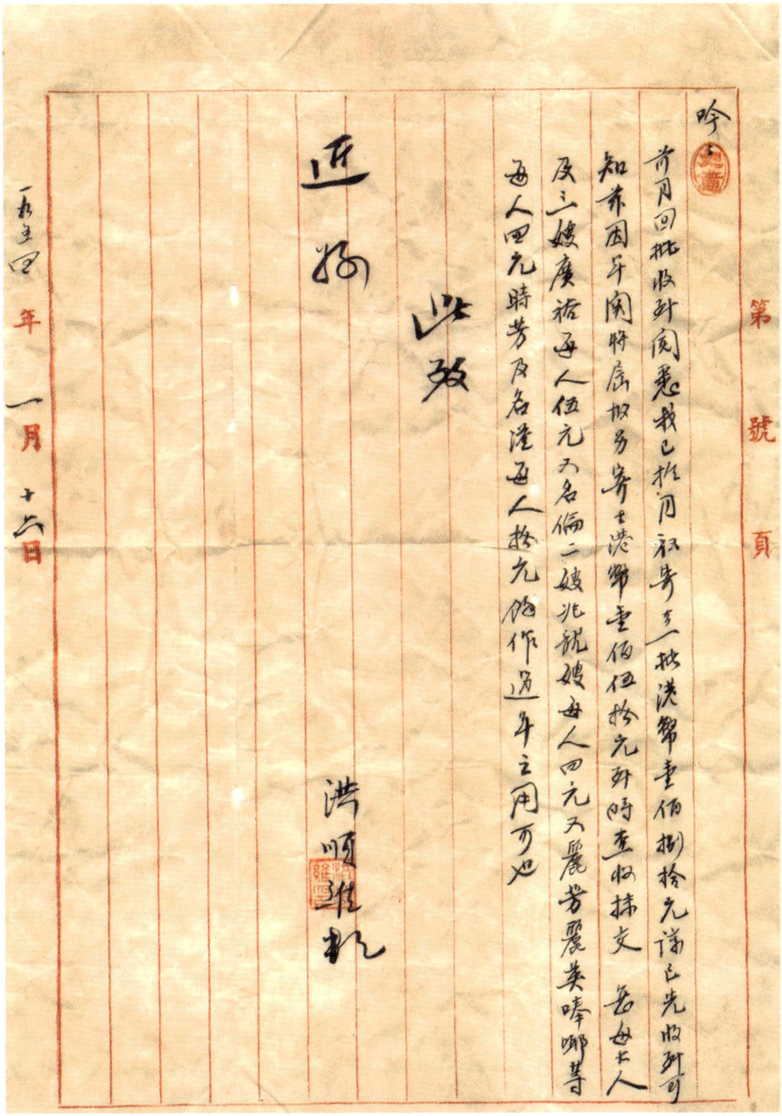

1954 年 9 月 8 日暹罗洪顺维寄澄海樟林南社洪名溢

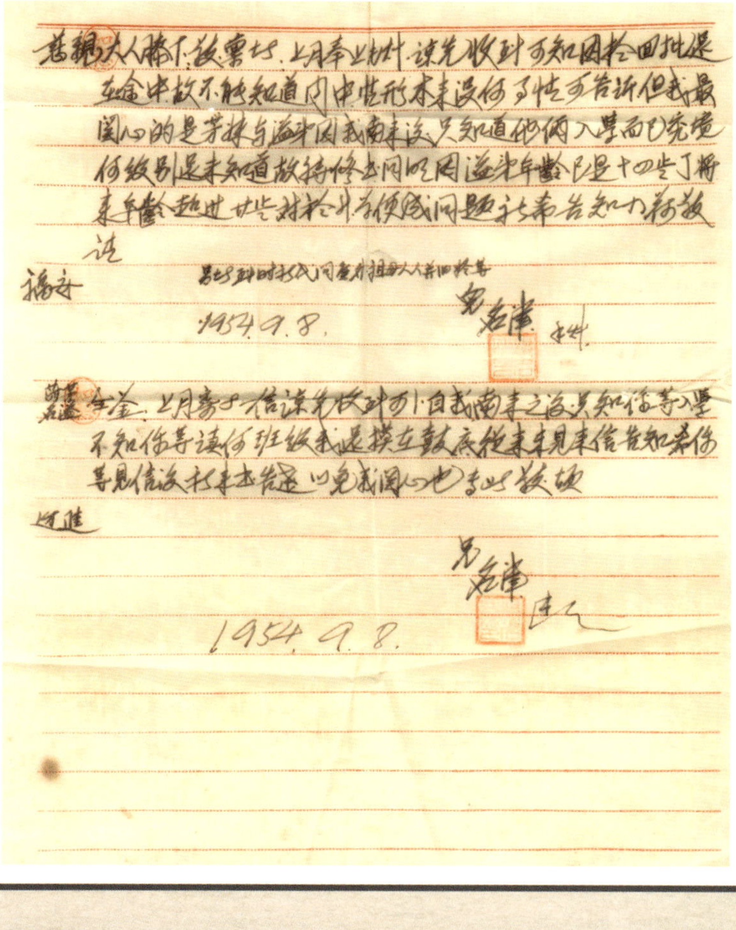
慈親大人膝下：敬禀者，上月奉上批件，諒先收到，可知因於回批還在途中，故不能知道內中情形，本來沒何事情可告訴，但我最關心的是芳妹與溢弟，因我南來後，只知道他倆入學而已，究竟何級別還未知道，故特修書問之。因溢弟年齡已是十四歲了，將來年齡越進廿歲，對於升學便成問題，祈希告知，力此敬請

福安

兒名[illegible] 手書

1954.9.8.

舍弟名溢：上月寄上一信，諒先收到可！自我南來之後，只知你等入學，不知你等讀何班級，我還摸不到底，從未見來信告知，希你等見信後即來函告知，以免我關心也。專此 敬頌

近佳

兄名[illegible]

1954.9.8.

1955年3月26日暹罗洪顺维寄澄海樟林南社洪名溢

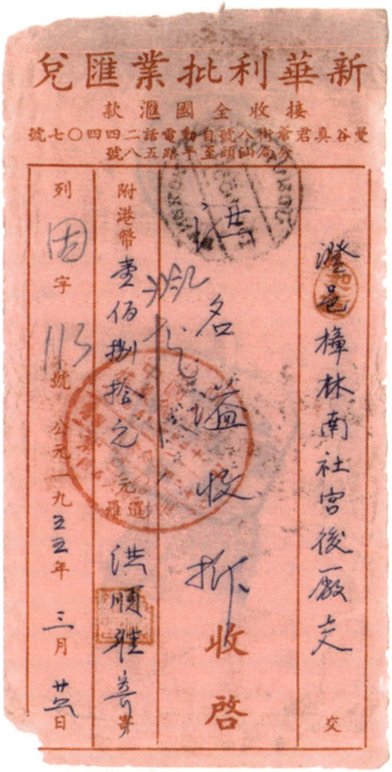

新華利批業匯兌

接收全國滙款

澄邑樟林南社宮後一廠交

洪名溢 收

拆收啓

附港幣壹佰捌拾元

列 田字 113 號

公元一九五五年三月廿六日

洪順維寄

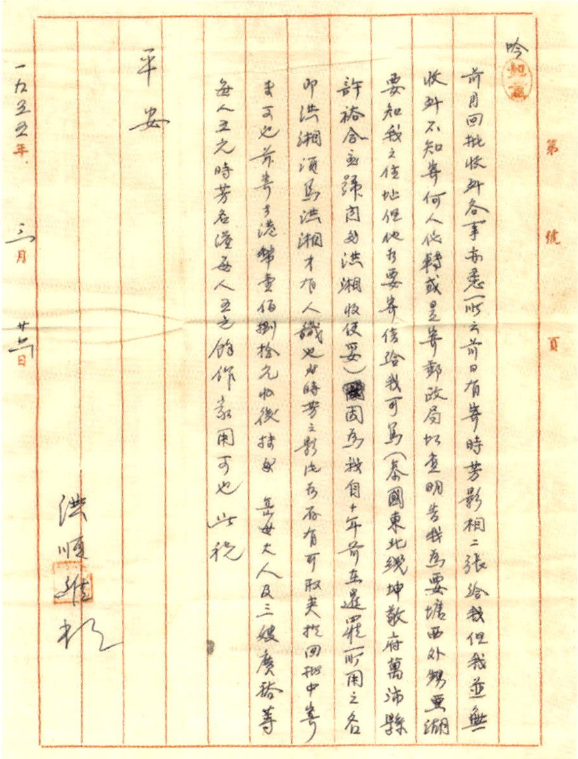

前月回批收到各事亦悉（所云前日有寄時芳影相二張給我但我並無收到不知寄何人代轉或是寄郵政局如查明告我為要塘西外甥要知我之住址但他未要寄信給我可寫（泰國東北綫坤敬府萬沛縣許裕合商號內付洪湖收便妥）因為我自十年前在暹羅所用之名即洪湖須寫洪湖才有人識也其時芳之影沒有存有可取来批回批中寄来可也並寄去港幣壹佰捌拾元正作[illegible] 寄母大人及三嫂庚發等每人五元時芳名溢每人五元的作家用可也 此祝

平安

洪順維 抵

一九五五年三月廿六日

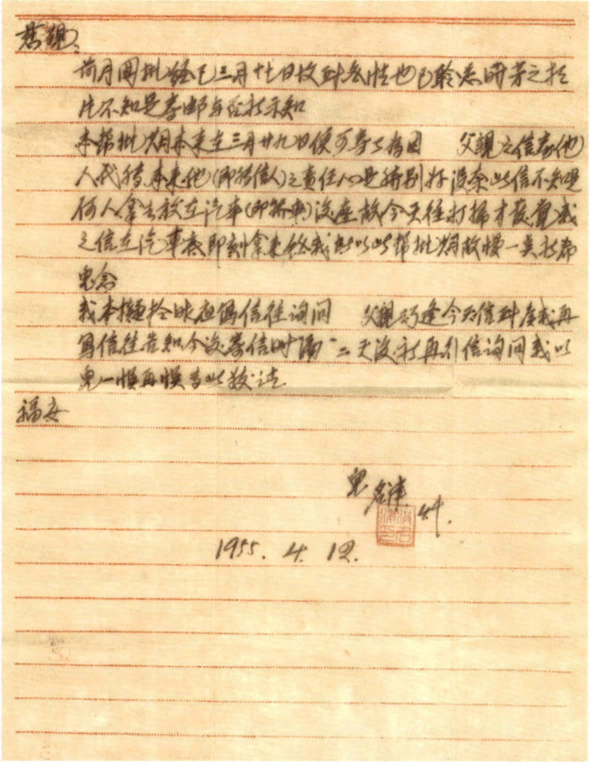

慈親：

[illegible]

福安

男名溢 付

1955. 4. 12.

1955 年 5 月 6 日暹罗洪顺维寄澄海樟林南社洪名溢

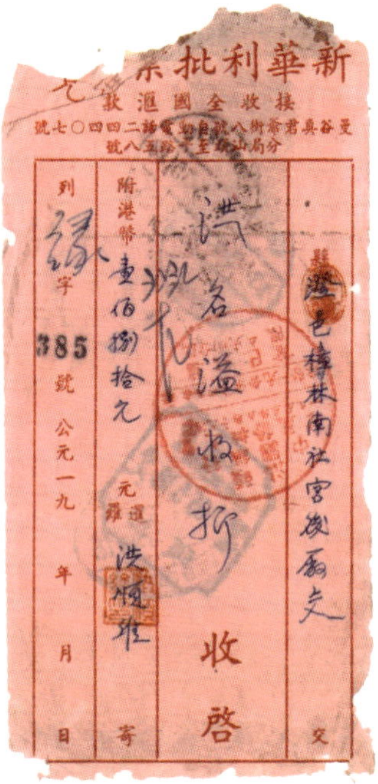
新華利批業
接收全國滙款
澄邑樟林南社宮後厝交
洪名溢收拆
附港幣壹佰捌拾元
洪順維寄
385 號
收啓

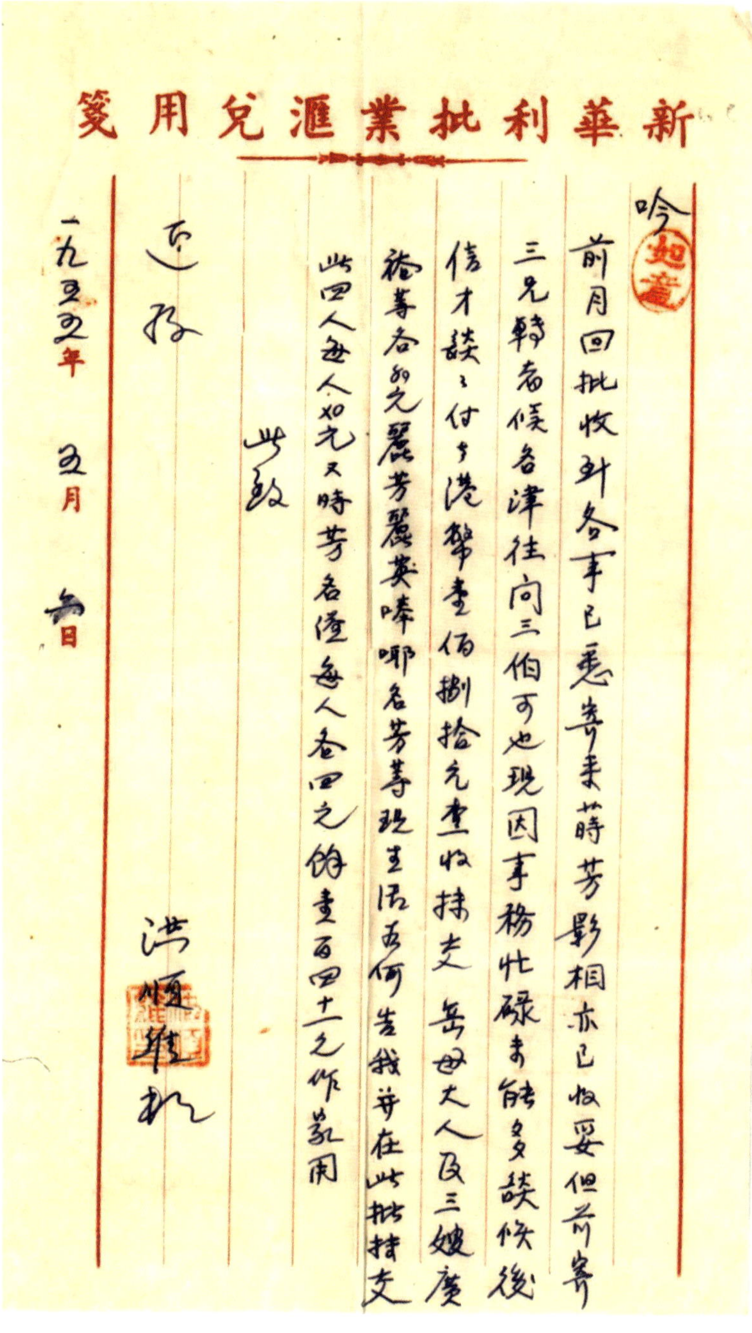
新華利批業滙兑用箋

吟如

前月回批收到各事已悉寄来蒔芳影相亦已收妥但前寄

三兄轉看候各津往向三伯可也現因事務忙碌未能多談俟後

信才談談付去港幣壹佰捌拾元查收捺支 岳母大人及三嫂廣

裕等各叁元麗芳麗英嗱啉名芳等現生活如何告我并在此批捺支

此四人每人叁元又時芳名溢每人各四元的壹百四十元作款用

此致

近祺

洪順維札

一九五五年五月六日

1955 年 10 月 1 日暹罗洪顺维寄澄海樟林南社洪名溢

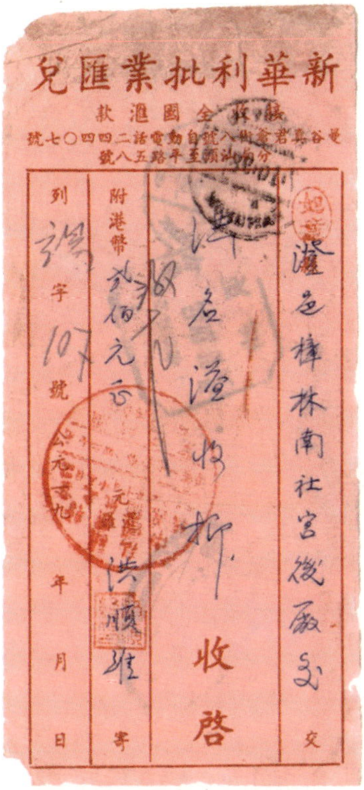
新華利批業匯兌

澄邑樟林南社宫後厝交

洪名溢收啓

附港幣弍佰元正

洪顺维寄

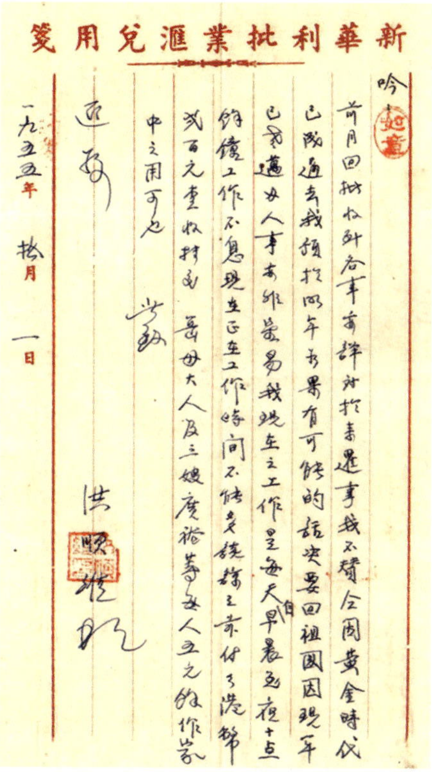
新華利批業匯兌用箋

吟：前月回批收到各事有詳知於来遲事我不贊合同黄金時代已成過去我預於四年多果有可能的話决要回祖國因現年已有適女人事亦非容易我現在之工作是每天早晨至夜十点的鐘工作不息現在正在工作時间不能多說請之来付3港幣弍百元查收轉交吾母大人及三嫂廣裕等女人五元的作家中之用可也

此致

近安

洪顺维

一九五五年拾月一日

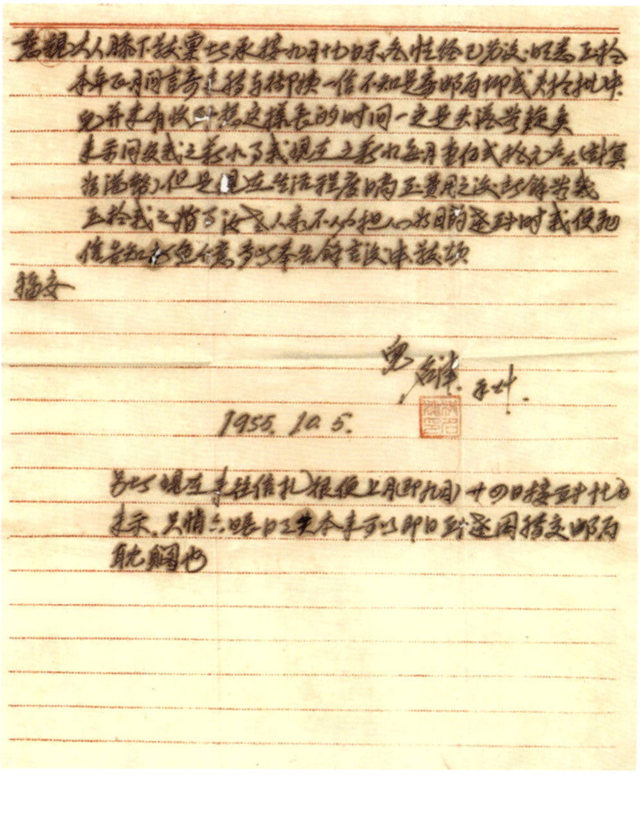
萱親大人膝下敬稟者 [illegible]

稟安

1955.10.5.

1956 年 1 月 1 日暹罗洪顺维寄澄海樟林南社洪名溢

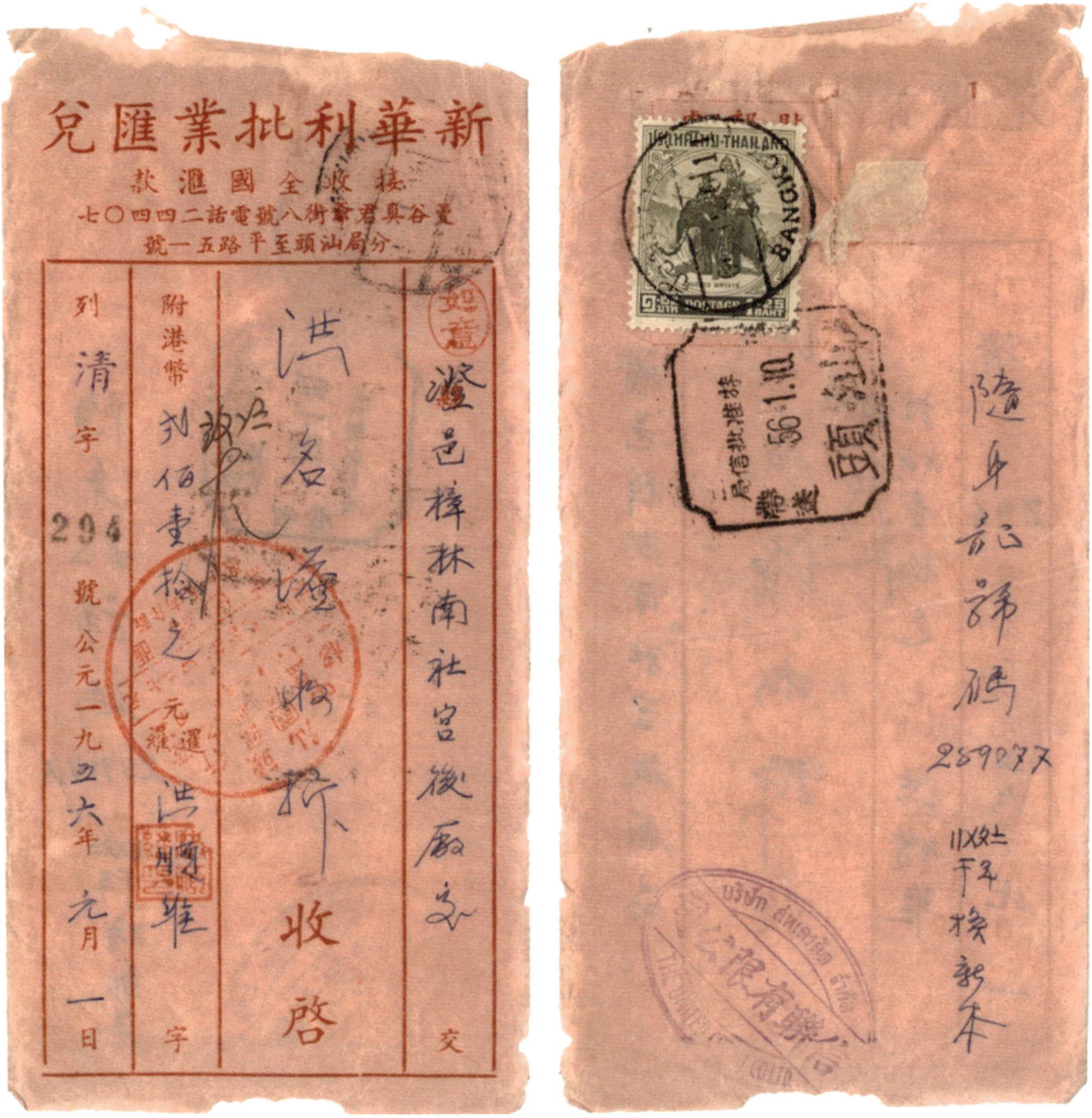

1956 年 3 月 3 日暹罗洪顺维寄澄海樟林南社洪名溢

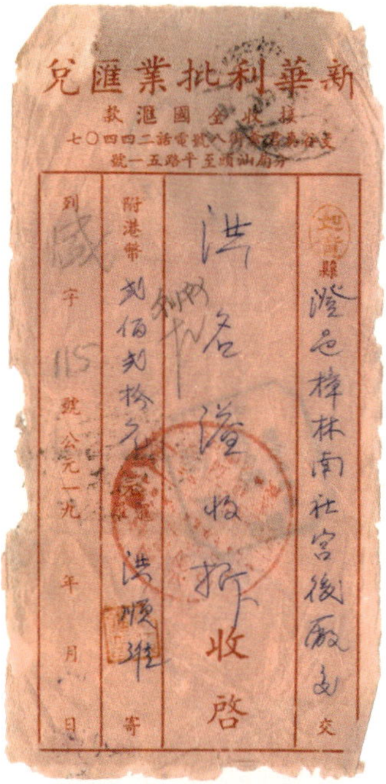

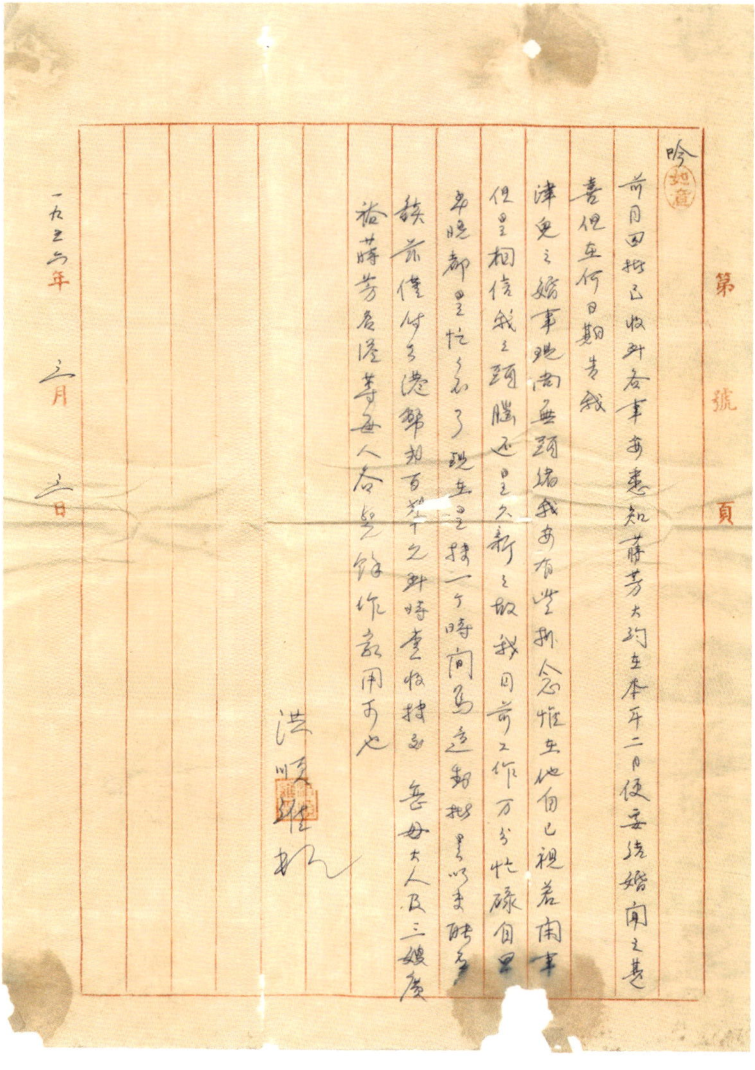
第 號 頁

前日回批已收到各事均悉知蒋芳大约在本年二月便要结婚甫之甚
喜但在何日期告我
津兄之婚事现尚无头绪我亦有些挂念惟在他自己视着开事
但是相信我之头脑还是久新之故我因前之作万分忙碌日日
弟晚都是忙个不了现在是持一个时间写这封批是以未跨多
谈并请付之港币加百元之到时查收持交 岳母大人及三嫂处
给蒋芳名从等每人各些钱作款用可也

洪顺维 批

一九五六年 三月 三日

1956 年 3 月 30 日暹罗洪顺维寄澄海樟林南社洪名溢

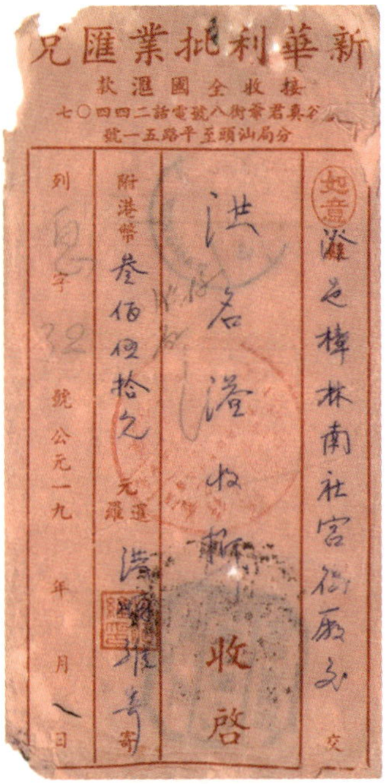

新華利批業匯兌
接收全國滙款
公司真君蒼街八號電話二四四〇七
分局汕頭至平路五一號

澄邑樟林南社宮後廠交
洪名溢收啓
附港幣叁佰伍拾元
暹羅洪順維寄
列 字 號 公元一九 年 月 日

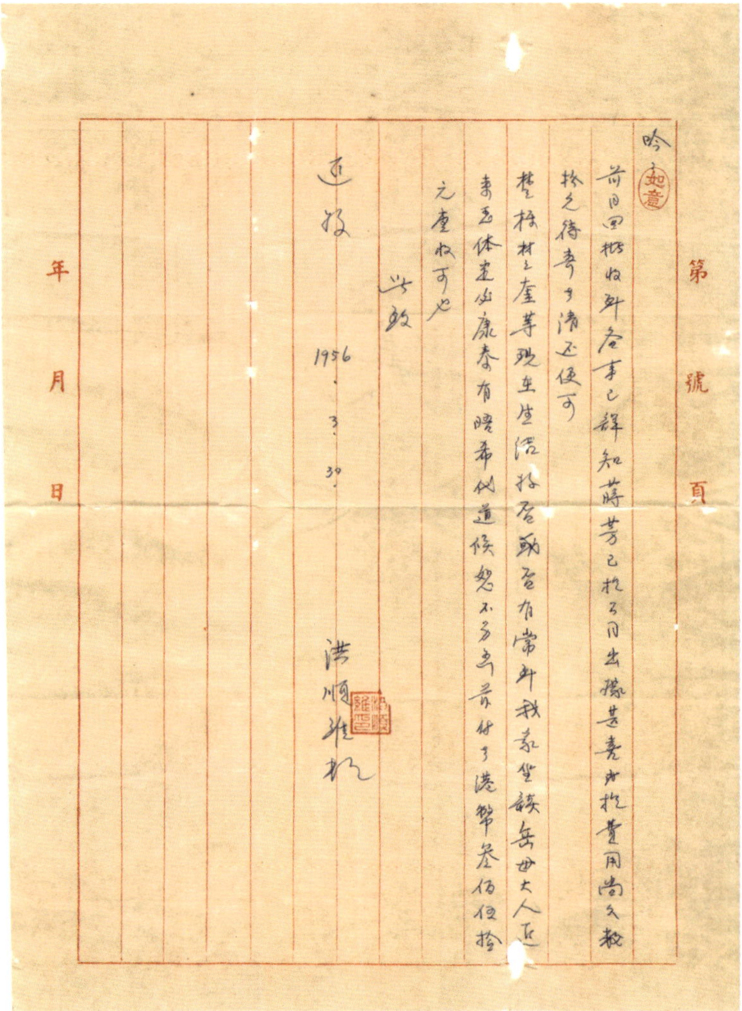

吟
前日回批收到各事已詳知蔣芳已於3日出殯甚費力抵費用尚欠款
於之待秀弟清还便可
楚核材之查等现在生活按受助有常到我家坐談岳母大人近
来为体直出康泰有時希以道候勿念不多言茲付上港幣叁佰伍拾
元查收可也
此致
近祺
1956.3.30
洪順維托

1956 年 5 月 1 日暹罗洪顺维寄澄海樟林南社洪名溢

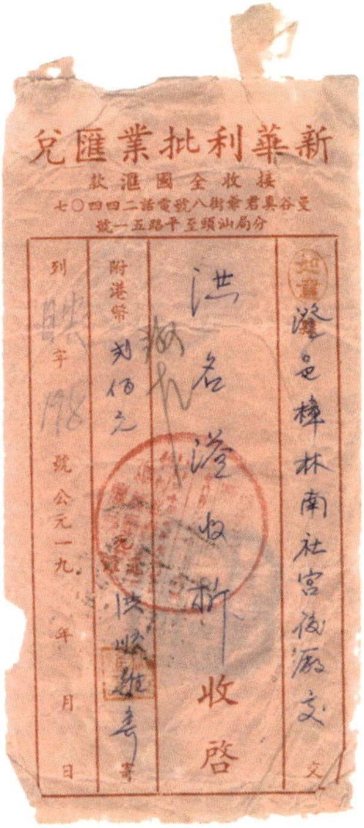

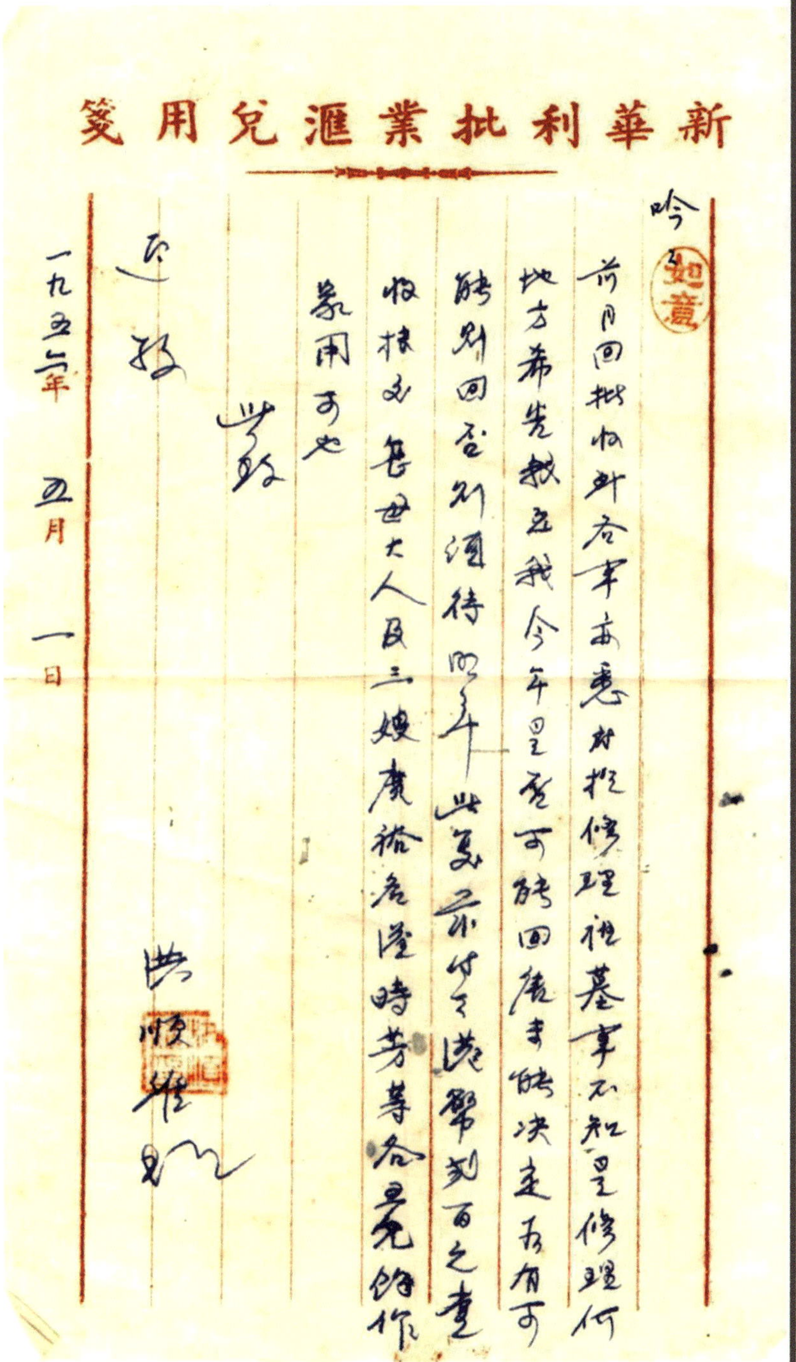
新華利業批匯兌用箋

吟 如意

前月回批收到，各事安悉。对于修理祖墓事，不知是修理何地方，希告知与我。今年是否可转回唐，未能决定。若有可转回，否则须待明年。此次寄去港幣刘百元之查收据文，家母大人及三嫂、庚裕、名澄、时芳等各是先给作家用可也。

此致

近好

洪顺维 字

一九五六年 五月 一日

1956 年 6 月 30 日暹罗洪顺维寄澄海樟林南社洪名溢

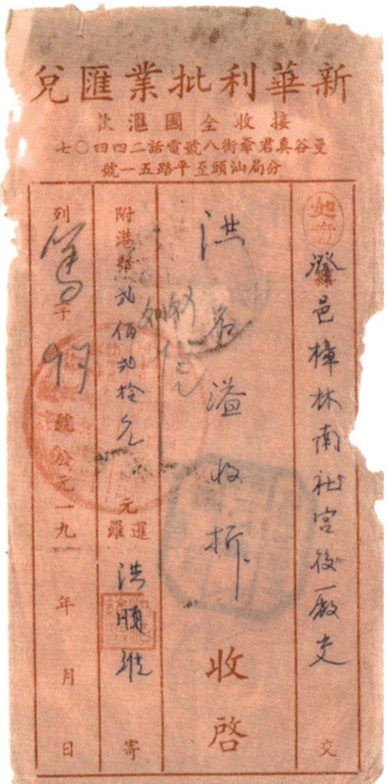

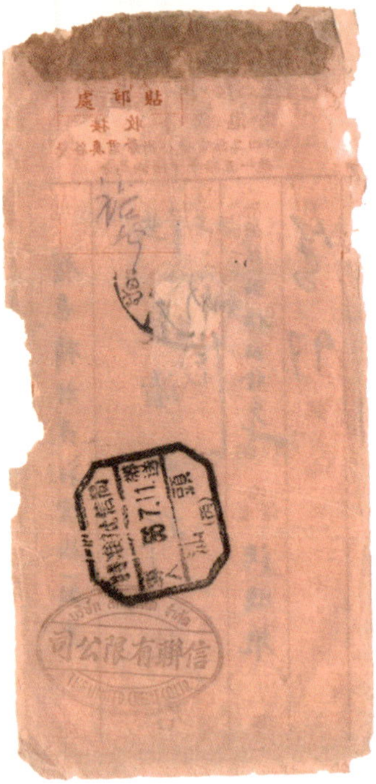

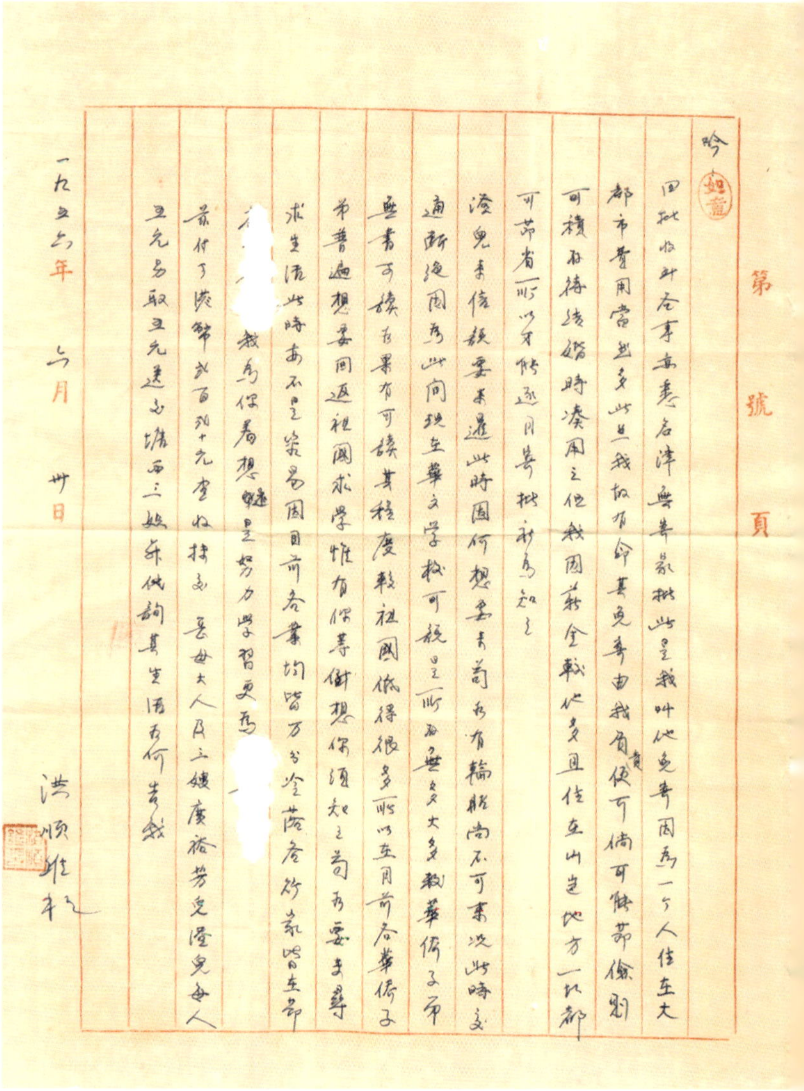
第 號 頁

回批收到各事亦悉名津無异彼批此是我叫他免寄因為一个人住在大都市費用當然多些且我故有命其免寄由我負責便可備可儉節儉對可積存待結婚時湊用之他我因前全載也多且住在山邑地方一切都可節省所以才將返月寄批新為知之

澄兒來信提要未返此時國何想要去菊香有輪船尚不可來況此時交通斷絕因為此向提在華文学校可說是所有無多大多數華僑子弟無書可讀若果有可讀其程度較祖國低得很多所以在目前各華僑子弟普遍想要回返祖國求學惟有你等倒想你須知之菊香要來尋求生活此時亦不是容易因目前各業均皆乃分冷落各行氣皆在都在 我為你着想還是努力學習更為

前付了港幣弍百弍十元查收捧之 岳母大人及三嫂廣裕勞免澄兒母人五元另取五元送與堤西三姑亦代詢其生活如何者哉

一九五六年六月卅日

洪順維札

1958 年 1 月 1 日暹罗洪名津寄澄海樟林南社洪名溢

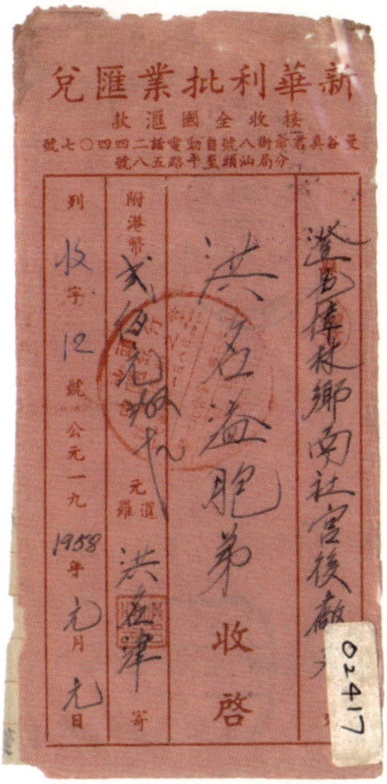

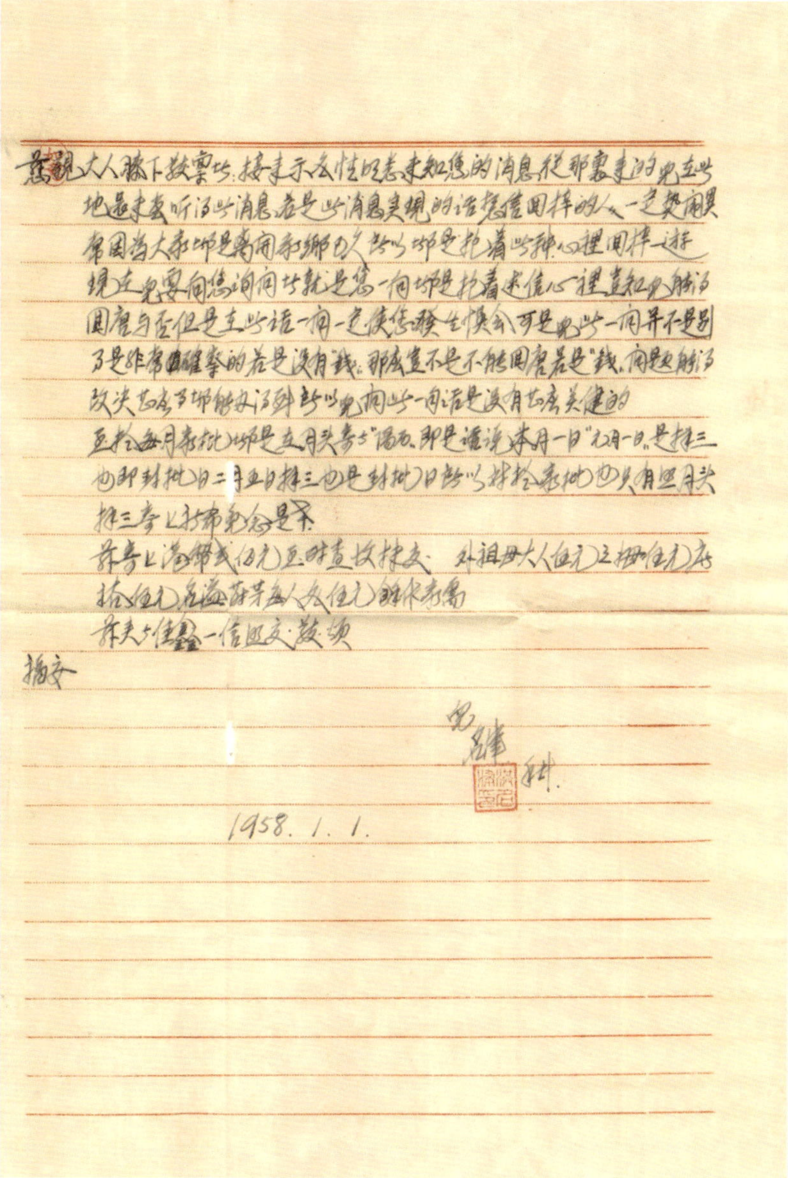

慈亲大人膝下敬禀者：接来示云性质是来知您的消息从那里来的，儿在此
地是未曾听到此消息，若是此消息实现的话，像[illegible]同样的人一定要离开
帝国，当大家都是离开家乡的人，所以都是抱着此种心理，同样一样
境在，儿要向您询问者就是，为何都是抱着迷信心理，岂知儿能否
回唐与否，但是在此话一句一定使您发生误会，可是儿此一句并不是别
了，是非常困难的，若是没有钱，那么岂不是不能回唐，若是有钱，问题能否
改决在[illegible]都能安[illegible]，所以儿向此一句话是没有什么关键的。
至于每月寄批都是在月头寄的，[illegible]，即是说本月一日（元月一日）是礼拜三，
也即封批日，二月五日礼拜三也是封批日，所以信到家也只有照月头
礼拜三寄，以前都是不[illegible]。
并寄上港币贰佰元，至时查收，外祖母大人伍元，[illegible]伍元，[illegible]
拾伍元，名溢、苏芳[illegible]各伍元，余作家用。
并夫人[illegible]一信回文，敬请
福安

儿 名津 拜

1958. 1. 1.

（民国）卅八年二月初七日（1949 年 3 月 6 日）
许鉴裕寄澄海隆都前埔乡许木裕

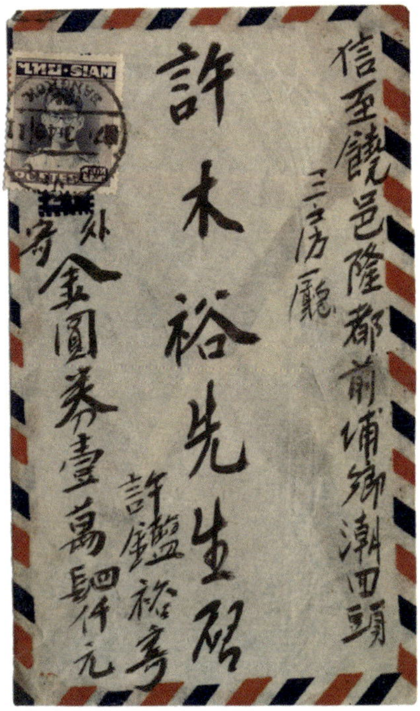

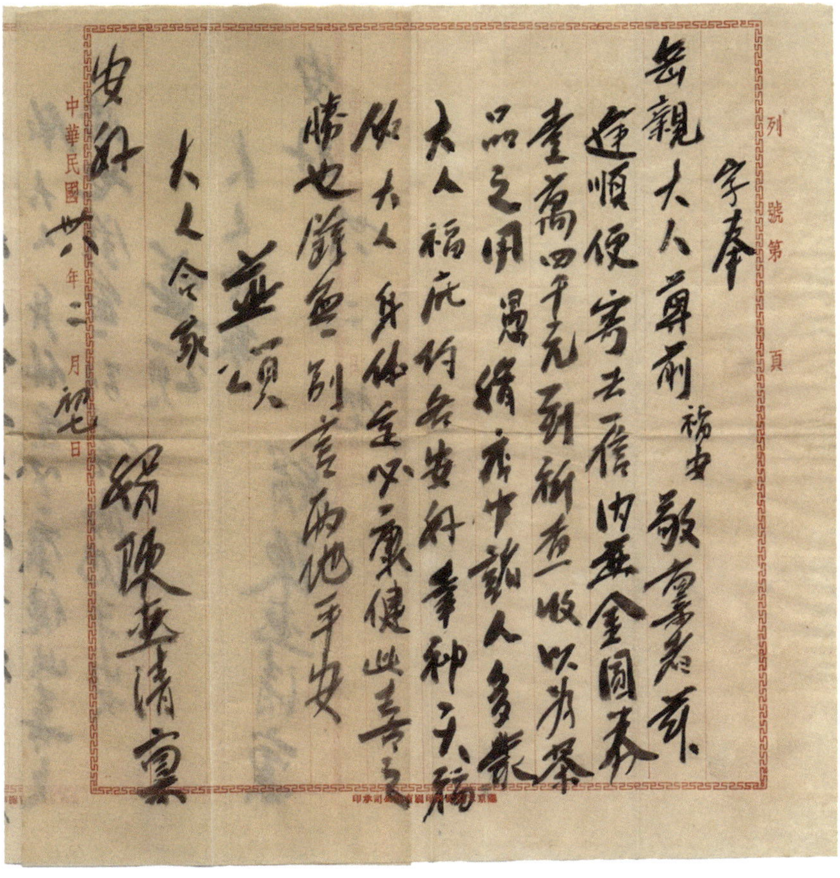

1950 年 1 月 25 日暹国（泰国）
许辉裕寄澄海隆都前埔乡母亲

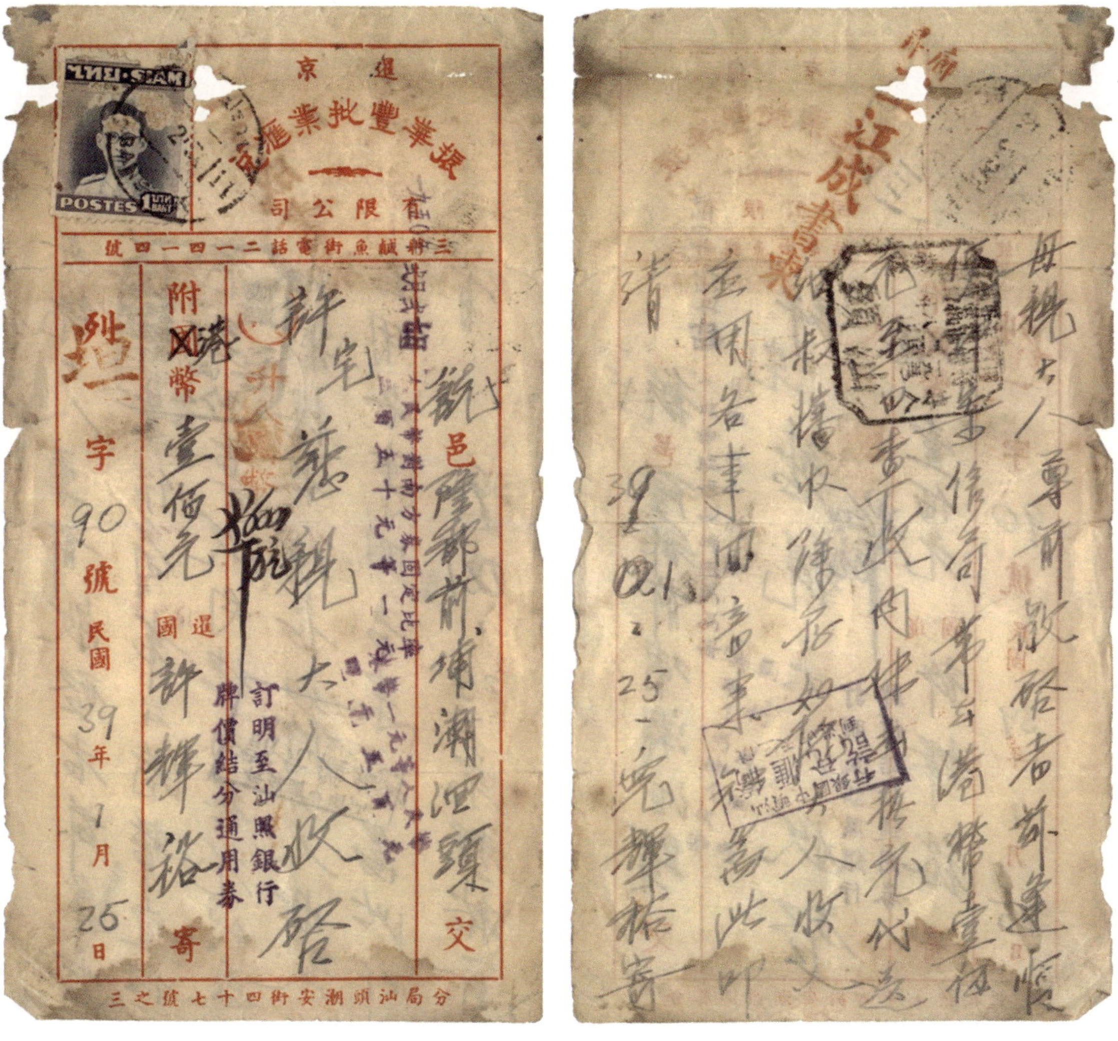

1950 年 9 月 19 日暹罗（泰国）
许辉裕寄澄海隆都前埔乡母亲

庚寅年十二月十一日（1951 年 1 月 18 日）
陈亚清寄澄海隆都前埔乡许木裕

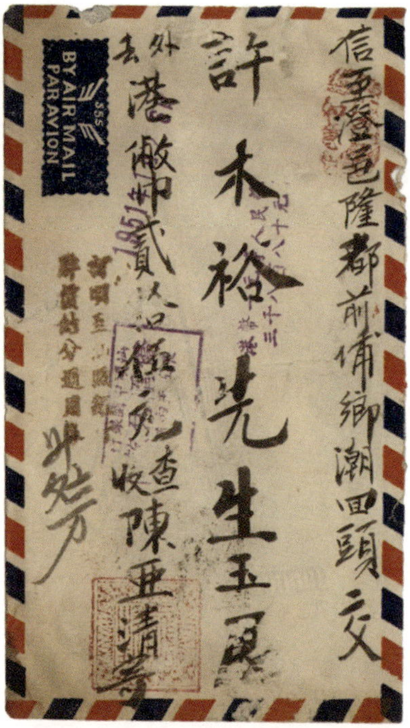

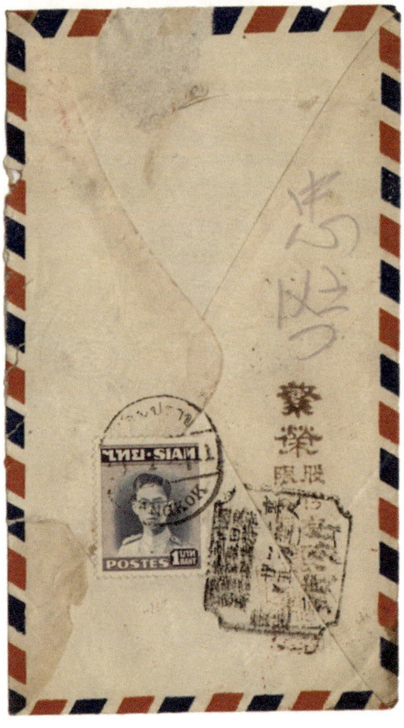

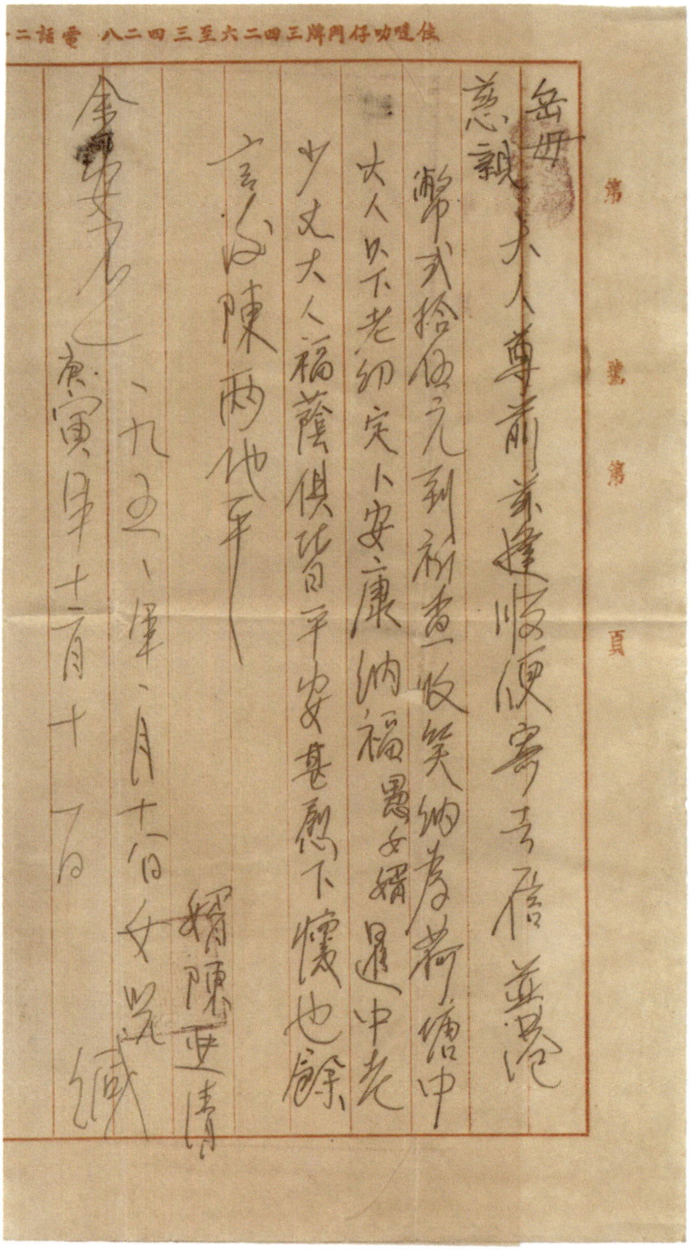
佳隆叻仔門牌三四二六至三四二八 電話二

岳母
慈親大人尊前 茲逢順便寄去信並港
幣弍拾伍元到祈查收笑納為荷緒中
大人以下老幼安々康納福愚女婿星近中老
少丈大人福蔭俱皆平安甚慰下懷也餘
言後陳 兩地平
金安 之
一九五一年一月十八日 女婿陳亞清
庚寅年十二月十一日 女兒 緘

1951 年 9 月 14 日许鉴裕寄澄海隆都前埔乡母亲

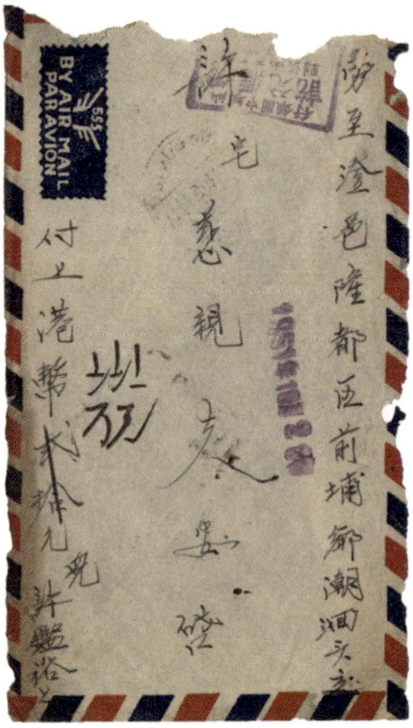

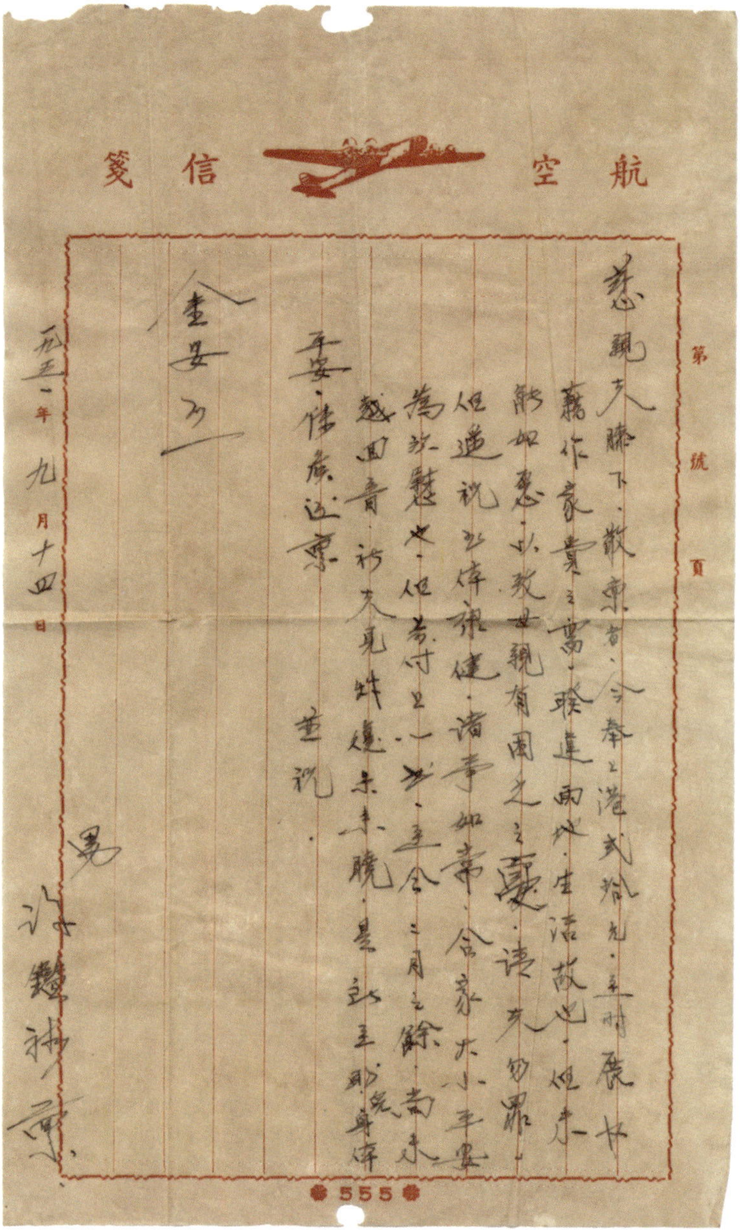
航空信箋

第　號　頁

慈親大人膝下：敬稟者，今奉上港式拾元，至時展收，藉作家費之需。睽違兩次，生活故也。兒未能如意，以致母親有困之憂，請大人勿罪。兒遠祝少体康健，諸事如常，合家大小平安，為好慰之。兒前付上一次，至今二月之餘，尚未越回音，祈大兄[illegible]速來示曉，是致至盼。兒身体平安，請勿遠念。並祝金安。

男 許鑑裕 稟

一九五一年九月十四日

555

1951 年 12 月 14 日陈进清寄澄海隆都前埔乡许木裕

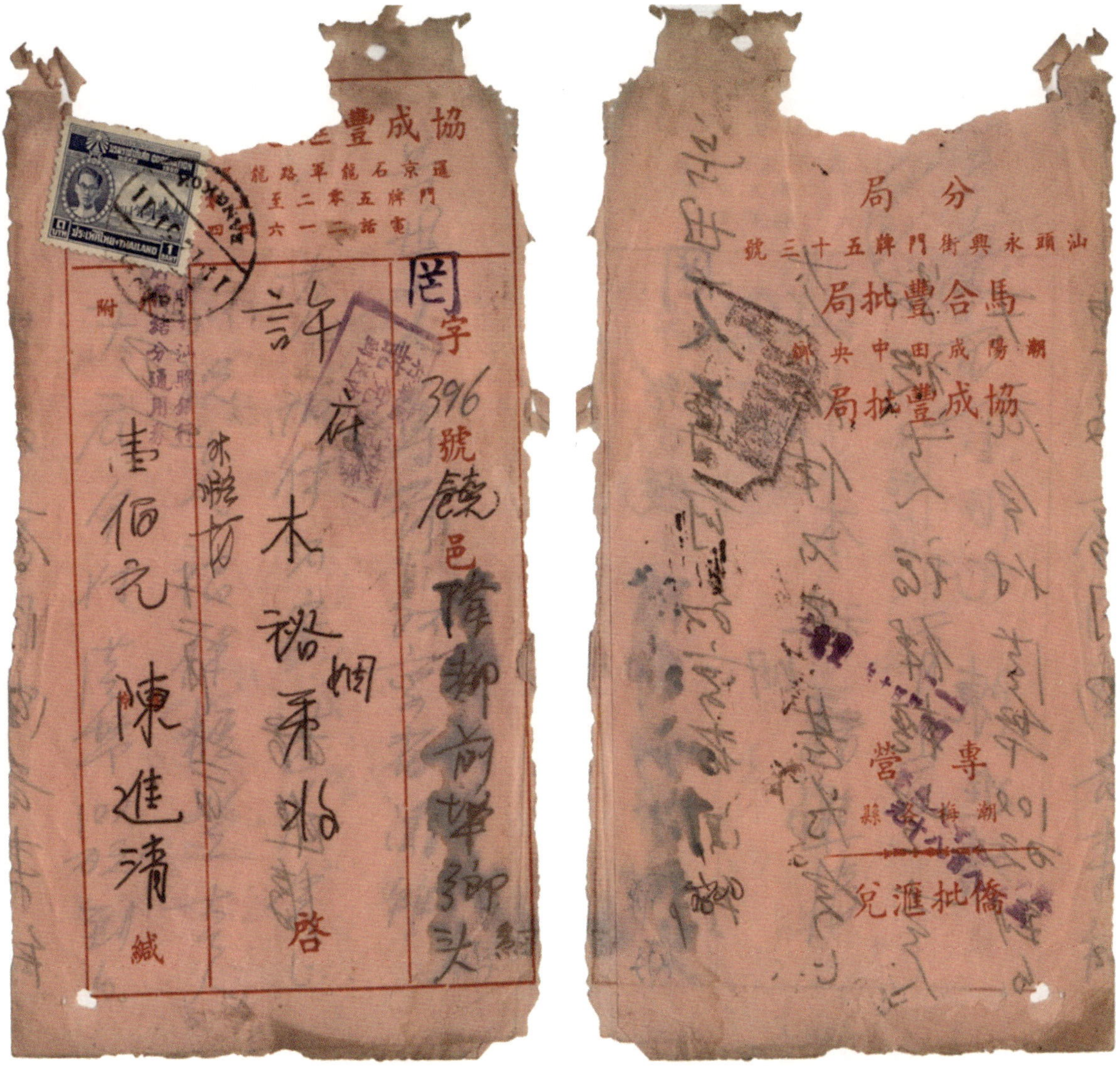

1951 年 12 月 20 日暹罗（泰国）陈进清寄澄海隆都前埔乡许木裕

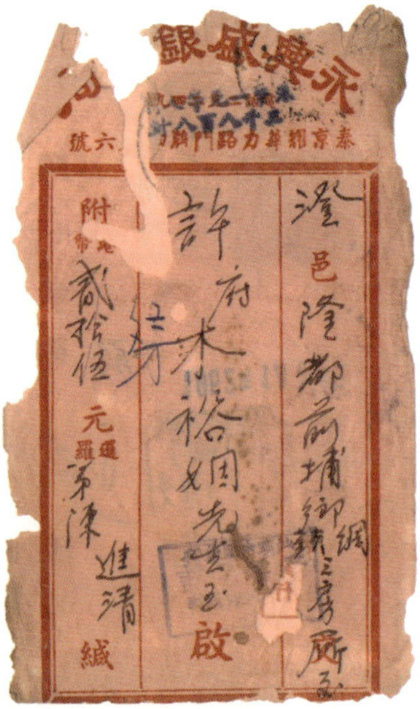
永興盛銀
泰京耀華力路門牌四三六號
澄邑隆都前埔鄉
許府 木裕姻兄台 玉啟
附帶 貳拾伍 元
暹羅弟陳進清緘

列 字第 號
年 月 日
BANGKOK
汕頭照銀行
牌價結分通用券

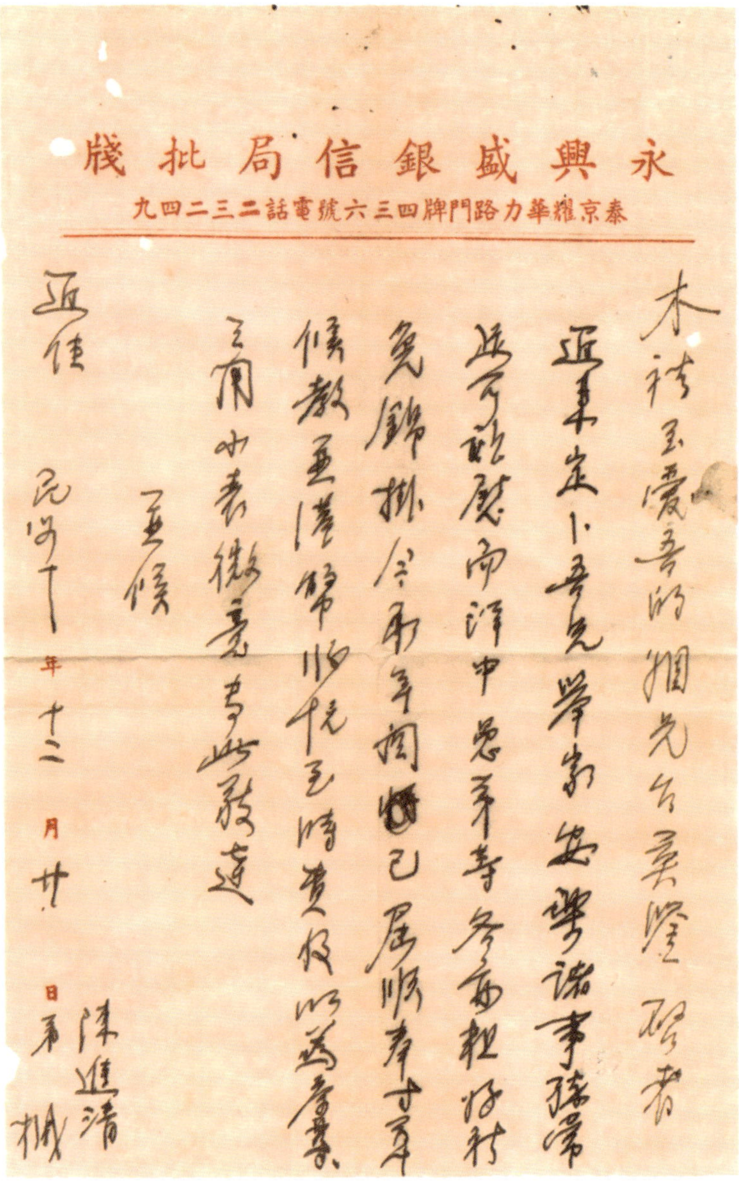
永興盛銀信局批帋
泰京耀華力路門牌四三六號電話二三二四九
民四十 年 十二 月 廿 日
陳進清

1952 年 5 月 18 日泰国许辉裕寄澄海隆都前埔乡母亲

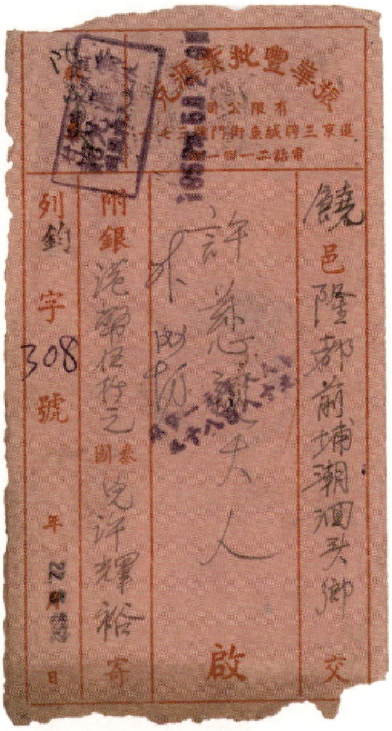

振華豐批業局 有限公司
暹京三聘鹹魚街門牌三七六號
電話二一四一

饒邑隆都前埔潮□鄉 交

許慈□太夫人 啟

附銀港幣伍拾元之
泰國 兒許輝裕 寄

列鈞字308號

年 月 日

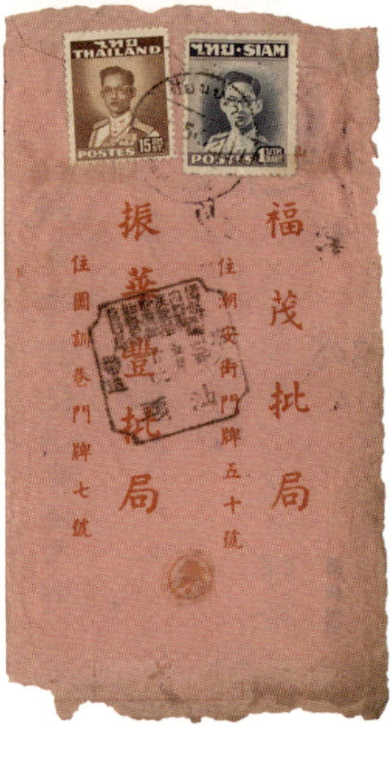

振華豐批局
住圖訓巷門牌七號

福茂批局
住潮安街門牌五十號

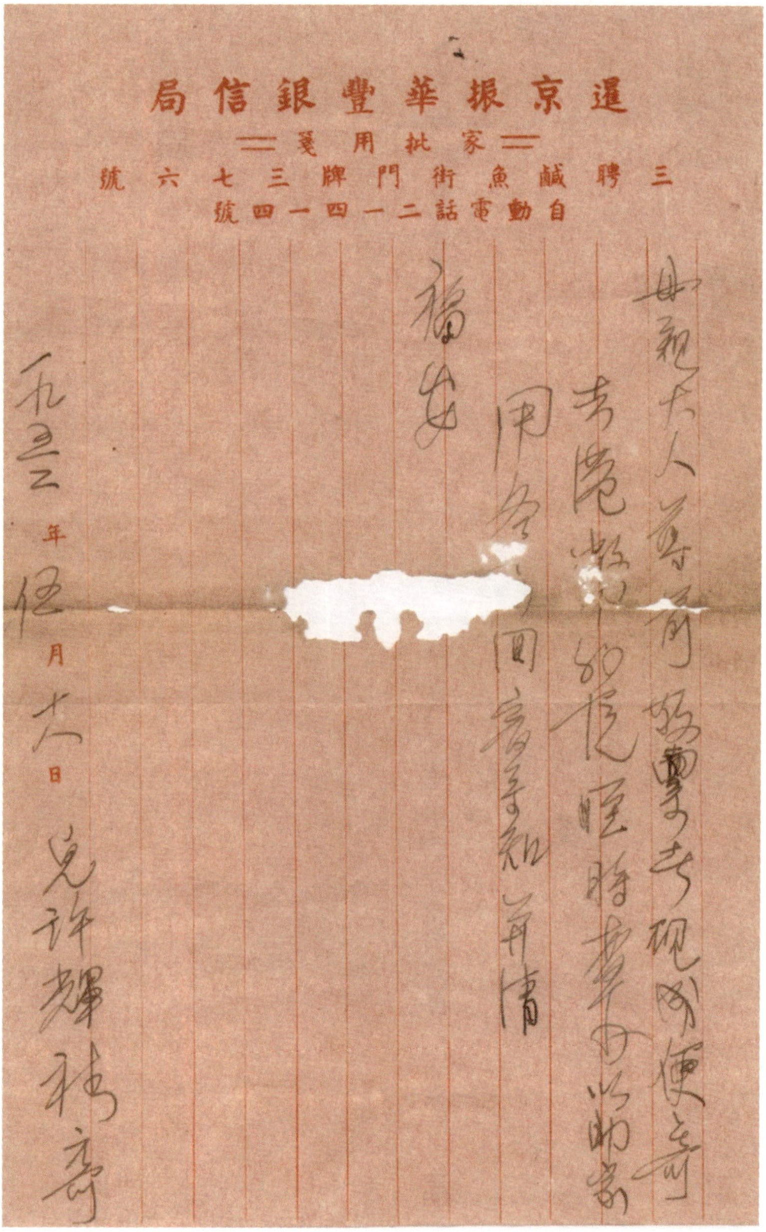

暹京振華豐銀信局
＝家批用箋＝
三聘鹹魚街門牌三七六號
自動電話二一四一四號

母親大人尊前

敬稟者現因便寄去港幣伍拾元到祈查收以助家用餘無別言專此並請

福安

一九五二年伍月十八日 兒許輝裕寄

1952 年 6 月 21 日许鉴裕寄澄海隆都前埔乡母亲

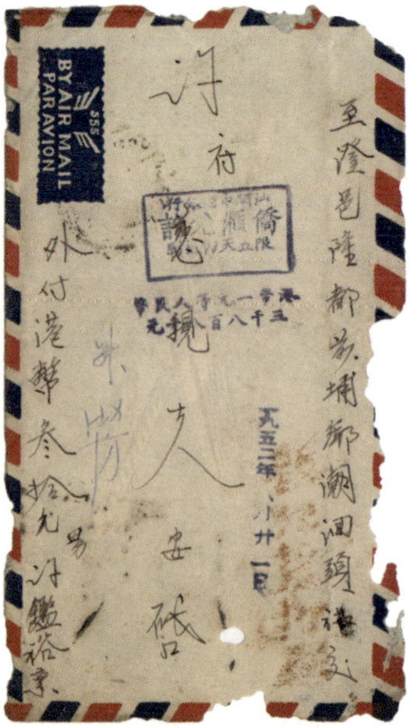

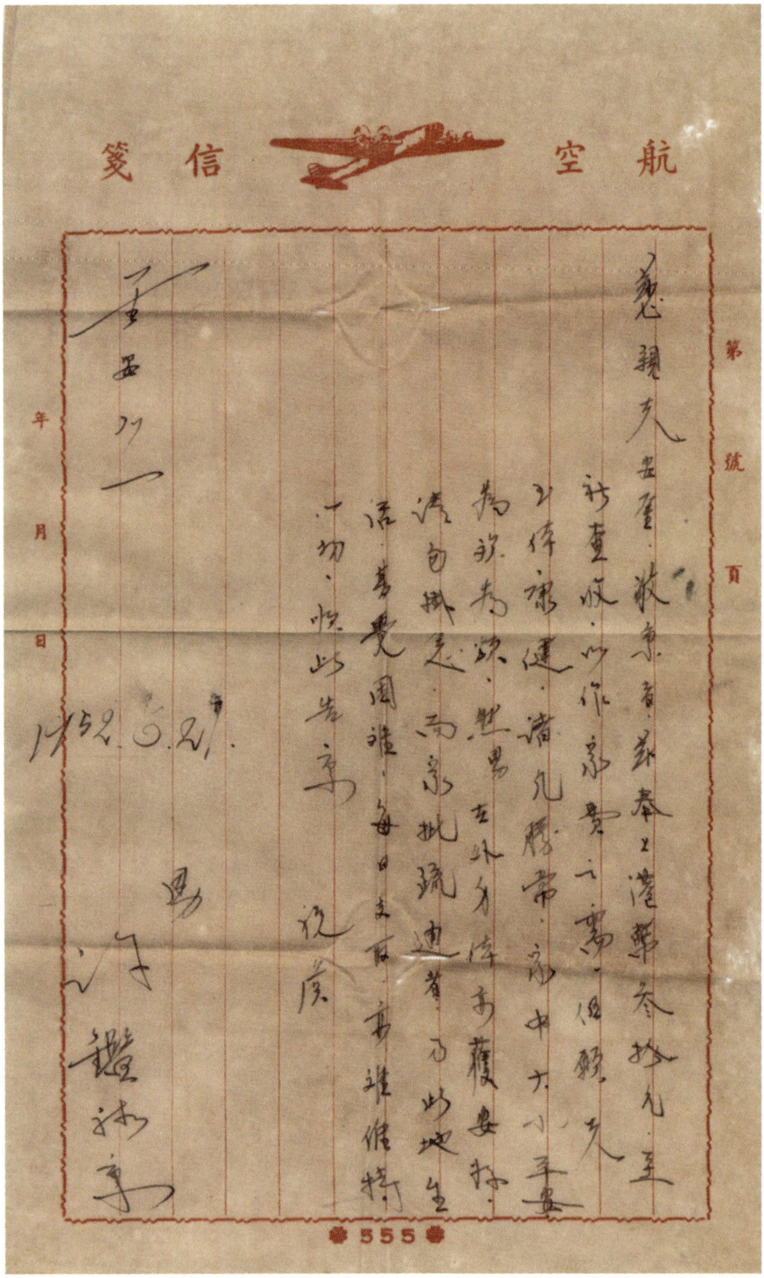

1952 年 10 月 20 日泰国许辉裕寄澄海隆都前埔乡母亲

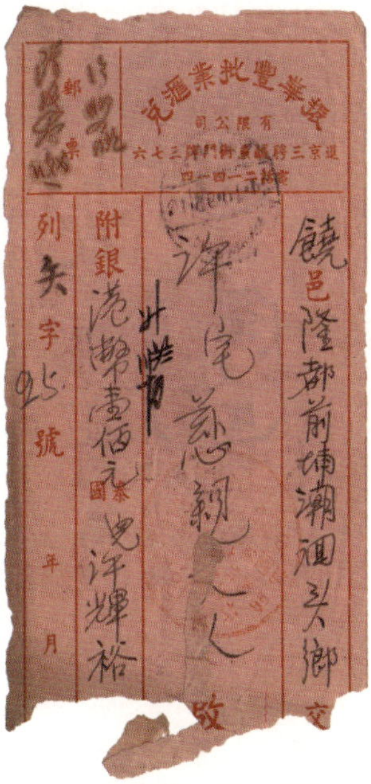

饒邑隆都前埔瀾頭鄉

許宅慈親大人 啟

附銀港幣壹佰元 兒許輝裕

列 字 號

暹華豐批業滙兑 有限公司

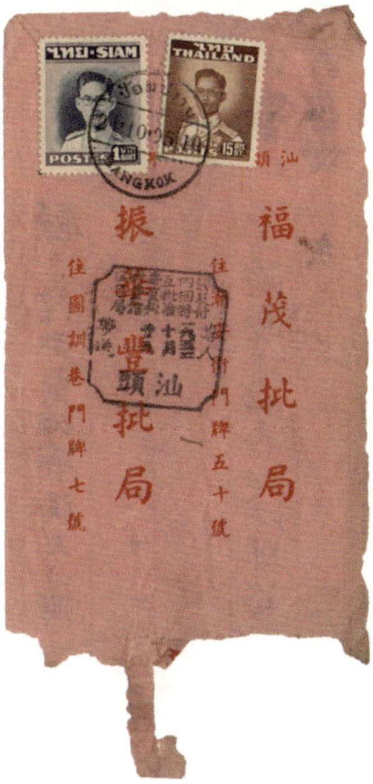

汕頭 福茂批局

振豐批局

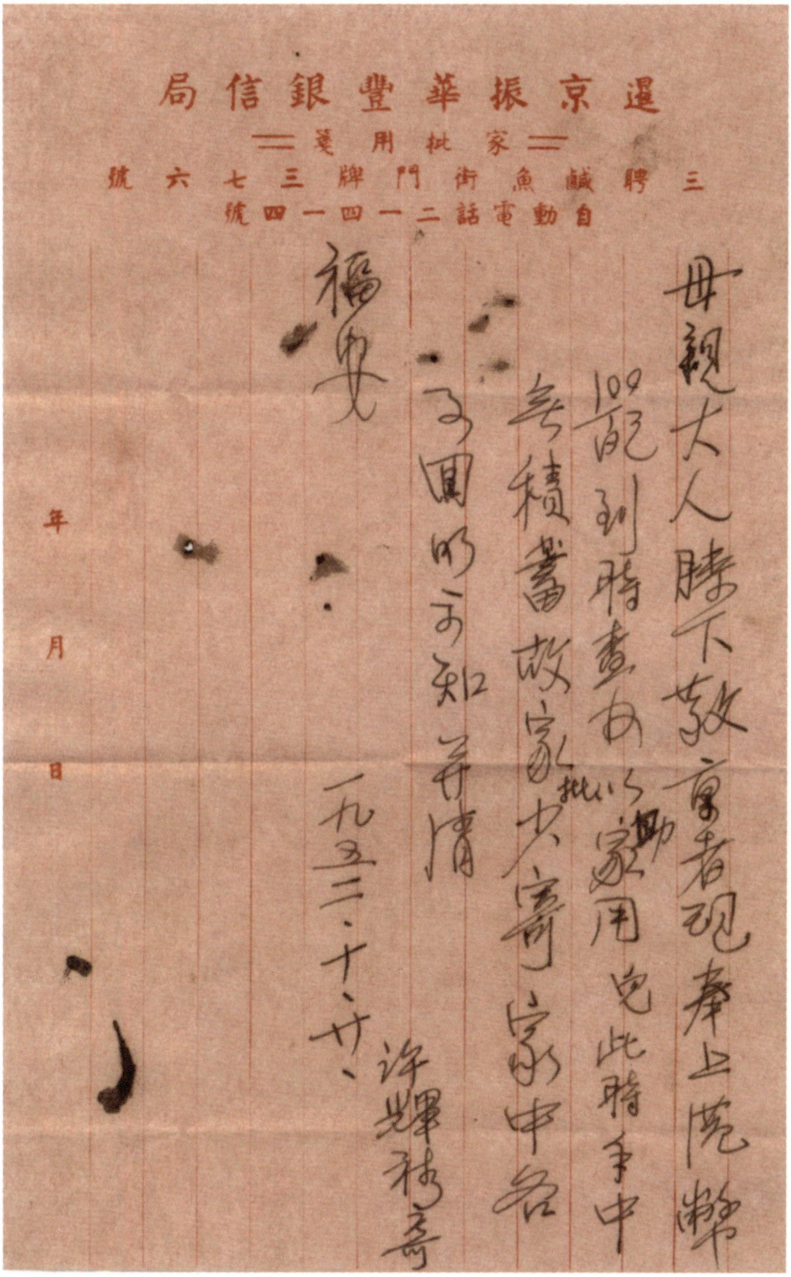

暹京振華豐銀信局

家批用箋

三聘鹹魚街門牌三七六號

自動電話二一四一四號

母親大人膝下敬禀者現奉上港幣

壹佰元到時查收家用兒此時手中

無積蓄故家批以助少寄家中各

人圓明示知詳情

福安

一九五二、十、廿、 許輝裕寄

年 月 日

一九五三年农历元月十四（1953 年 2 月 27 日）
泰国许辉裕寄澄海隆都前埔乡母亲

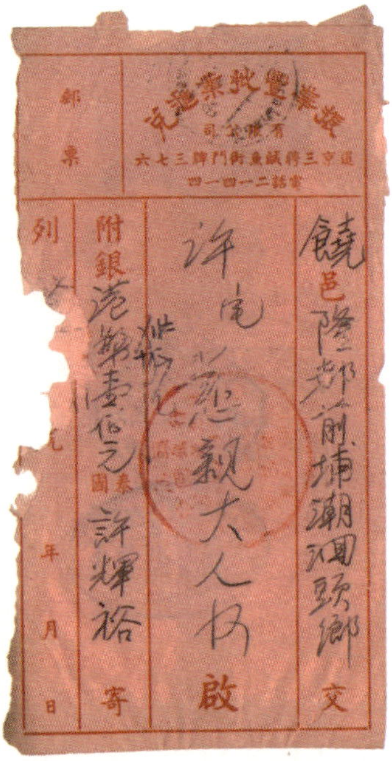

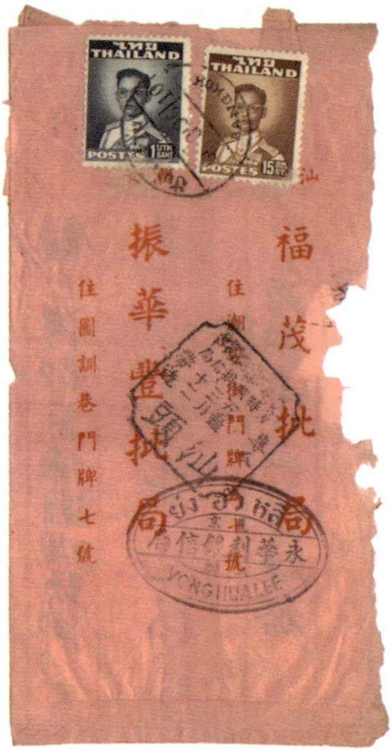

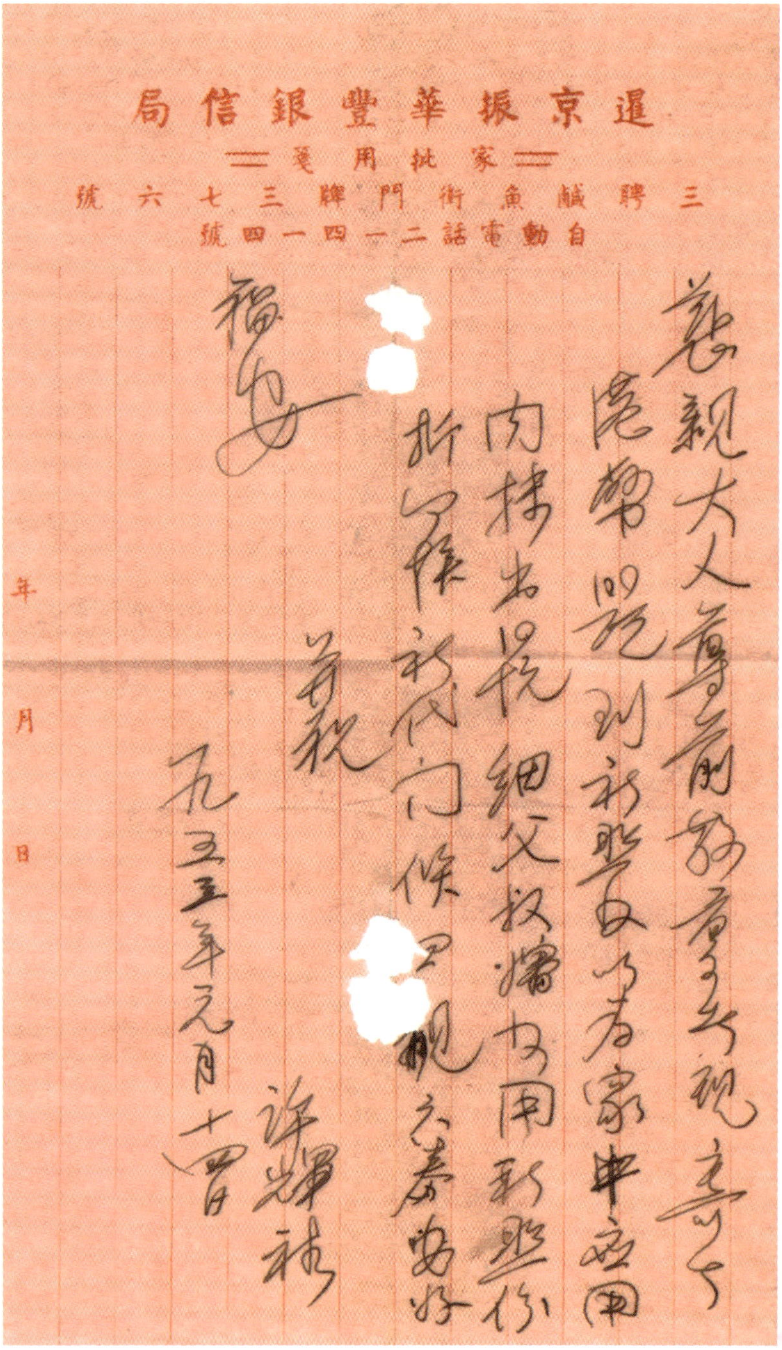

暹京振華豐銀信局
家批用箋
三聘鹹魚街門牌三七六號
自動電話二一四一四號

許輝裕
九五三年元月十四日

1953 年 3 月 27 日许鉴裕寄澄海隆都前埔乡母亲

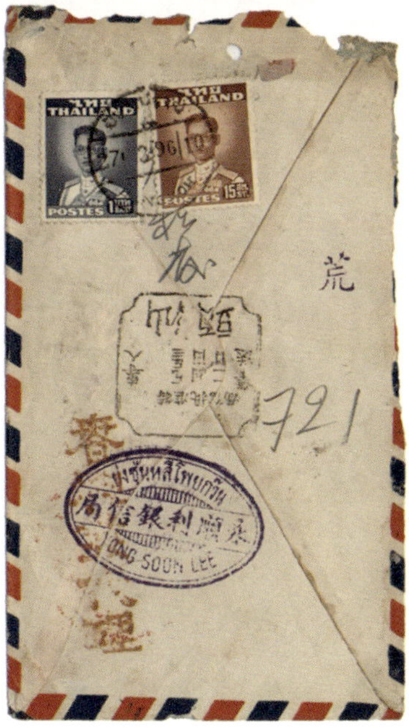

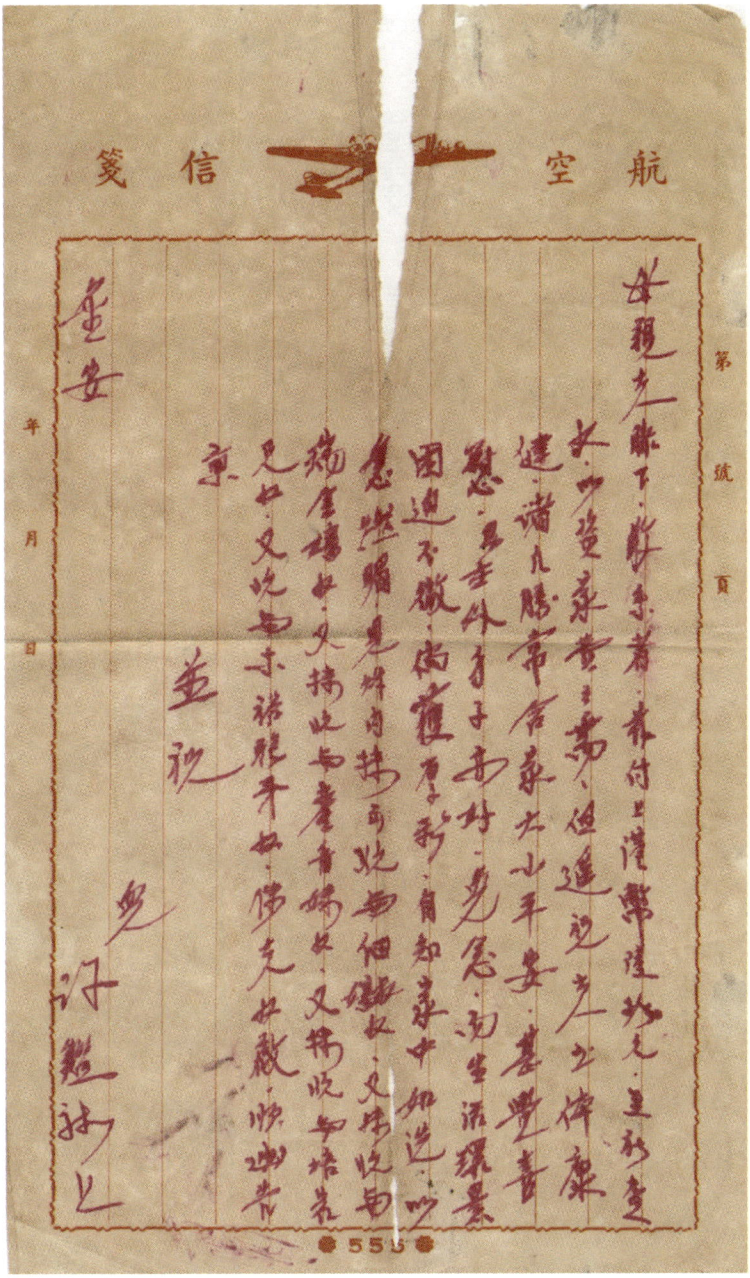

1953 年 6 月 3 日许鉴裕寄澄海隆都前埔乡母亲

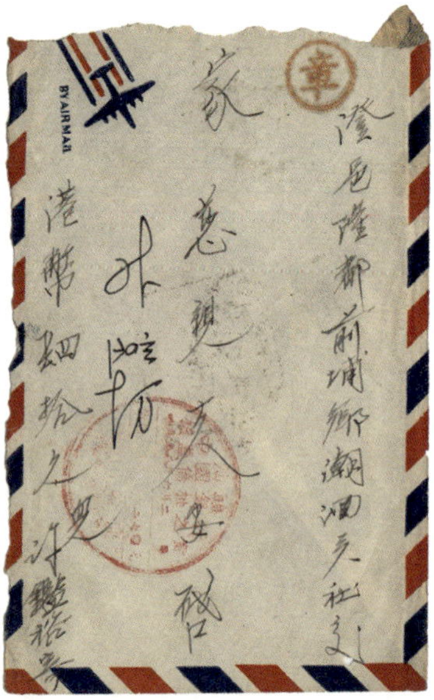

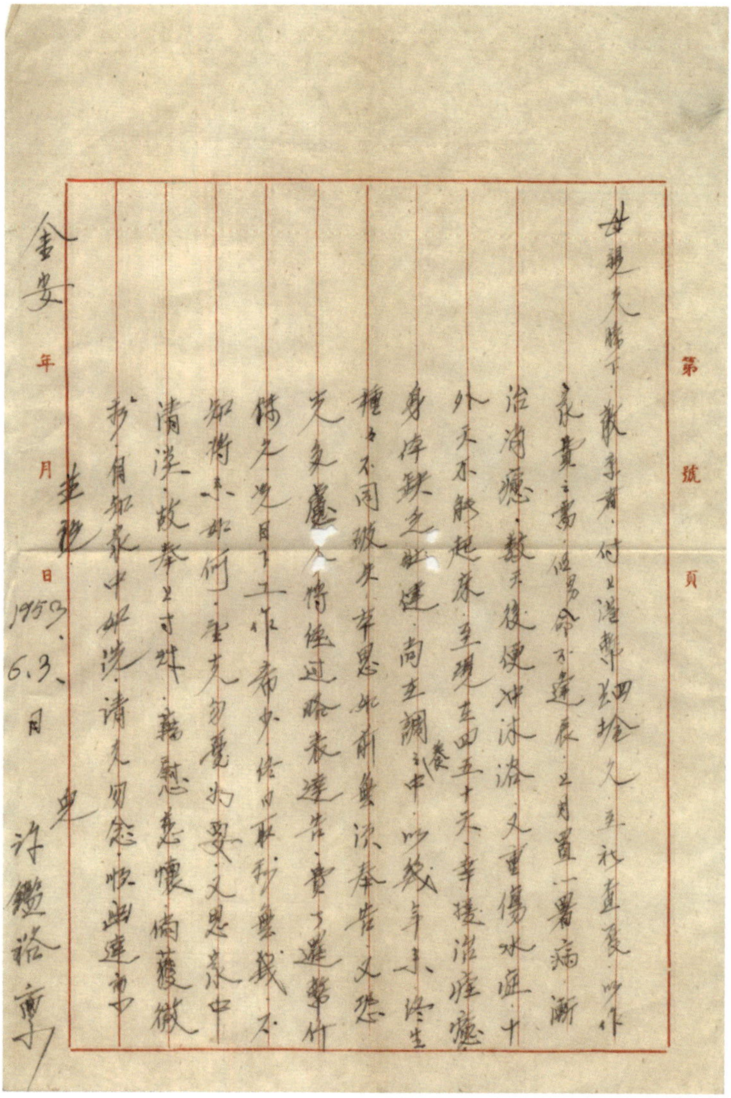
母亲大人膝下：敬禀者，付上港币捌拾元，至祈查收，以作
家费之需。但男命不逢辰，上月患一暑病，渐
治渐愈，数天后便冲沐浴，又重伤水湿，十
外天不能起床，至现在四五十天，幸揵治疗愈，
身体缺乏壮健，尚在调养之中，以致年来，除生
种种不同破费，幸思此前无法奉告，又恐
先兄处人情往还，略表达告，费了几万并竹
储之。兄日下工作，常少余白取利無几，不
知将来如何，望大人勿愁为要。又思家中
清淡，故奉上寸款，藉慰慈怀，备获微
物，自知家中艰淡，请大人勿念，恢幽远甚。
并请
金安
男 许鉴裕禀
1953、6.3、日

1953 年 7 月 20 日许鉴裕寄澄海隆都前埔乡母亲

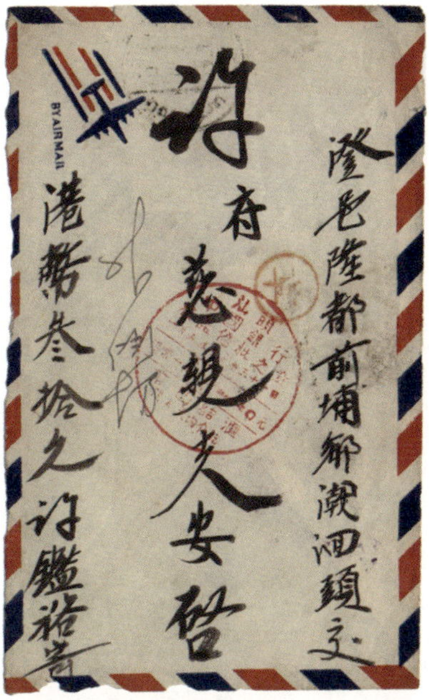

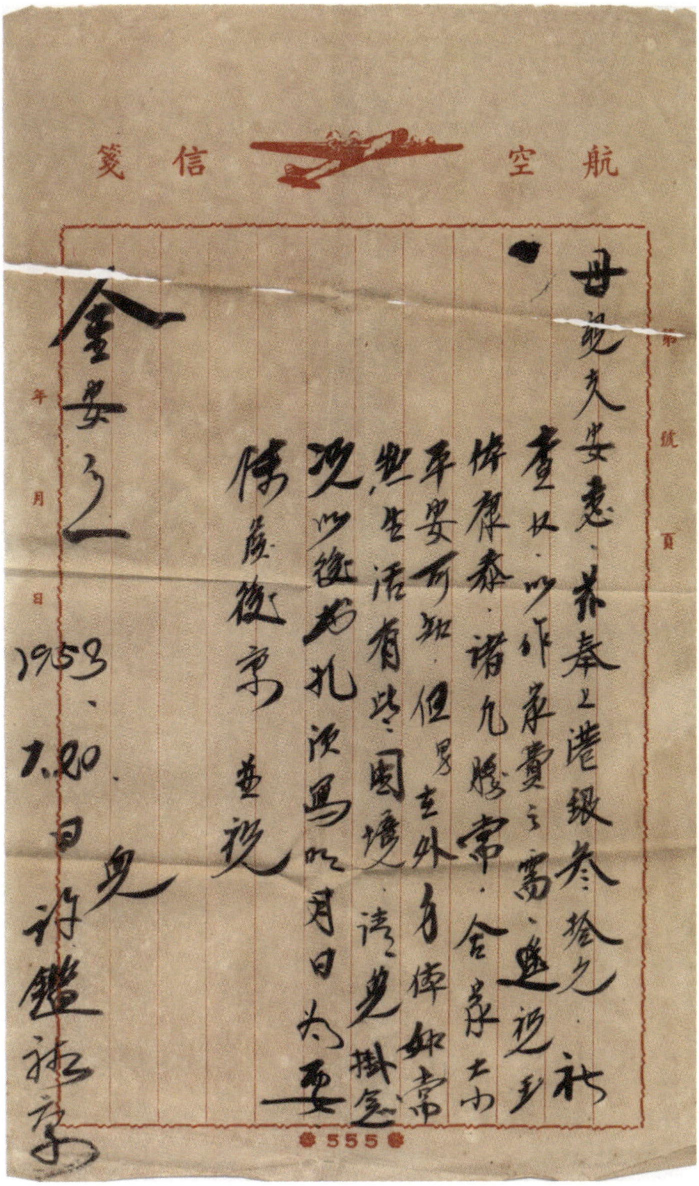

航空信箋

母親大人安慈、恭奉上港銀叁拾元，祈
查收，以作家費之需。邇來兒
体康泰，諸凡勝常，合家大小
平安，可知。但兒在外身体如常
然生活有些困境，請免掛念，
況以後如札須寫明月日為要
情後再稟 並祝
金安
1953.7.20日 兒許鑑裕稟

555

1953 年 8 月 31 日许鉴裕寄澄海隆都前埔乡母亲

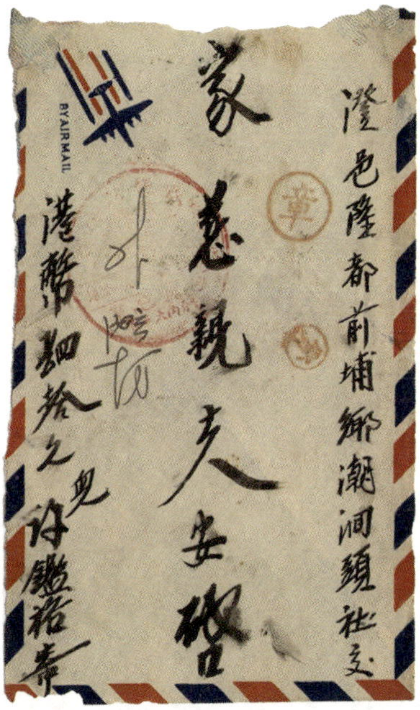

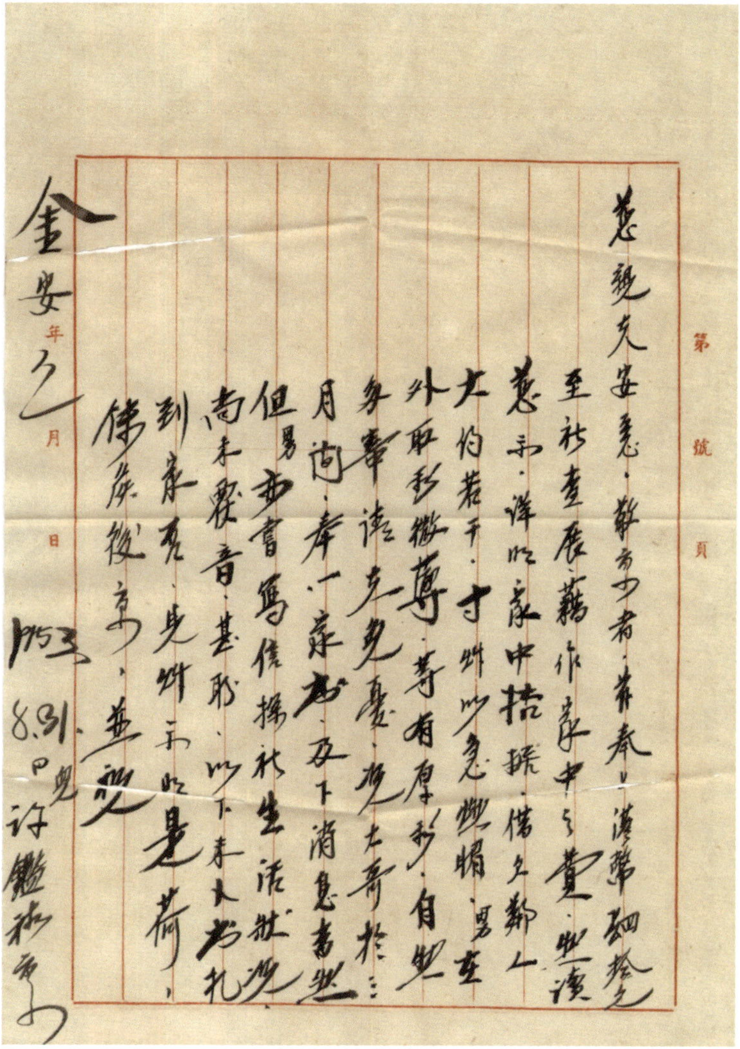

1954 年 1 月 4 日暹罗许辉裕寄澄海隆都前埔乡母亲

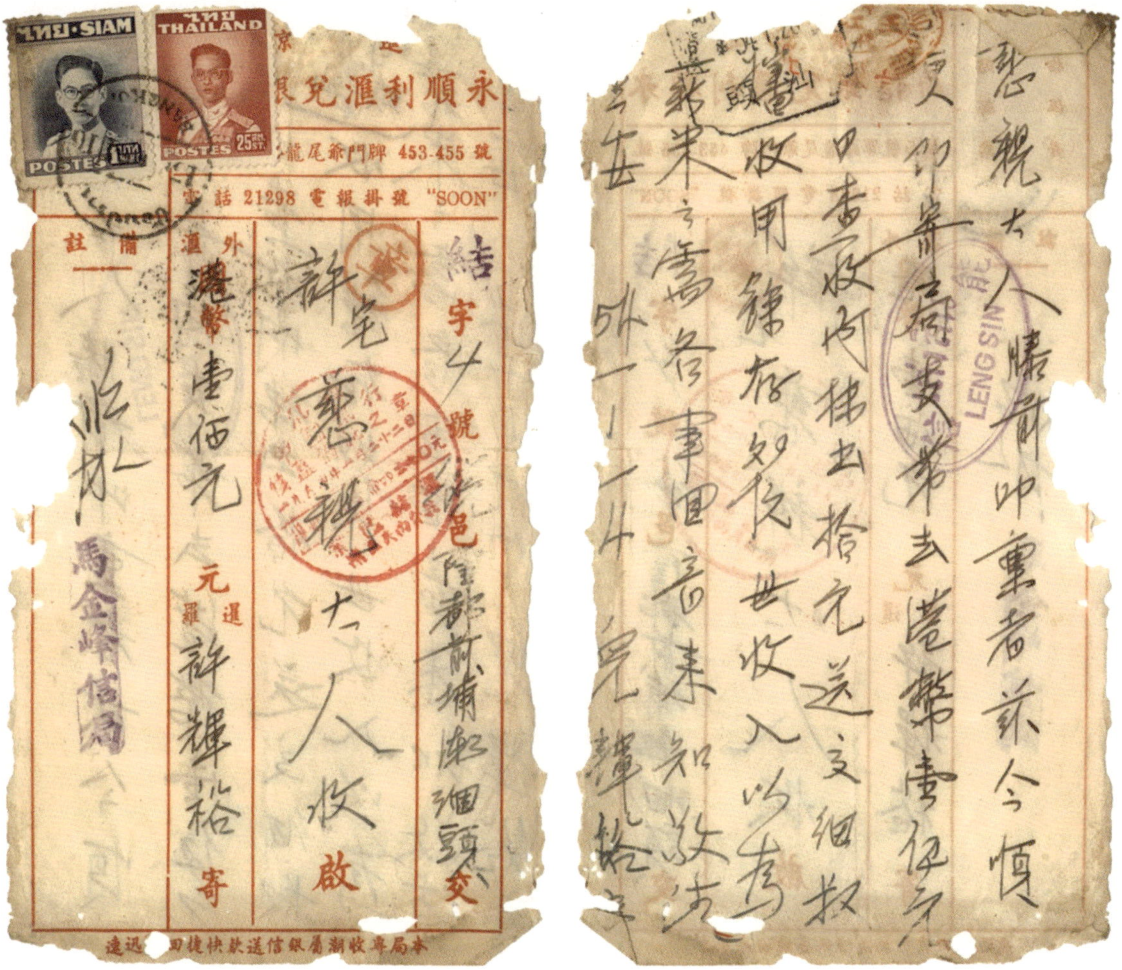

1954 年 1 月 20 日泰国陈进清寄澄海隆都前埔乡许木裕

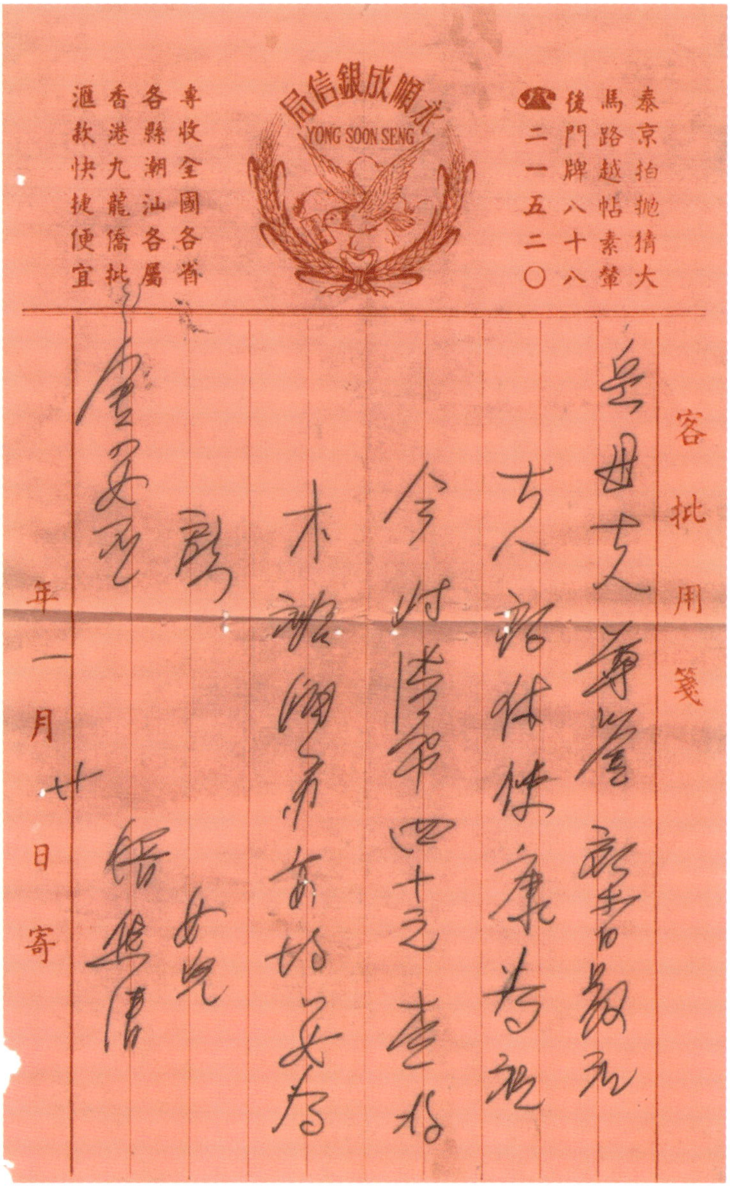

1954 年 2 月 23 日许鉴裕寄澄海隆都前埔乡母亲

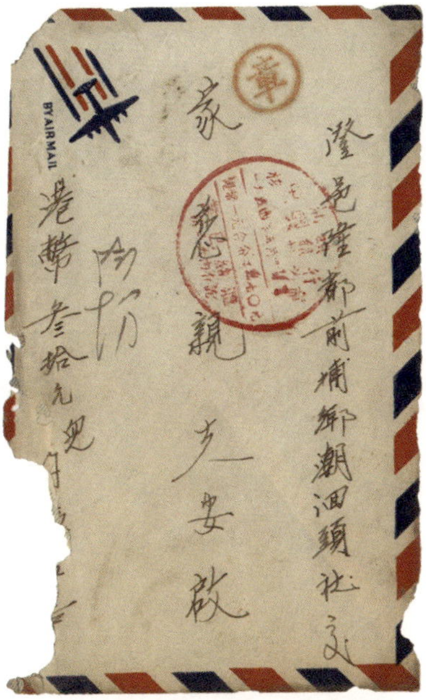

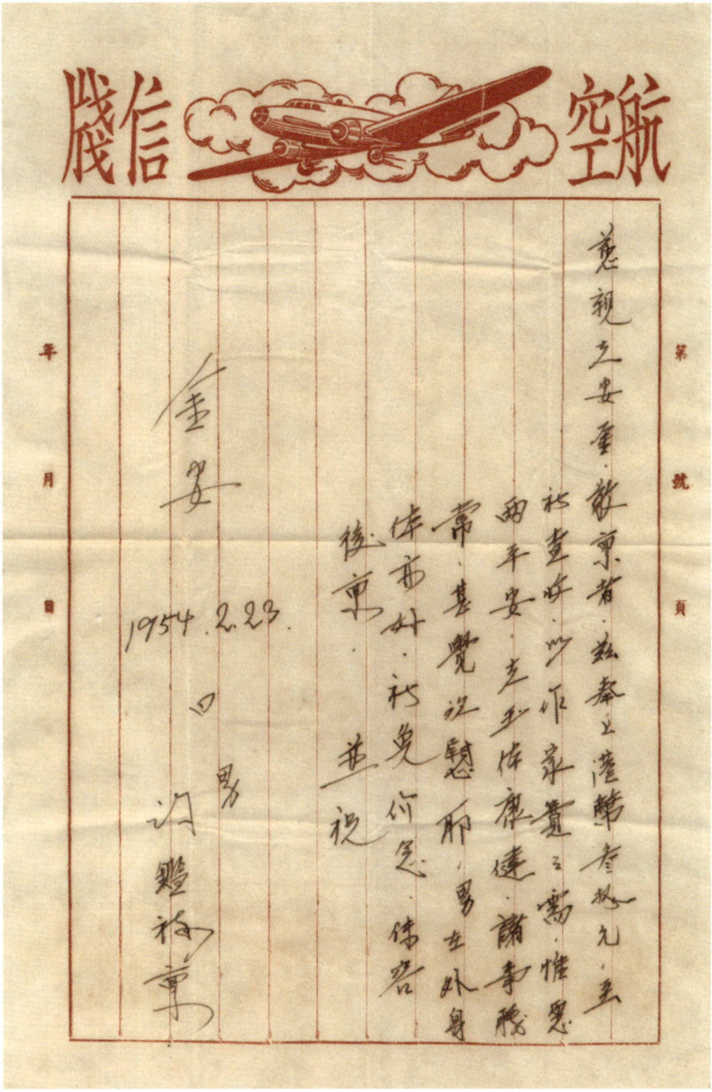
航空信箋

慈親大人安重。敬稟者：茲奉上港幣叁拾元正，
祈查收，以作家費之需。惟思
兩年平安，大小俱康健，諸事勝
常，甚覺欣慰耶！男在外身
体甚好，祈免介念。俟容
後稟。並祝
金安
1954.2.23 日
男 許鑒裕 稟

1954 年 7 月 21 日许鉴裕寄澄海隆都前埔乡母亲

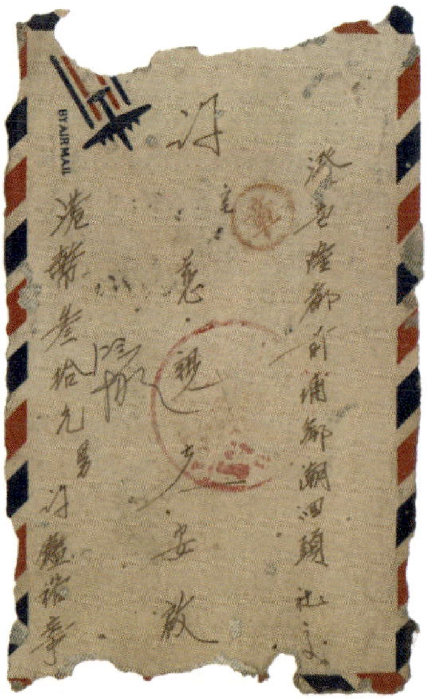

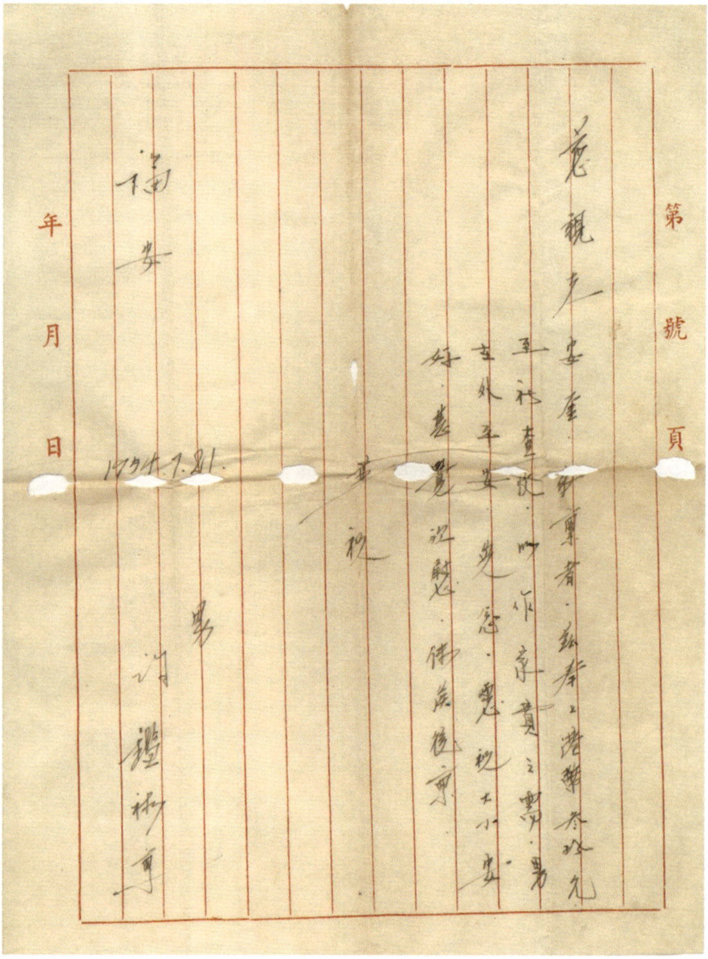

第　號　頁

慈親大人安座：敬稟者，茲奉上港幣叁拾元，至祈查收，以作家費之需。男在外平安，免念。惠秧大小安好，甚覺沁懷。佛箴後稟。專此並祝

福安

男 許鑑裕 稟

1954.7.21.

年　月　日

1954 年 8 月 18 日泰国陈进清寄澄海隆都前埔乡许木裕

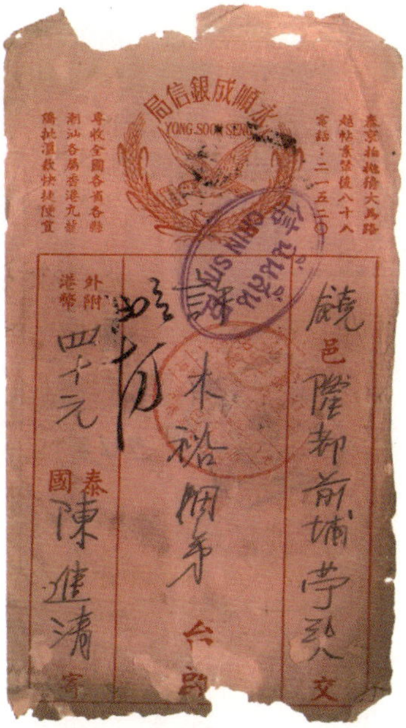

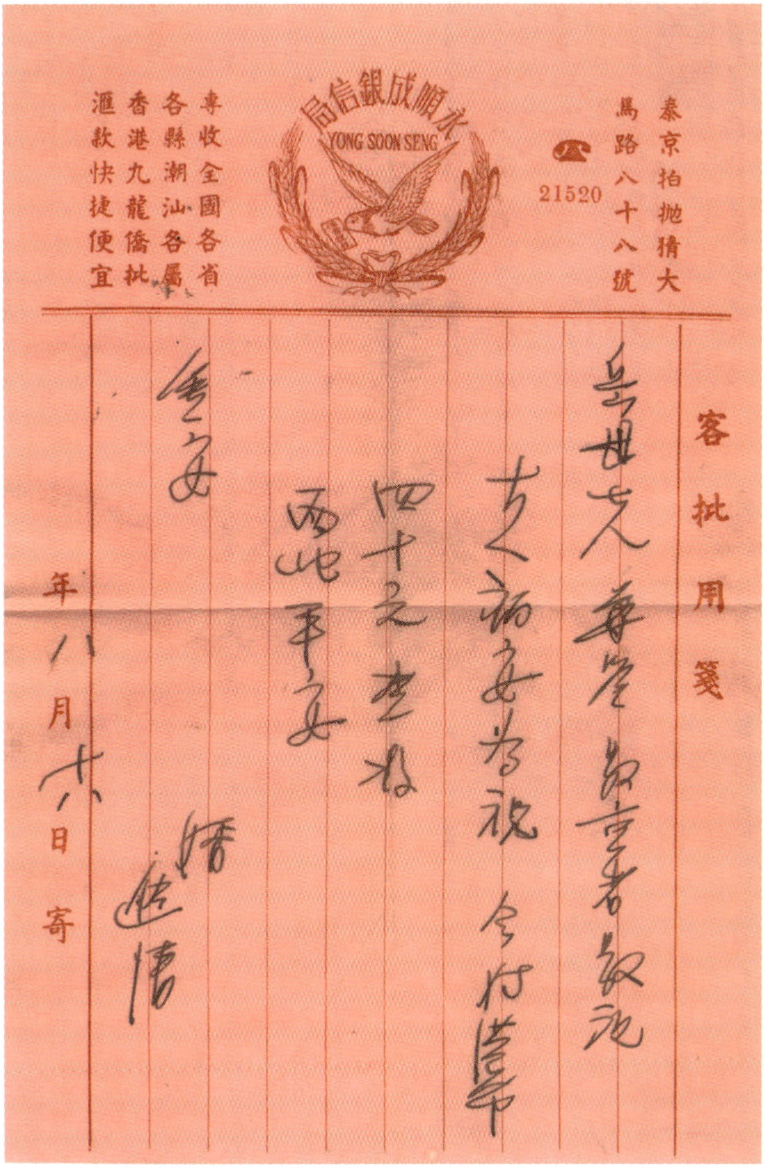

1954 年 8 月 25 日许鉴裕寄澄海隆都前埔乡母亲

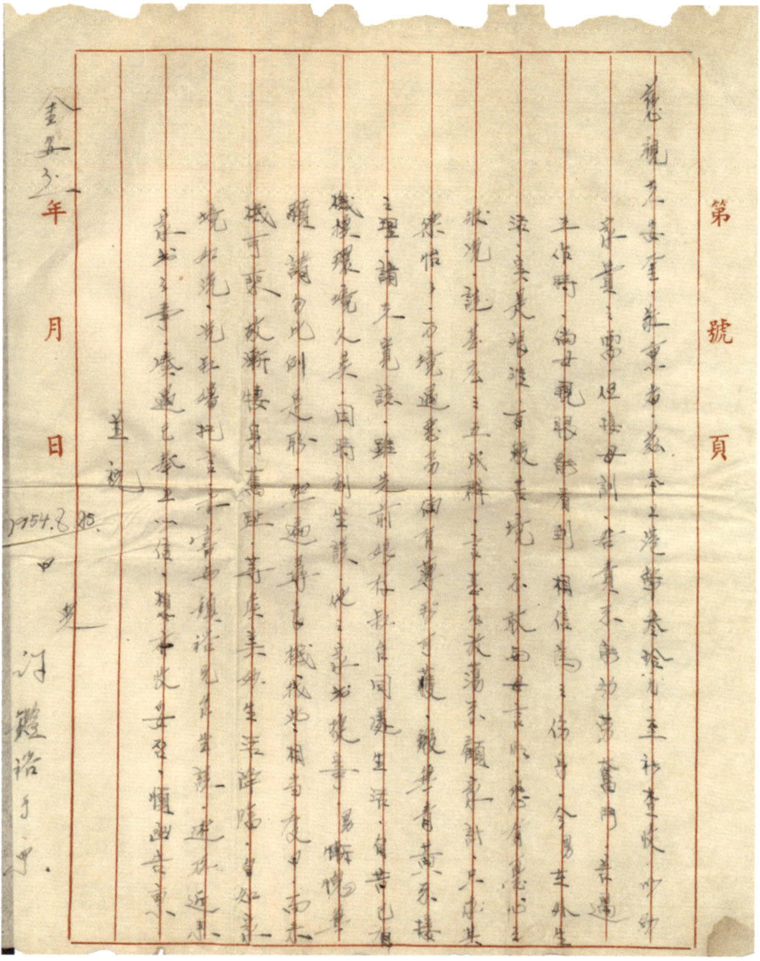

1955 年 1 月 5 日许鉴裕寄澄海隆都前埔乡母亲

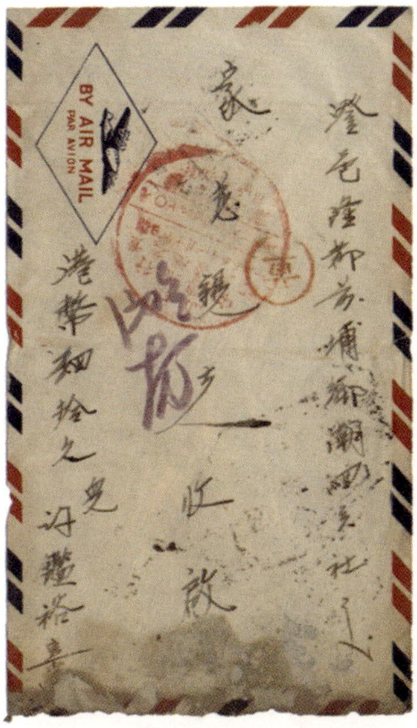

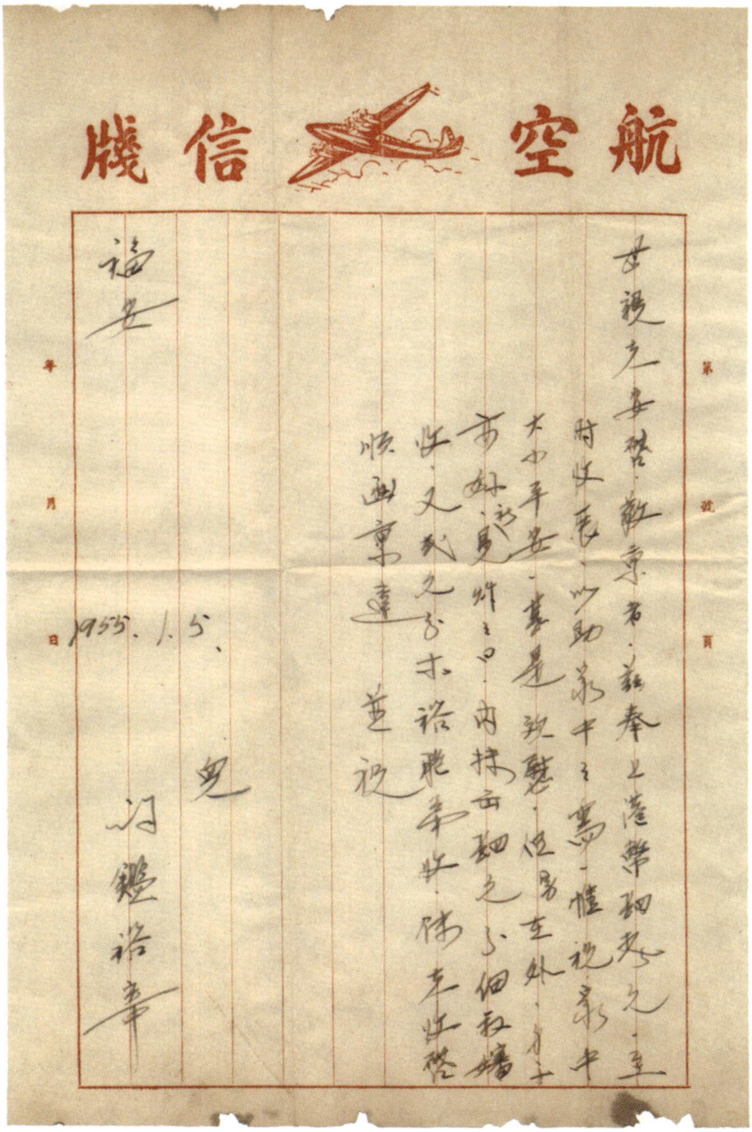

1955 年 1 月 5 日泰国陈进清寄澄海隆都前埔乡许木裕

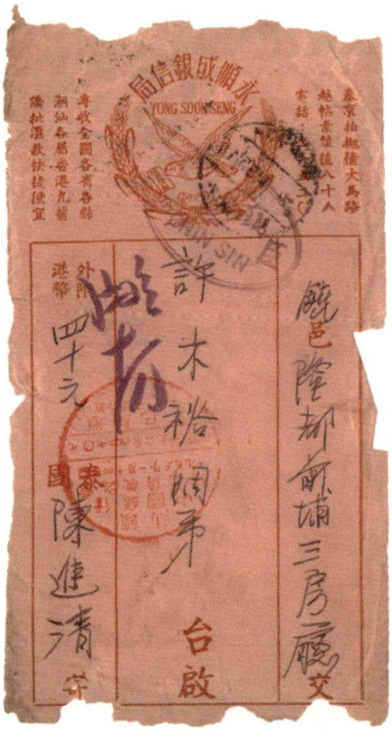

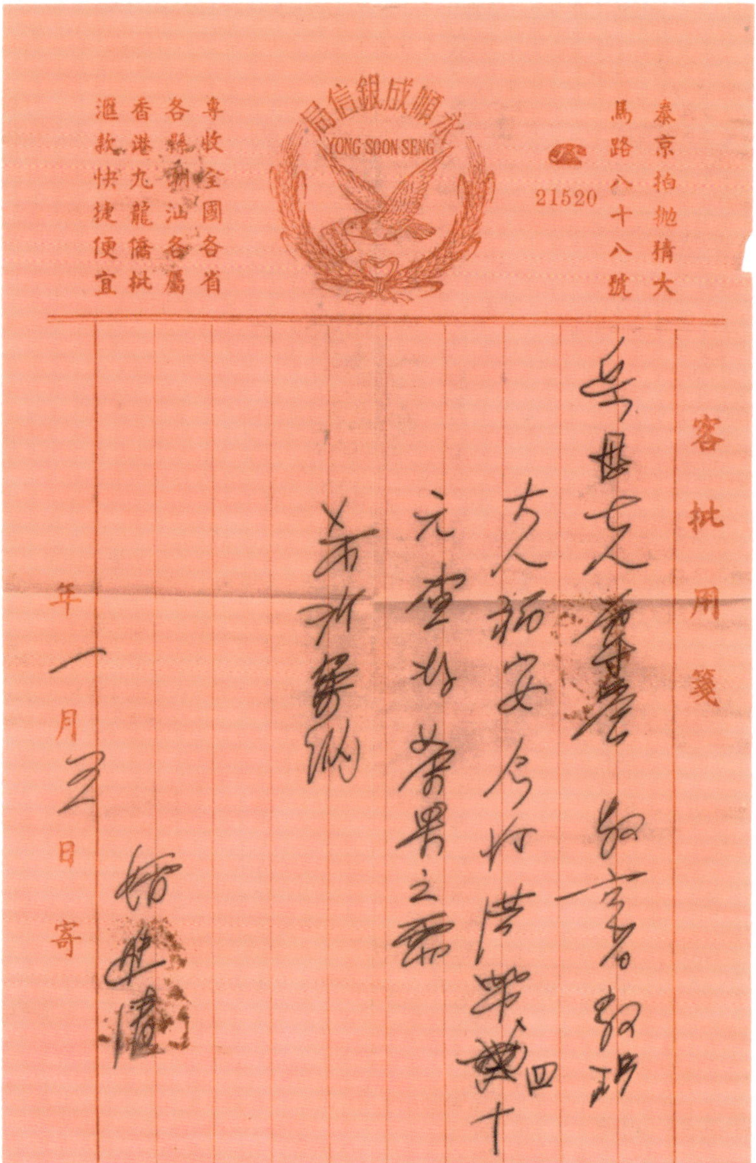

1955 年 2 月 23 日许鉴裕寄澄海隆都前埔乡母亲

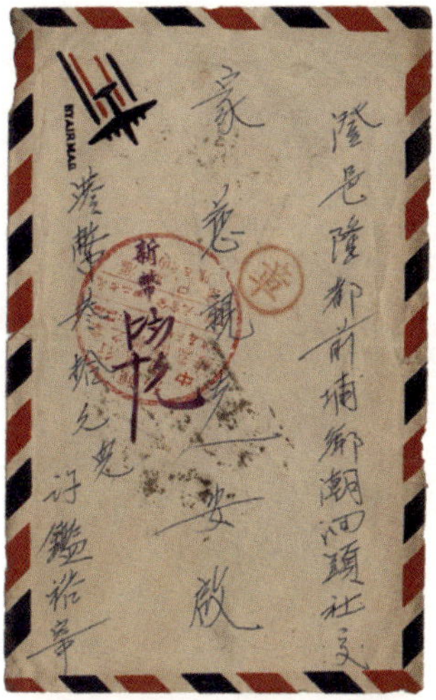

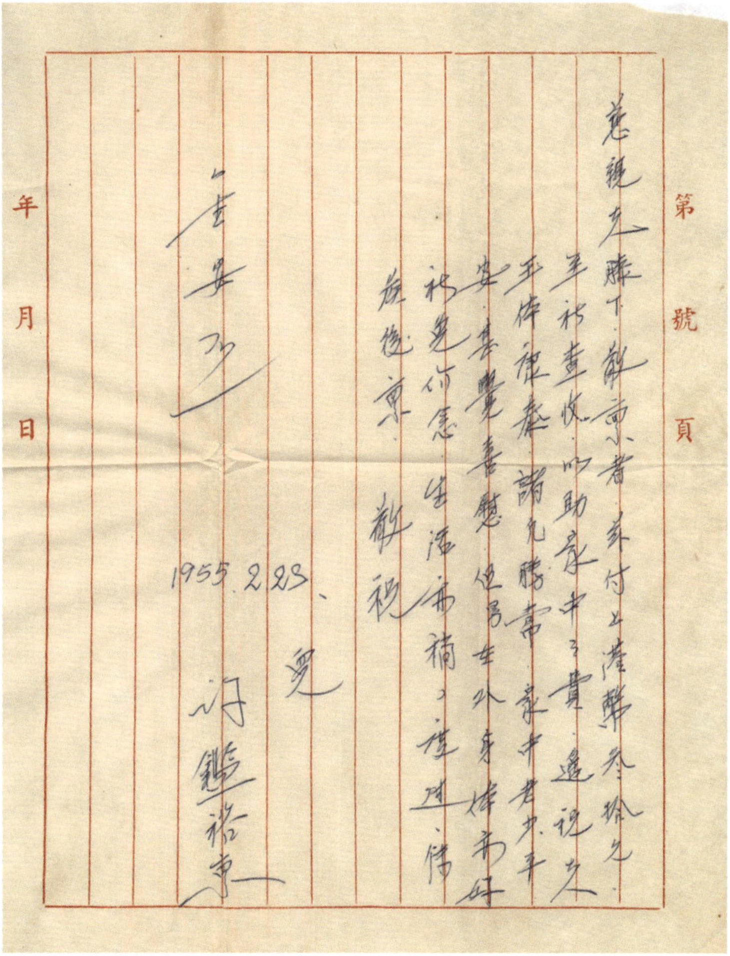
第　號　頁

慈親大人膝下：敬禀者，茲付上港幣叁拾元，
至祈查收，以助家中之費。邇諗大人
玉体康泰，諸兄勝常，家中老少平
安，甚覺喜慰。但男在外身体亦好，
祈免介念。生活亦稍之達時，储
后後禀
敬祝
金安
1955.2.23
男　許鑑裕稟

年　月　日

1955 年 4 月 5 日许鉴裕寄澄海隆都前埔乡母亲

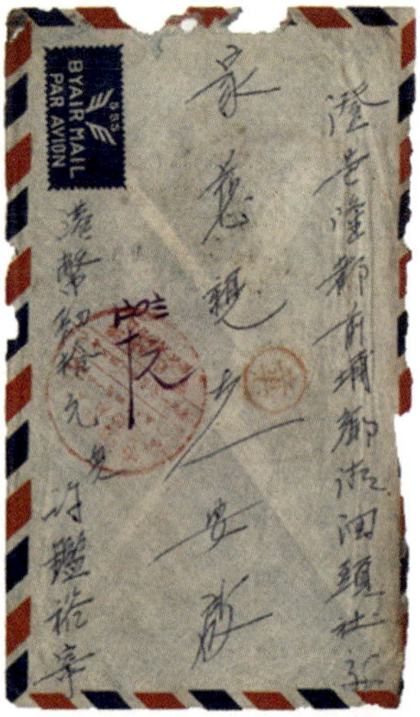

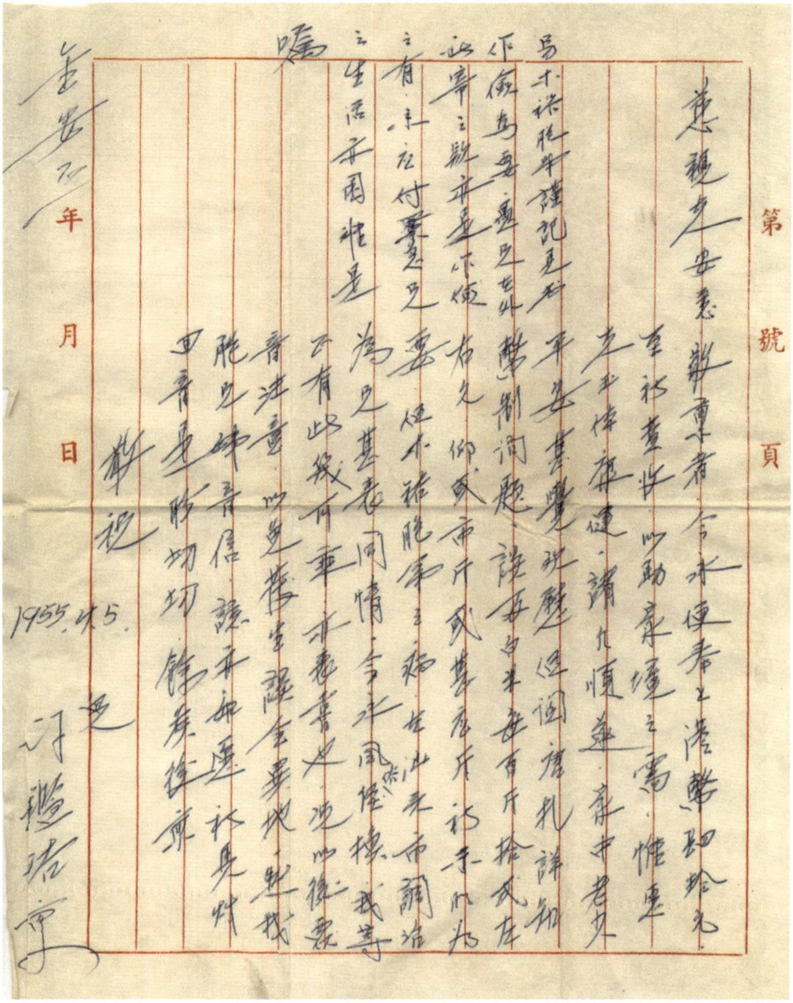

1955 年 8 月 28 日许鉴裕寄澄海隆都前埔乡母亲

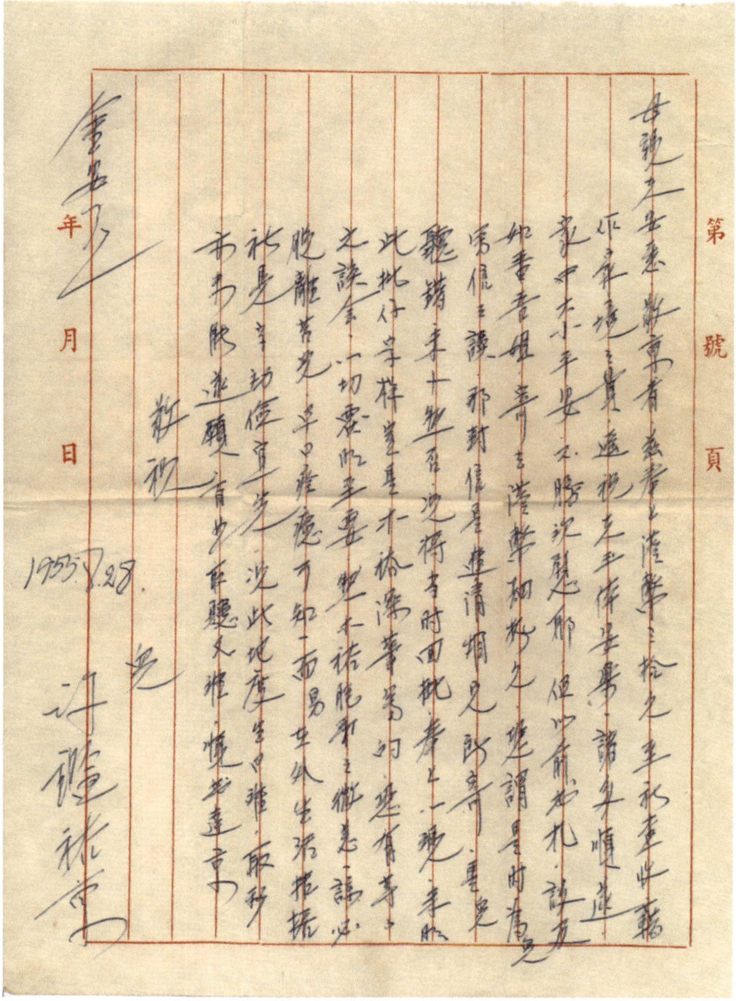

1955 年 12 月 26 日暹罗许辉裕寄澄海隆都前埔乡母亲

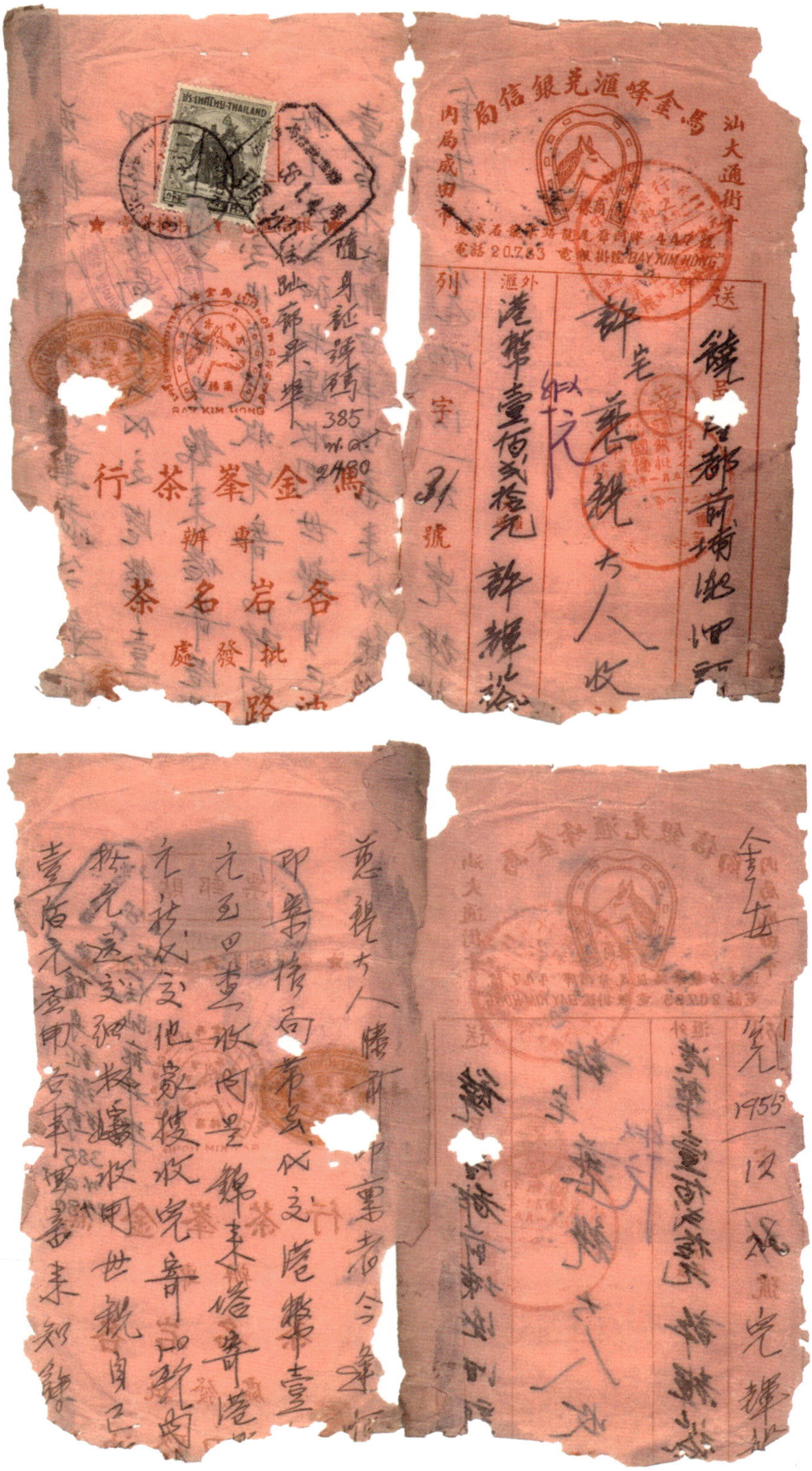

1956 年 1 月 24 日许鉴裕寄澄海隆都前埔乡母亲

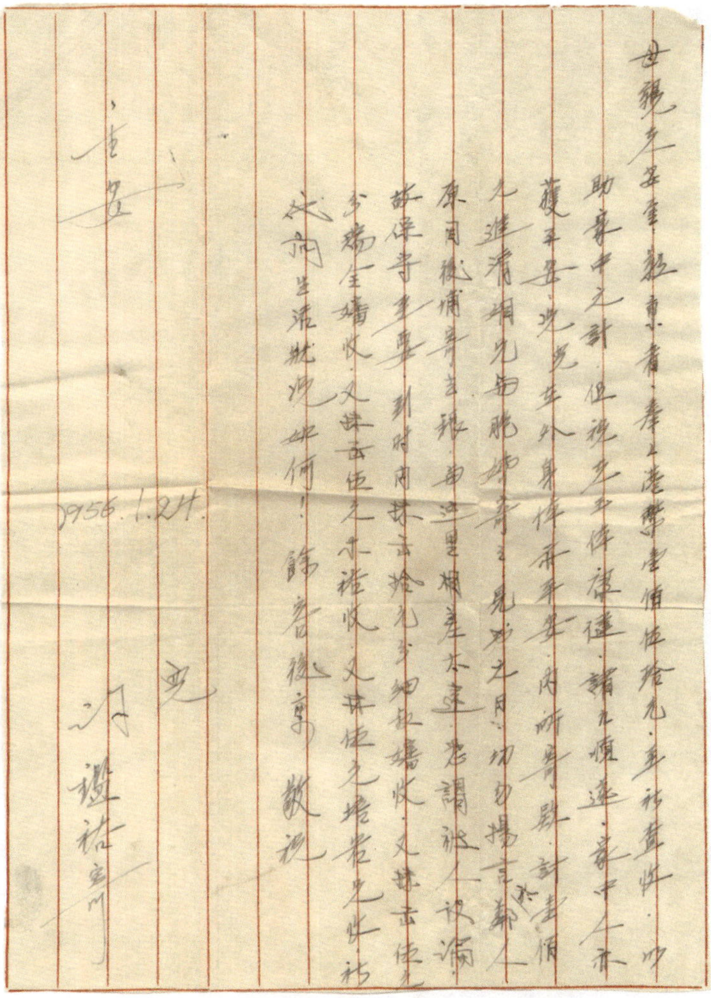

1956 年 7 月 8 日许鉴裕寄澄海隆都前埔乡母亲

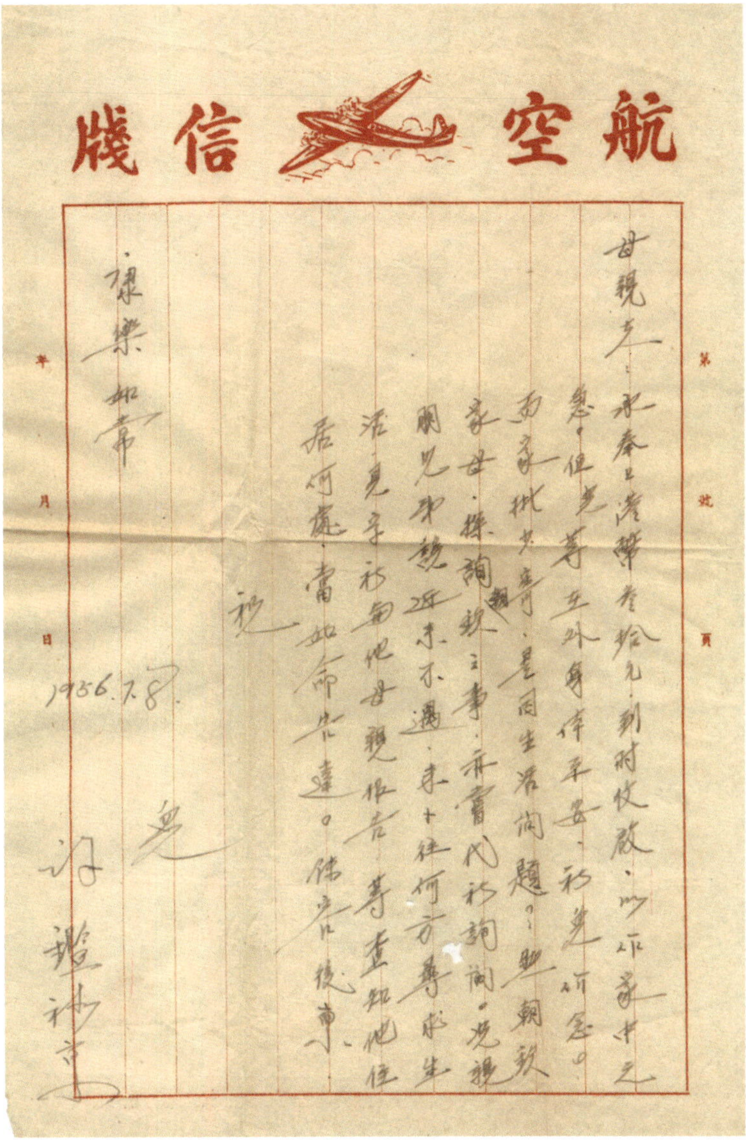
航空信牋

母親大人：茲奉上港幣叁拾元，到時收啟，以作家中之需。但兒等在外身体平安，祈免介念。而家批兒寄，是因生活問題，無銀致家母。據詢款之事，亦曾代祈詢問。兒親聞兒哥聽近來不遇，來十往何方尋求生活。兒亦祈向他母親報告，尋查知他住居何處，當如命不違。餘容後再。

祝

福樂如常

兒 鑑裕 字

1956.7.8

1956 年 7 月 16 日暹罗许辉裕寄澄海隆都前埔乡母亲

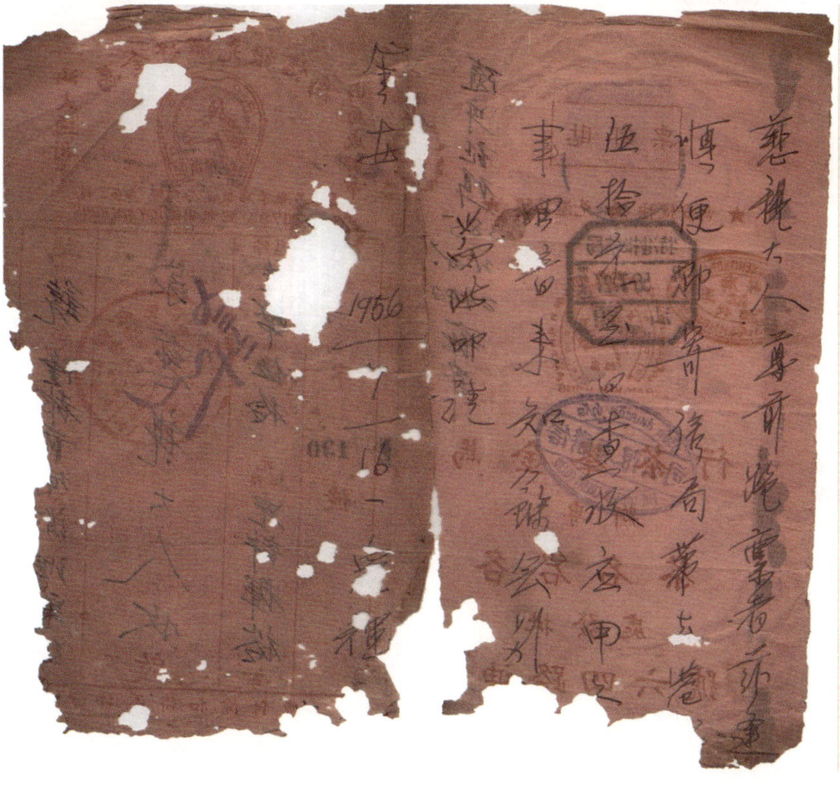

1956 年 10 月 31 日许鉴裕寄澄海隆都前埔乡母亲

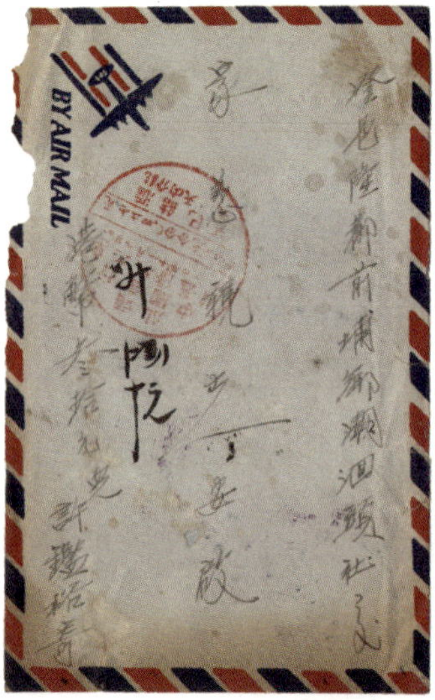

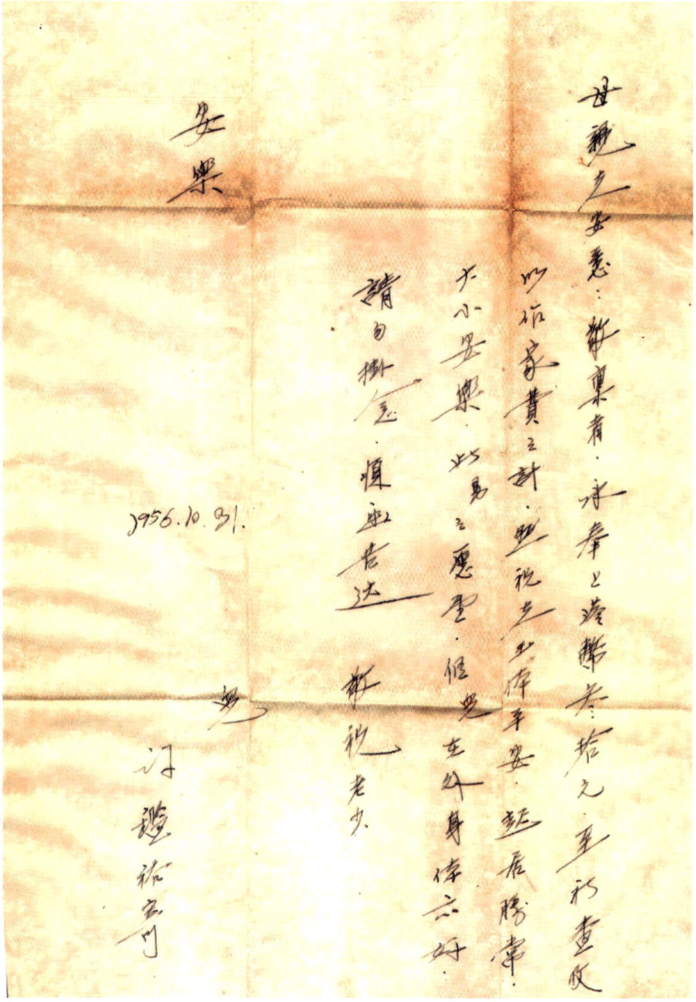
母親大人安慈：敬稟者，承奉上港幣叁拾元，至祈查收。以作家費之計。然祝大人身体平安，起居勝常，大小安樂，此男之願望。但兒在外身体亦好，請回批信，順來告达。敬祝老人 安樂

男 許鑑裕

1956.10.31.

1956 年 11 月 5 日暹罗许辉裕寄澄海隆都前埔乡母亲

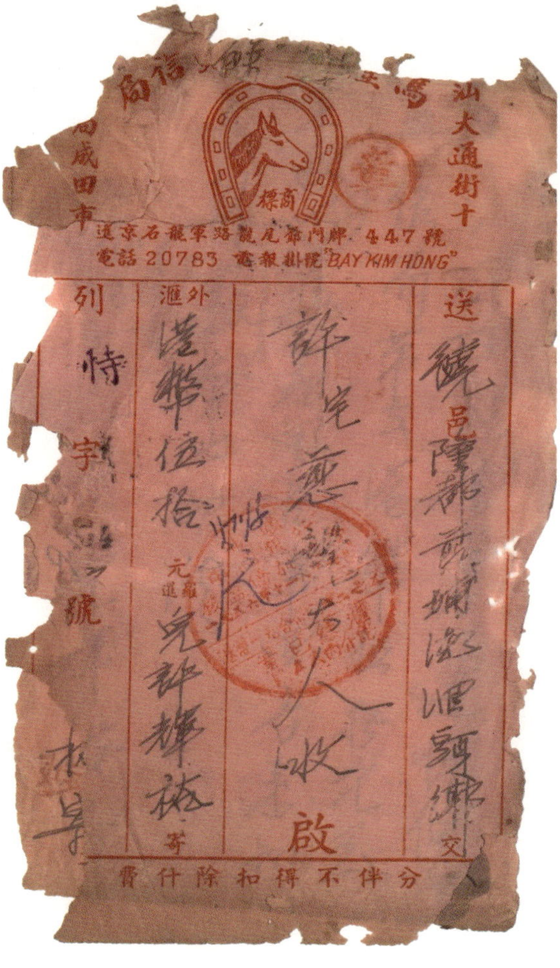

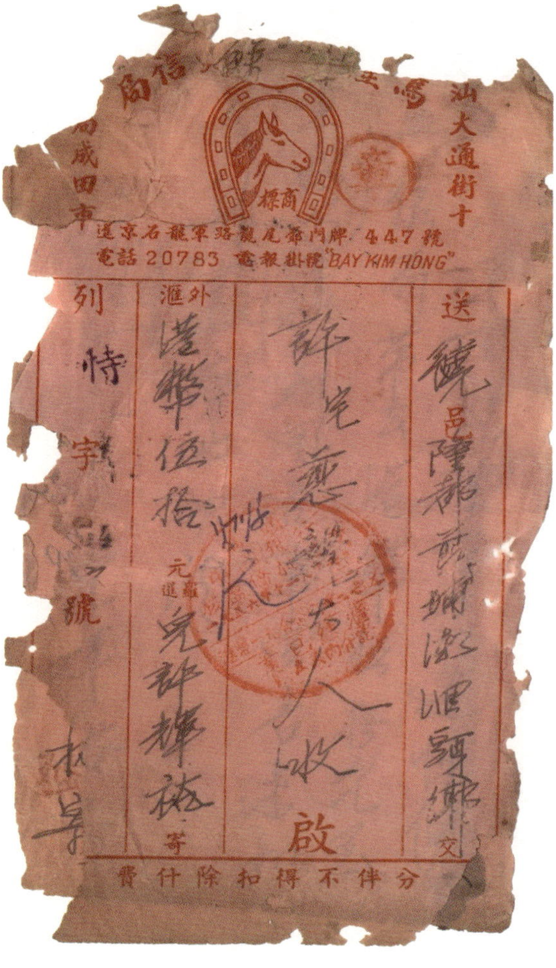

1956 年 11 月 16 日许鉴裕寄澄海隆都前埔乡母亲

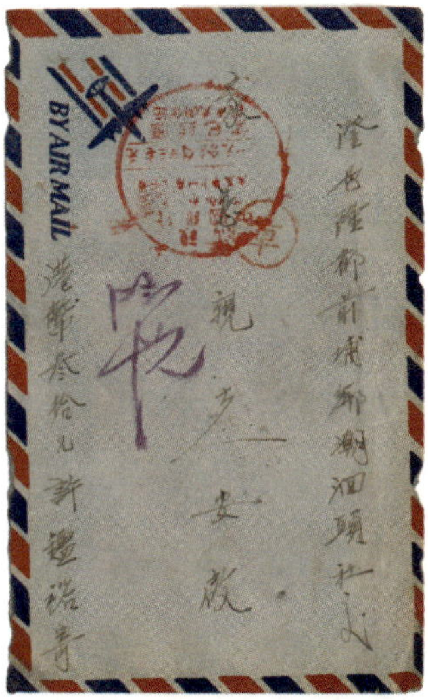

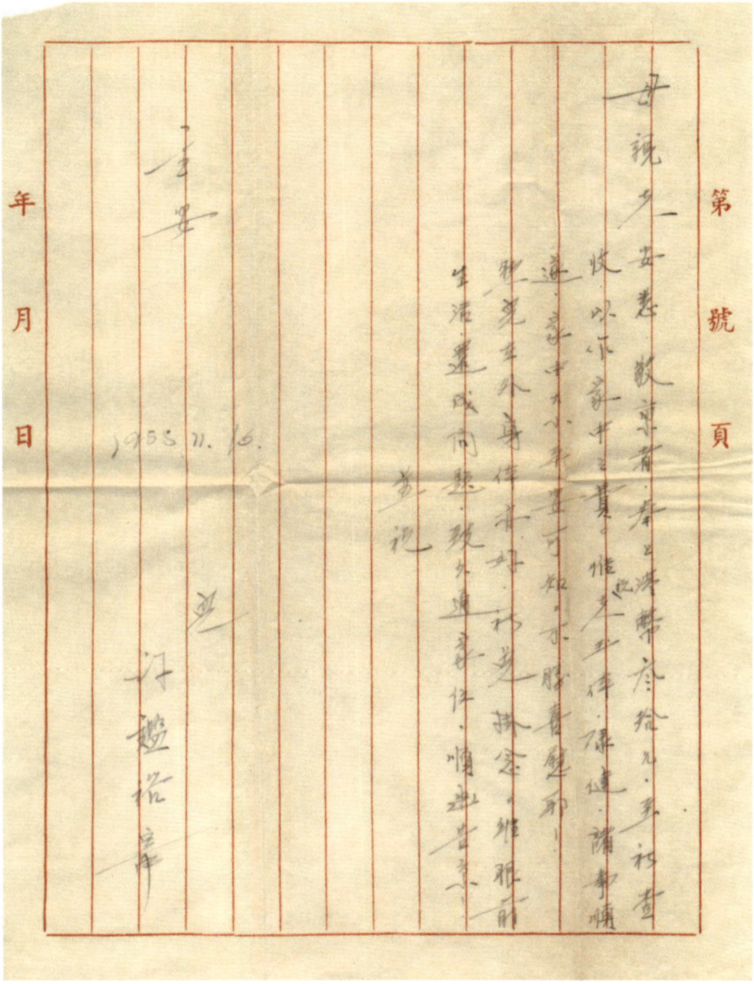

1956 年 12 月 26 日泰京（泰国）许鉴裕寄澄海隆都前埔乡母亲

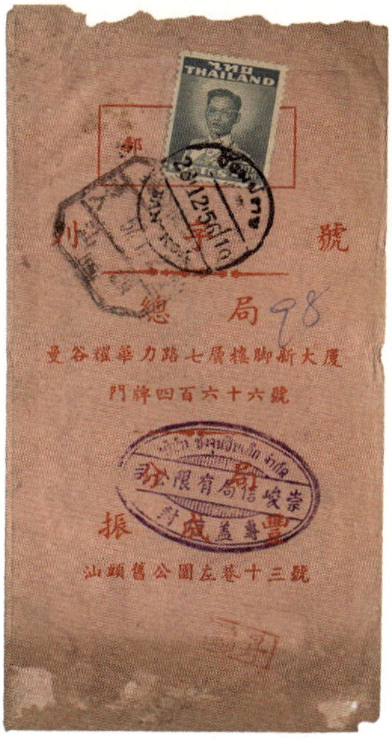

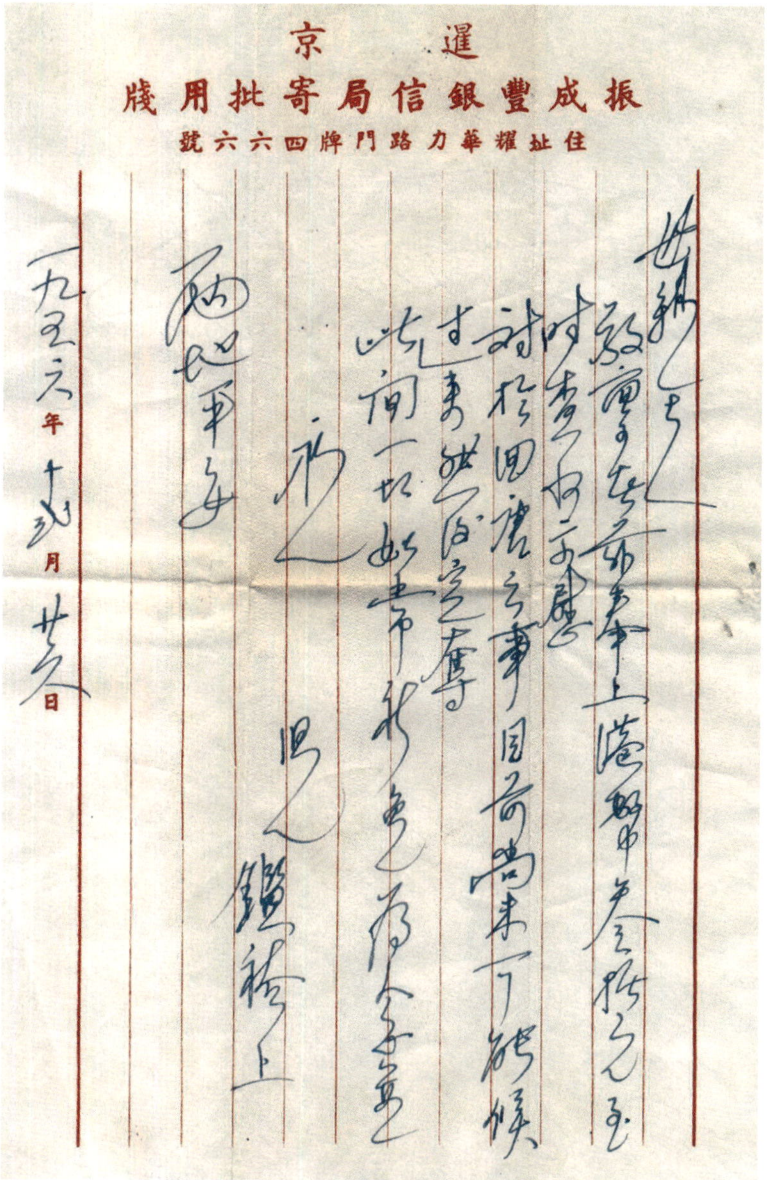
暹京
振成豐銀信局寄批用箋
住址耀華力路門牌四六六號

一九五六年十二月廿六日

1957年2月18日暹罗许辉裕寄澄海隆都前埔乡母亲

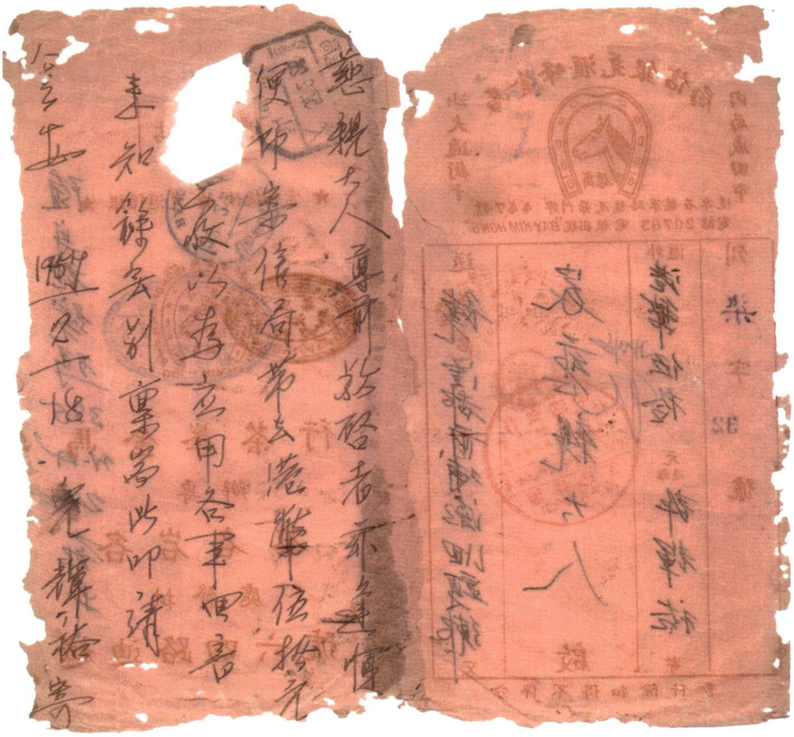

1957 年 4 月 3 日许鉴裕寄澄海隆都前埔乡母亲

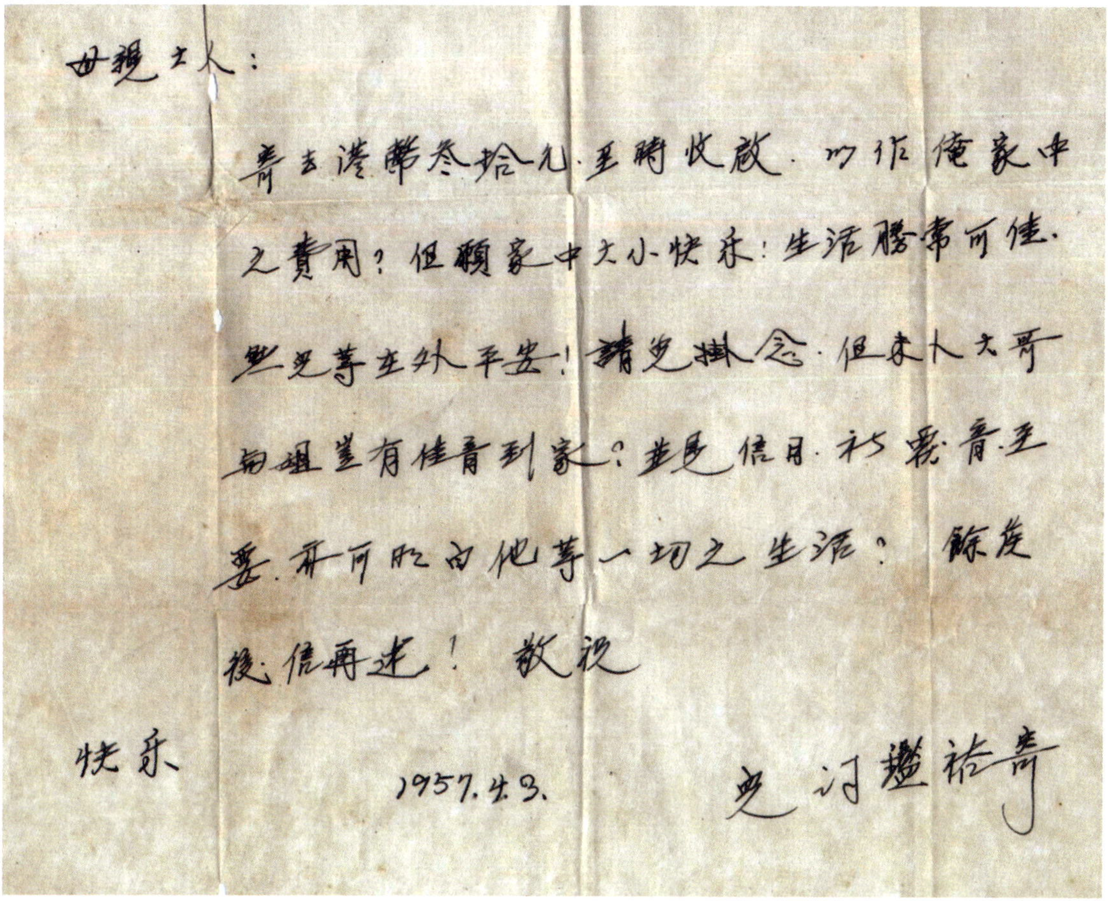

母親大人：

寄去港幣叁拾元，至時收啟，以作俺家中之費用？但願家中大小快乐！生活勝常可佳。照儿等在外平安！請免掛念。但未知大哥与姐是否有佳音到家？並見信日，祈覆音至要。并可把白他等一切之生活？餘從後信再述！敬祝

快乐

1957.4.3. 儿许鉴裕寄

1957 年 4 月 25 日许鉴裕寄澄海隆都前埔乡母亲

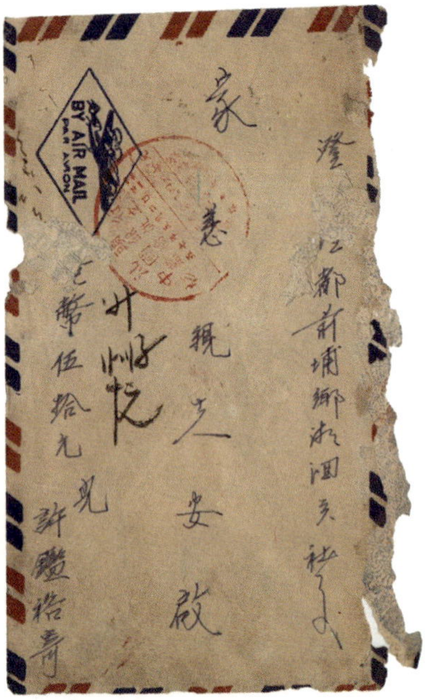

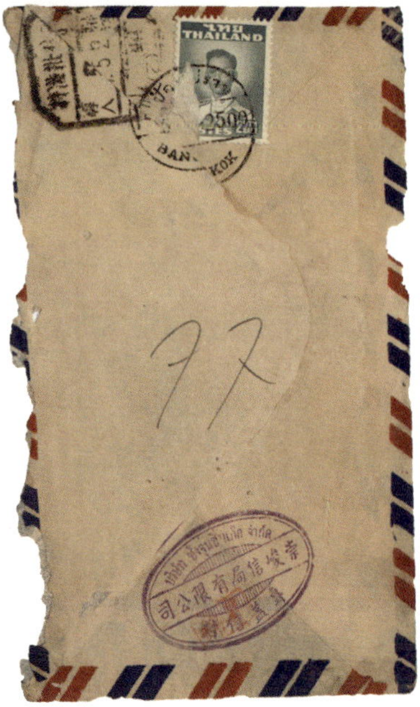

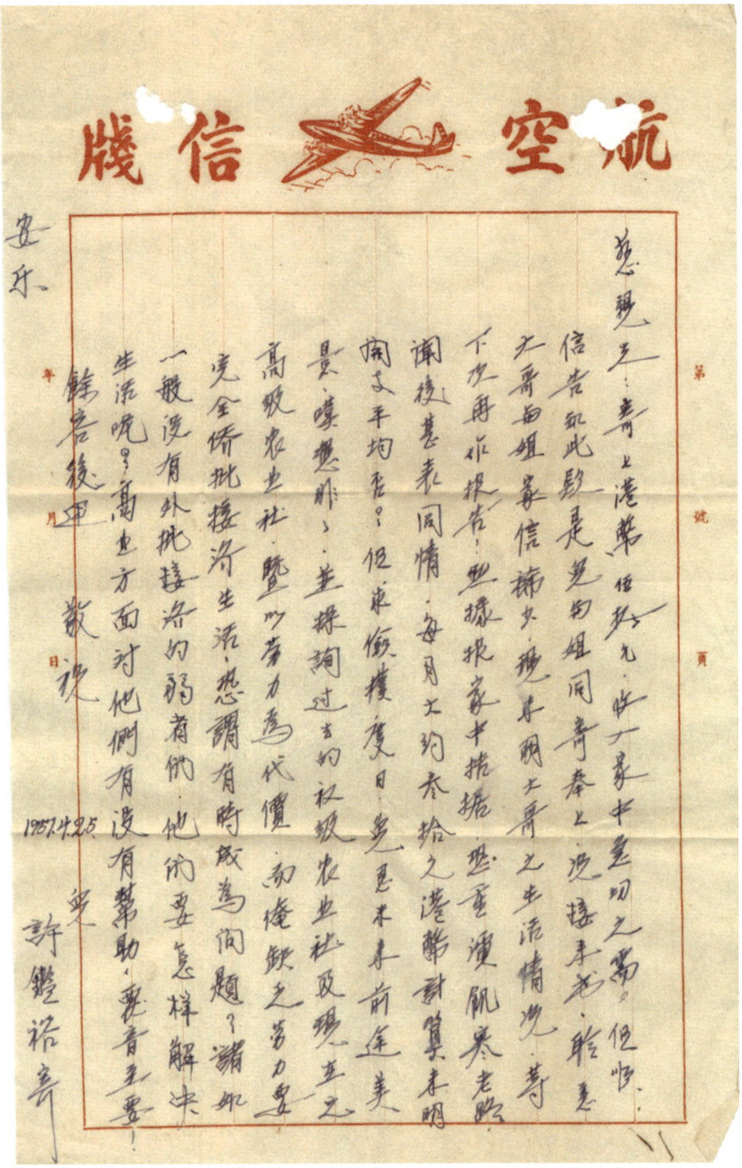

航空信笺

慈亲大人：寄上港币伍拾元，收入家中应用之需。但收信告知此款是兑的姐同寄奉上，兑换来者，听意大哥的姐家信称，兑换来明大哥之生活情况，寄下次再作报告，兹据报家中拮据，恐重演饥寒老路，阅后甚表同情，每月大约叁拾元港币，计算未明开支平均否？但求简朴度日，兑亦算来来前途美景，叹想非□，并探询过去的初级农业社及现在之高级农业社，既以劳力为代价，勤俭节约之劳力来完全侨批接济生活，恐谓有时成为问题？诸如一般没有外批接济的弱者们，他们要怎样解决生活呢？高也方面对他们有没有帮助，要旨至要！余容后述

敬祝

安乐

1957.4.25

儿 許鑒裕 寄

1957 年 5 月 14 日暹罗许辉裕寄澄海隆都前埔乡母亲

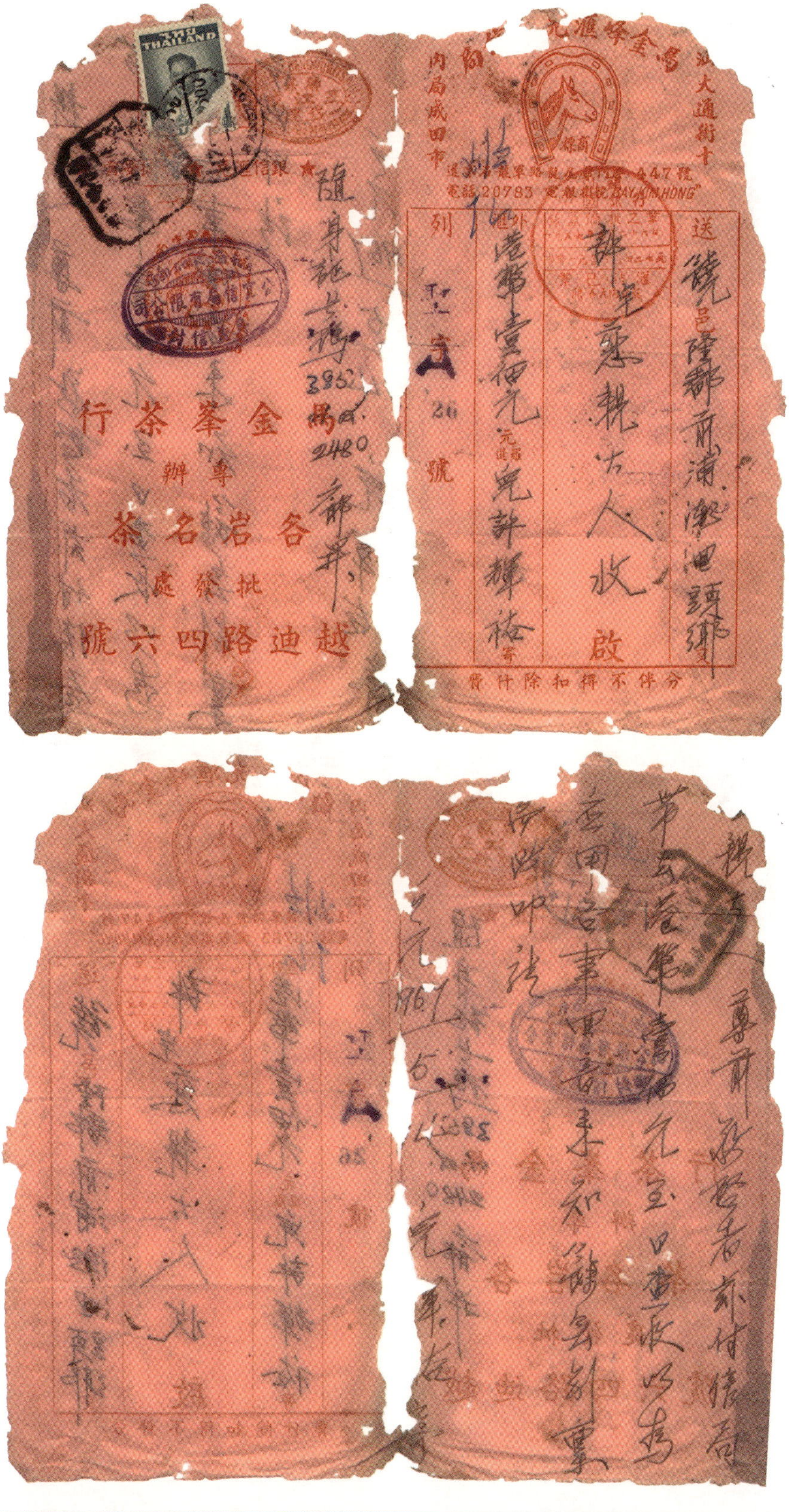

1957 年 5 月 29 日许鉴裕寄澄海隆都前埔乡母亲

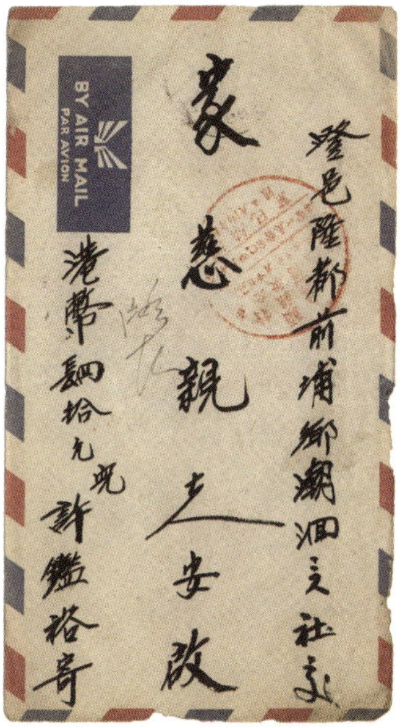

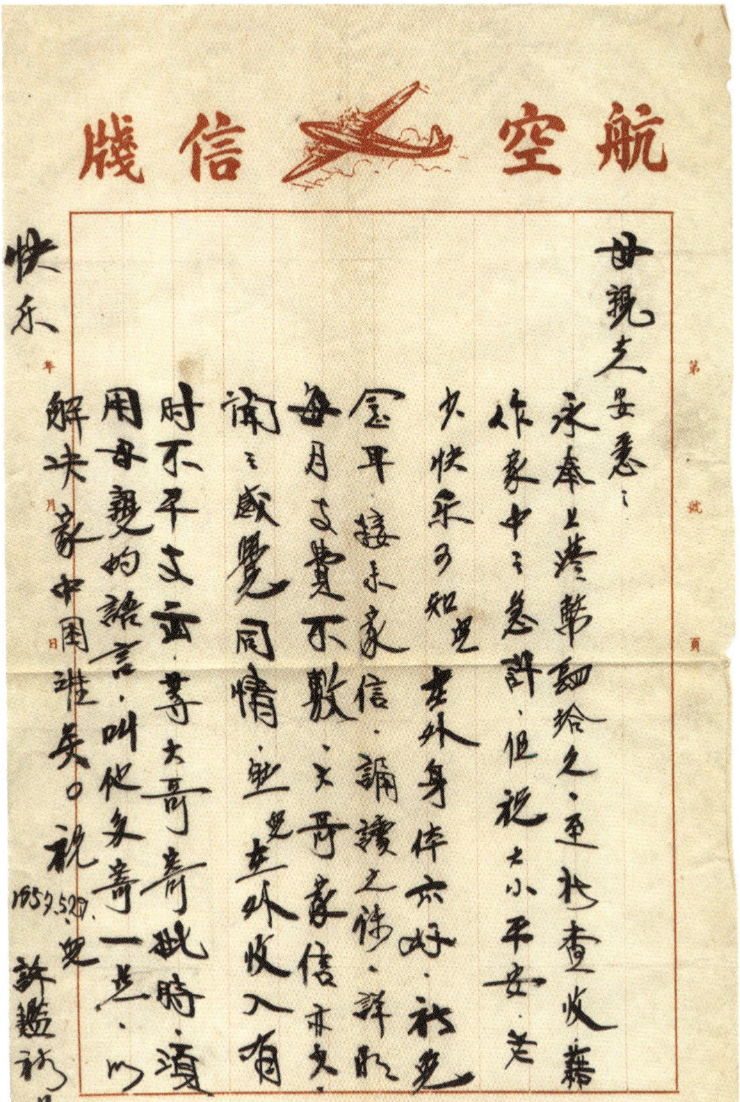
航空信箋

母親大人安慈：
茲奉上港幣捌拾元，至祈查收，藉
作家中之急需，但祝大小平安，老
少快乐，勿知。兒
在外身体亦好，祈兒
金甲接来家信，诵读之余，详明
每月支費不敷，大哥家信亦知，
阅之感覺同情，無兒在外收入有
时不平支出，等大哥寄批時，須
用母親的语言，叫他多寄一些，以
解决家中困难矣。祝
快乐
1957.5.29 兒 許鑑裕上

1957 年 7 月 23 日暹罗许辉裕寄澄海隆都前埔乡母亲

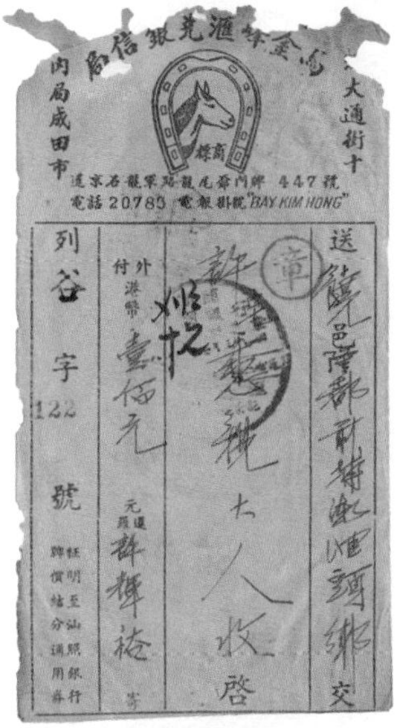

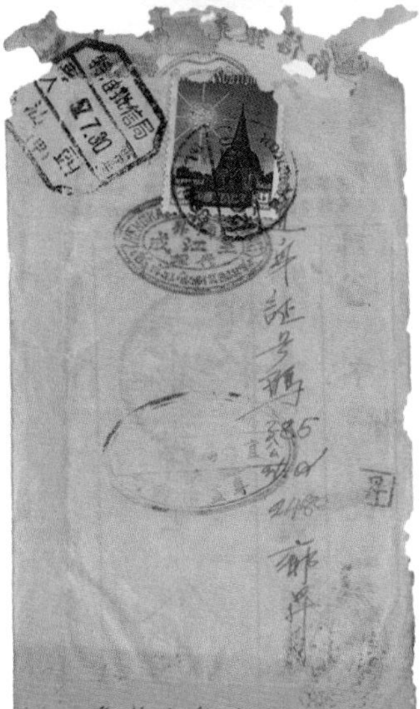

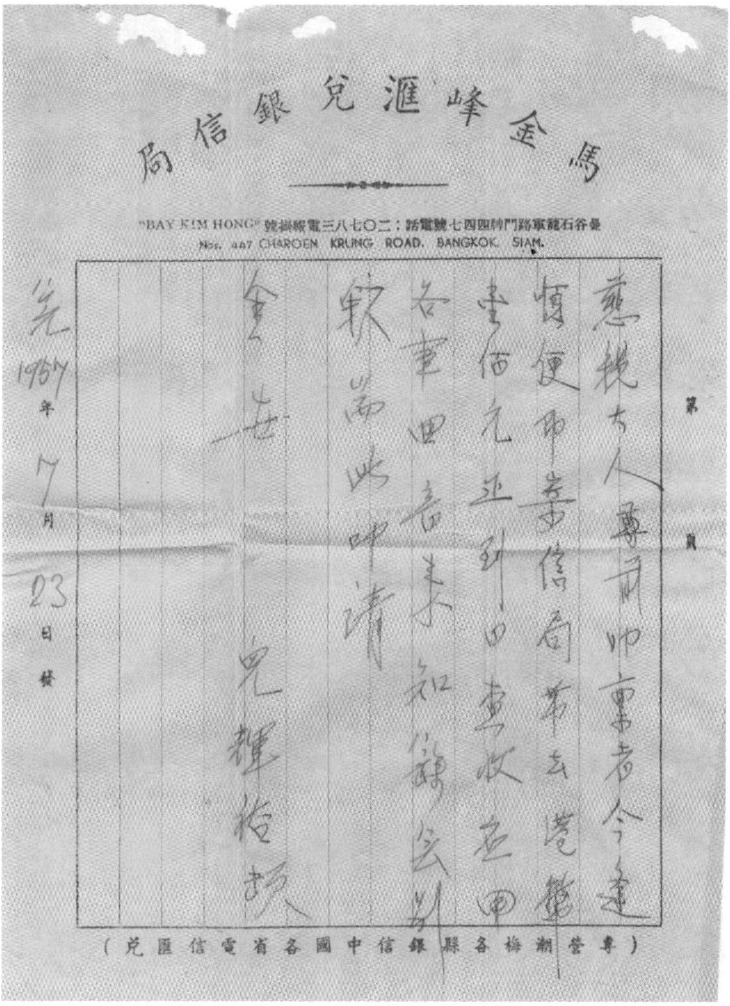

馬金峰滙兌銀信局

曼谷石龍軍路門牌四四七號電話：二〇七八三電報掛號"BAY KIM HONG"

Nos. 447 CHAROEN KRUNG ROAD. BANGKOK. SIAM.

慈親大人尊前叩稟者今逢
順便由李信局弟去港幣
壹佰元正到日查收應用
各事回音來知餘容另
[illegible]此叩請
金安
兒輝裕頓
先 1957 年 7 月 23 日發

（專營潮梅各縣銀信中國各省電信匯兌）

1957 年 7 月 31 日许鉴裕寄澄海隆都前埔乡母亲

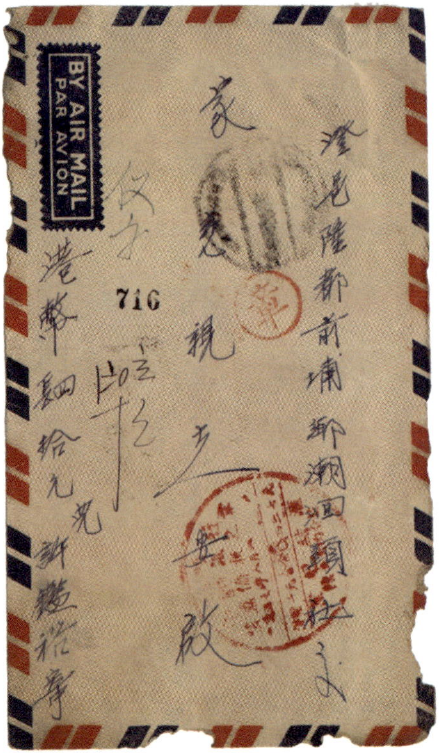

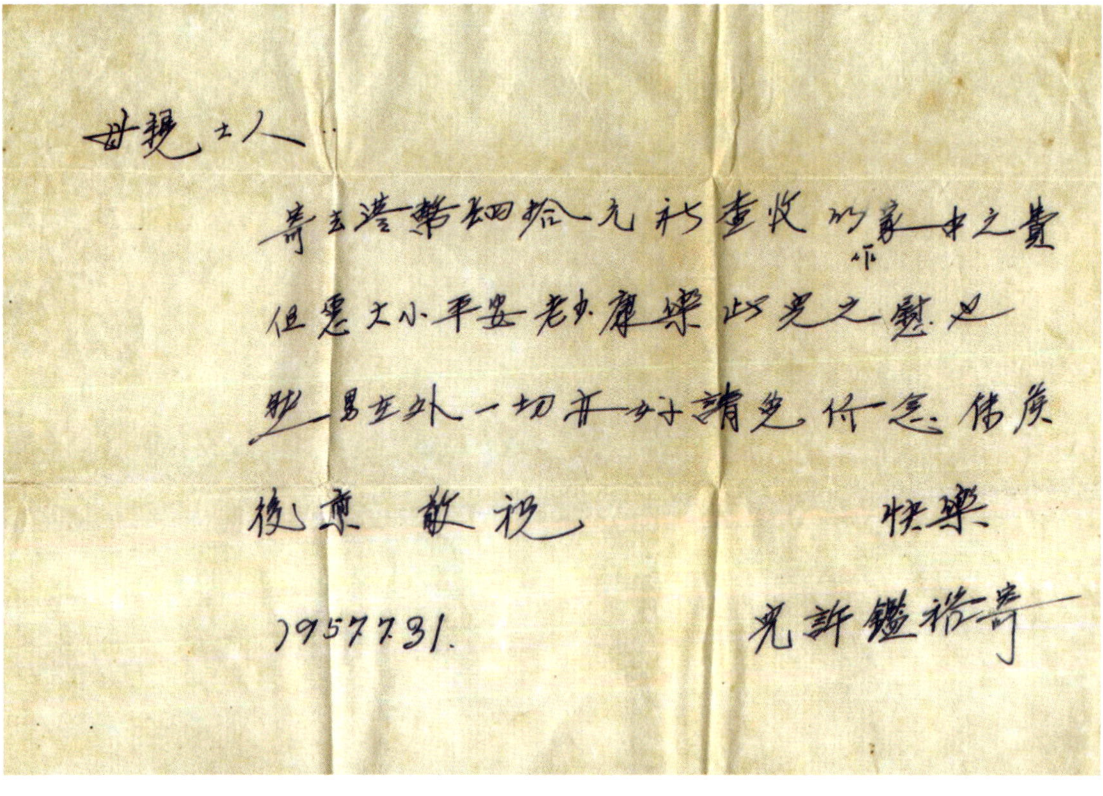

母親大人：

寄去港幣伍拾元祈查收以家中之費

但愿大小平安老幼康樂此兒之慰也

兒在外一切平安請免介念 信後

復稟 敬祝 快樂

1957.7.31. 兒許鑒裕寄

一九五七年七月初五（7 月 31 日）暹罗陈进清寄澄海隆都前埔乡岳母

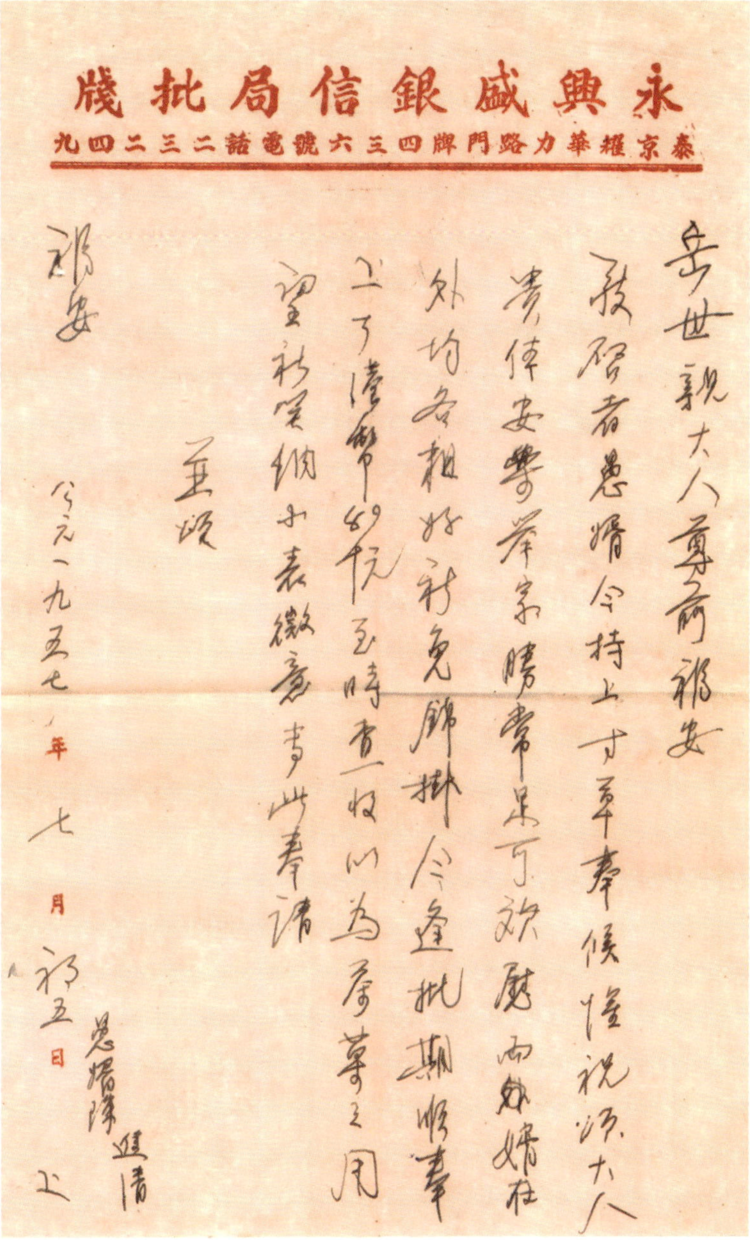
永興盛銀信局批箋
泰京耀華力路門牌四三六號電話二三二四九

岳母親大人尊前福安
敬啟者愚婿令特上寸草奉候慈祝大人
貴体安泰，岸家晴常足可欣慰。兩姨婿在
外均各粗好，請免錦掛。今逢批期順奉
上了港幣卅元，至時查收，以為厝費之用。
望勿哂納，以表微意。專此奉請
福安
並頌
公元一九五七年七月初五日
愚婿陳進清上

1958 年 1 月 6 日许辉裕寄澄海隆都前埔乡母亲

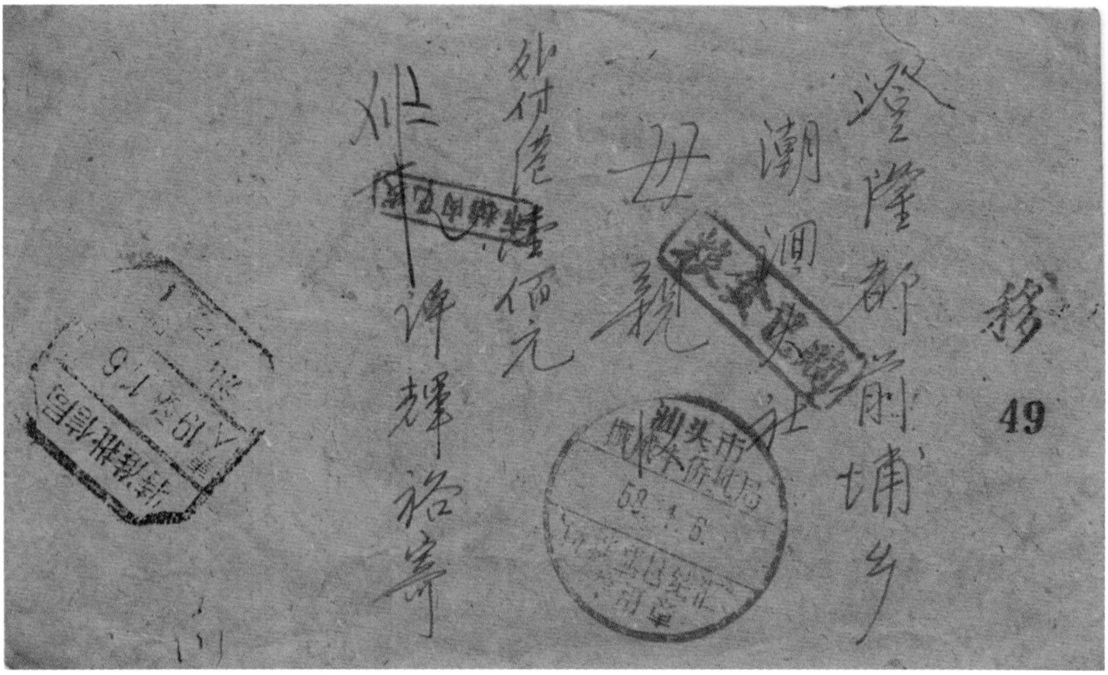

暹罗许辉裕寄澄海隆都前埔乡母亲

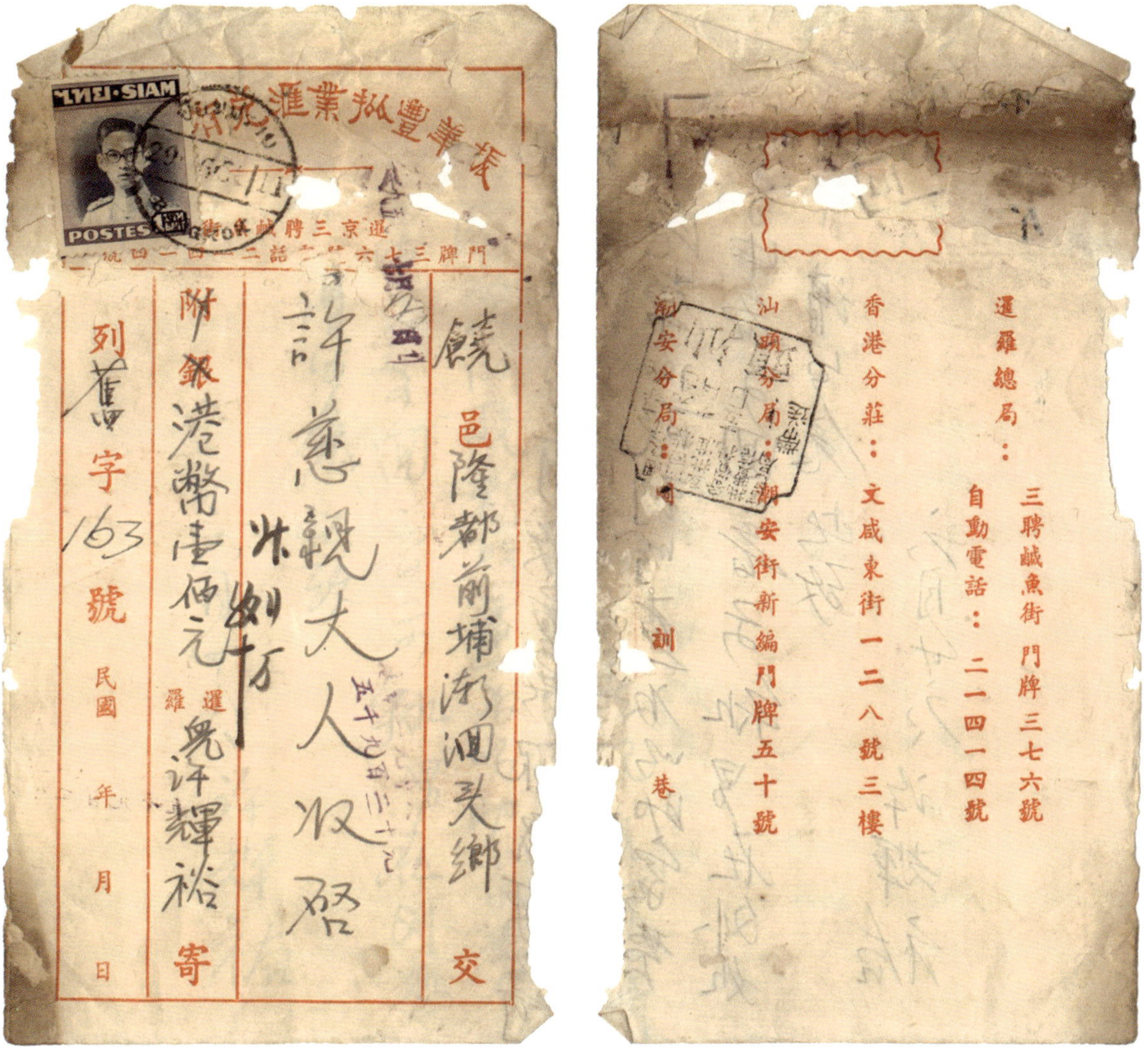

农历十月初七暹罗许辉裕寄澄海隆都前埔乡母亲

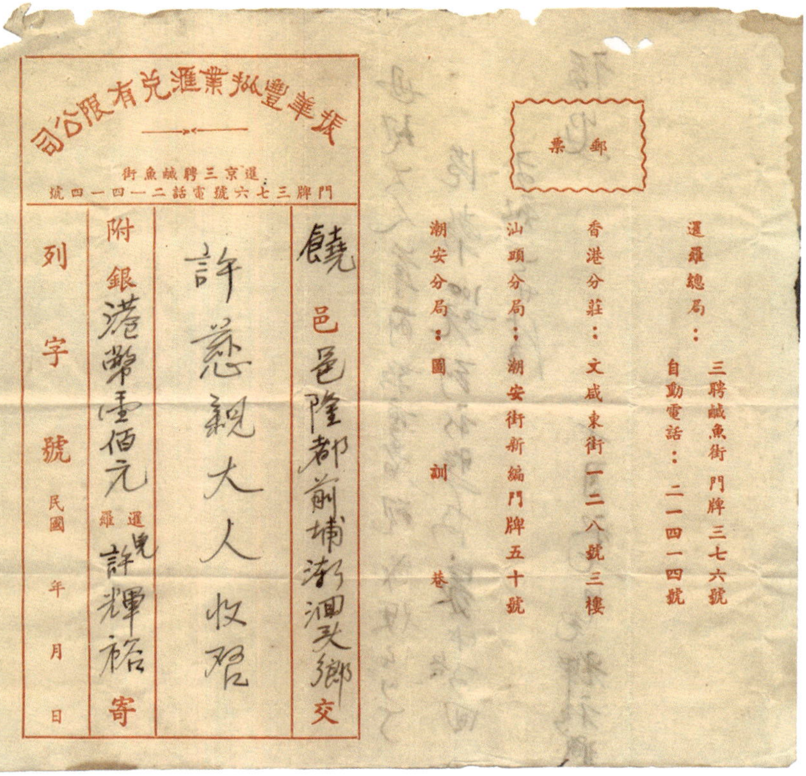
振華豐批業滙兑有限公司
暹京三聘鹹魚街
門牌三七六號電話二一四一四號

饒邑隆都前埔澍洄头鄉交
許慈親大人收啓
附銀港幣壹佰元
暹羅 兒許輝裕寄
列 字 號
民國 年 月 日

郵票
暹羅總局：三聘鹹魚街門牌三七六號
自動電話：二一四一四號
香港分莊：文咸東街一二八號三樓
汕頭分局：潮安街新編門牌五十號
潮安分局：圖 訓 巷

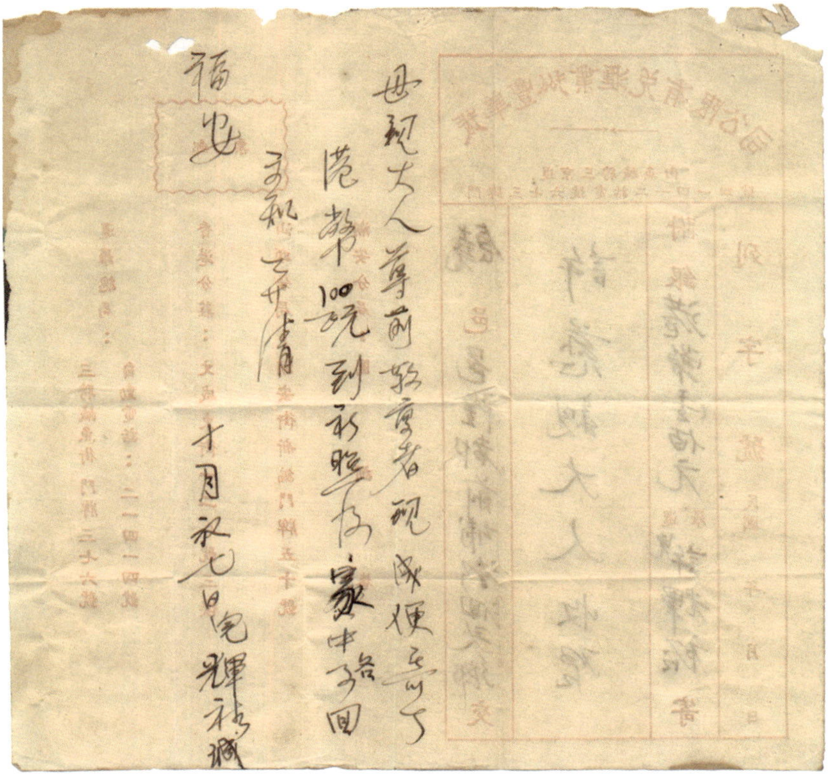
母親大人尊前 敬禀者 現成便寄
港幣100元到祈照收 家中路回
十月初七日 兒輝裕禀
福安

农历二月二十二日（1951 年 3 月 29 日）
暹（泰国）叶文荣寄澄海樟林东社叶阿尾

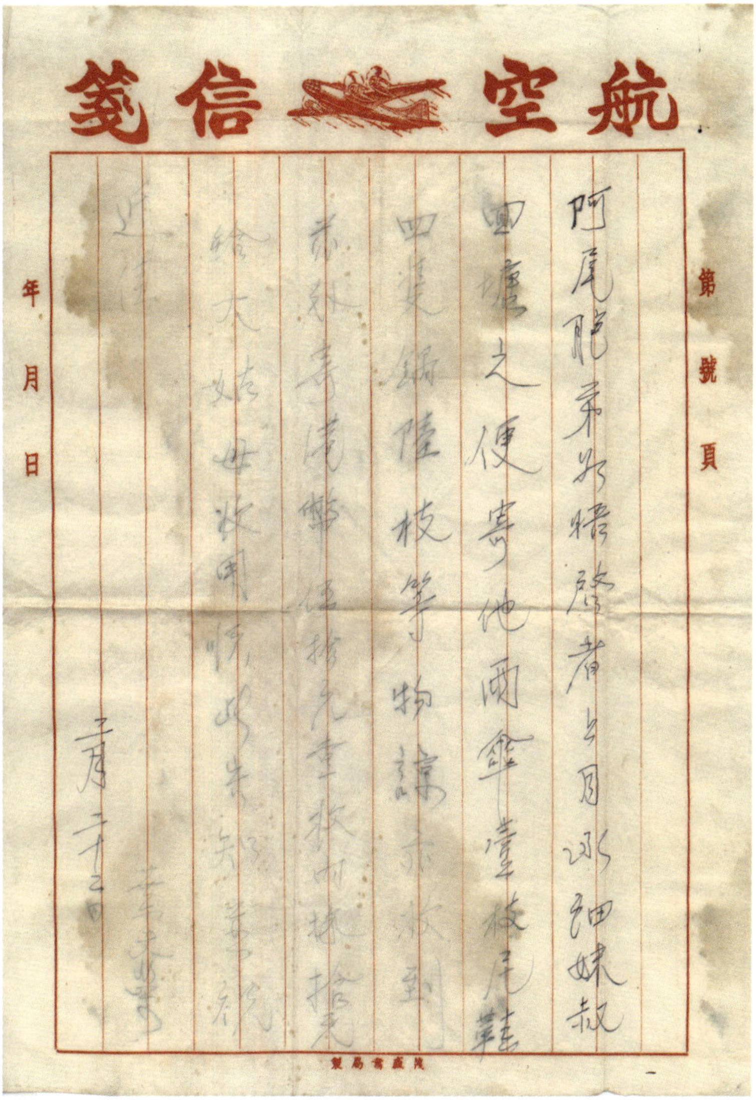

1951 年 8 月 3 日暹叶文荣寄澄海樟林东社叶阿尾

1951 年 12 月 14 日叶文荣寄澄海樟林东社叶阿尾

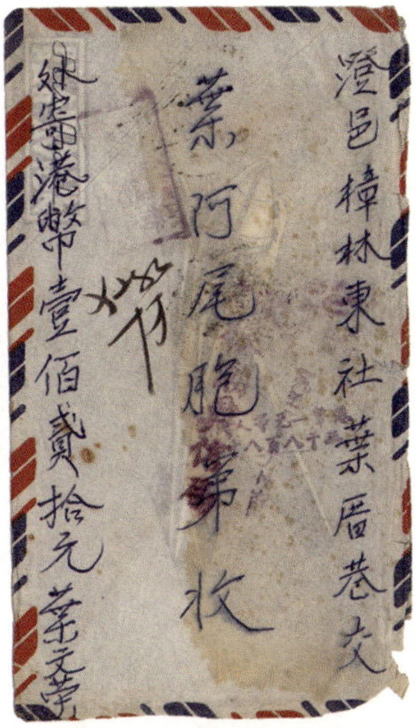

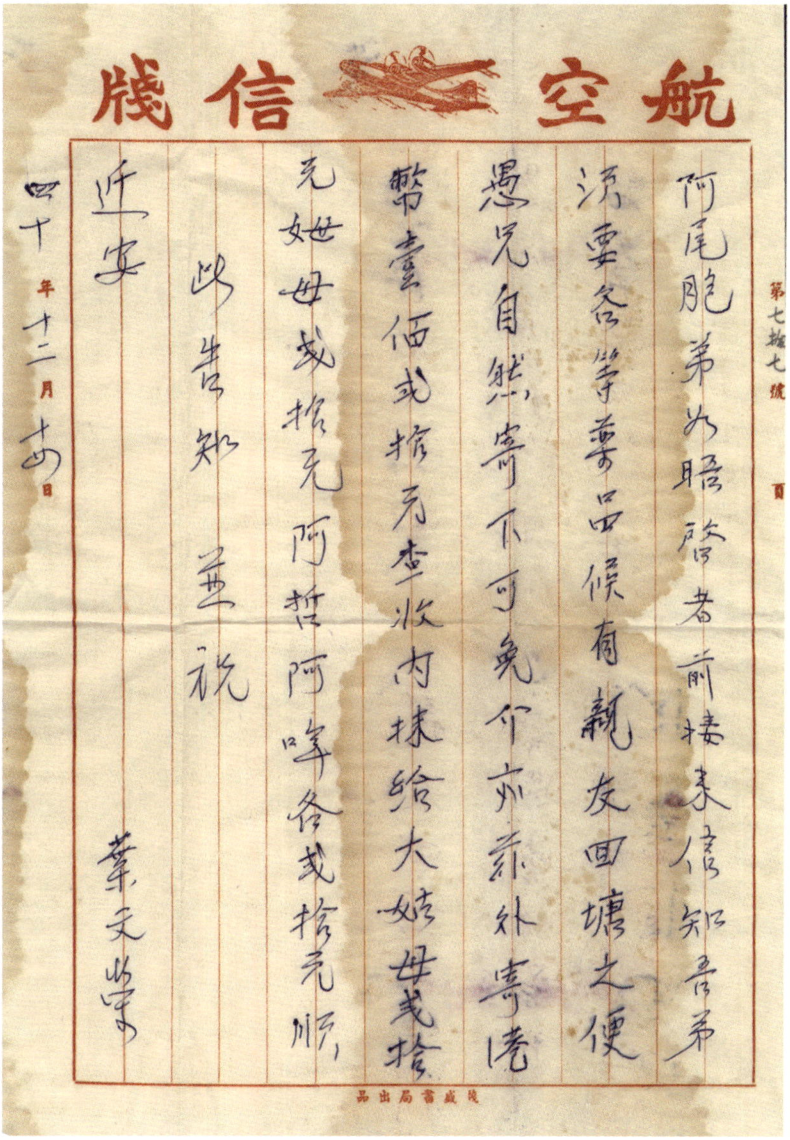

航空信箋

阿尾胞弟如晤 啟者 前接來信知吾弟須要各等藥品 候有親友回塘之便 愚兄自然寄下 可免介亦 茲外寄港幣壹佰貳拾元 查收 內抹給大姑母貳拾元 嬸母貳拾元 阿哲 阿哖各貳拾元 順此告知 並祝

近安

葉文榮

四十年十二月十四日

第七版七號

茂盛書局出品

一九五二年农历二月十七日（3 月 12 日）
暹叶文荣寄澄海樟林东社叶阿尾

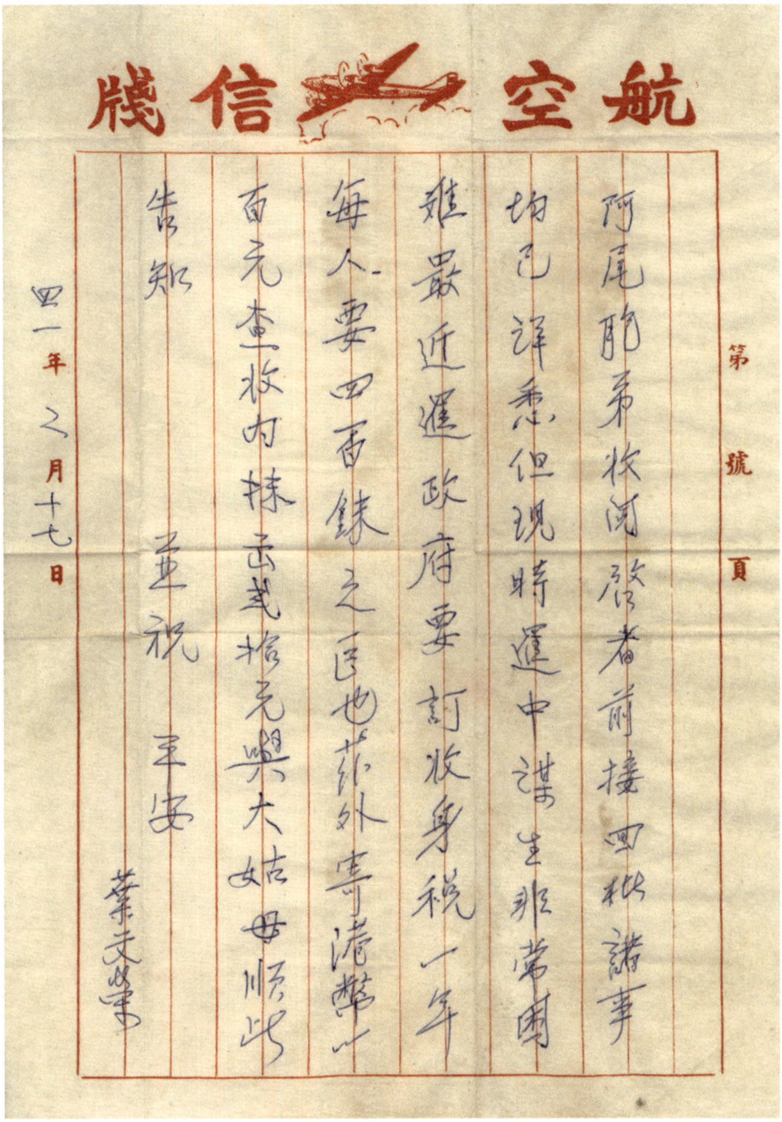
航空信箋

第 號 頁

阿尾胞弟收阅 啓者前接四批諸事
均已詳悉但現時暹中謀生非常困
難嚴近暹政府要討收身稅一年
每人要四百銖之巨也茲外寄港幣一
百元查收内抹去弍拾元與大姑母順此
告知
並祝
平安
葉文榮

四一年二月十七日

一九五四年农历十二月十九日（1955 年 1 月 12 日）

暹叶文荣寄澄海樟林东社叶阿尾

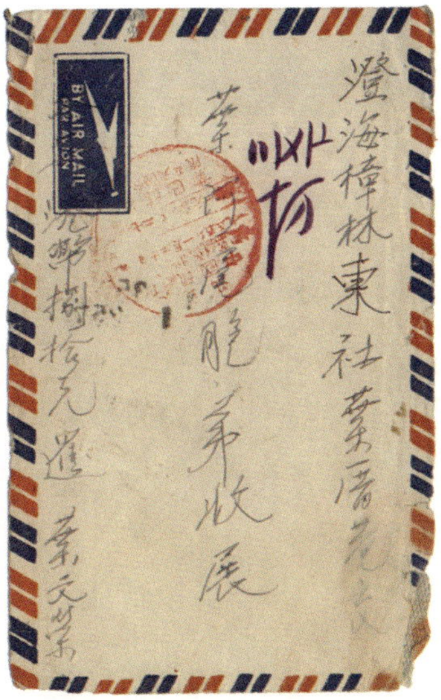

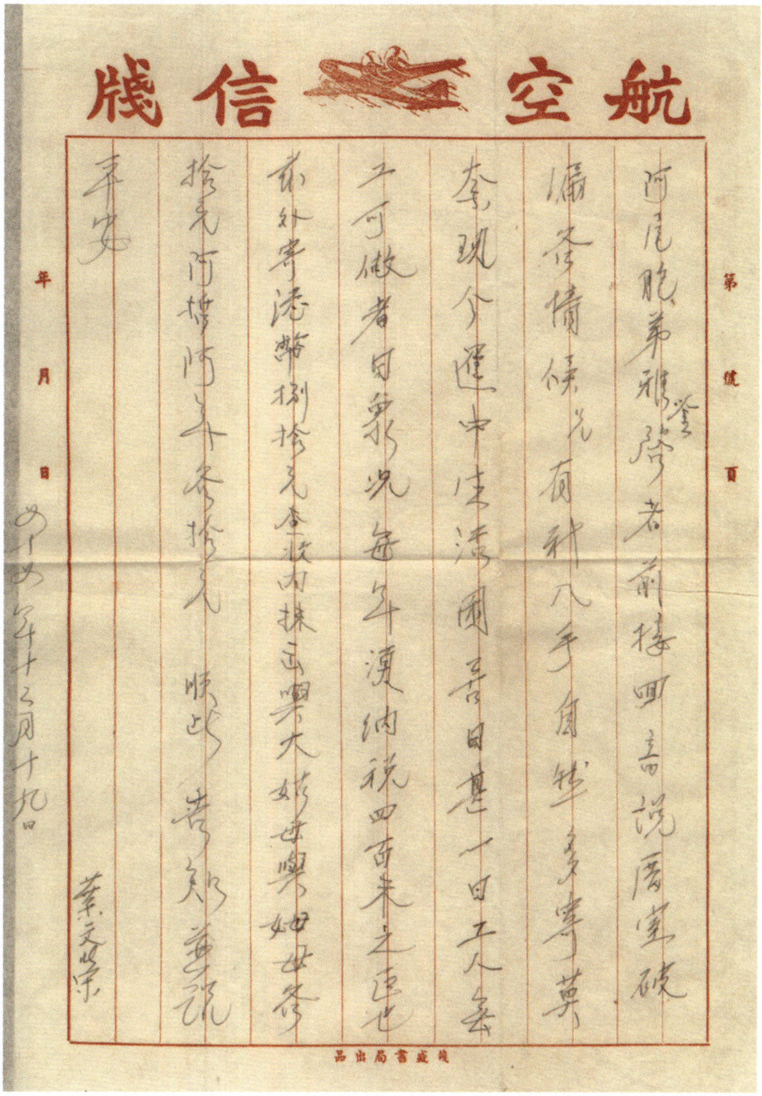

航空信栈

阿尾胞弟雅鉴：启者前接回音说厝宅破漏各情，候兄有钱入手，自然多寄。莫奈现今暹中生活困苦，日甚一日，工人无工可做者日众，况每年须纳税四百余铢之巨也。兹外寄港币捌拾元，查收，内抹亚兴大姑母、兴姑母各拾元，阿[illegible]阿[illegible]各拾元。余容[illegible]叙。此颂

年安

葉文榮

甲午年十二月十九日

1955 年 9 月 28 日暹叶文荣寄澄海樟林东社叶阿尾

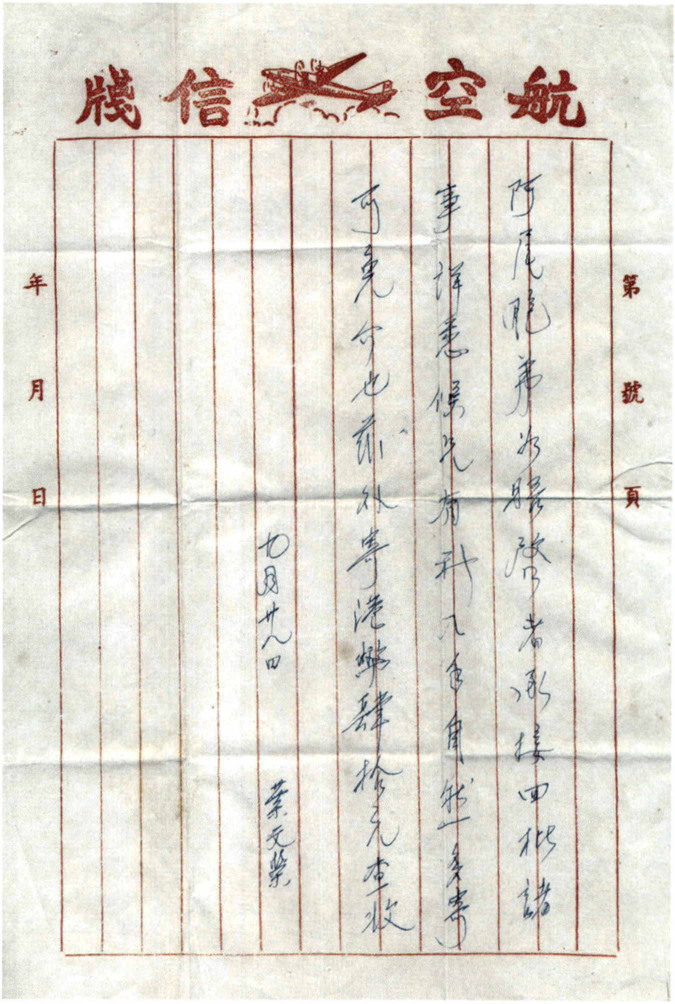

农历十一月十一日（1956 年 12 月 12 日）
暹叶文荣寄澄海樟林东社叶阿尾

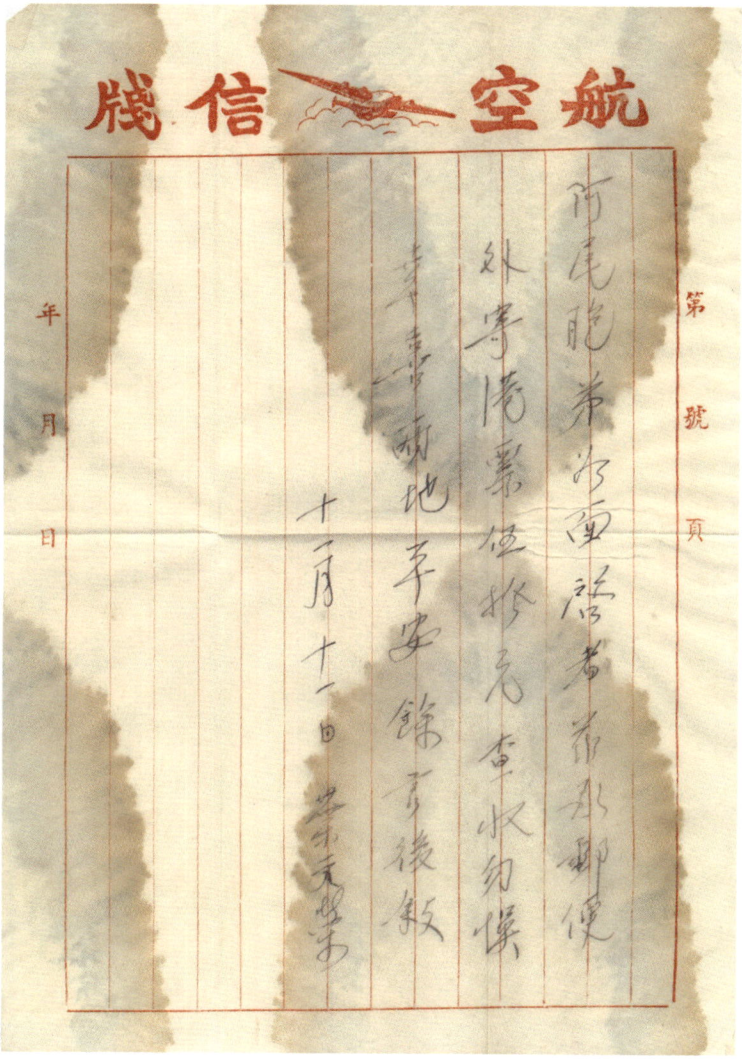
航空信牋

第　號　頁

阿尾胞弟如面 諮者兹承郵便
外寄港票伍拾元 查收勿悞
并希 該地平安 餘言後叙
十一月十一日 葉文榮

年　月　日

农历元月廿七日（1964年1月27日）叶文荣寄澄海樟林东社叶亚尾

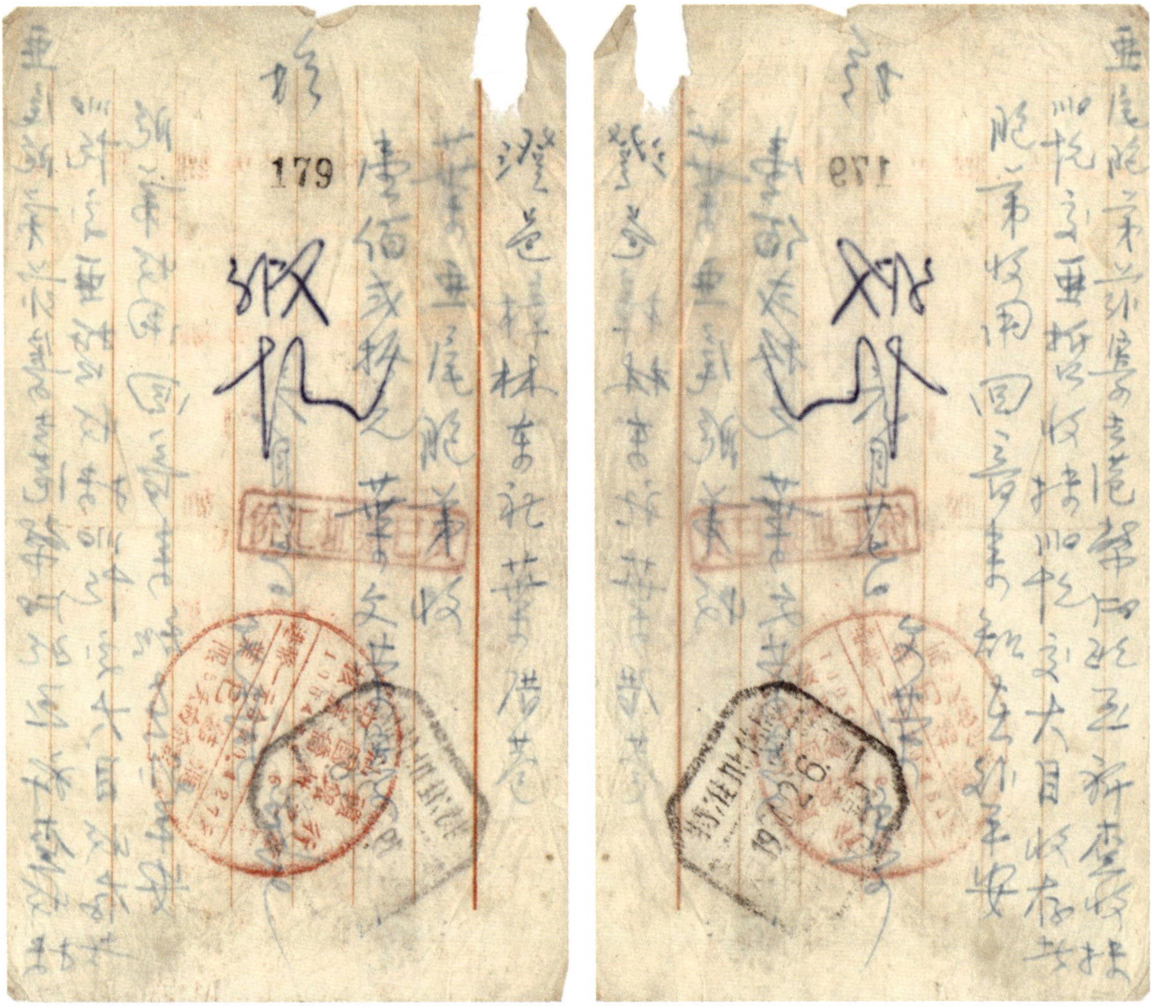

1964年3月24日文荣寄澄海樟林东社叶亚尾

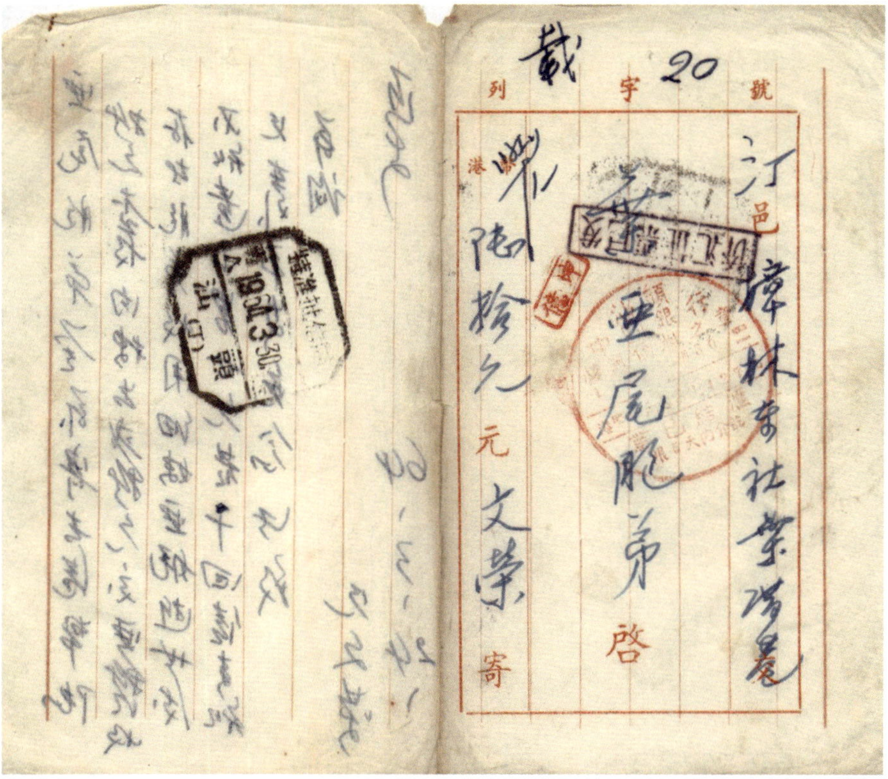

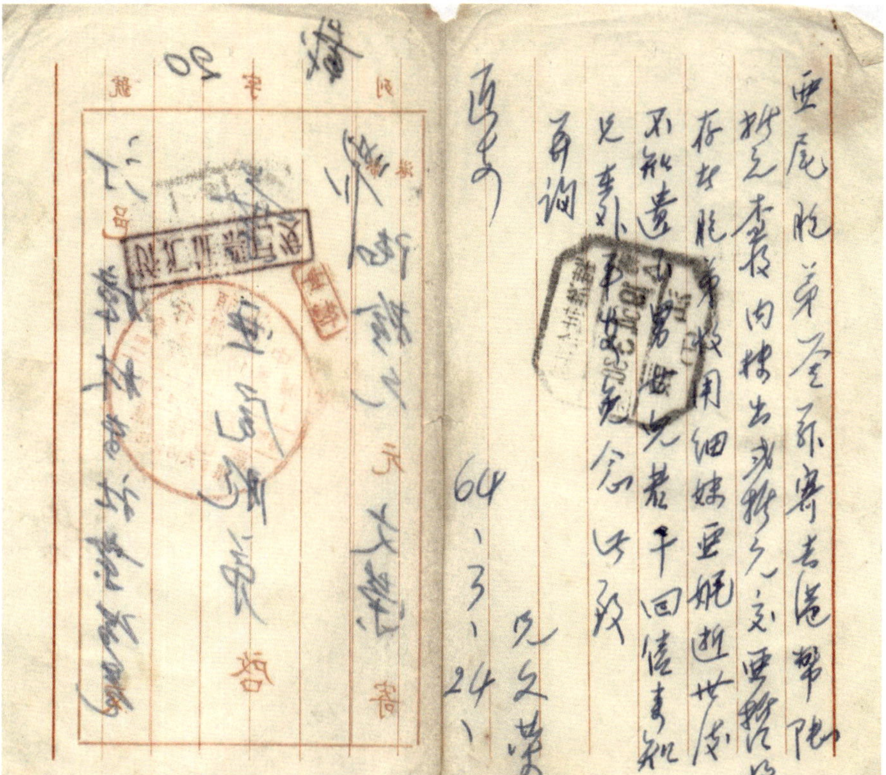

1964 年 4 月 27 日文荣寄澄海樟林东社叶亚尾

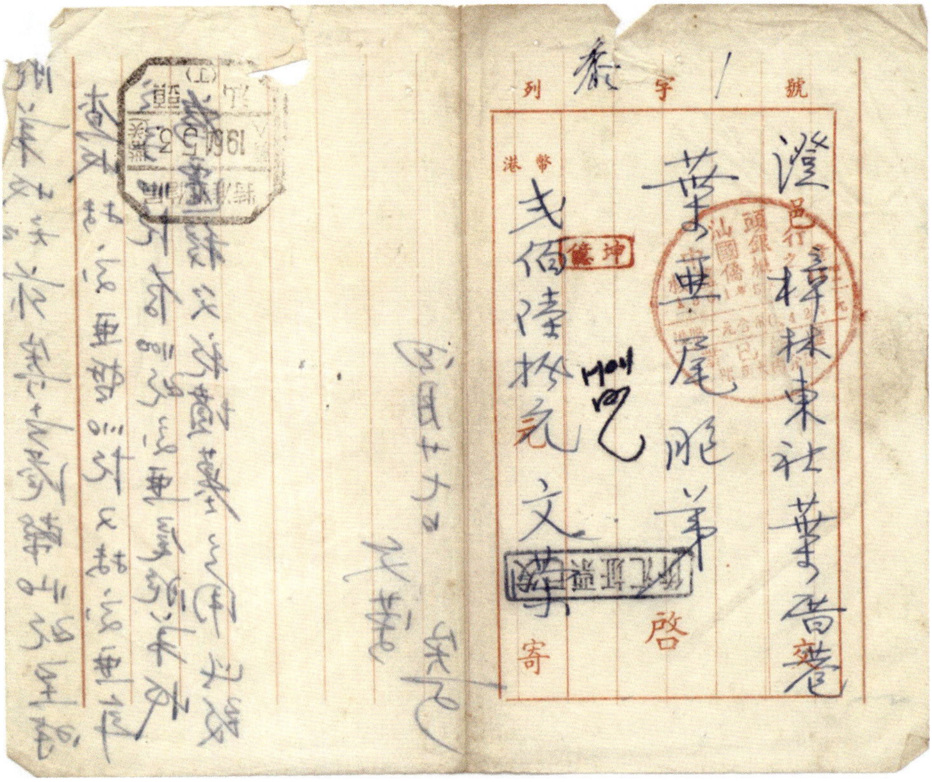

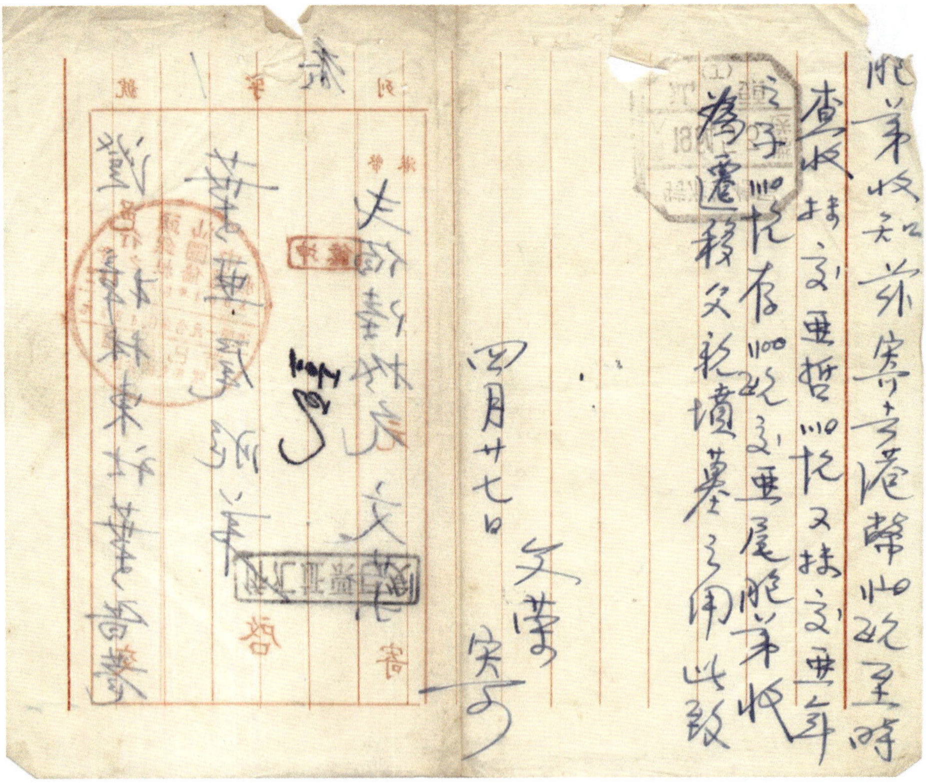

1964 年 6 月 7 日文荣寄澄海樟林东社叶亚尾

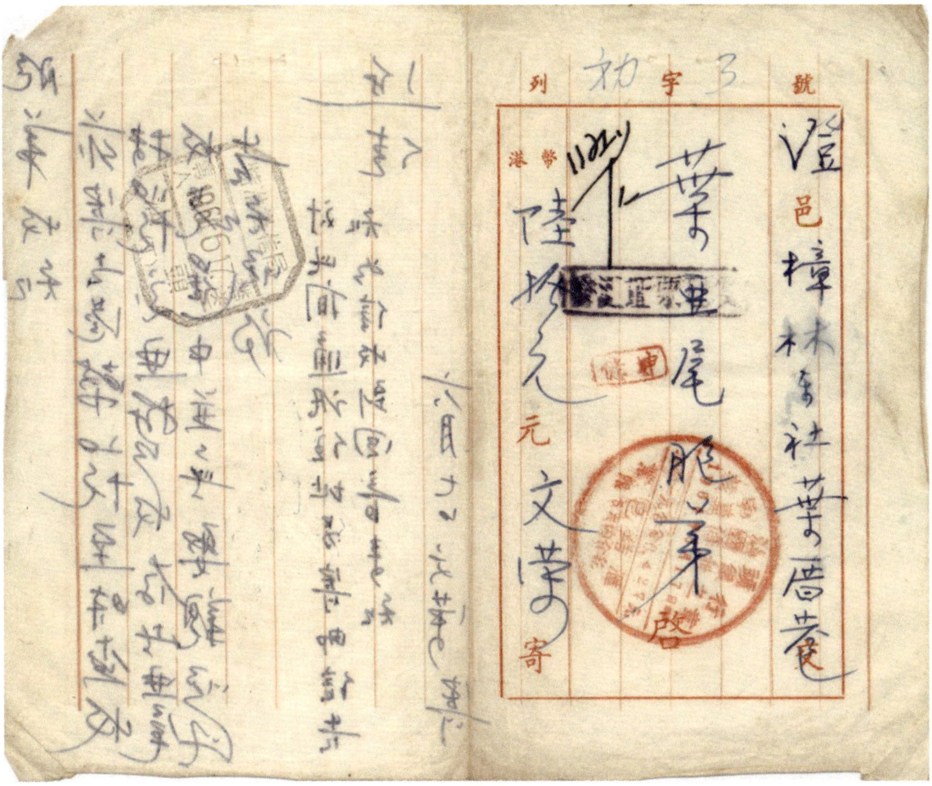

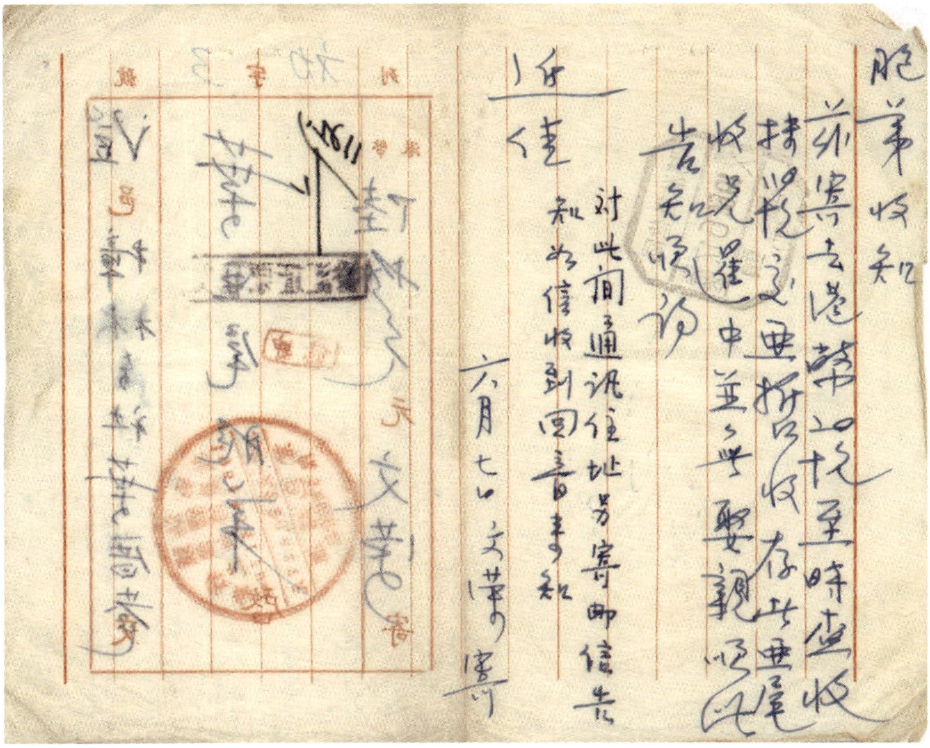

1964 年 12 月 30 日泰国文荣寄澄海樟林东社叶亚尾

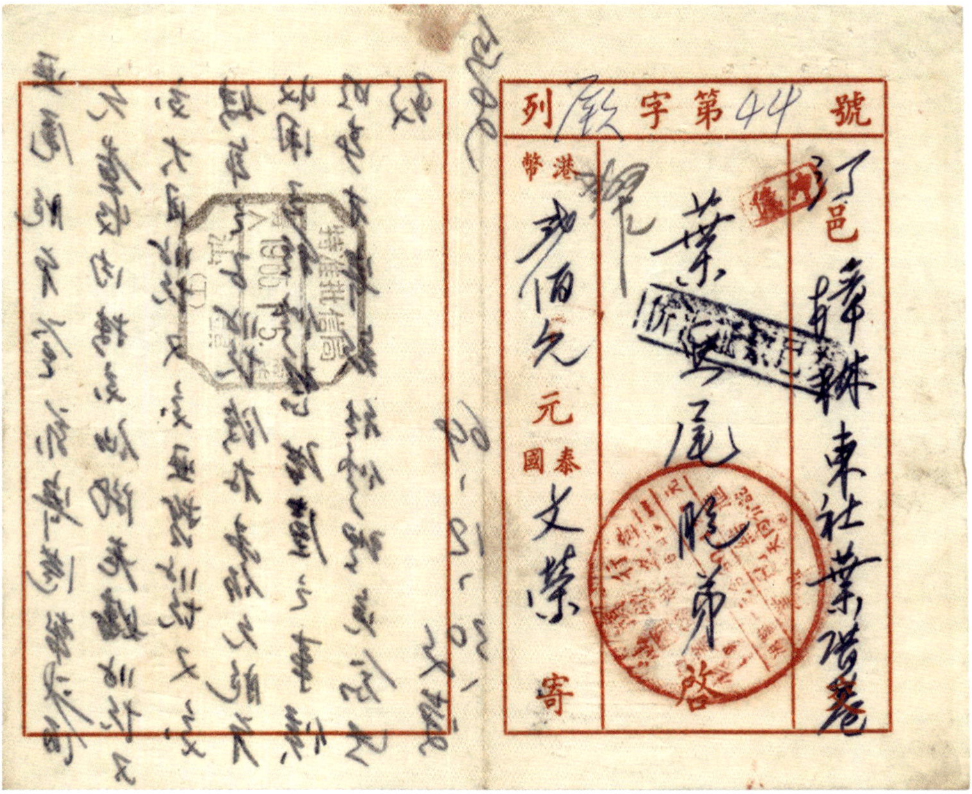

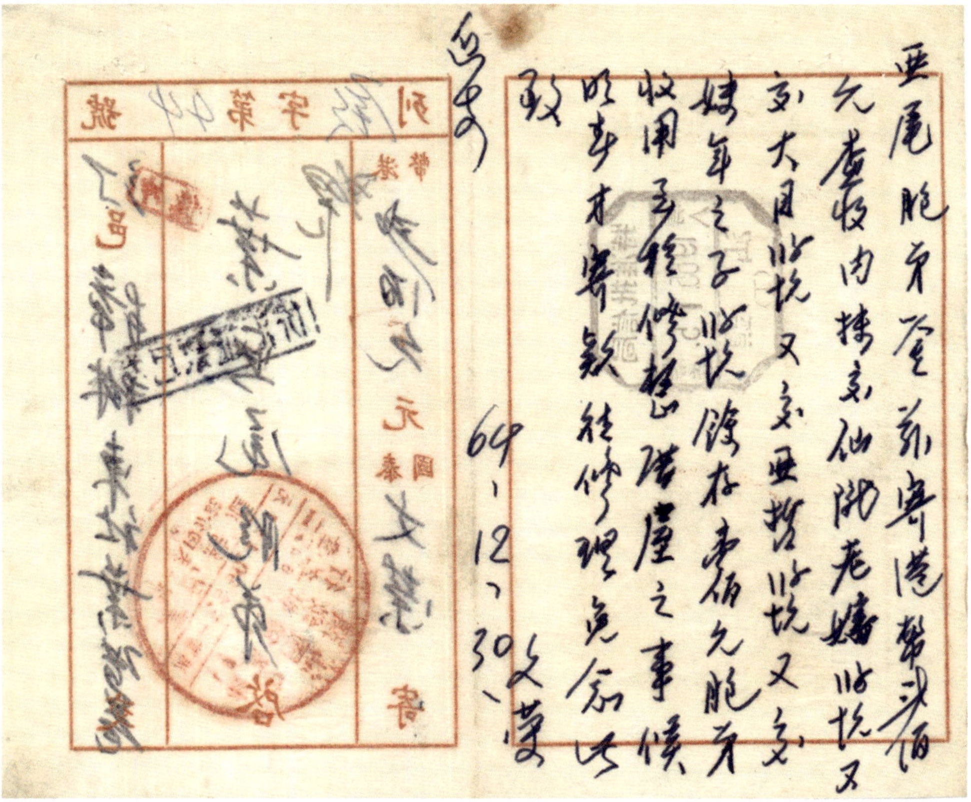

1965 年 6 月 22 日泰国文荣寄澄海樟林东社叶亚尾

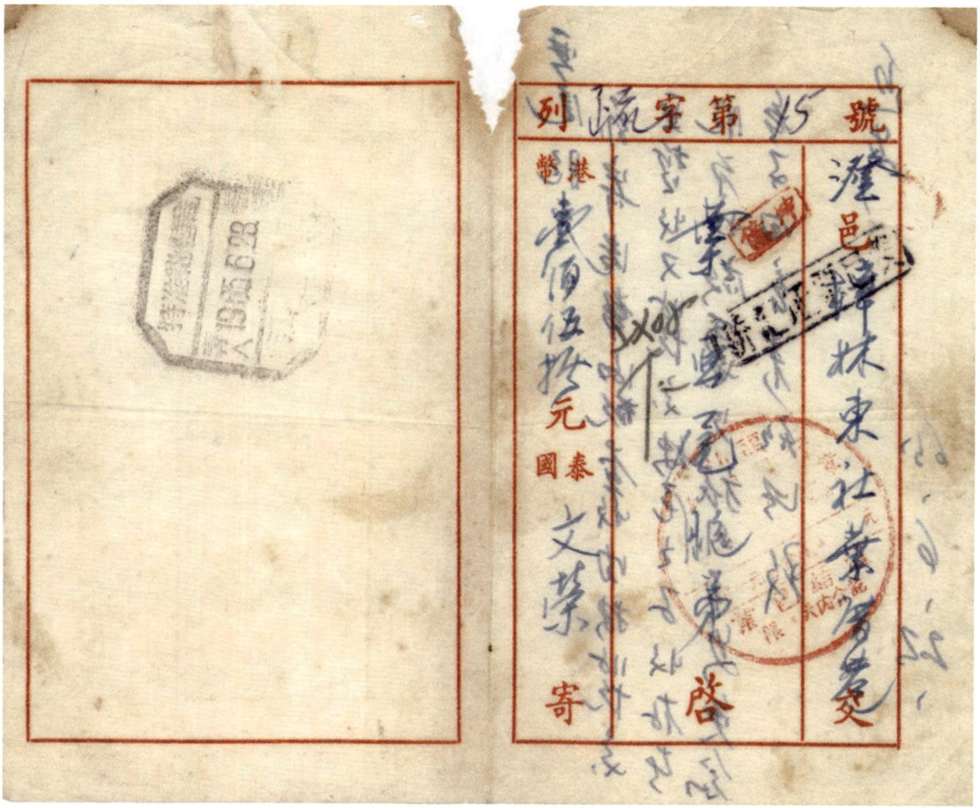

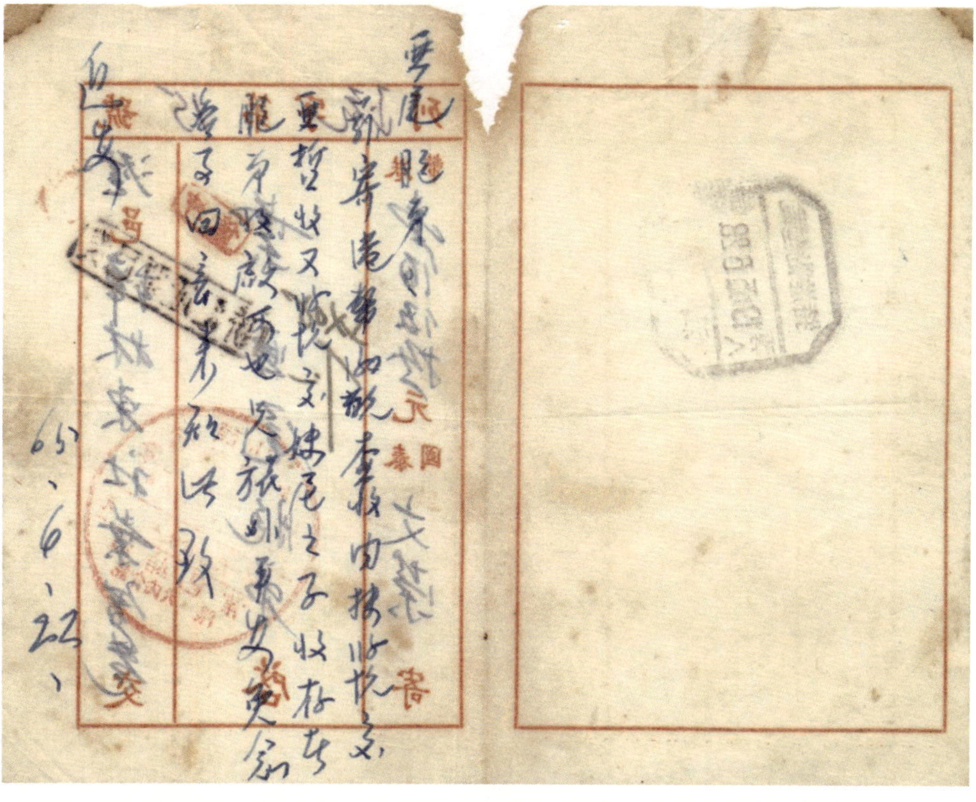

1965 年 8 月 17 日泰国文荣寄澄海樟林东社叶亚尾

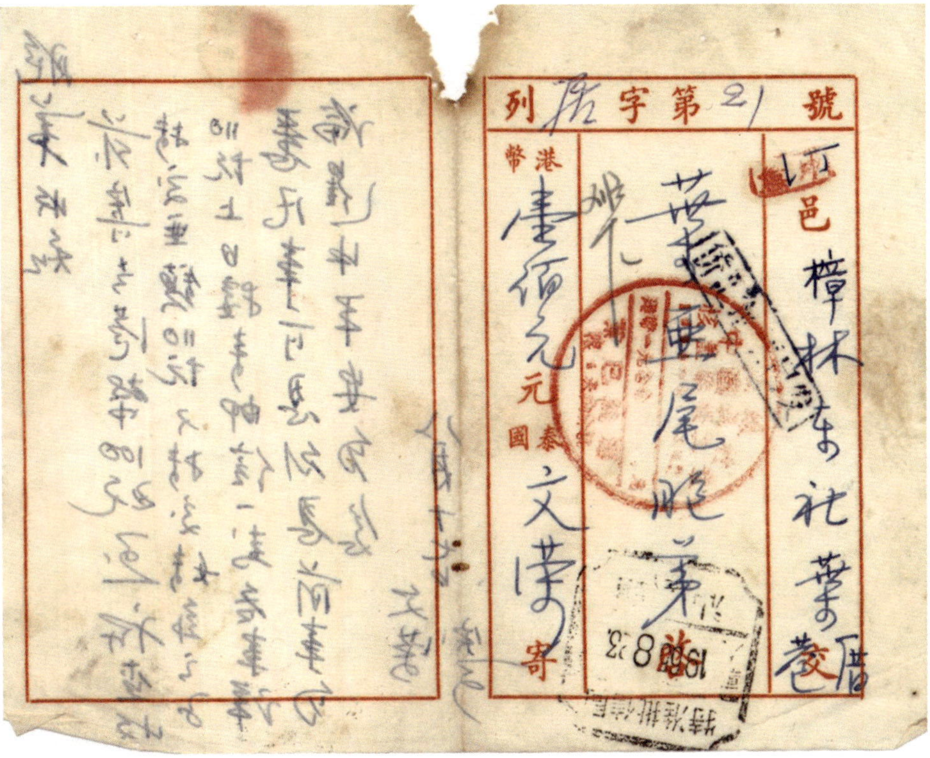

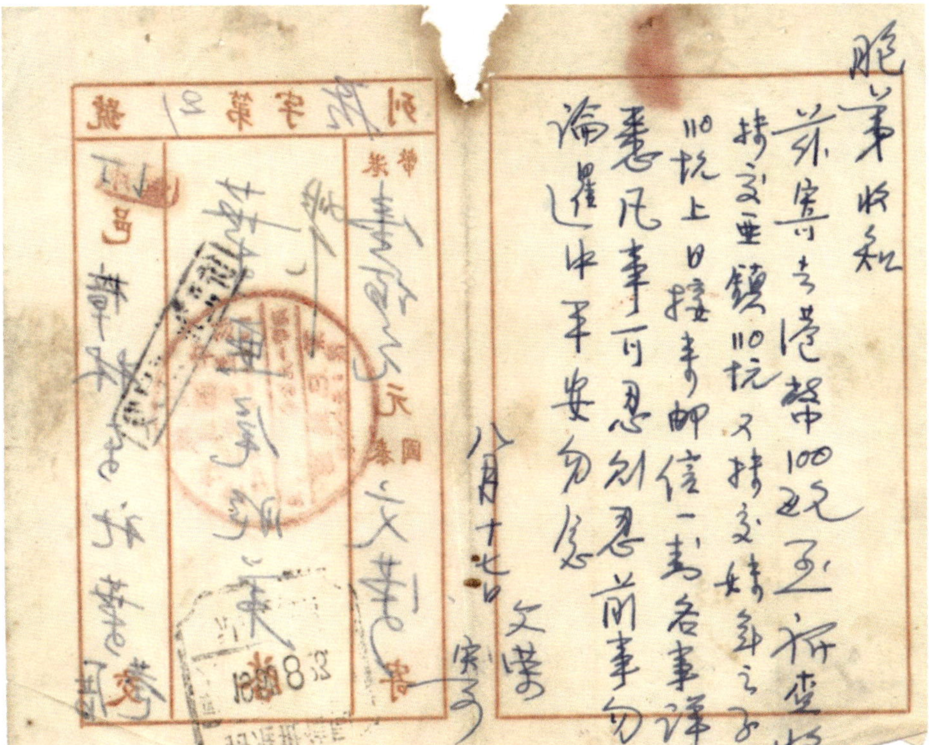

1965 年 10 月 20 日泰国文荣寄澄海樟林东社叶亚尾

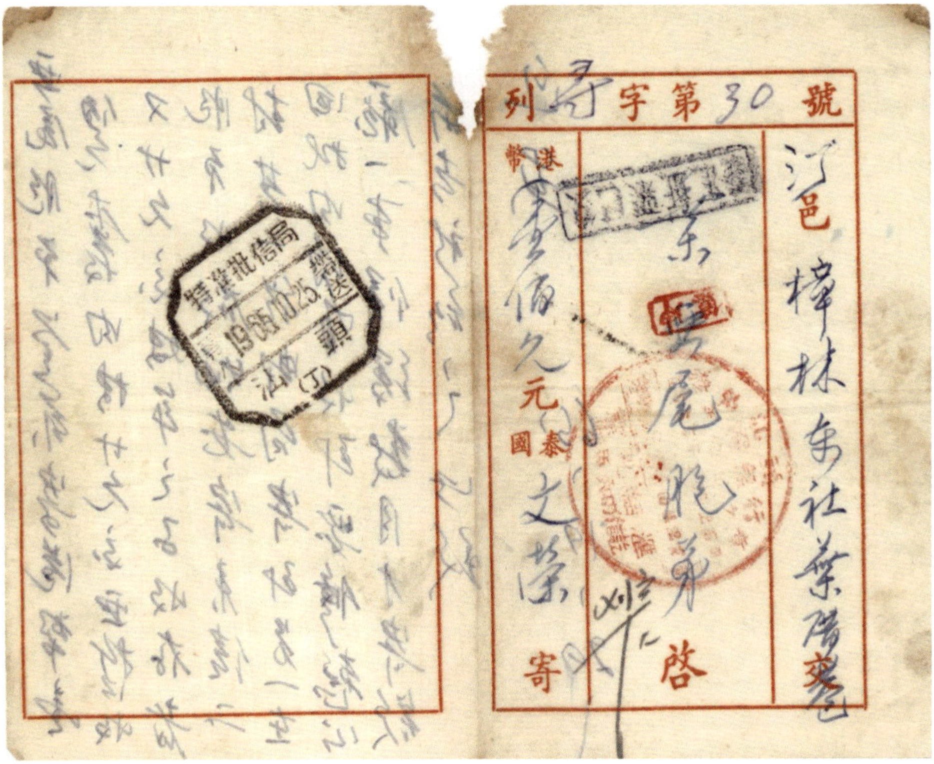

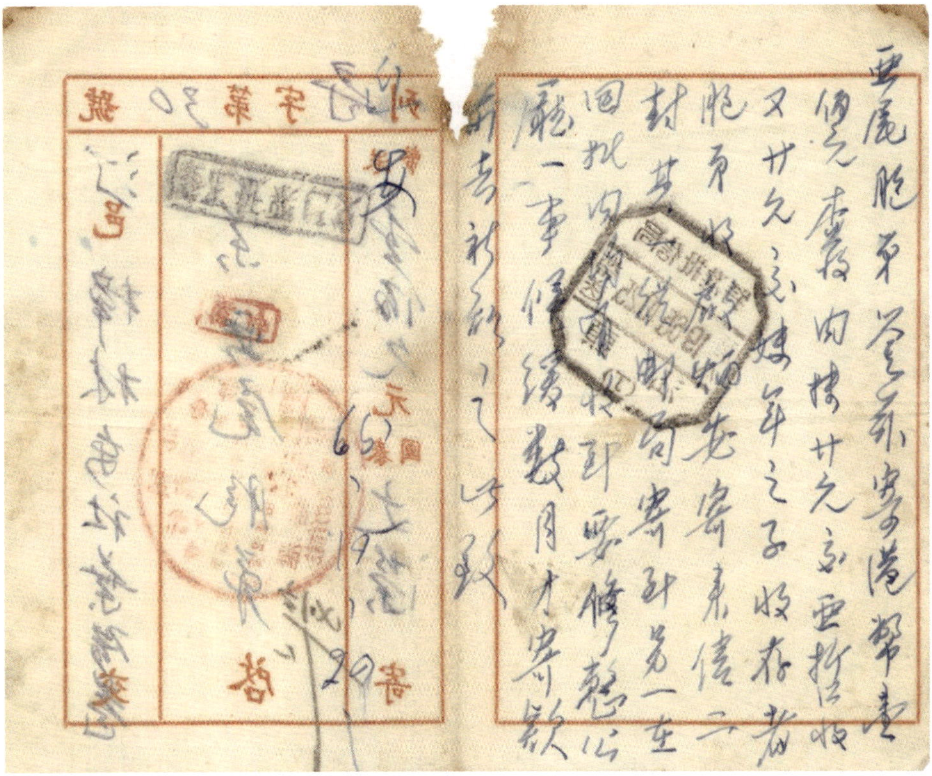

1966 年 3 月 22 日泰国文荣寄澄海樟林东社叶亚尾

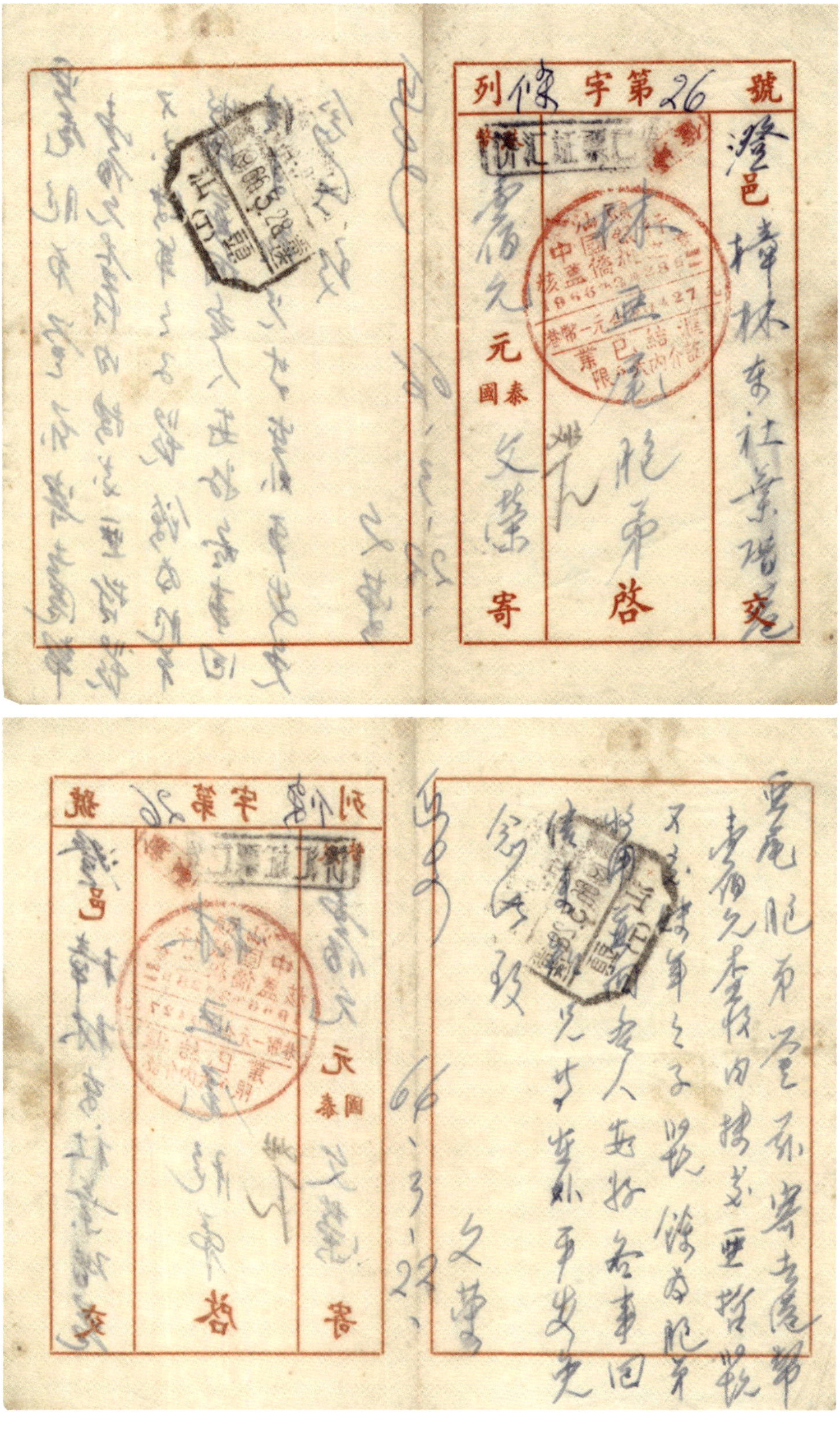

1966 年 6 月 21 日泰国文荣寄澄海樟林东社叶亚尾

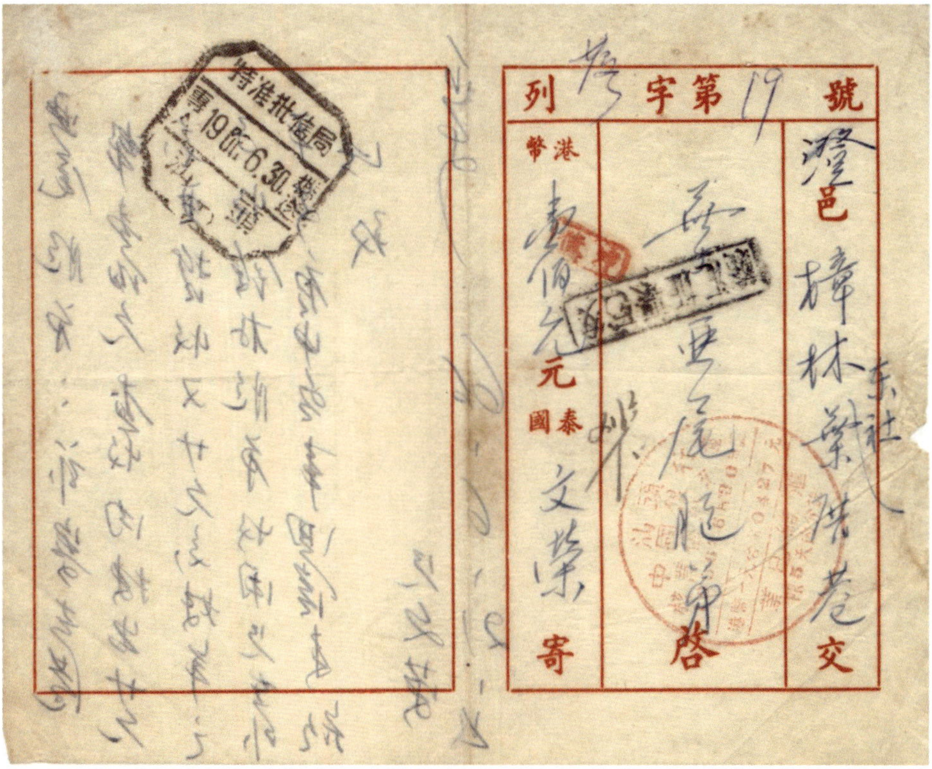

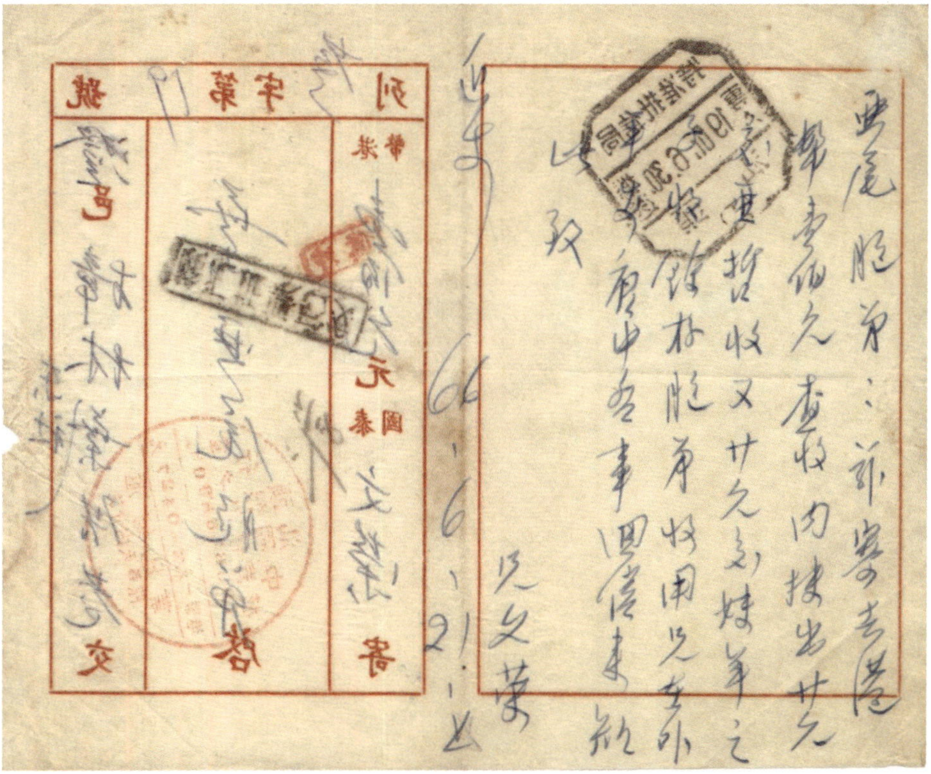

1966 年 8 月 16 日文荣寄澄海樟林东社叶亚尾

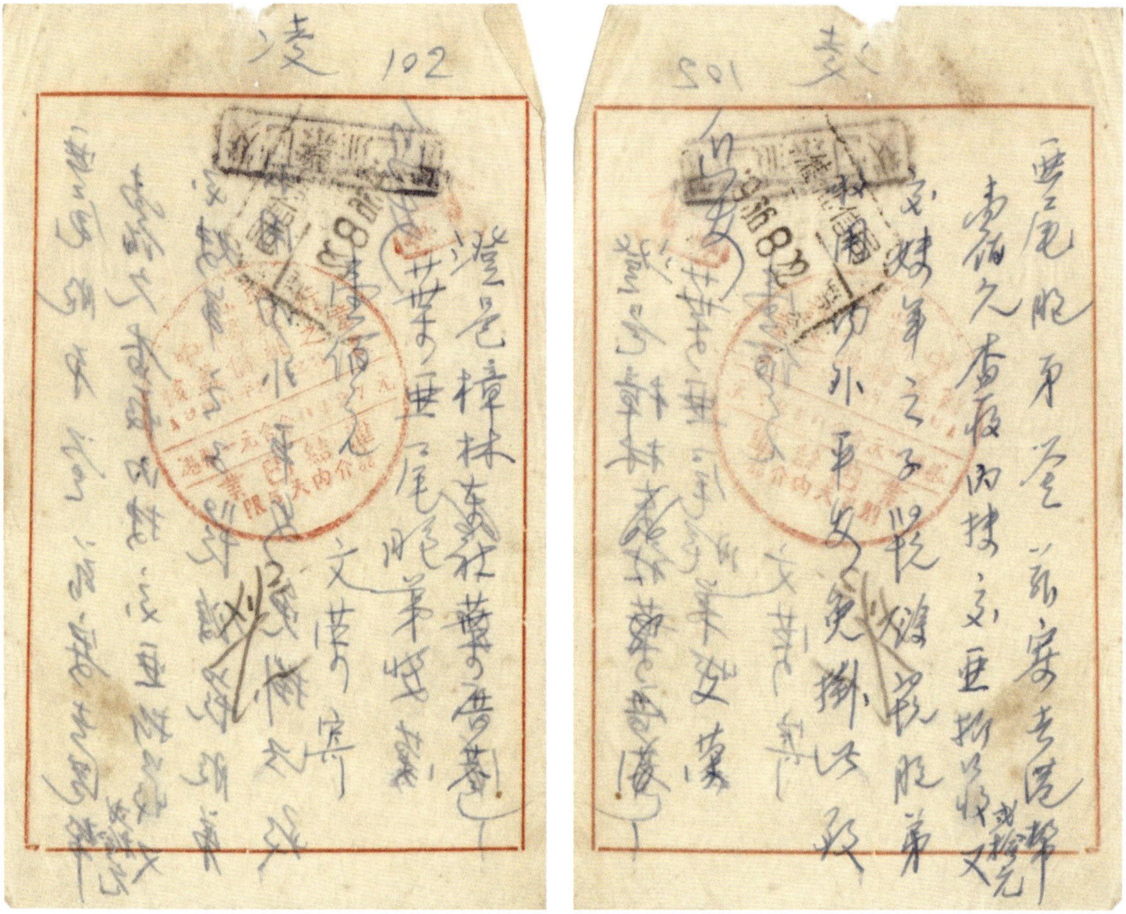

1966年10月18日泰国文荣寄澄海樟林东社叶亚尾

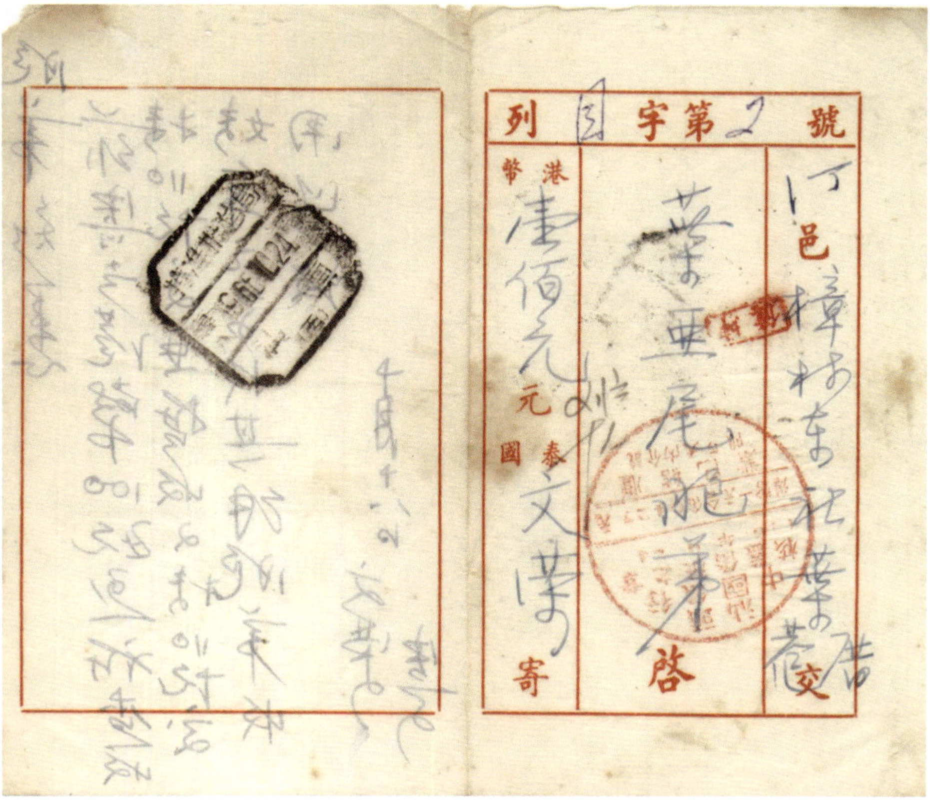

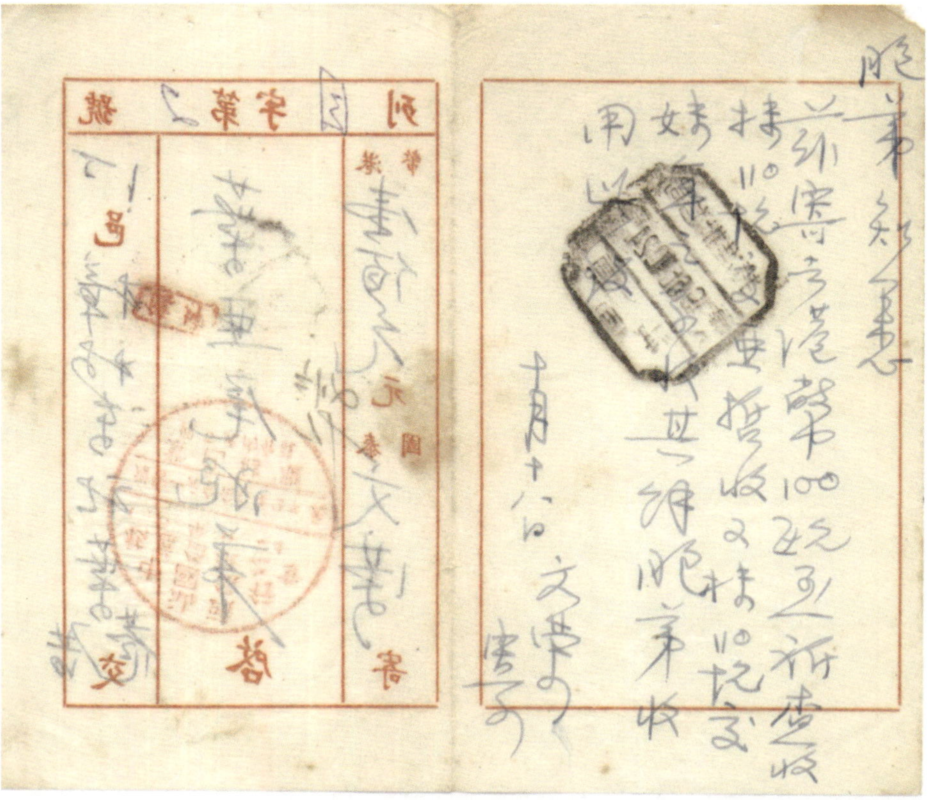

1966 年 11 月 22 日泰国文荣寄澄海樟林东社叶亚尾

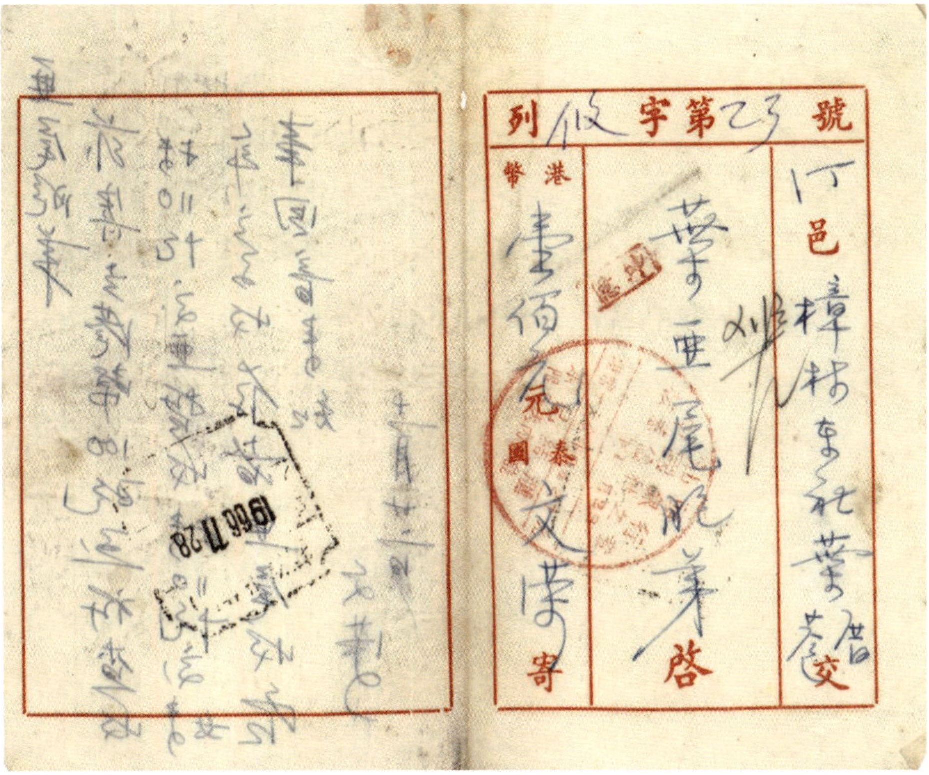

列 字第 號

港幣 壹佰元 文榮 寄

葉亞尾 啓

汀邑樟林東社 交

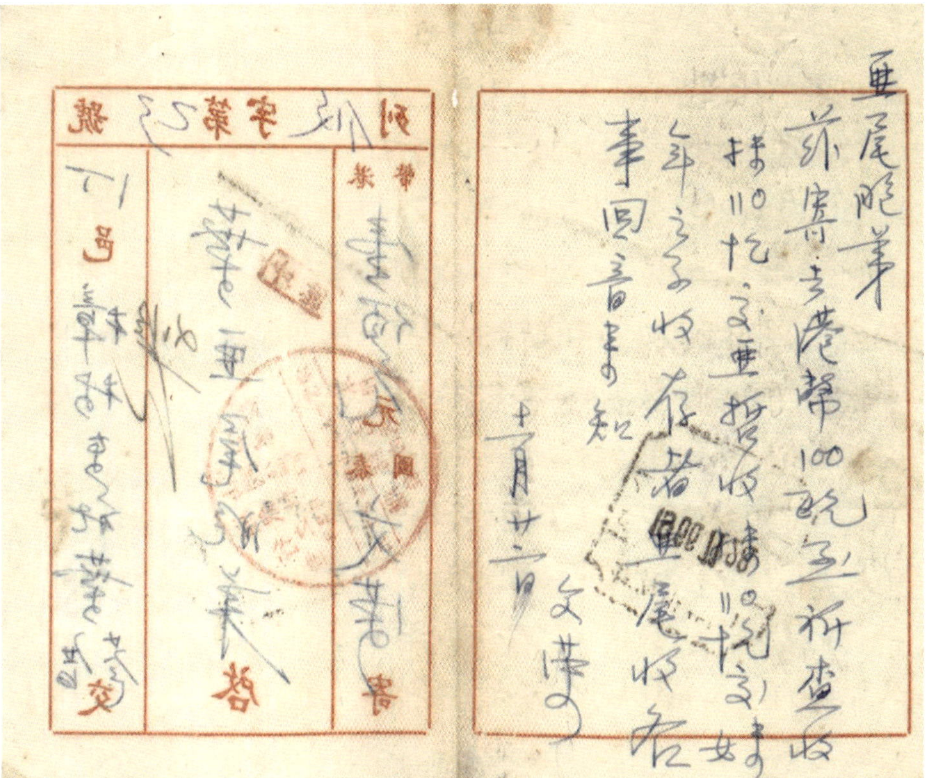

1966 年 12 月 20 日泰国文荣寄澄海樟林东社叶亚尾

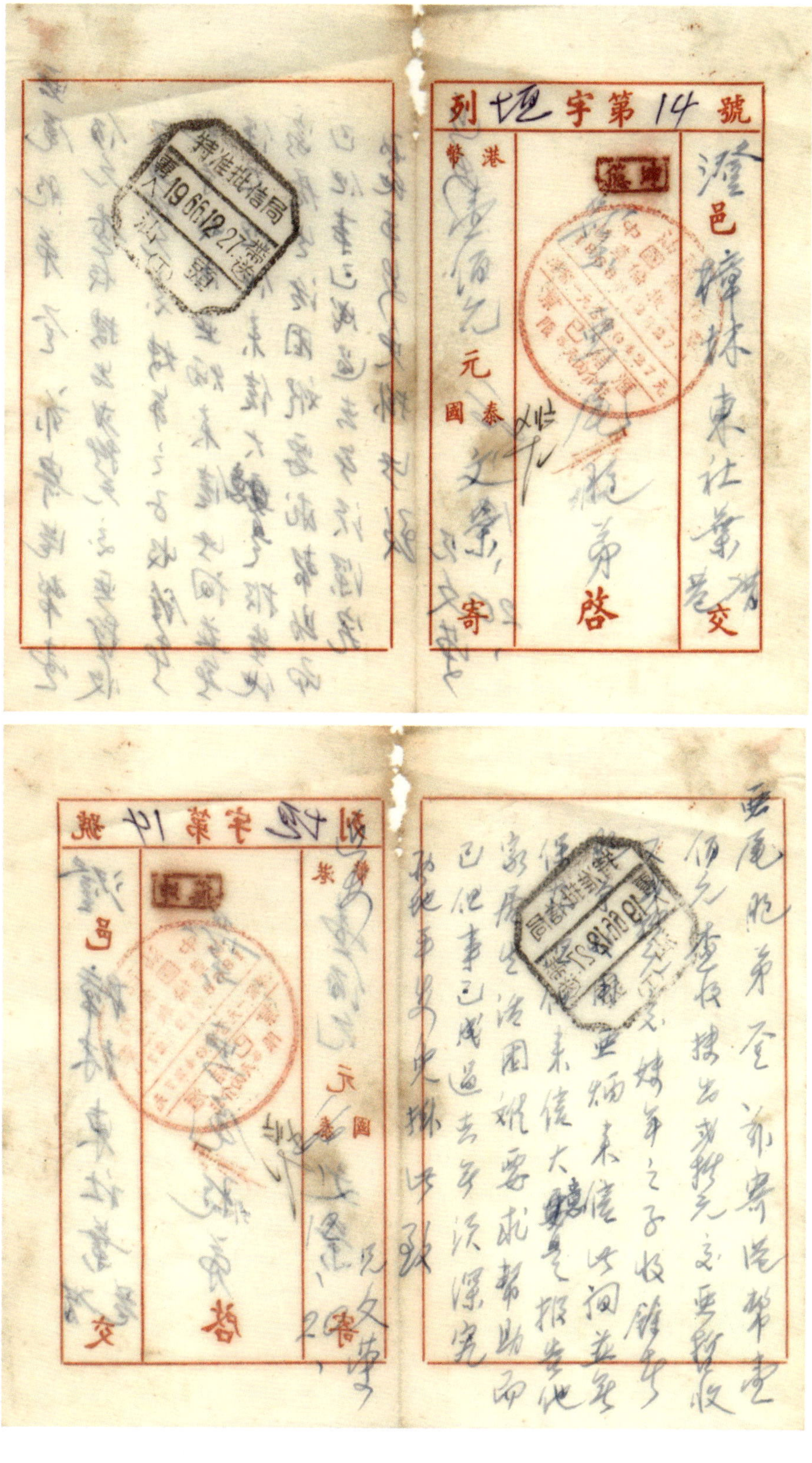

1967 年 3 月 21 日泰国文荣寄澄海樟林东社叶亚尾

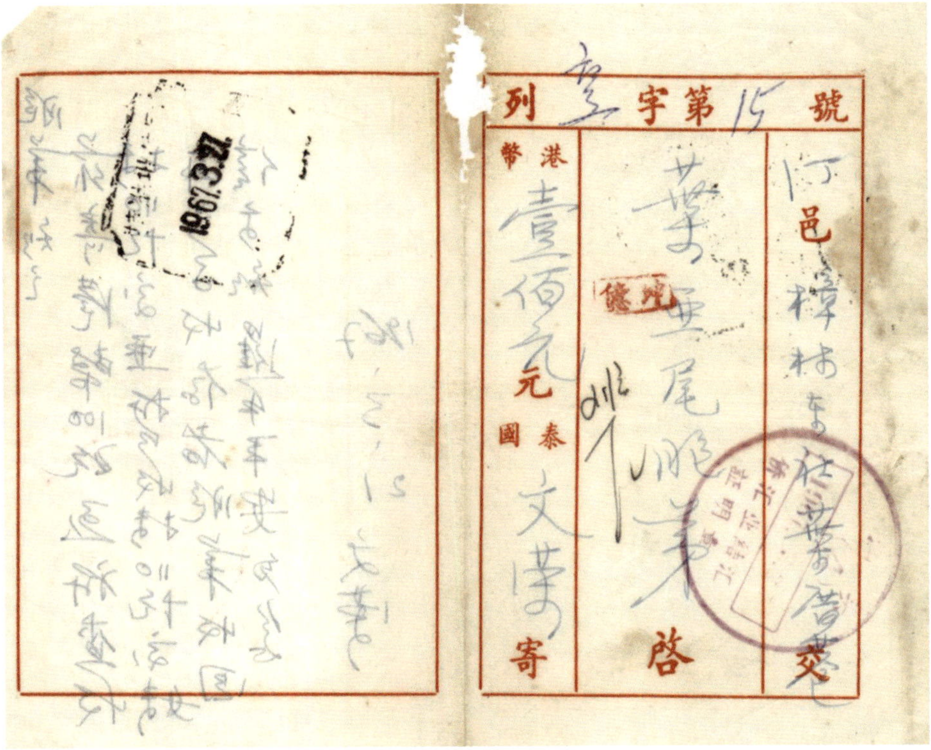
列 字第15號
汀邑樟林東社
葉亞尾胞弟 啓
港幣 壹佰元
泰國 文榮 寄

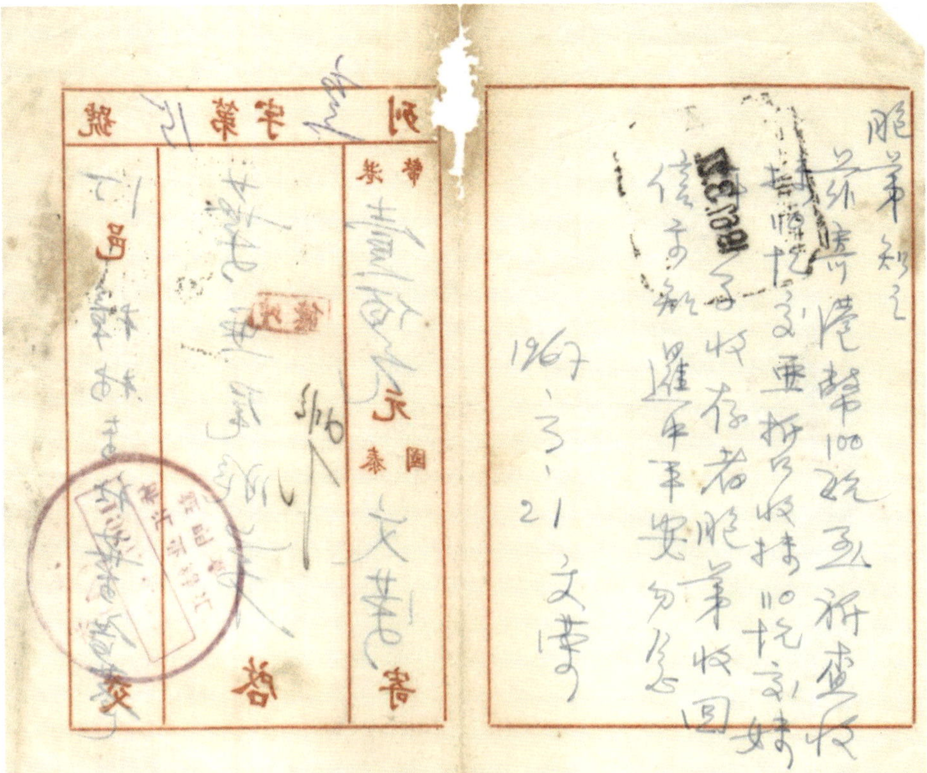
胞弟知之
1967.3.21 文榮

1967 年 4 月 18 日泰国文荣寄澄海樟林东社叶亚尾

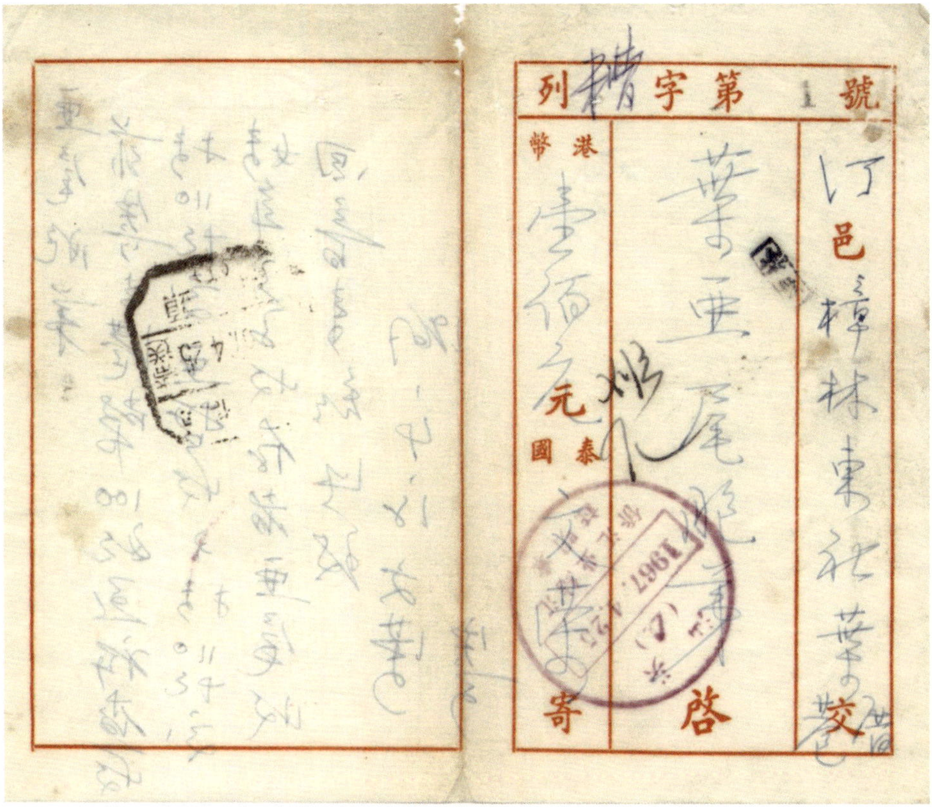

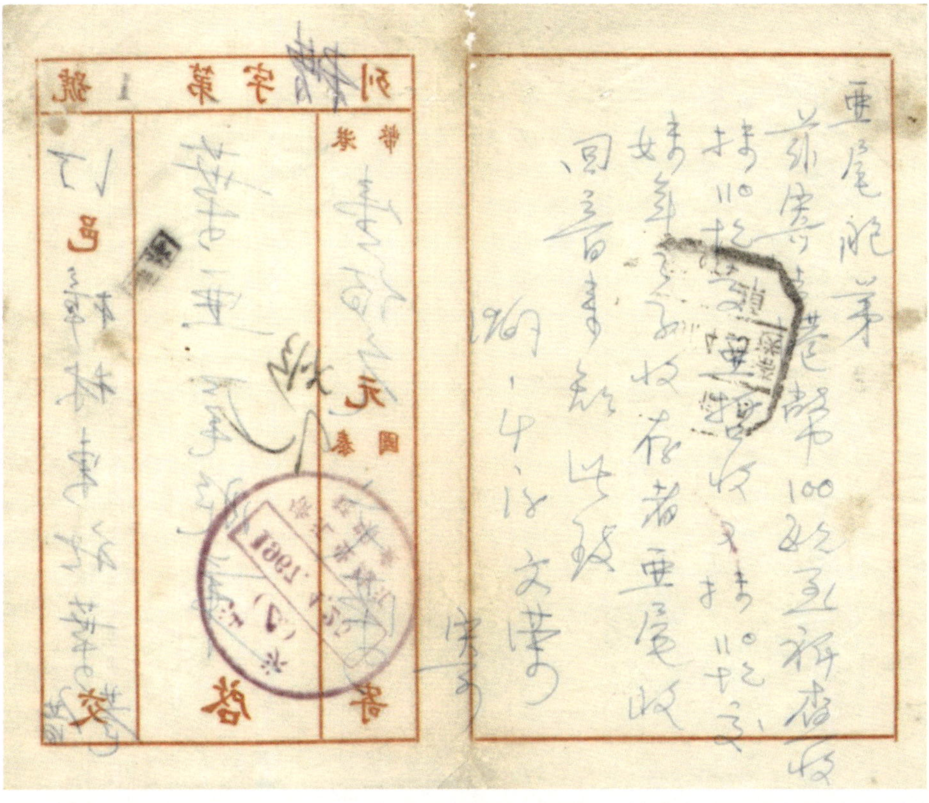

1967 年 5 月 16 日泰国文荣寄澄海樟林东社叶亚尾

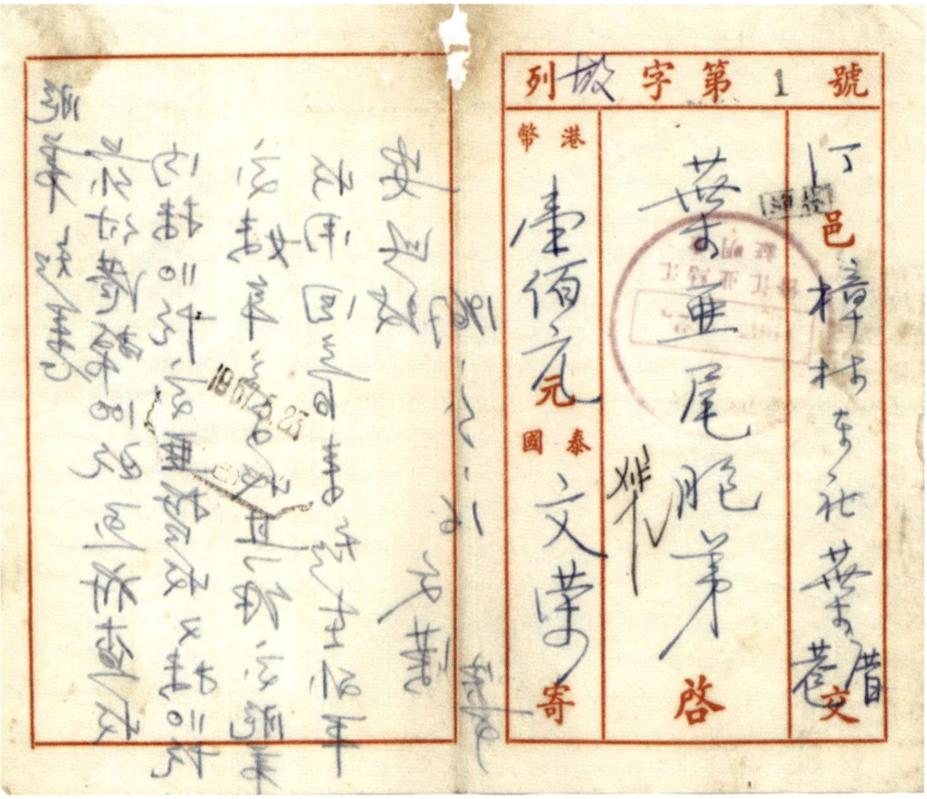

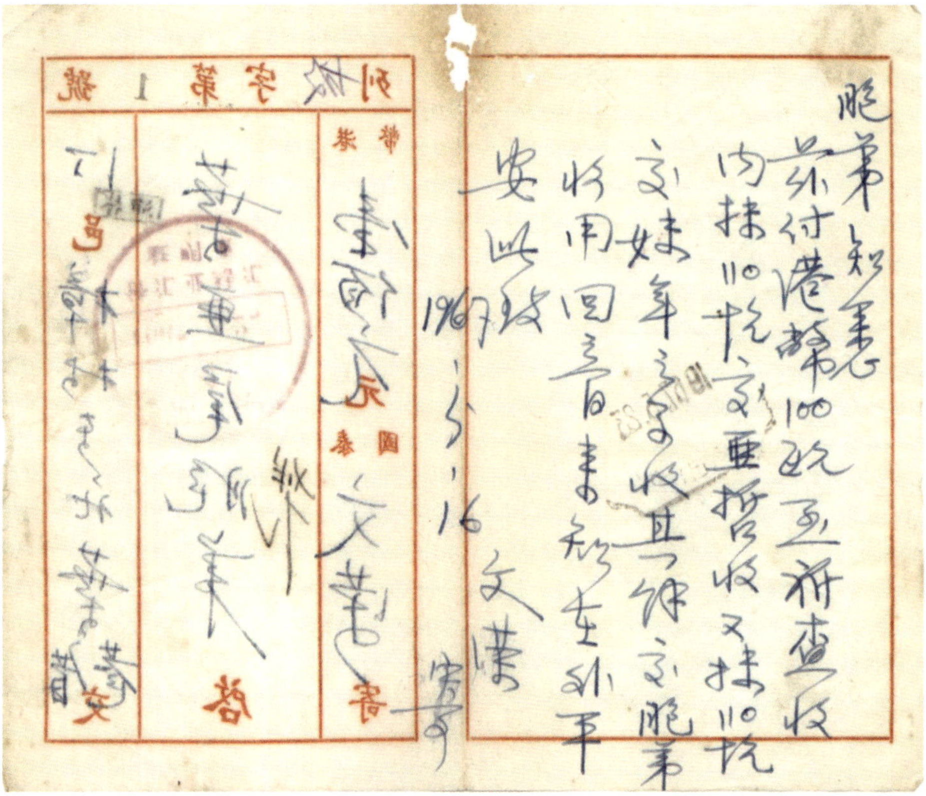

1967 年 8 月 16 日泰国文荣寄澄海樟林东社叶亚尾

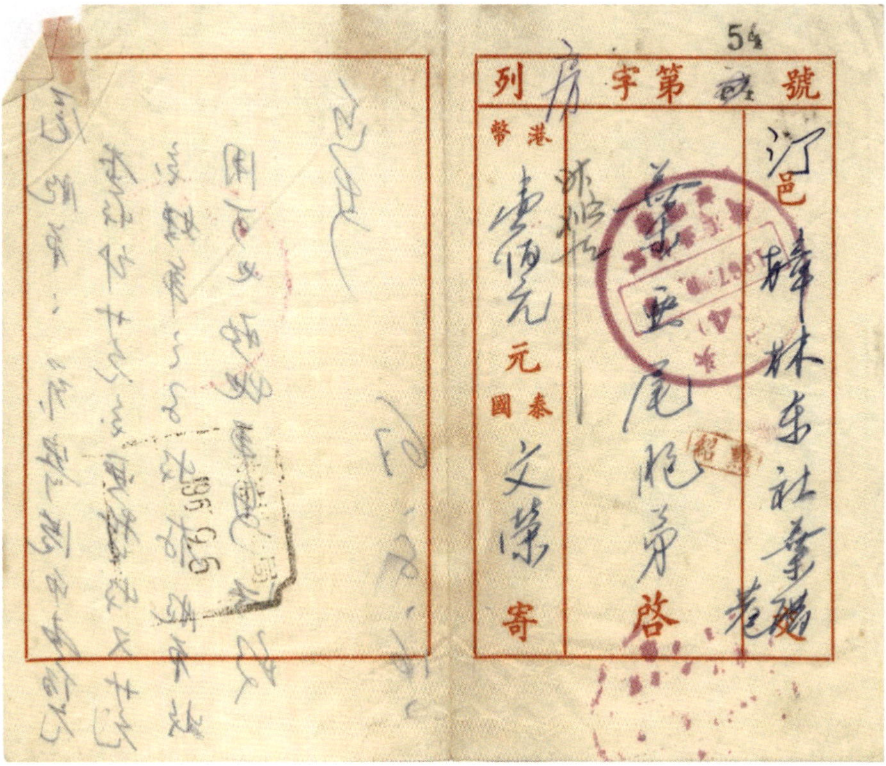

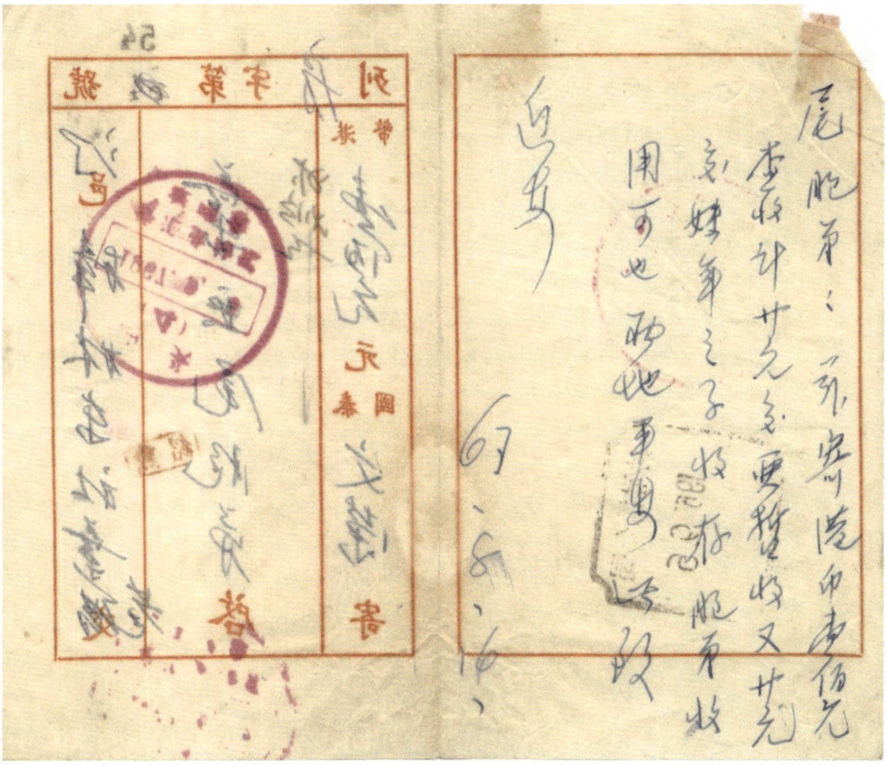

1967 年 10 月 17 日泰国文荣寄澄海樟林东社叶亚尾

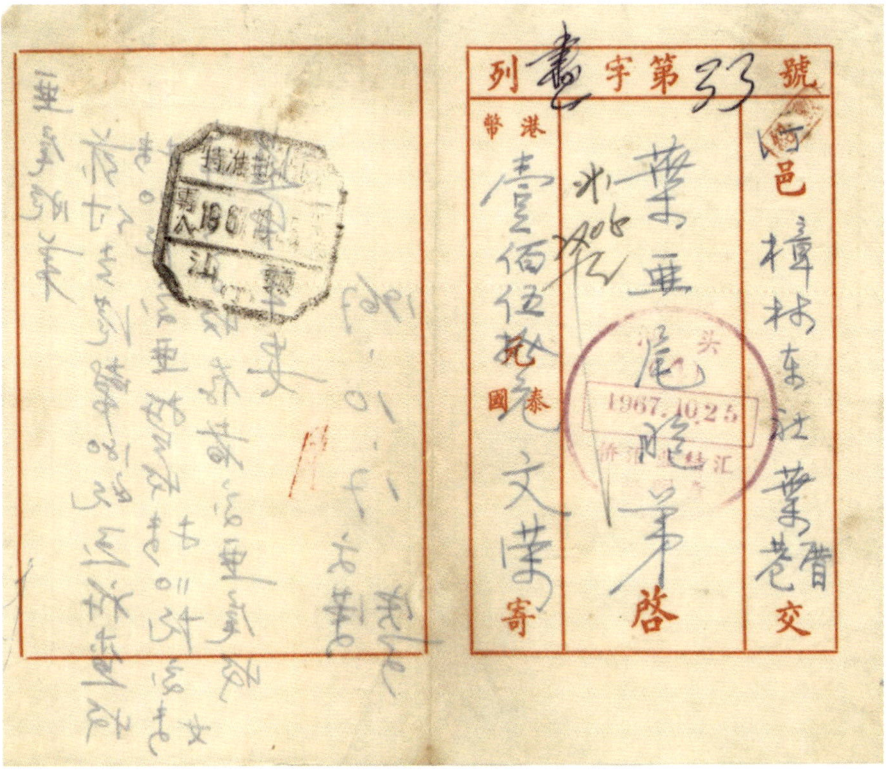

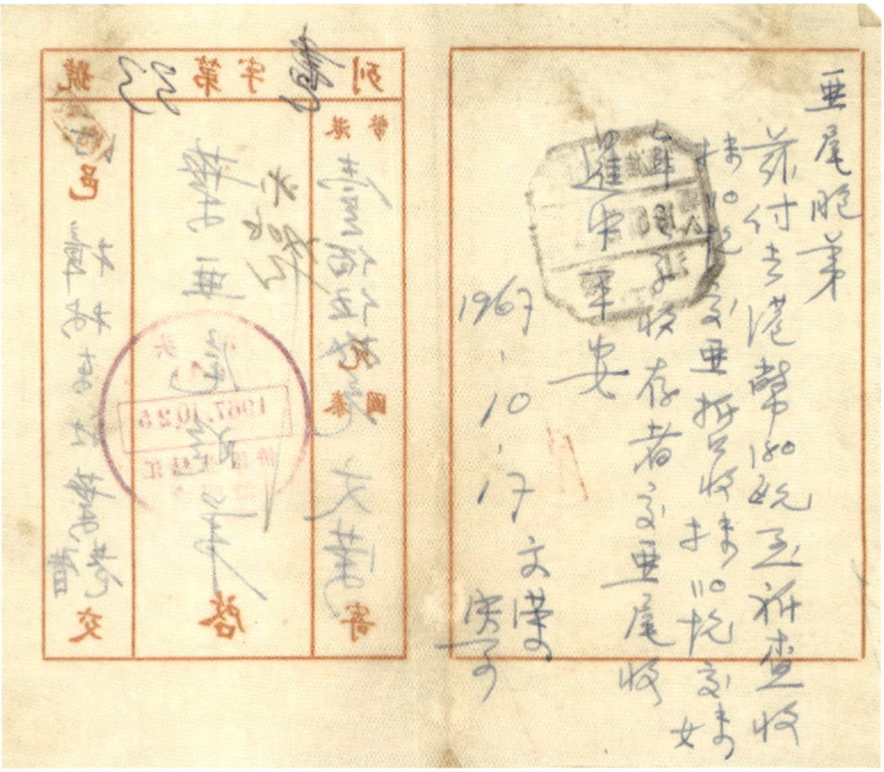

1967 年 11 月 21 日泰国文荣寄澄海樟林东社叶亚尾

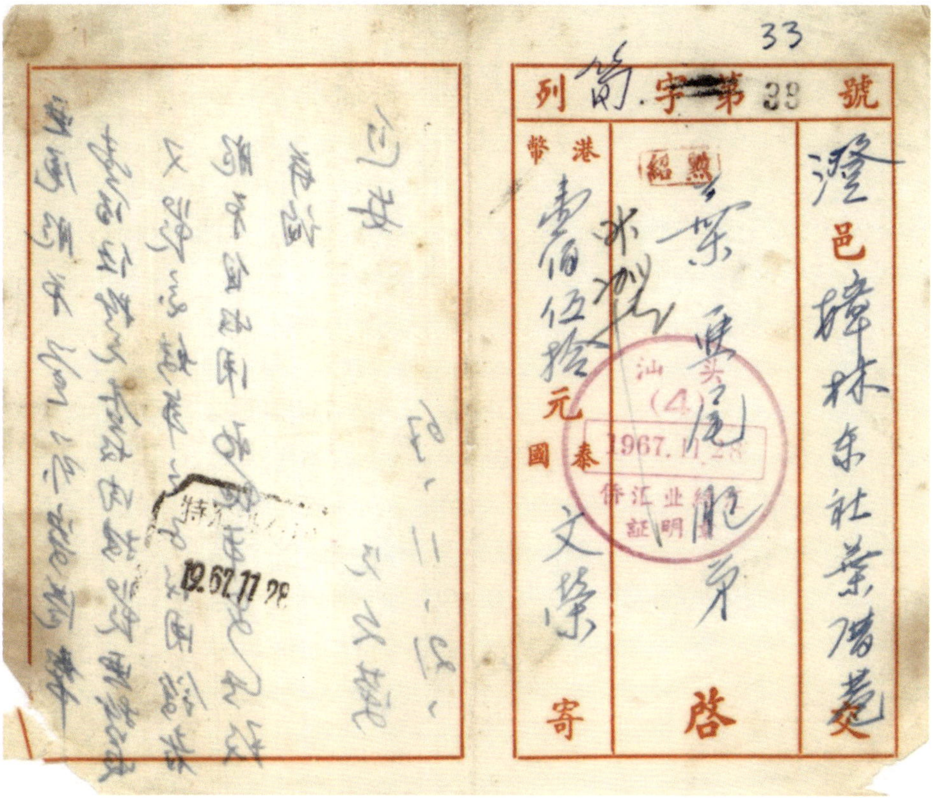

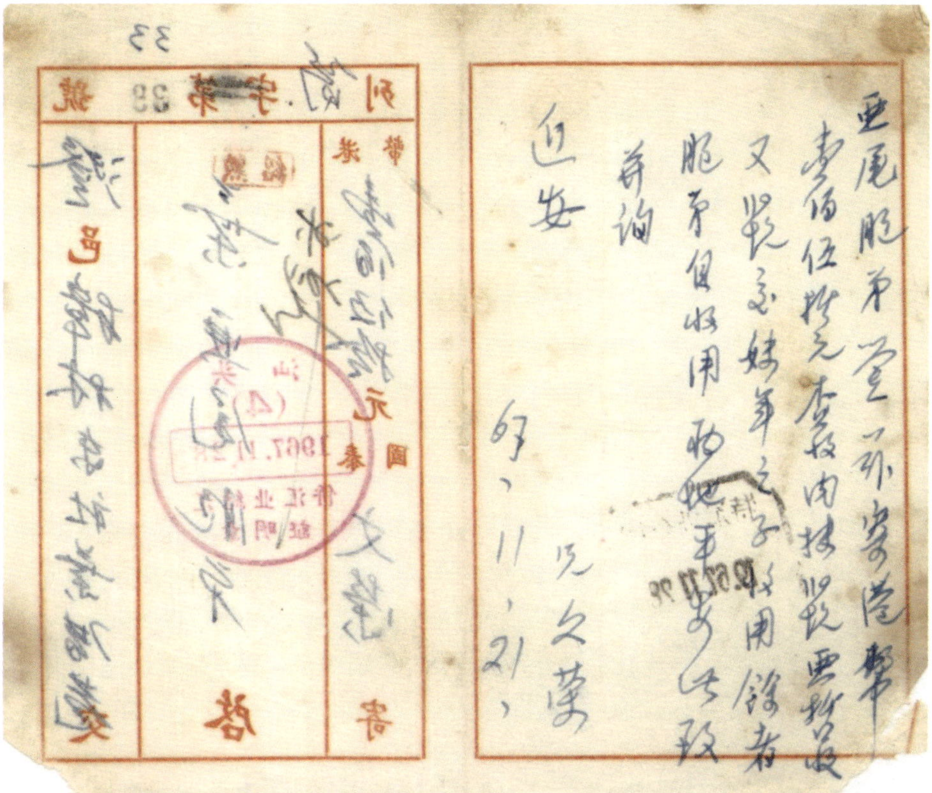

1967 年 12 月 18 日泰国文荣寄澄海樟林东社叶亚尾

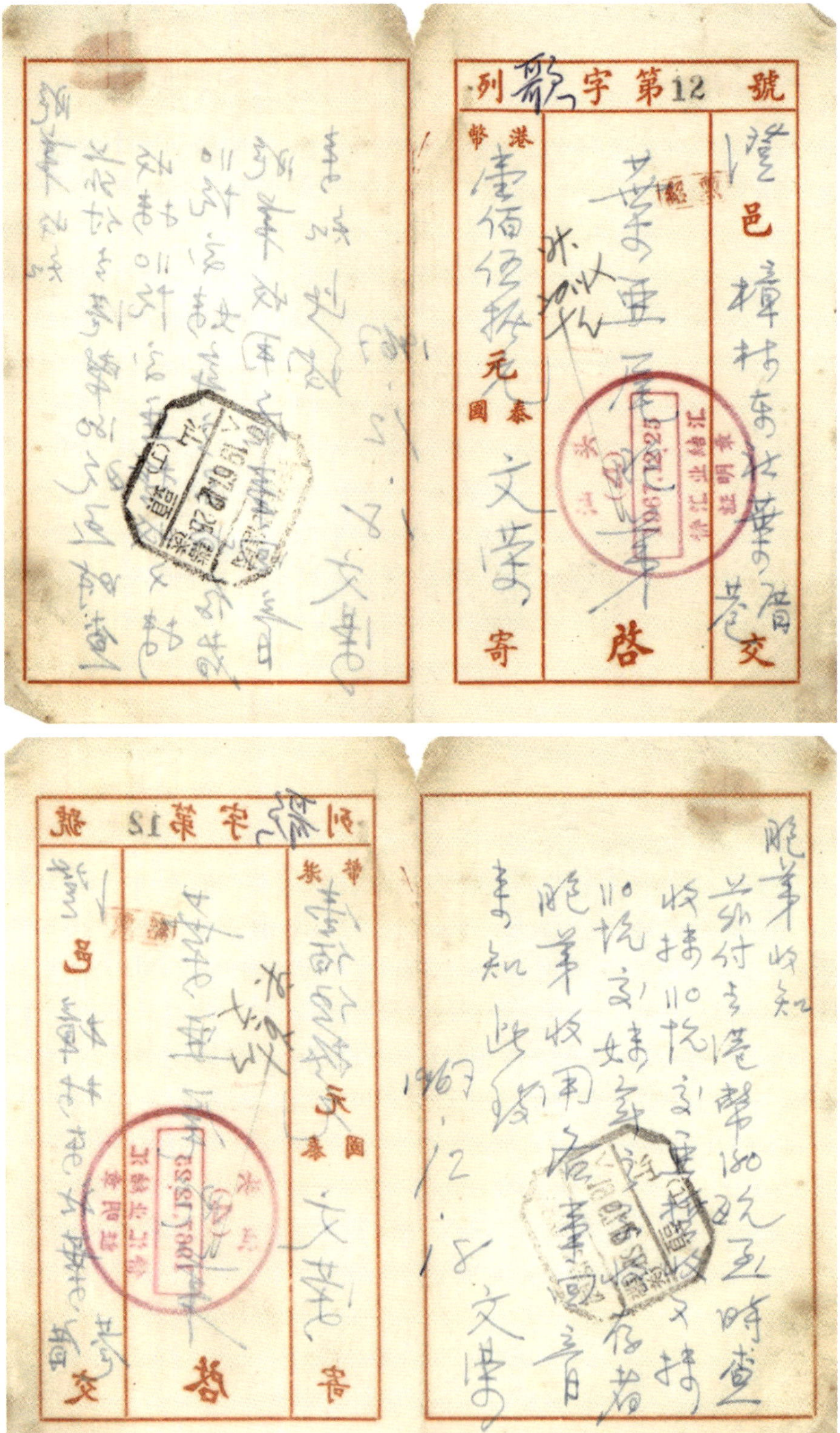

1968 年 2 月 21 日泰国文荣寄澄海樟林东社叶亚尾

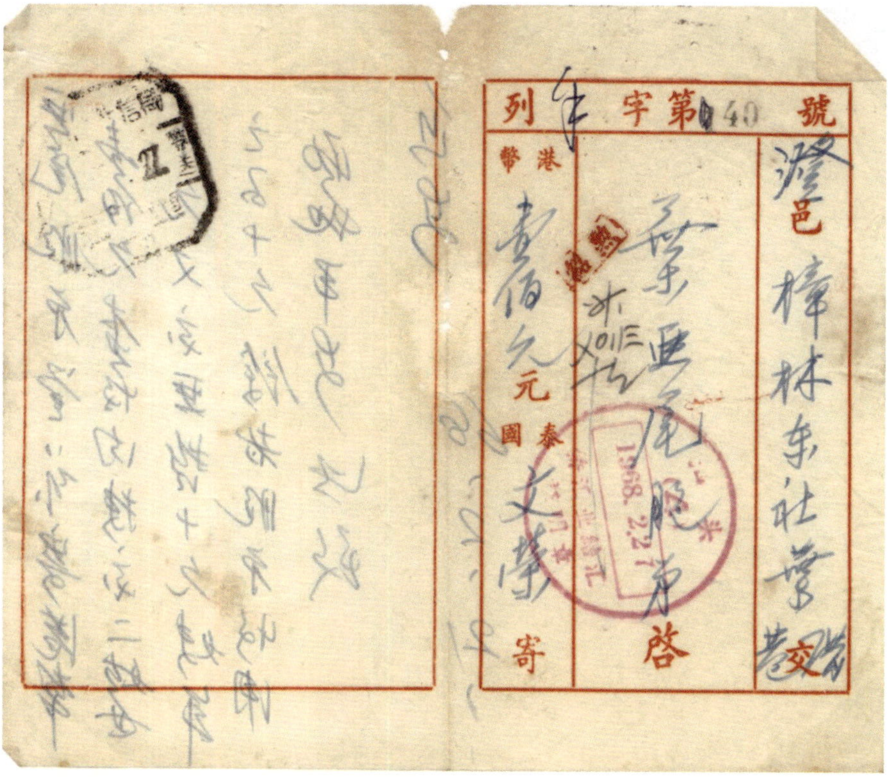

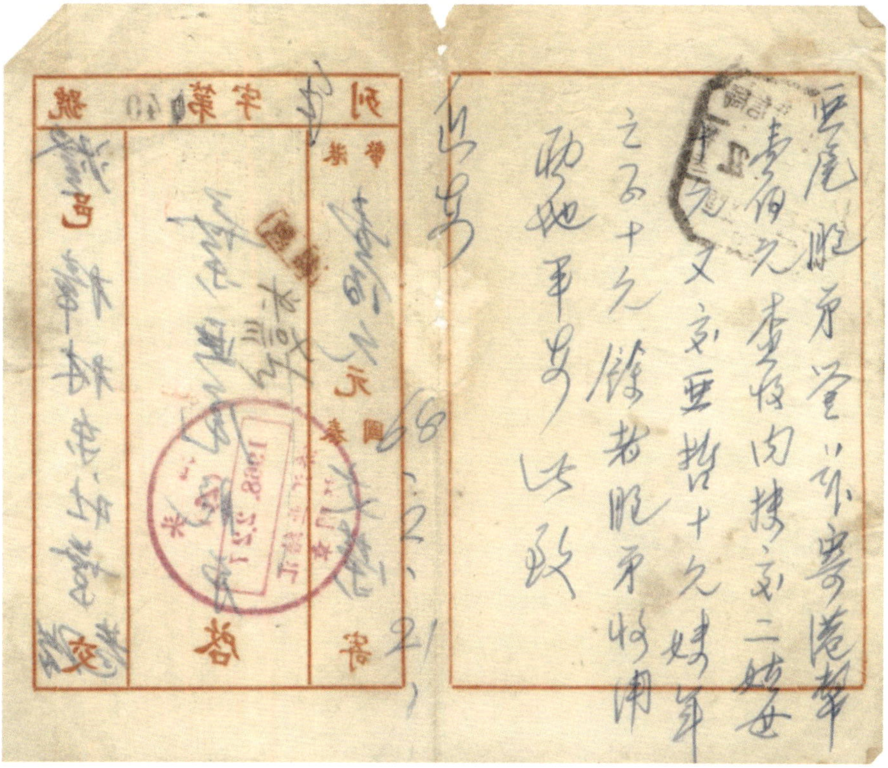

1968 年 3 月 12 日文荣寄澄海樟林东社叶亚尾

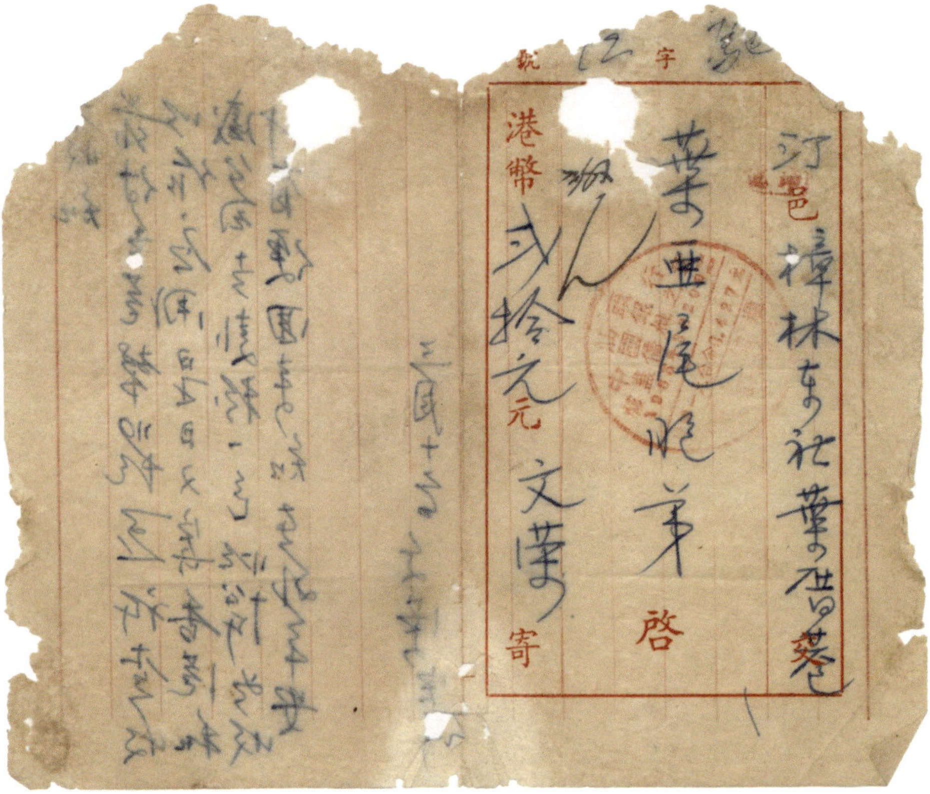

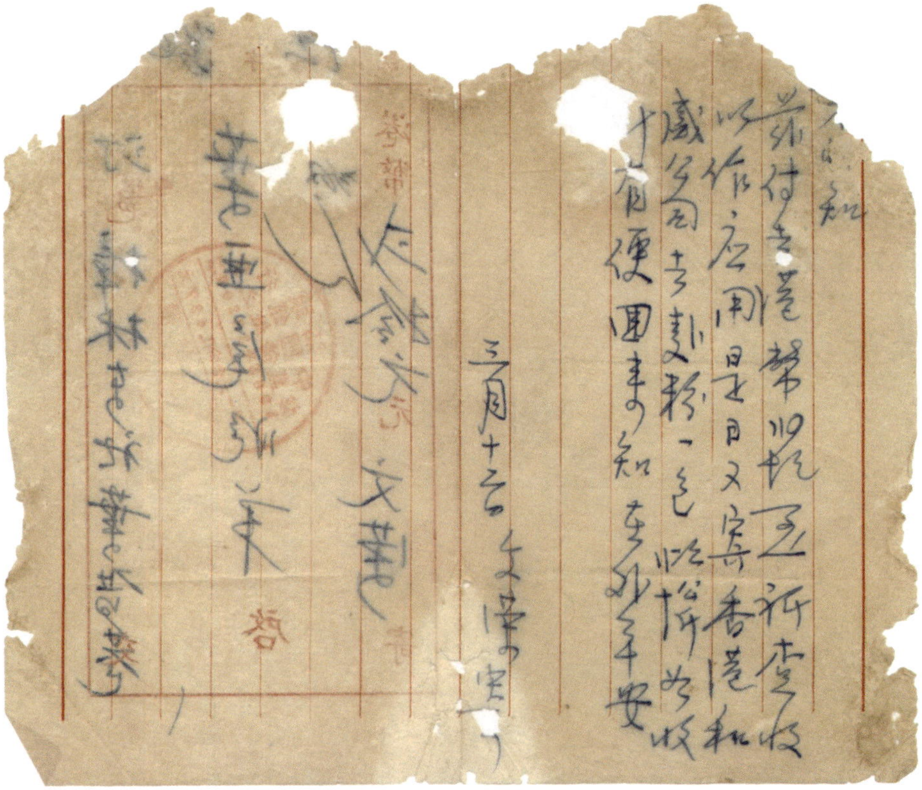

1968 年 12 月 17 日泰国文荣寄澄海樟林东社叶亚尾

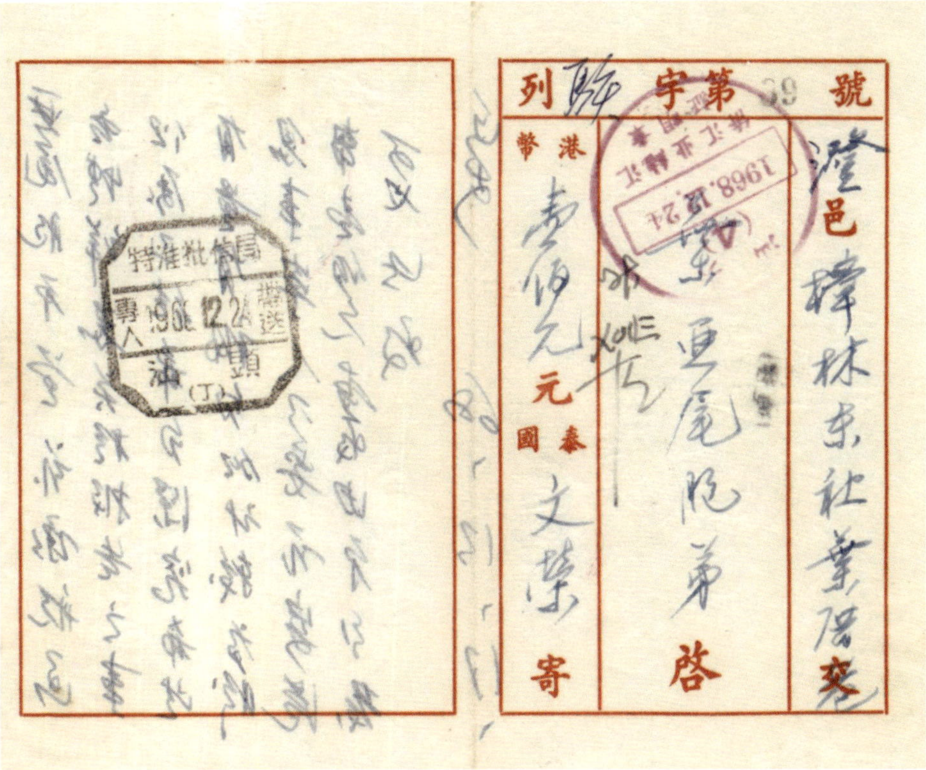

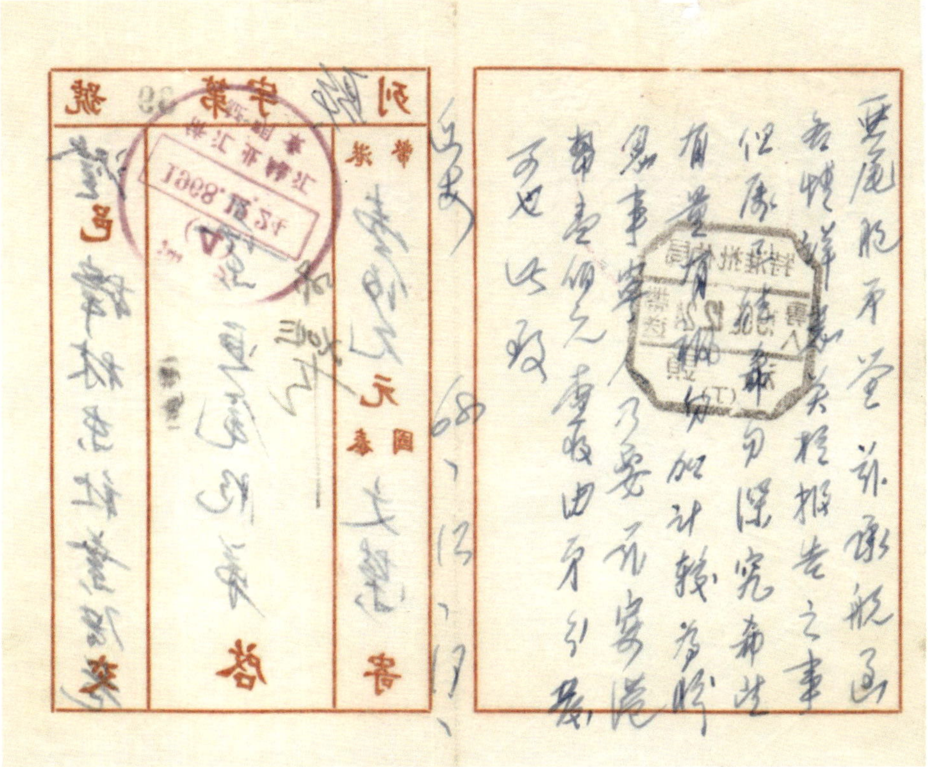

十二月廿五日文荣寄澄海樟林东社叶亚尾

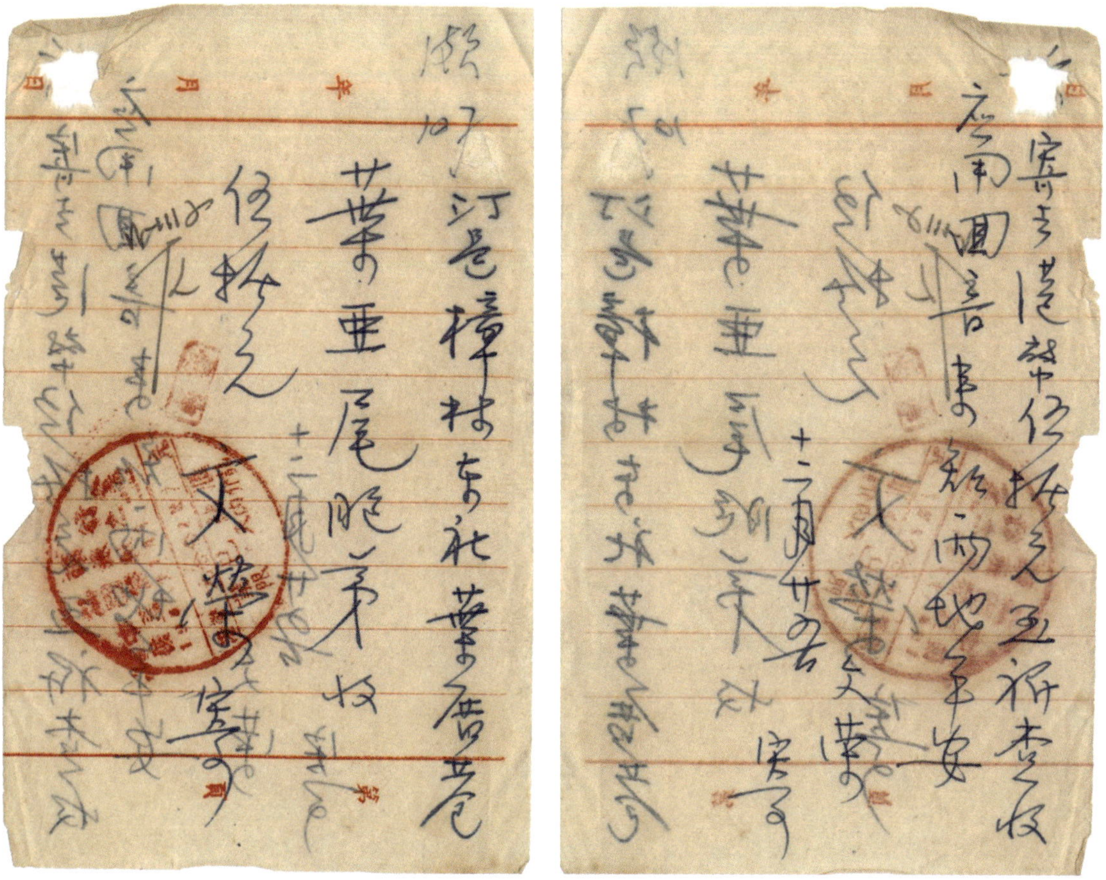

1957 年 11 月 19 日叻（新加坡）周培初寄澄海冠山乡周培源

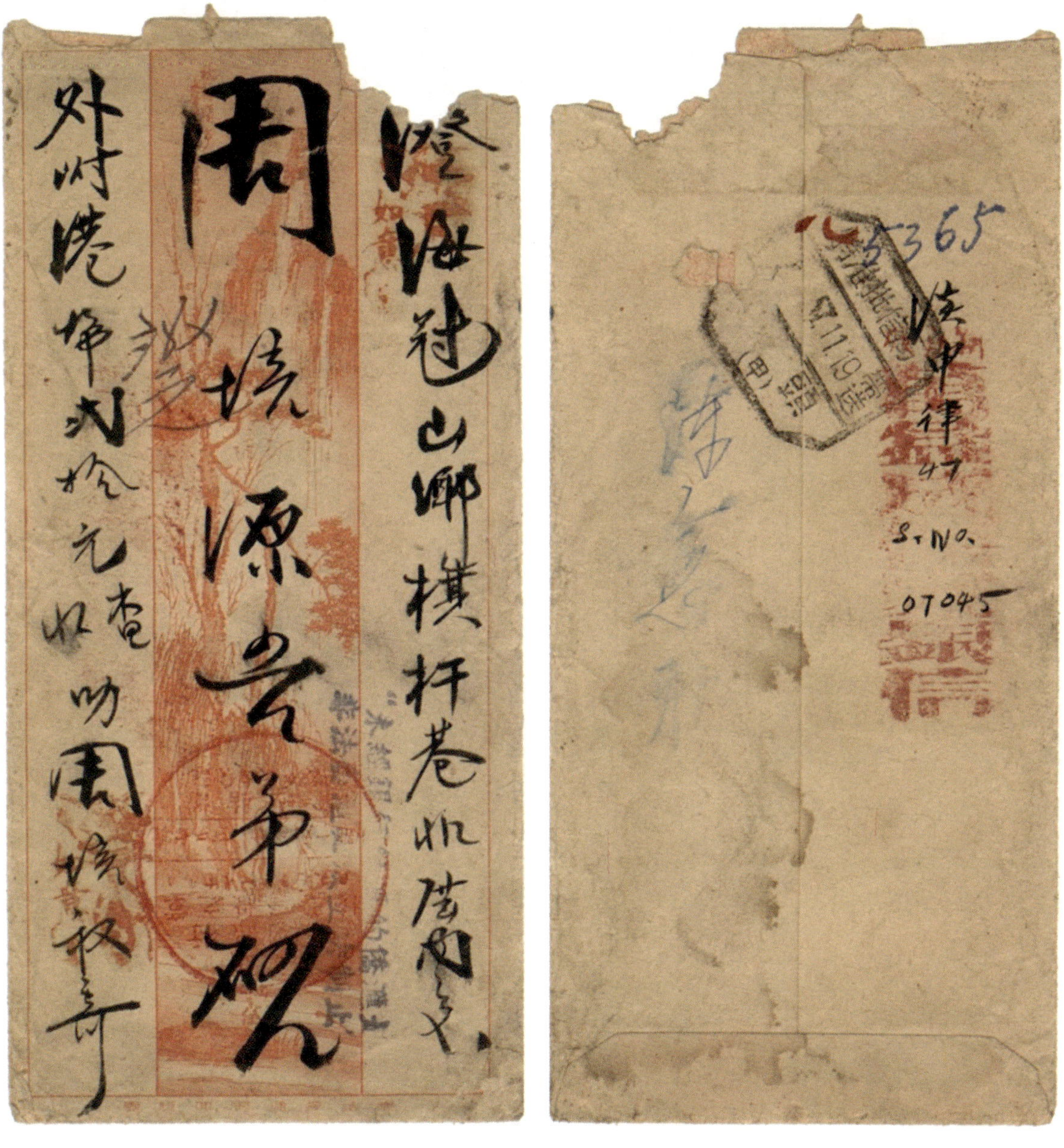

农历十二月十二日（1958 年 1 月 31 日）周培初寄澄海冠山乡周培源

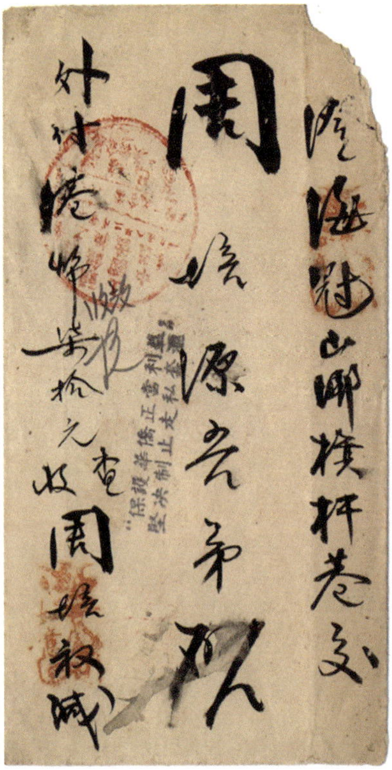

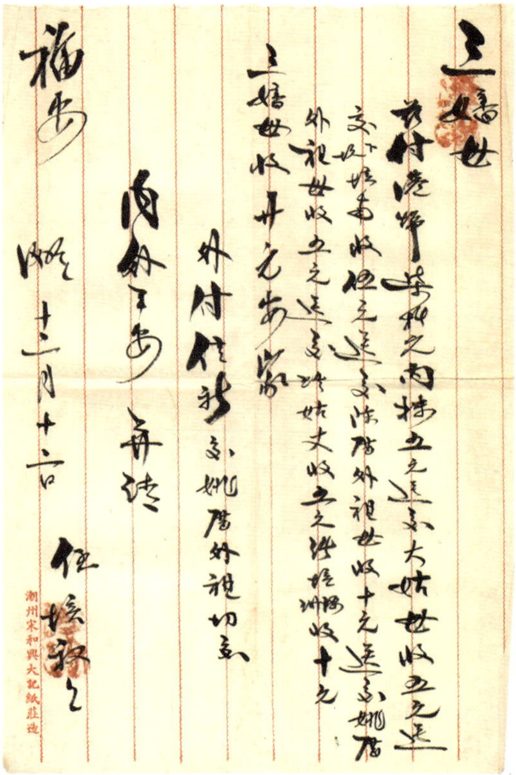

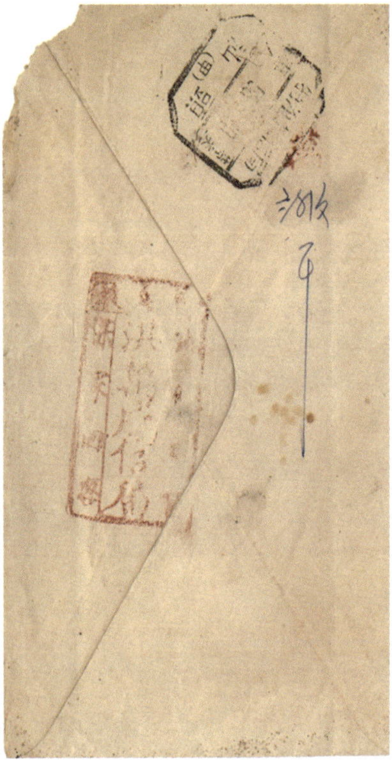

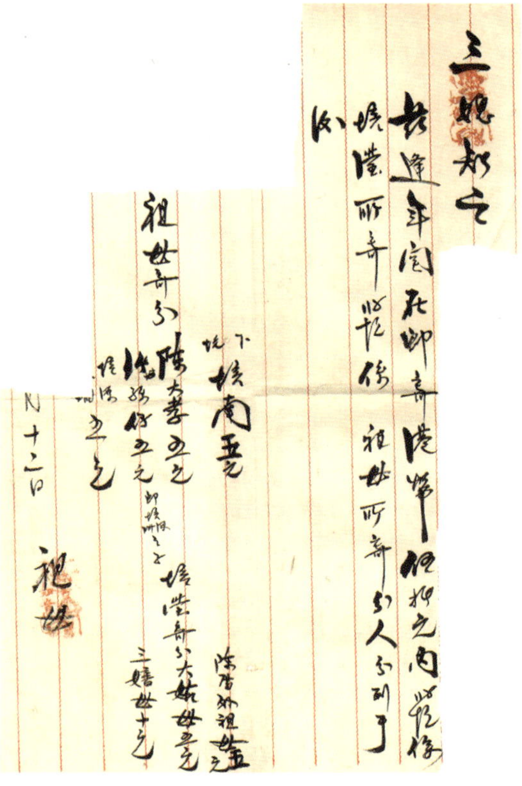

1958 年 10 月 7 日周培初寄澄海冠山乡周培源

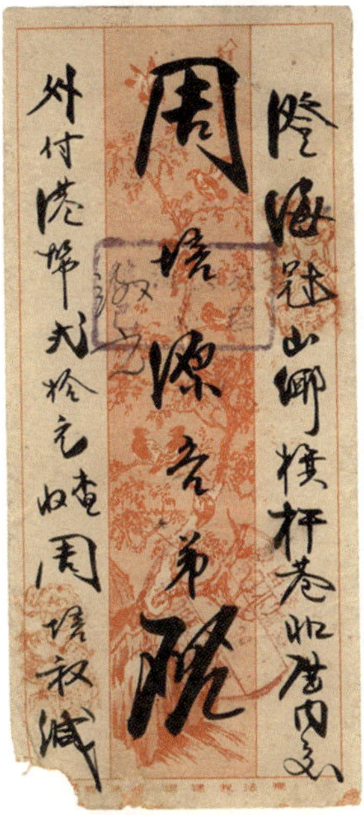

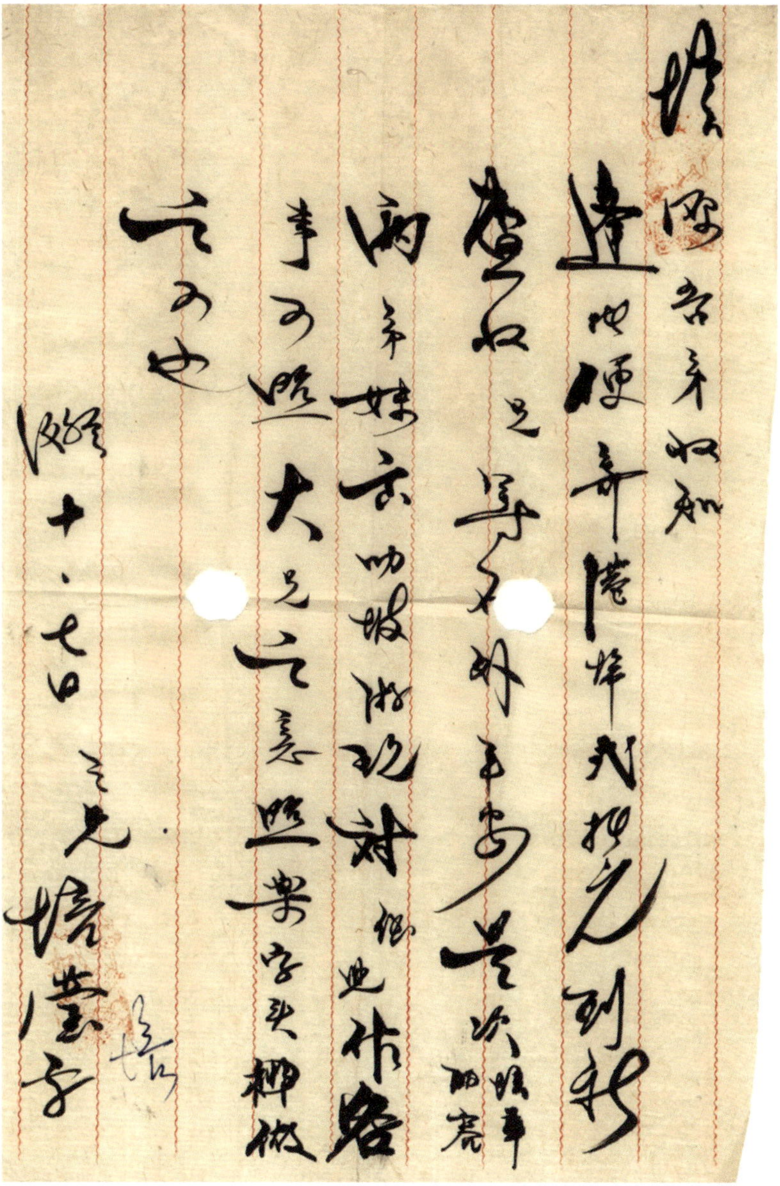

1960 年 6 月 7 日周培初寄澄海冠山乡周培源

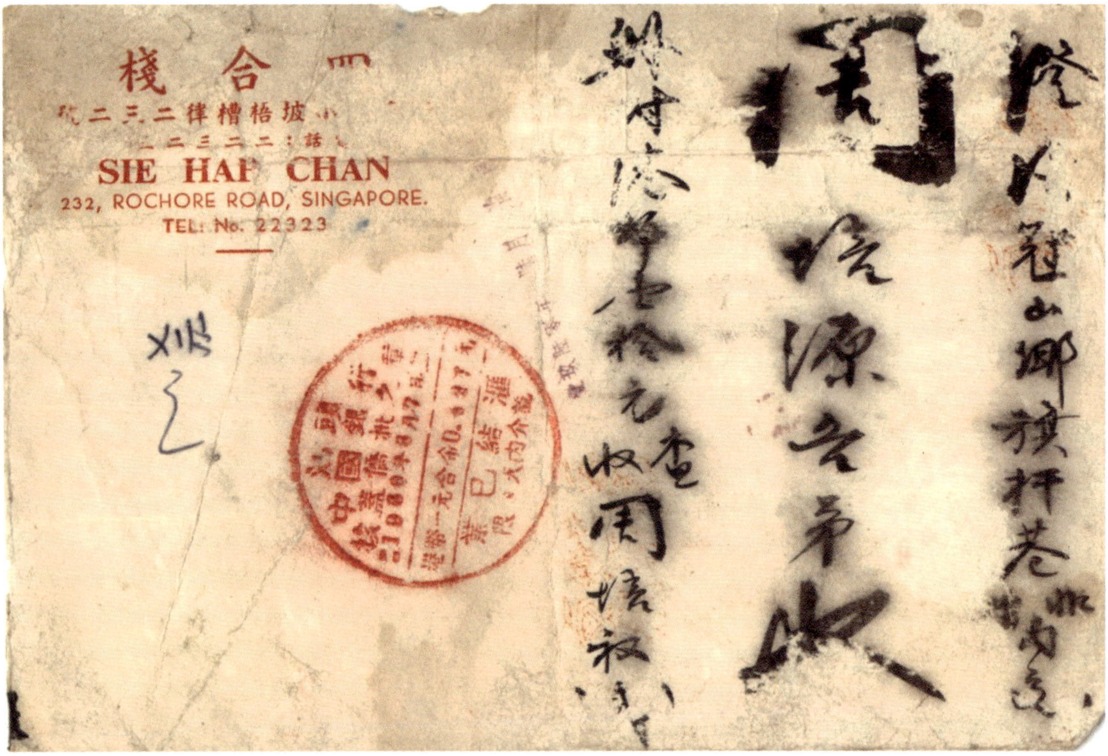

1962 年 1 月 5 日叻周培初寄澄海冠山乡周培源

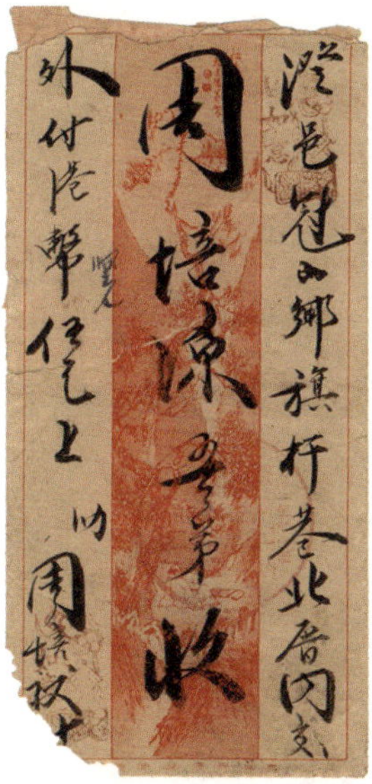

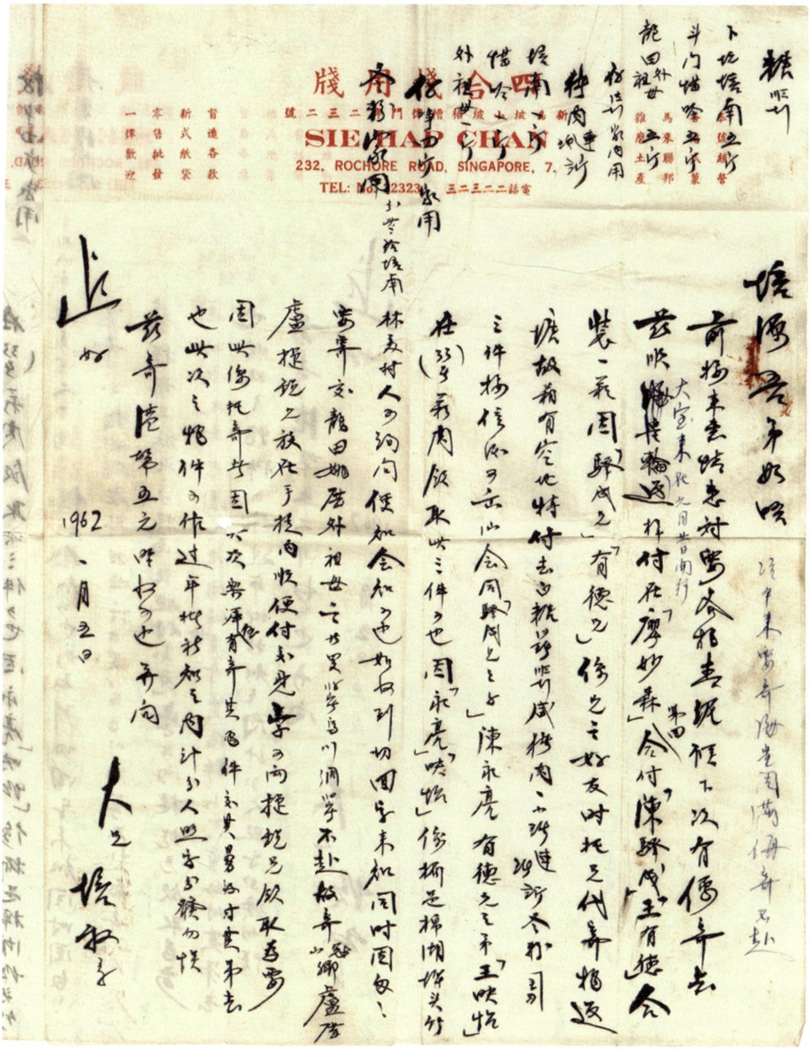

SIE HAP CHAN
232, ROCHORE ROAD, SINGAPORE, 7.
TEL: No. 22323

1963 年 1 月 2 日周培初寄澄海冠山乡周培源

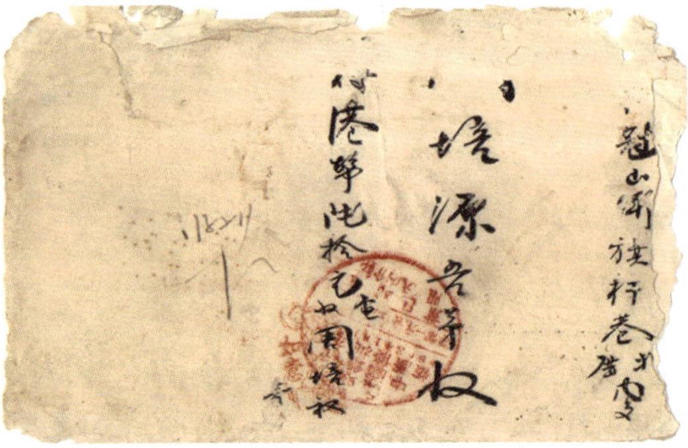

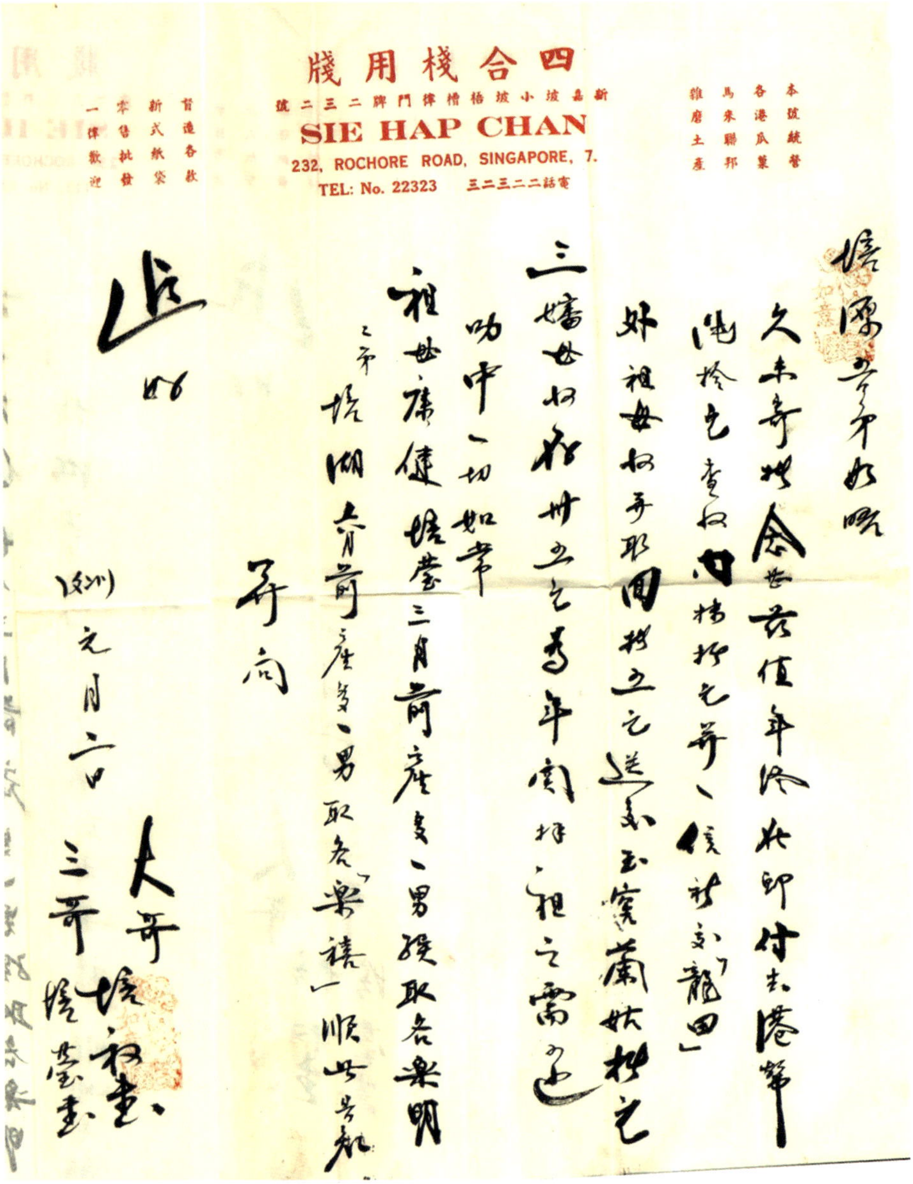

四合栈用笺

新嘉坡小坡梧槽律门牌二三二号

SIE HAP CHAN

232, ROCHORE ROAD, SINGAPORE, 7.

TEL: No. 22323 电话二二三二三

本号统营 各港瓜菜 马来联邦 杂磨土产

旨造各款 新式纸袋 零售批发 一律欢迎

培源吾弟如晤:

久未寄批,念甚。兹值年终,兹即付去港币

陆拾元查收,内拾捌元弟、侄辈各拾元「龙田」

外祖母收弟取用,拾五元送交玉宾兰姑收之

三婶母收拾廿五元为年关拜祖之需也

叻中一切如常

祖母康健,培鉴三月前产生一男孩,取名乐明

二弟培湖去月前产生一男,取名「乐禧」,一顺安告知

并问

近好

1963 元月二日

大哥 培初 书

三哥 培鉴 书

1963 年 3 月 20 日周培初寄澄海冠山乡周培源

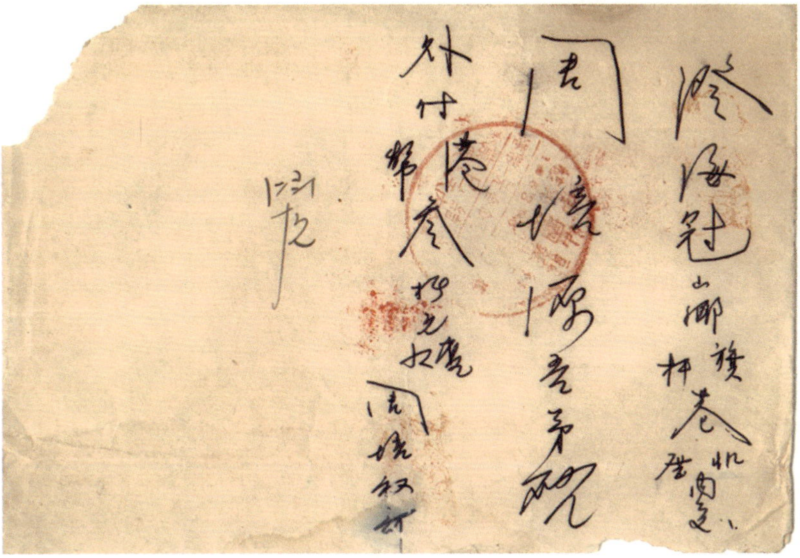

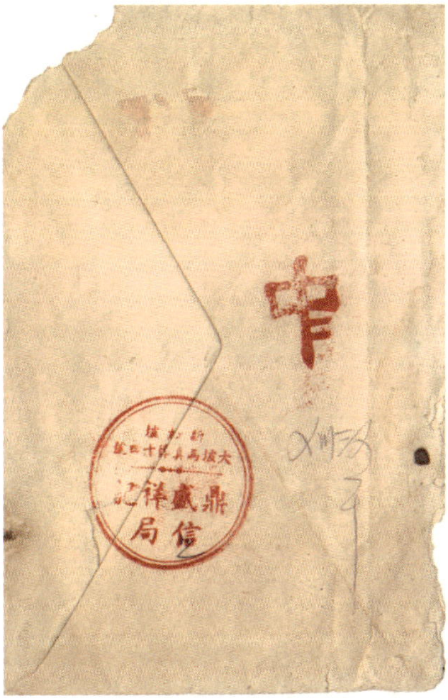

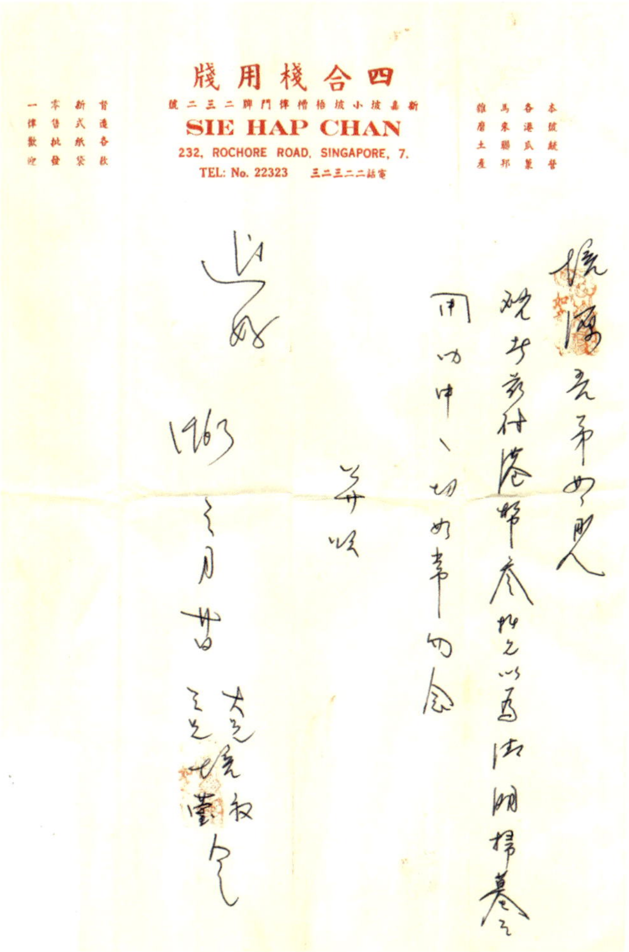

四合棧用箋

新嘉坡小坡梧槽律門牌二三二號

SIE HAP CHAN

232, ROCHORE ROAD, SINGAPORE, 7.

TEL: No. 22323 電話二二三二三

本號兼營 各港瓜菓 馬來聯邦 雜糧土產

普通各款 新式紙袋 零售批發 一律歡迎

1964 年 2 月 3 日周培初寄澄海冠山乡周培源

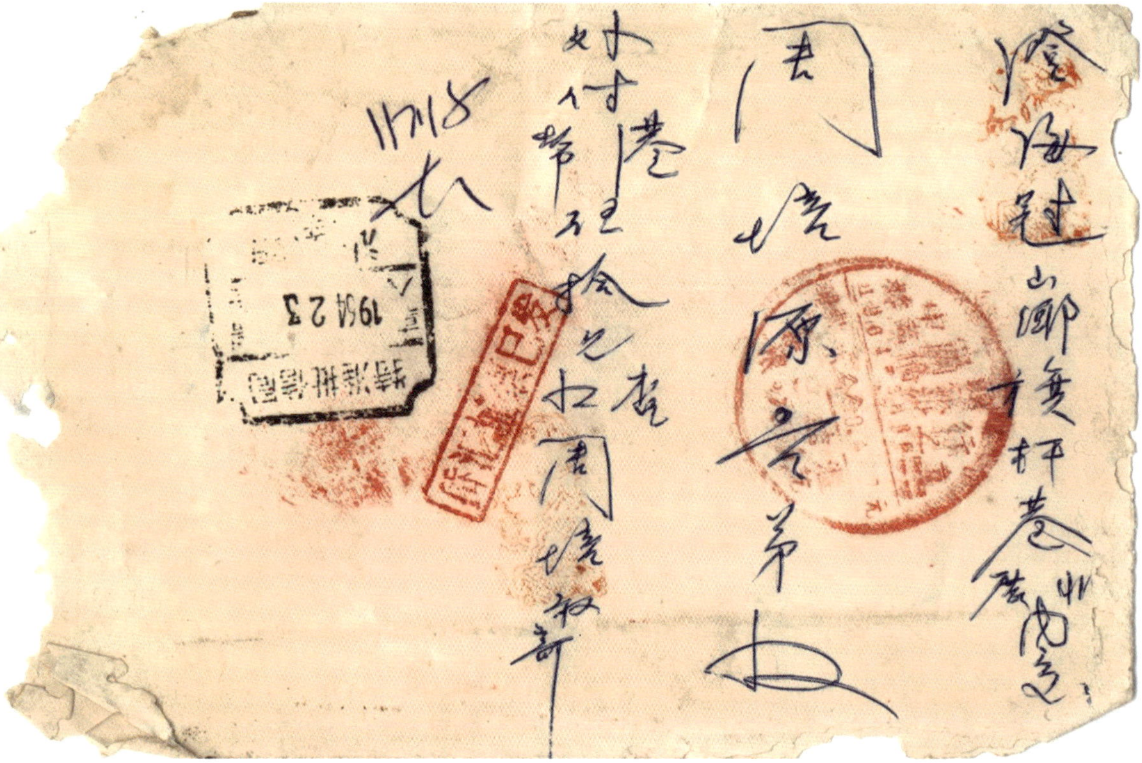

一九六四年正月廿八日（3 月 11 日）周培初寄澄海冠山乡周培源

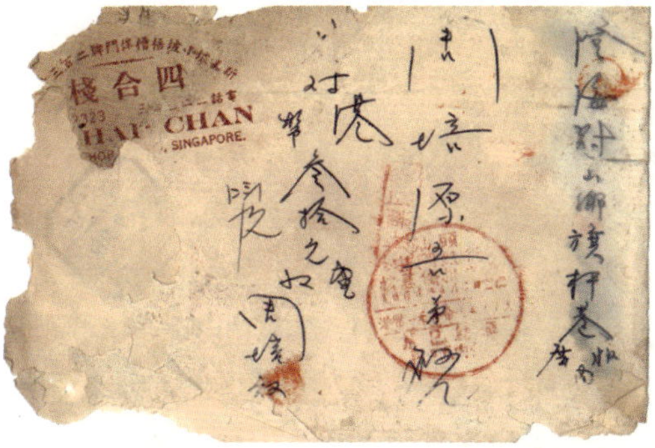

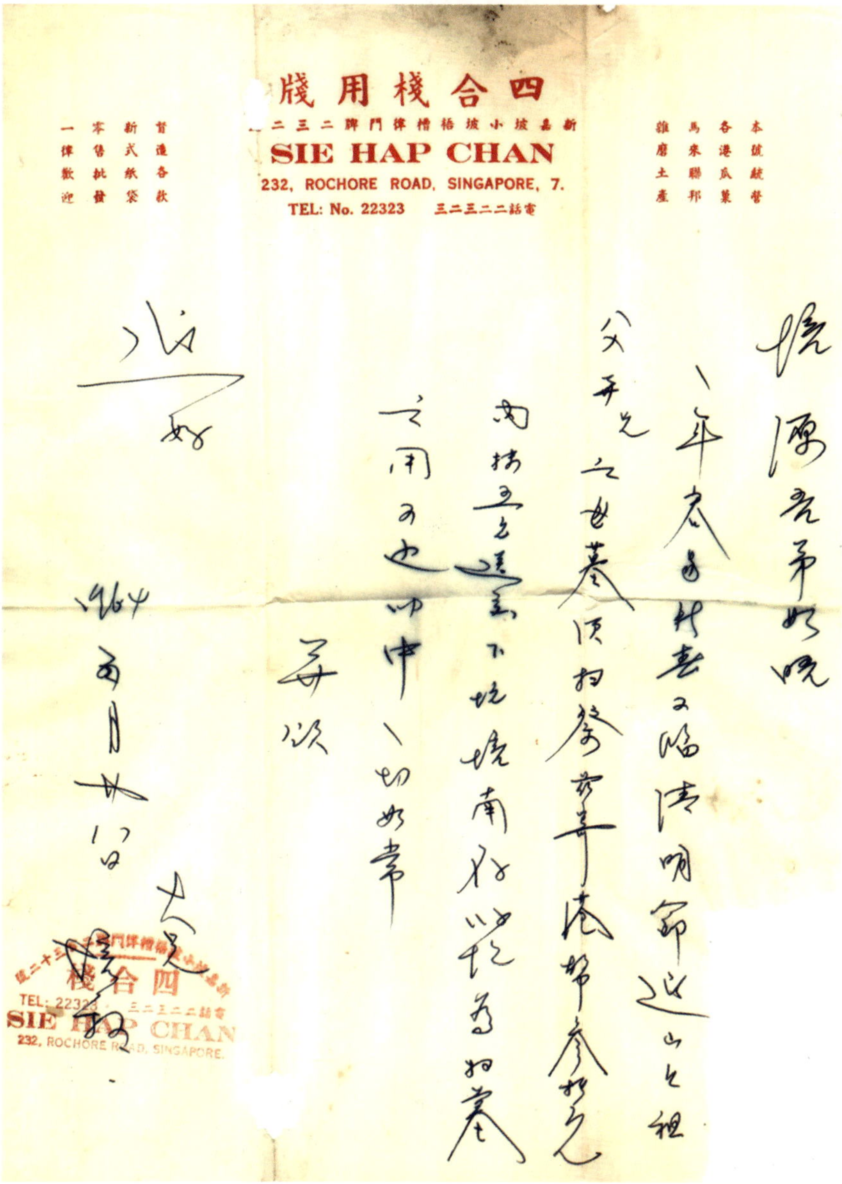

四合棧用箋

新嘉坡小坡梧槽律門牌二三二

SIE HAP CHAN

232, ROCHORE ROAD, SINGAPORE, 7.

TEL: No. 22323　電話二二三二三

本號經營各港瓜菓馬來聯邦雜磨土產

普通各款新式紙袋零售批發一律歡迎

农历十二月廿一日（1965 年 1 月 23 日）周培初寄澄海冠山乡周培源

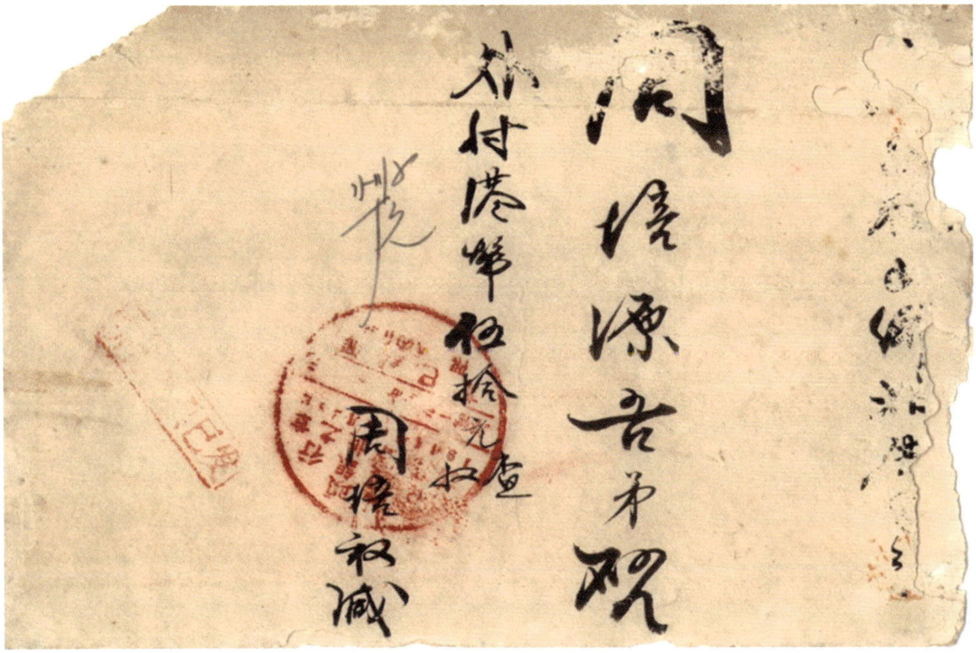

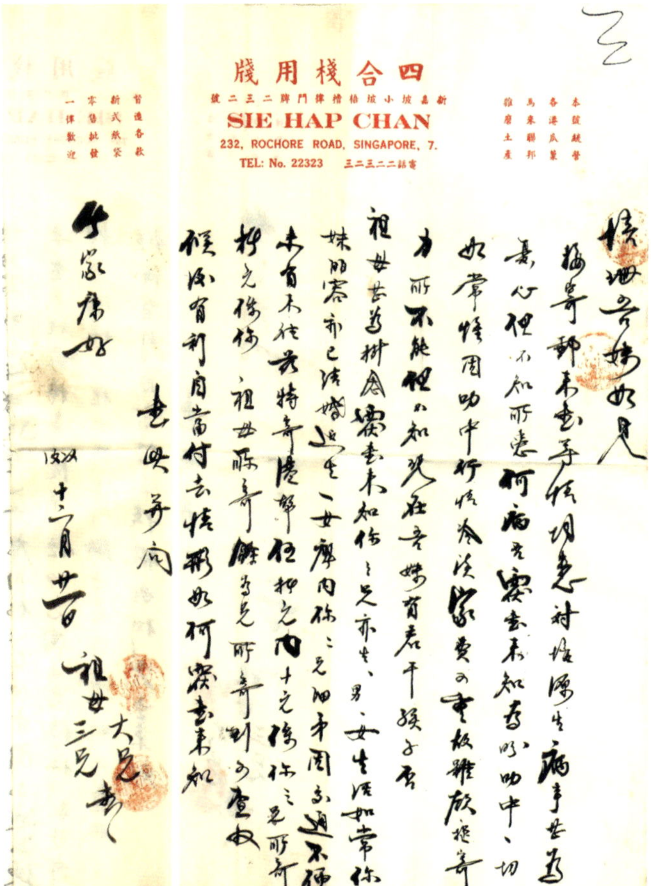
四合棧用牋
新嘉坡小坡梧槽律門牌二三二號
SIE HAP CHAN
232, ROCHORE ROAD, SINGAPORE, 7.
TEL: No. 22323 電話二二三二三
本號經營 香港瓜菜 馬來聯邦 雅蘭土產
皆邊各款 新式紙袋 零售批發 一律歡迎

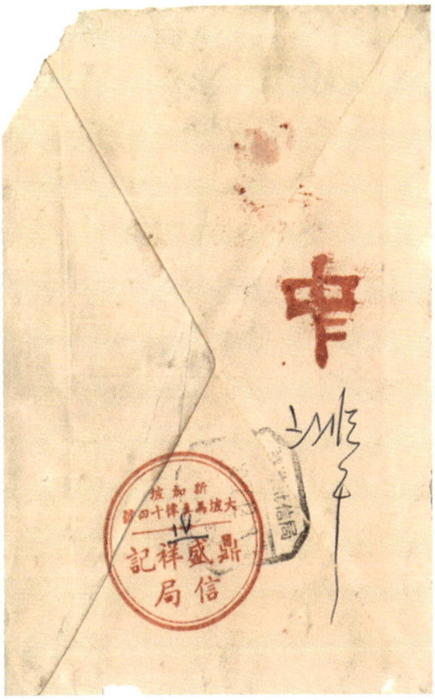

1965 年 3 月 8 日周培初寄澄海冠山乡周培源

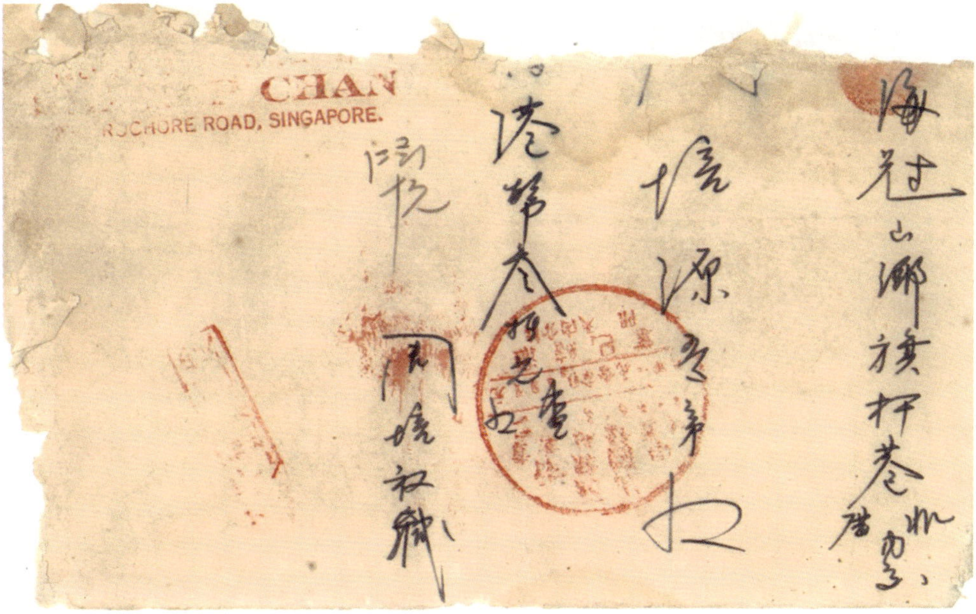

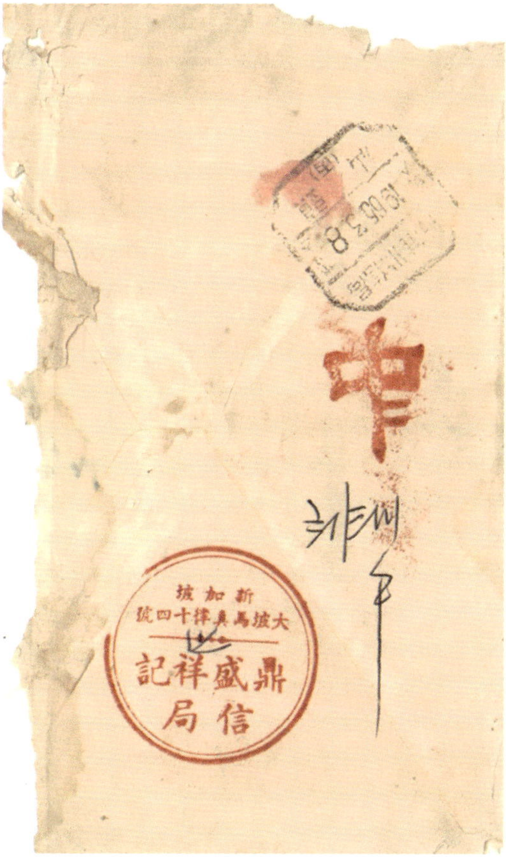

1965 年 8 月 31 日叻周培初寄澄海冠山乡周培源

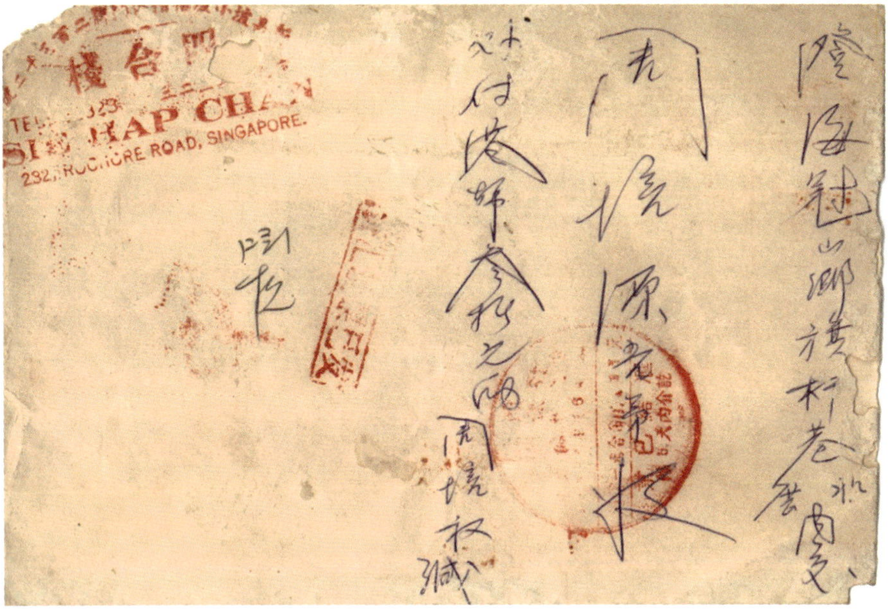

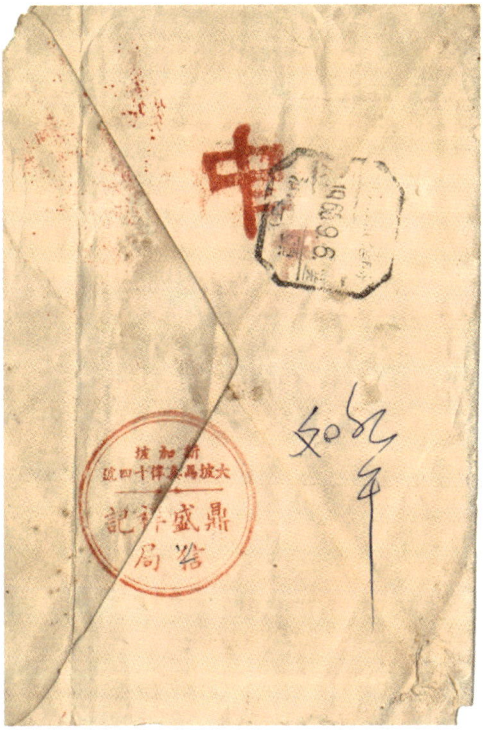

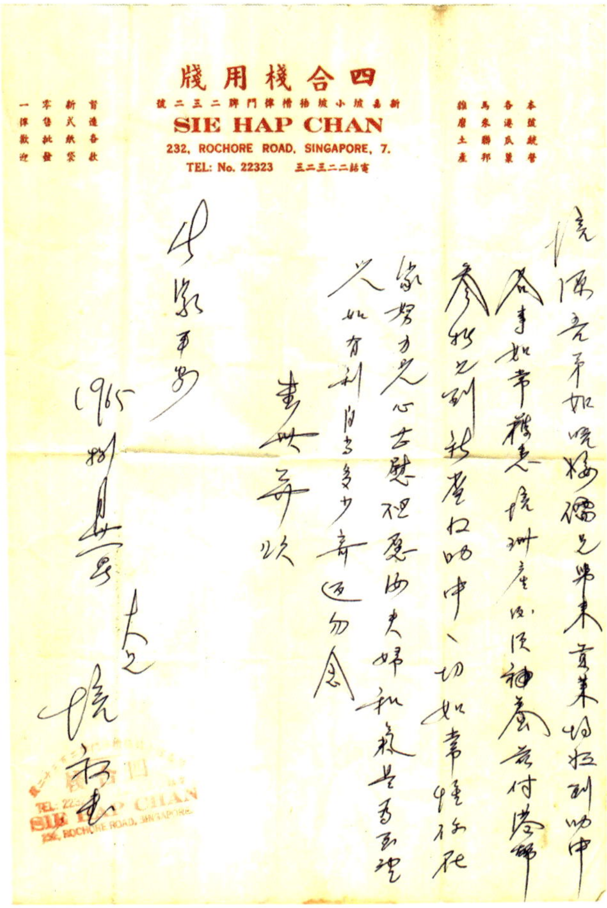

1965 年 12 月 21 日叻周培初寄澄海冠山乡周培源

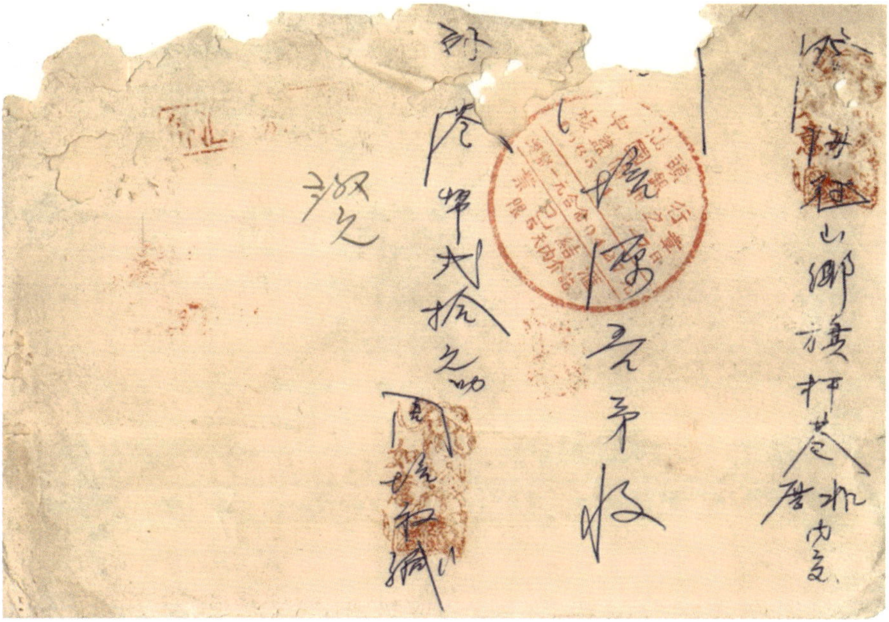

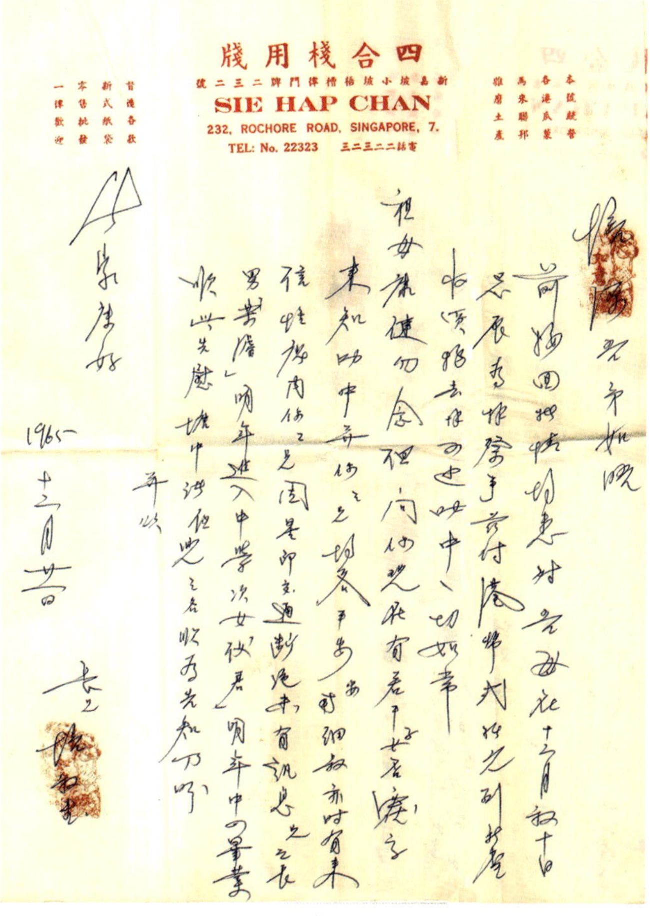

四合棧用牋

新嘉坡小坡梧槽律門牌二三二號

SIE HAP CHAN

232, ROCHORE ROAD, SINGAPORE, 7.

TEL: No. 22323 電話二二三二三

本號督辦香港瓜菜馬來聯邦雜磨土產

皆邊香款新式紙袋零售批發一律歡迎

1965
十二月廿日

1966 年 3 月 1 日周培初寄澄海冠山乡周培源

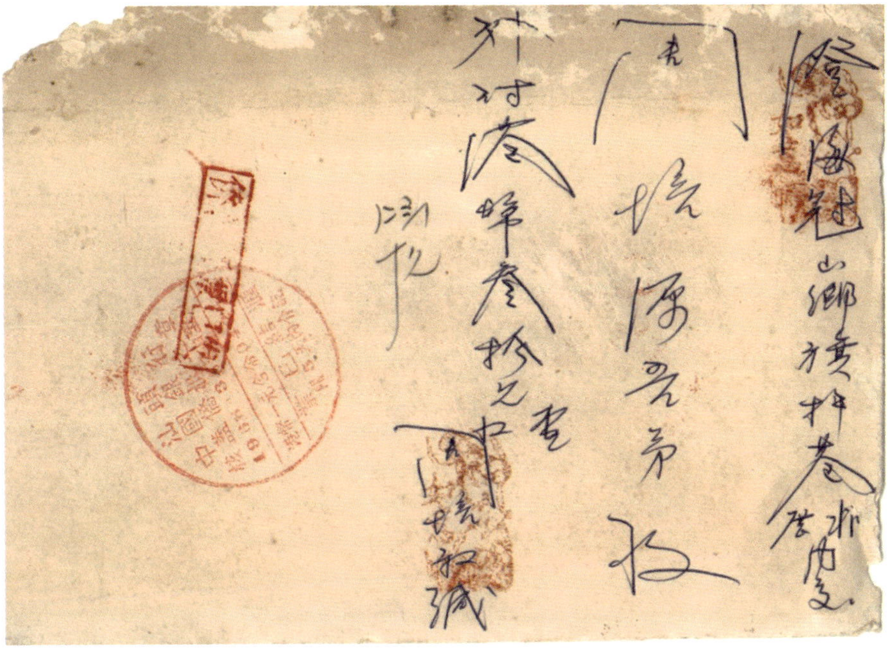

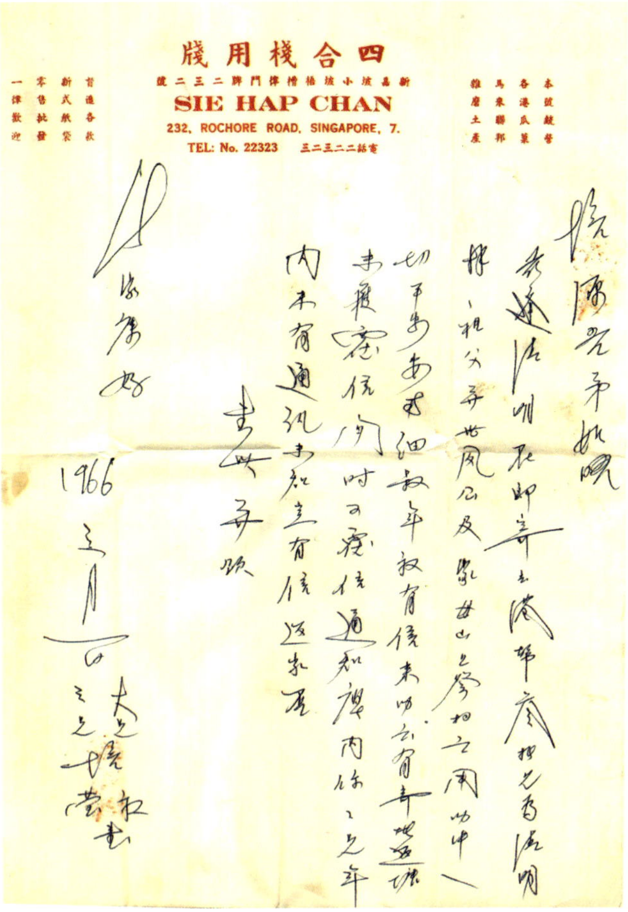

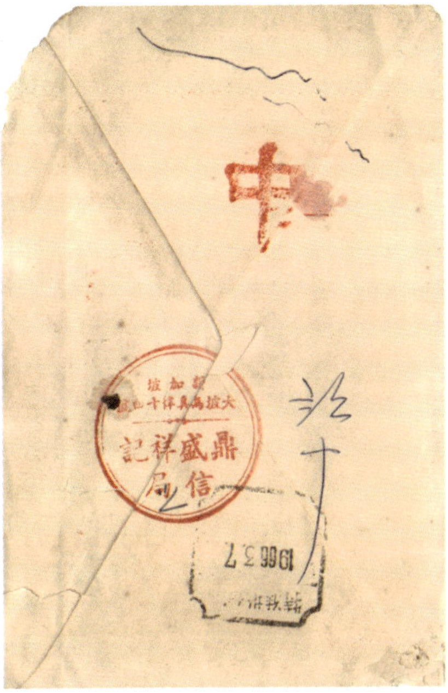

1967 年 1 月 25 日周培初寄澄海冠山乡周培源

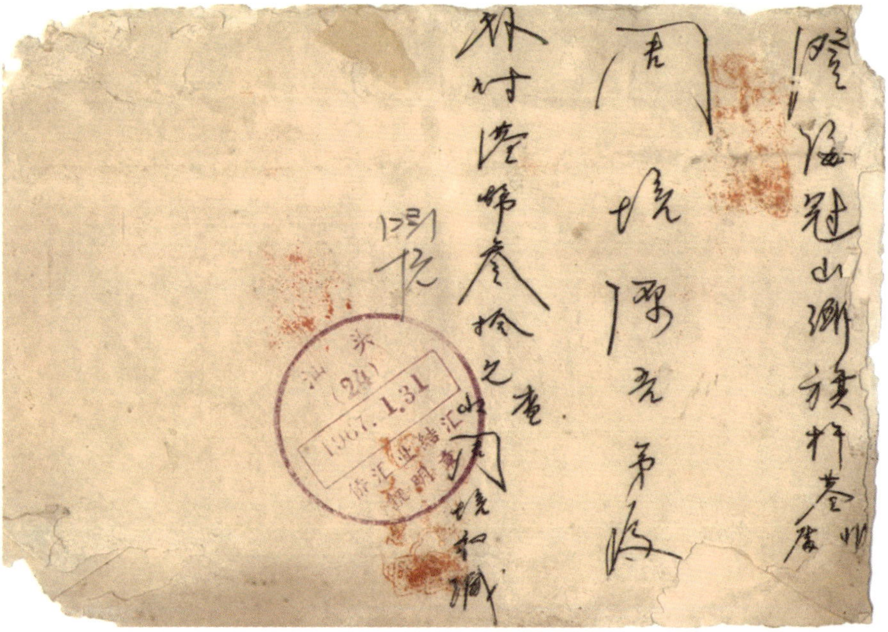

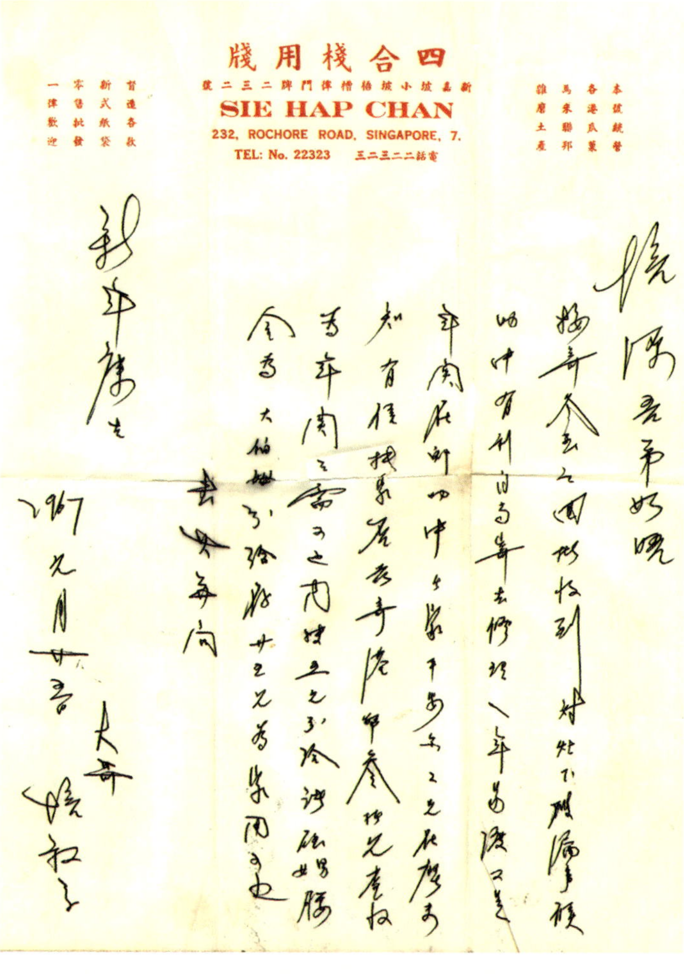

1967 年 3 月 14 日周培初寄澄海冠山乡周培源

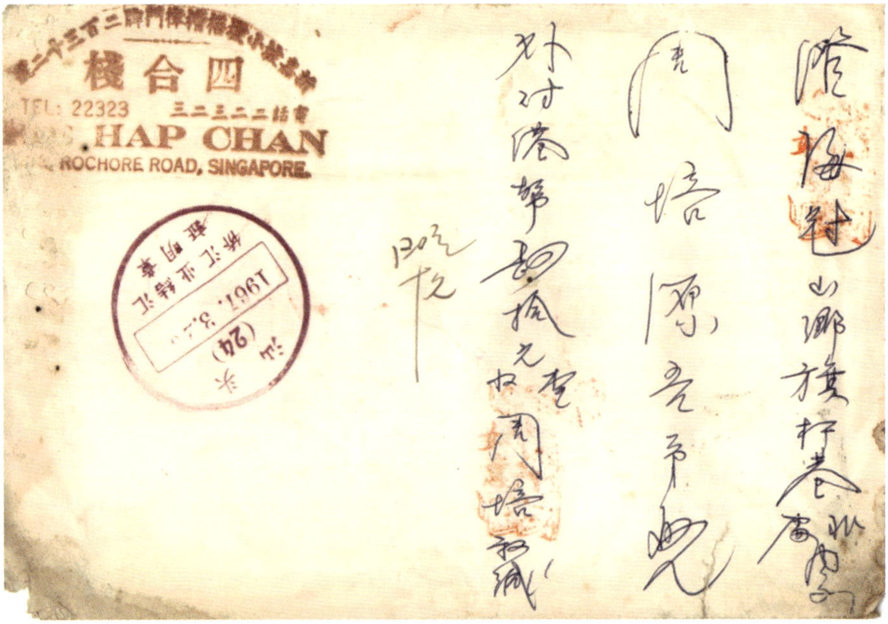

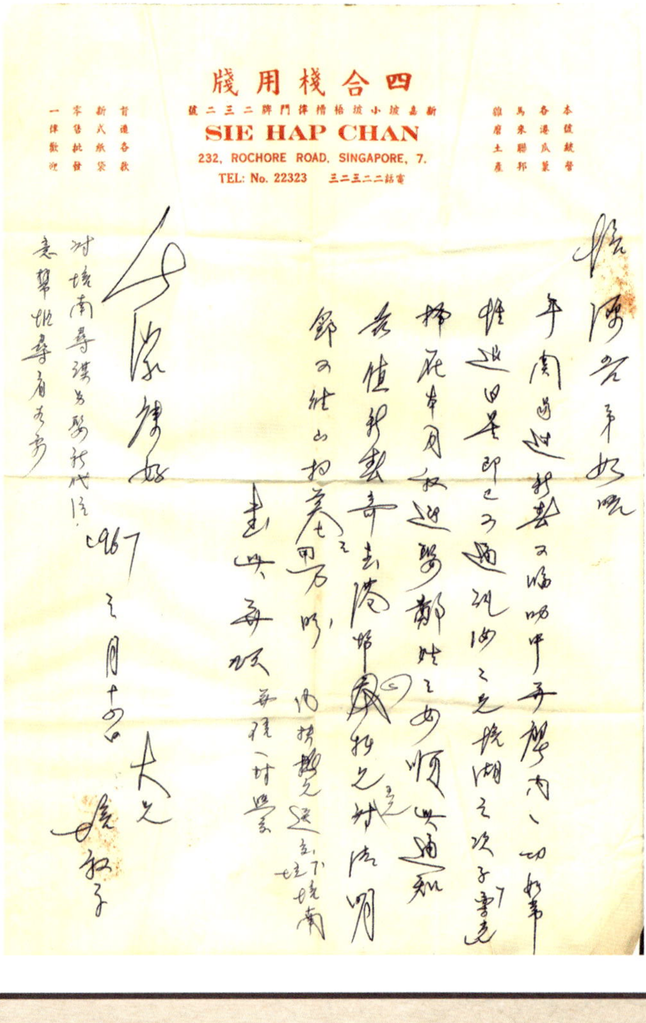

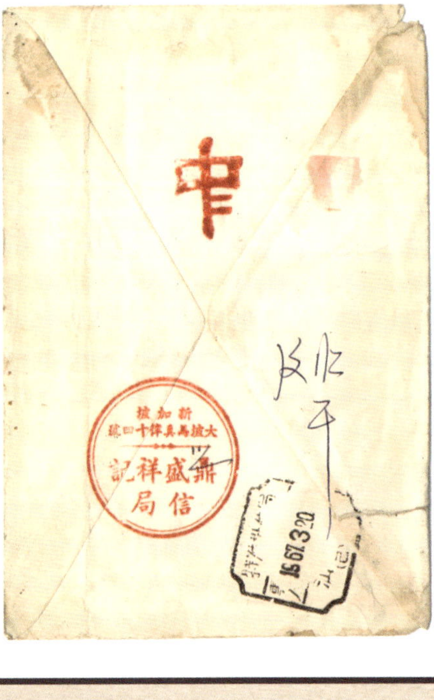

1967 年 7 月 23 日周培初寄澄海冠山乡周培源

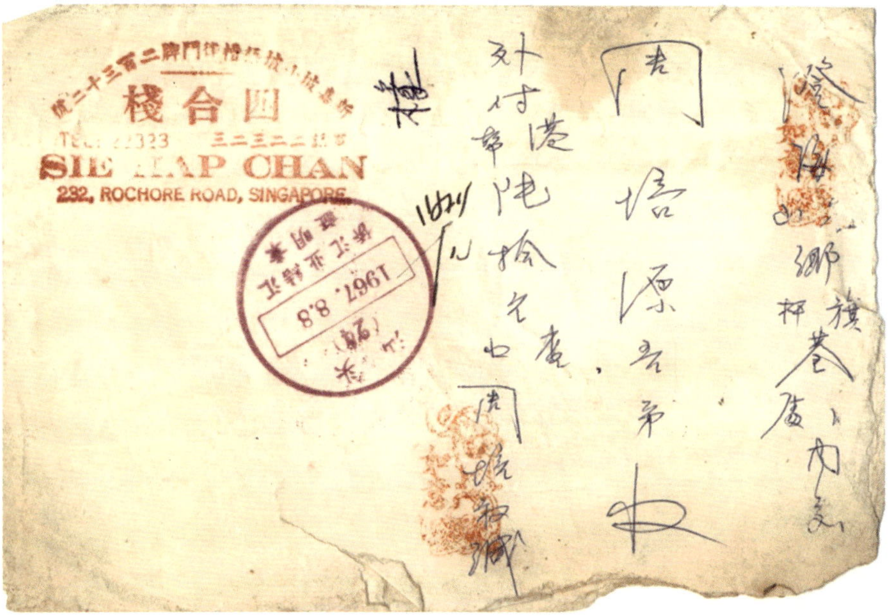
新嘉坡小坡梧槽律門牌二百三十二號
四合棧
電話二二三二三 TEL: 22323
SIE HAP CHAN
232, ROCHORE ROAD, SINGAPORE.

澄海山乡旗杆巷
周培源兄弟收
外付港币陆拾元正
周培初缄
1967. 8. 8

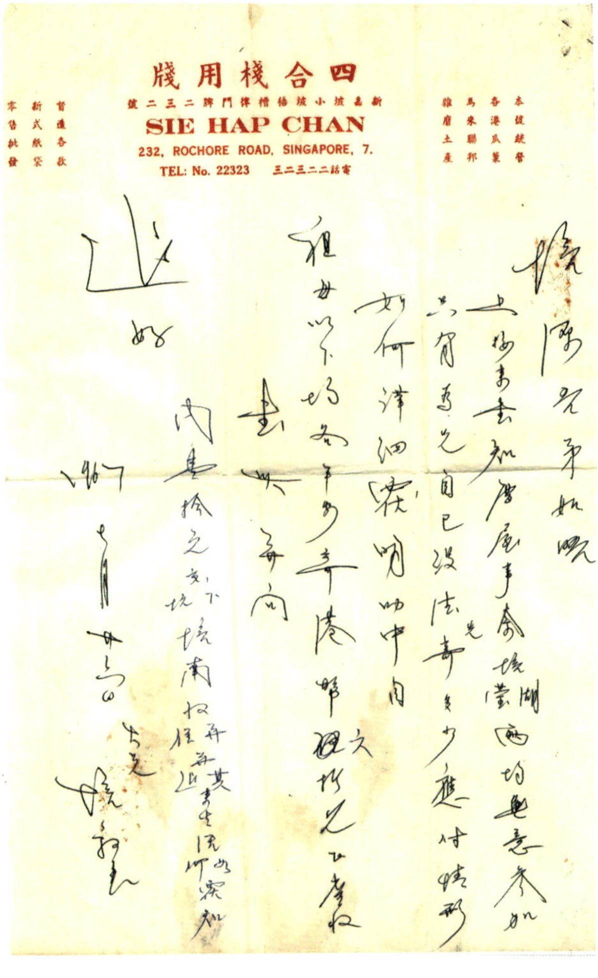
四合棧用箋
新嘉坡小坡梧槽律門牌二三二號
SIE HAP CHAN
232, ROCHORE ROAD, SINGAPORE, 7.
TEL: No. 22323 電話二二三二三
本棧統營 香港瓜菓 馬來聯邦 羅唐土產
普通各款 新式紙袋 零售批發

培源兄弟如晤
……
内寄港币陆拾元正……
1967 七月廿三日
兄 培初

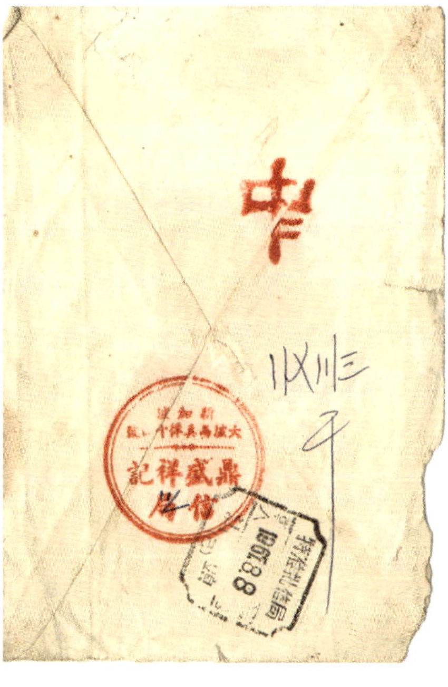

1968 年 1 月 16 日周培初寄澄海冠山乡周培源

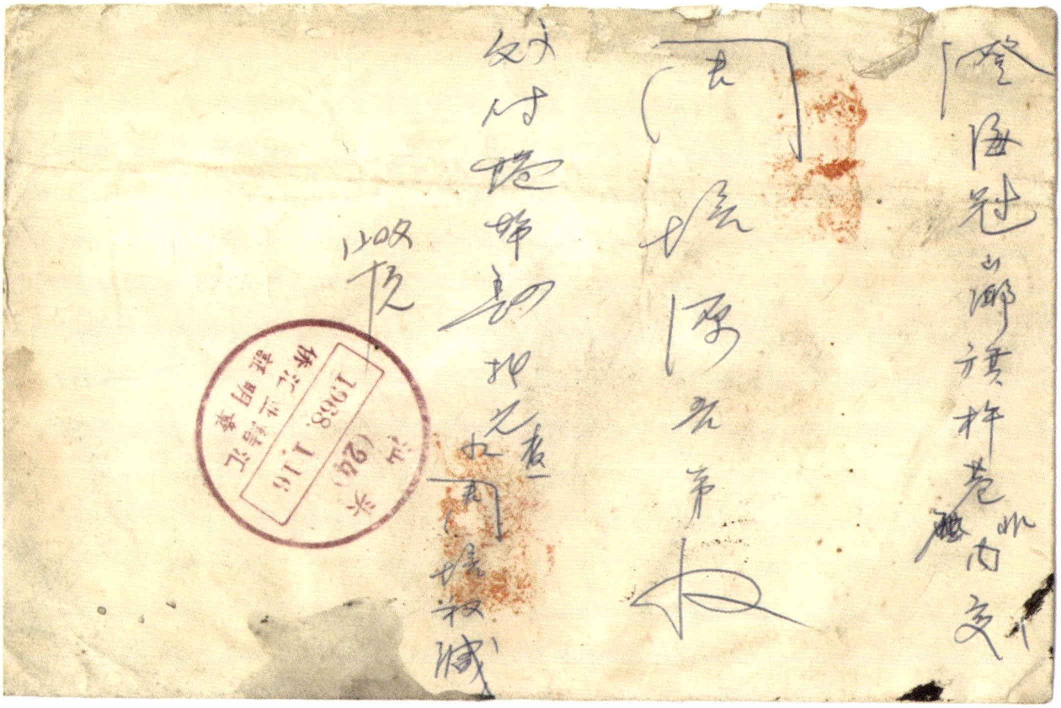

一九六八年三月初五（4 月 2 日）周培初寄澄海冠山乡周培源

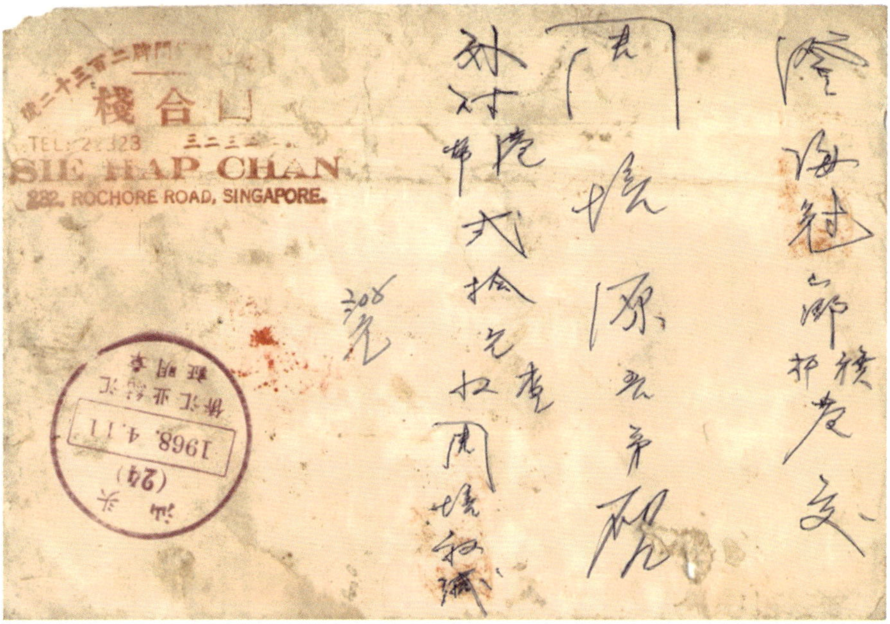

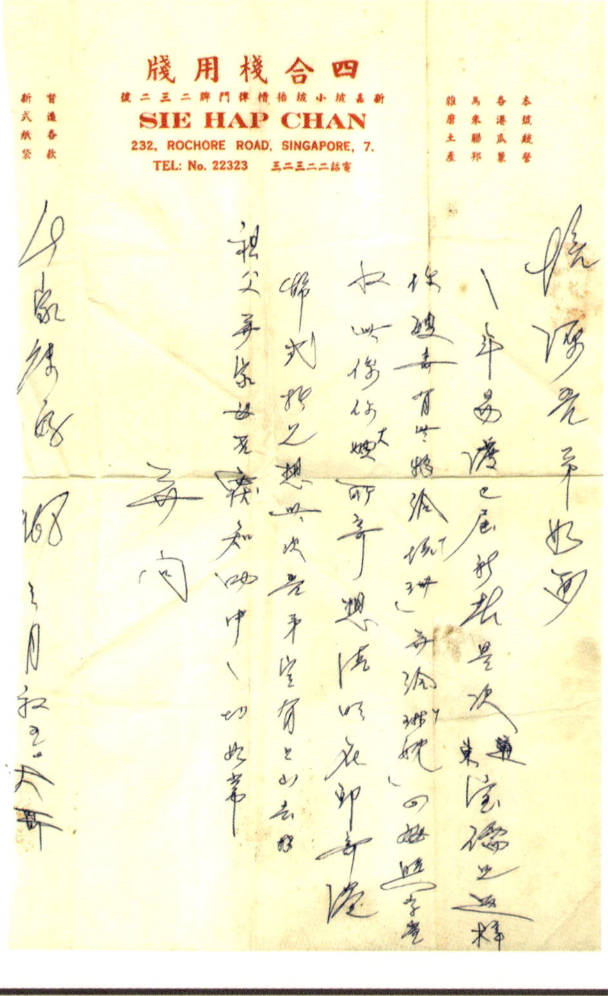

1968 年 9 月 18 日周培初寄澄海冠山乡周培源

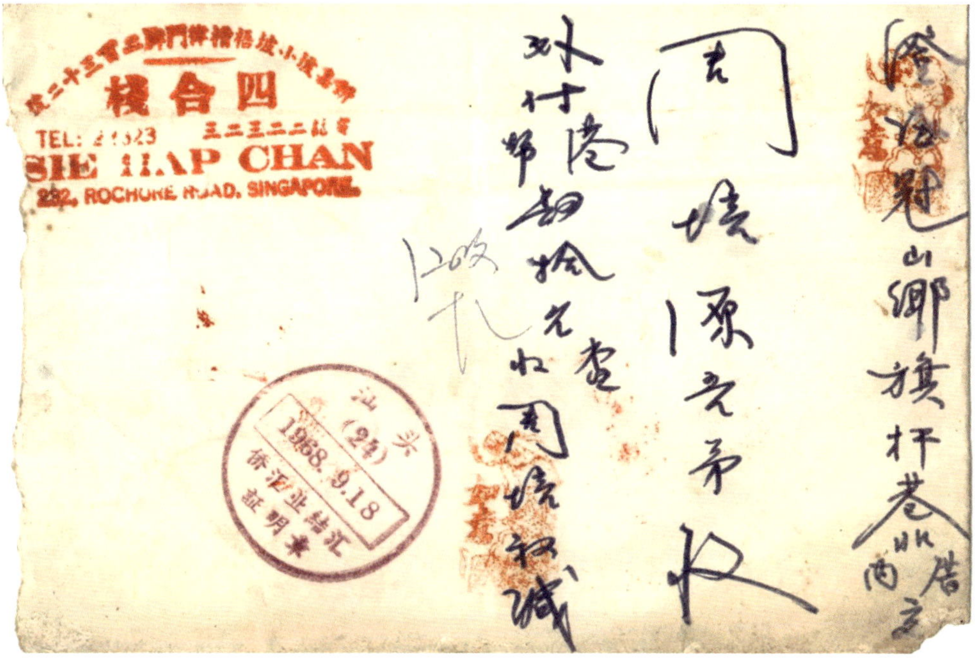

1969 年 1 月 21 日周培初寄澄海冠山乡周培源

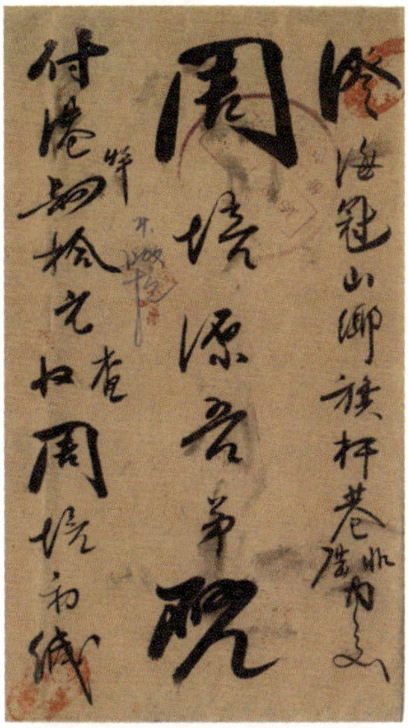

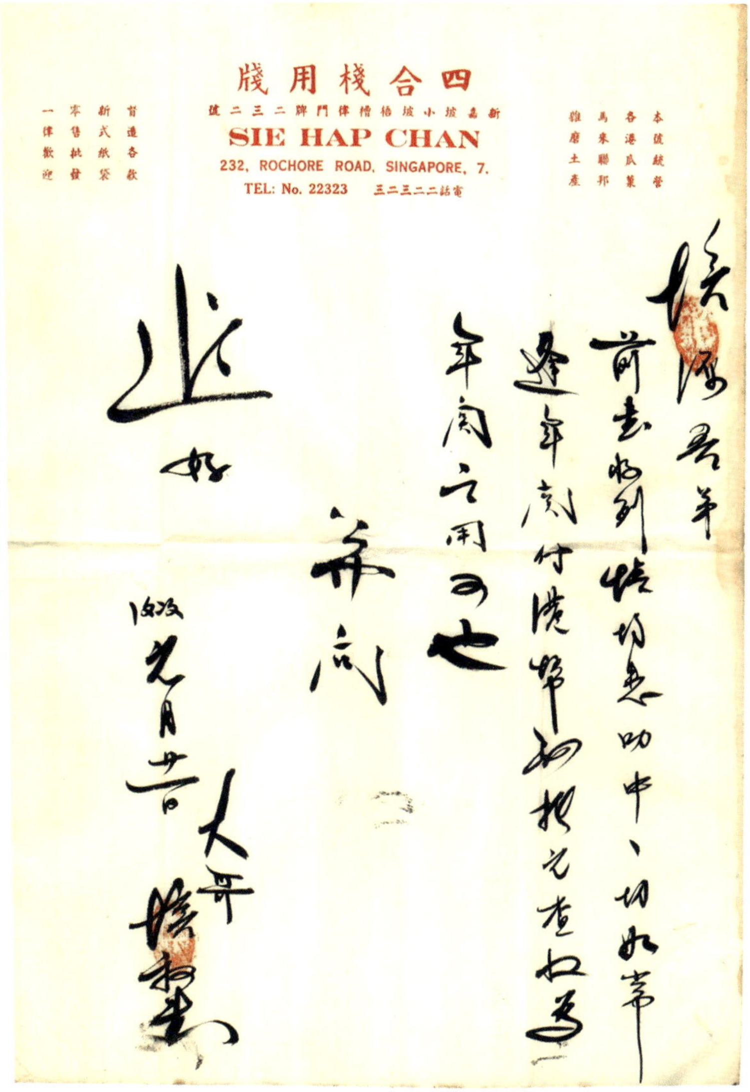

四合棧用牋

新嘉坡小坡梧槽律門牌二三二號

SIE HAP CHAN

232, ROCHORE ROAD, SINGAPORE, 7.

TEL: No. 22323 電話二二三二三

本號經營 各港瓜菜 馬來聯邦 雜磨土產

首造各款 新式紙袋 零售批發 一律歡迎

培源吾弟：

前去收到信均悉。叻中一切如常。逢年關付港幣肆拾元查收為年關之用可也。

1969 年 9 月 3 日周培初寄澄海冠山乡周培源

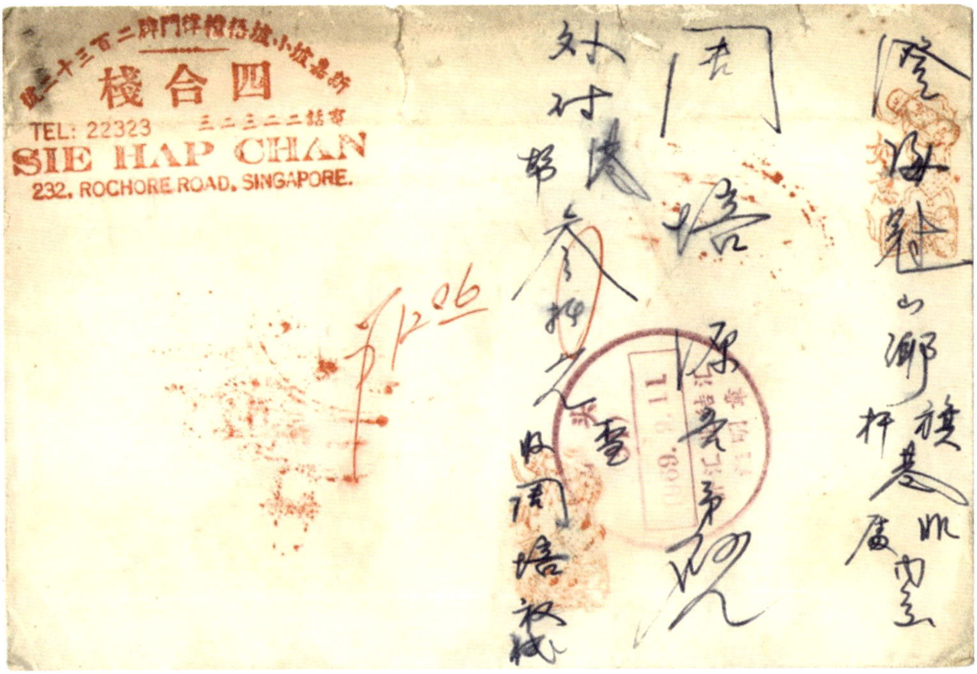

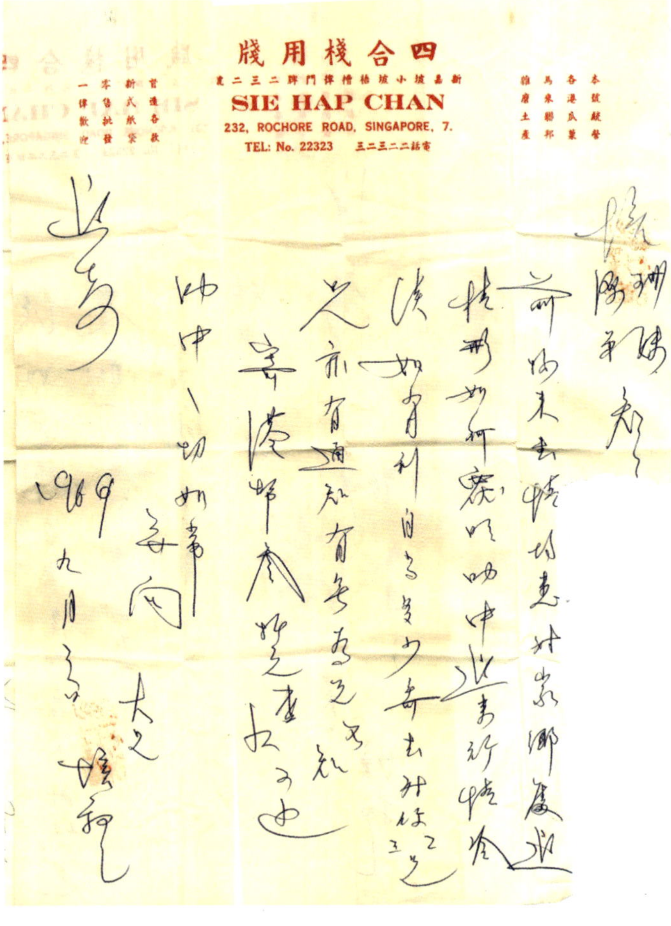

1970 年 7 月 29 日周培初寄澄海冠山乡周培源

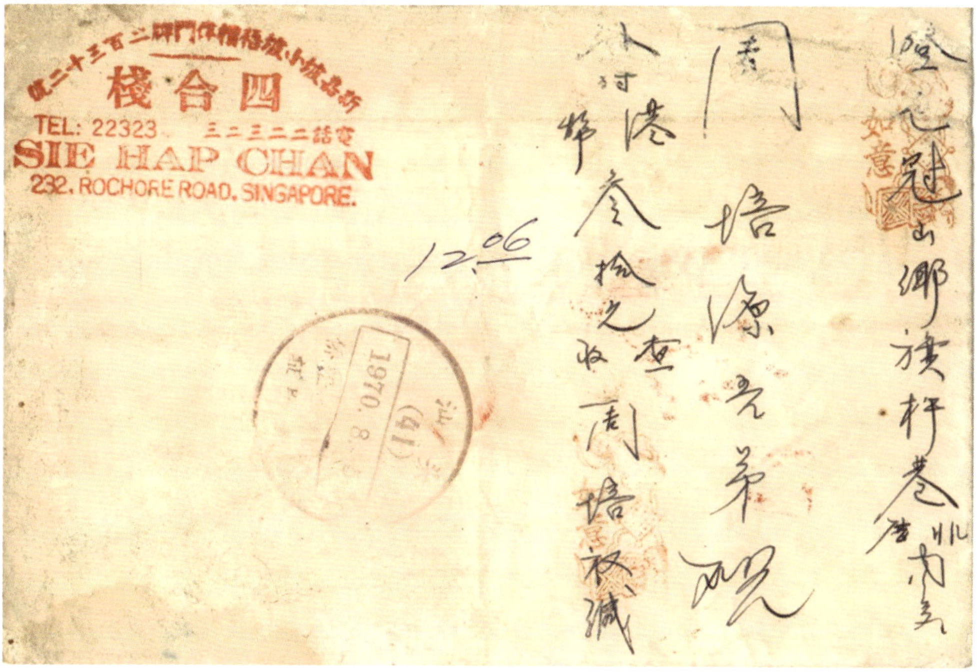

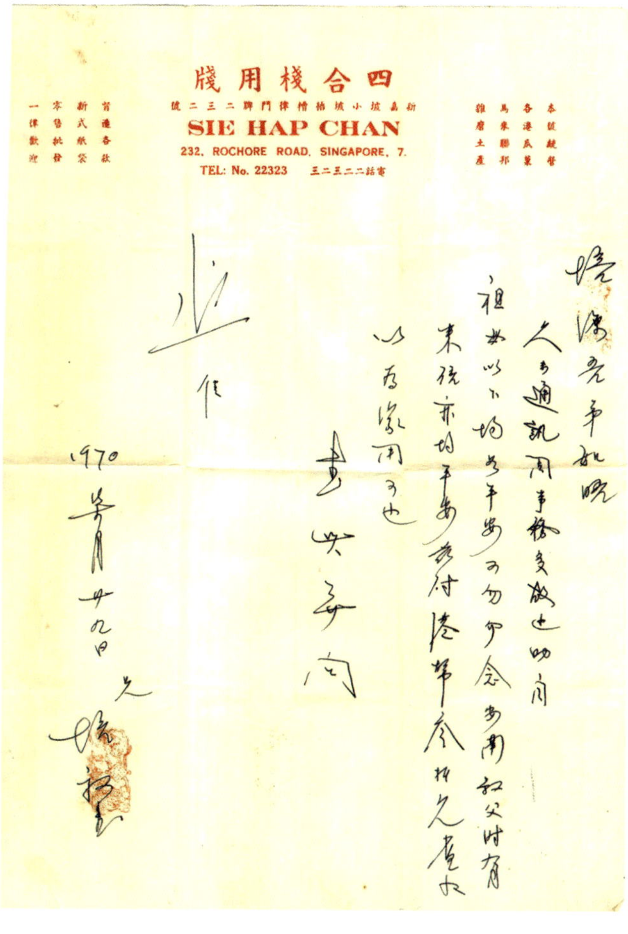

1971 年 8 月 16 日叻周培初寄澄海冠山乡周培源

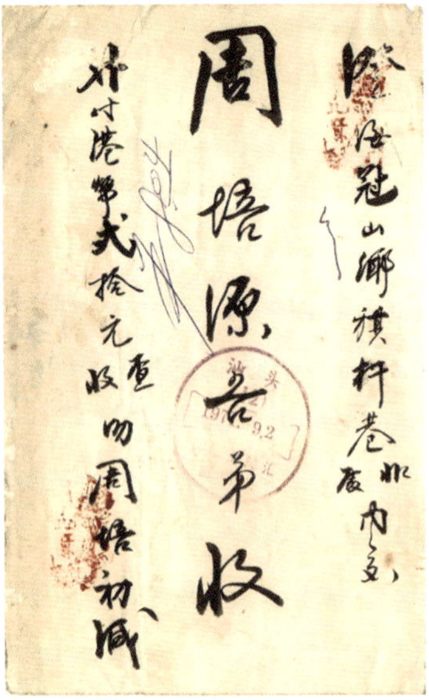

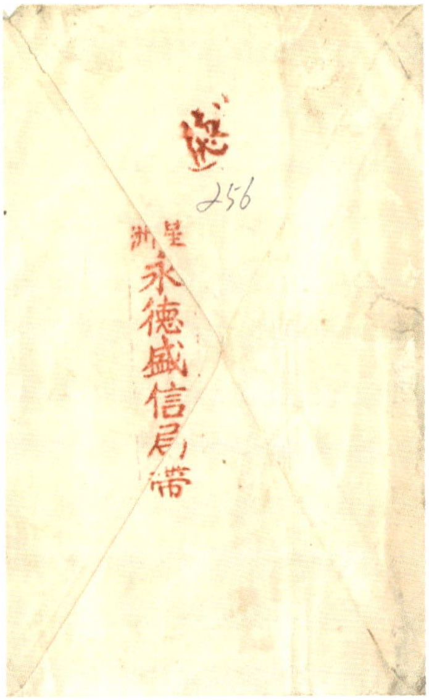

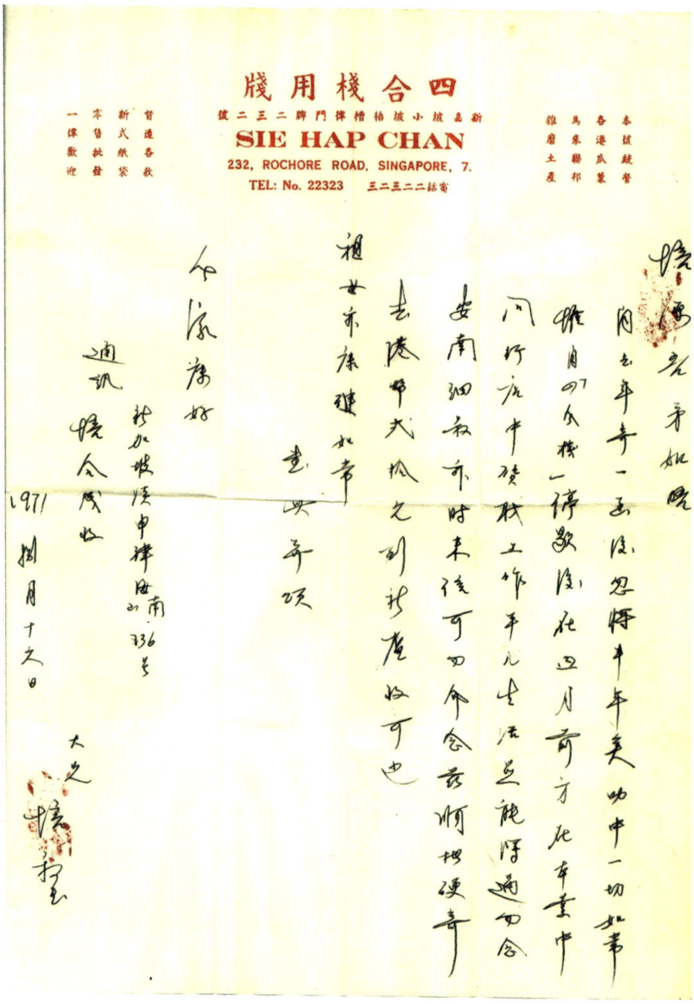

四合栈用笺
新嘉坡小坡梧槽律門牌二三二號
SIE HAP CHAN
232, ROCHORE ROAD, SINGAPORE, 7.
TEL: No. 22323 電話二二三二三

本號經營 各港瓜菜 馬來聯邦 雜磨土產

皆造各款 新式紙袋 零售批發 一律歡迎

培源吾弟如晤：

自去年寄一函后，忽将半年矣。叻中一切如常。兄自叻分栈一停歇后，在五月前方在本业中同行店中谋找工作，半儿生活还能得过，勿念。安南细叔亦时来往，可勿介念。兹顺便寄去港币弍拾元，到祈查收可也。祖母亦康健如常。专此并颂

合家康好

通讯：新加坡德申律路南21 336号

培合成收

1971 捌月十六日

大兄 培初

1971年1月20日叻周培初寄澄海冠山乡周培源

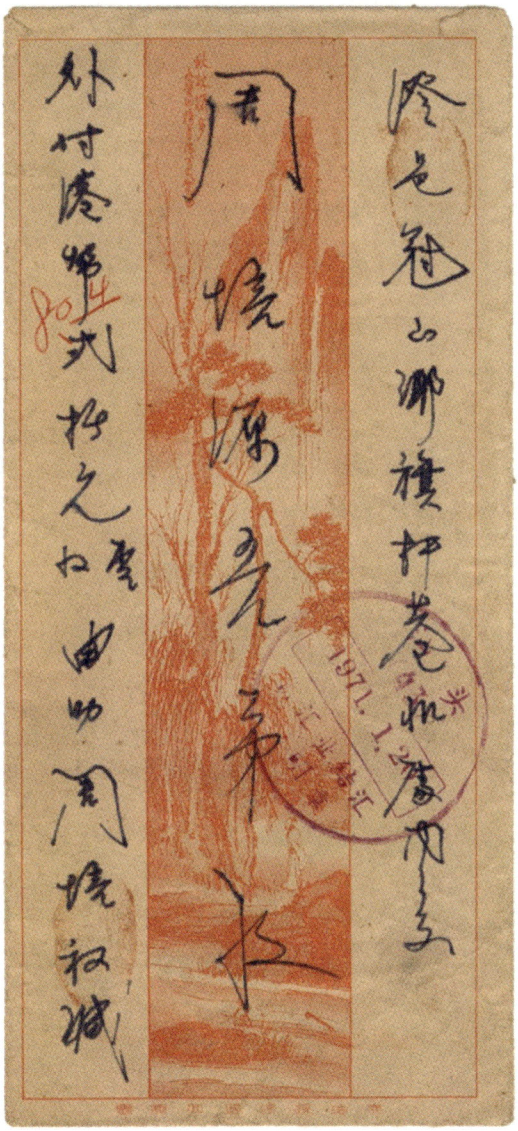

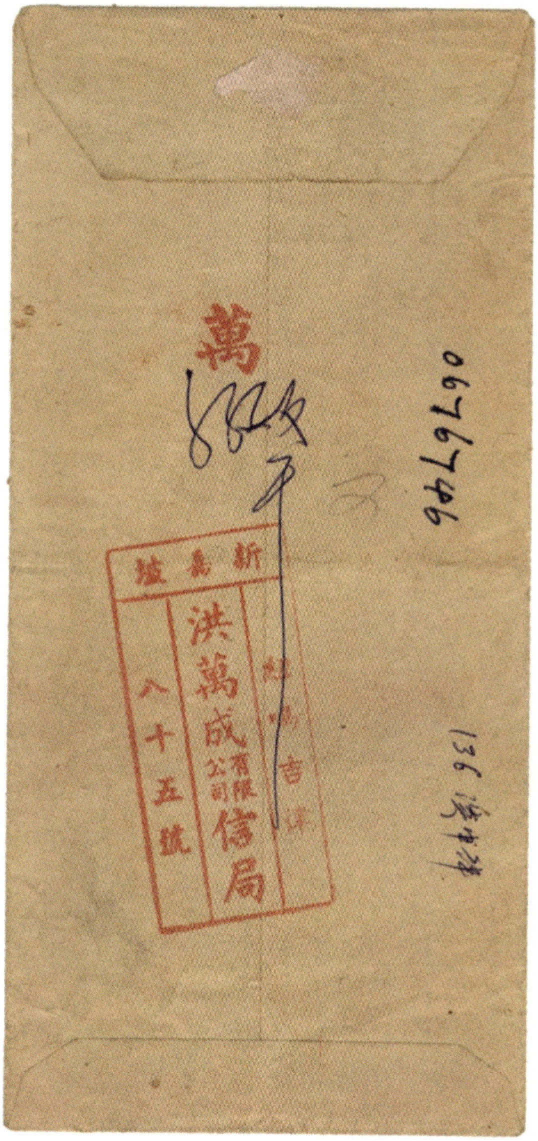

1971年10月25日周培初寄澄海冠山乡周培源

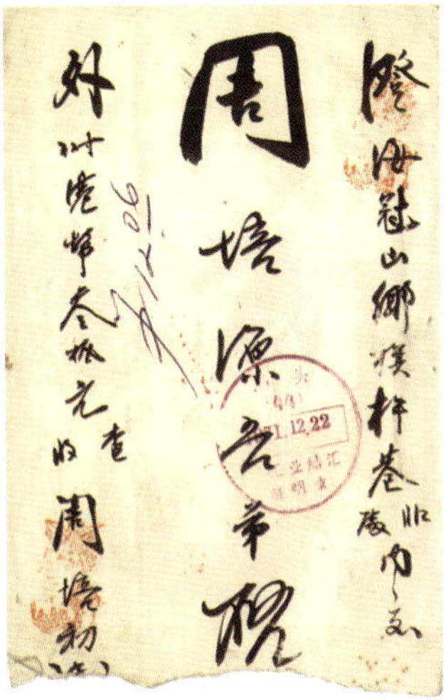

澄海冠山乡溪林巷北座内交

周培源吾弟收

外港币叁拾元正 由周培初寄

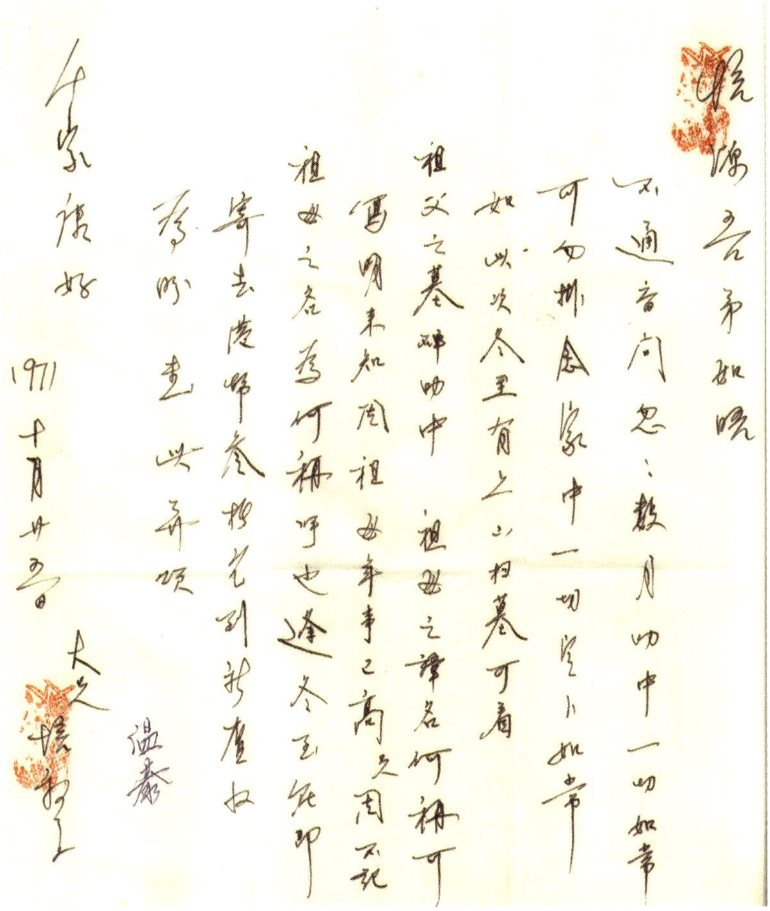

培源吾弟如晤

不通音问忽忽数月 内中一切如常

可勿挂念 家中一切望亦如常

如此次冬至有人上山扫墓可看

祖父之墓碑内中 祖母之讳名何称可

写明来知 周祖母年事已高 又周不记

祖母之名为何称呼也 逢冬至能即

寄去港币叁拾元到新屋以

备用 专此并颂

合家康好

1971 十月廿五日

大兄 培初上

温泰

1972年12月12日周培初寄澄海冠山乡周培源

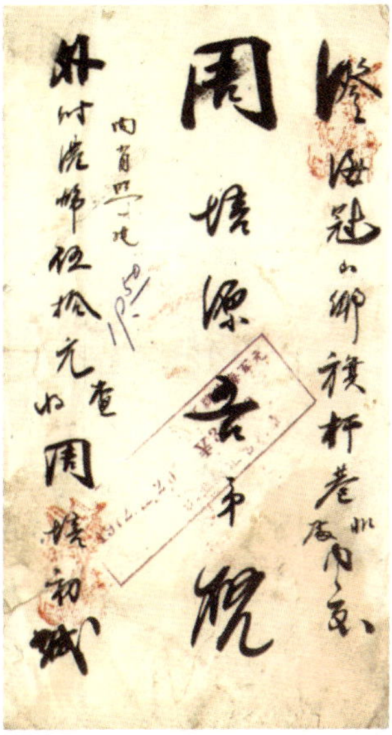

澄海冠山乡積圩巷北座内京

周培源吾弟親

外付港币伍拾元查收 周培初缄

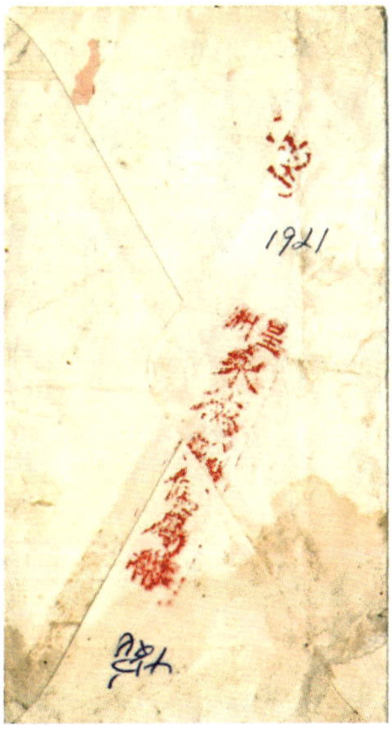

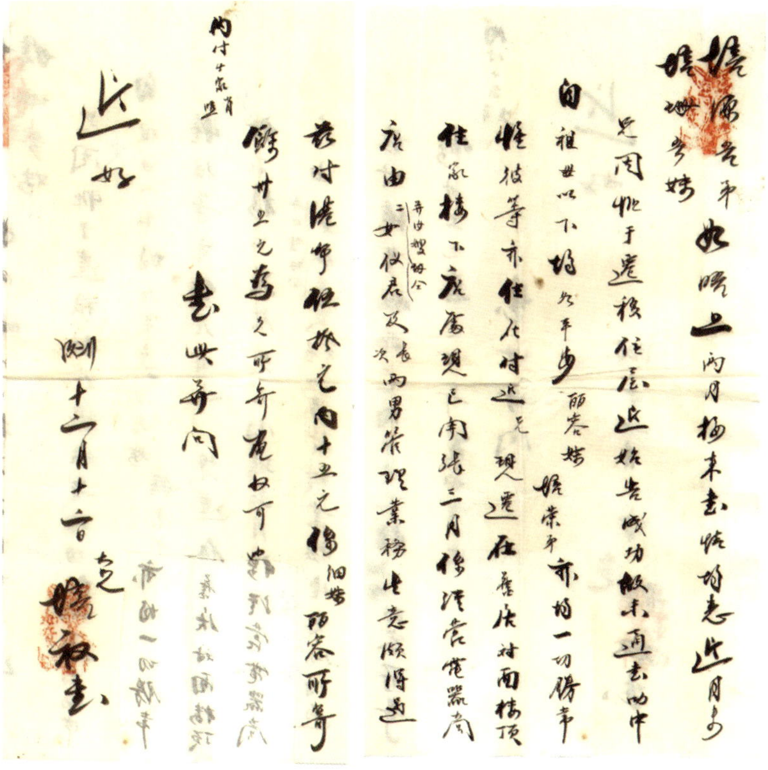

1973 年 12 月 18 日叻周培初寄澄海冠山乡周培源

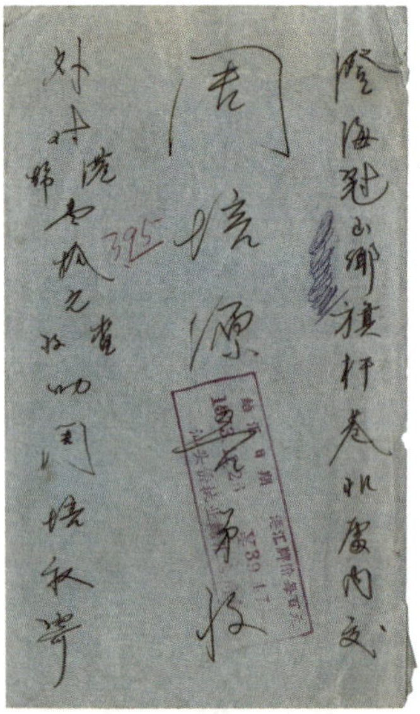

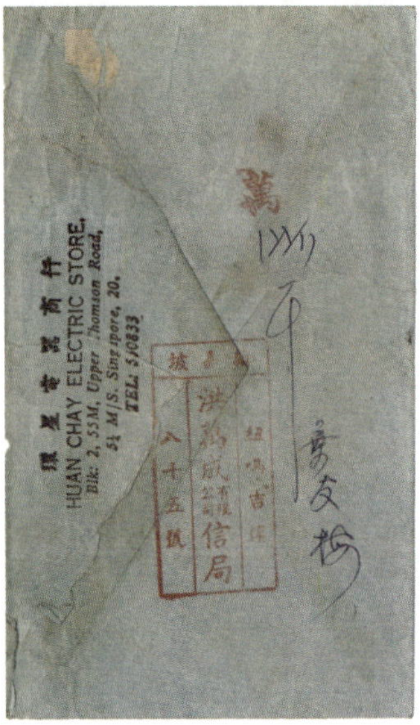

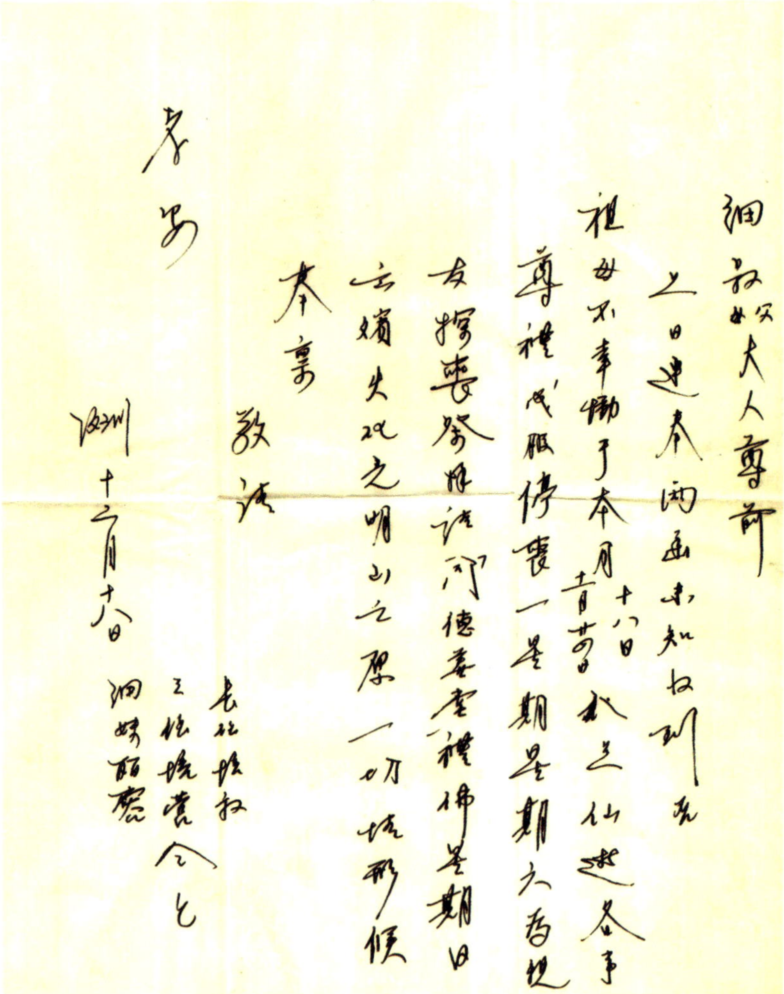

洄叔父大人尊前：

日达奉两函未知收到否。祖母不幸于本月十八日寿终之仙逝，各事尊礼成服停丧一星期，星期六出殡，友揆丧祭法门德善堂礼佛，星期日上墙大九之明山之原。一切情形候

奉禀。敬请

孝安

长孙培初

三孙培生全上

洄叔母禀　十二月十八日

1974 年 1 月 20 日周培初寄澄海冠山乡周培源

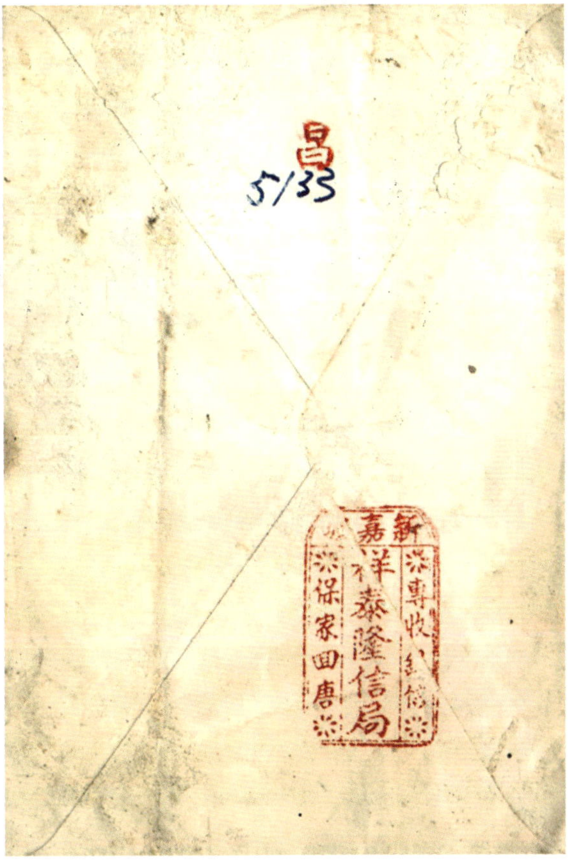

1974 年 5 月 20 日叻周培初寄澄海冠山乡周培源

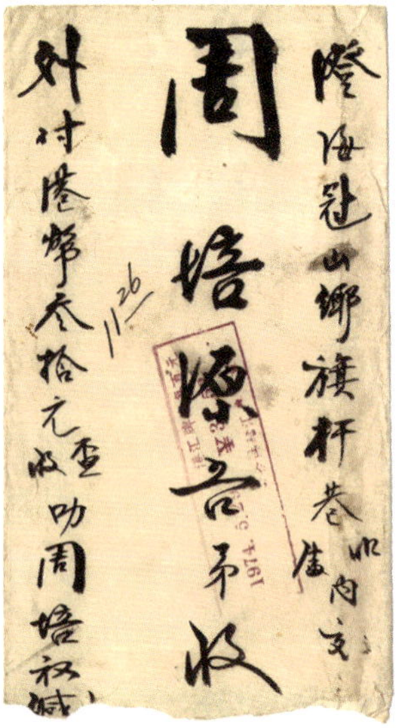

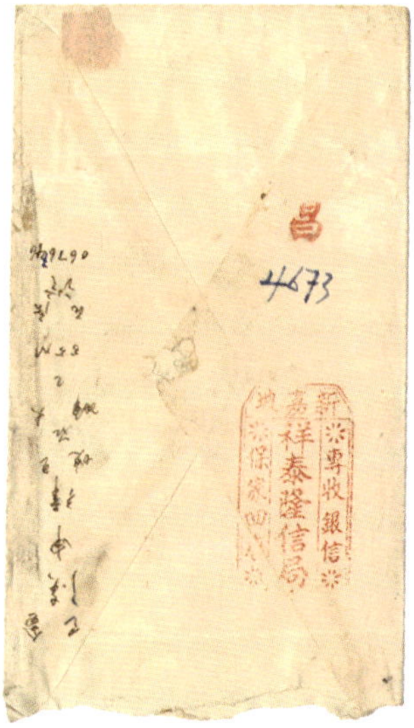

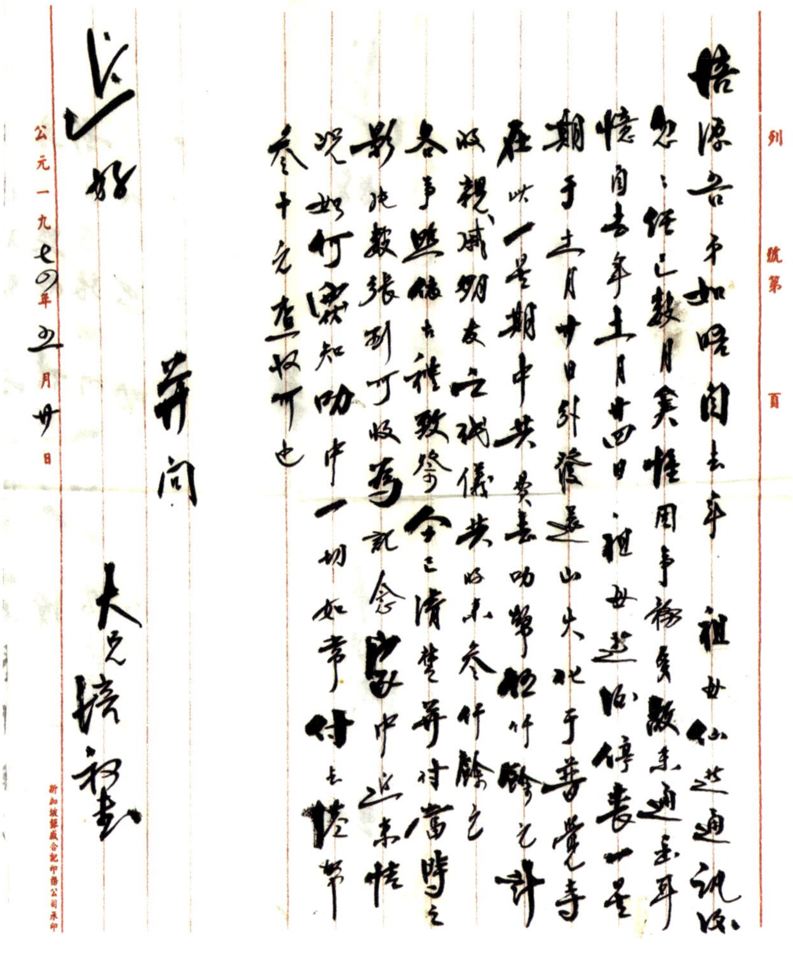

1974 年 12 月 1 日周培初寄澄海冠山乡周培源

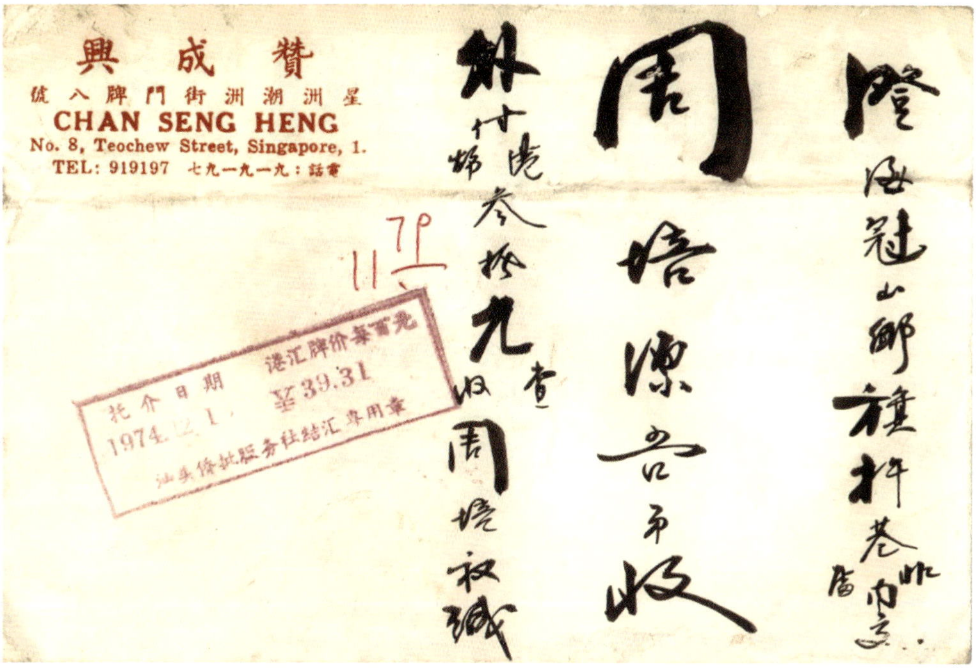

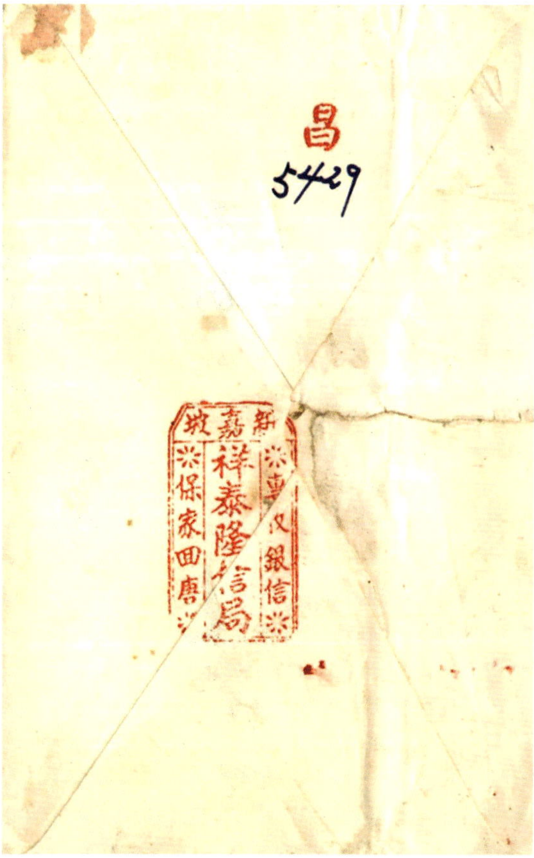

1975 年 1 月 21 日周培初寄澄海冠山乡周培源

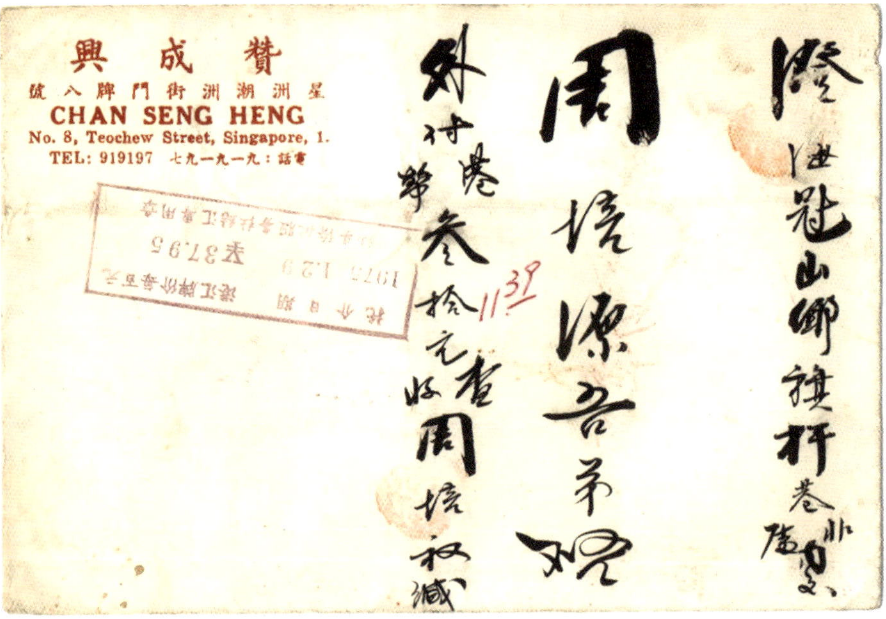

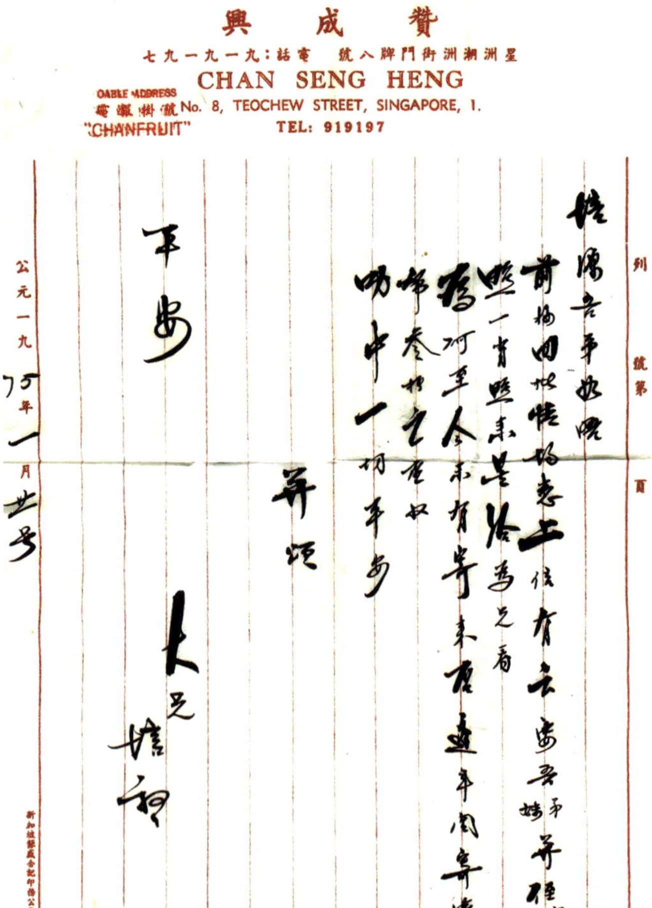
贊成興
電話：九一九一九七 星洲潮洲街門牌八號
CHAN SENG HENG
CABLE ADDRESS 電報掛號 No. 8, TEOCHEW STREET, SINGAPORE, 1.
"CHANFRUIT" TEL: 919197
第 號 列 頁

培源吾弟收覽

公元一九75年一月廿一日

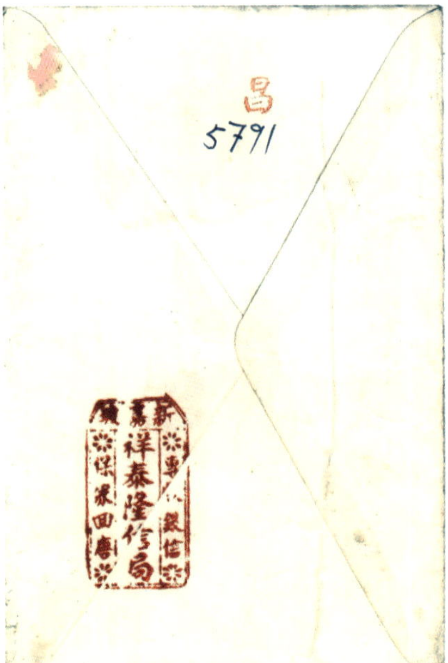

1975 年 4 月 3 日周培初寄澄海冠山乡周培源

1975 年 7 月 12 日周培初寄澄海冠山乡周培源

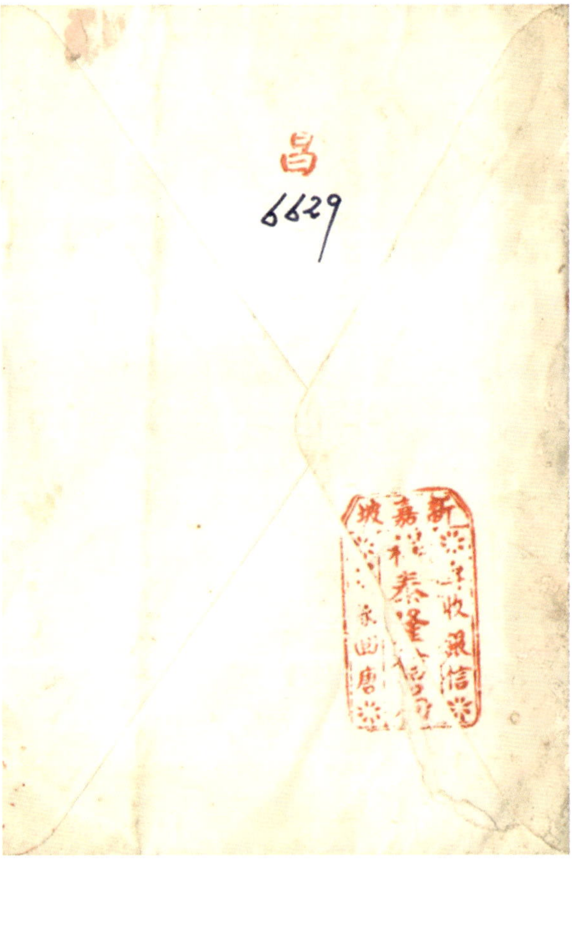

1975 年 12 月 10 日周培初寄澄海冠山乡周培源

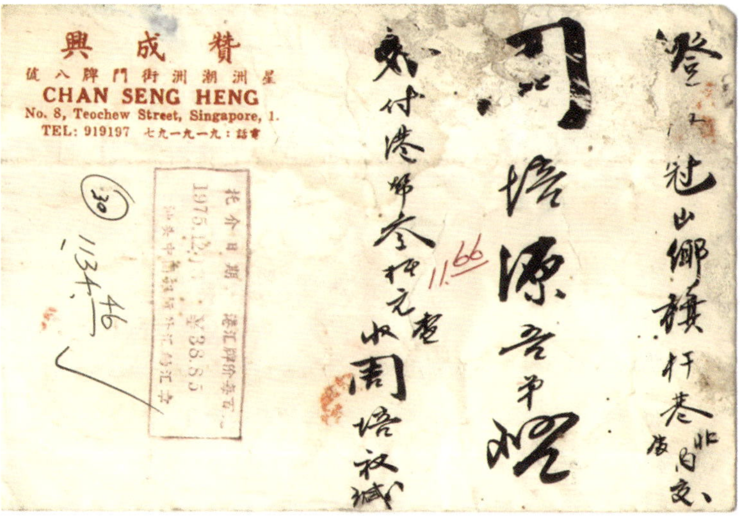
贊成興
星洲潮洲街門牌八號
CHAN SENG HENG
No. 8, Teochew Street, Singapore, 1.
TEL: 919197 電話：一九一九一七

澄海冠山鄉賴仟巷北白交
周培源吾弟收
外付港幣叁拾元整
周培初緘

11.66
1134.46

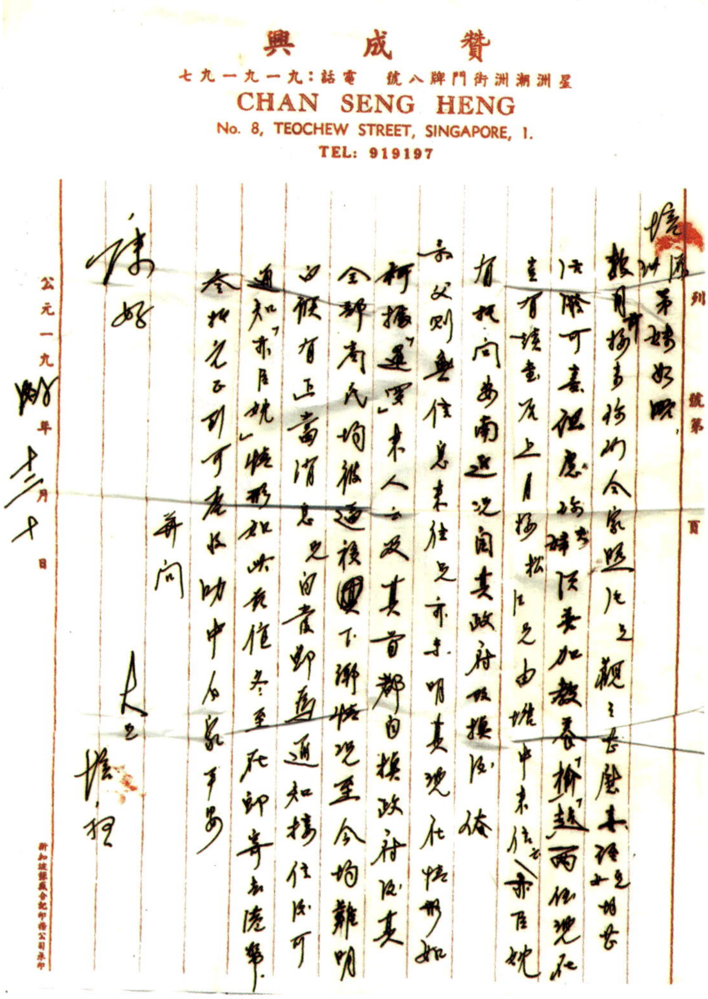
贊成興
星洲潮洲街門牌八號 電話：一九一九一七
CHAN SENG HENG
No. 8, TEOCHEW STREET, SINGAPORE, 1.
TEL: 919197

培源弟、婦如晤，
前接到你的合家照片，觀之甚慰。喜諸姪女均安
康健可喜，但應對諸孫要加教養，務越兩位姪兒在
家有讀書否？上月接松江之由港中來信，亦言姚
有托向安南返之閩其政府放換，係
我父則無信息來往，亦未明其現在情形如
何，據「返要」來人云及其首都自換政府後，其
全部商民均被遣散下鄉，情況至今均難明
白，故有正當消息，兄自當即為通知。據住港可
通知，亦見「悅」情形如此在信太至，即寄去港幣
叁拾元正，到可查收，助中伙家中事要
并問
康好
兄 培柱
公元一九七五年十二月十日

昌
7251

农历十二月初十（1976 年 1 月 10 日）叻周培初寄澄海冠山乡周培源

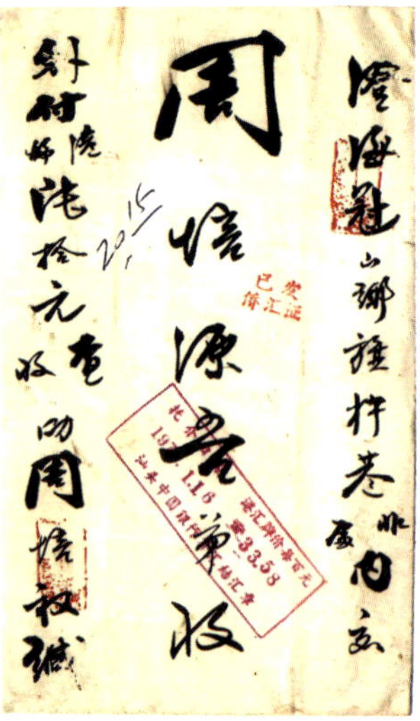

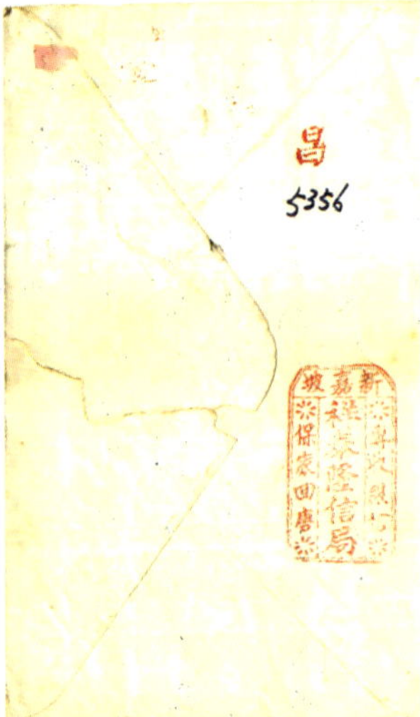

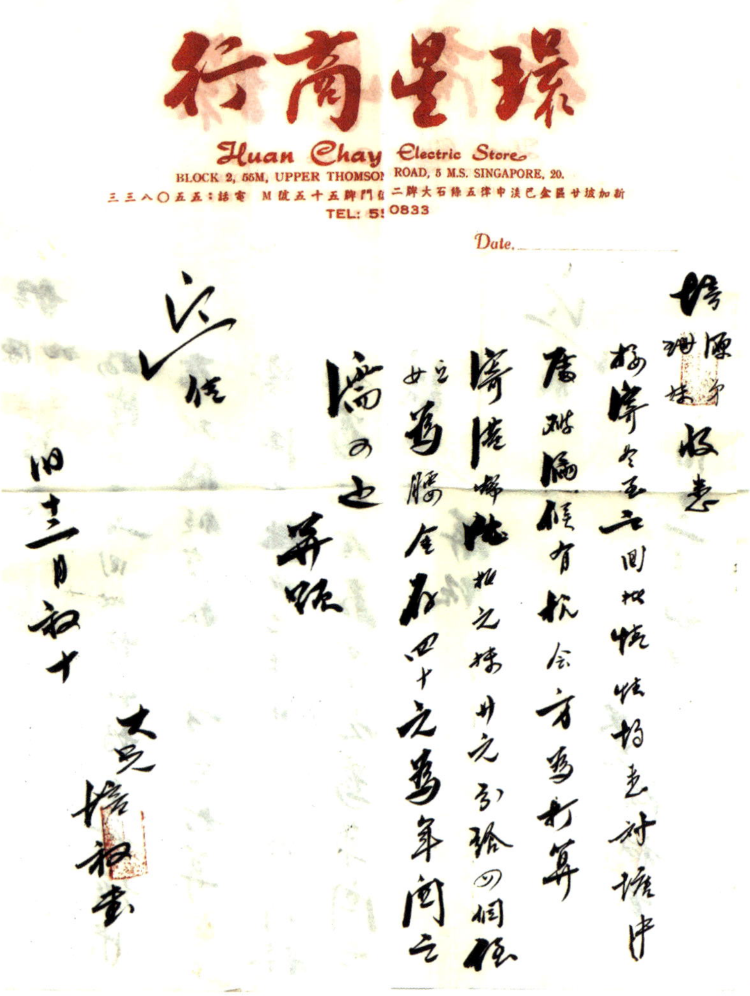

1976 年 1 月 12 日周培初寄澄海冠山乡周培源

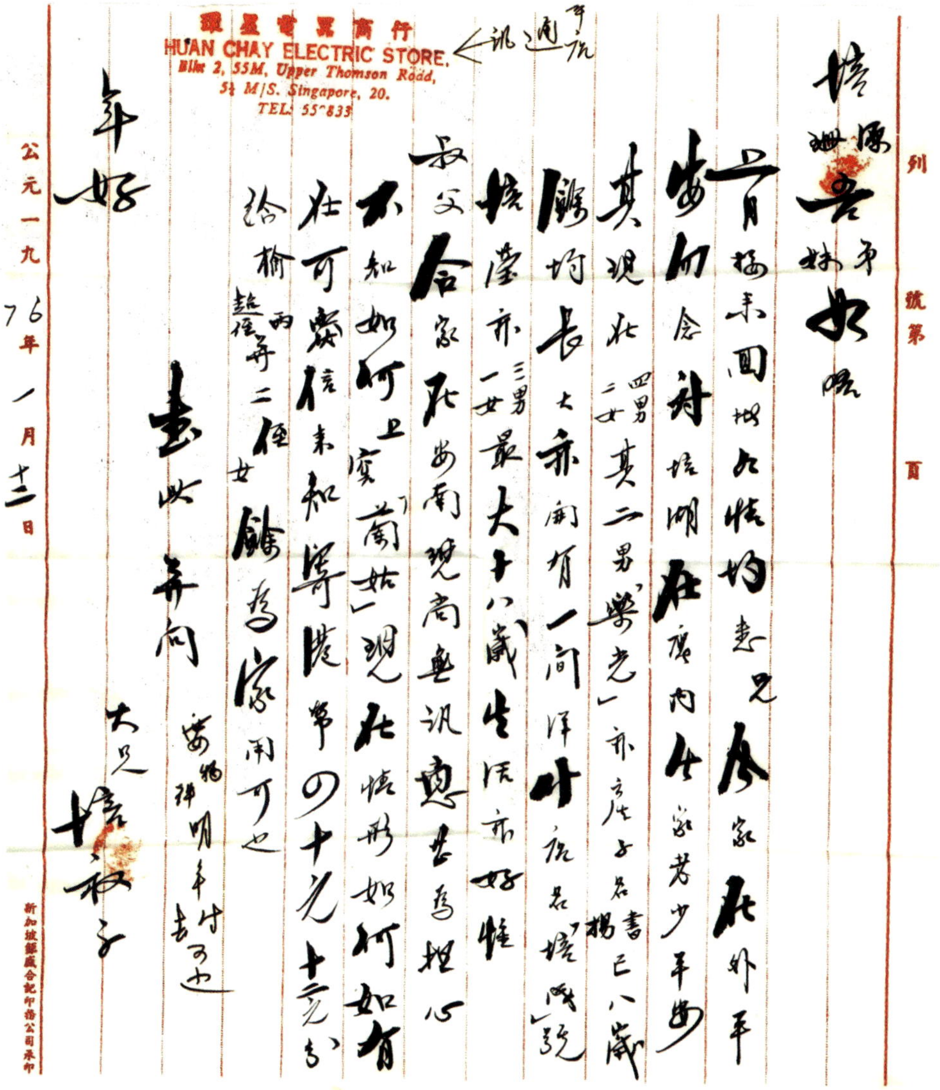

1976 年 3 月 16 日周培初寄澄海冠山乡周培源

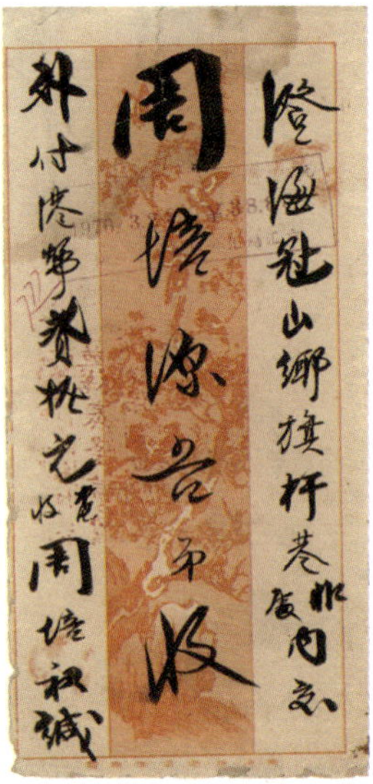

1976 年 7 月 12 日叻周培初寄澄海冠山乡周培源

贊成興

星洲潮洲街門牌八號

CHAN SENG HENG

No. 8, Teochew Street, Singapore, 1.

TEL: 919197 電話：九一九一九七

澄海冠山鄉旗杆巷外內交

周培源台弟收

外付港幣伍拾元正

叻周培叔緘

批介日期 1976. 7.24 港汇牌价 39.44

汕头中国银行外汇

30

643.35

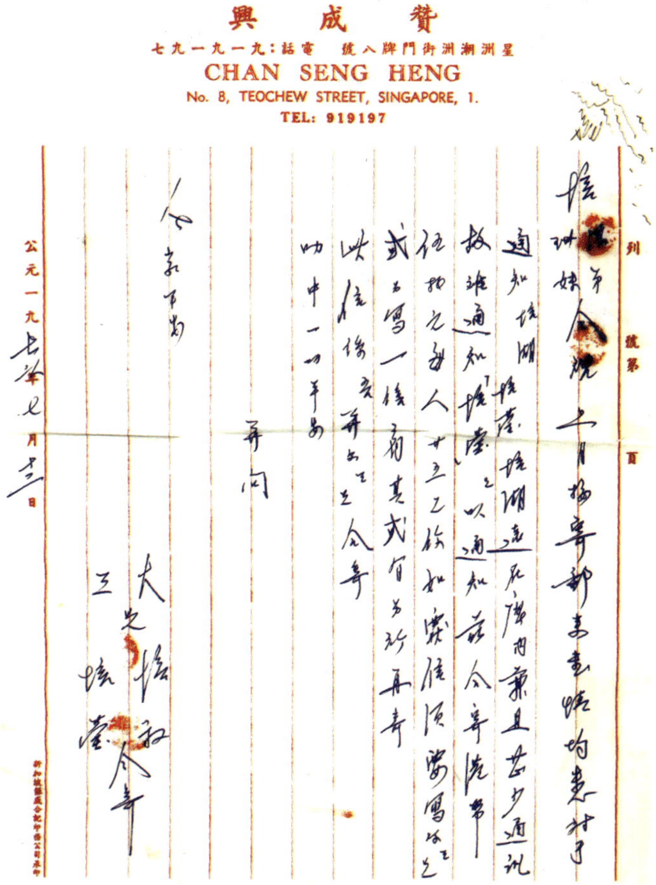

贊成興

星洲潮洲街門牌八號 電話：九一九一九七

CHAN SENG HENG

No. 8, TEOCHEW STREET, SINGAPORE, 1.

TEL: 919197

第　號　列　頁

培[illegible]、琍妹弟：今晚七月接寄郵來書信均悉，附了

適知培湖、培蓉、培湖之[illegible]康且甚少通訊

故請通知培蓉之，以通知兹今寄港幣

伍拾元之分人，廿元之給，如需信須寫信之

或另寫一信，前其式百另給再寄

此信係交[illegible]之令寄

叻中一切平安

令家平安

並問

大兄培叔

三培蓉　今寄

公元一九七六年七月十二日

另

544

新島祥泰隆信局 專收銀信

1976年12月22日叻周培初寄澄海冠山乡周培源

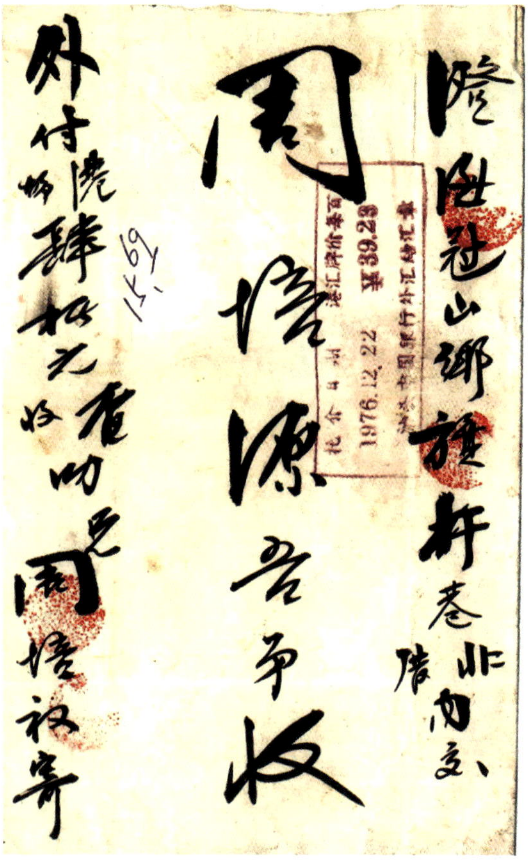

1977 年 1 月 26 日周培初寄澄海冠山乡周培源

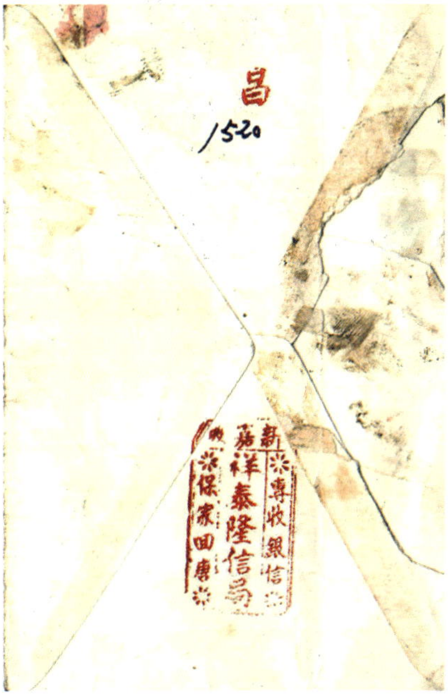

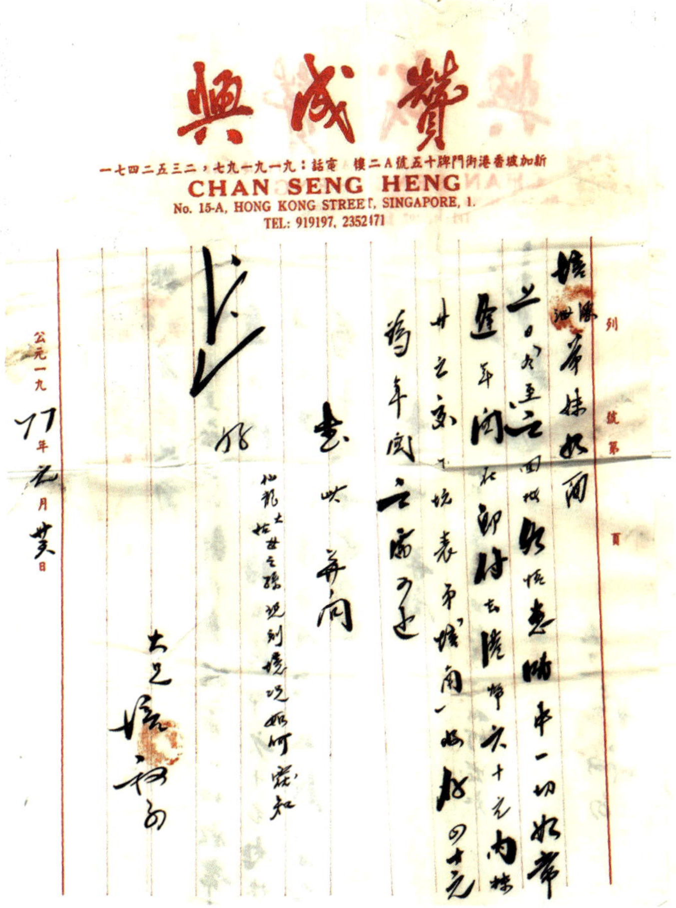

1977 年 3 月 22 日周培初寄澄海冠山乡周培源

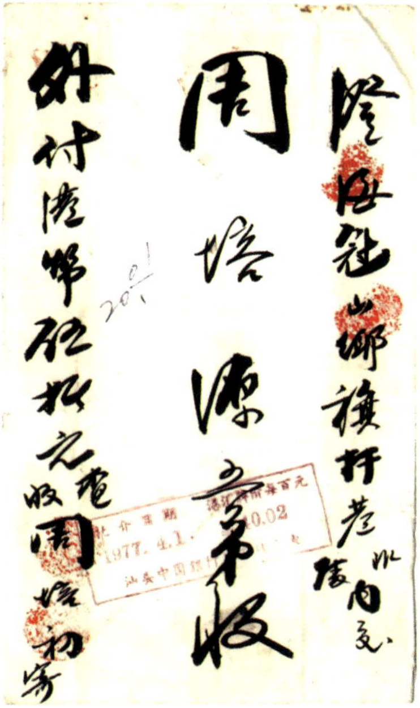

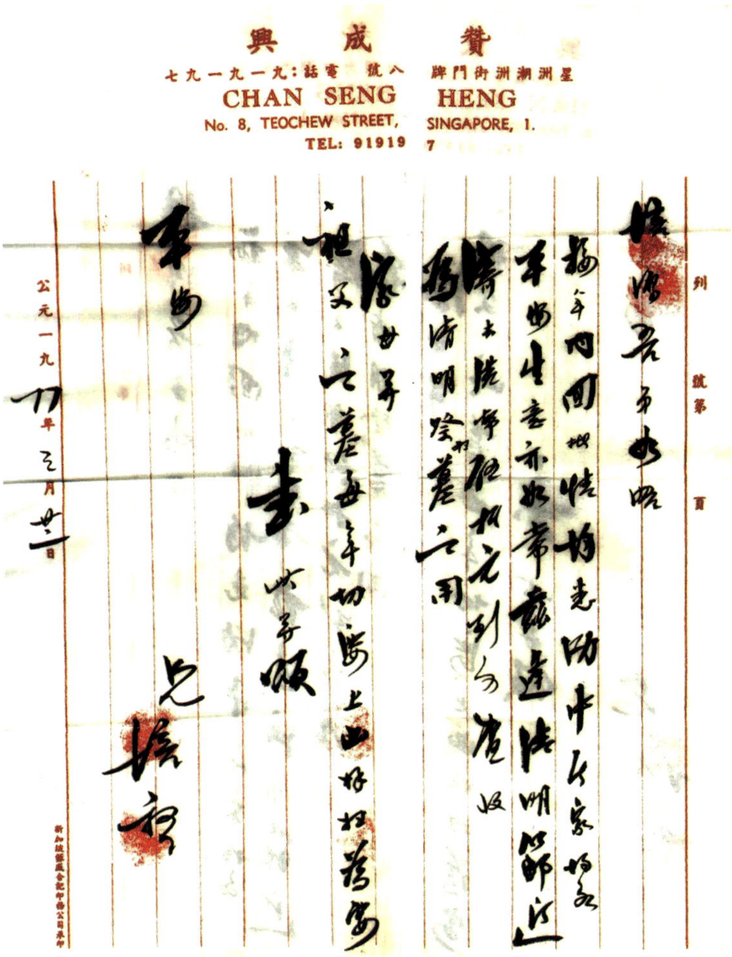

贊成興

星洲潮洲街門牌八號 電話：九一九一九七

CHAN SENG HENG

No. 8, TEOCHEW STREET, SINGAPORE, 1.

TEL: 91919 7

培源吾弟如晤：

[illegible]

年内生意亦如常，兹逢清明节近，

寄去港币伍拾元到家查收，

为清明祭扫墓之用。

家母并

祖父之墓每年切要上山好好扫墓。

专此并询

近好

兄培初

公元一九77年3月22日

1977 年 8 月 16 日周培初寄澄海冠山乡周培源

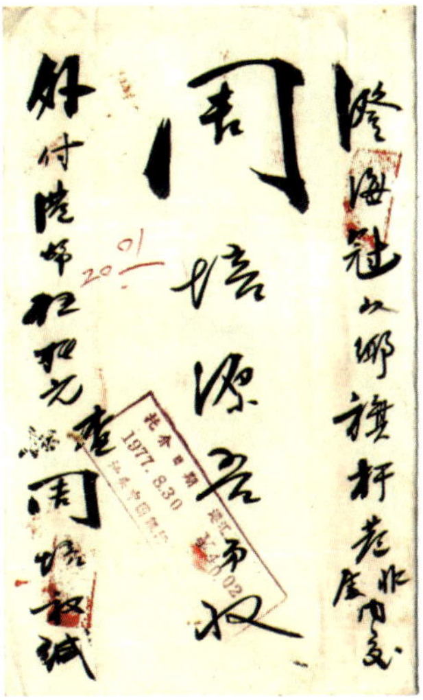

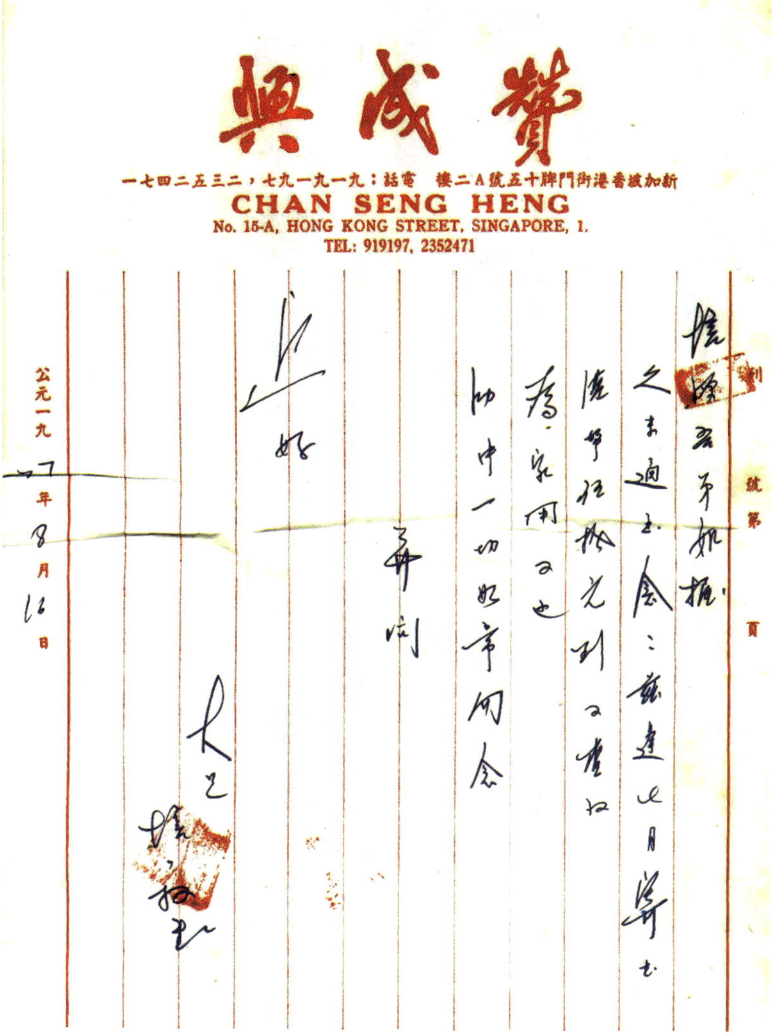

1977 年 12 月 20 日周培初寄澄海冠山乡周培源

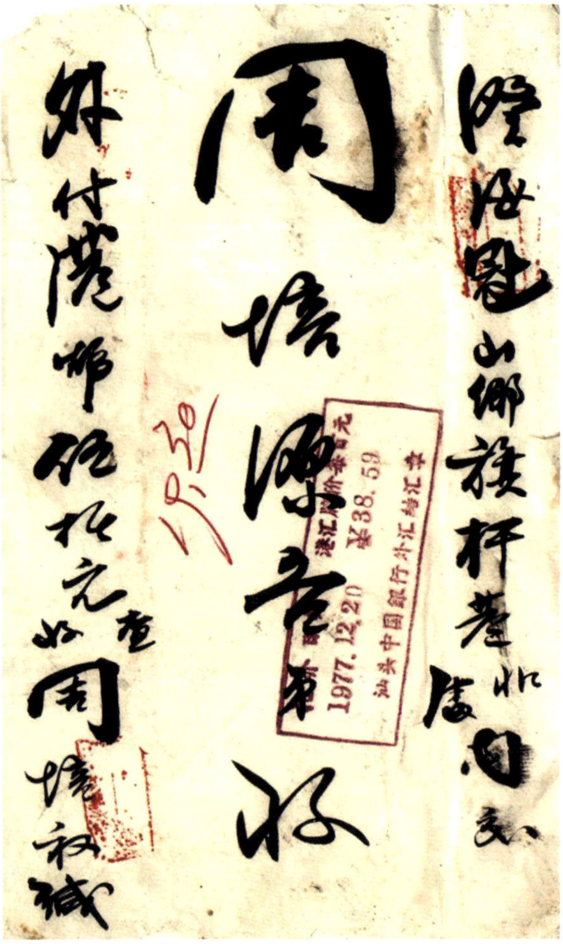

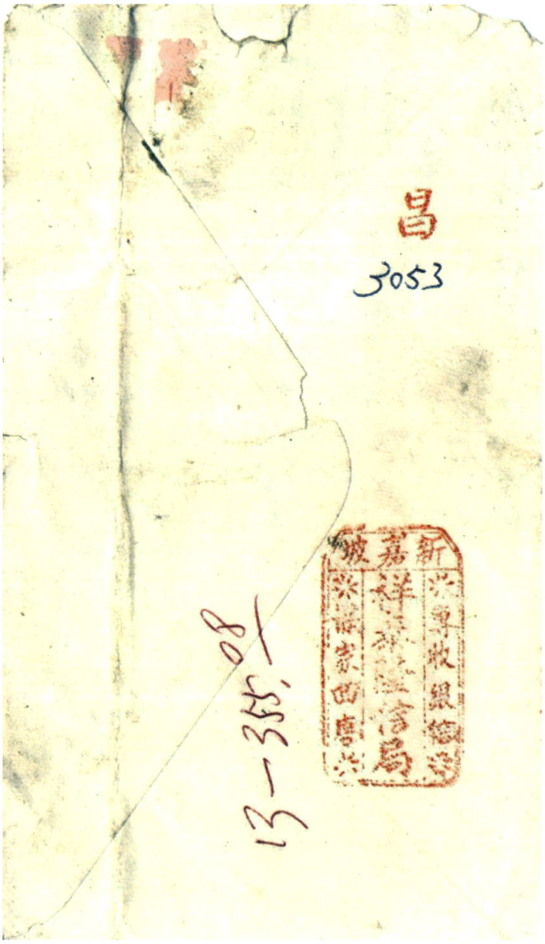

1978 年 1 月 28 日叻周培初寄澄海冠山乡周培源

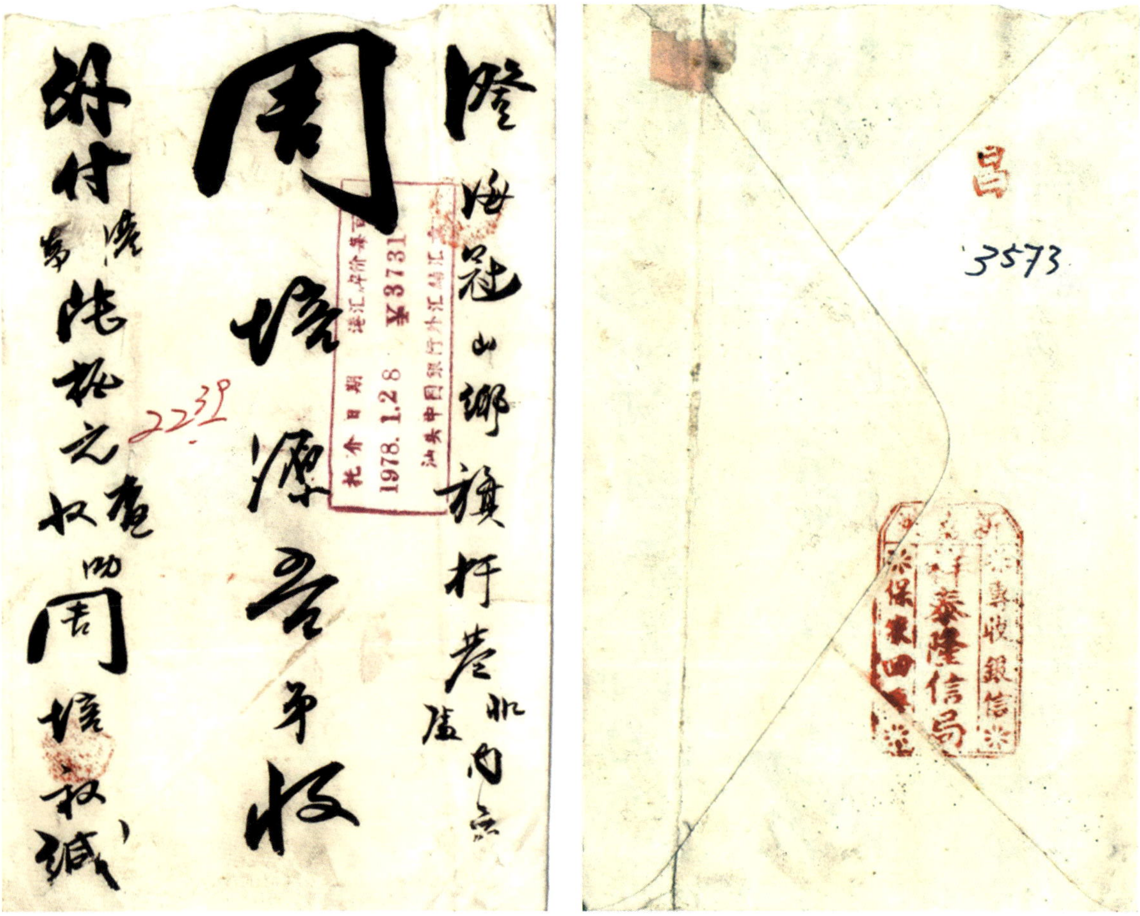

1978年10月16日叻周培初寄澄海冠山乡周培源

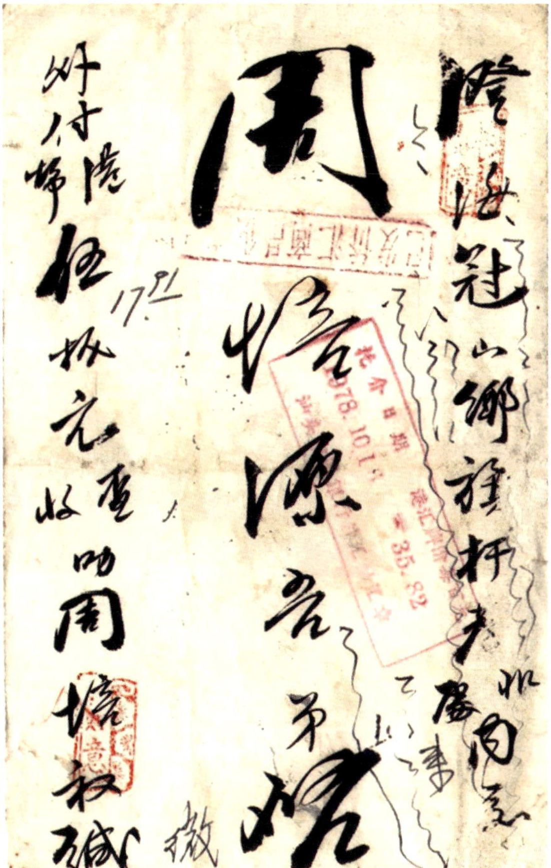

1978 年 12 月 22 日周培初寄澄海冠山乡周培源

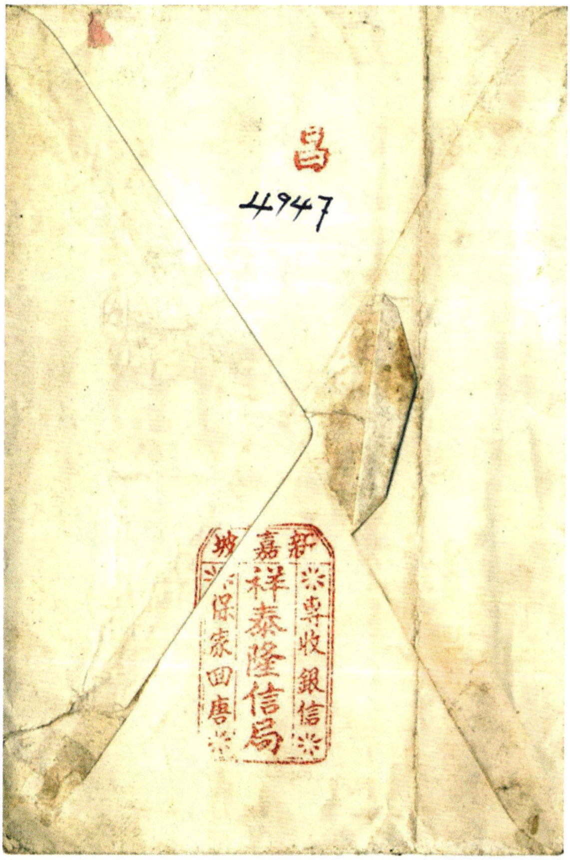

农历二月廿二日（1979年3月20日）叻周培初寄澄海冠山乡周培源

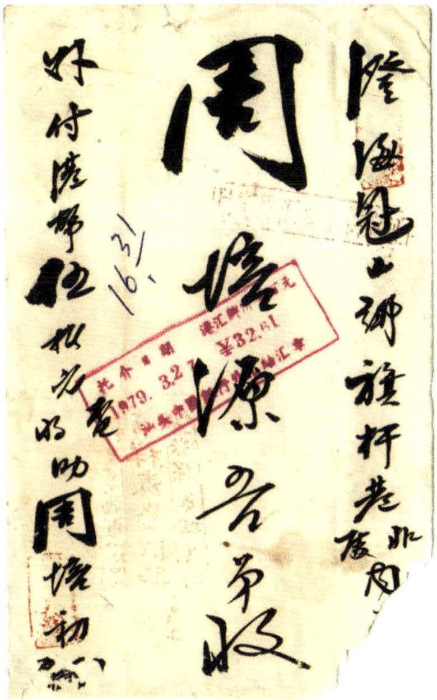

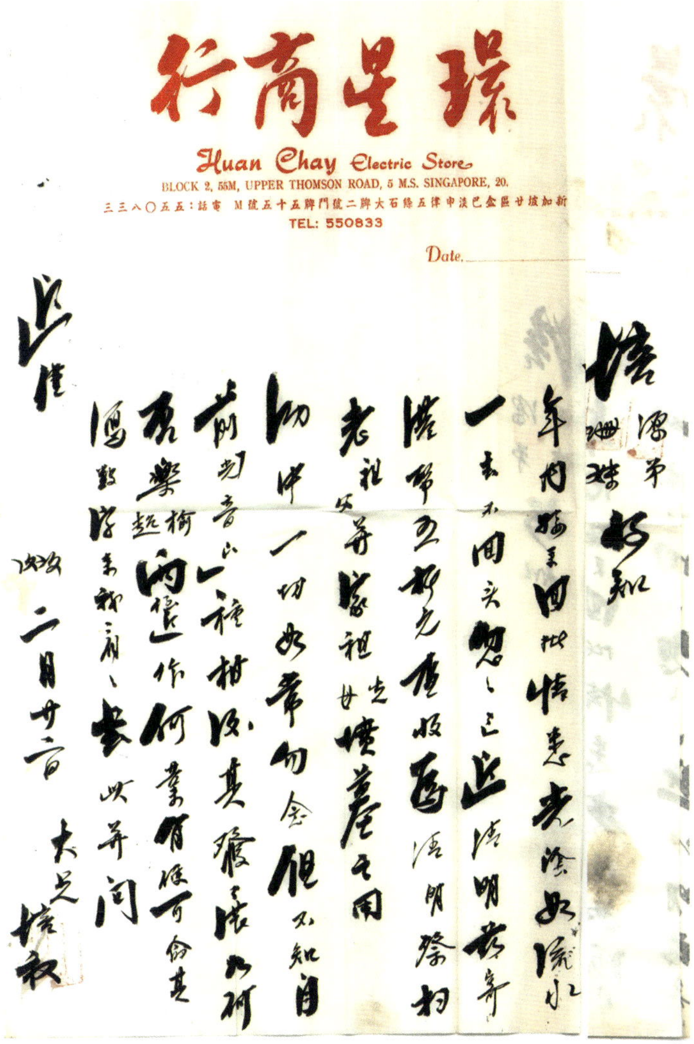

1979 年 8 月 15 日周培初寄澄海冠山乡周培源

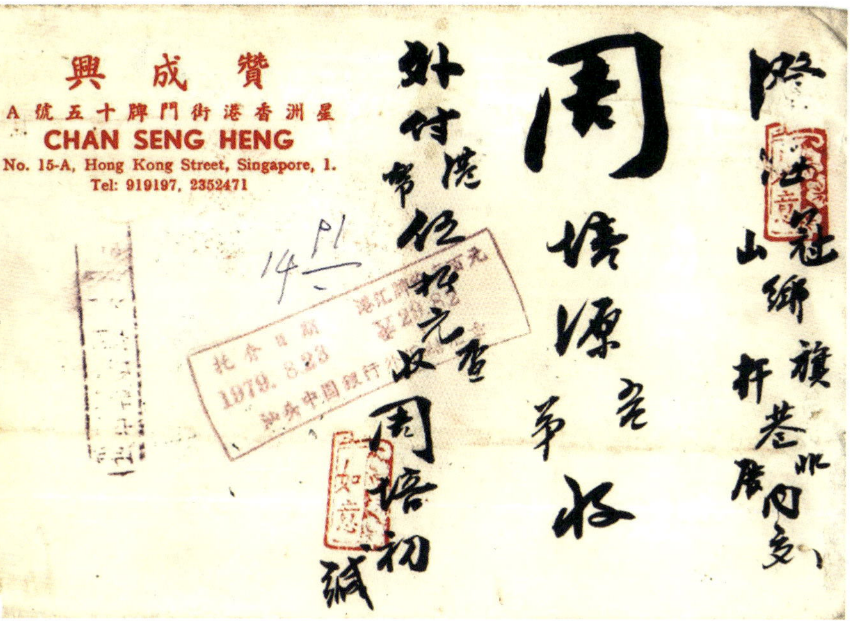

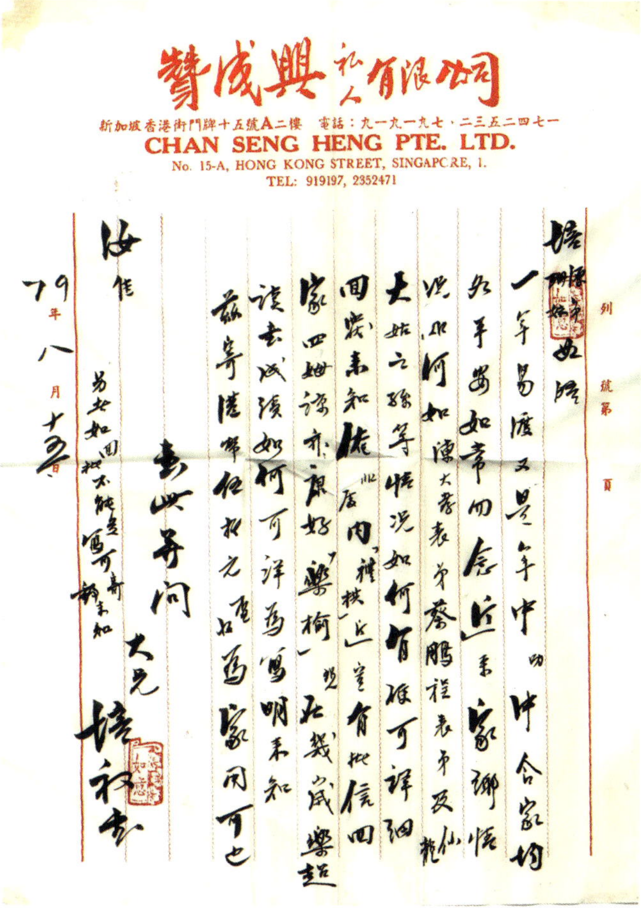

1979 年 12 月 12 日周培初寄澄海冠山乡周培源

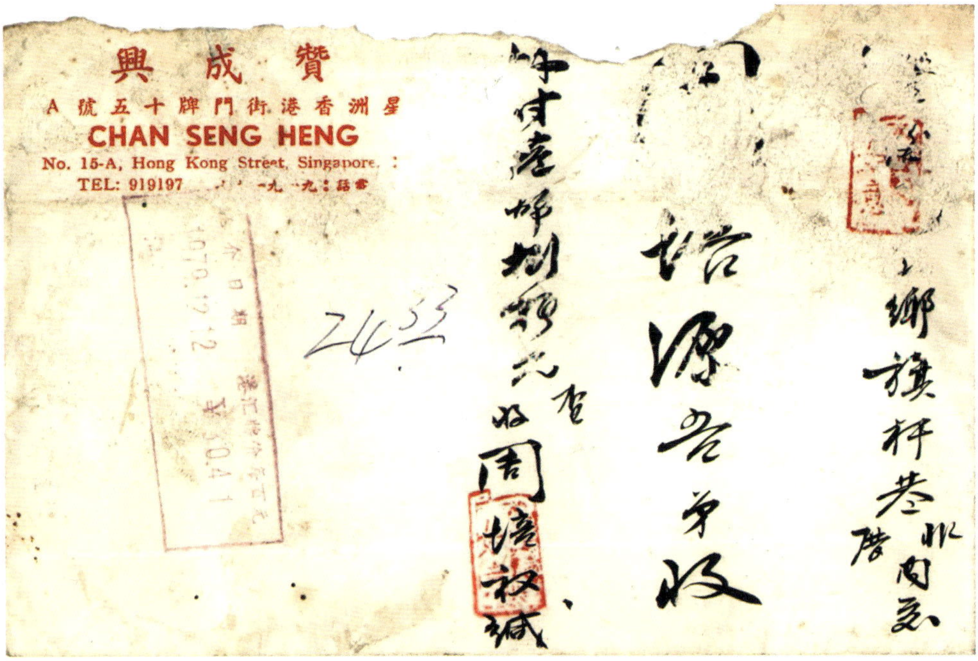

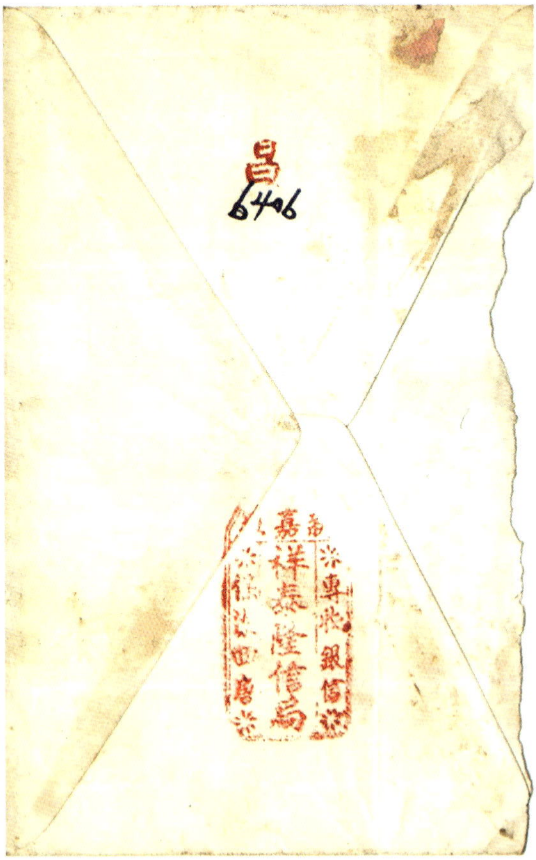

1980 年 1 月 26 日周培初寄澄海冠山乡周培源

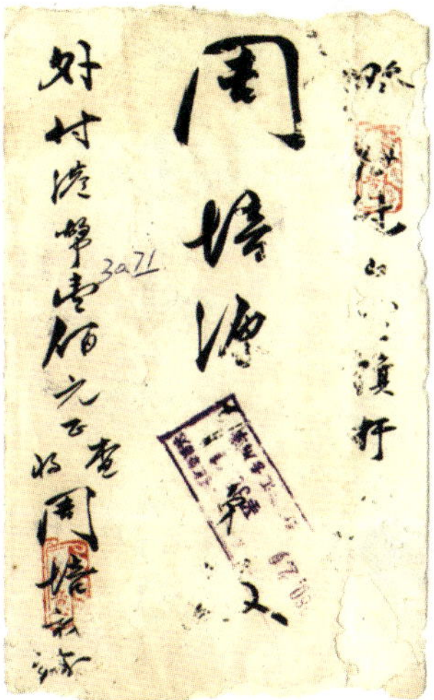

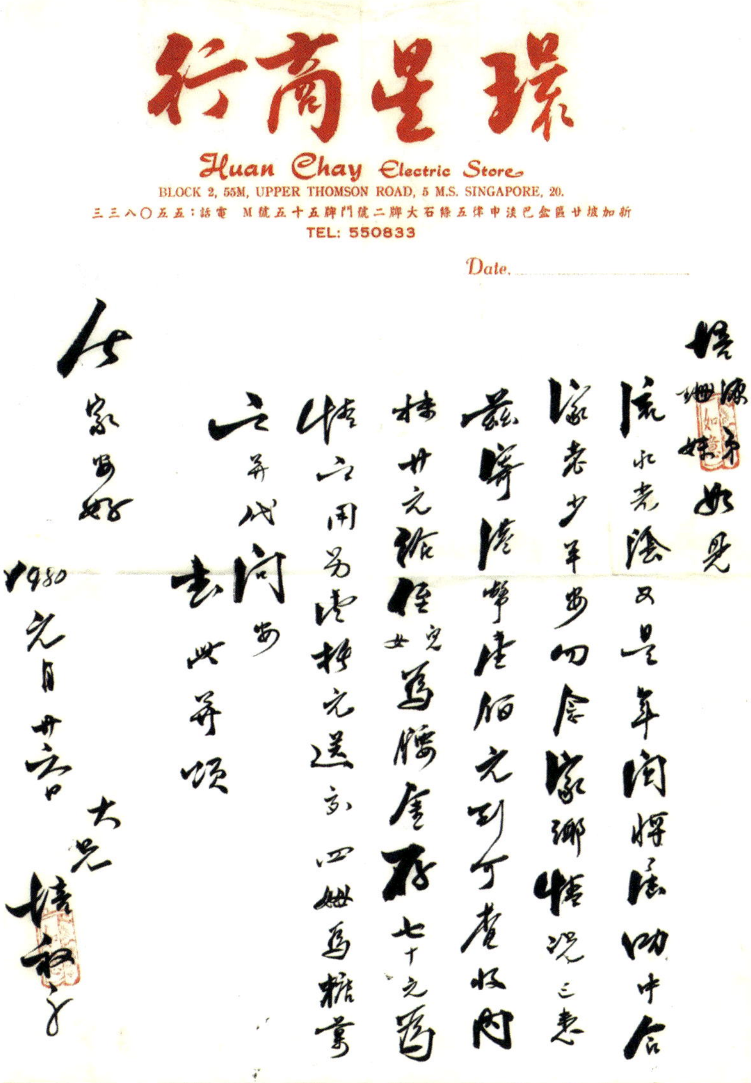

環星商行

Huan Chay Electric Store

BLOCK 2, 55M, UPPER THOMSON ROAD, 5 M.S. SINGAPORE, 20.

新加坡廿區金巴汶中律五條石大牌二號門牌五十五號M 電話：五五〇八三三

TEL: 550833

Date.

培源弟、姻妹如見：

信收悉，諗及是年關將屆，叻中合家老少平安，勿念。家鄉情況已悉。茲寄港幣壹佰元，到可查收。內抽廿元給侄女兒為[illegible]，存七十元為[illegible]家用，另壹拾元送[illegible]四嬸為糖菓之[illegible]，弟代問安。

專此并頌

合家安好

大兄 培初 字

1980 元月廿六日

1980 年 4 月 1 日周培初寄澄海冠山乡周培源

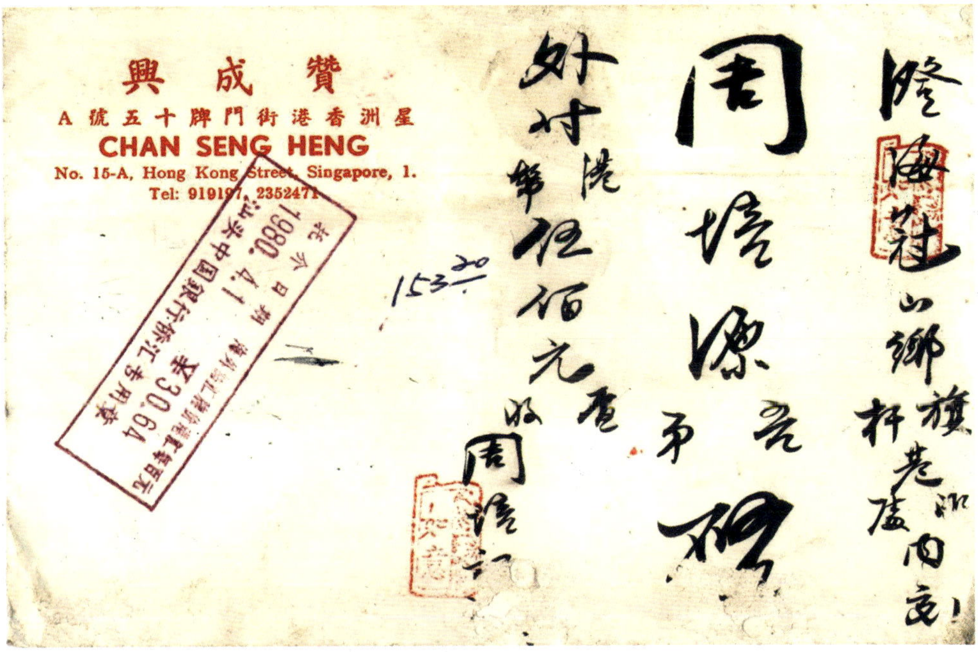

1980 年 8 月 12 日周培初寄澄海冠山乡周培源

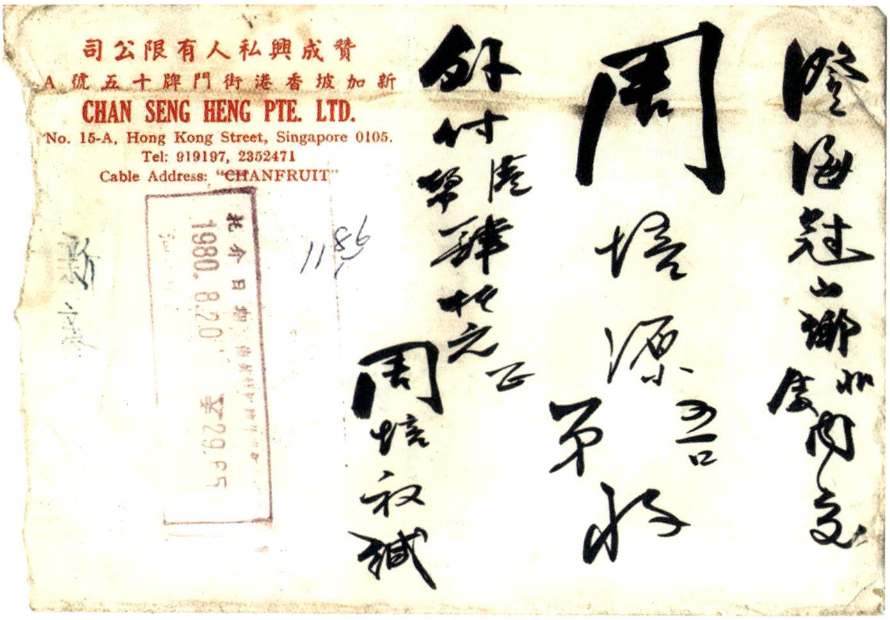

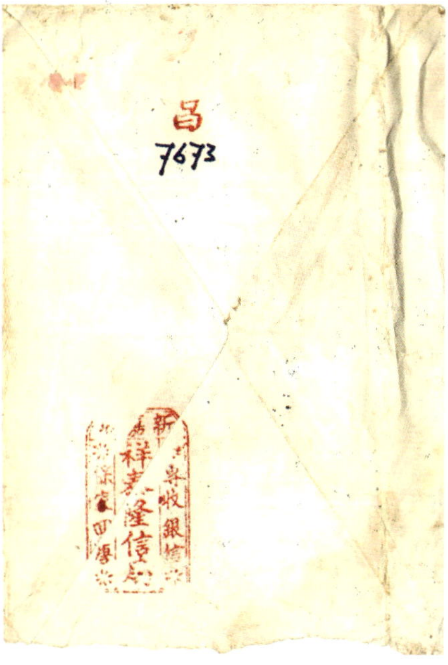

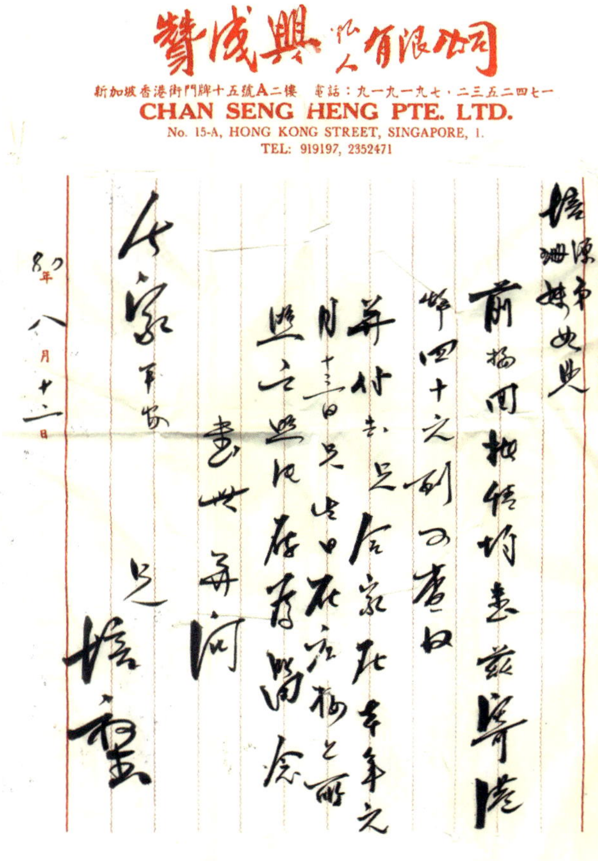

1980 年 12 月 12 日叻周培初寄澄海冠山乡周培源

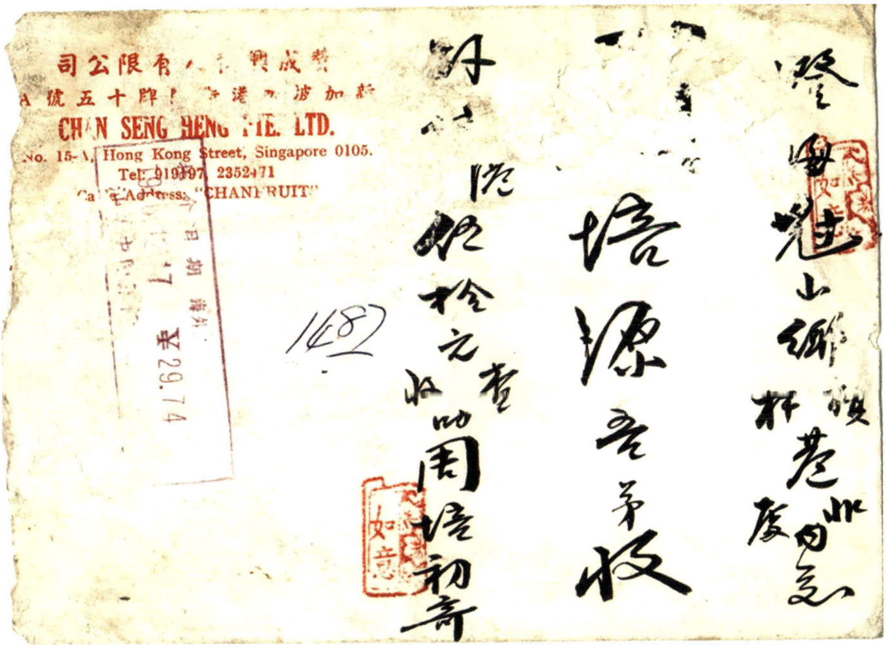
贊成興有限公司
新加坡香港街門牌十五號A
CHAN SENG HENG PTE. LTD.
No. 15-A, Hong Kong Street, Singapore 0105.
Tel: 919197, 2352471
Cable Address: "CHANFRUIT"

新嘉坡
祥泰隆信局
專收銀信

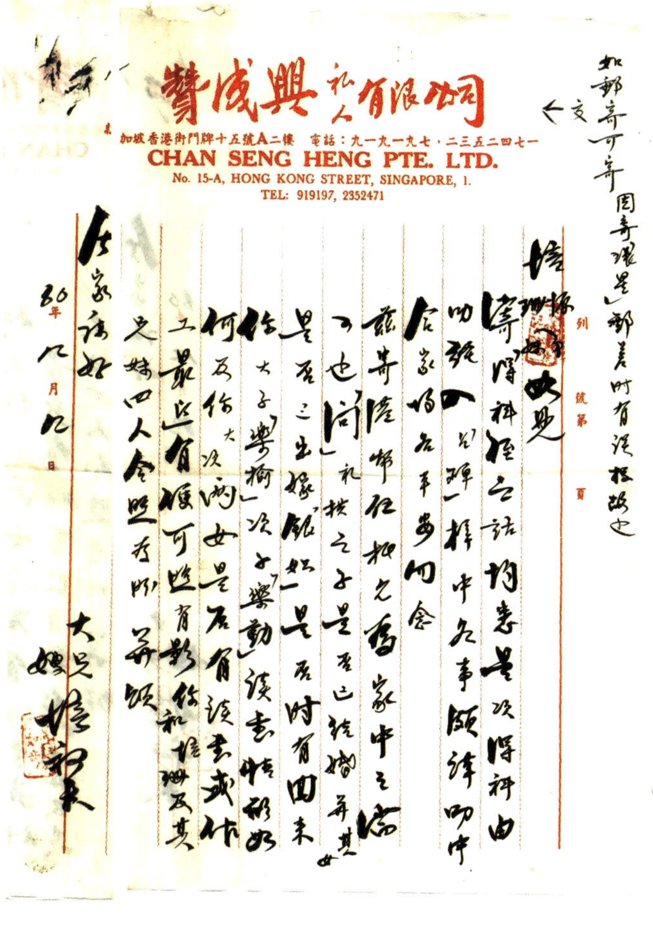
贊成興私人有限公司
加坡香港街門牌十五號A二樓 電話：九一九一九七·二三五二四七一
CHAN SENG HENG PTE. LTD.
No. 15-A, HONG KONG STREET, SINGAPORE, 1.
TEL: 919197, 2352471

农历十二月十四日（1981 年 1 月 19 日）周培初寄澄海冠山乡周培源

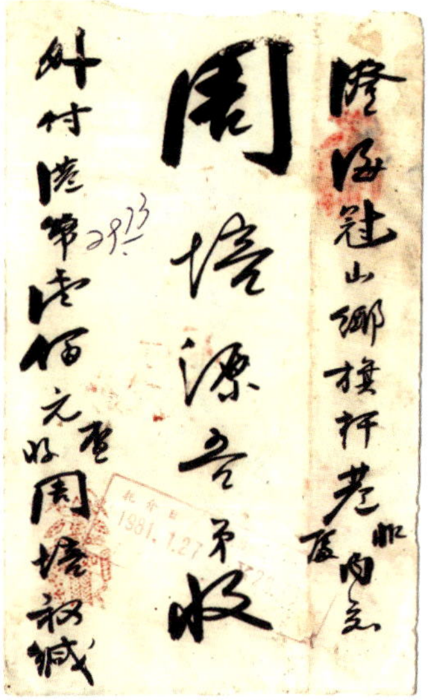

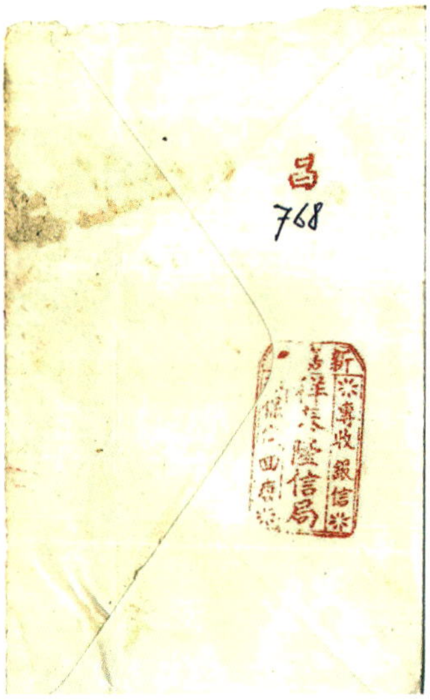

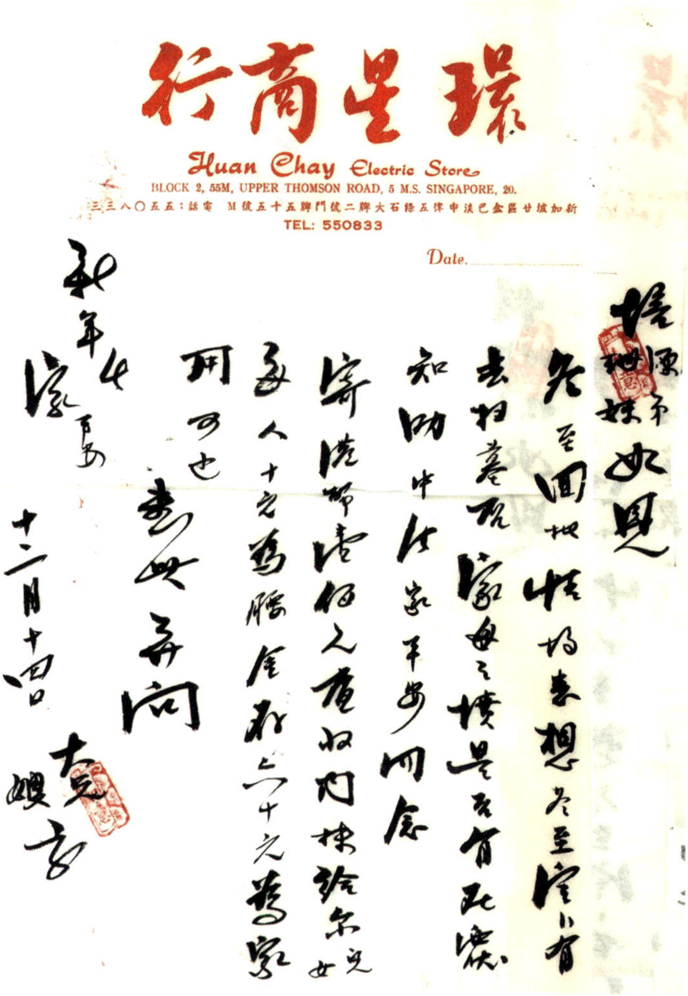

1981 年 3 月 24 日周培初寄澄海冠山乡周培源

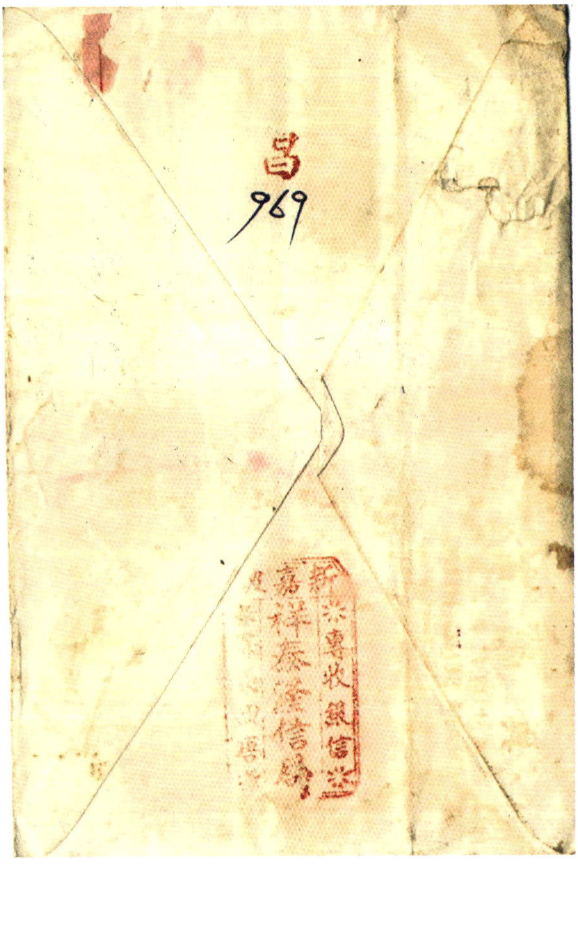

1981 年 8 月 5 日周培初寄澄海冠山乡周培源

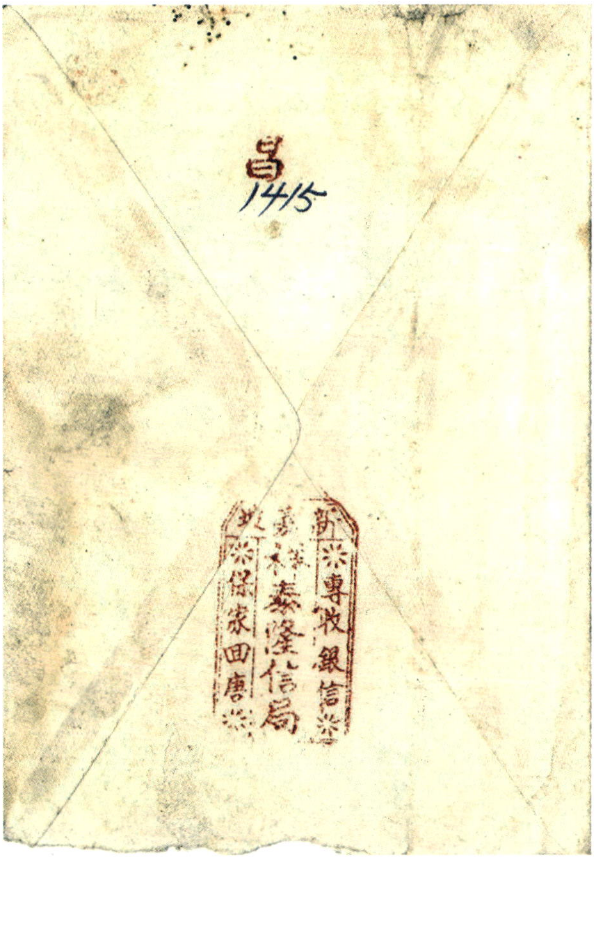

1981 年 11 月 11 日周培初寄澄海冠山乡周培源

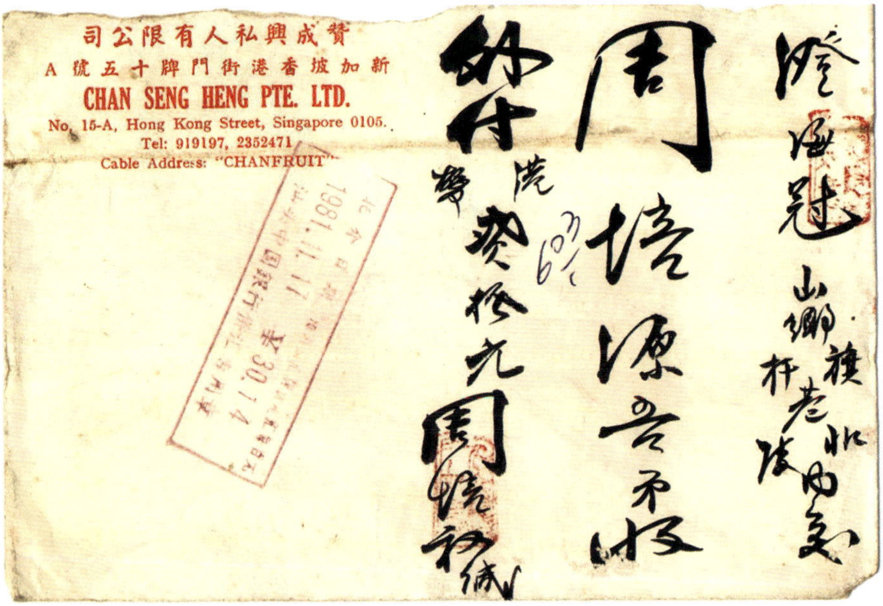

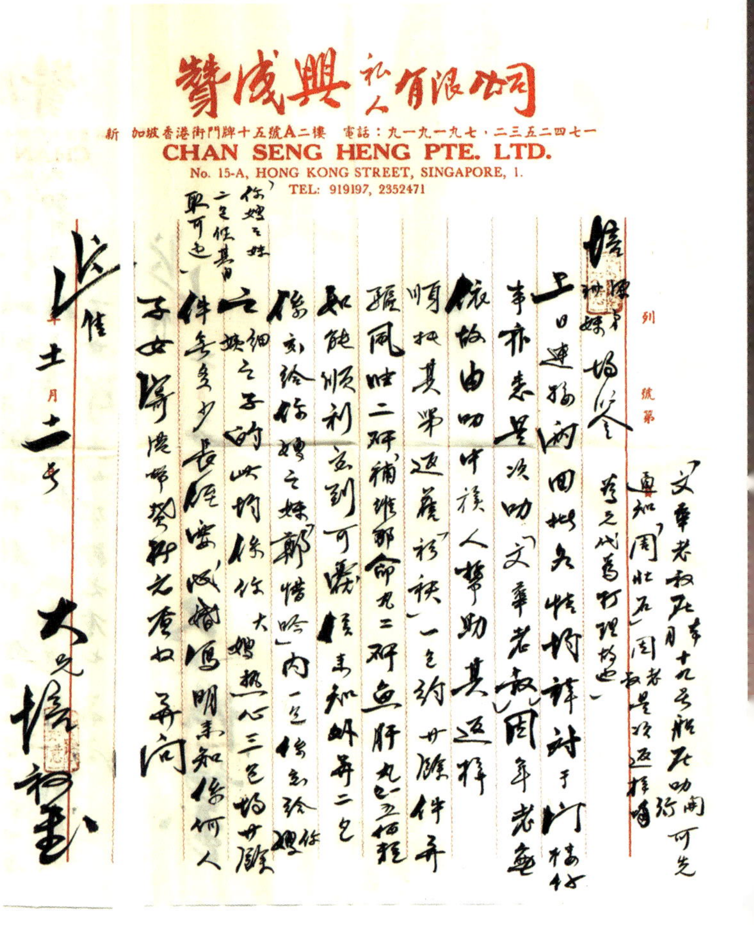

1981 年 12 月 2 日周培初寄澄海冠山乡周培源

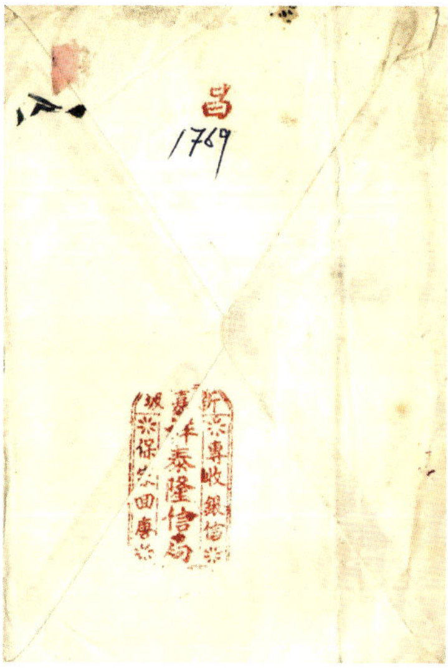

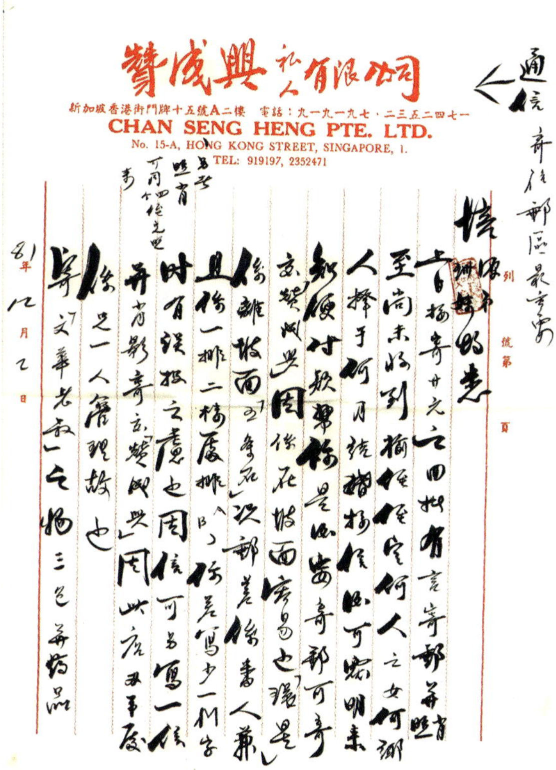

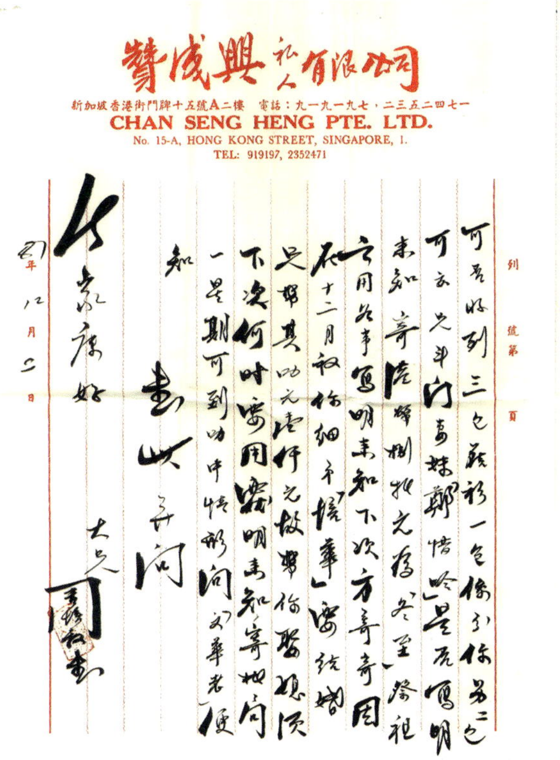

1982 年 1 月 13 日周培初寄澄海冠山乡周培源

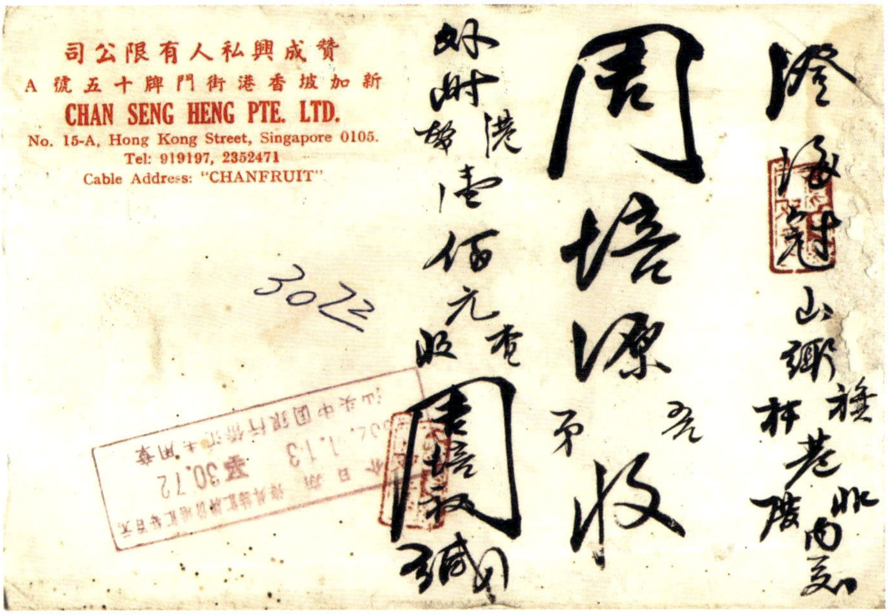

1982 年 2 月 16 日周培初寄澄海冠山乡周培源

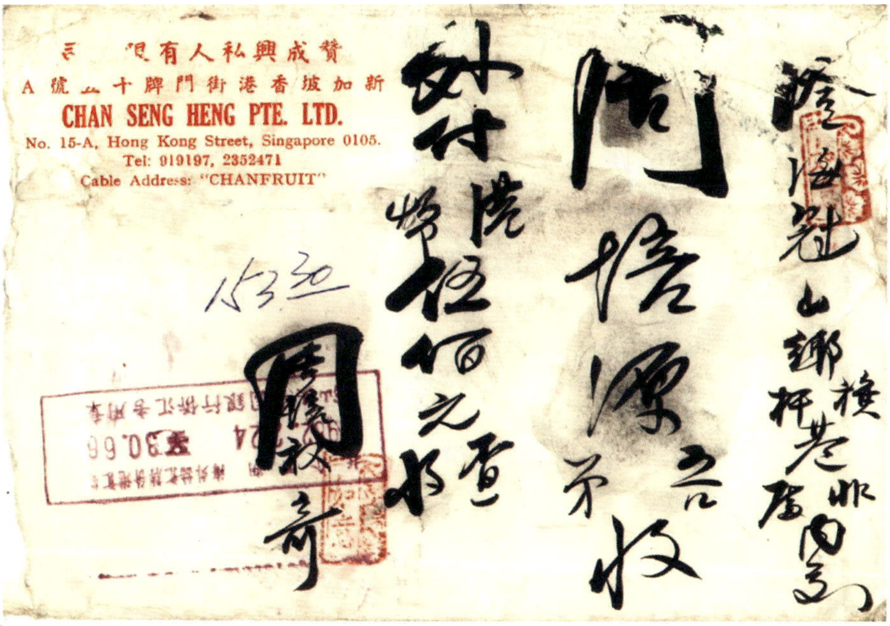

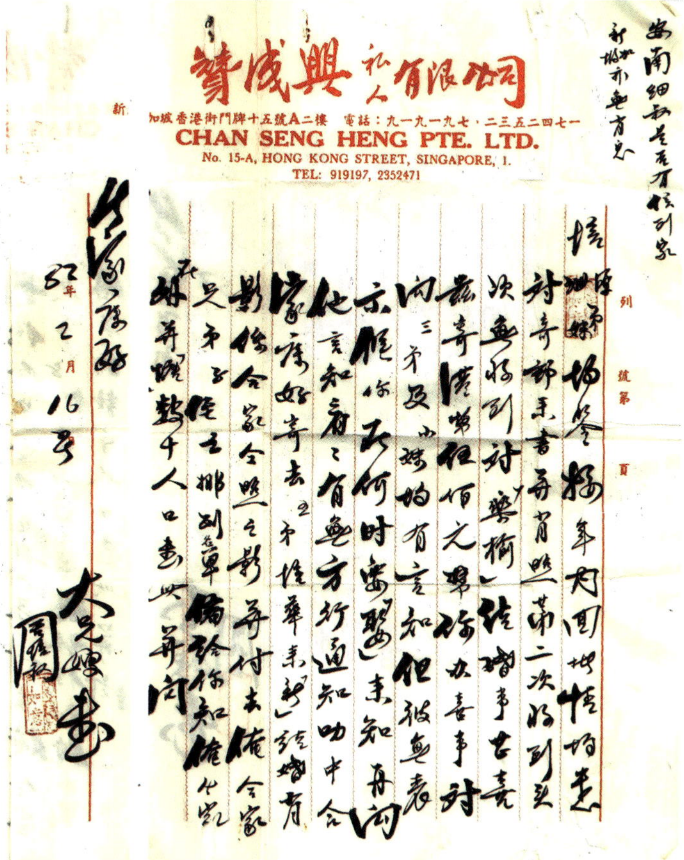

1982年5月18日周培初寄澄海冠山乡周培源

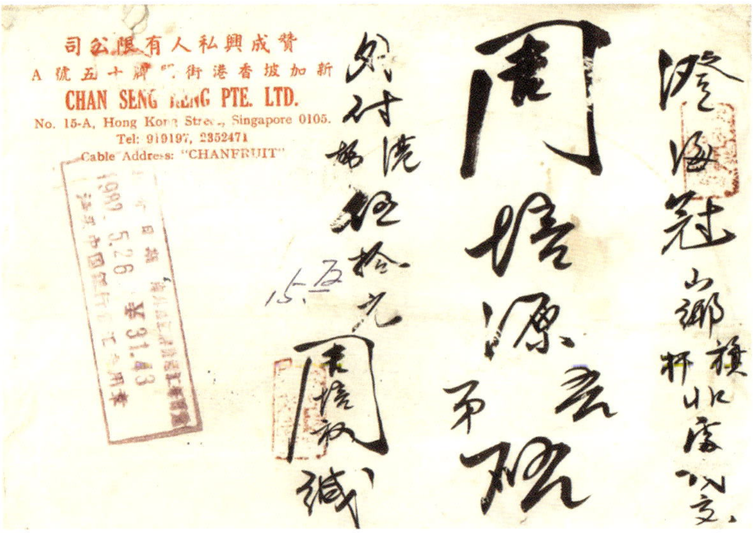

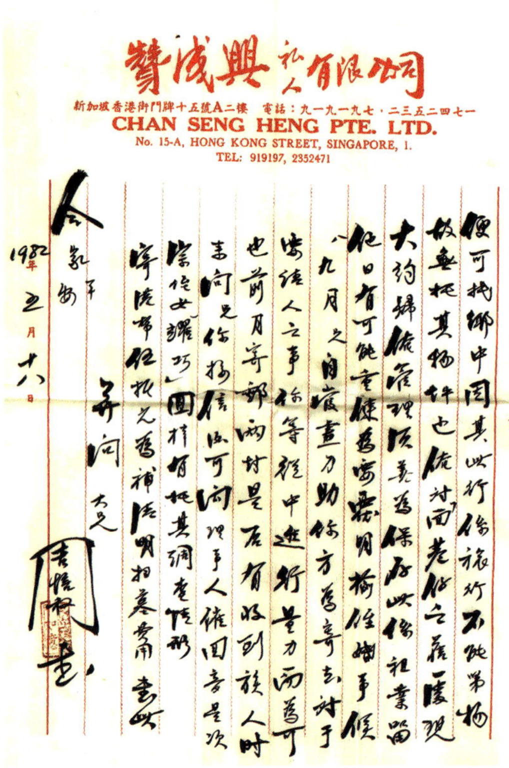
贊成興私人有限公司
新加坡香港街門牌十五號A二樓 電話：九一九一九七·二三五二四七一
CHAN SENG HENG PTE. LTD.
No. 15-A, HONG KONG STREET, SINGAPORE, 1.
TEL: 919197, 2352471

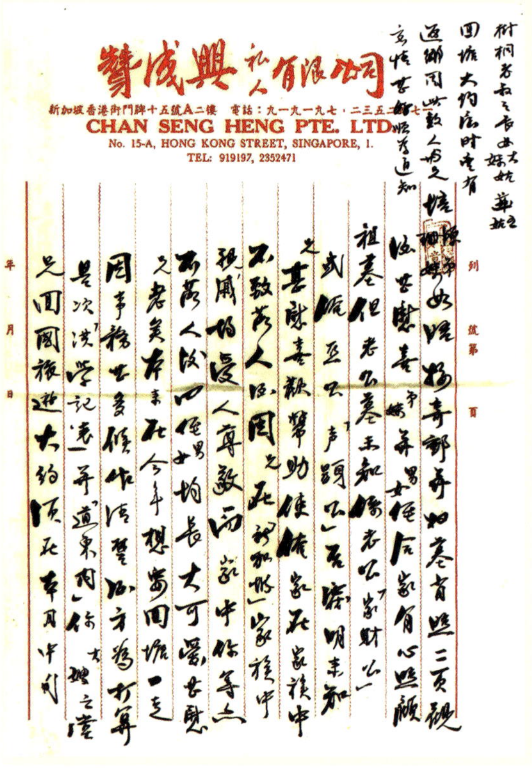
贊成興私人有限公司
新加坡香港街門牌十五號A二樓 電話：九一九一九七·二三五二四七一
CHAN SENG HENG PTE. LTD.
No. 15-A, HONG KONG STREET, SINGAPORE, 1.
TEL: 919197, 2352471

周培初寄澄海冠山乡周培源

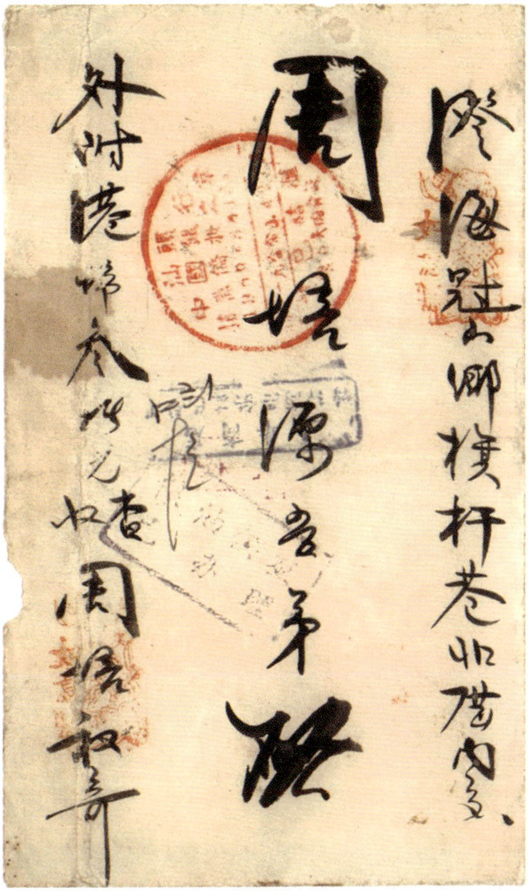

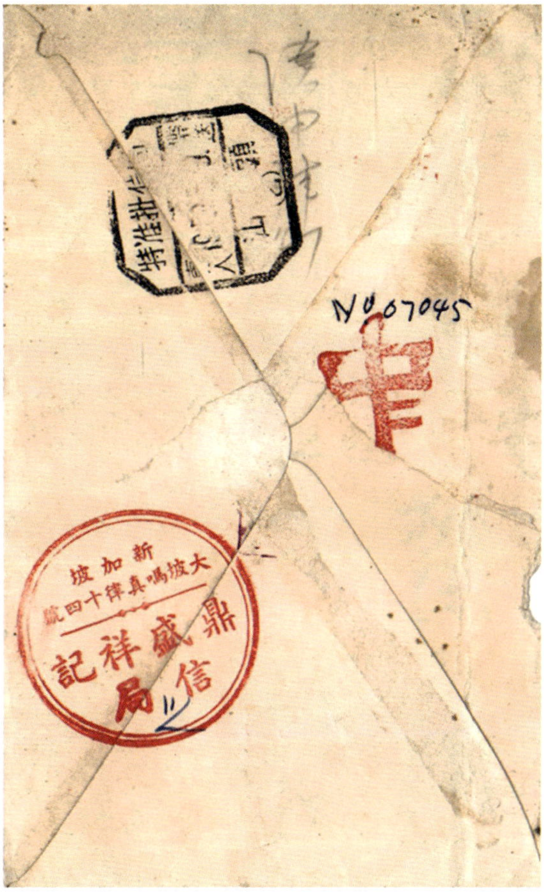

民国卅七年三月廿四日（1948 年 5 月 2 日）
暹（泰国）陈树龙寄澄海下蓬渔洲龙美乡母亲

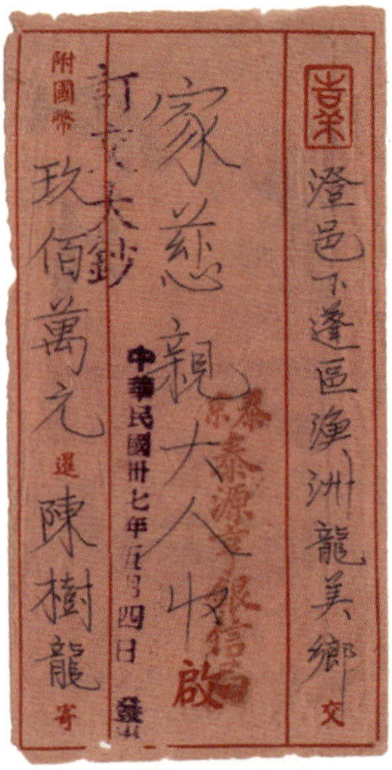

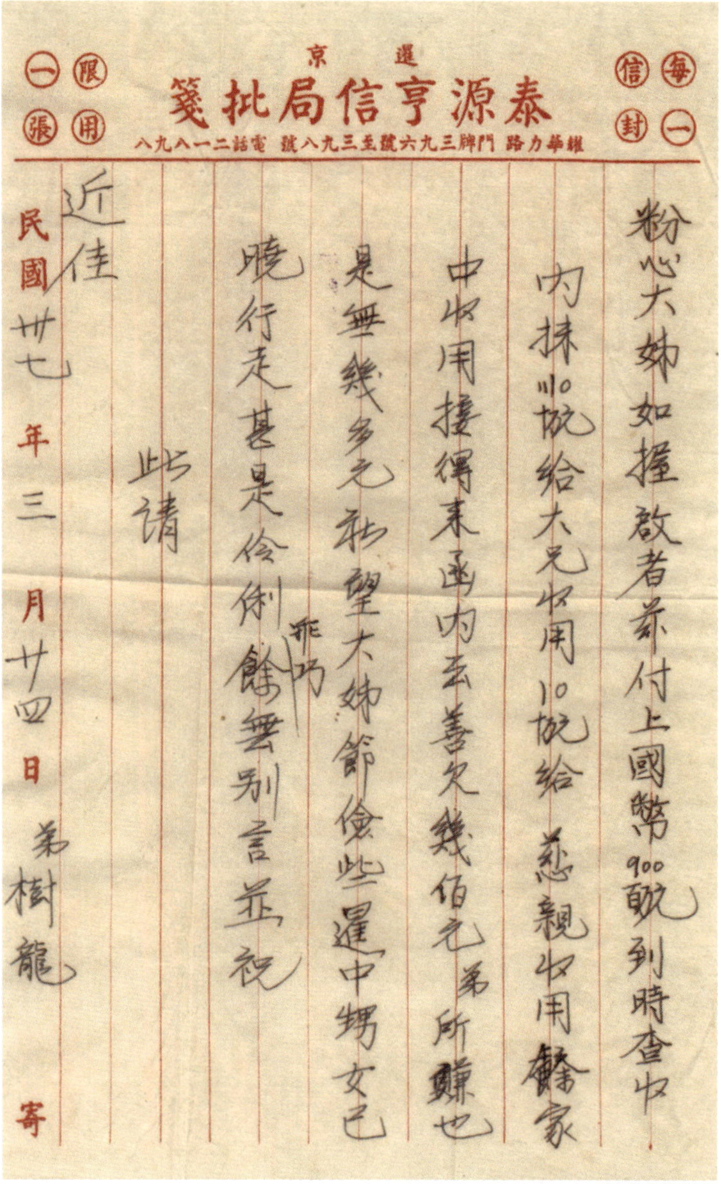

暹京
泰源亨信局批箋
每一信封 限用一張
耀華力路門牌三九六號至三九八號 電話二一八九八

粉心大姊如握 啟者茲付上國幣900𠃍到時查收
内抹10𠃍給大兄收用 10𠃍給 慈親收用 餘家
中收用 接得來函内云善欠錢佰元 弟所賺也
是無錢多元 私望大姊節儉些 暹中甥女已
曉行走 甚是伶俐 餘無別言 並祝
近佳 此請

民國卅七年三月廿四日 弟樹龍寄

民国卅七年五月初一（1948 年 6 月 7 日）
暹陈树龙寄澄海下蓬渔洲龙美乡母亲

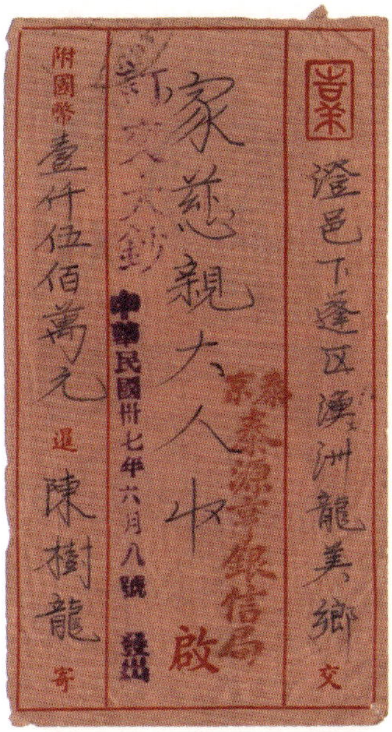

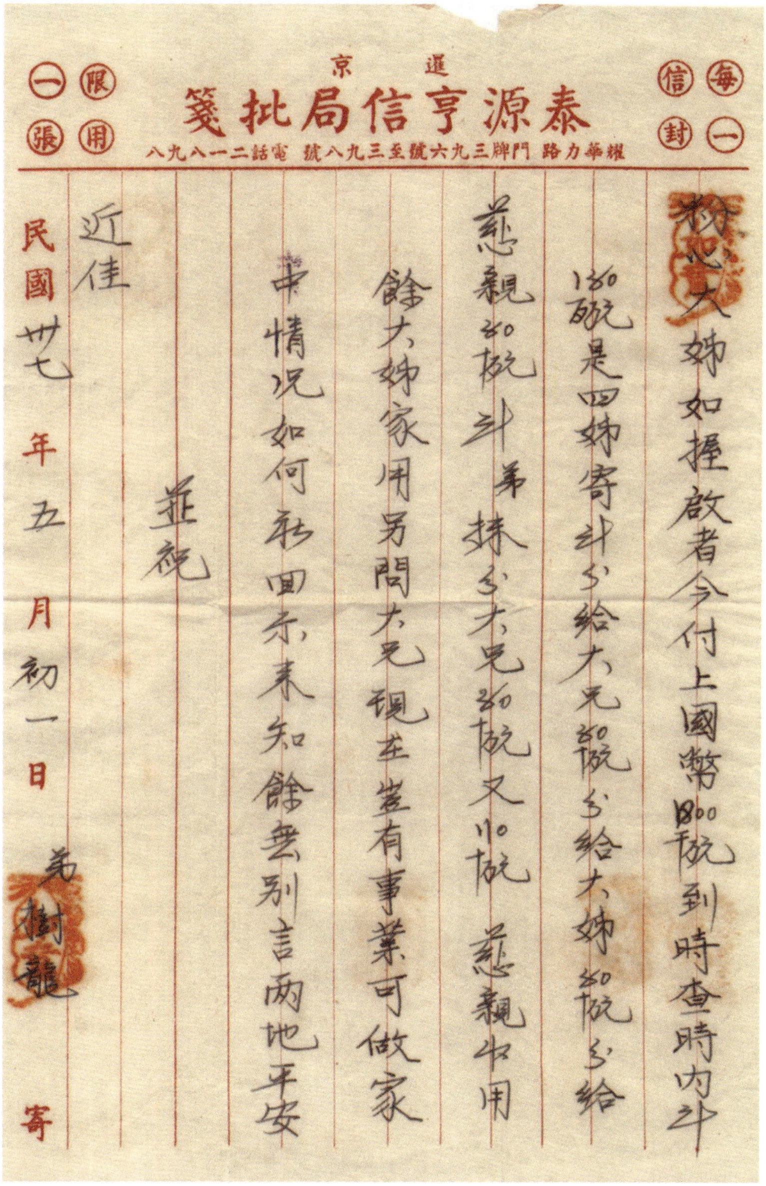
暹京 泰源亨信局批箋
每信一封 限用一張
耀華力路門牌三九六號至三九八號 電話二一八九八

樹如大姊如握 啟者今付上國幣1800千元到時查時内斗1800元是四姊寄斗分給大兄如元分給大姊如元分給慈親如元斗弟妹分大兄如元又100元慈親收用餘大姊家用另問大兄現在豈有事業可做家中情况如何私田亦未知餘無別言兩地平安 並詢
近佳
弟 樹龍
民國卅七年五月初一日 寄

民国卅七年九月廿五日（1948 年 9 月 25 日）

暹陈树龙寄澄海下蓬渔洲龙美乡母亲

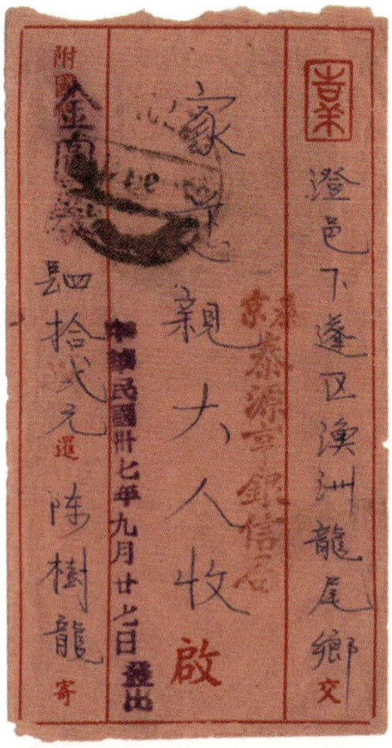

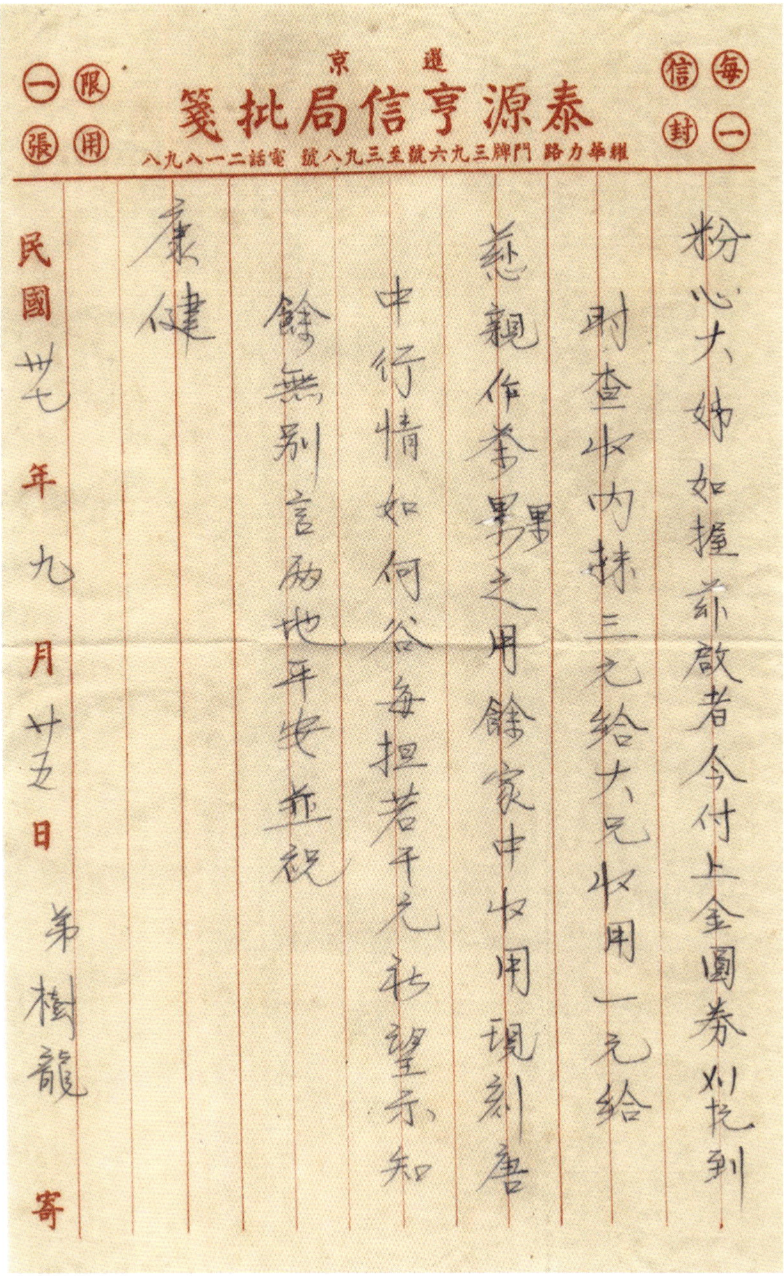

每一信封 限用一張

暹京 泰源亨信局批箋

耀華力路門牌三九六號至三九八號 電話二一八九八

粉心大姊如握 茲啟者今付上金圓券刈元到

財查收內抹三元給大兄收用一元給

慈親作茶果之用餘家中收用現刻唐

中行情如何谷每担若干元祈望示知

餘無別言祝地平安並祝

康健

民國卅七年九月廿五日 弟樹龍寄

民国卅七年十二月十三日（1948 年 12 月 13 日）
暹陈树龙寄澄海下蓬渔洲龙美乡母亲

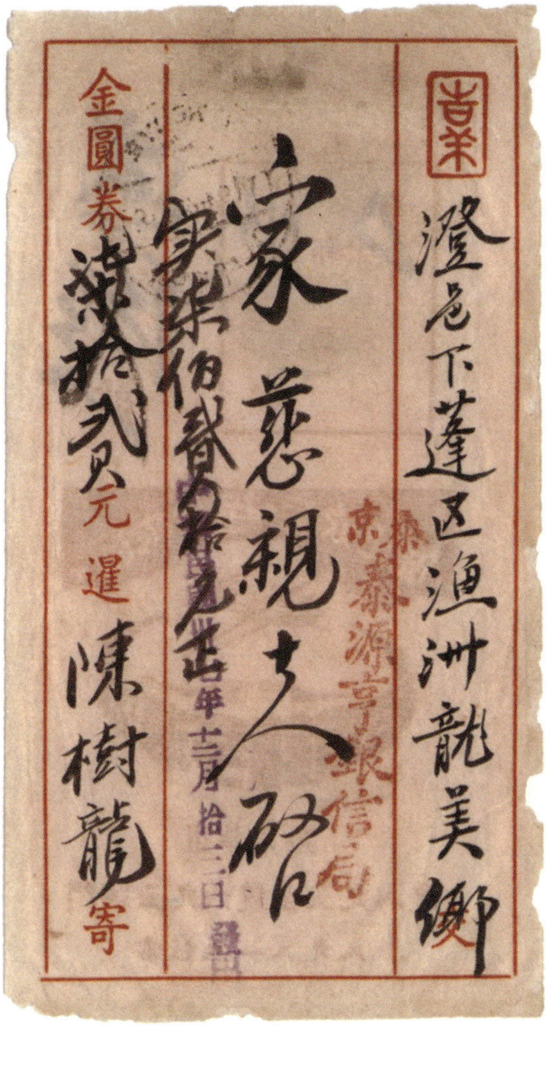

民国卅八年一月十日（1949 年 1 月 10 日）
暹陈树龙寄澄海下蓬渔洲龙美乡母亲

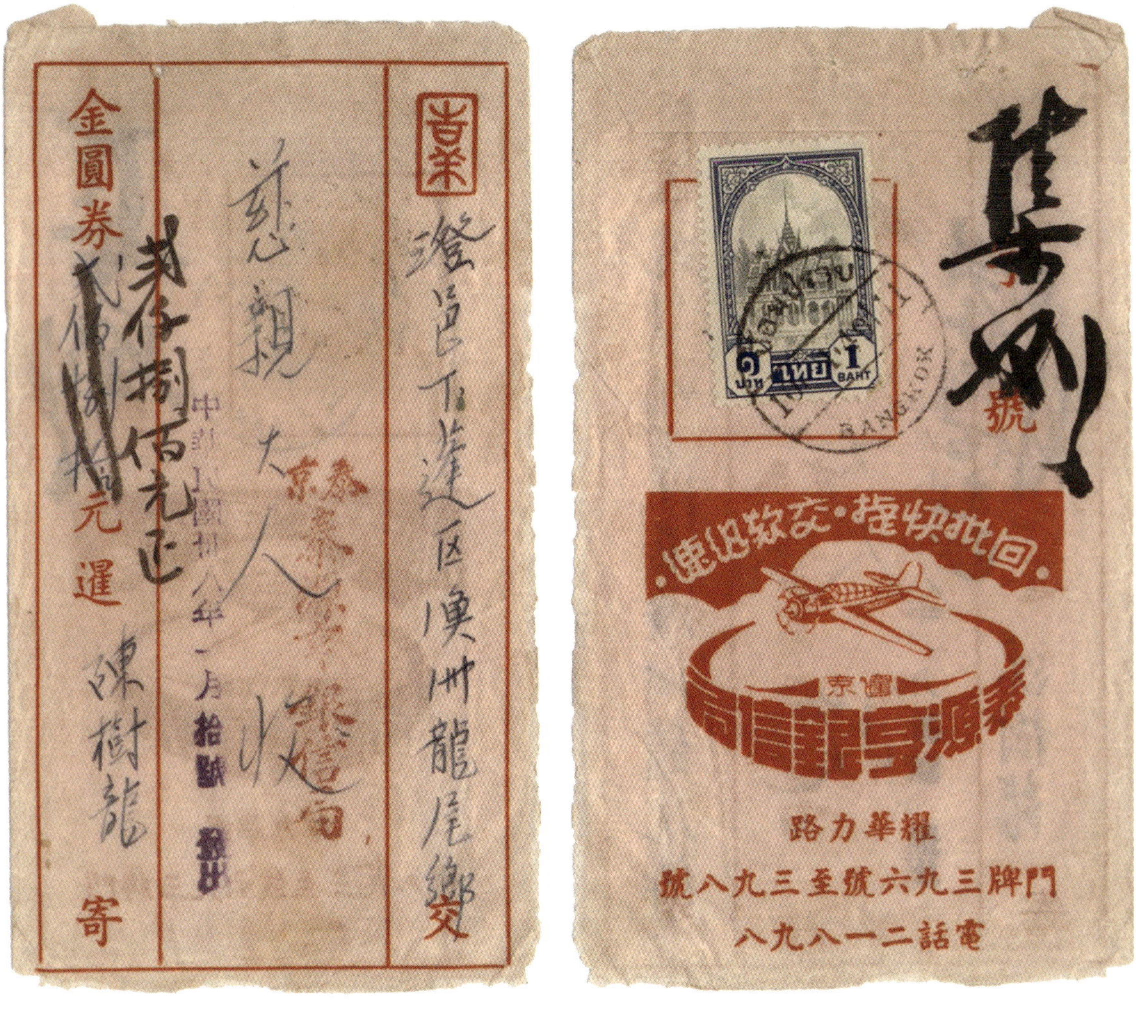

民国卅八年元月初九（1949 年 2 月 6 日）

暹陈树龙寄澄海下蓬渔洲龙美乡母亲

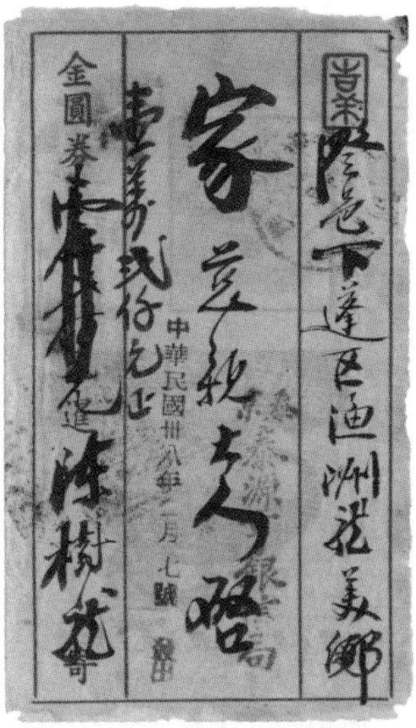

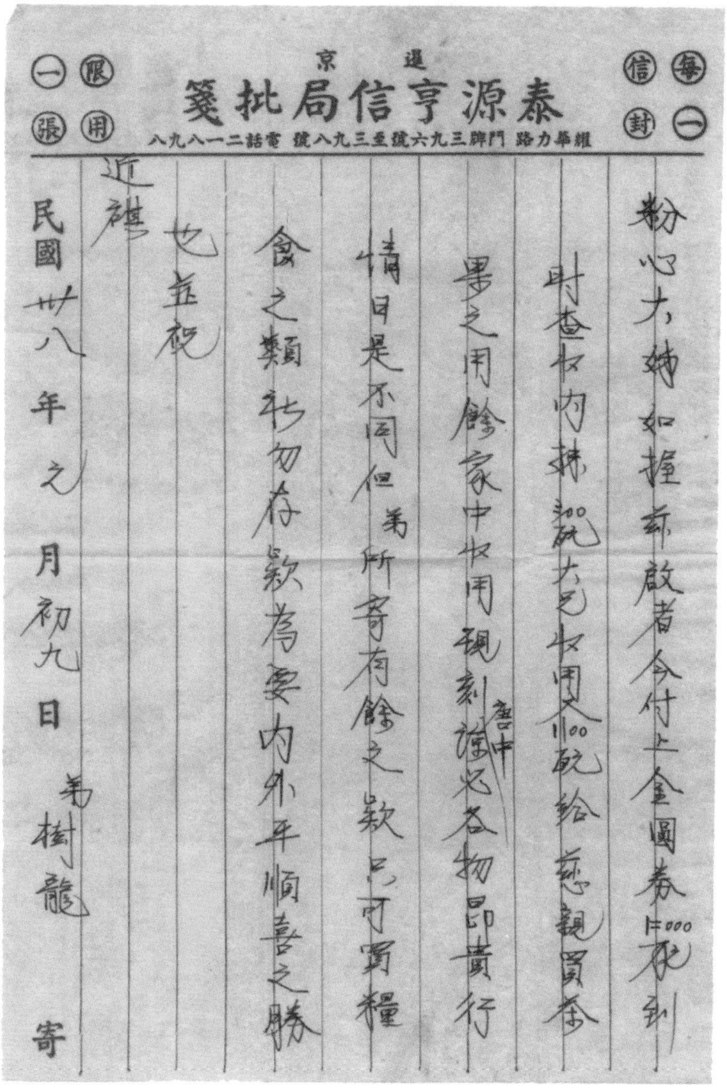

暹京
泰源亨信局批箋
維華力路門牌三九六號至三九八號 電話二一八九八
每信一封 限用一張

粉心大姊如握 茲啟者 今付上金圓券二000元 到
時查收內抽[illegible]足收用入100元給慈親買茶
果之用餘家中收用現刻潮汕各物昂貴行
情日是不同但弟所寄有餘之款只可買糧
食之類切勿存款為要內外平順喜之勝
也並祝
近祺
民國卅八年元月初九日 弟樹龍寄

民国卅八年三月廿七日（1949 年 3 月 27 日）
暹陈树龙寄澄海下蓬渔洲龙美乡母亲

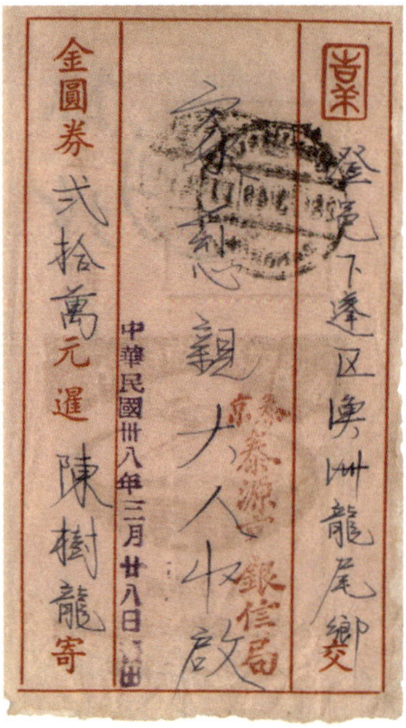

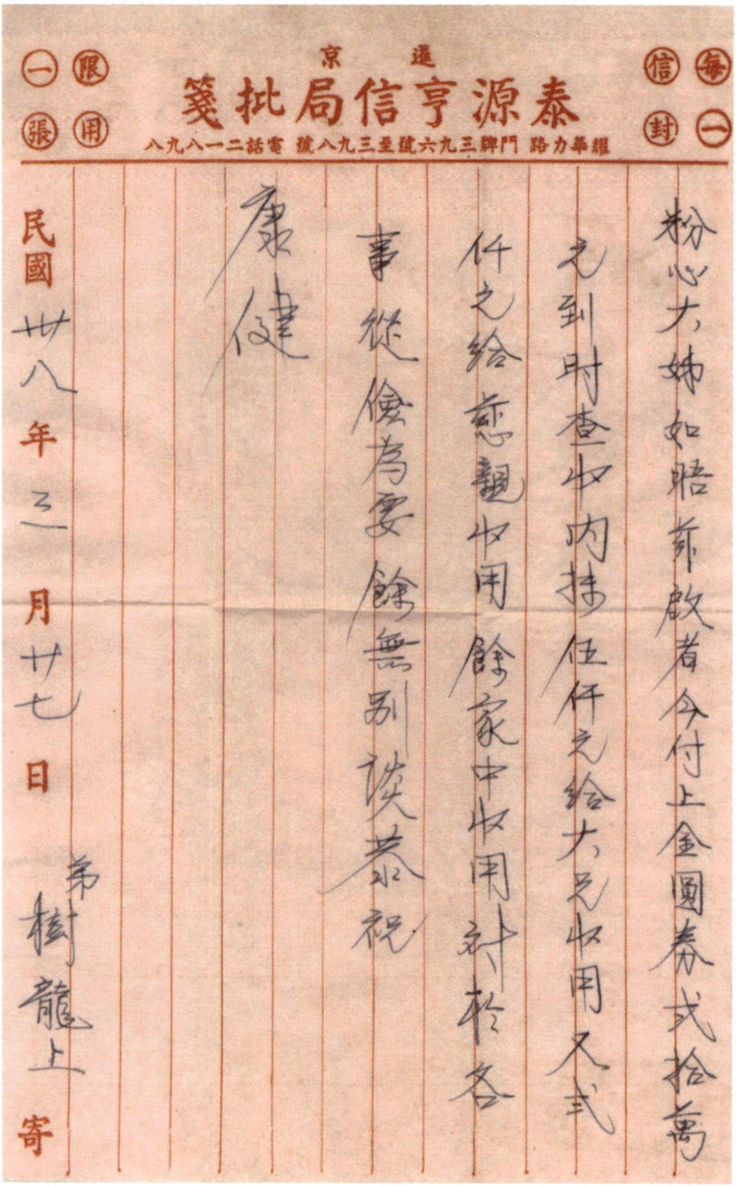
暹京 泰源亨信局批箋
羅華力路門牌三九六號至三九八號 電話二一八九八
每信一封 限用一張

粉心大姊如晤 前啟者今付上金圓券弍拾萬元到时查收内抽伍仟元给大兄收用又弍仟元给慈亲收用 馀家中收用 村社各事從儉為要 餘無别談 恭祝康健

民國卅八年三月廿七日
弟樹龍上寄

民国卅八年四月十八日（1949 年 5 月 15 日）
暹陈树龙寄澄海下蓬渔洲龙美乡母亲

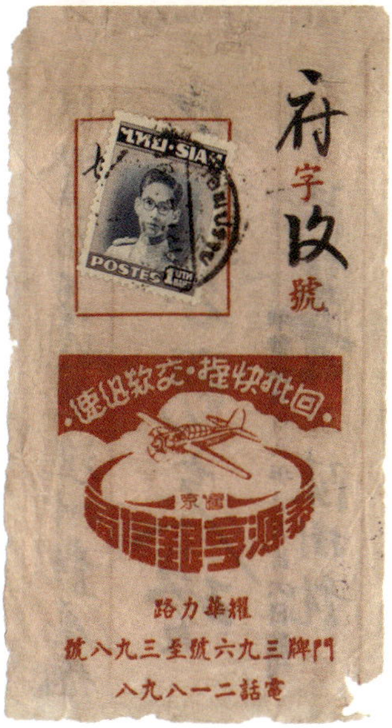

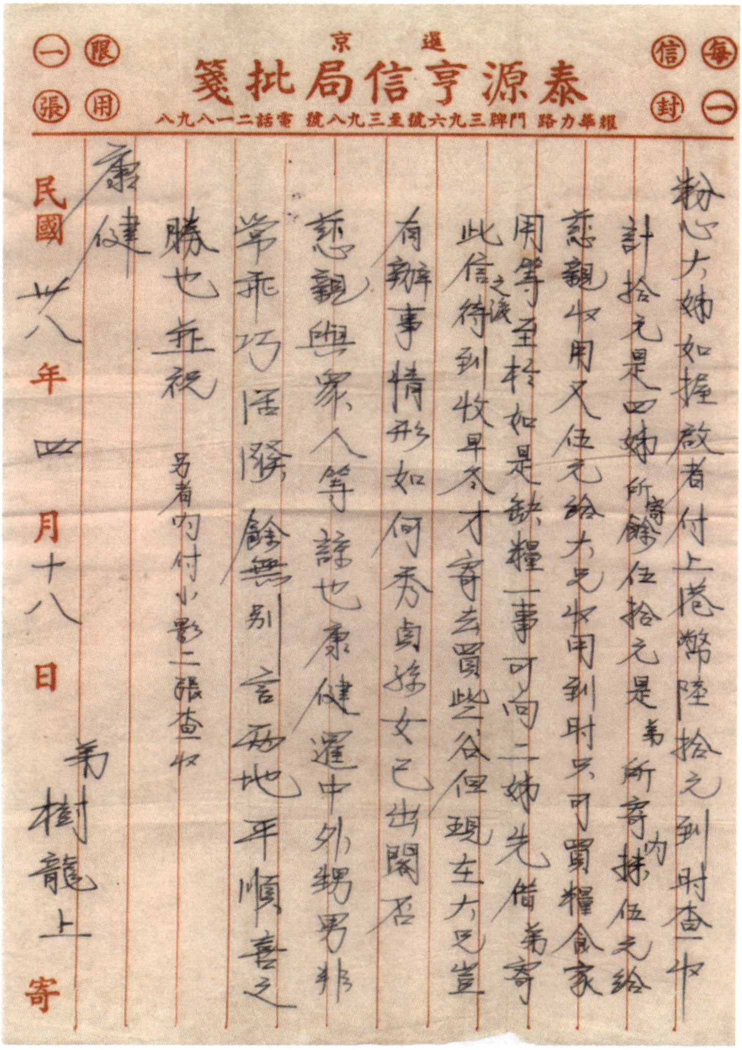

每封一 信 限用一張

暹京 泰源亨信局批箋

暹華力路門牌三九六號至三九八號 電話二一八九八

粉心大姊如握 啟者付上港幣陸拾元到时查收

計拾元是四姊所寄 餘伍拾元是弟所寄 內抹伍元給

慈親收用 又伍元給大兄收用 到时只可買糧食家

用等 至於如是缺糧一事可向二姊先借 弟寄

此信之後 待到收早冬才寄去買些谷 但现在大兄豈

有辦事情形如何 秀貞孫女已出閣否

慈親與家人等諒也康健 暹中外甥男非

常乖巧伶俐 餘無別言 而地平順喜之

勝也 并祝

另着內付小影二張查收

康健

弟 樹龍 上

民國卅八年四月十八日 寄

民国卅八年七月初六（1949 年 7 月 31 日）
暹陈树龙寄澄海下蓬渔洲龙美乡母亲

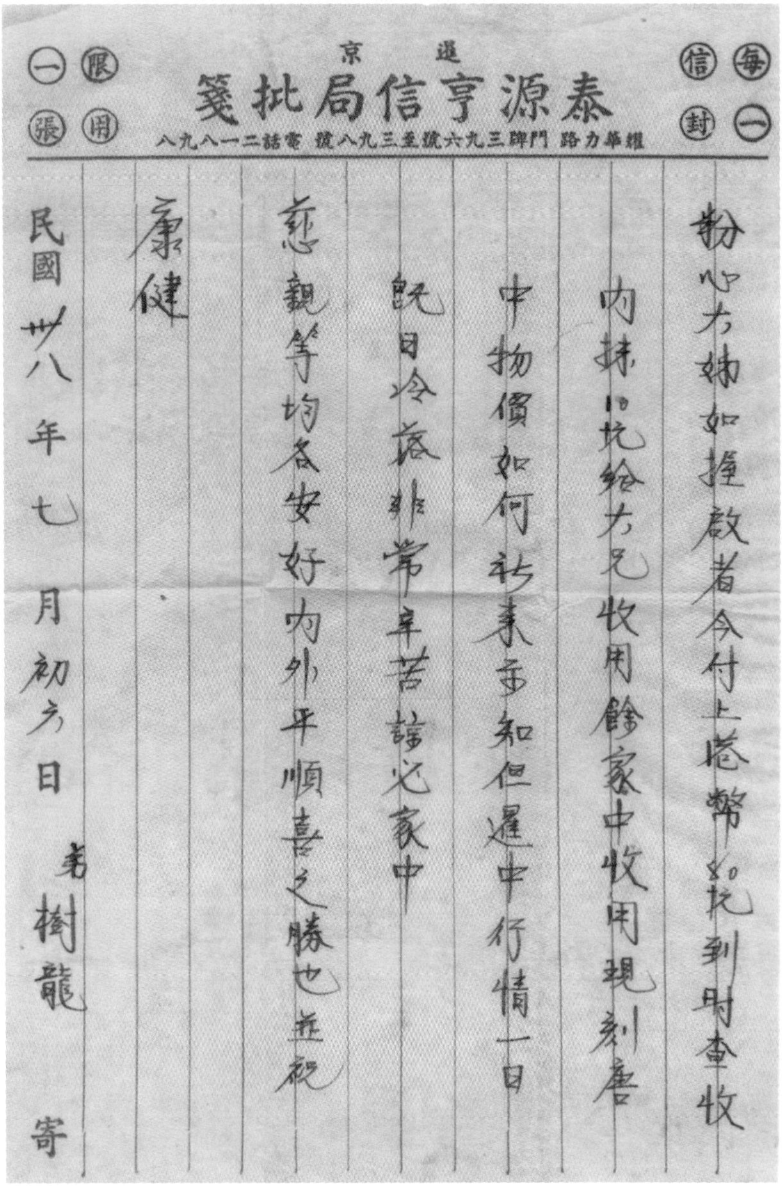

暹京
泰源亨信局批箋
每信一封 限用一張
耀華力路門牌三九六號至三九三八號 電話二八一九八

扮心大姊如握啟者今付上港幣80元到時查收
内妹10元給大兄收用餘家中收用現刻唐
中物價如何祈來字知但暹中行情一日
既日冷落非常辛苦諒必家中
慈親等均各安好内外平順喜之勝也並祝
康健
民國卅八年七月初六日 弟樹龍寄

1949 年 12 月 21 日树龙寄姐姐

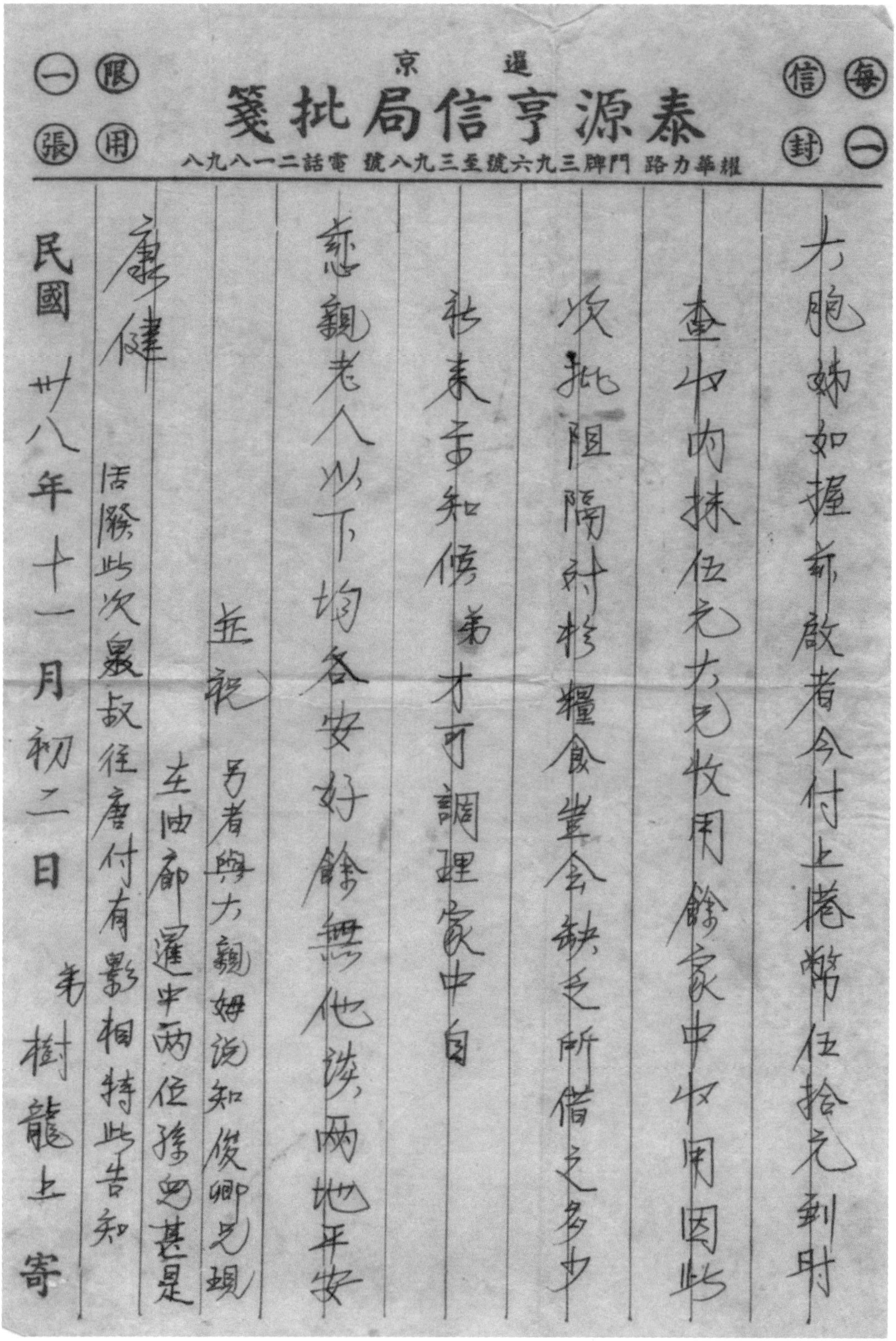

還京

泰源亨信局批箋

限用一張　每信一封

耀華力路門牌三九六號至三九八號　電話二一八一九八

大胞姊如握　敬啟者今付上港幣伍拾元到時
查收內抹伍元大兄收用餘家中收用因此
次批阻隔村杉糧食豈会缺乏所借之多少
祈來函知俾弟才可調理家中自
慈親老人以下均各安好餘無他談兩地平安
並祝
另者與大嫂姆說知俊卿兄現
在曲廊暹中兩位孫兒甚是
康健　活潑此次暴叔往唐付有影相特此告知

民國卅八年十一月初二日　弟樹龍上寄

1951 年 5 月 11 日暹京（泰国）陈树龙寄澄海下蓬渔洲龙美乡母亲

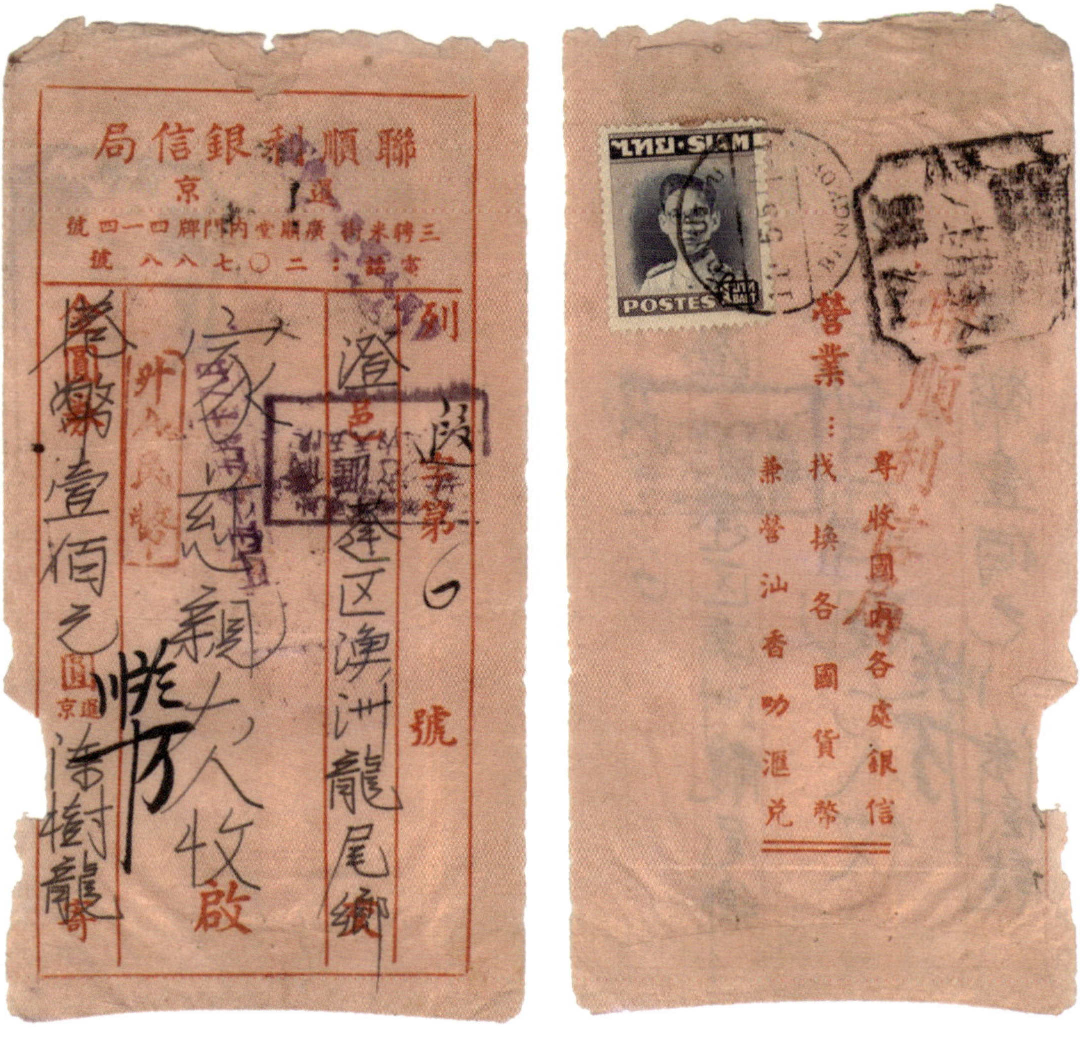

1951 年 6 月 26 日暹罗（泰国）陈树龙寄澄海下蓬渔洲龙美乡母亲

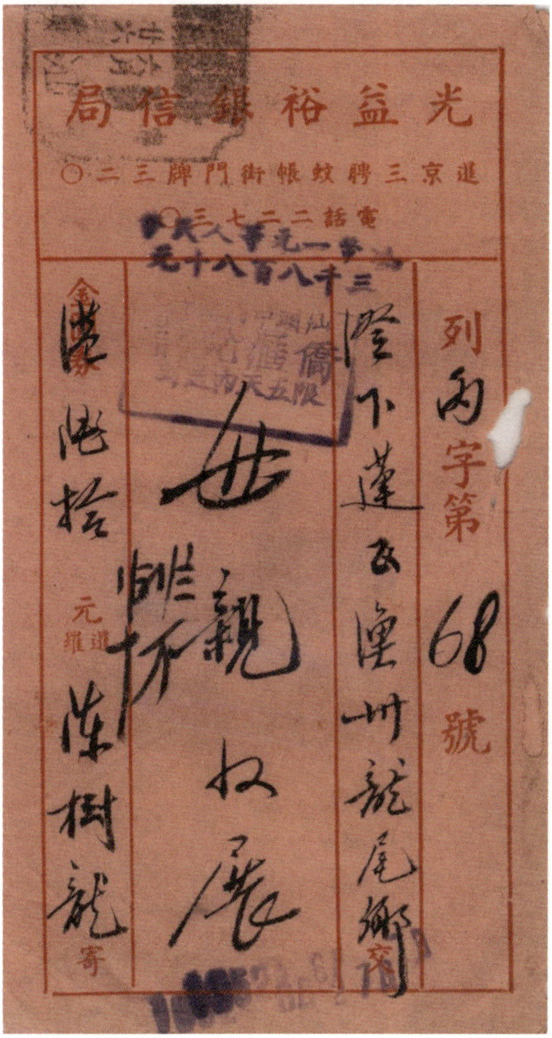

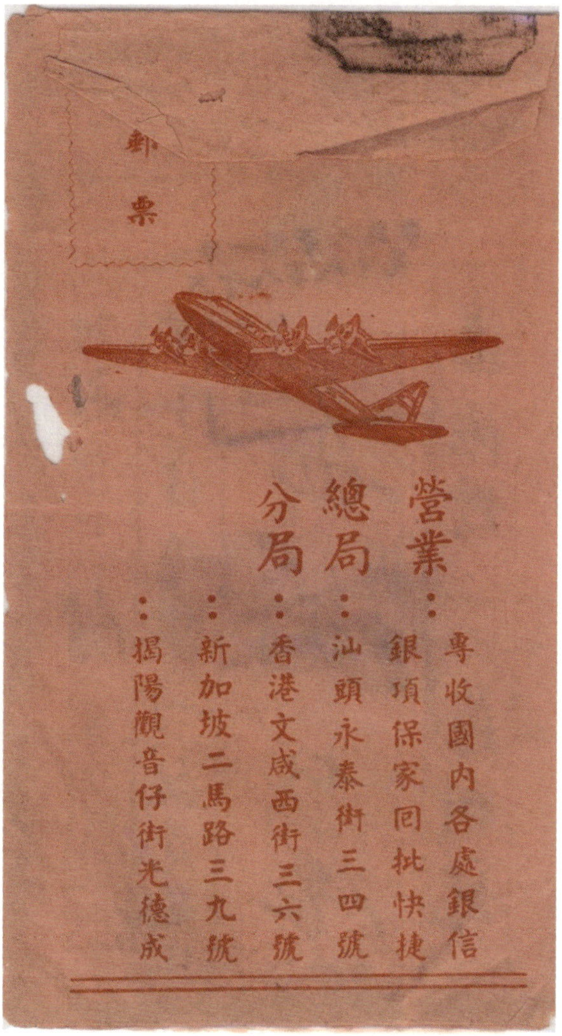

1951 年 7 月 12 日暹京陈树龙寄澄海下蓬渔洲龙美乡母亲

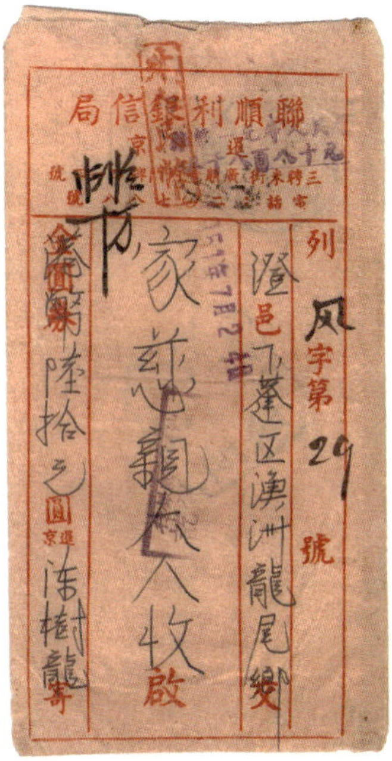

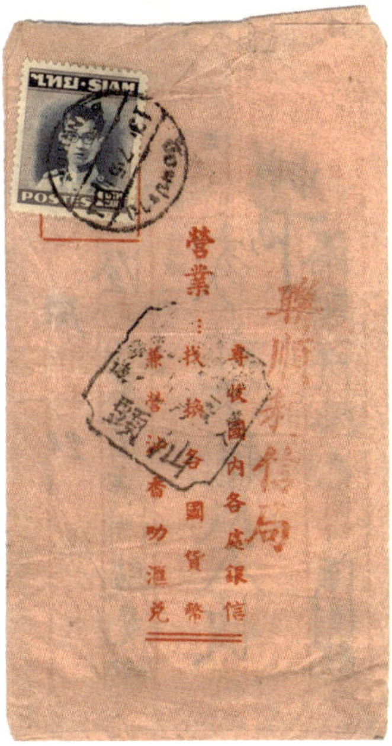

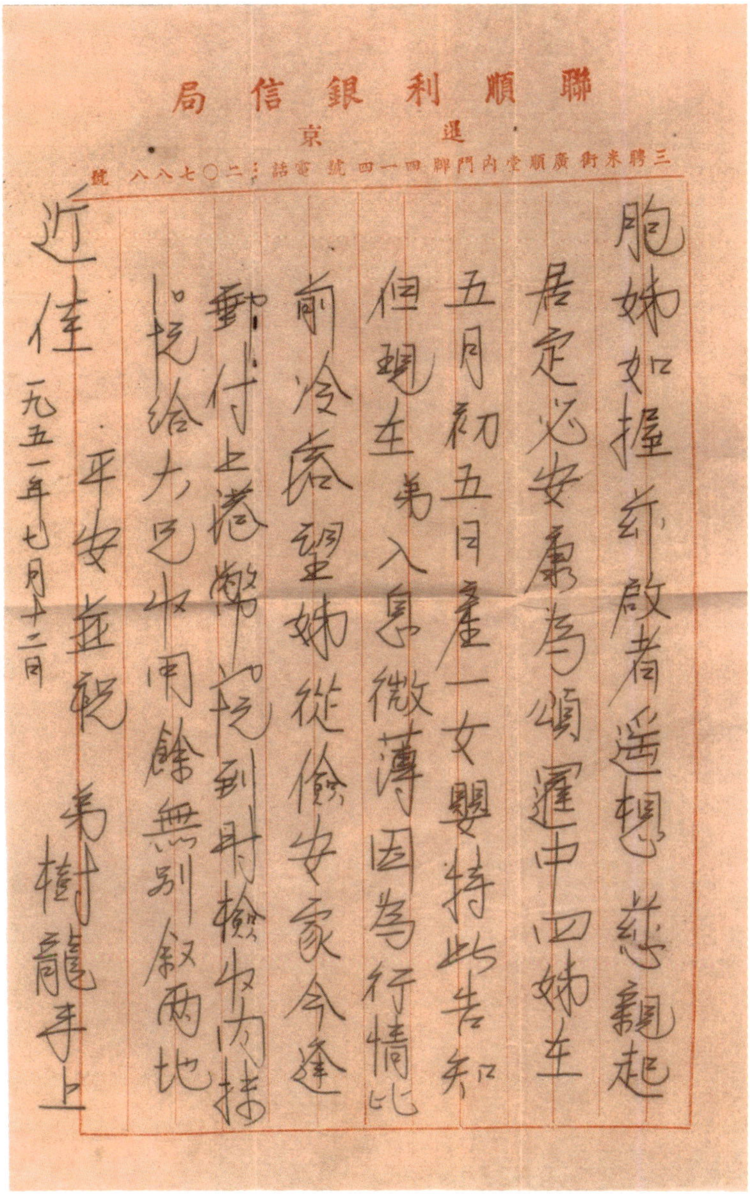
聯順利銀信局
暹京
三聘米街廣順堂內門牌四一四號 電話：二〇七八八號

胞姊如握 詠啟者 遙想 慈親起居定必安康為頌 暹中四姊在五月初五日產一女嬰 特此告知 但現在弟入息微薄 因為行情比前冷落 望姊從儉安家 今逢郵付上港幣〇元到時檢收 內抹〡〇元給大兄收用 餘無別叙 兩地平安 並祝

近佳

弟樹龍手上

一九五一年七月十二日

1951 年 10 月 18 日暹京陈树龙寄澄海下蓬渔洲龙美乡母亲

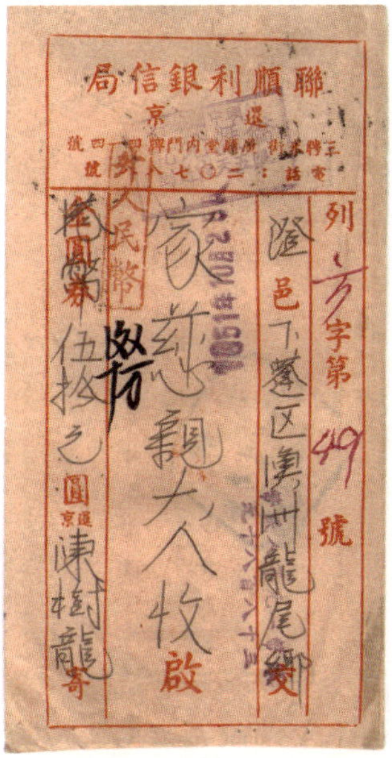

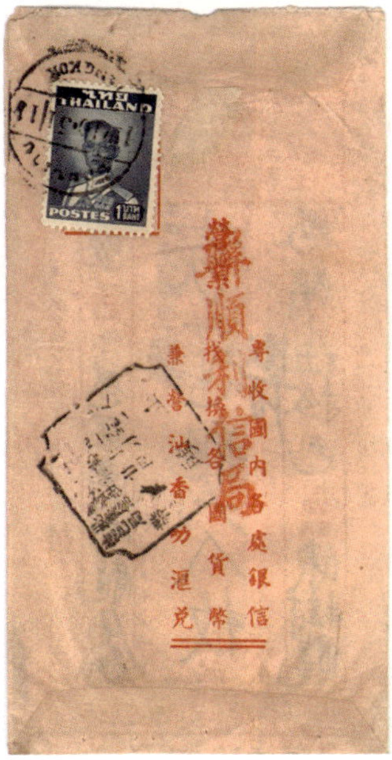

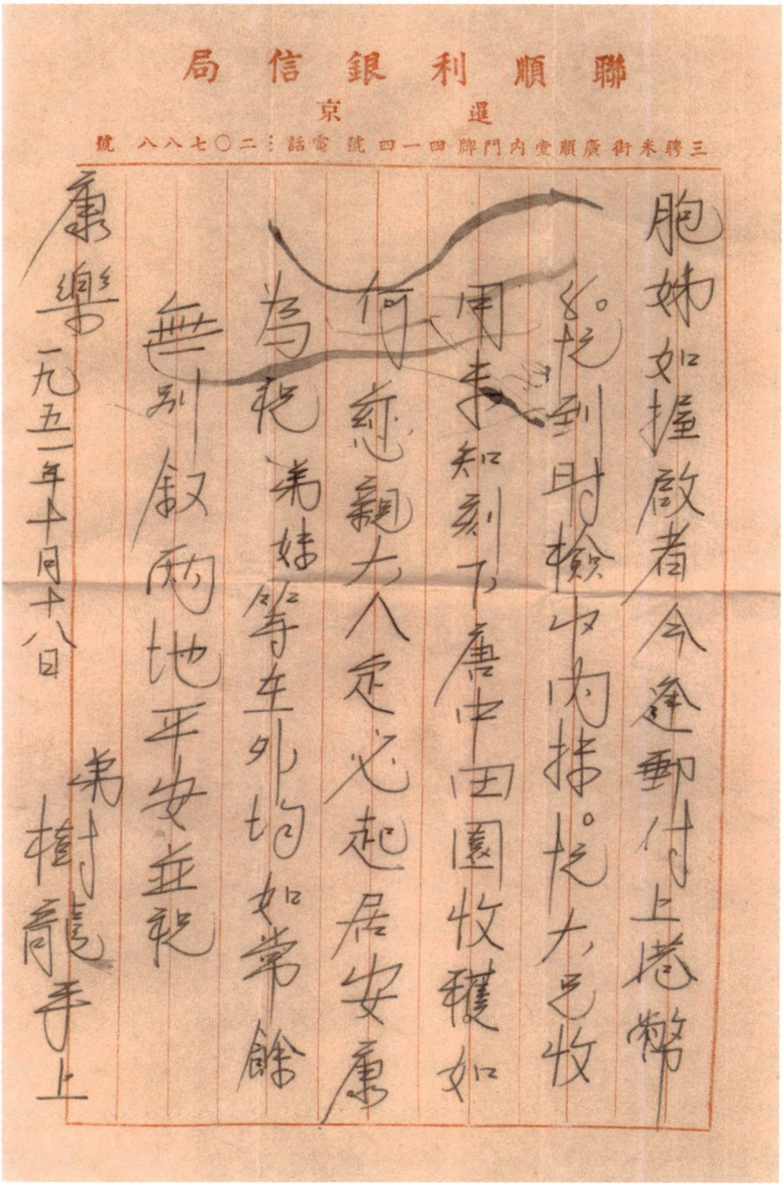
聯順利銀信局
暹京
三聘米街廣順豐内門牌四一四號電話：二〇七八八號

胞姊如握啟者今逢郵付上港幣[illegible]到時檢收內撥拾大元收用其知刻下唐中田園收穫如何慈親大人定必起居安康為祝弟婦等在外均如常餘無別敘兩地平安並祝康樂

一九五一年十月十八日
弟樹龍手上

1951 年 11 月 15 日暹京陈树龙寄澄海下蓬渔洲龙美乡母亲

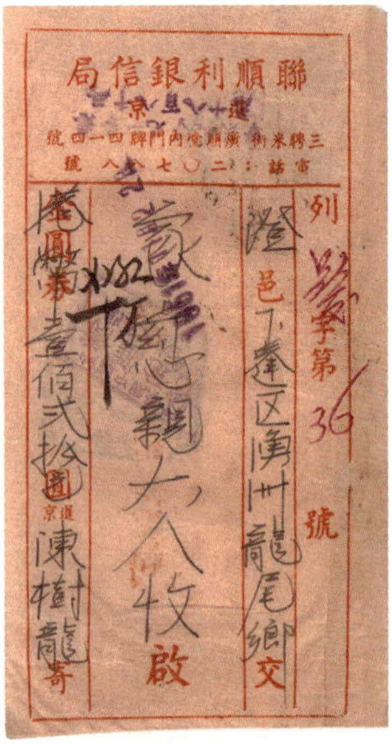

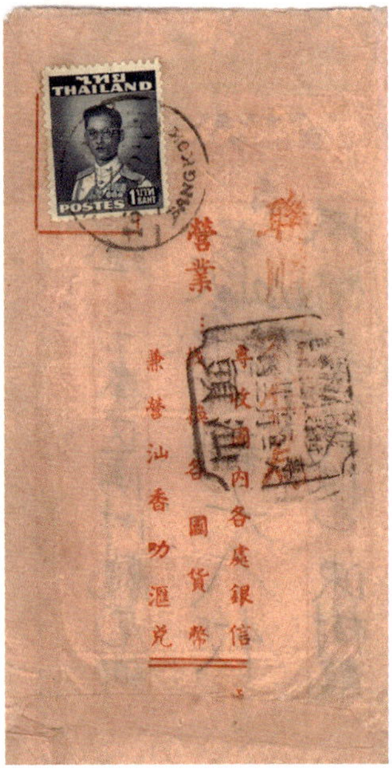

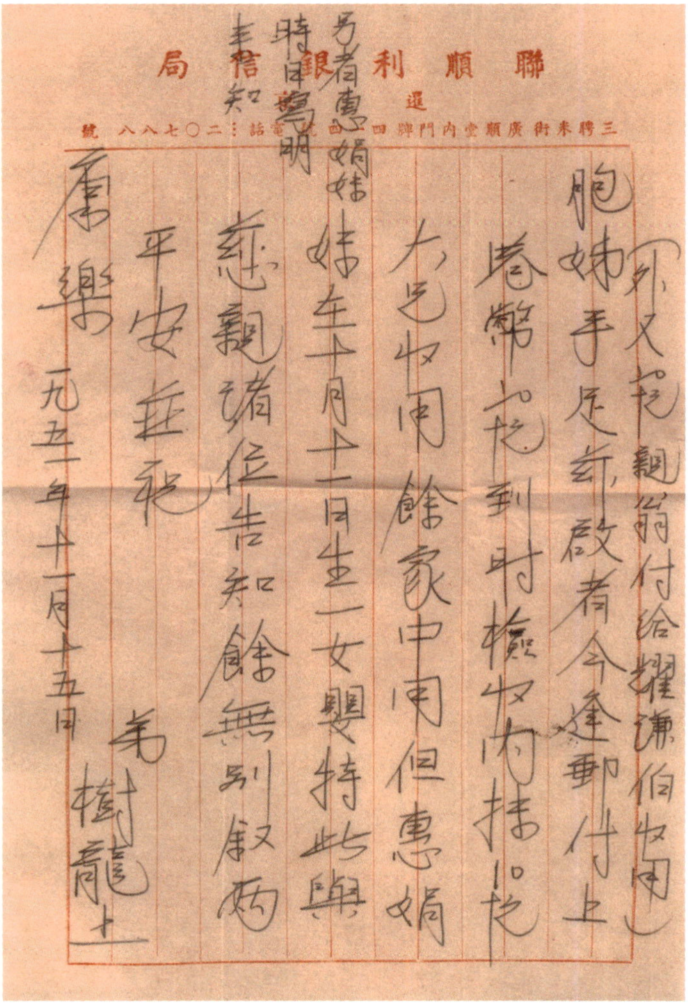
聯順利銀信局
暹京
三聘米街廣順內門牌四一四號 電話：二〇七八八號

另者惠娟姊時日莫明幸知

胞姊手足知啟者今逢郵付上
港幣兌到時檢收內抽兌
大元收用餘家中用但惠娟
姊在十月十一日生一女嬰特此與
慈親諸位告知餘無別叙
平安無恙
康樂
外又兌親翁付給耀謙伯收用
弟 樹龍 上
一九五一年十一月十五日

1951 年 12 月 20 日暹京陈树龙寄澄海下蓬渔洲龙美乡母亲

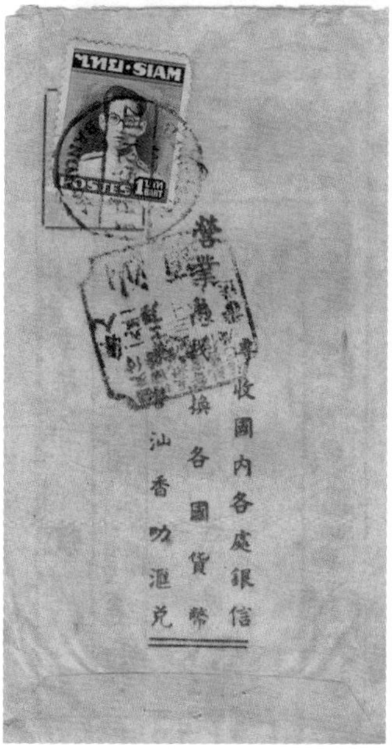

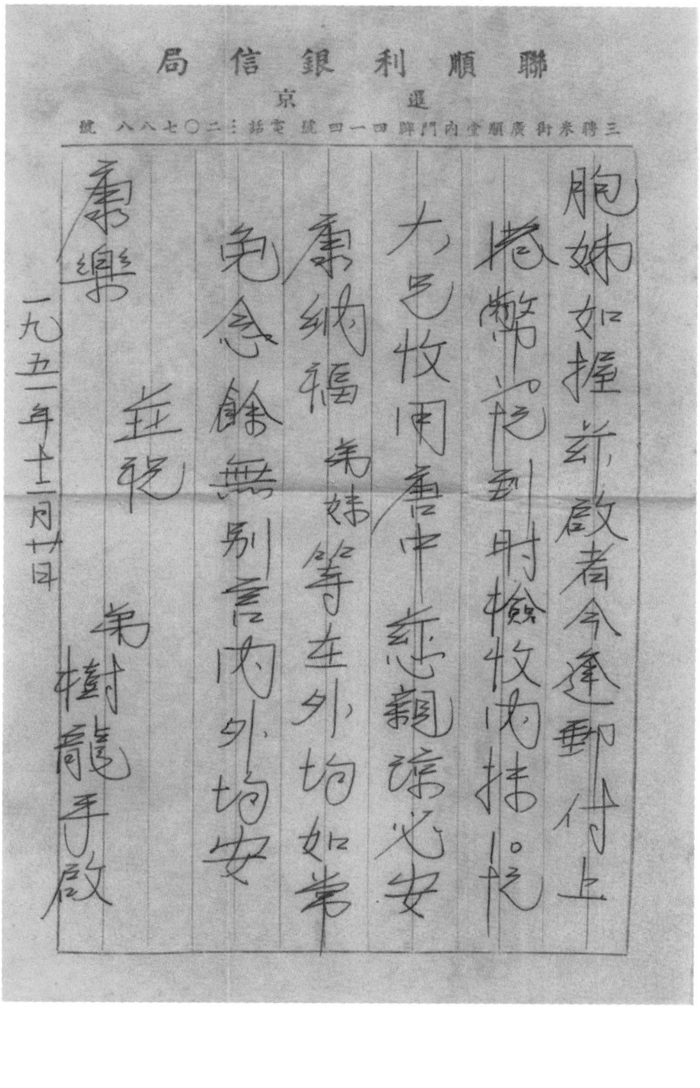

聯順利銀信局

暹京

三聘米街廣順字內門牌四一一四號 電話三二〇七八八號

胞姊如握：茲啟者，今逢郵付上港幣拾元，到時檢收，內抽拾元大毛收用。唐中慈親諒必安康納福，弟妹等在外均如常，免念。餘無別言，內外均安，並祝康樂。

弟樹龍手啟

一九五一年十二月廿日

1952 年 1 月 10 日暹京陈树龙寄澄海下蓬渔洲龙美乡母亲

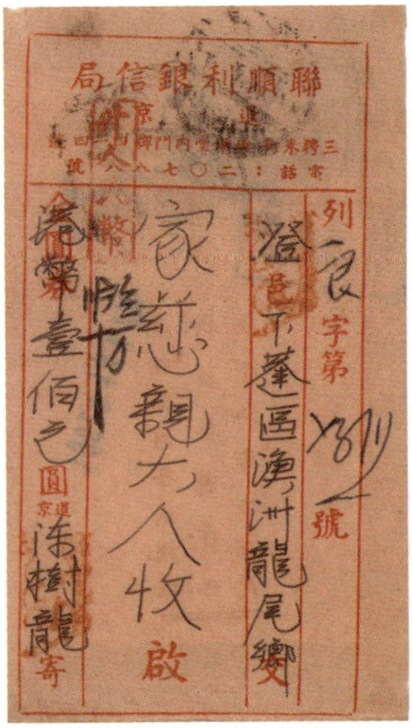

聯順利銀信局
暹京
三聘米街廣順堂內門牌四一四號 電話：二〇七八八號
列 良 字第 2011 號
澄邑下蓬區漁洲龍尾鄉
家慈親大人收 啟
附 港幣壹佰元
暹京 陈樹龍 寄

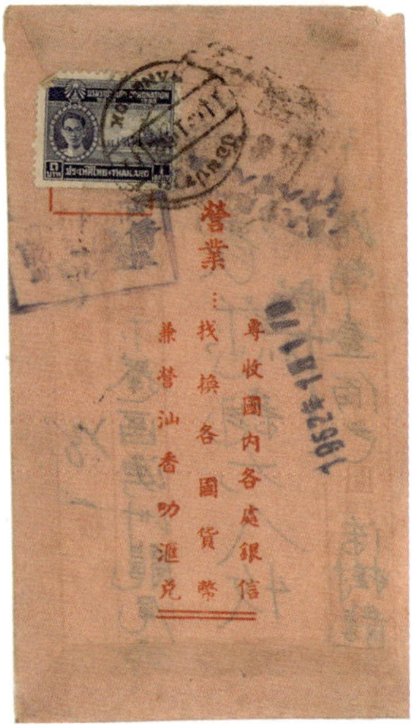

營業：
專收國內各處銀信
找換各國貨幣
兼營汕香叻滙兌

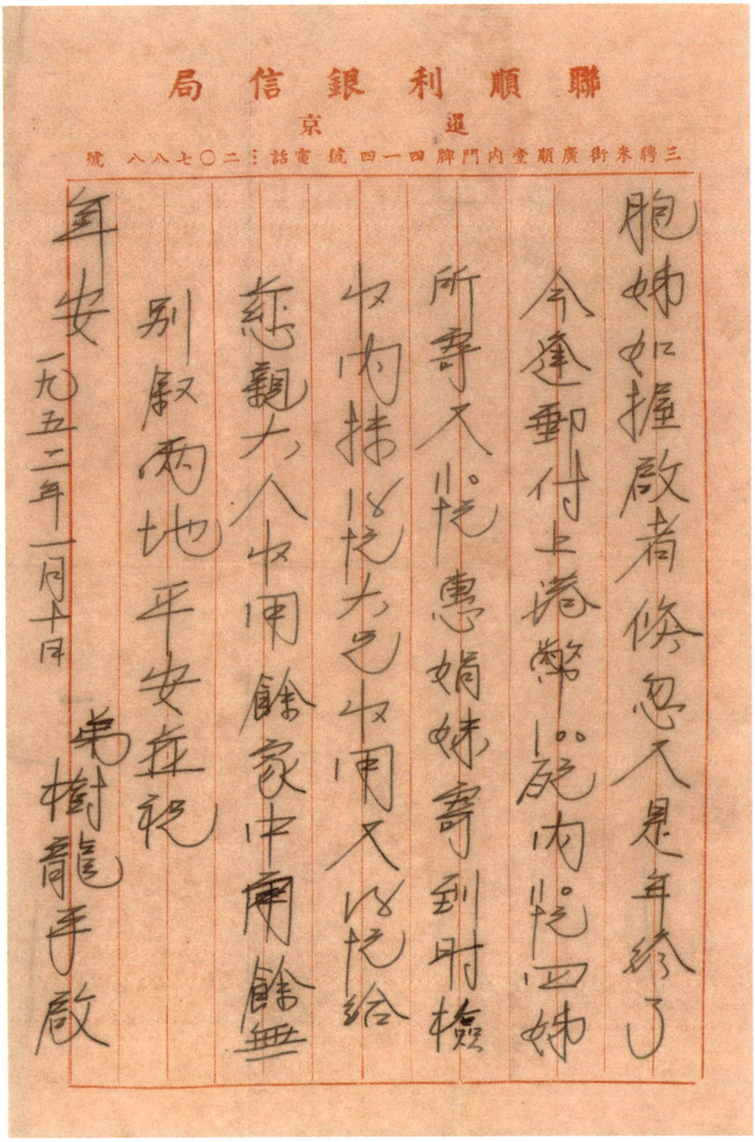

聯順利銀信局
暹京
三聘米街廣順堂內門牌四一四號 電話：二〇七八八號

胞姉如握啟者倏忽又是年終了
今逢郵付上港幣以佰元內抽四姉
所寄又抽惠娟妹寄到時檢
收內抹以抽大元收用又以抽給
慈親大人收用餘家中需用餘無
別叙兩地平安並祝
年安
一九五二年一月十日
弟樹龍手啟

1952 年 2 月 14 日暹京陈树龙寄澄海下蓬渔洲龙美乡母亲

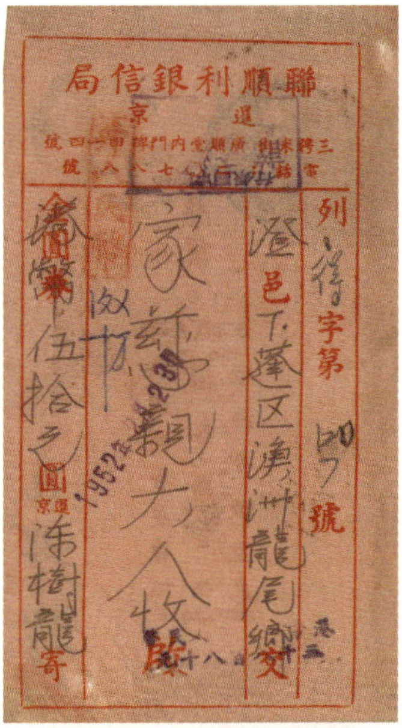

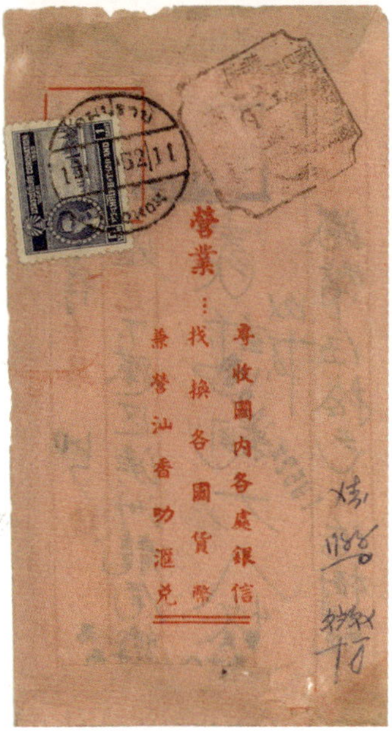

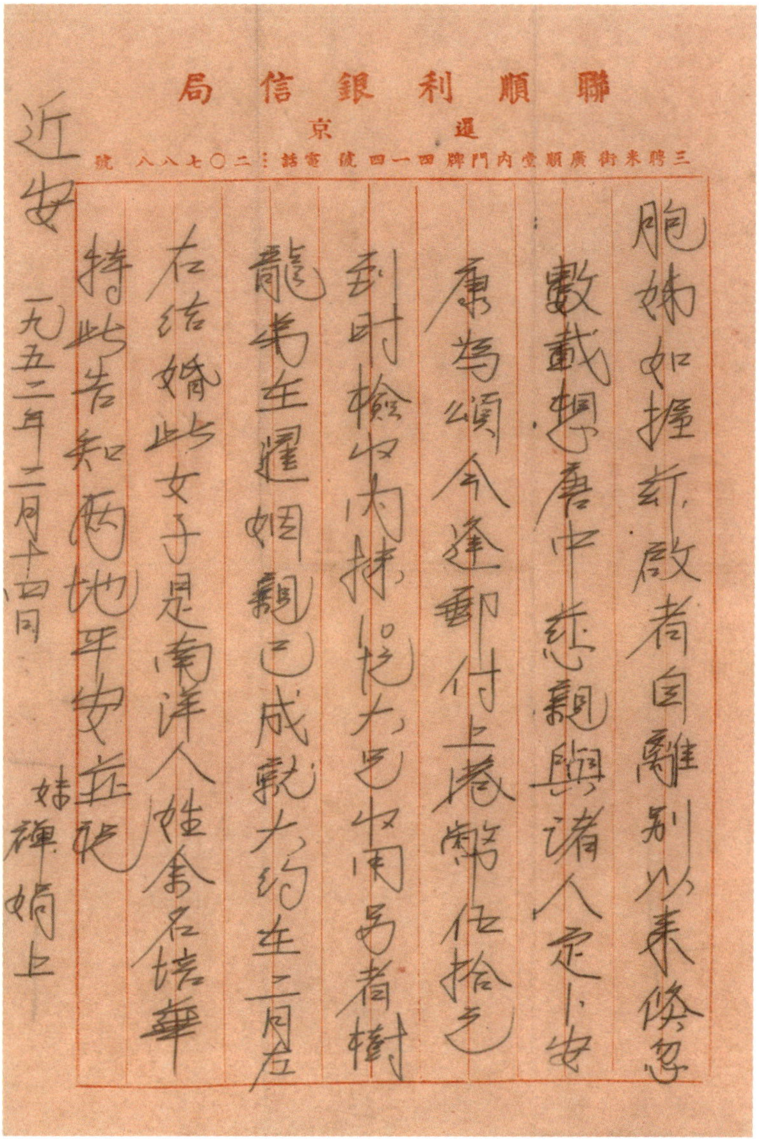
聯順利銀信局
暹京
三聘米街廣順堂內門牌四一四號 電話：二〇七八八號

胞姊如握：敬啟者，自離別以來，倏忽數載，想唐中慈親與諸人定卜安康。茲付郵上港幣伍拾元，到時檢收，內拨伍元與胞弟者樹龍。弟在暹娶媳已成就，大约在二月左右結婚，此女子是南洋人，姓余名瑞華。特此告知，兩地平安[illegible]。

近安

一九五二年二月十四日

妹 禪娟 上

1952 年 3 月 13 日暹京陈树龙寄澄海下蓬渔洲龙美乡母亲

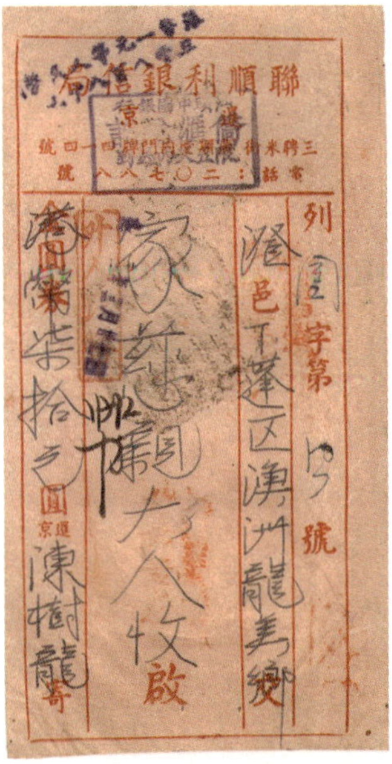

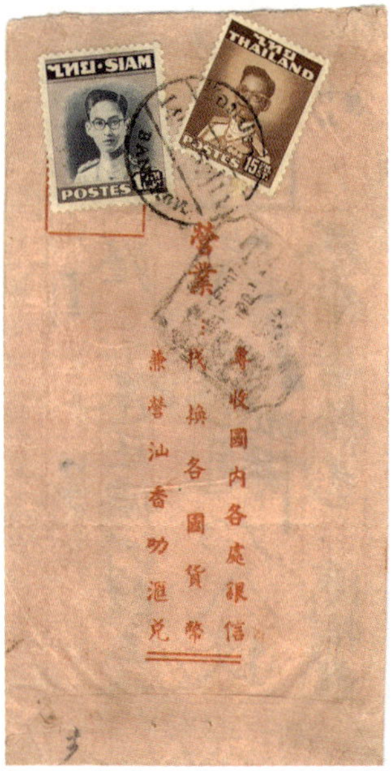

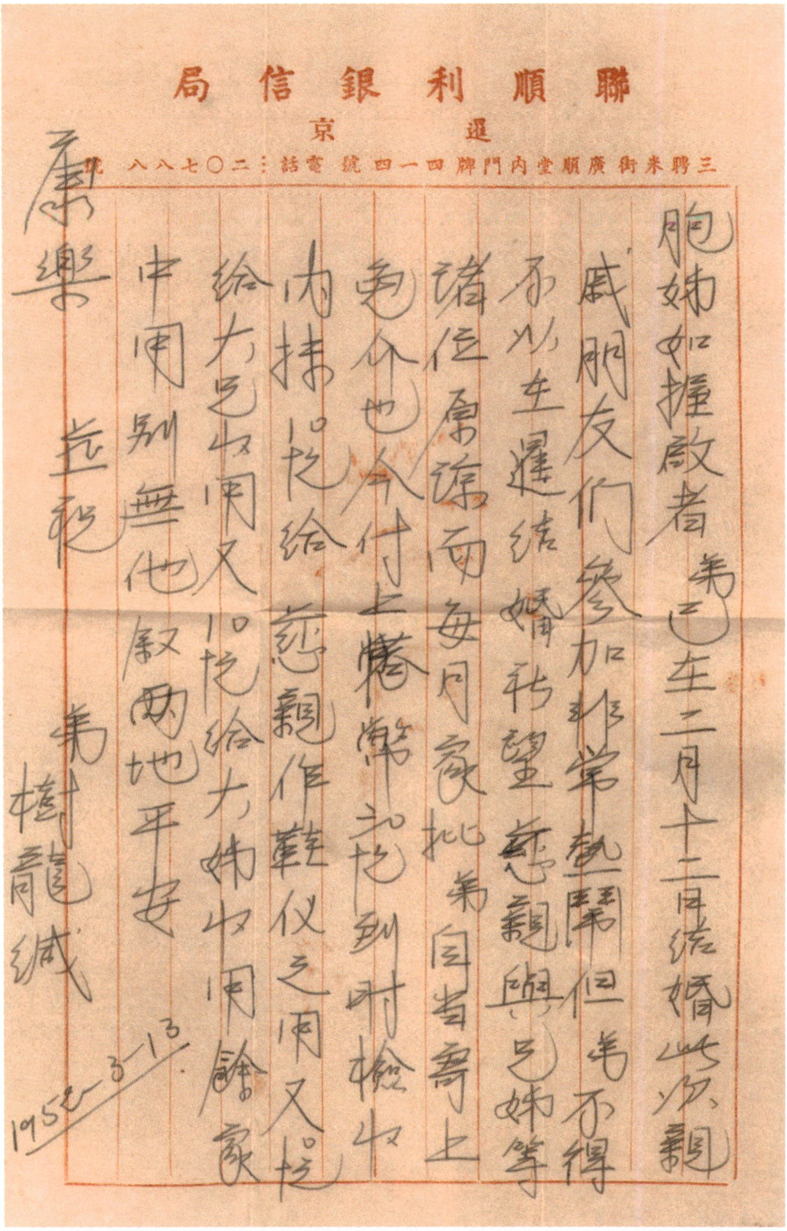
聯順利銀信局
暹京
三聘米街廣順堂內門牌四一四號 電話：二〇七八八

胞姊如握啟者 弟已在二月十二日結婚 此次親戚朋友們參加非常熱鬧 但弟不得不必在暹結婚 我望慈親與兄姊等諸位原諒 而每月家批弟自当寄上 免介也 今付上港幣[illegible]到時檢收 內抽[illegible]給慈親作鞋仪之用 又[illegible]給大兄收用 又[illegible]給大姊收用 餘家中用 別無他叙 兩地平安 並祝

康樂

弟 樹龍 緘

1952-3-13

1952 年 4 月 24 日暹京陈树龙寄澄海下蓬渔洲龙美乡母亲

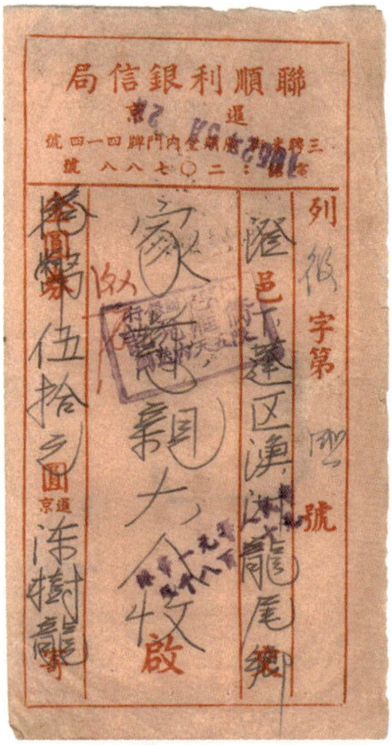

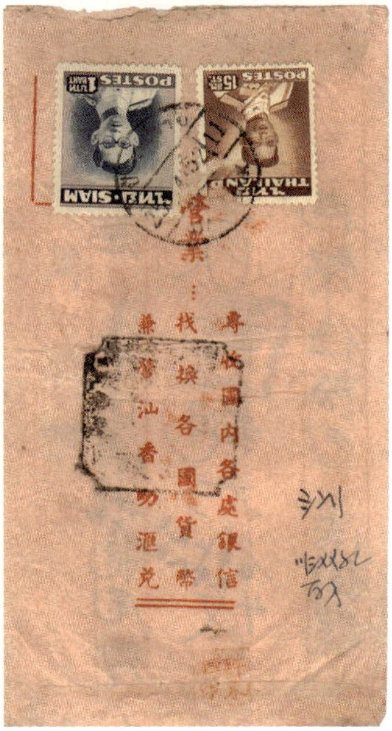

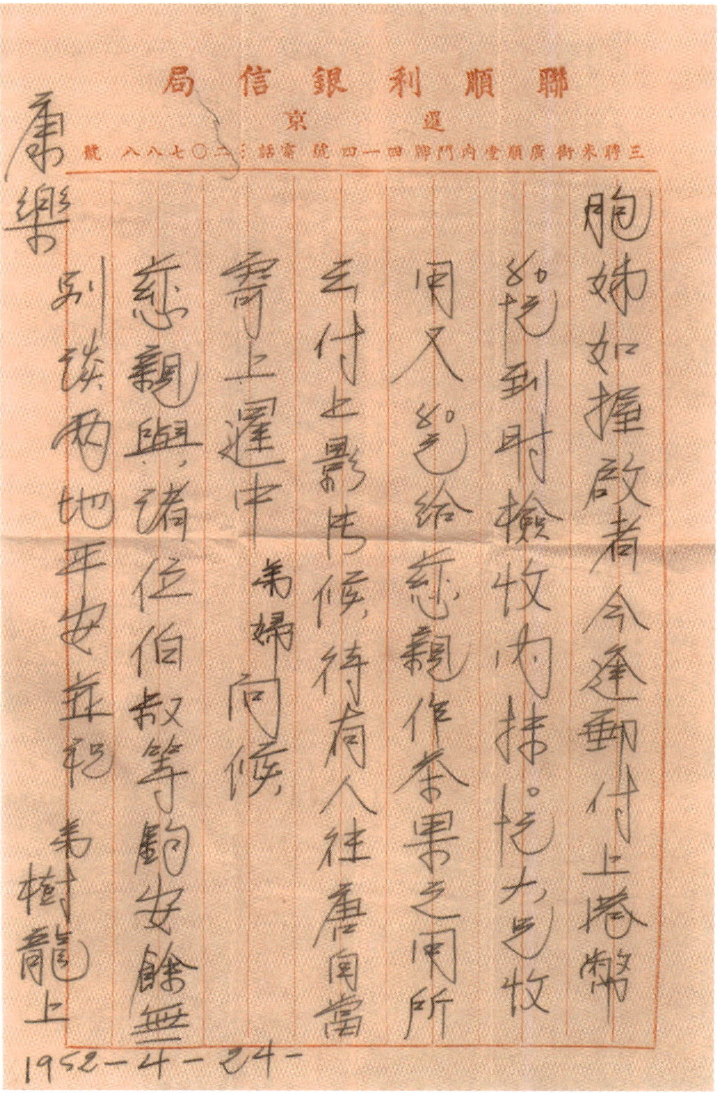
聯順利銀信局
暹京
三聘米街廣順豐內門牌四一四號 電話：二〇七八八號

胞姊如握啟者今逢郵付上港幣
伍拾到時檢收內抽拾大元收
用又伍元給慈親作茶果之用所
云付上影片候待有人往唐山當
寄上暹中 弟婦向候
慈親與諸位伯叔等鈞安餘無
別談兩地平安並祝
康樂
弟樹龍上
1952-4-24-

1952 年 5 月 22 日暹京陈树龙寄澄海下蓬渔洲龙美乡母亲

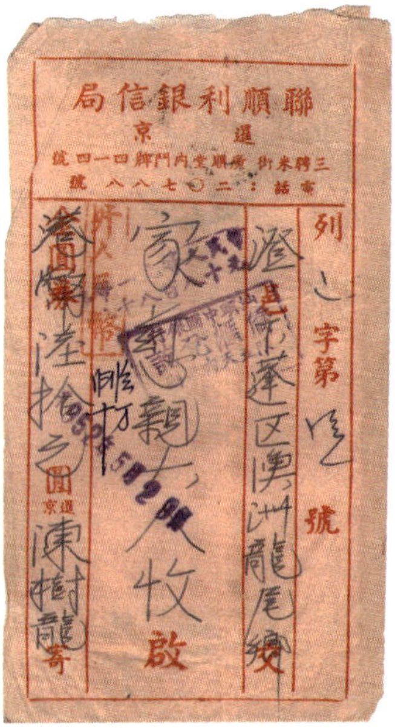

聯順利銀信局
暹京
三聘米街順豐內門牌四一四號
電話：二一七八八號
列 乙 字第 [illegible] 號
澄邑下蓬區渔洲龍尾鄉交
家慈親大人 收啟
外附港幣伍拾元
暹京 陳樹龍寄

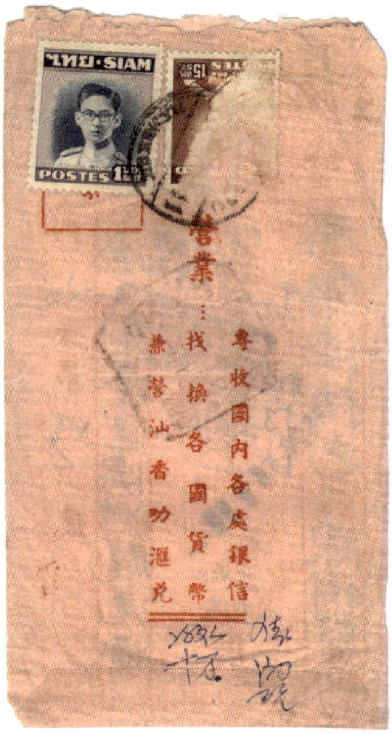

營業：
專收國內各處銀信
找換各國貨幣
兼營汕香匯兑

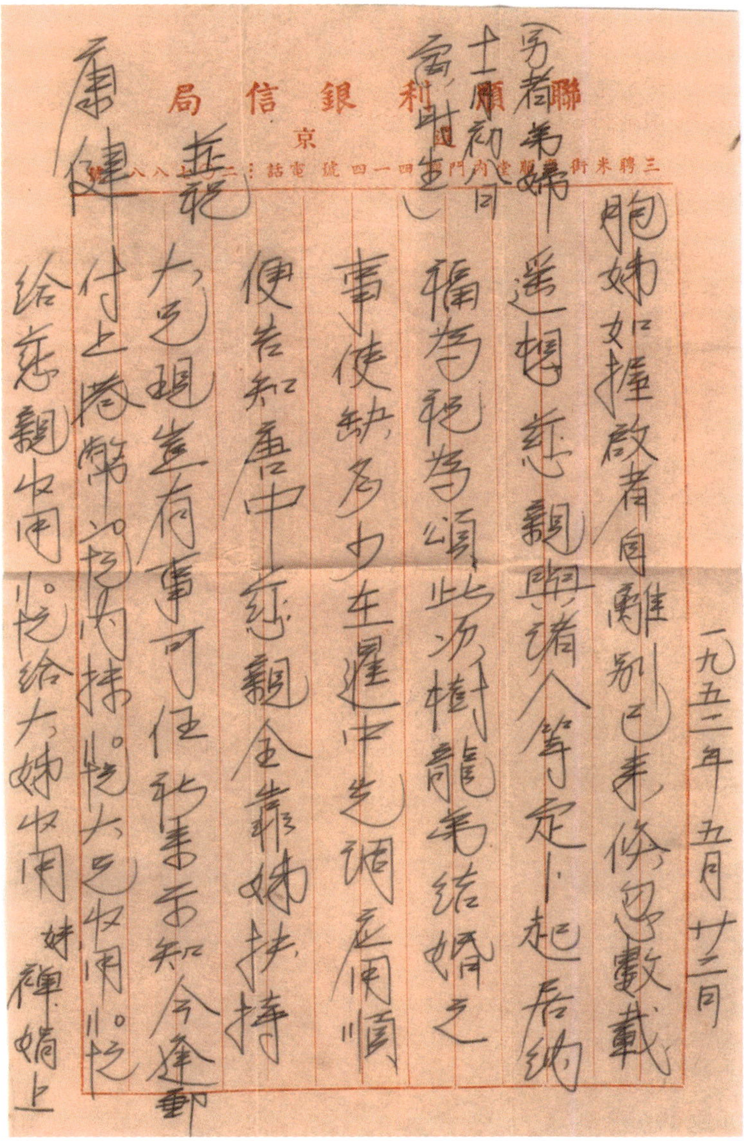

聯順利銀信局
暹京
三聘米街順豐內門牌四一四號 電話：二一七八八號

胞姊如握 啟者自離别已來 倏忽數載
遥想慈親與諸人等定卜起居納
福為祝為頌 此次樹龍弟結婚之
事使缺多少在暹中先[illegible]庭[illegible]順
便若知唐中慈親全靠姊扶持
大兄現甚有事可任私事未知今逢郵
付上港幣伍拾元 伍拾元大兄收用 伍拾
給慈親收用 伍拾給大姊收用 妹 [illegible]上
一九五二年五月廿二日
另者弟婦十月初八日出生 康健 [illegible]

1952 年 8 月 21 日暹京陈树龙寄澄海下蓬渔洲龙美乡母亲

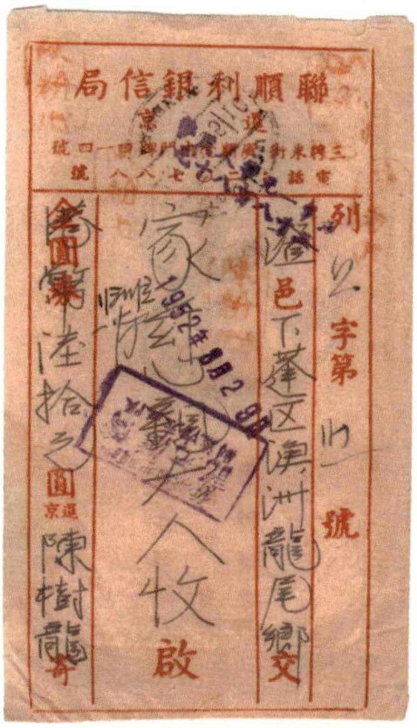

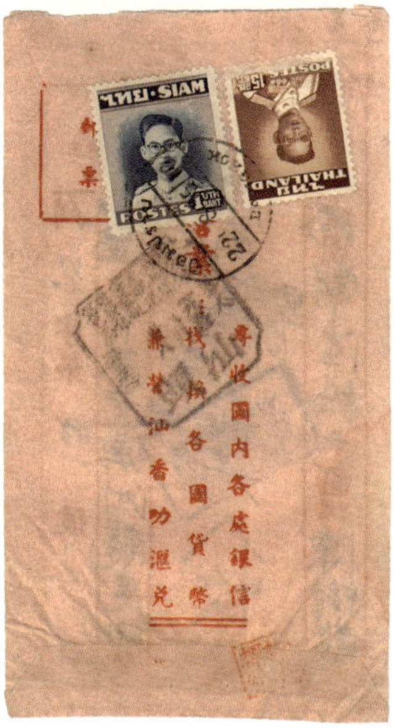

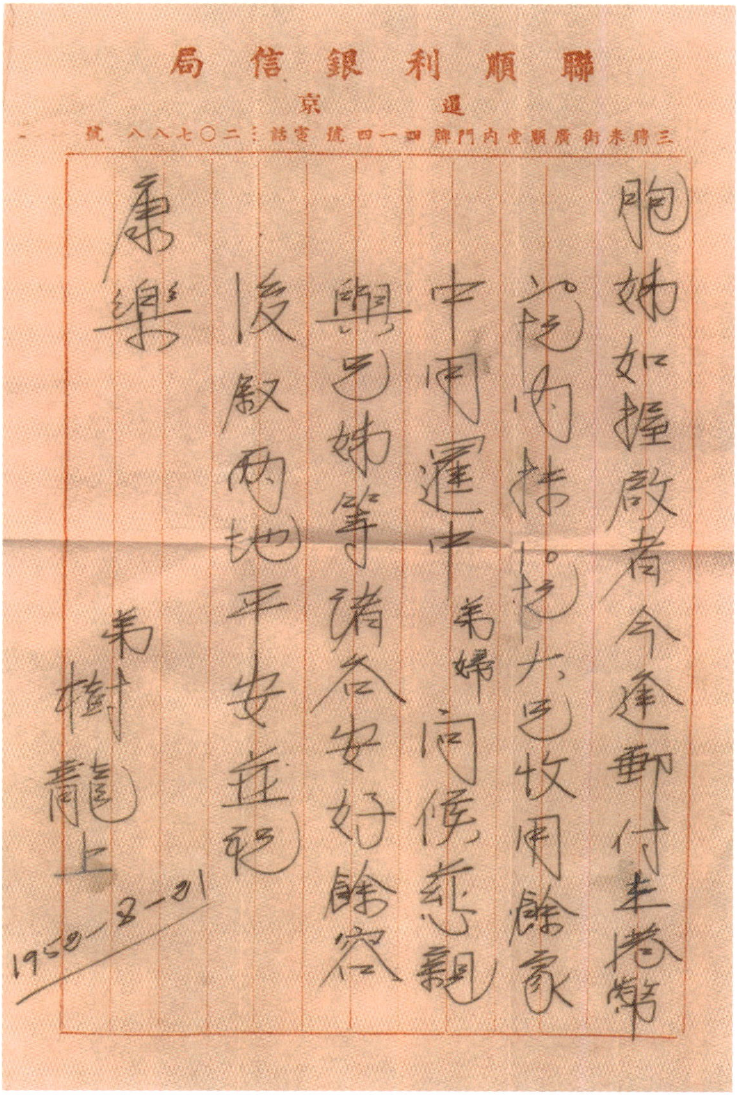
聯順利銀信局
暹京
三聘米街廣順豐內門牌四一四號電話：二〇七八八號

胞姊如握 啟者今逢郵付來港幣
弍佰拾大元收用餘家
中闔運中 弟婦 問候慈親
與己姊等諸各安好餘容
後敍兩地平安 並祝
康樂
弟 樹龍 上
1952-8-21

1952年9月18日树龙寄姐姐

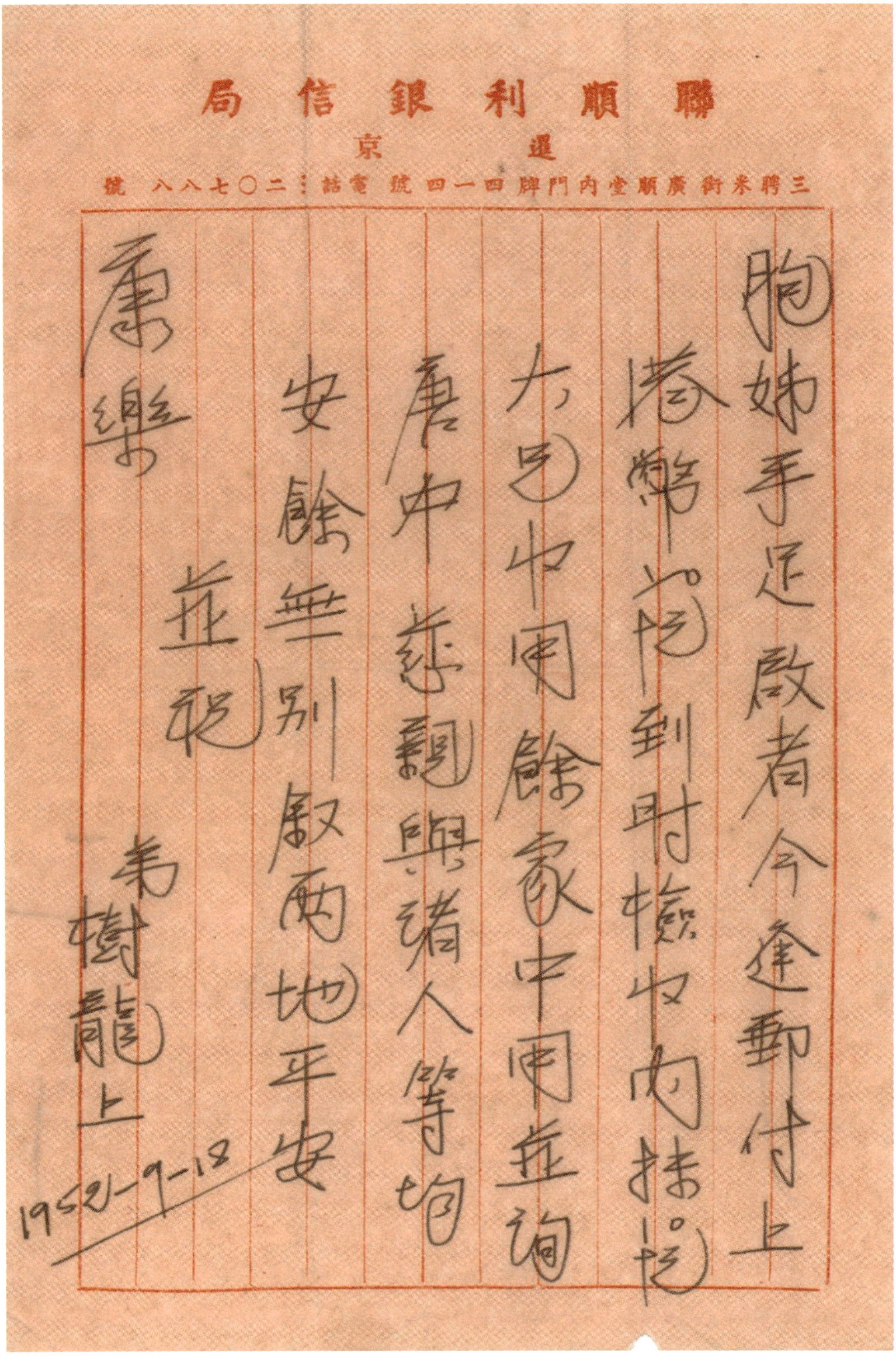
聯順利銀信局
暹京
三聘米街廣順堂內門牌四一四號 電話：二〇七八八號

胞姊手足 啟者今逢郵付上
港幣八佰到時撿收內抹也
大兄中用餘家中用並詢
唐中慈親與諸人等均
安餘無別敘兩地平安
並祝
康樂
弟樹龍上
1952-9-18

1952 年 10 月 16 日暹京陈树龙寄澄海下蓬渔洲龙美乡母亲

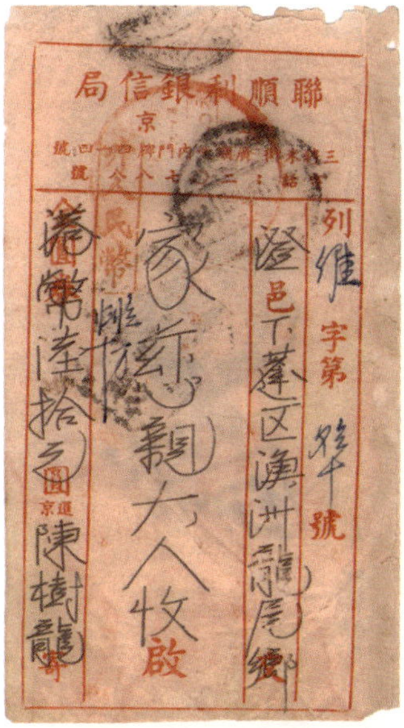

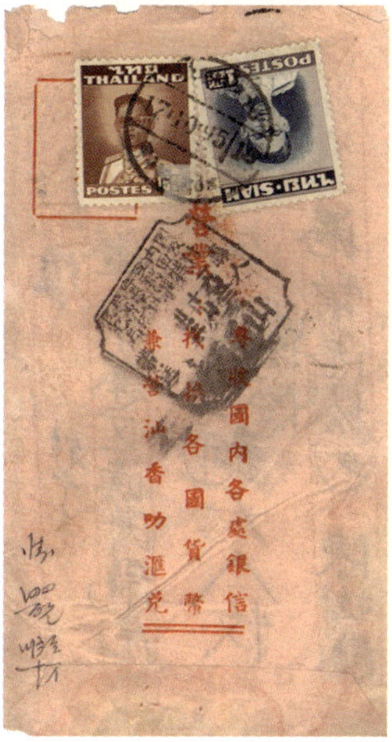

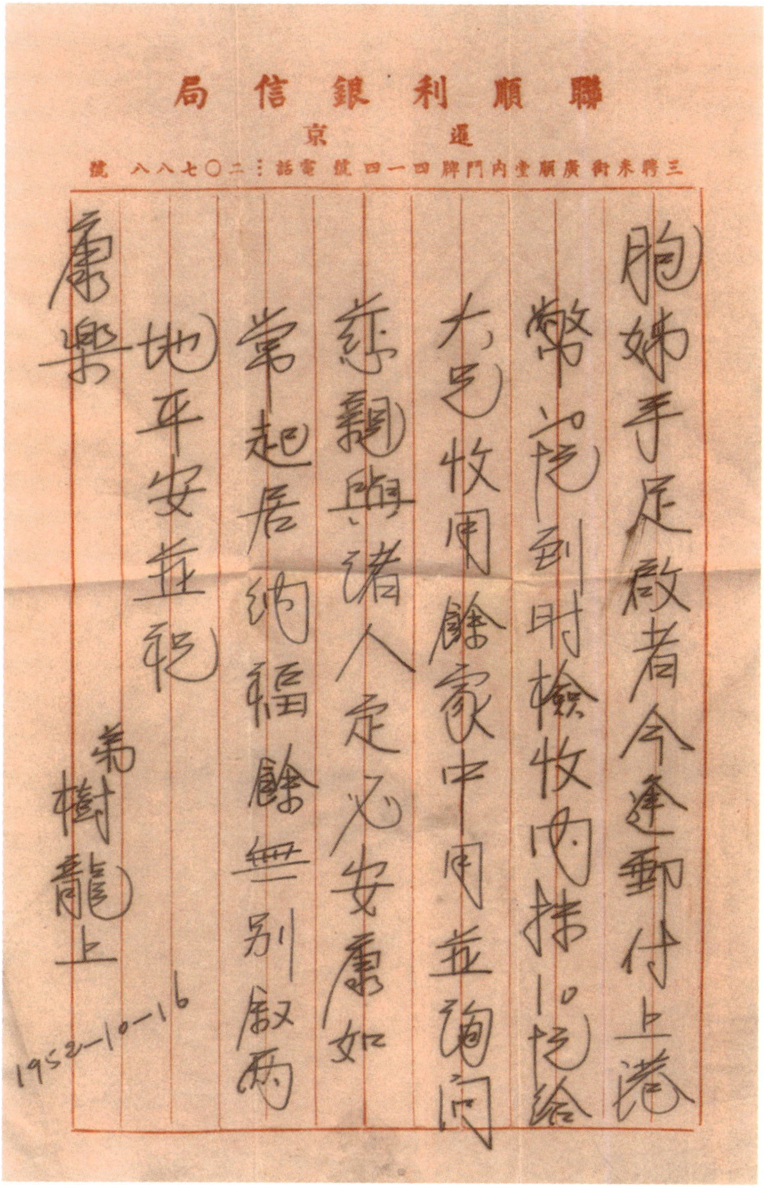

聯順利銀信局
暹京
三聘禾街廣順豐內門牌四一一四號　電話：二〇七八八號

胞姊手足啟者今逢郵付上港幣一佰到時檢收內撥一佰給大兄收用餘家中用並詢問慈親與諸人定必安康如常起居納福餘無別叙兩地平安並祝康樂

弟樹龍上

1952-10-16

1952年11月27日暹京陈树龙寄澄海下蓬渔洲龙美乡母亲

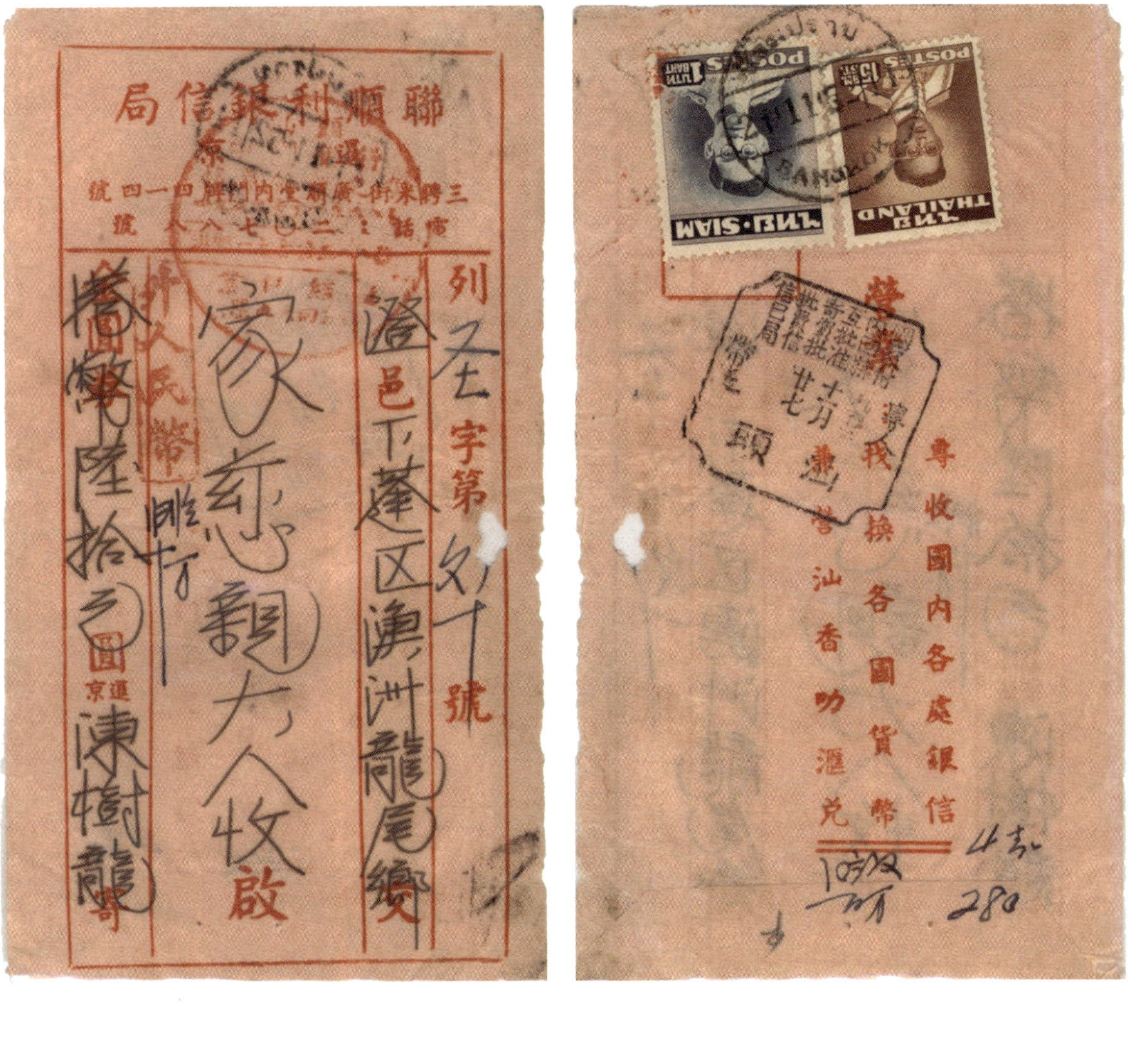

1953 年 3 月 4 日暹罗陈树龙寄澄海下蓬渔洲龙美乡母亲

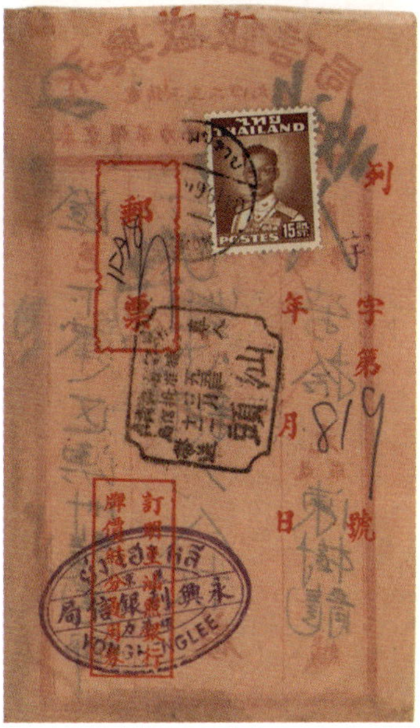

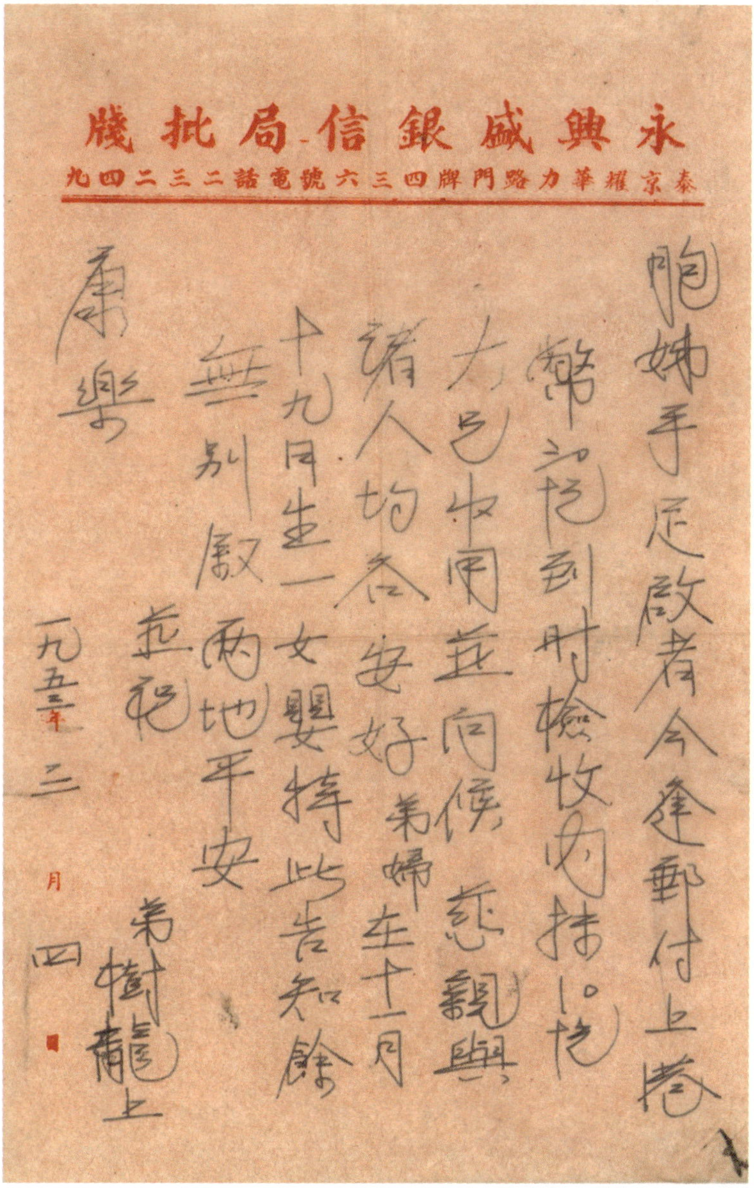

永興盛銀信局批箋

泰京耀華力路門牌四三六號電話二三二四九

胞姊手足啟者今逢郵付上港幣弍佰到时檢收内抹弍佰大包收用並问候慈親與諸人均各安好 弟婦在十一月十九日生一女嬰持此告知餘無別啟 兩地平安

並祝

康樂

弟樹龍上

一九五三年三月四日

1953 年 4 月 8 日暹罗陈树龙寄澄海下蓬渔洲龙美乡母亲

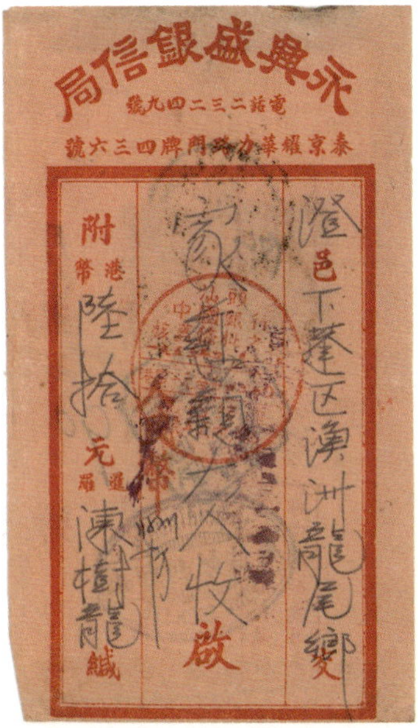

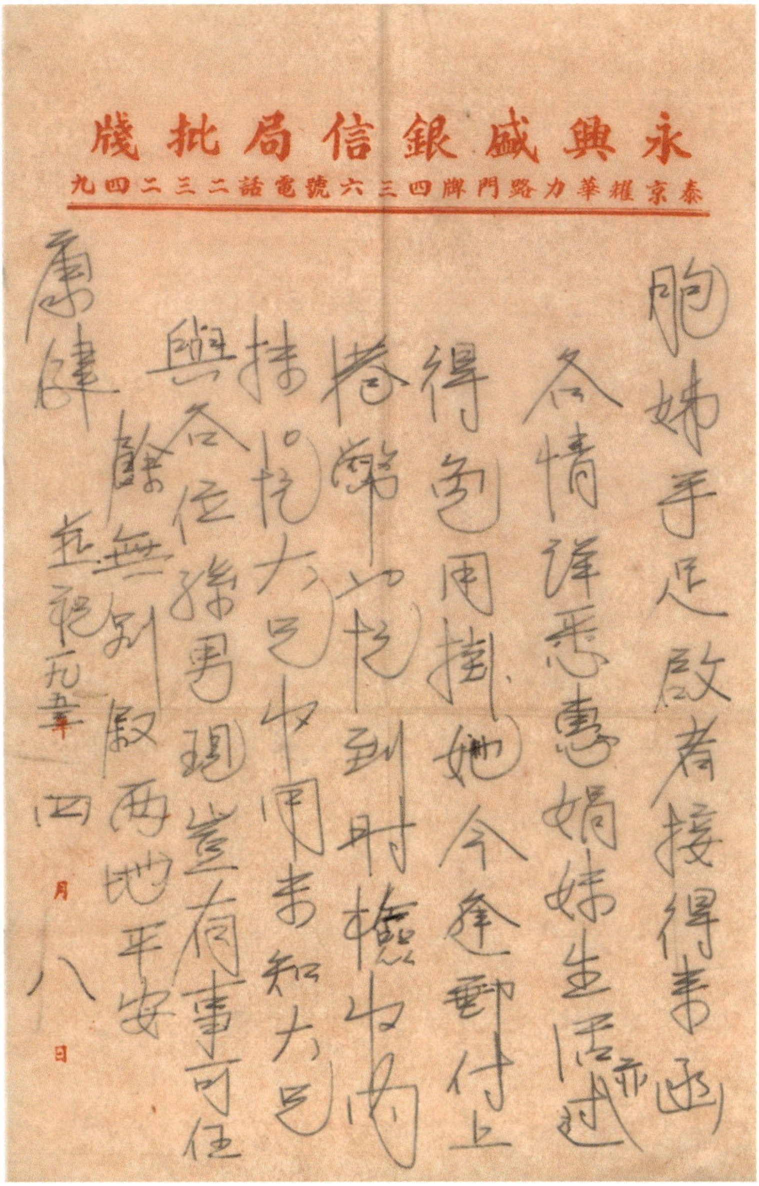

1953 年 5 月 6 日暹罗陈树龙寄澄海下蓬渔洲龙美乡母亲

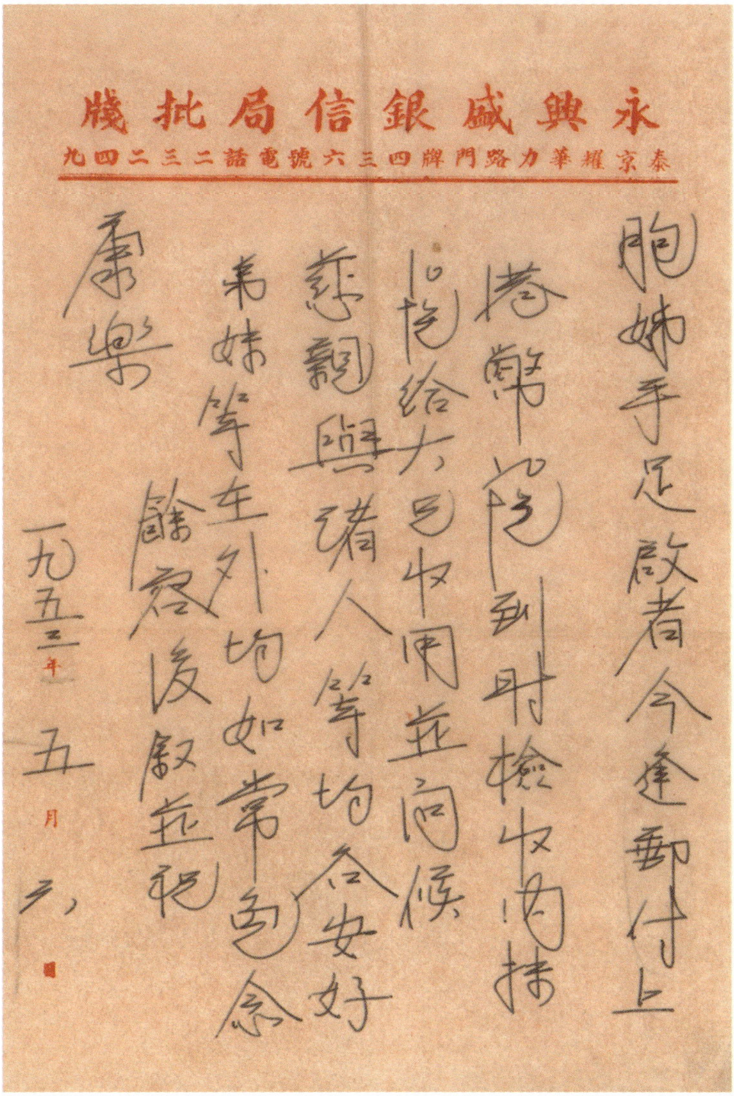

永興盛銀信局批牋

泰京耀華力路門牌四三六號電話二三二四九

胞姊手足

啟者今逢郵付上

港幣[illegible]到時檢收為持

此款給大兄收用並問候

慈親與諸人等均合安好

弟妹等在外均如常勿念

餘容後叙並祝

康樂

一九五三年五月六

1953年8月5日暹罗陈树龙寄澄海下蓬渔洲龙美乡母亲

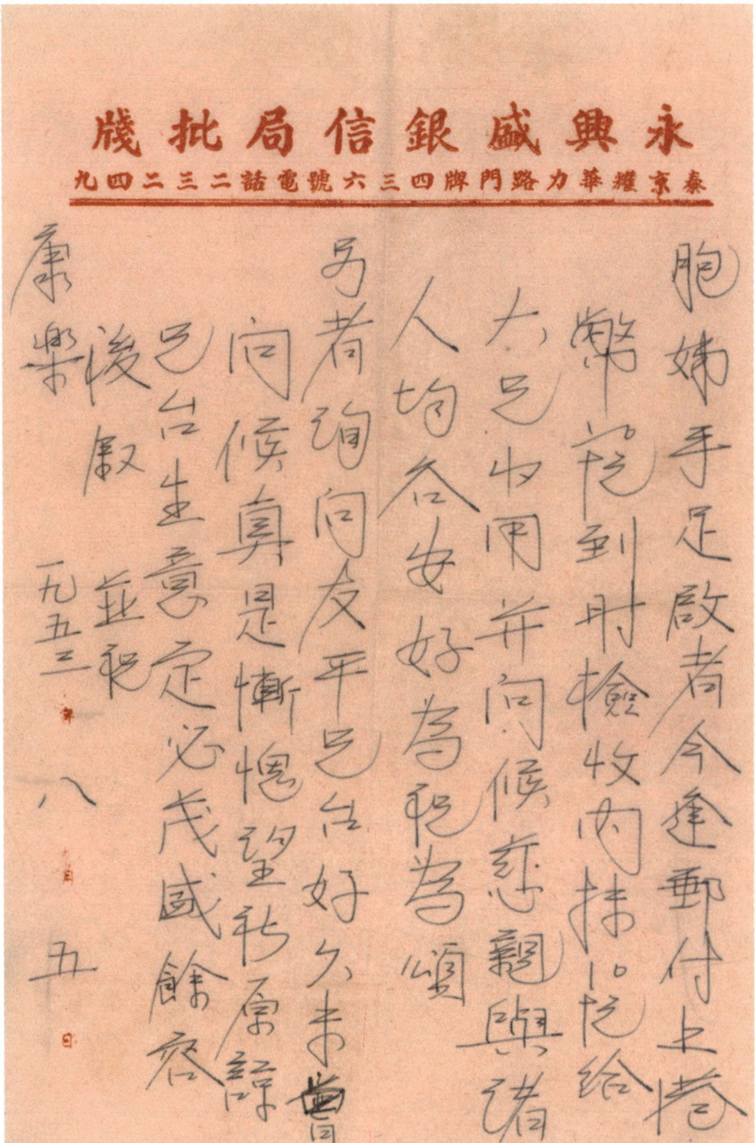

永興盛銀信局批箋
泰京耀華力路門牌四三六號電話二三二四九

胞姊手足啟者今逢郵付上港
幣陸拾到時檢收內抽拾給
大兄收用并向候慈親與諸
人均合安好為祝為頌
另者詢問友平兄台好久未曾
問候真是慚愧望祈原諒
兄台生意定必茂盛餘容
後叙 並祝
康樂
一九五三年八月五日

1953 年 9 月 3 日暹罗陈树龙寄澄海下蓬渔洲龙美乡母亲

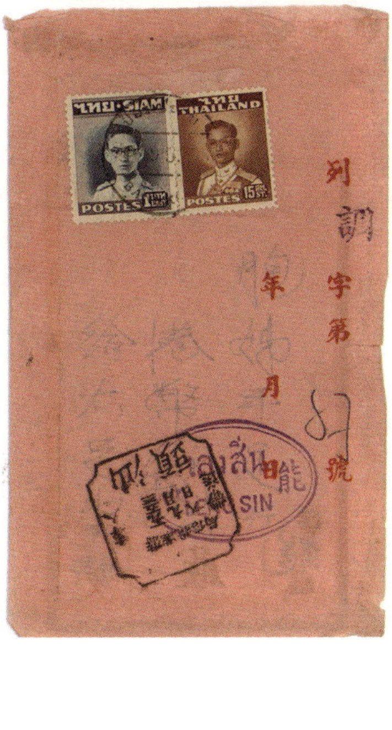

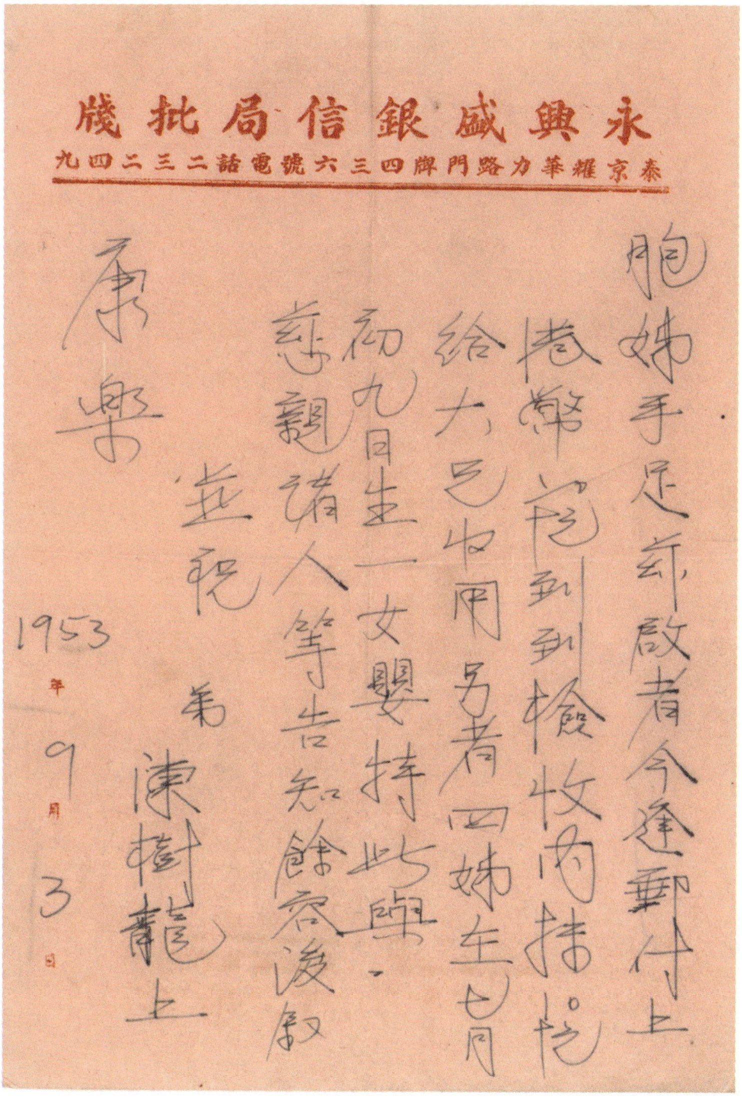
永興盛銀信局批箋
泰京耀華力路門牌四三六號電話二三二四九

胞姊手足爺啟者今逢郵付上
港幣伍元到到檢收內抽
給大邑中用另有四姊在七月
初九日生一女嬰特此與
慈親諸人等告知餘容後叙
並祝
康樂
弟 陳樹龍 上
1953 年 9 月 3 日

1953 年 10 月 7 日暹罗陈树龙寄澄海下蓬渔洲龙美乡母亲

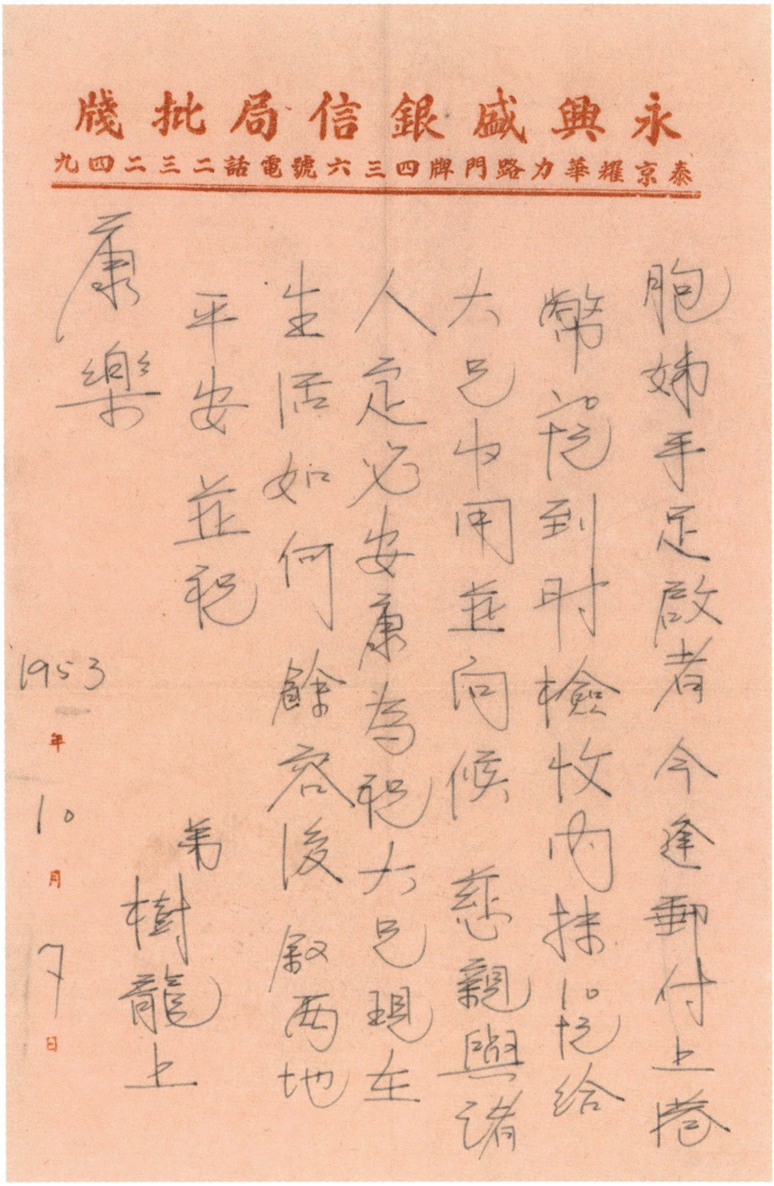
永興盛銀信局批箋
泰京耀華力路門牌四三六號電話二三二四九

胞姊手足啟者今逢郵付上港
幣弍佰到时檢收內抽10元給
大兄中用並向候慈親與諸
人定必安康為祝大兄現在
生活如何餘容後叙西地
平安並祝
康樂
弟 樹龍上
1953 年 10 月 7 日

1953 年 11 月 4 日暹罗陈树龙寄澄海下蓬渔洲龙美乡母亲

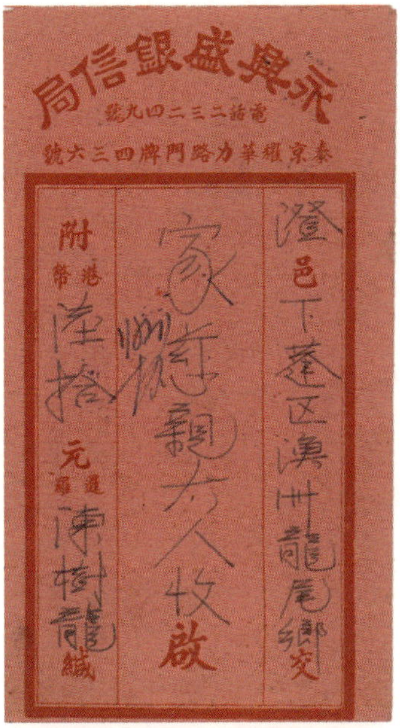

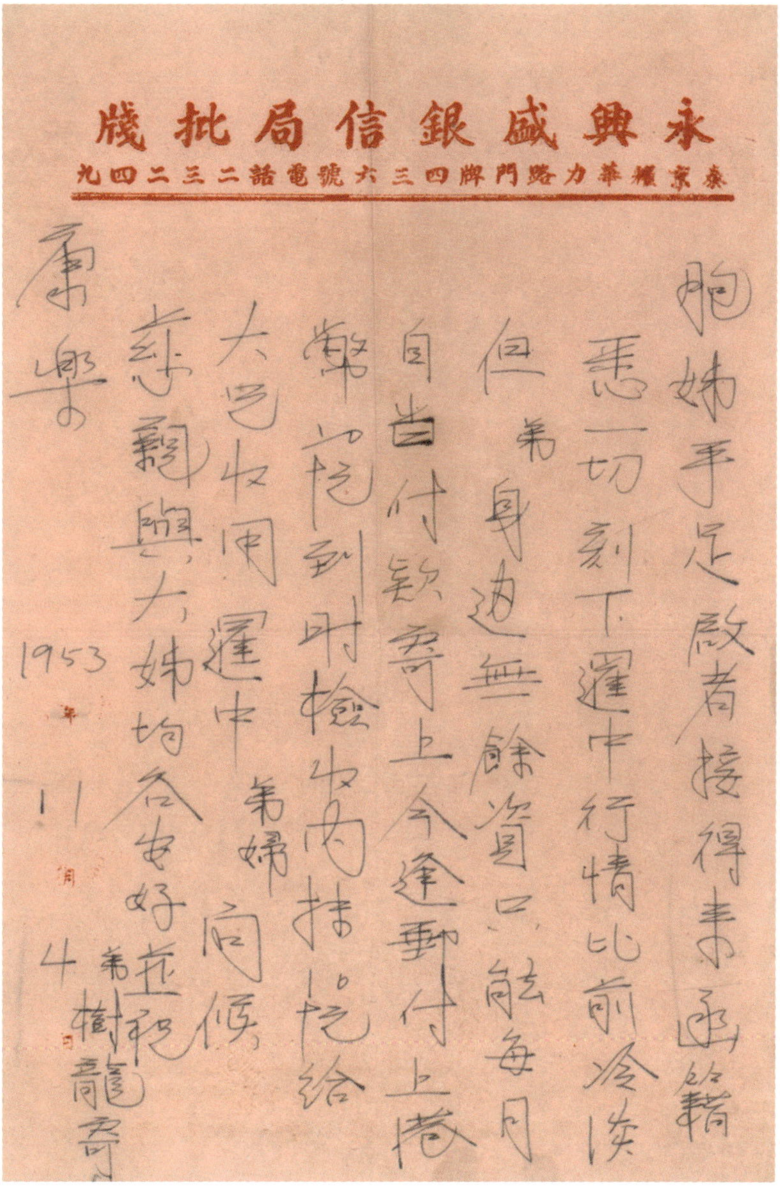
永興盛銀信局批箋
泰京耀華力路門牌四三六號電話二三二四九

胞姊手足啟者：接得來函銘(?)藉悉一切。刻下暹中行情比前冷淡，但弟身邊無餘資，只能每月自當付款寄上。今逢郵付上港幣弍佰，到時檢收，内抹弍佰給大嫂(?)收用。暹中弟婦向候。慈親與大姊均各安好。弟並祝康樂。

弟樹龍寄
1953 年 11 月 4 日

1953 年 12 月 3 日暹罗陈树龙寄澄海下蓬渔洲龙美乡母亲

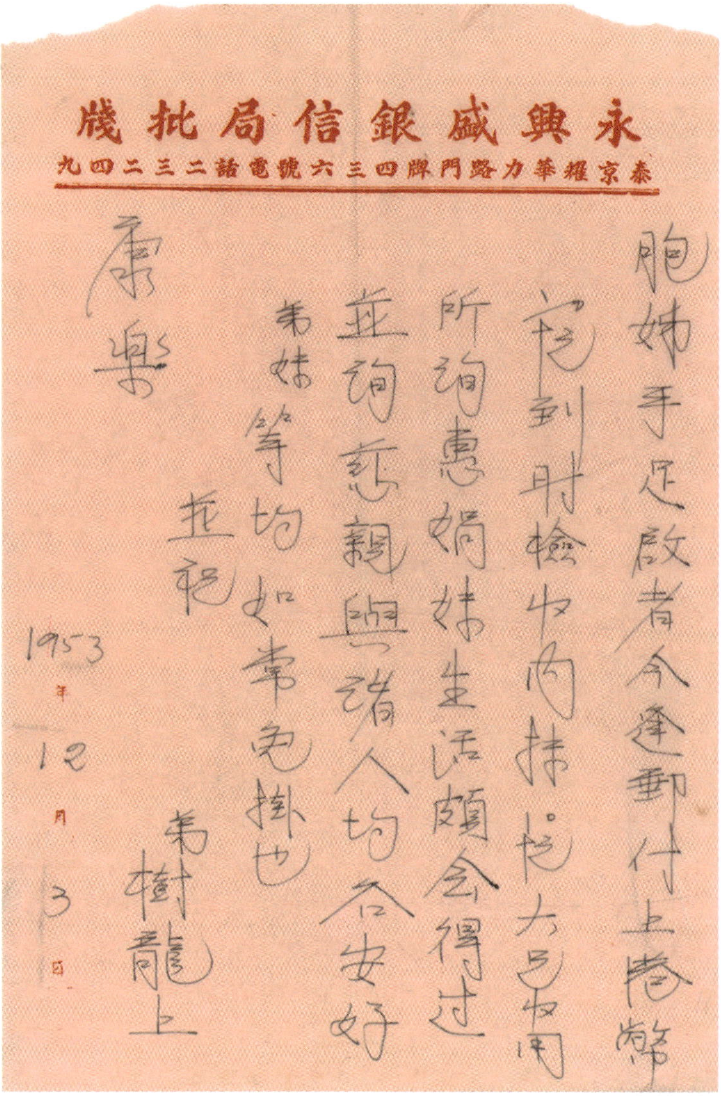

永興盛銀信局批箋

泰京耀華力路門牌四三六號電話二三二四九

胞姊手足啟者今逢郵付上港幣
拾到時檢收內抹拾大包兩
所詢惠娟妹生活頗会得过
並詢慈親與諸人均合安好
弟妹等均如常免掛也
並祝
康樂
弟樹龍上
1953年12月3日

1954 年 1 月 6 日暹罗陈树龙寄澄海下蓬渔洲龙美乡母亲

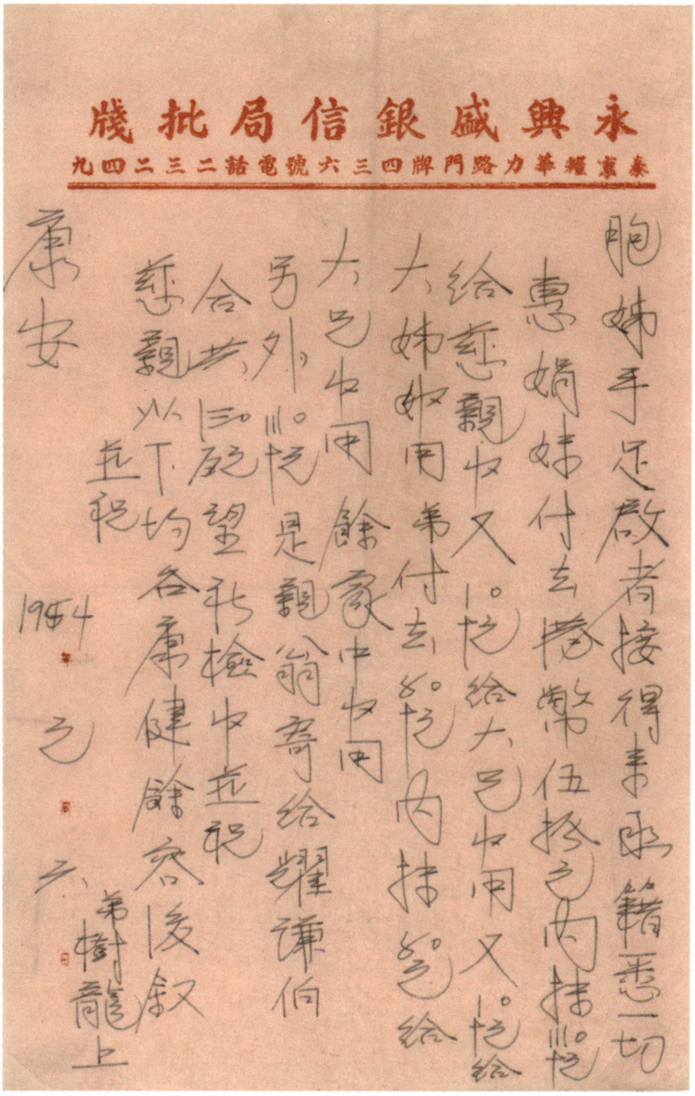
永興盛銀信局批箋
泰京耀華力路門牌四三六號電話二三二四九

胞
姊手足啟者接得來函籍悉一切
惠娟妹付去港幣伍拾元內抽〢〇元
給慈親收又〡〇元給大兄收用又〡〇元給
大姊收用弟付去〤〇元內抽〤〇元給
大兄收用餘家中收用
另外〣〇元是親翁寄給耀謙伯
合共〡〣〇元望祈檢收查收
慈親以下均各康健餘容後叙
查收
康安
1954年元月六日 弟樹龍上

1954 年 2 月 10 日暹罗陈树龙寄澄海下蓬渔洲龙美乡母亲

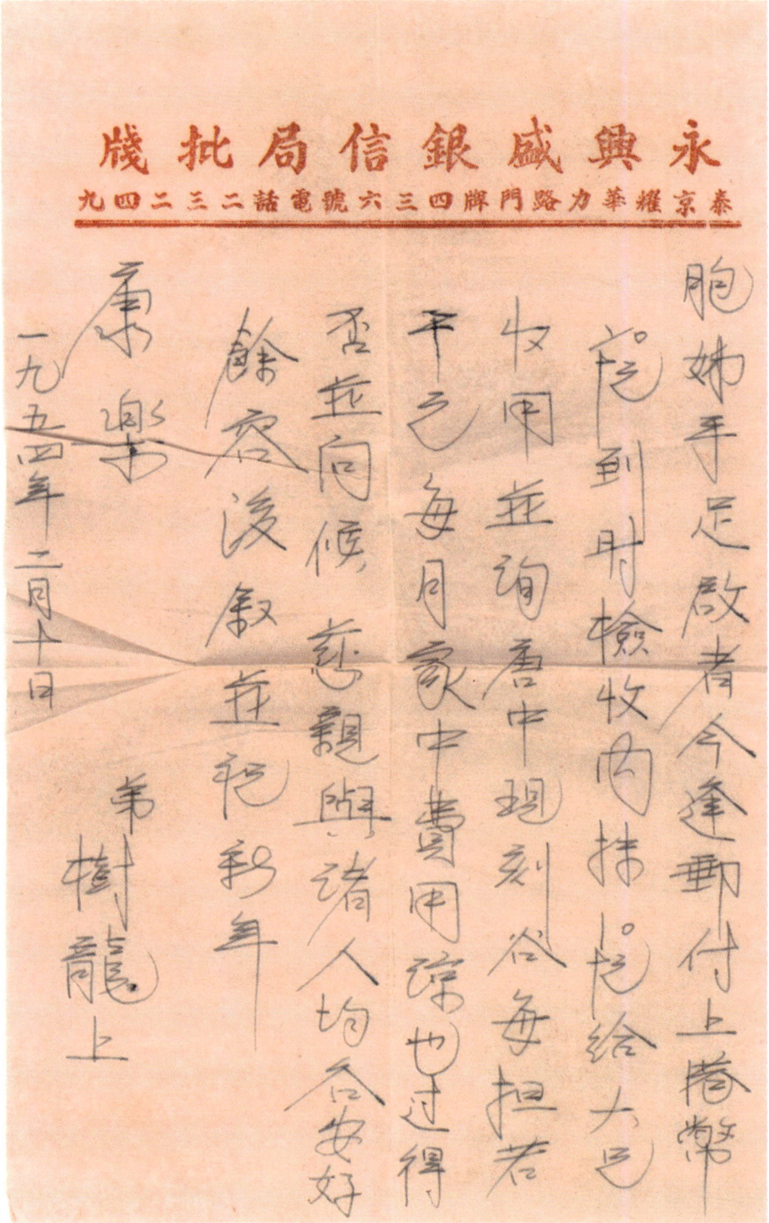
永興盛銀信局批箋
泰京耀華力路門牌四三六號電話二三二四九

胞姊手足啟者今逢郵付上港幣陸
到時檢收內抹陸給大巳收用並詢唐中現刻谷每担若
干元每月家中費用諒也過得去並向候慈親與諸人均合安好
餘容後叙並祝新年
康樂
弟 樹龍上
一九五四年二月十日

1954 年 3 月 4 日暹罗陈树龙寄澄海下蓬渔洲龙美乡母亲

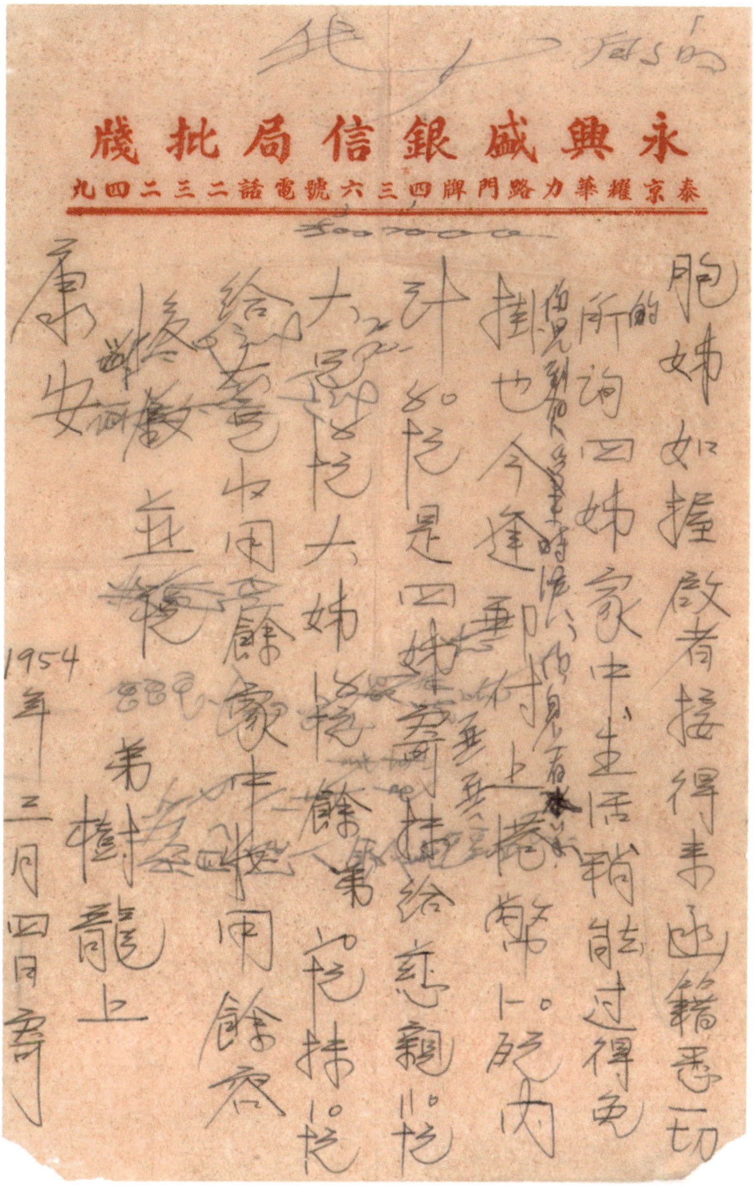

1954 年 4 月 7 日暹罗陈树龙寄澄海下蓬渔洲龙美乡母亲

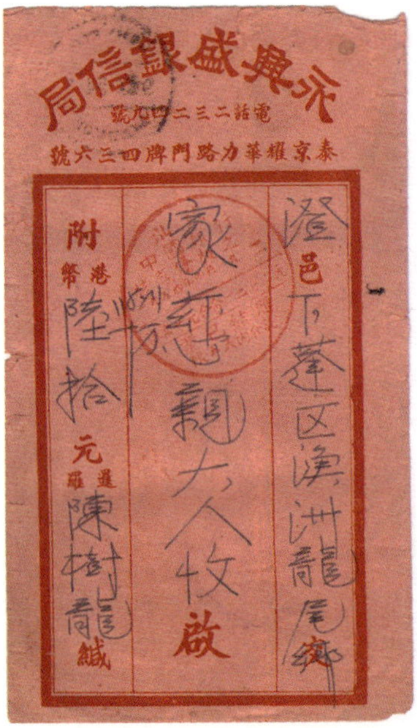

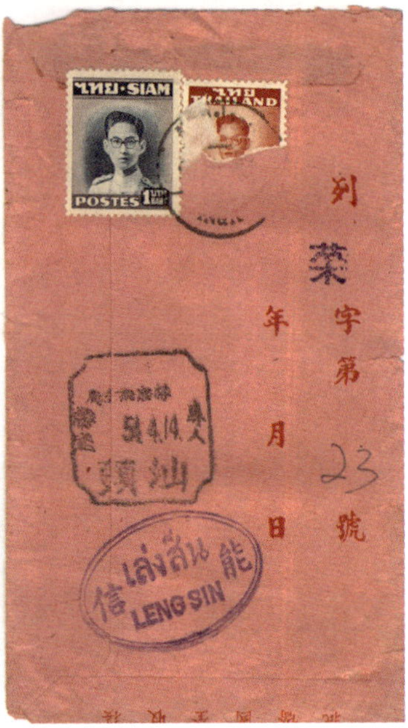

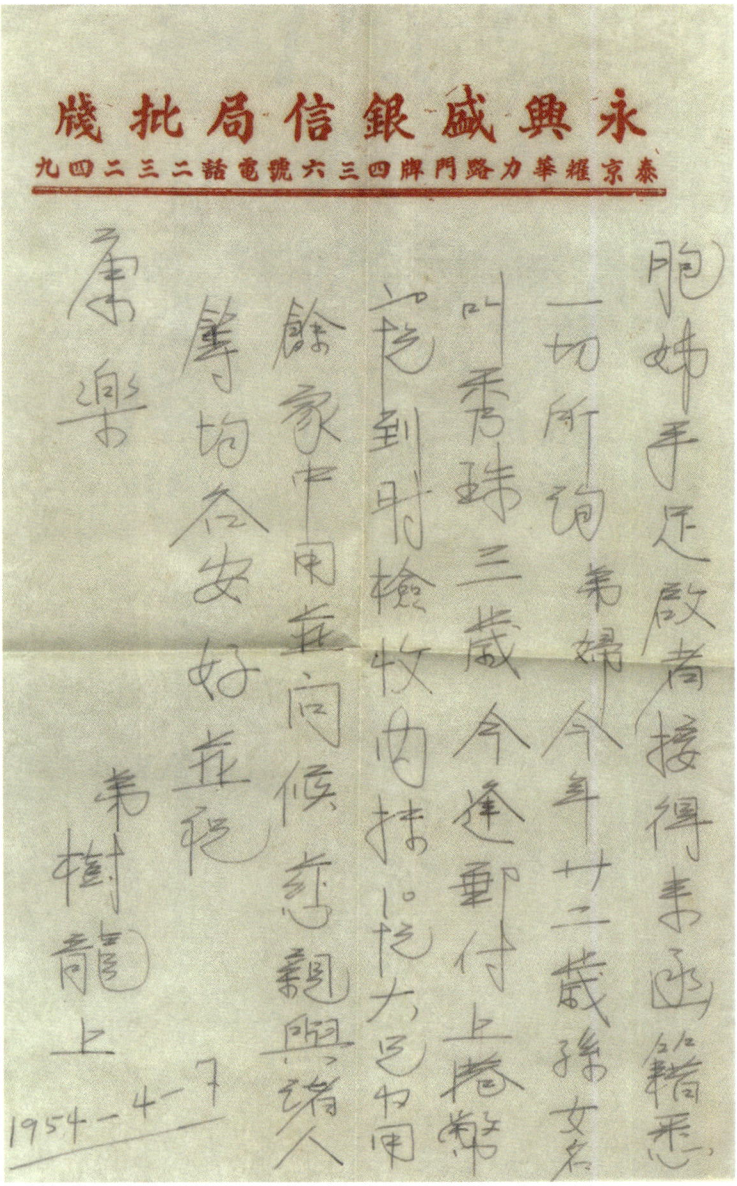
永興盛銀信局批箋
泰京耀華力路門牌四三六號電話二三二四九

胞姊手足啟者接得來函備悉
一切所詢弟婦今年廿二歲孫女名
叫秀珠三歲今逢郵付上港幣
六拾到時檢收內抽拾大兄中用
餘家中用並問候慈親與諸人
等均各安好並祝
康樂

弟樹龍上

1954－4－7

1954 年 5 月 6 日暹罗陈树龙寄澄海下蓬渔洲龙美乡母亲

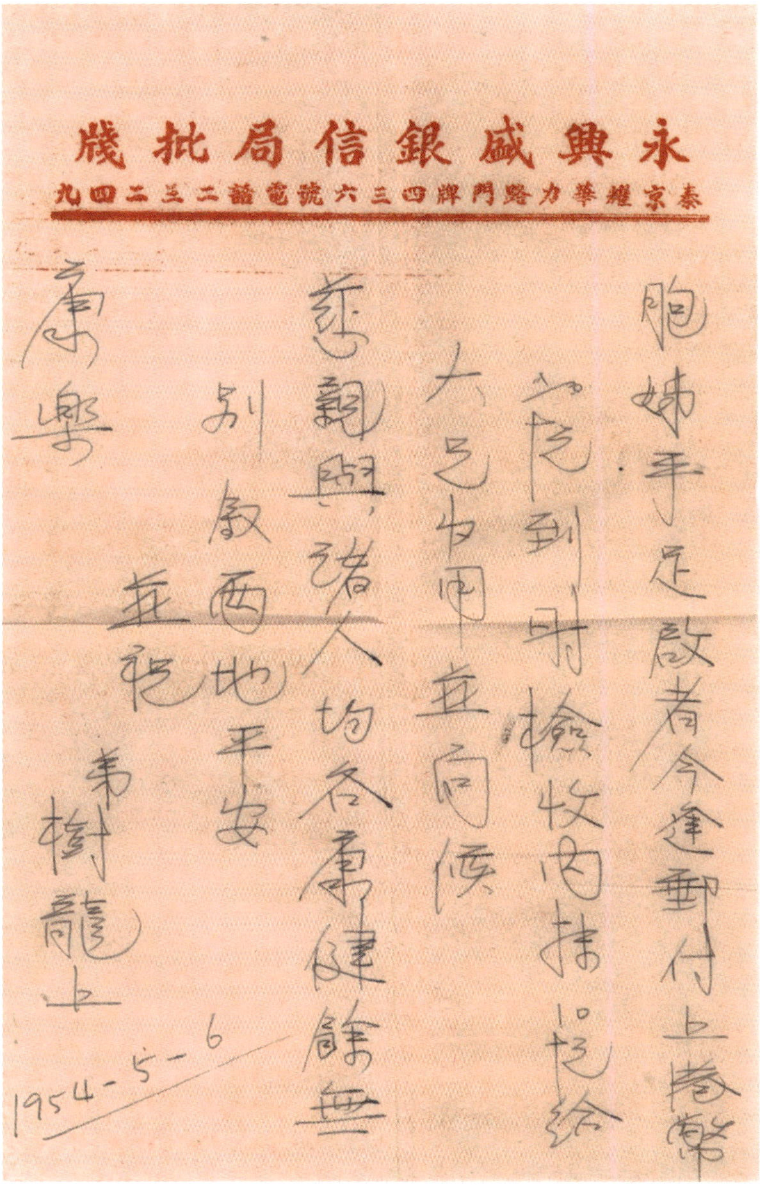
永興盛銀信局批箋
泰京耀華力路門牌四三六號電話二三二四九

胞姊手足啟者今逢郵付上港幣
乙佰元到時檢收內抹乙佰給
大兄收用並向候
慈親與諸人均各康健無
別叙西地平安
並祝
康樂
弟樹龍上
1954-5-6

1954 年 7 月 8 日暹罗陈树龙寄澄海下蓬渔洲龙美乡母亲

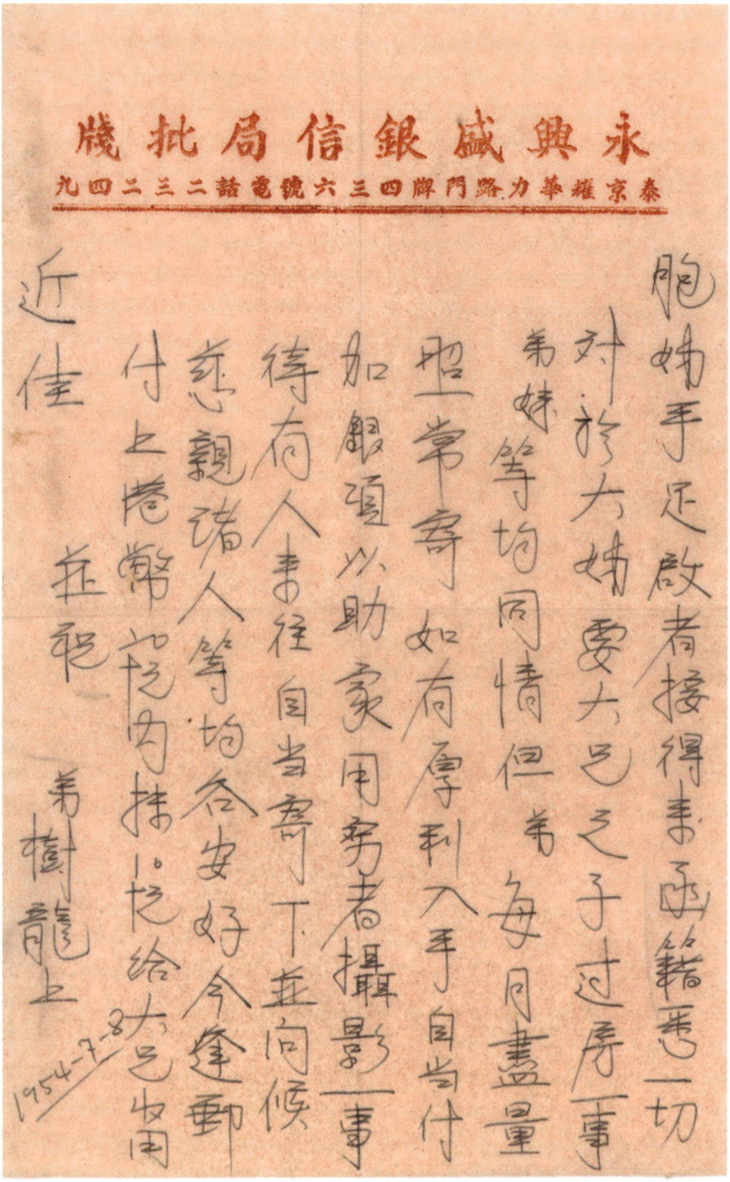

永興盛銀信局批箋
泰京耀華力路門牌四三六號電話二三二四九

胞姊手足啟者接得來函藉悉一切
对於大姊要大兄之子过房事
弟妹等均同情但弟每月盡量
照常寄如有厚利入手自當付
加銀項以助家用費者攝影一事
待有人來往自當寄下并向候
慈親諸人等均各安好今逢郵
付上港幣陸拾元內抽陸拾給大兄收用
並祝
近佳
弟樹龍上
1954-7-8

1954 年 10 月 6 日暹罗陈树龙寄澄海下蓬渔洲龙美乡母亲

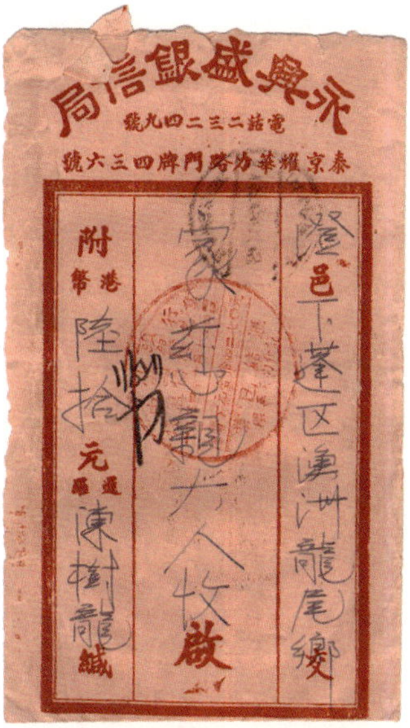

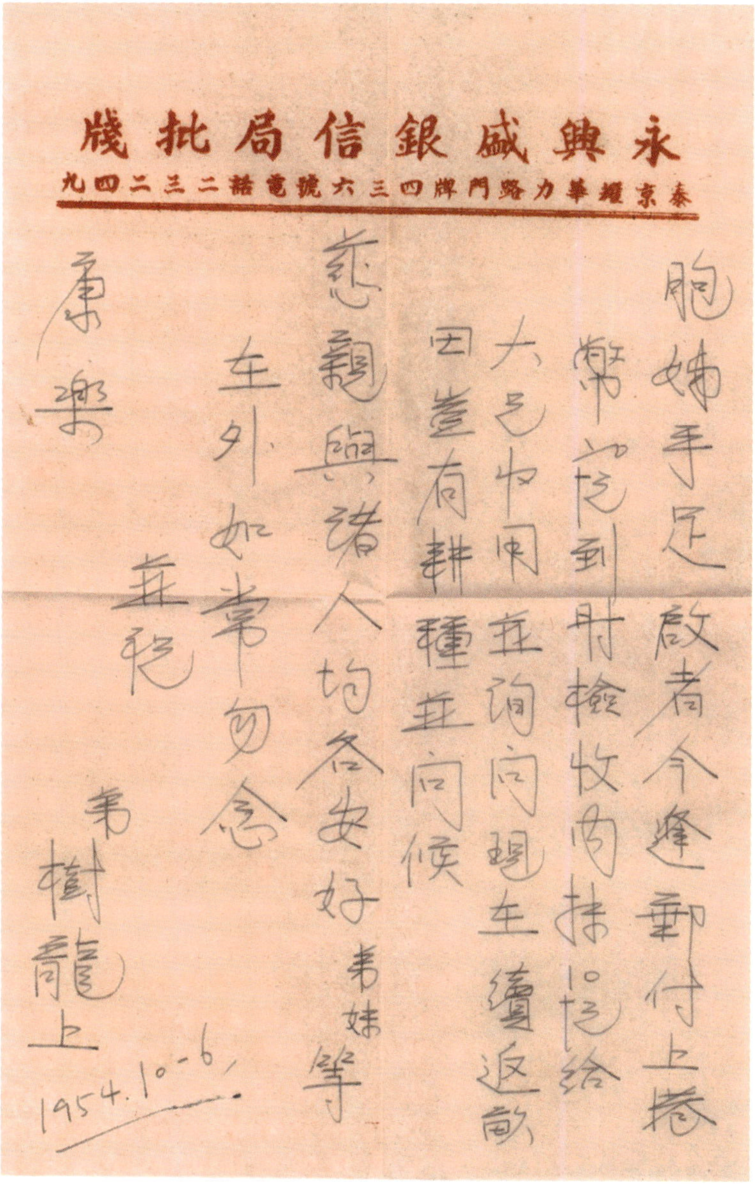
永興盛銀信局批箋

泰京耀華力路門牌四三六號電話二三二四九

胞姊手足

啟者今逢郵付上港幣六拾到時檢收內抽二拾給大兄中用並詢問現在續返敵田園有耕種並向問候慈親與諸人均各安好弟妹等在外如常勿念並祝

康樂

弟 樹龍上

1954.10-6

1954 年 12 月 8 日暹罗陈树龙寄澄海下蓬渔洲龙美乡母亲

永興盛銀信局
電話二三二四九號
泰京耀華力路門牌四三六號
附港幣叁拾元
澄邑下蓬区漁洲龍美鄉
慈親大人安啟
暹羅陳樹龍緘

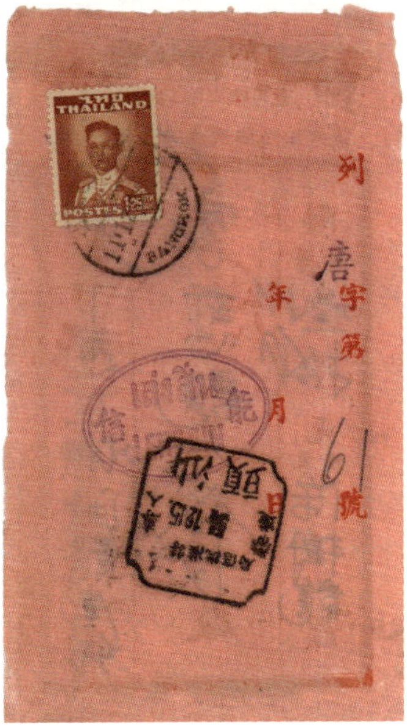
唐字第61號
年 月 日

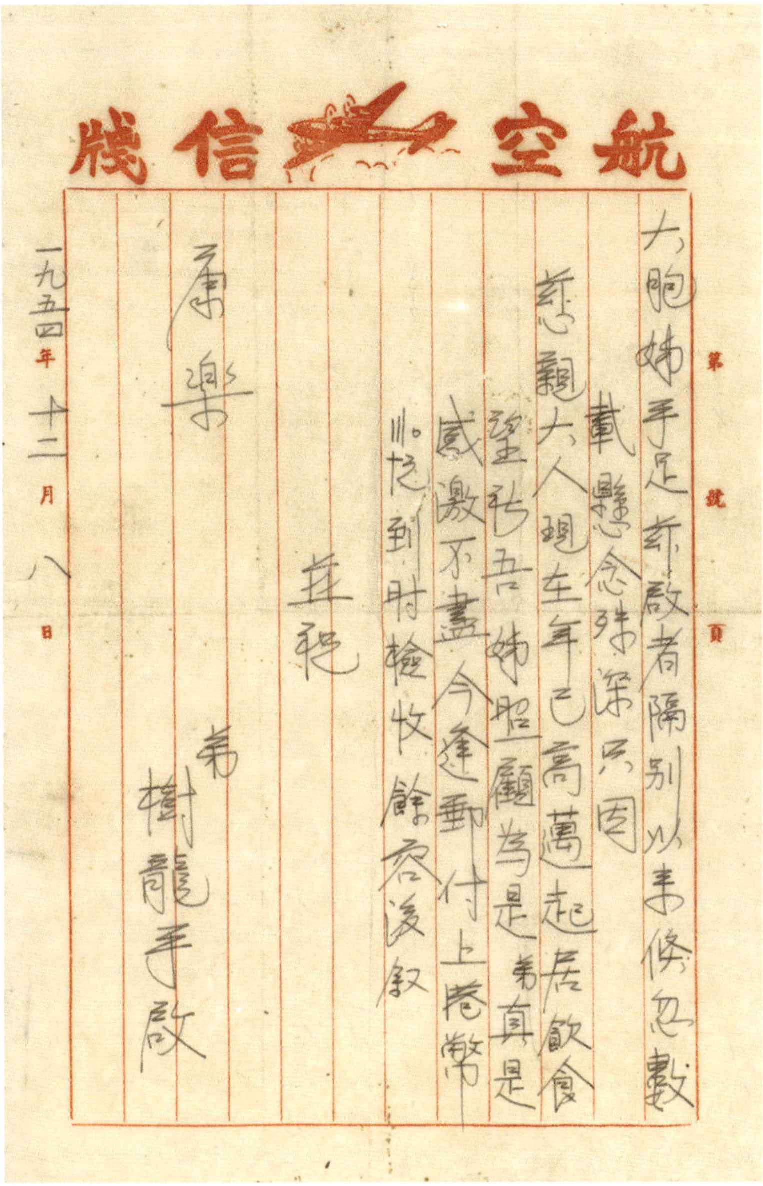
航空信箋

大胞姊手足敬啟者隔别以来倏忽數
載懸念殊深只因
慈親大人現在年已高邁起居飲食
望我吾姊照顧為是弟真是
感激不盡今逢郵付上港幣
〣拾到时檢收餘容後叙
並祝
康樂
弟 樹龍手啟
一九五四年十二月八日

1955 年 2 月 9 日暹罗陈树龙寄澄海下蓬渔洲龙美乡母亲

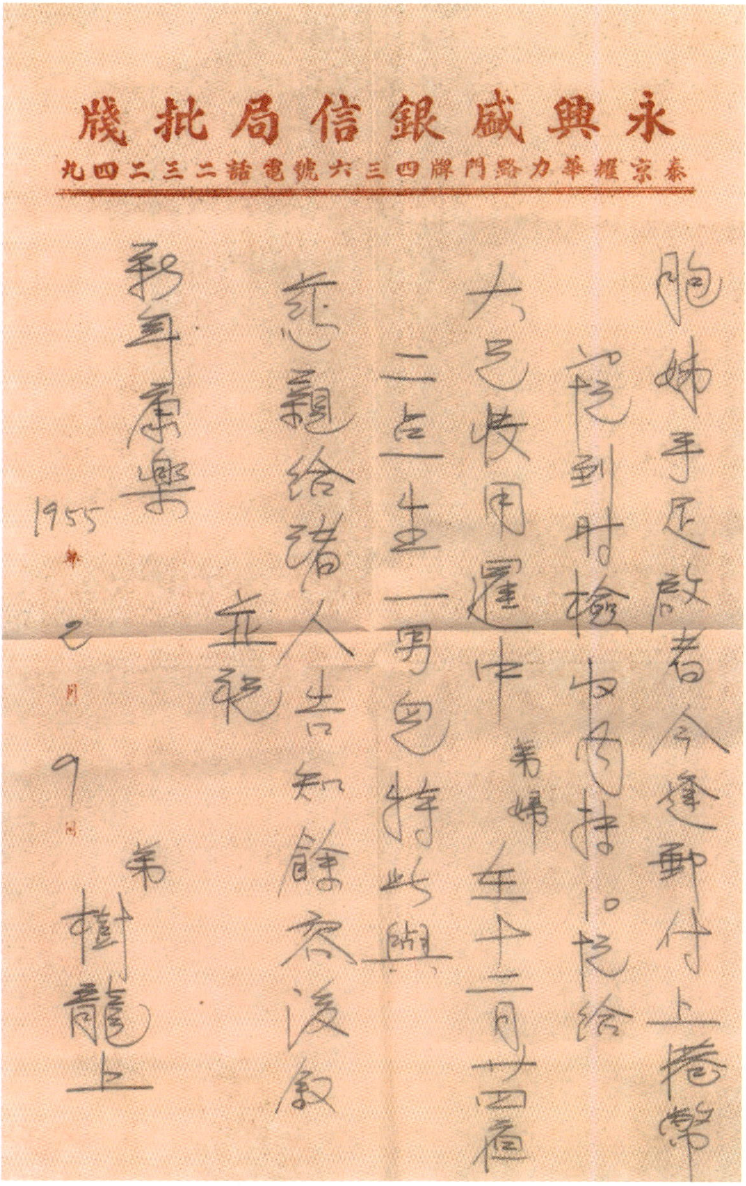
永興盛銀信局批箋
泰京耀華力路門牌四三六號電話二三二四九

胞姊手足啟者今逢郵付上港幣
60元到時檢收內抽10元給
大兄收用暹中 弟婦 在十二月廿四夜
二点生一男兒特此附
慈親給諸人知餘容後敘
並祝
新年康樂
1955年2月9日
弟 樹龍上

1955年4月6日暹罗陈树龙寄澄海下蓬渔洲龙美乡母亲

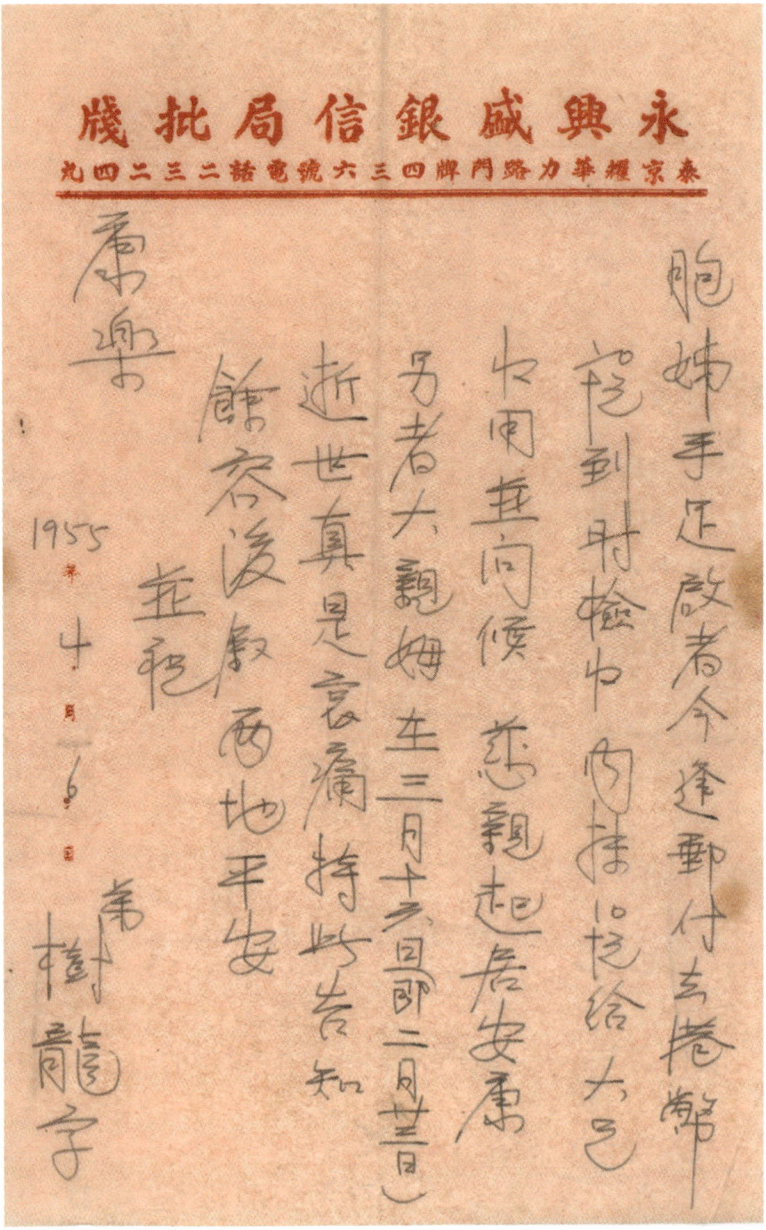
永興盛銀信局批牋
泰京耀華力路門牌四三六號電話二三二四九

胞姊手足啟者今逢郵付去港幣
佰到時檢收內拨以佰給大己
收用並問候慈親起居安康
另者大親姆在三月十六日(即二月廿三日)
逝世真是哀痛特此告知
餘容後敘兩地平安
並祝
康樂
1955年4月6日
弟 樹龍字

1955 年 5 月 10 日暹罗陈树龙寄澄海下蓬渔洲龙美乡母亲

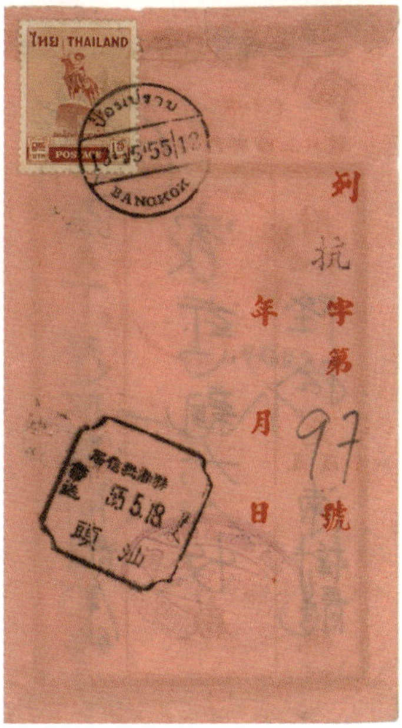

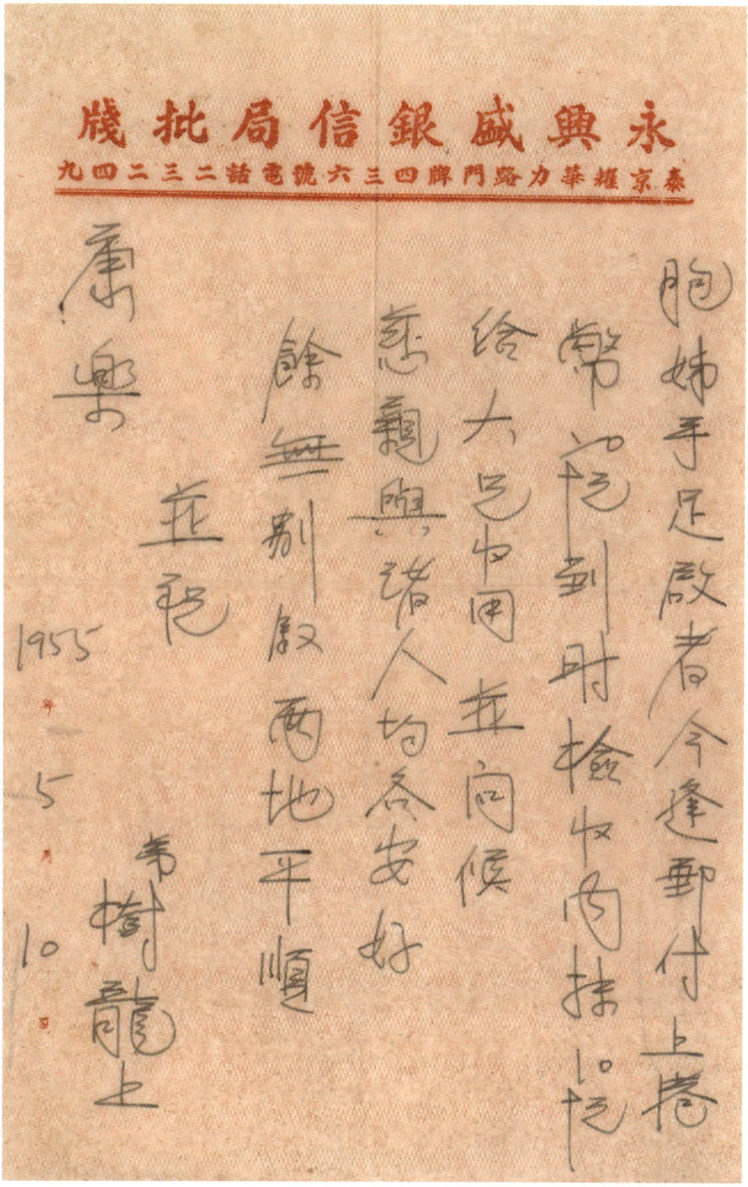

永興盛銀信局批箋
泰京耀華力路門牌四三六號電話二三二四九

胞姊手足啟者今逢郵付上港
幣[illegible]到時檢收內抹[illegible]
給大兄收用並問候
慈親與諸人均各安好
餘無別叙兩地平順
並祝
康樂
弟樹龍上
1955年5月10日

1955 年 6 月 8 日暹罗陈树龙寄澄海下蓬渔洲龙美乡母亲

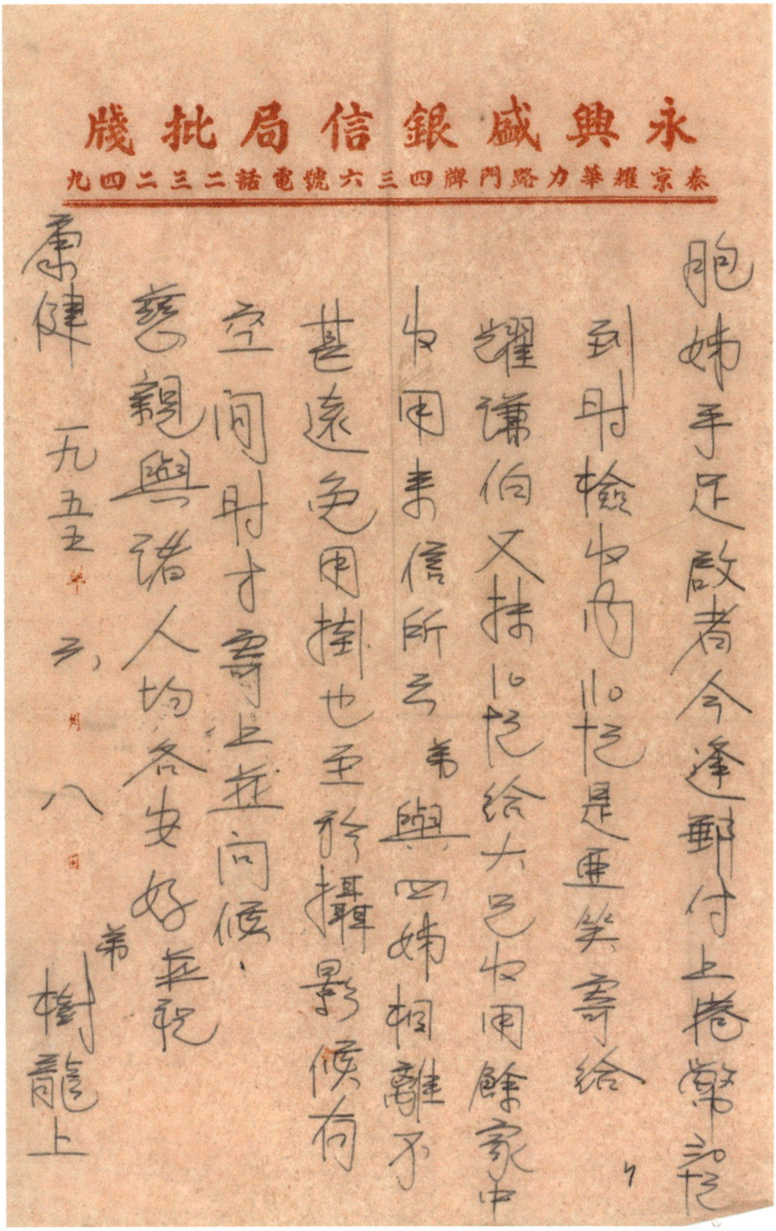
永興盛銀信局批箋
泰京耀華力路門牌四三六號電話二三二四九

胞姊手足啟者今逢郵付上港幣記
到時檢收內10元是亞笑寄給
耀謙伯又抹10元給大兄收用餘家中
收用來信所云 弟與四姊相離不
甚遠免用掛也至於攝影候有
空閒時才寄上並問候
慈親與諸人均各安好 並祝
康健 一九五五年六月八日 弟樹龍上

1955年7月13日暹罗陈树龙寄澄海下蓬渔洲龙美乡母亲

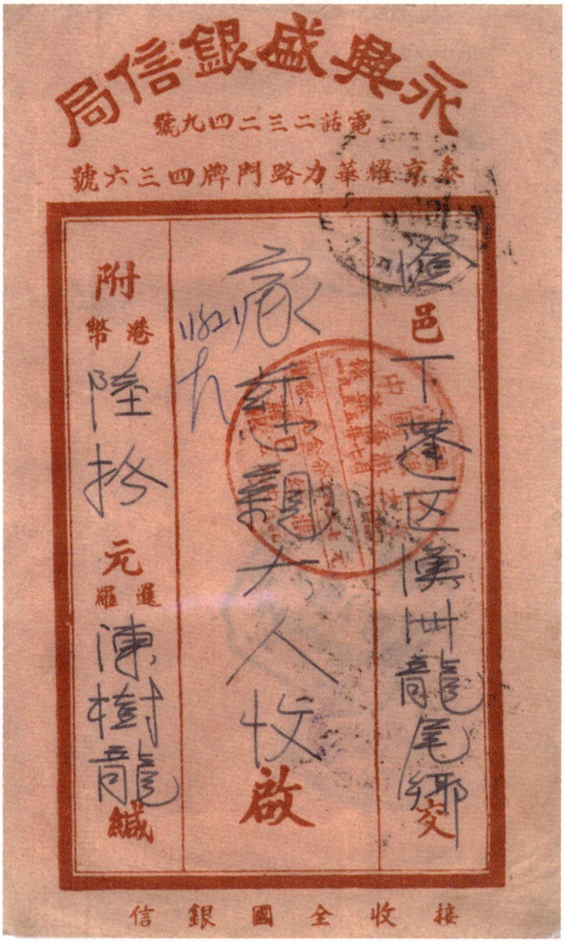

1955 年 8 月 11 日暹罗陈树龙寄澄海下蓬渔洲龙美乡母亲

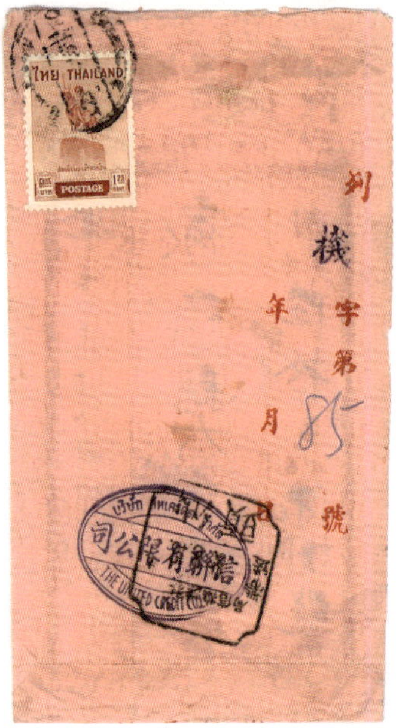

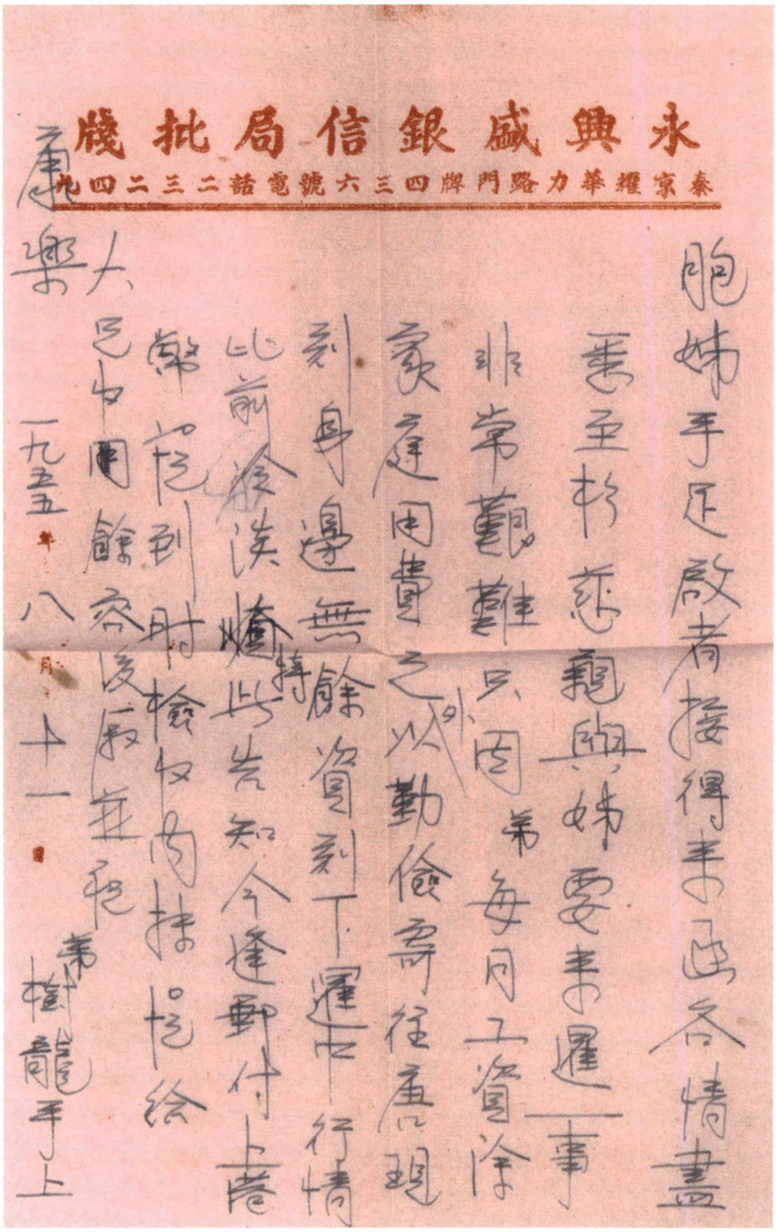
永興盛銀信局批箋
泰京耀華力路門牌四三六號電話二三二四九

胞姊手足啟者接得来函各情盡悉至於慈親與姊要来暹一事非常艱難只因第每月工資除家庭用費之外勤儉寄往唐山理剩身邊無餘資剩下暹中行情比前冷淡特此告知今逢郵付上港幣到時檢收肉抹給大人已由國餘容後敘並祝康樂

弟樹龍手上

一九五五年八月十一

1955 年 9 月 7 日暹罗陈树龙寄澄海下蓬渔洲龙美乡母亲

永興盛銀信局
電話二三二四九號
泰京耀華力路門牌四三六號

澄邑下蓬区漁洲龍美鄉
家慈親大人收啟
附港幣陸拾元
暹羅陳樹龍緘

接收全國銀信

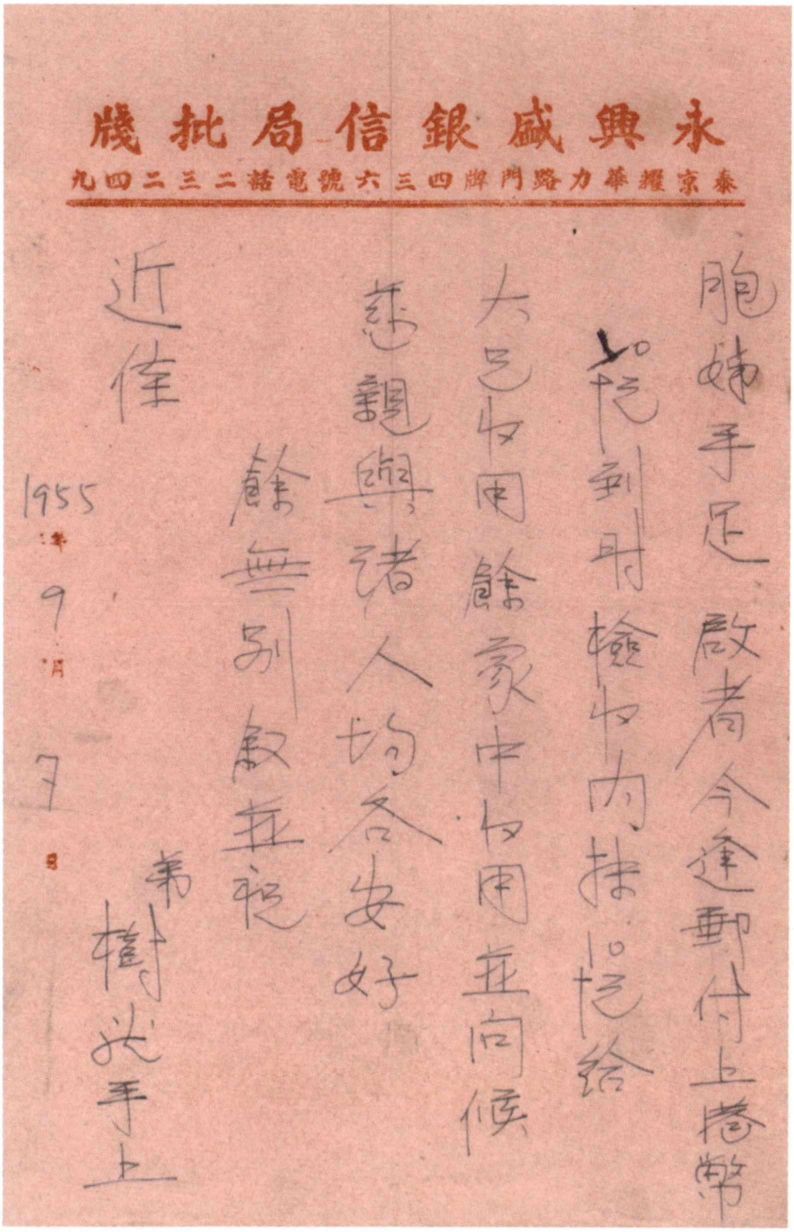

永興盛銀信局批箋
泰京耀華力路門牌四三六號電話二三二四九

胞姊手足
啟者今逢郵付上港幣
20元到時檢收內抽10元給
大兄收用餘家中收用並向候
慈親與諸人均各安好
餘無別敘並祝
近佳
弟
樹龍手上
1955年9月7日

1955 年 11 月 2 日暹罗陈树龙寄澄海下蓬渔洲龙美乡母亲

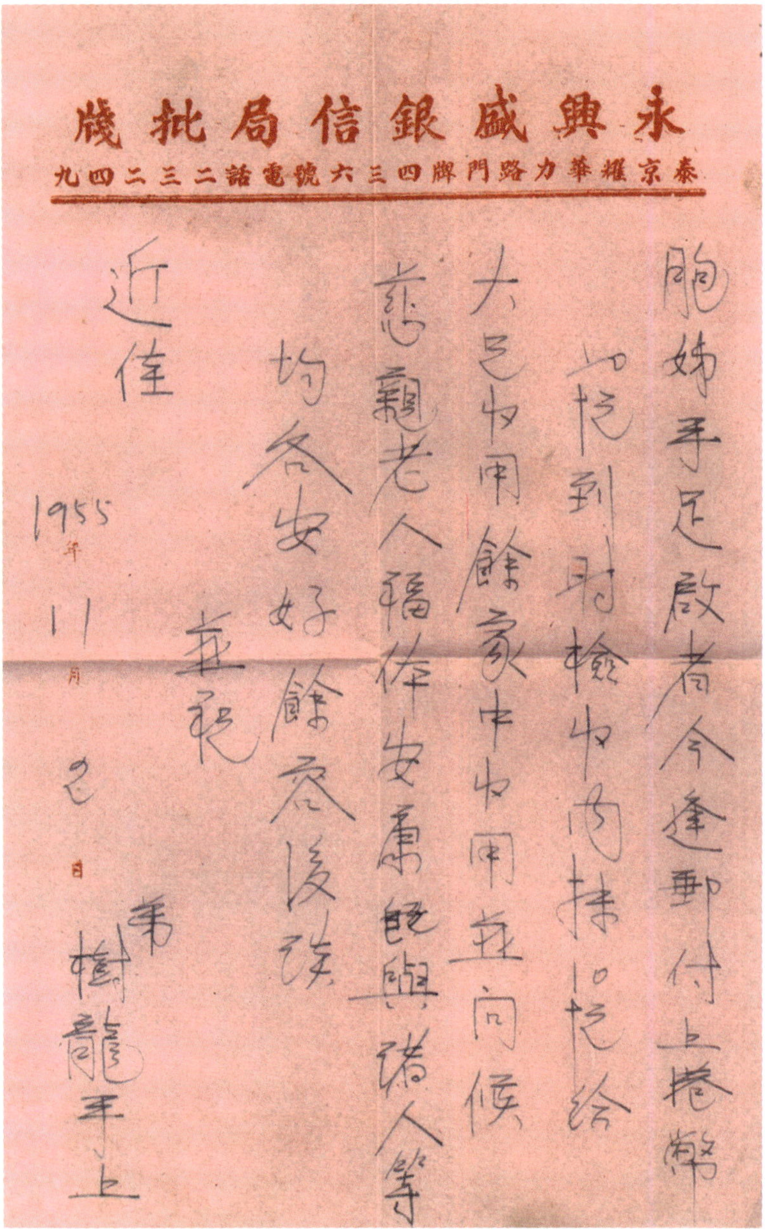

1955 年 12 月 7 日暹罗陈树龙寄澄海下蓬渔洲龙美乡母亲

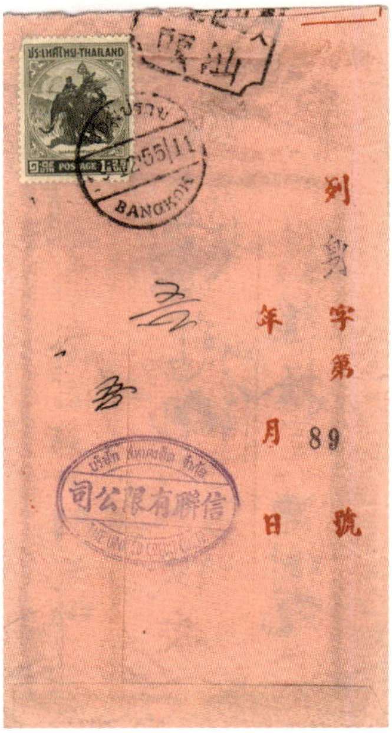

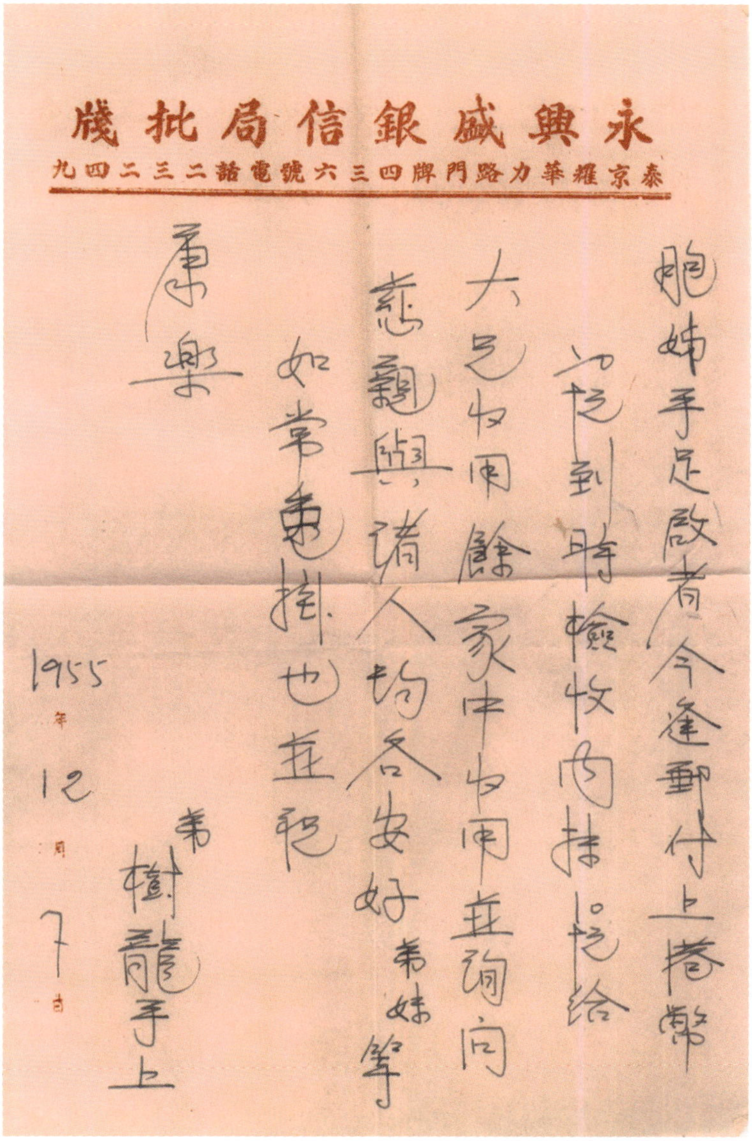
永興盛銀信局批箋

泰京耀華力路門牌四三六號電話二三二四九

胞姊手足啟者今逢郵付上港幣六拾到時檢收內抽拾給大兄收用餘家中收用並詢向慈親與諸人均各安好弟妹等如常勿掛也並祝

康樂

弟 樹龍手上

1955 年 12 月 7 日

1956 年 1 月 4 日暹罗陈树龙寄澄海下蓬渔洲龙美乡母亲

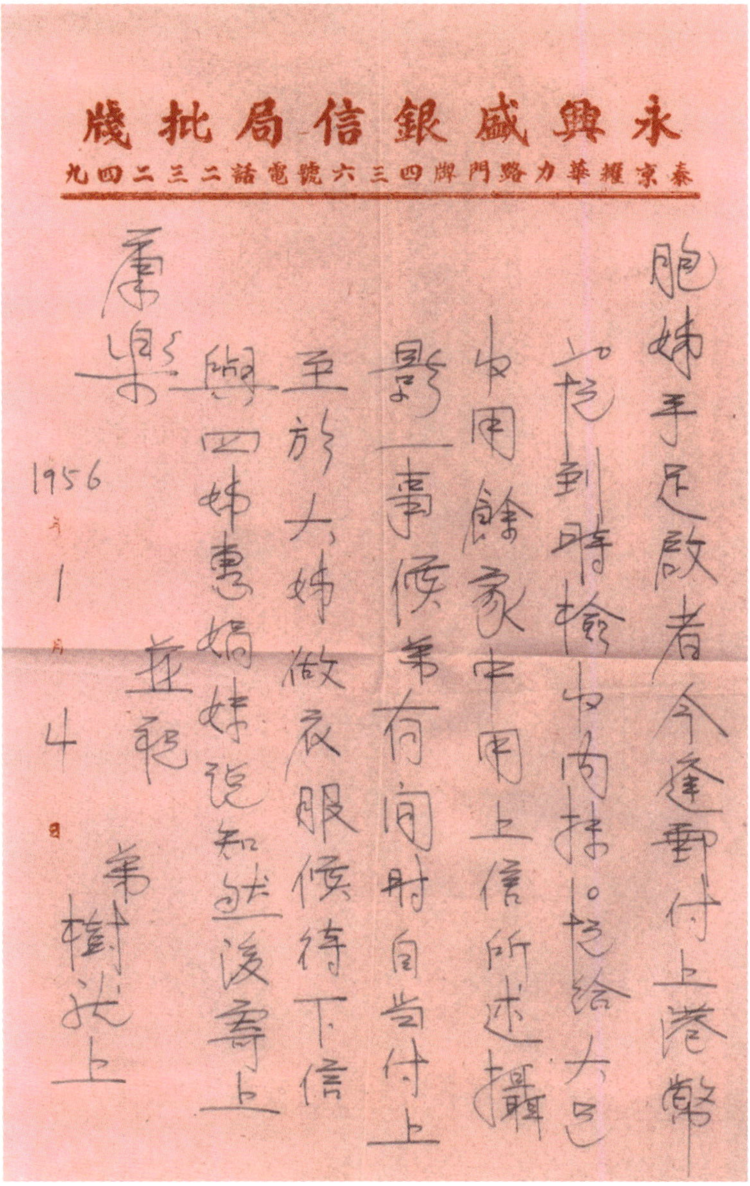

永興盛銀信局批箋

泰京耀華力路門牌四三六號電話二三二四九

胞姊手足啟者，今逢郵付上港幣六佰，到時撿出内抹一佰給大巳收用，餘家中用。上信所述攝影一事，候第有间時自当付上。至於大姊做衣服，候待下信與四姊惠娟妹說知，然後寄上。並祝

康樂

第 樹龍上

1956 年 1 月 4 日

1956 年 1 月 31 日暹罗（泰国）陈惠娟寄澄海下蓬渔洲龙美乡陈光崇

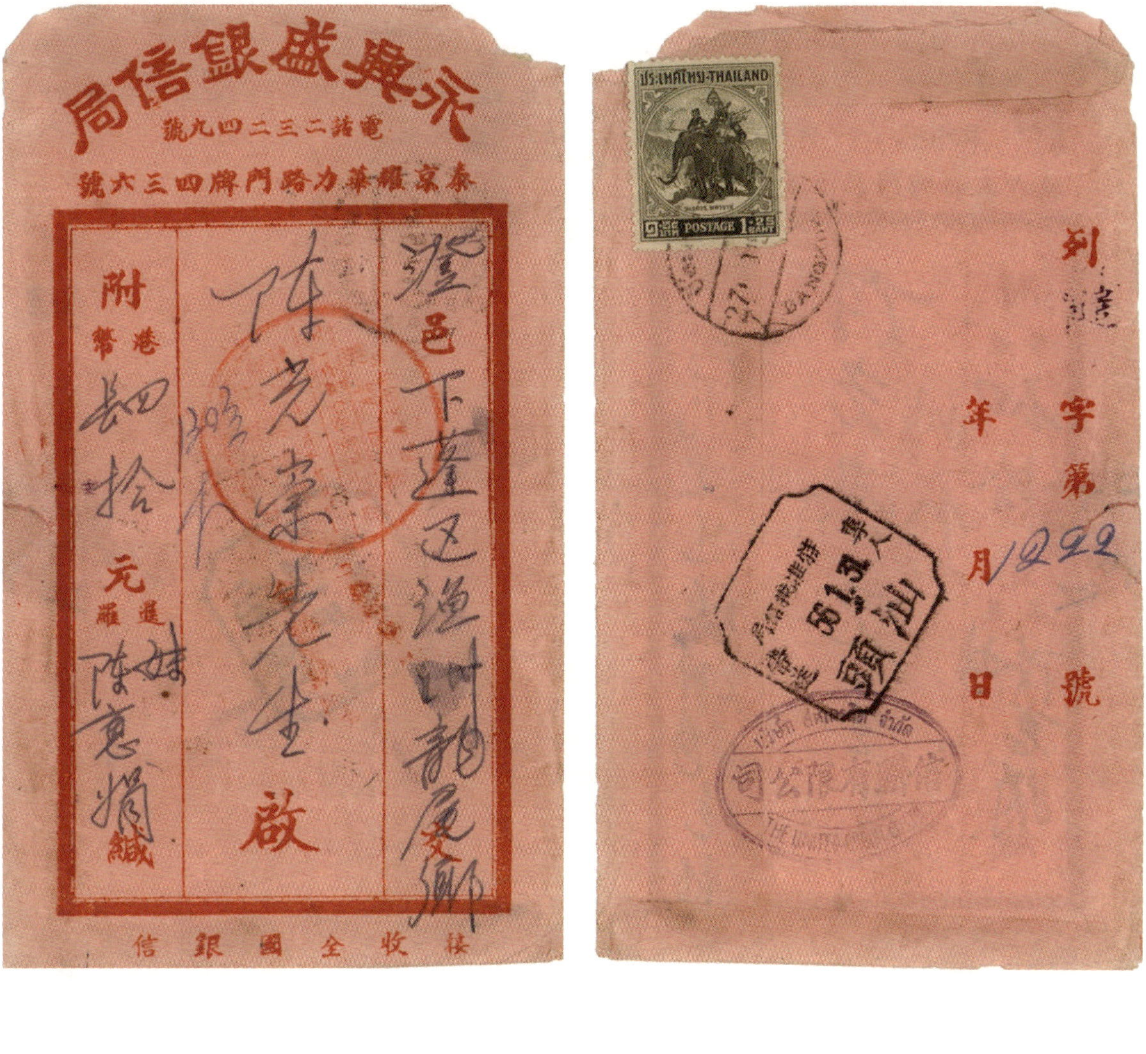

1956 年 5 月 9 日暹罗陈树龙寄澄海下蓬渔洲龙美乡母亲

永興盛銀信局
電話二三二四九號
泰京耀華力路門牌四三六號
澄邑下蓬区渔洲龍尾鄉交
慈親大人收啟
附港幣陸拾元
暹羅陳樹龍緘
接收全國銀信

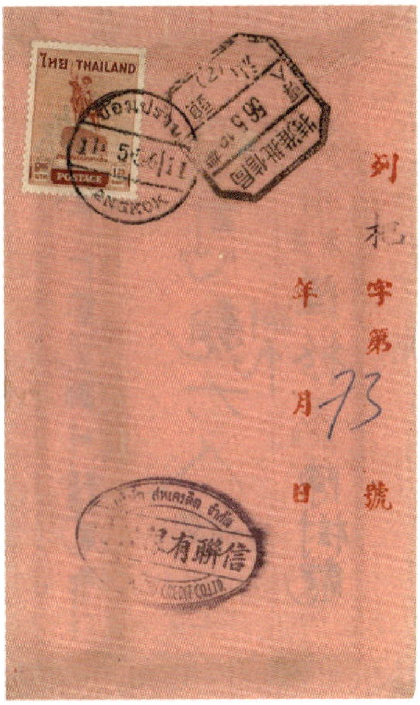
列杞字第 73 號
年 月 日

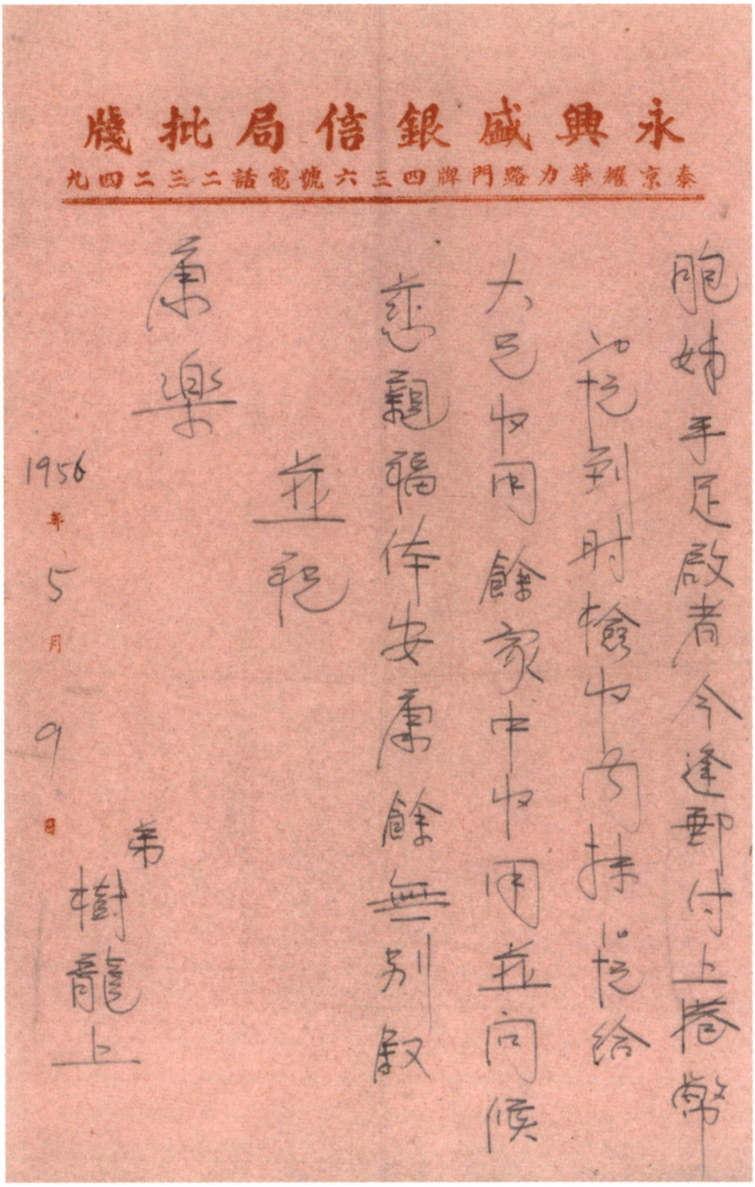
永興盛銀信局批箋
泰京耀華力路門牌四三六號電話二三二四九

胞姊手足啟者 今逢郵付上港幣
六拾到时檢收 内抽二拾給
大巳中用 餘家中中用 並问候
慈親福体安康 餘無别叙
並祝
康樂

1956 年 5 月 9 日

弟 樹龍 上

1956 年 6 月 7 日暹罗陈树龙寄澄海下蓬渔洲龙美乡母亲

永興盛銀信局

電話二三二四九號

泰京耀華力路門牌四三六號

澄邑下蓬渔洲龍尾鄉交

家慈親大人 收 啟

附 港幣 陸佰 元

寄 陳樹龍 緘

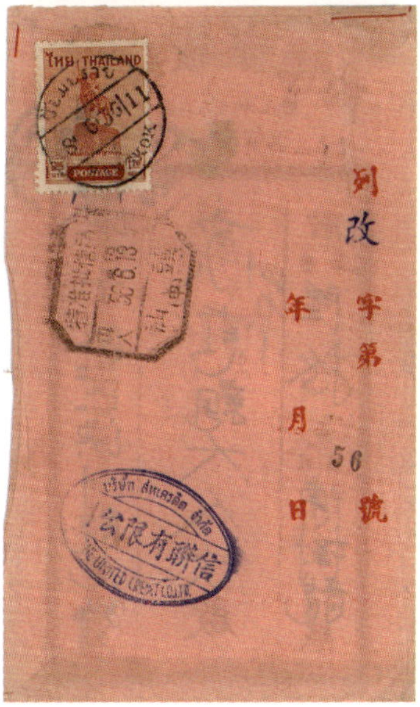

列改 字第 56 號

年 月 日

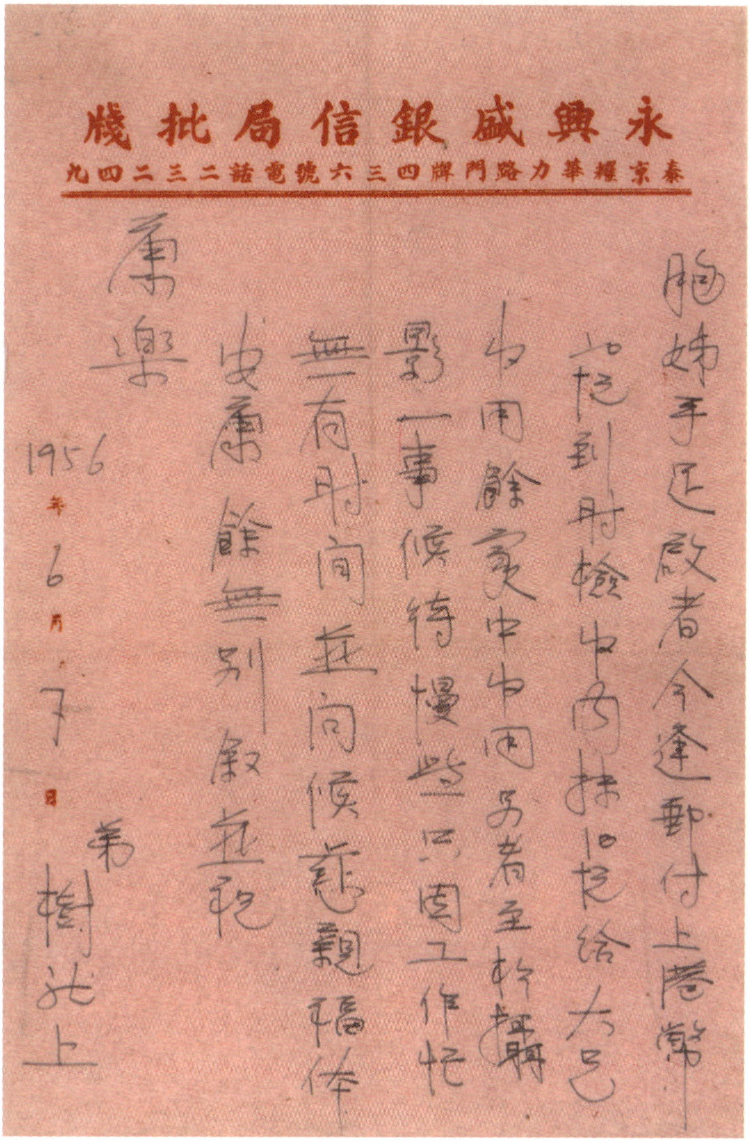
永興盛銀信局批箋

泰京耀華力路門牌四三六號電話二三二四九

胞姊手足啟者今逢郵付上港幣

陸佰元到時檢收內抽佰元給大邑

中用餘家中中用另者至於轉

影一事候待慢些只因工作忙

無有時間無向候慈親福体

安康餘無別叙並祝

康樂

1956 年 6 月 7 日 弟 樹龍 上

1956 年 7 月 11 日暹罗陈树龙寄澄海下蓬渔洲龙美乡母亲

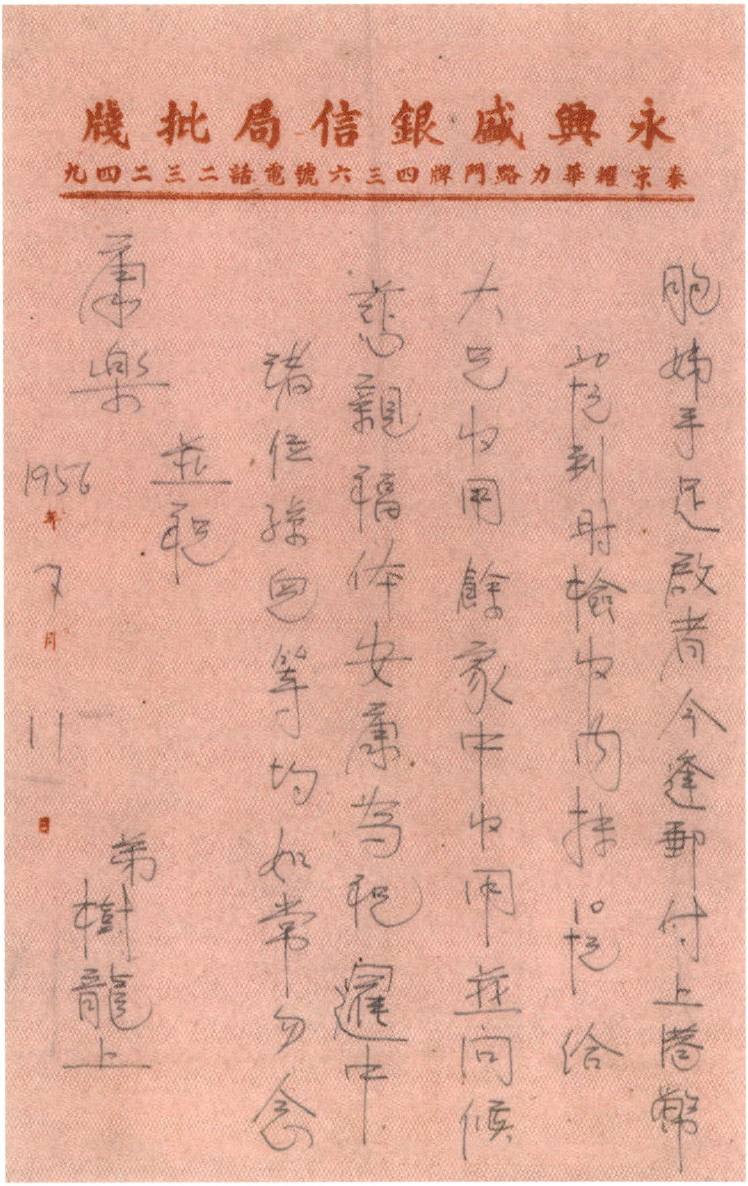

永興盛銀信局批箋

泰京耀華力路門牌四三六號電話二三二四九

胞姊手足啟者今逢郵付上港幣如收到時檢收內[illegible]給大兄收用餘家中收用并問候慈親福体安康為祝暹中諸侄孫四等均如常勿念并祝

康樂

弟樹龍上

1956 年 7 月 11

1956 年 8 月 8 日暹罗陈树龙寄澄海下蓬渔洲龙美乡母亲

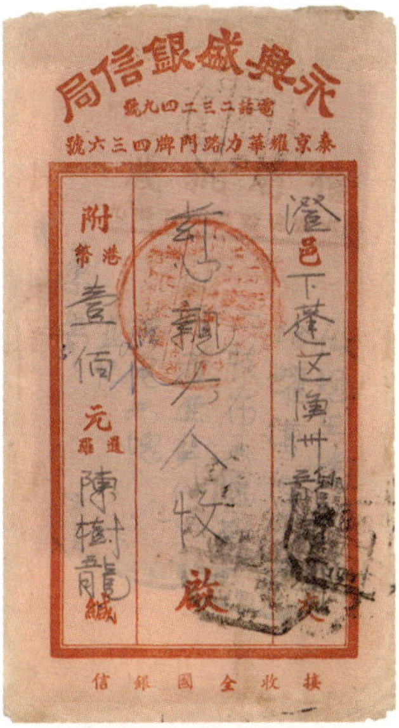

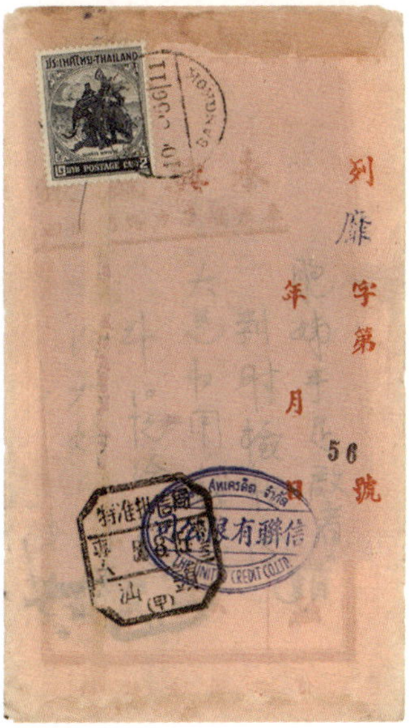

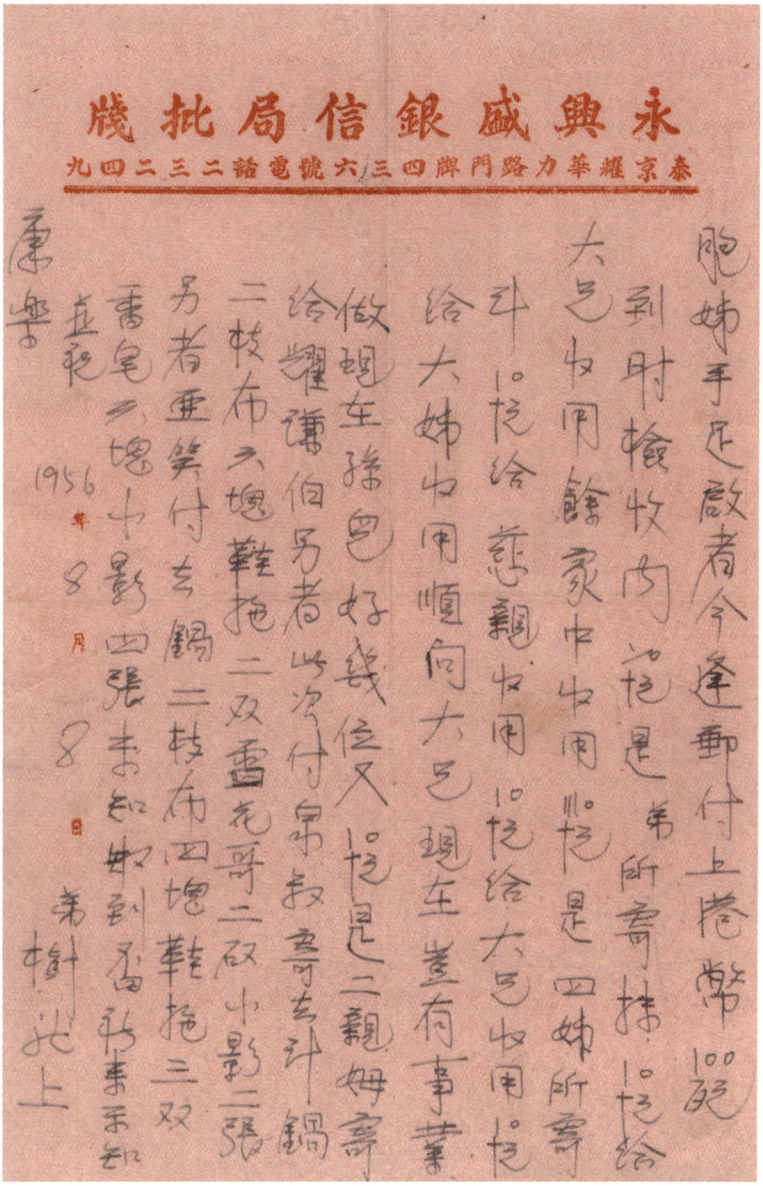

永興盛銀信局批箋

泰京耀華力路門牌四三六號電話二三二四九

胞姊手足啟者今逢郵付上港幣100元到時檢收內50元是弟所寄抹50元給大兄收用餘家中收用50元是四姊所寄斗10元給慈親收用10元給大兄收用10元給大姊收用順向大兄現在並有事業做現在孫色好錢住又50元是二親姆寄給耀讓伯另者此次付來叔壽去斗鍋二枝布六塊鞋拖二双番花哥二疋小影二張另者垂寄付去鍋二枝布四塊鞋拖三双番皂六塊小影四張未知收到否請來示知

並祀

康樂

1956年8月8日

弟樹龍上

1956 年 9 月 5 日暹罗陈树龙寄澄海下蓬渔洲龙美乡母亲

永興盛銀信局
電話二三二四九號
泰京耀華力路門牌四三六號
澄邑下蓬区渔洲龍尾鄉交
許心親大人收啟
附港幣陸拾元
暹羅陳樹龍緘
挂收全國銀信

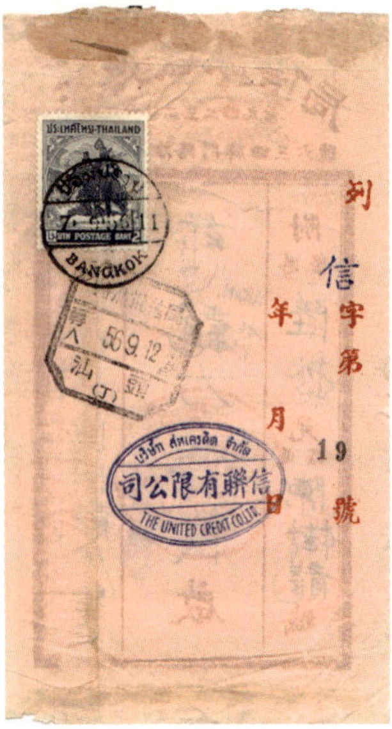

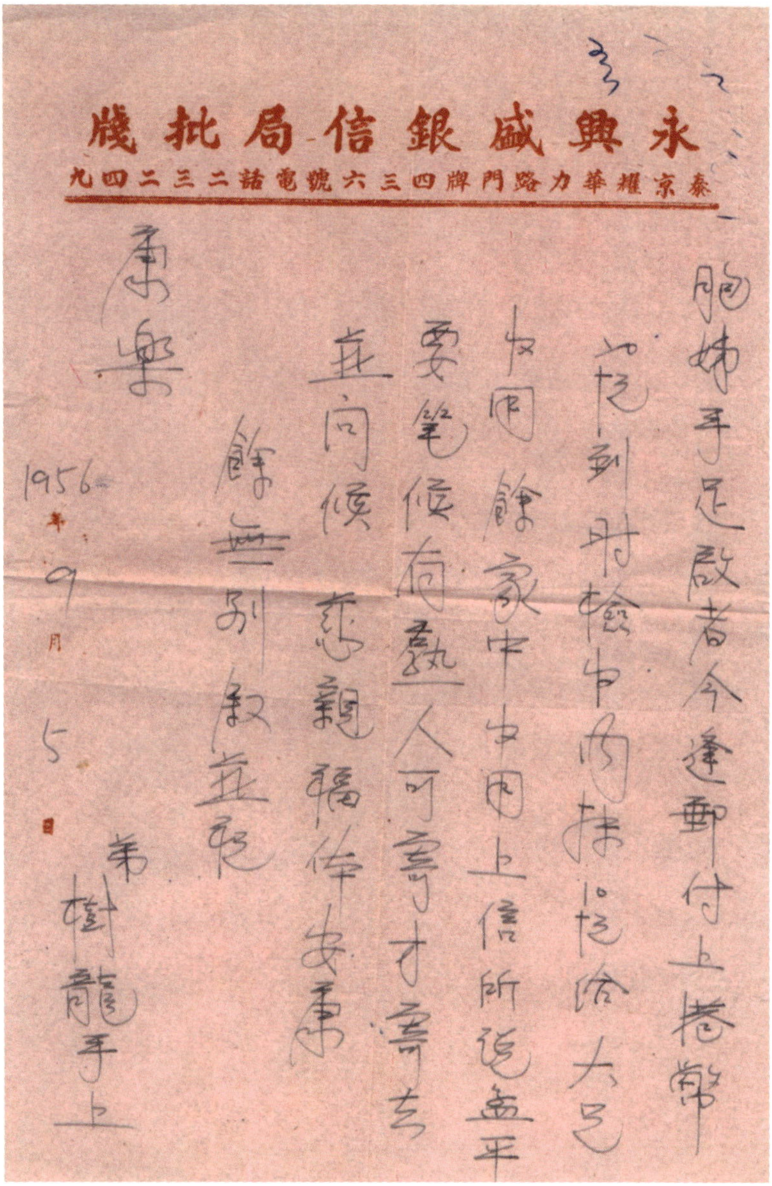
永興盛銀信局批箋
泰京耀華力路門牌四三六號電話二三二四九

胞姊手足啟者今逢郵付上港幣
六拾到時檢出內抹[illegible]拾給大兄
收用餘家中支用上信所說函平
要筆候有熟人可寄才寄去
並問候 慈親福體安康
餘無別敘並祝
康樂
弟 樹龍 手上
1956 年 9 月 5 日

1956 年 10 月 18 日暹罗陈树龙寄澄海下蓬渔洲龙美乡母亲

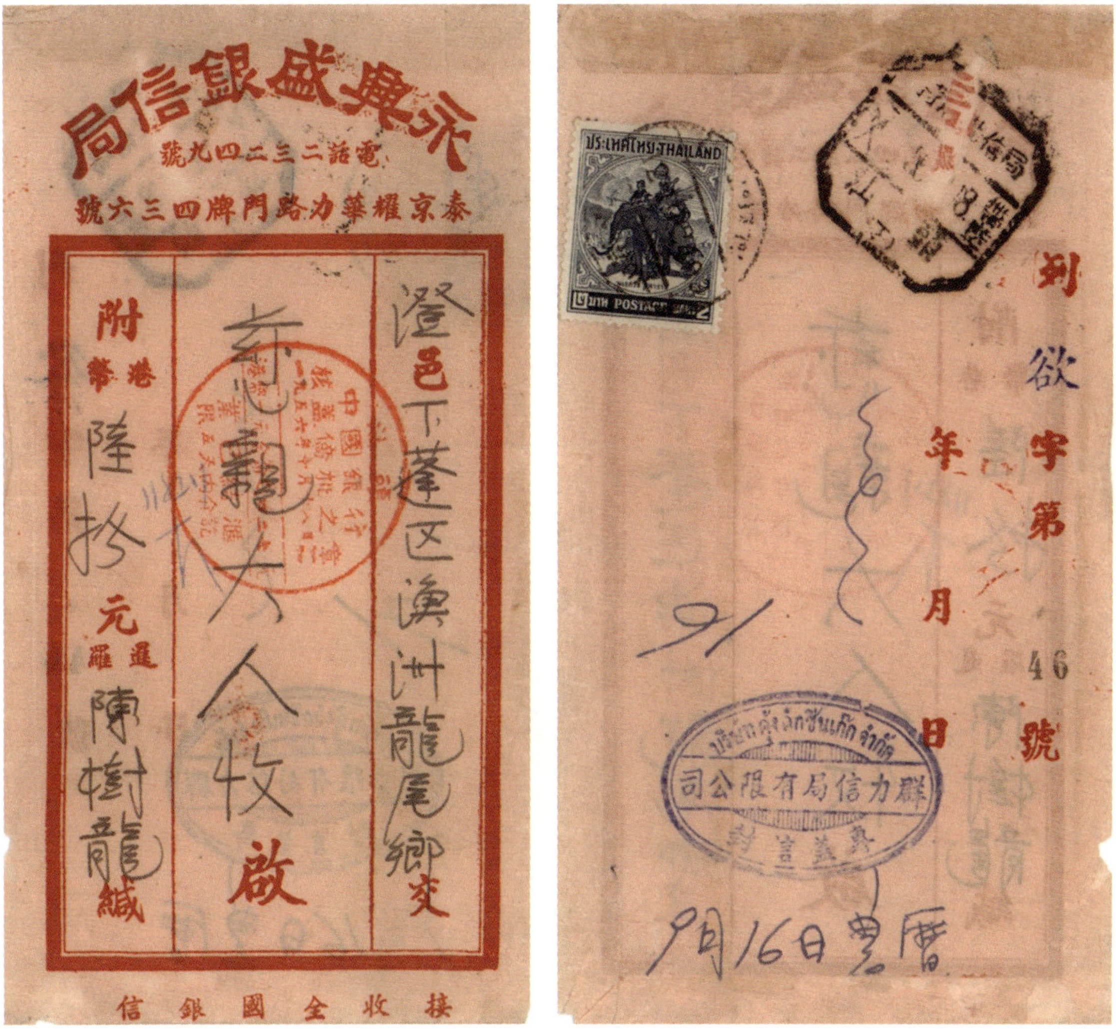

1956年11月7日暹罗陈树龙寄澄海下蓬渔洲龙美乡母亲

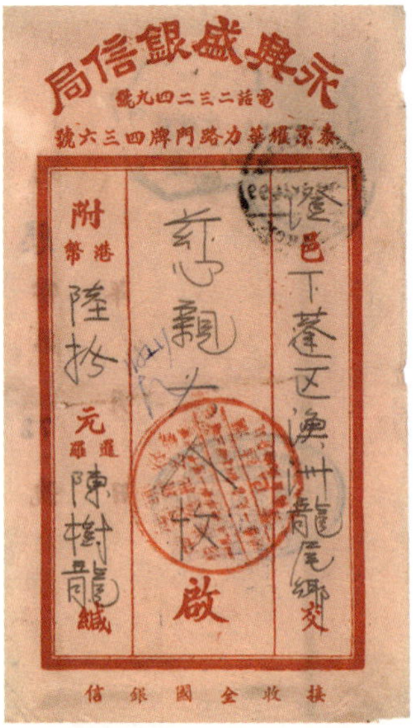
永興盛銀信局
電話二三二四九號
泰京耀華力路門牌四三六號
澄邑下蓬区渔洲龍美鄉交
慈親大人 啟
附港幣陸拾元
陳樹龍緘
換收全國銀信

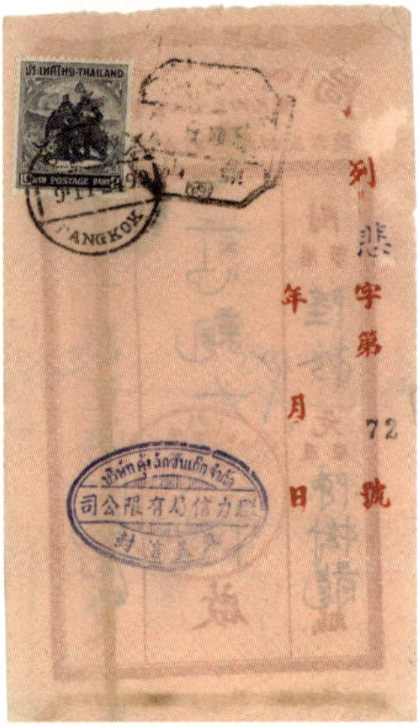
列字第72號
年 月 日

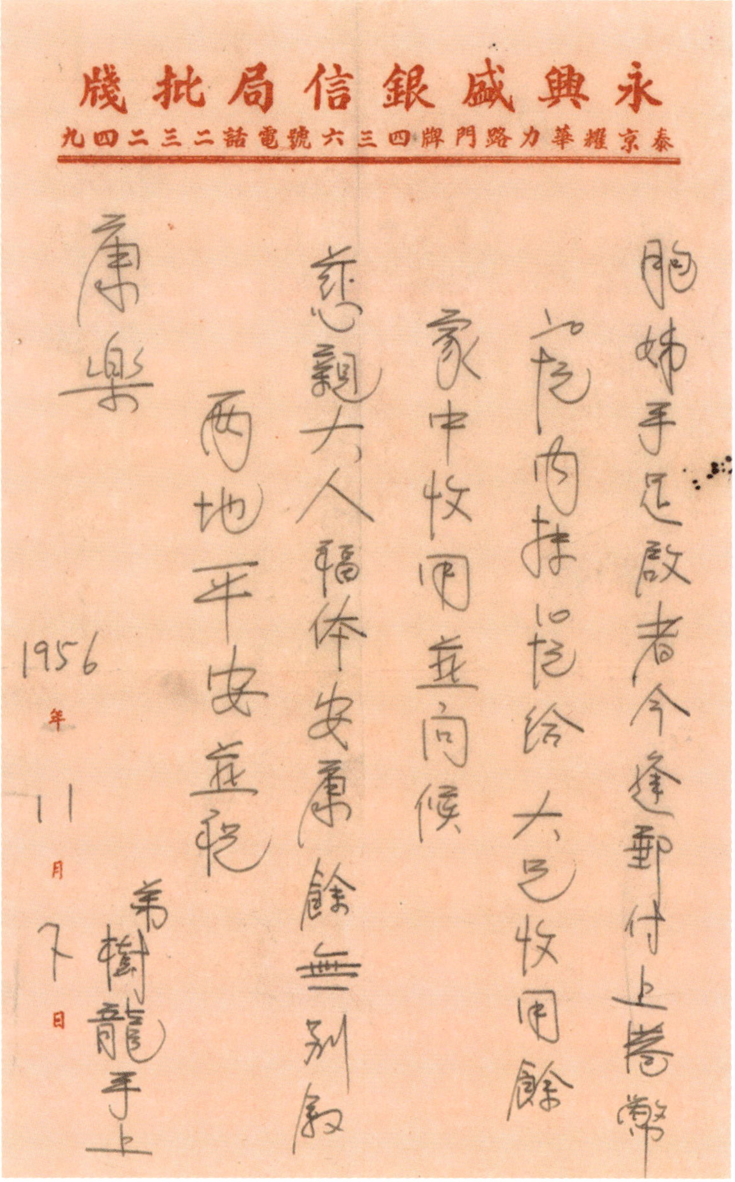
永興盛銀信局批箋
泰京耀華力路門牌四三六號電話二三二四九

胞姊手足啟者今逢郵付上港幣
[illegible]元內抹[illegible]元給大己收用餘
家中收用並向候
慈親大人福体安康餘無別叙
西地平安並免
康樂

弟樹龍手上
1956年11月7日

1957 年 1 月 10 日暹罗陈树龙寄澄海下蓬渔洲龙美乡母亲

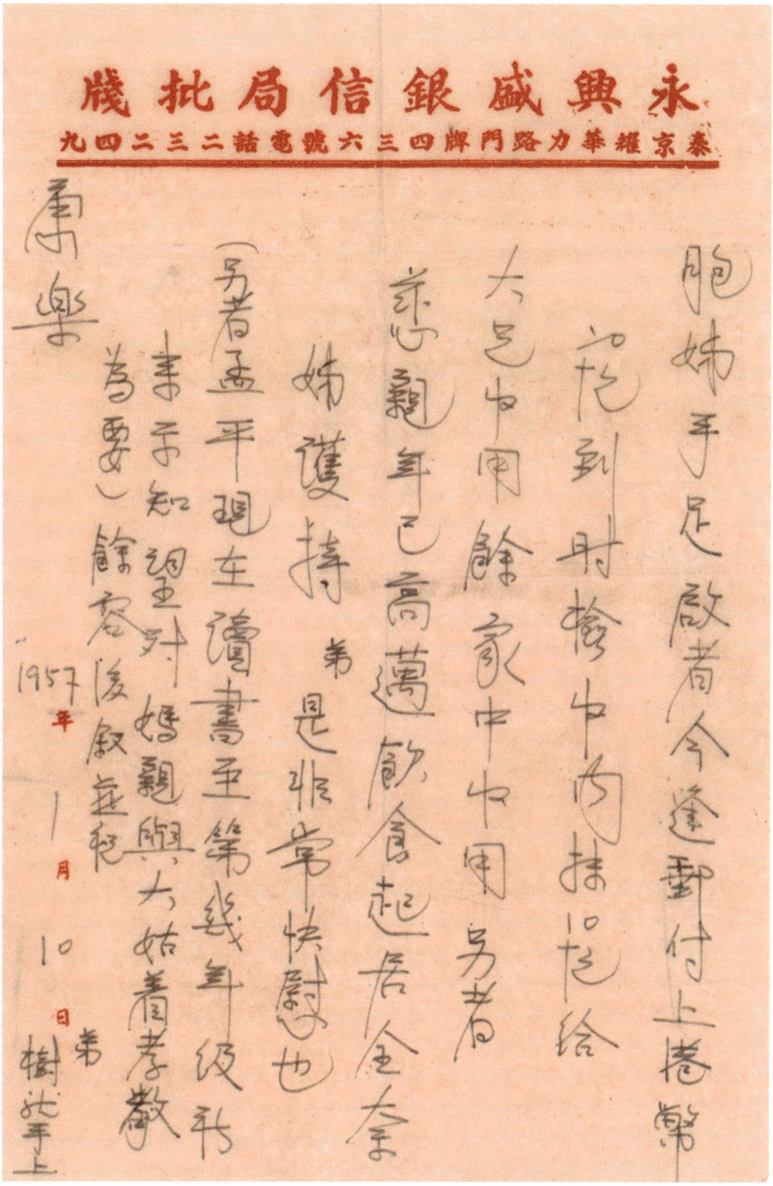
永興盛銀信局批箋
泰京耀華力路門牌四三六號電話二三二四九

胞姊手足啟者今逢郵付上港幣
卯佰到時檢中內抽佰给
大兄中用餘家中使用另者
慈親年已高邁飲食起居全靠
姊護持弟是非常快慰也
（另者孟平現在讀書至第幾年級耶
來字知望對媽親與大姑着孝敬
為要）餘容後敘並祝
康樂
1957 年 1 月 10 日 弟樹龍手上

1957 年 1 月 16 日暹罗陈树龙、陈禅娟寄澄海下蓬渔洲龙美乡母亲

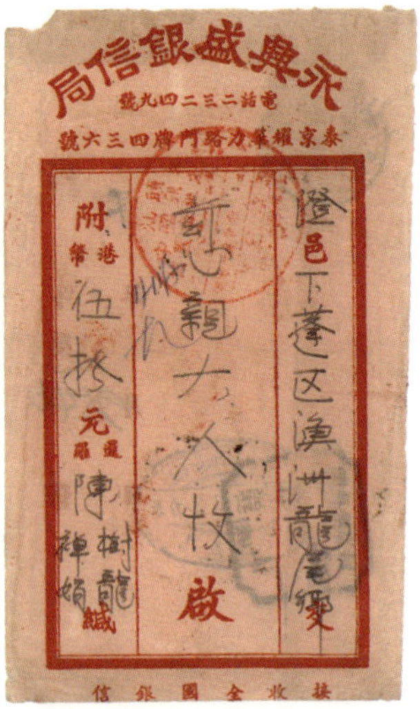

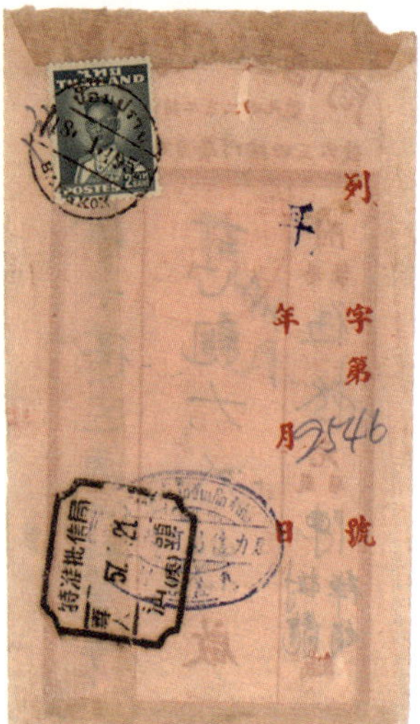

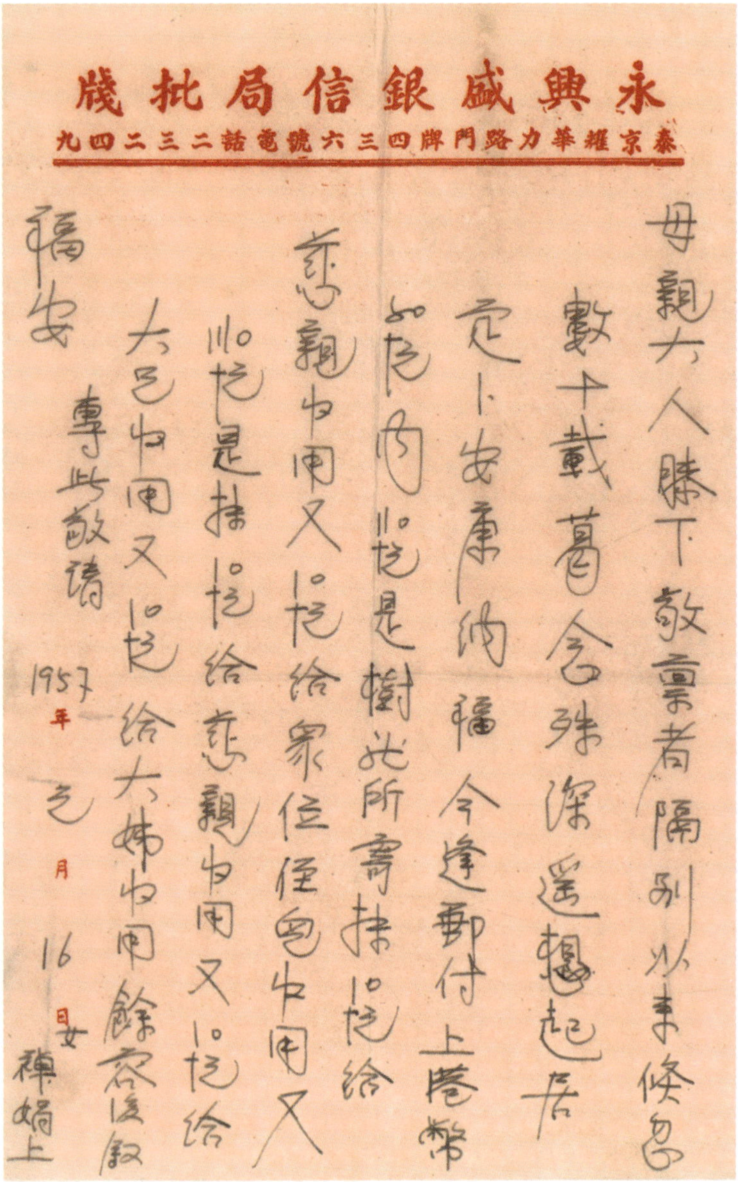
永興盛銀信局批箋
泰京耀華力路門牌四三六號電話二三二四九

母親大人膝下敬稟者隔別以來倏忽數十載舊念殊深遥想起居定卜安康納福今逢郵付上港幣〥0元內川0元是樹龍所寄|0元給慈親中用又|0元給家位侄兒中用又川0元是娟|0元給慈親中用又|0元給大己中用又|0元給大姊中用餘容後叙專此敬請

福安

1957年乙月16日 女禪娟上

1957 年 6 月 12 日暹罗陈树龙寄澄海下蓬渔洲龙美乡母亲

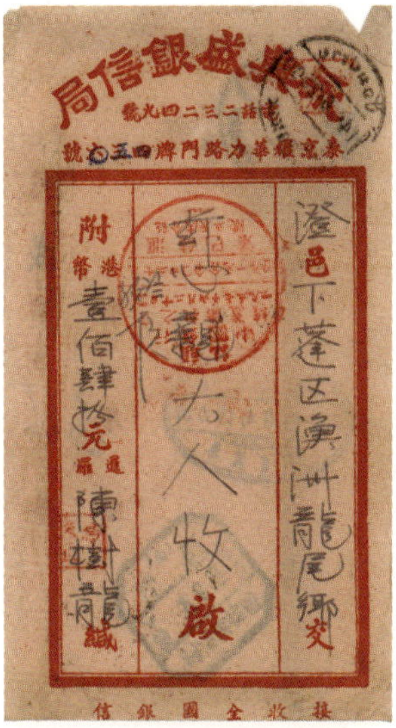

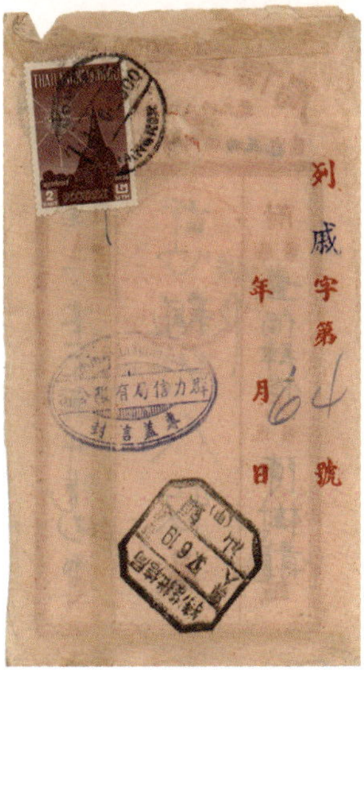

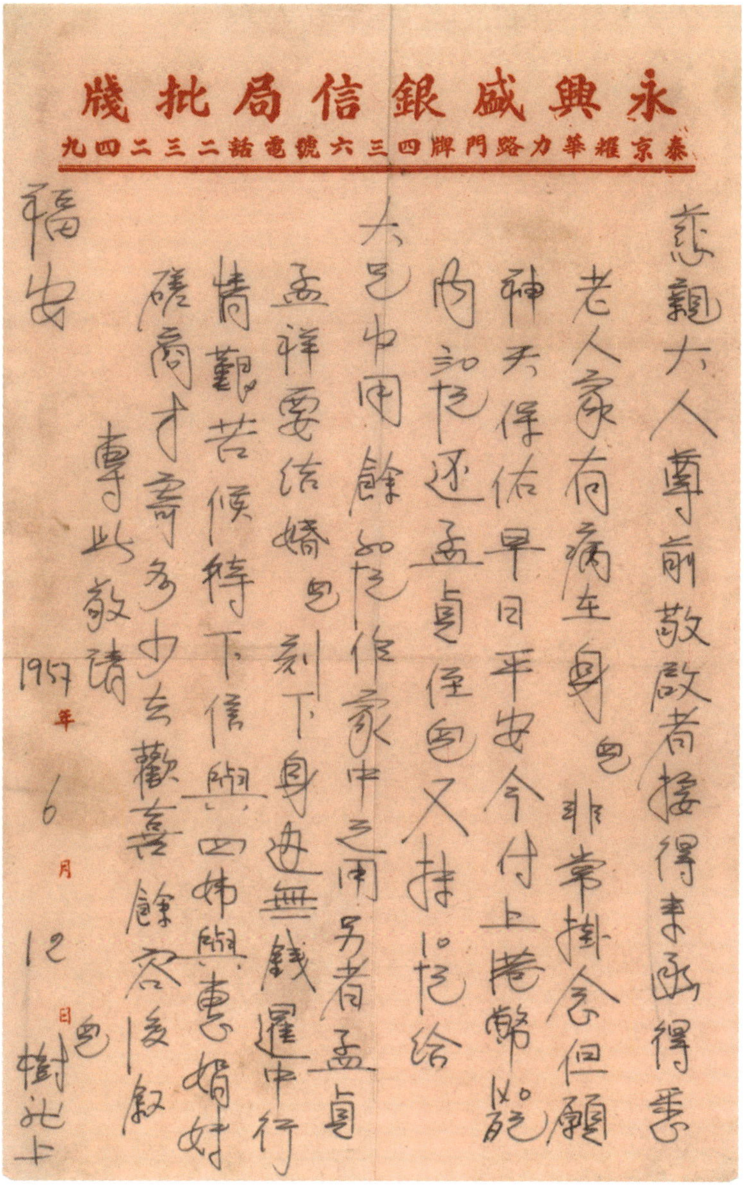

永興盛銀信局批箋

泰京耀華力路門牌四三六號電話二三二四九

慈親大人尊前敬啟者接得來函得悉

老人家有病在身也非常掛念但願

神天保佑早日平安今付上港幣託

內知他還孟貞侄也又拜託給

大巴中用餘如他作家中之用另者孟貞

孟祥要結婚也刻下身邊無錢遲中行

情觀若候待下信與四姊與惠娟好

禧商才壽多少去歡喜餘容後敘

專此敬請

福安

1957年6月12日也

樹龍上

1957 年 12 月 11 日暹罗（泰国）陈士龙寄澄海下蓬渔洲龙美乡母亲

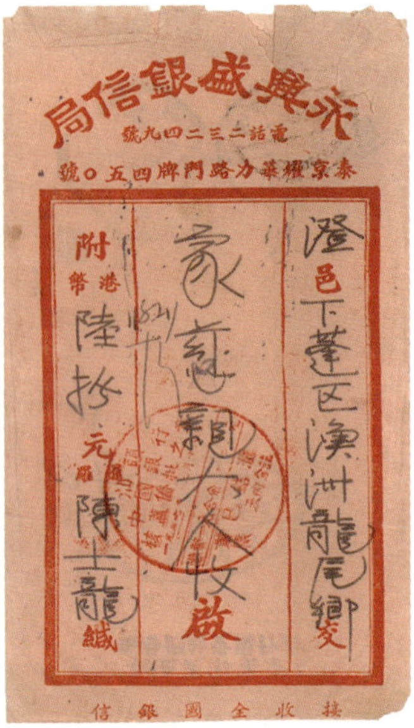

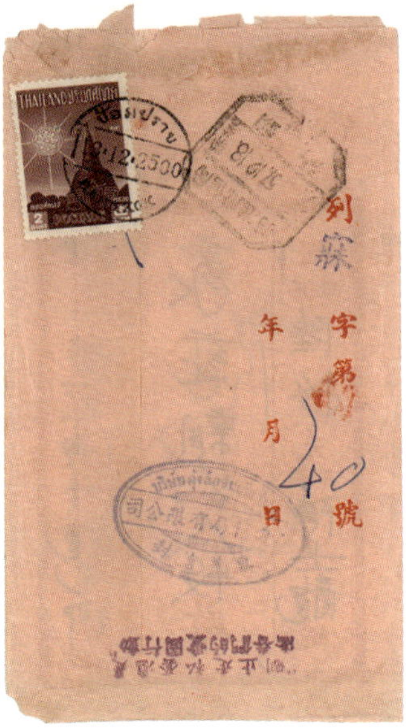

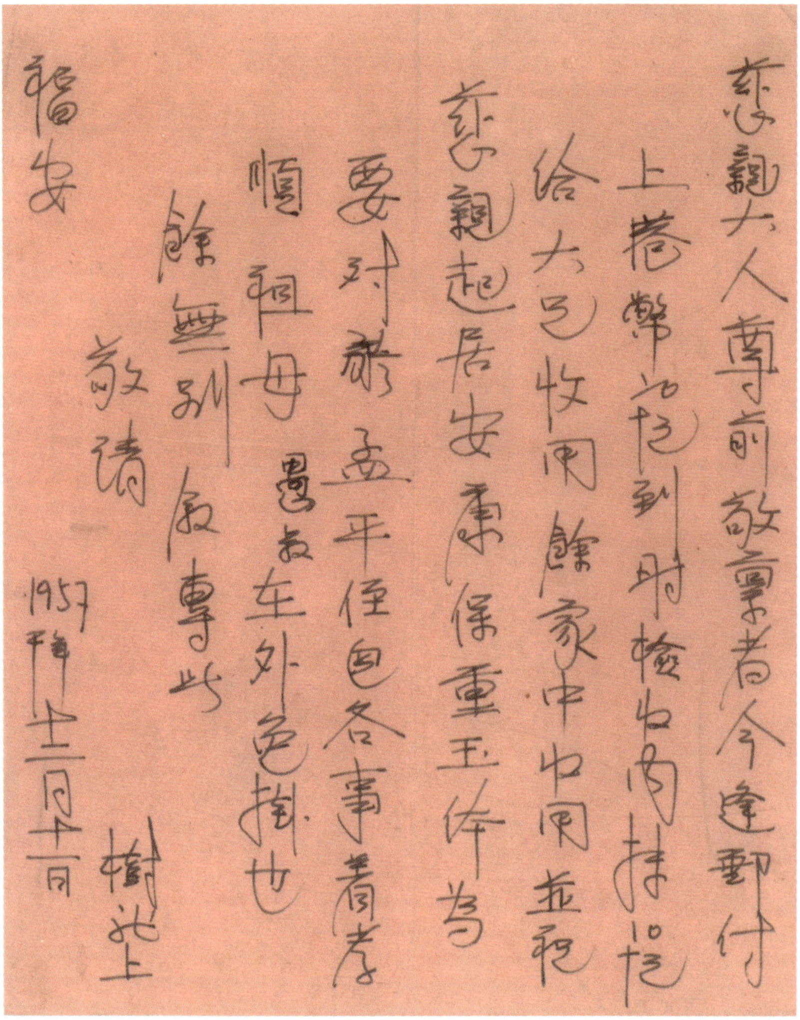

慈親大人尊前敬禀者今逢郵付

上港幣六拾元到時檢收內抹拾元

給大兄收用餘家中中用並祝

慈親起居安康保重玉体為

要対孫孟平侄包各事着孝

順祖母愚叔在外免掛也

餘無別叙專此

敬請

福安

樹兒上

1957年十二月十一日

1958 年 1 月 8 日暹罗陈士龙寄澄海下蓬渔洲龙美乡母亲

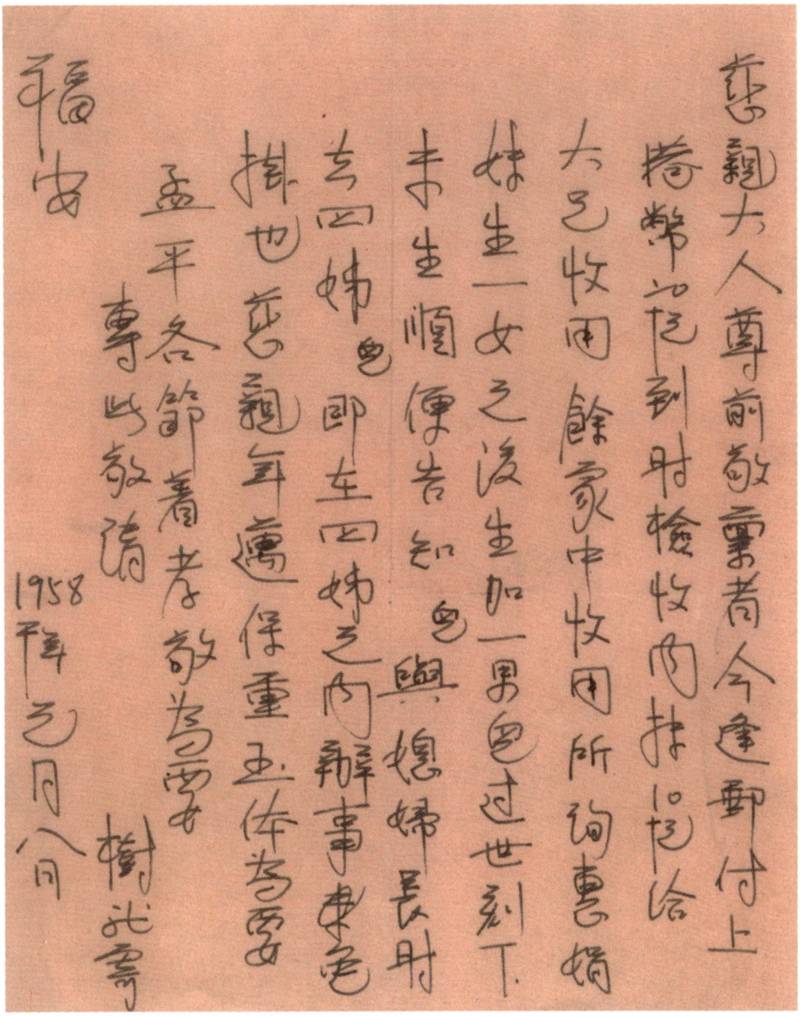
慈
親大人尊前敬禀者今逢郵付上
港幣二佰元到時檢收內抽二佰元給
大姑收用餘家中收用所詢惠娟
妹生一女之後生加一男也過世了
未生順便告知也 與媳婦長時
去四姊也 即去四姊之內辦事來也
掛也 慈親年邁保重玉体為要
孟平各節着孝敬為要
專此敬請
福安
1958年元月八日 樹兆禀

1958年2月6日暹罗陈士龙寄澄海下蓬渔洲龙美乡母亲

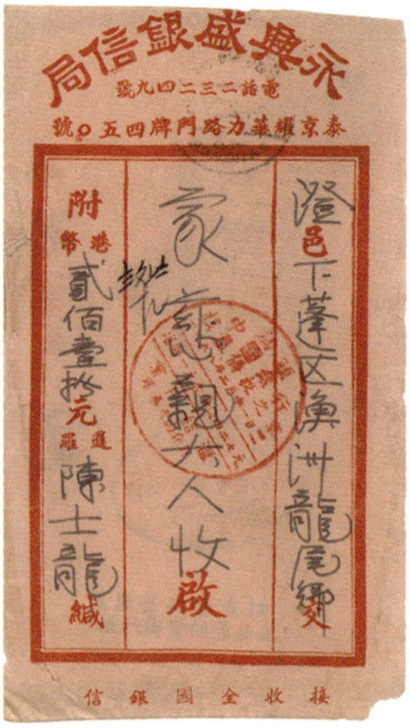

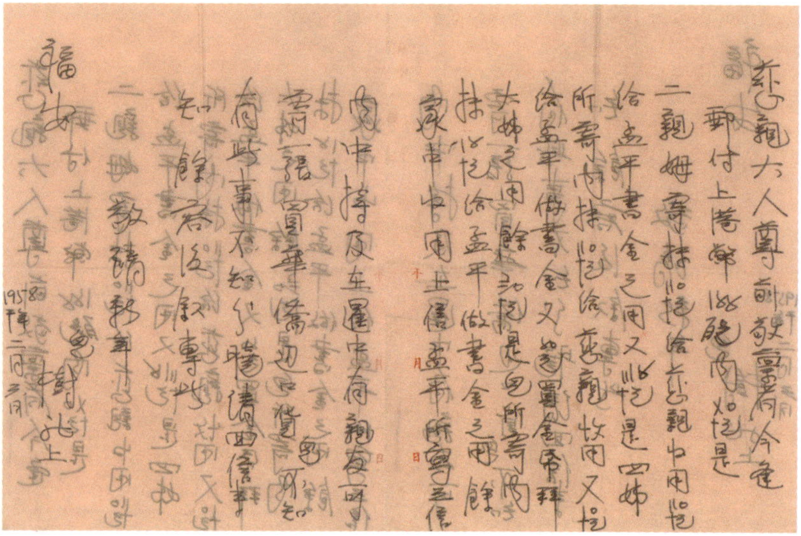

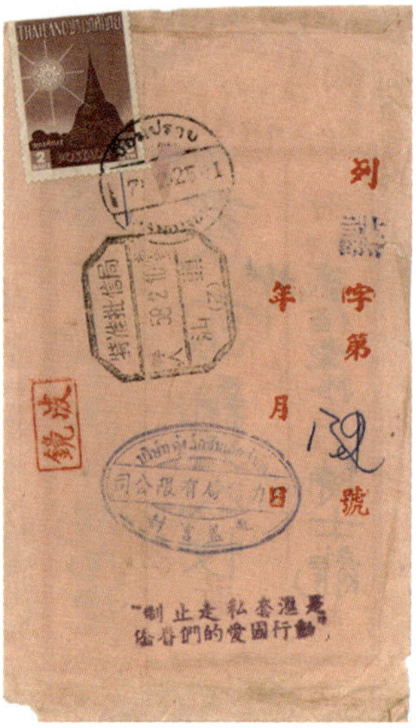

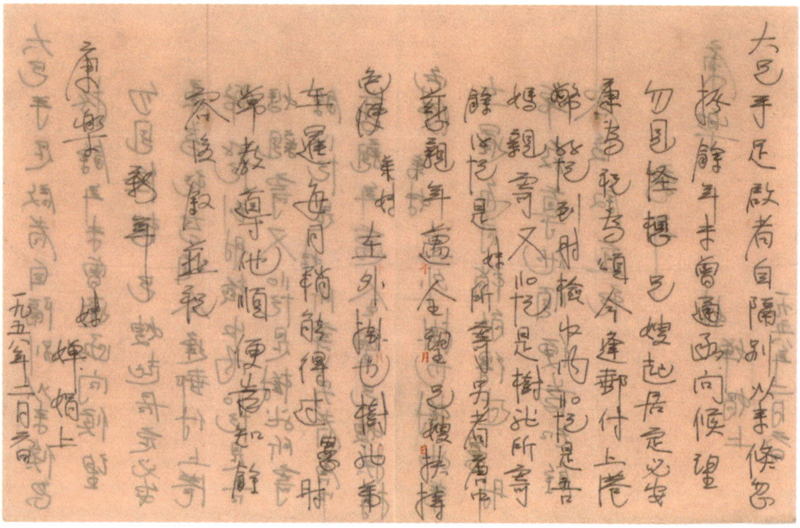

1958 年 3 月 9 日暹罗陈士龙寄澄海下蓬渔洲龙美乡母亲

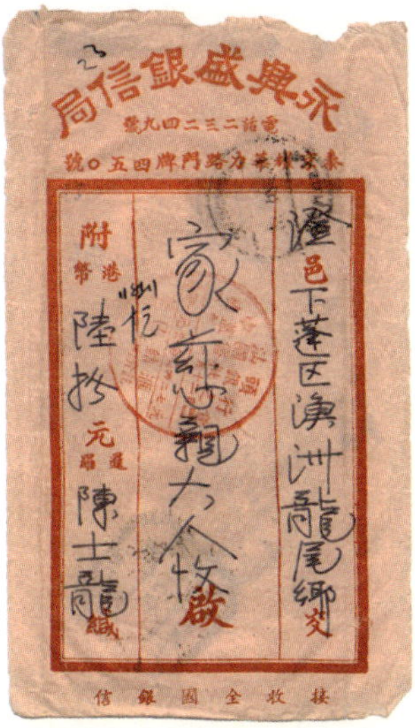

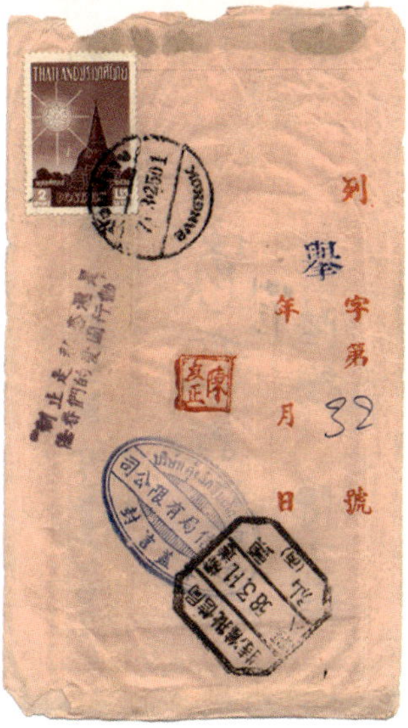

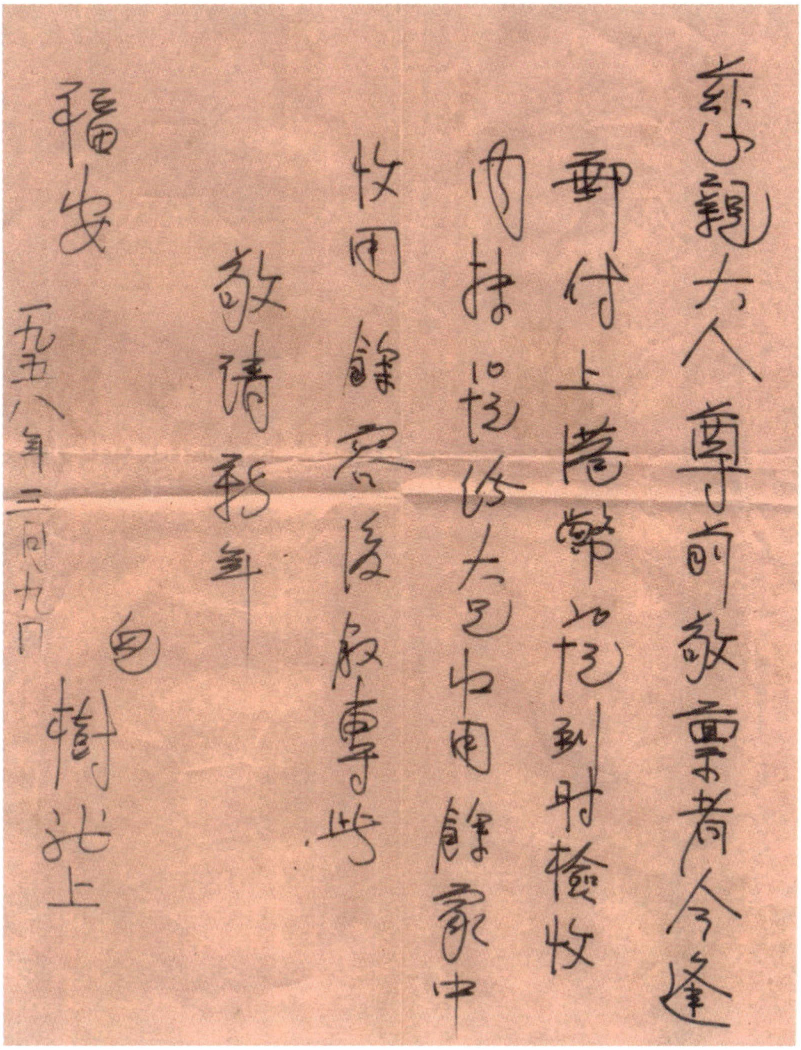

慈親大人尊前敬稟者今逢

郵付上港幣四佰到時檢收

內抽四佰作大兄中用餘家中

收用餘容後敘事此

敬請新年

福安

男 樹池 上

一九五八年二月九日

1958 年 4 月 10 日暹罗陈士龙寄澄海下蓬渔洲龙美乡母亲

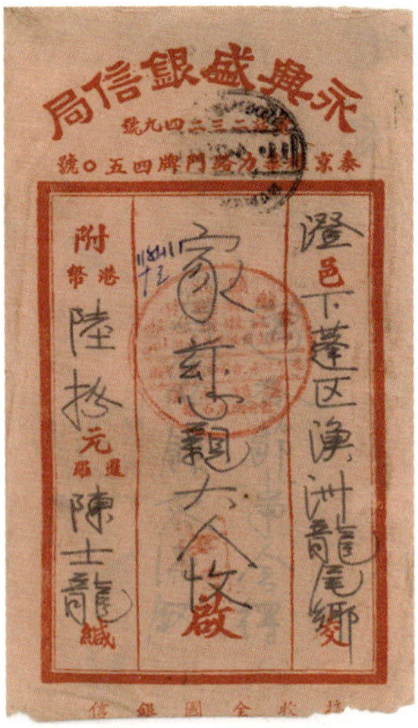

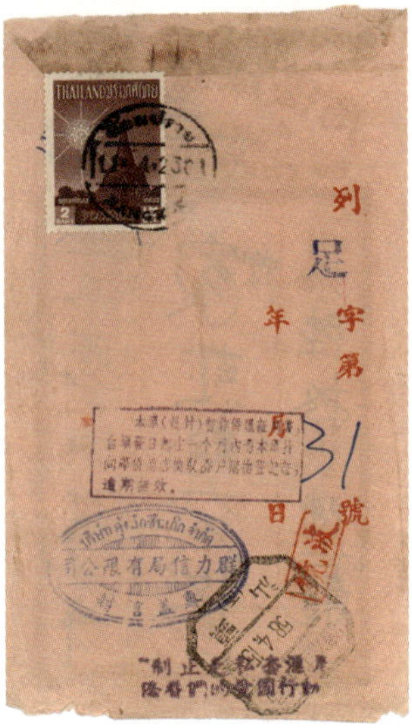

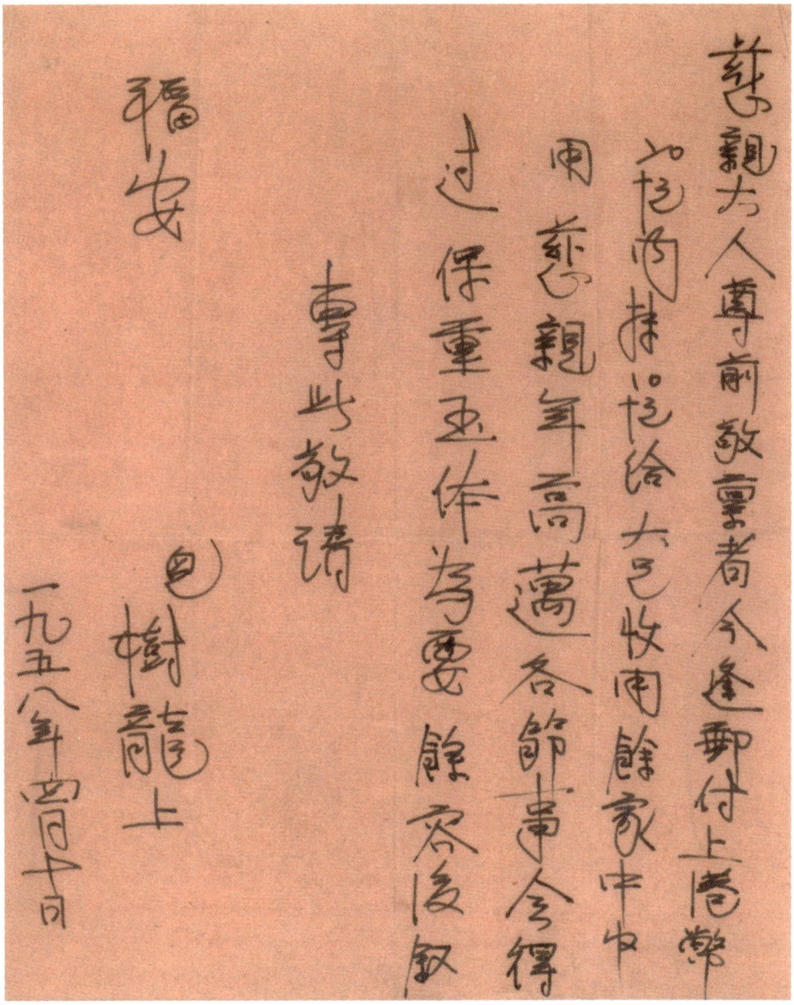

慈親大人尊前敬稟者今逢郵付上港幣
卅元内抹卅元給大巴收用餘家中中
用慈親年高邁過各節需今得
过保重玉体為要餘容後叙
專此敬請
福安
兒 樹龍上
一九五八年四月十日

1958 年 5 月 8 日树龙寄母亲

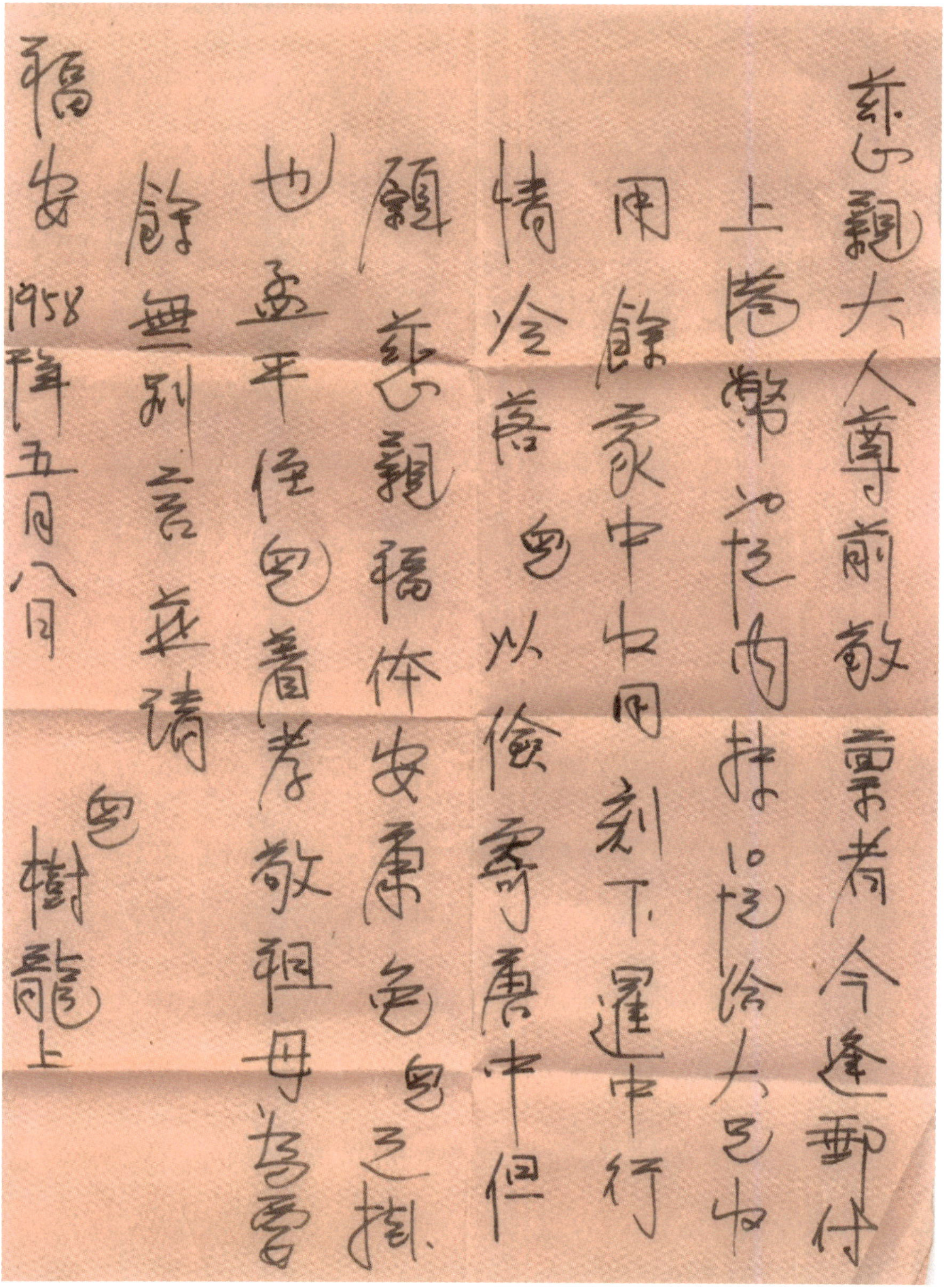

慈親大人尊前敬禀者今逢郵付
上港幣六拾元內撥拾元給大邑收
用餘家中之用刻下暹中行
情冷落兒以儉寄唐中但
願慈親福體安康免兒之掛
也孟平侄兒着孝敬祖母為要
餘無別言茲請
福安
兒樹龍上
1958年五月八日

1958 年 5 月 18 日暹罗陈士龙寄澄海下蓬渔洲龙美乡母亲

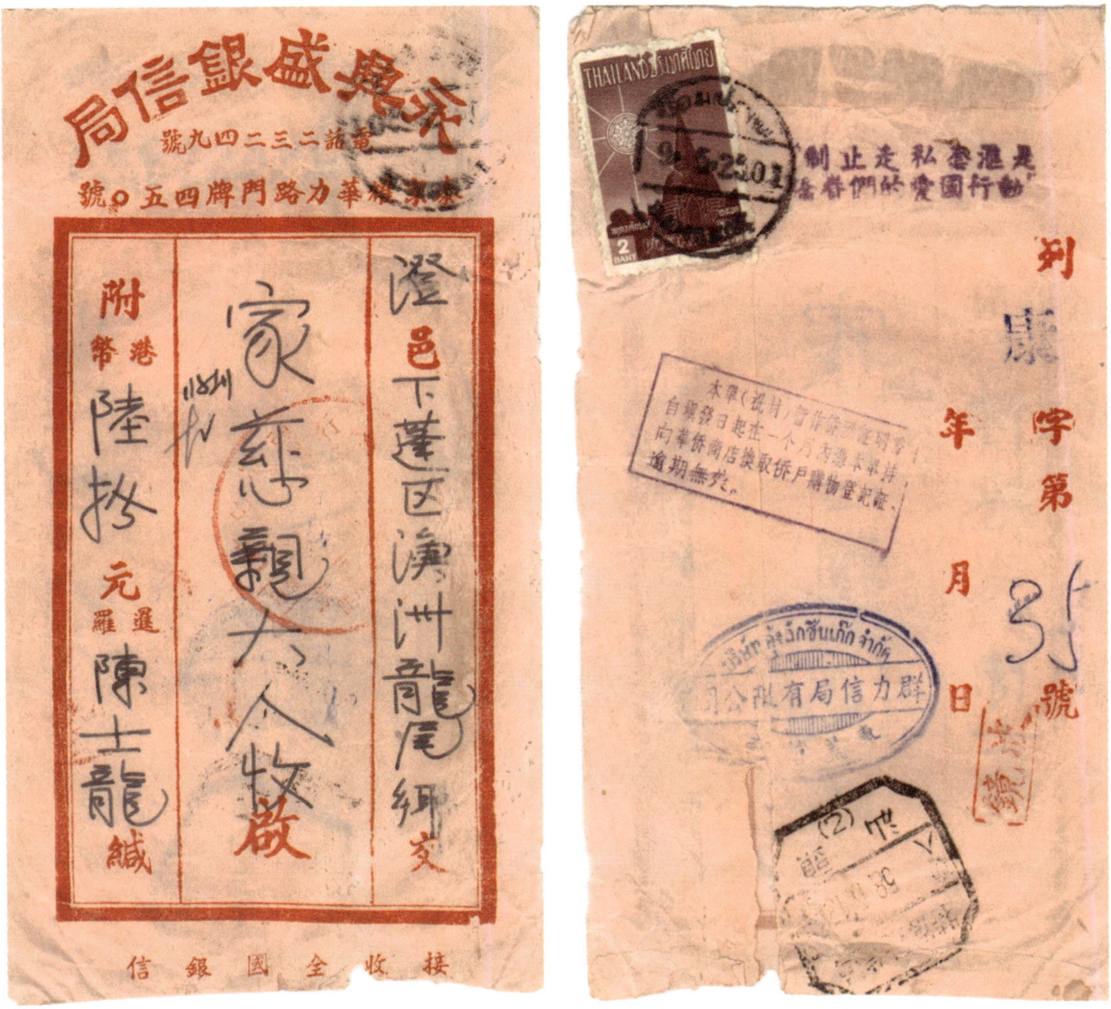

1958年7月10日树龙寄母亲

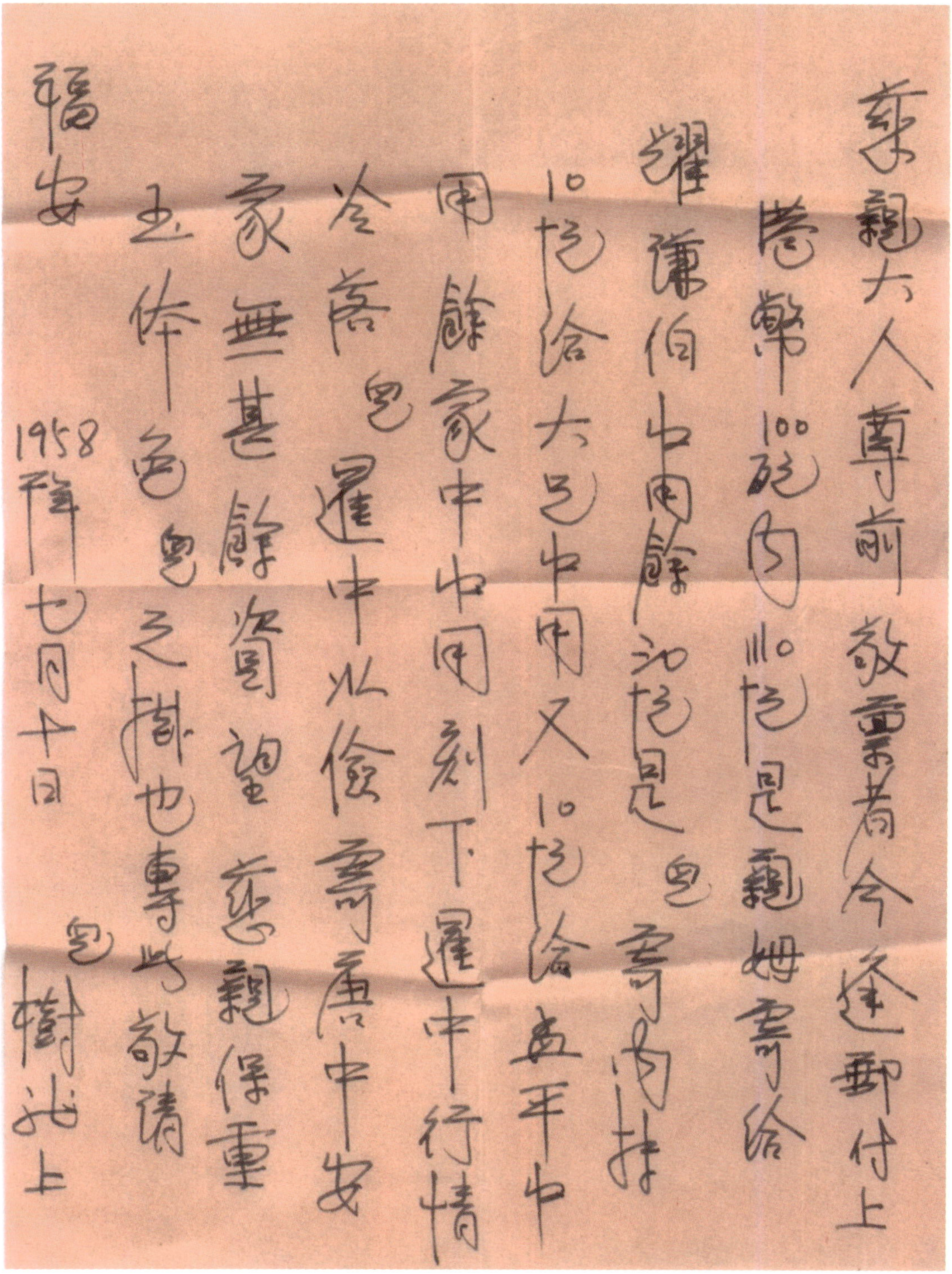

慈親大人尊前 敬稟者今逢郵付上
港幣100元內 10元是親母寄給
耀蓮伯中用餘70元是 兒寄內妹
10元給大兄中用又10元給五平中
用餘家中中用刻下暹中行情
冷落 兒暹中以儉寄居中安
家無甚餘資望 慈親保重
玉体為 兒 兒之樹也專此 敬請
福安
1958年七月十日
兒 樹龍 上

1958 年 8 月 5 日暹罗陈士龙寄澄海下蓬渔洲龙美乡王明娇

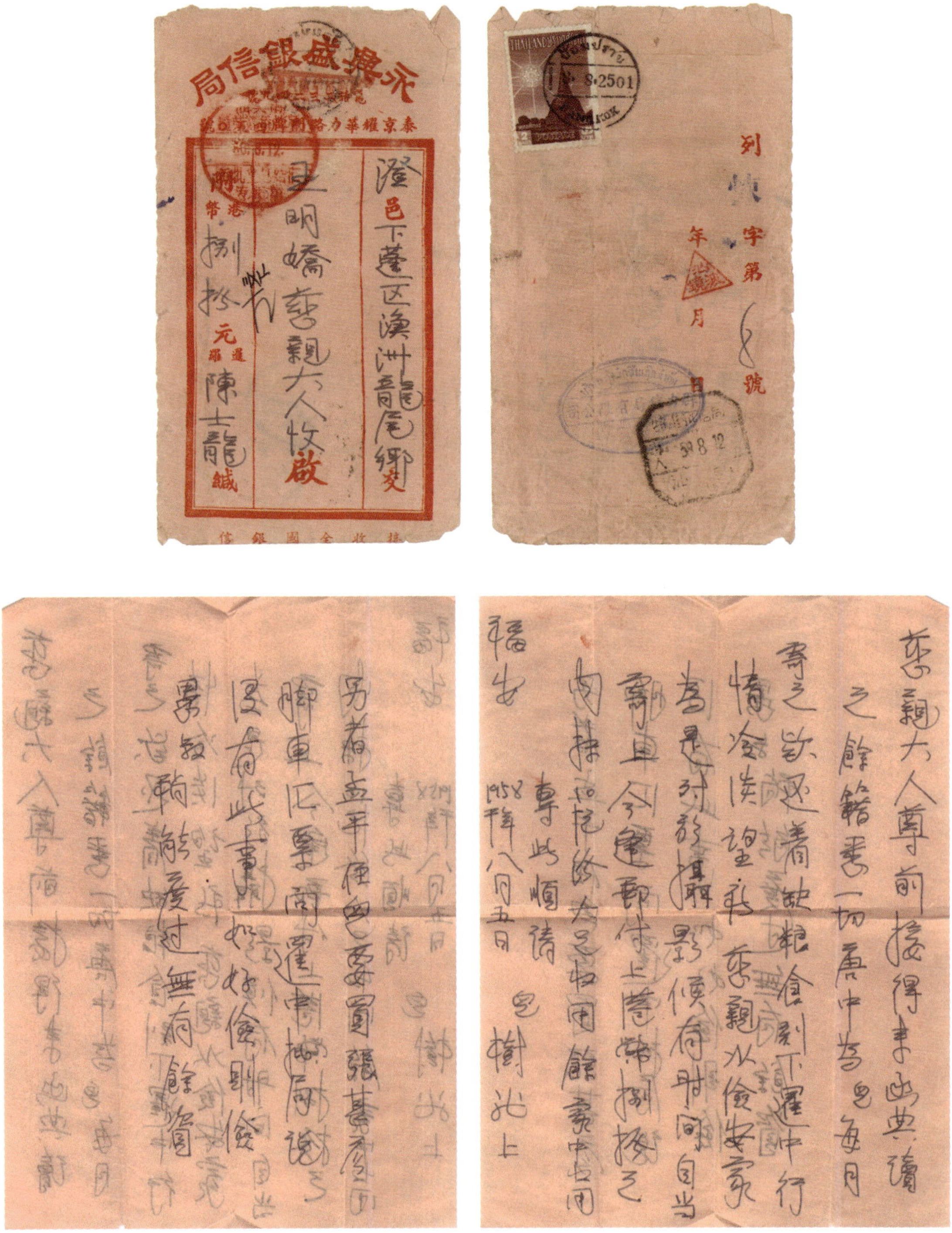

1958 年 10 月 8 日暹罗陈士龙寄澄海下蓬渔洲龙美乡王明娇

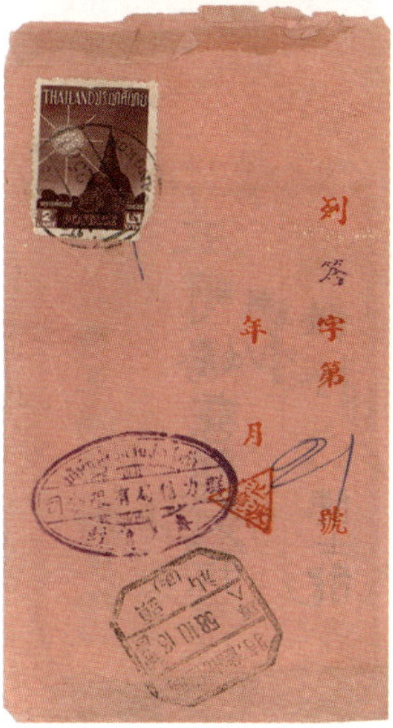

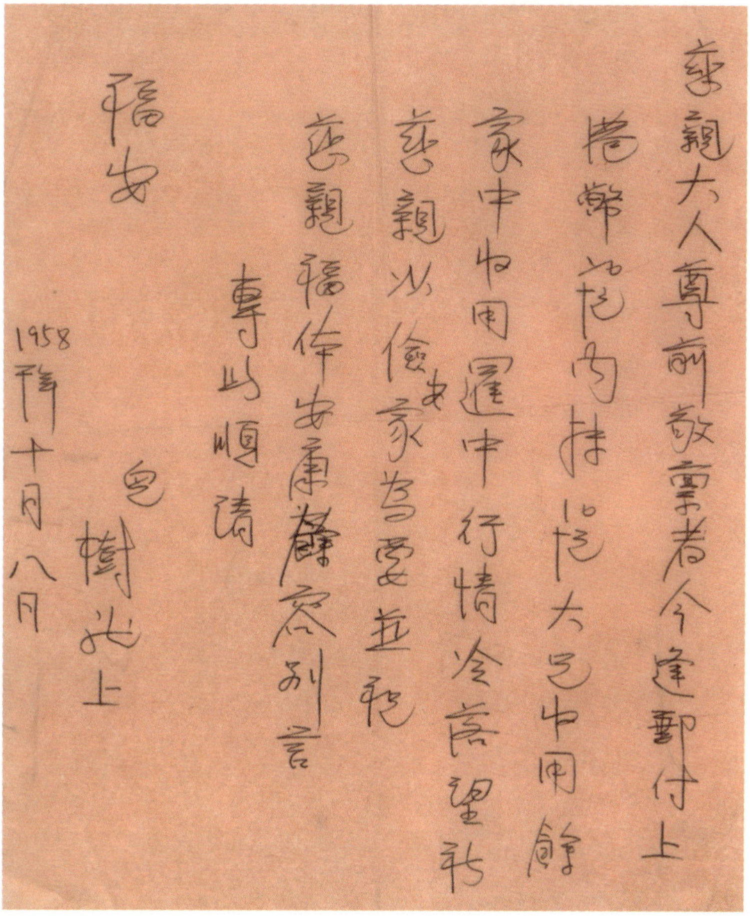
慈親大人尊前敬稟者今逢郵付上
港幣[illegible]大包中用餘
家中中用暹中行情冷落望祈
慈親以儉安家為要並祀
慈親福体安康餘容別言
專此順請
福安
兒 樹兆 上
1958 陽十月八日

1950 年 3 月 3 日暹（泰国）秦汉桐寄澄海隆都白砂宫乡母亲

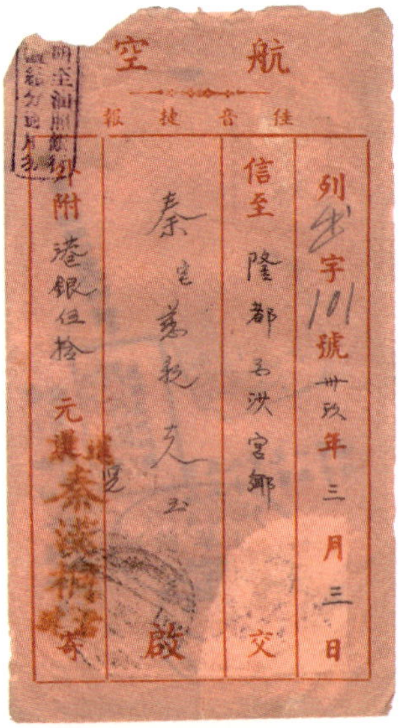

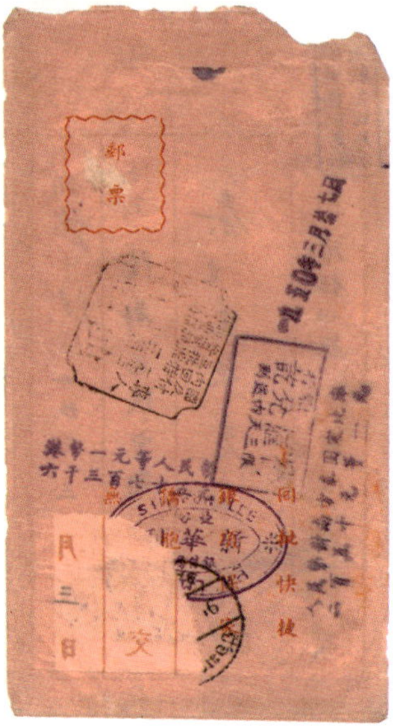

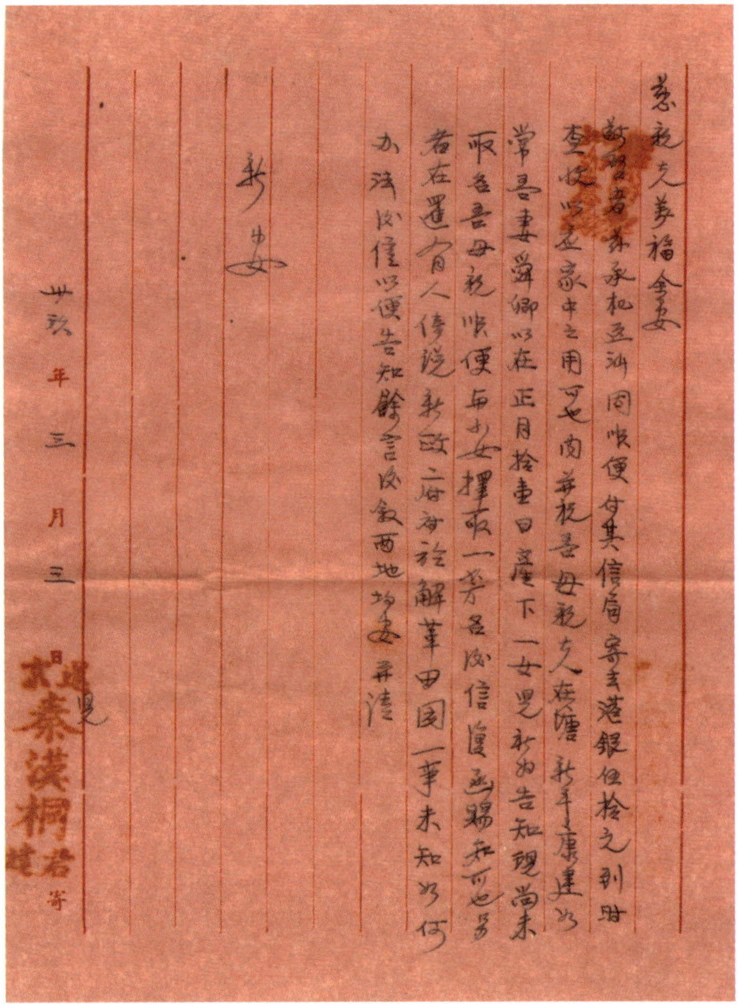
慈親大人萬福金安
敬稟者 弟承机丕洲同帐便付其信函寄去港银伍拾元 到时
查收以丕家中之用可也 内并祝吾母親大人旅沪新年康健 以
常吾妻舜卿以在正月拾壹日産下一女 兒前函告知 现尚未
取名 吾母親帐便与小女择取一芳名 后信复兒知可也 另
者在暹有人傳说 新政府对于解華田园一事 未知以何
办法 后信以便告知 余言后叙 两地均安 弟清

新安

卅玖年三月三日

暹 秦漢桐 君寄

1950 年 9 月 10 日暹秦汉桐寄澄海隆都白砂宫乡母亲

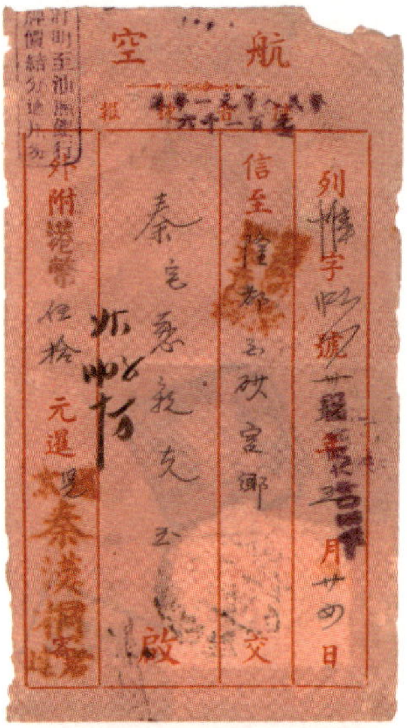

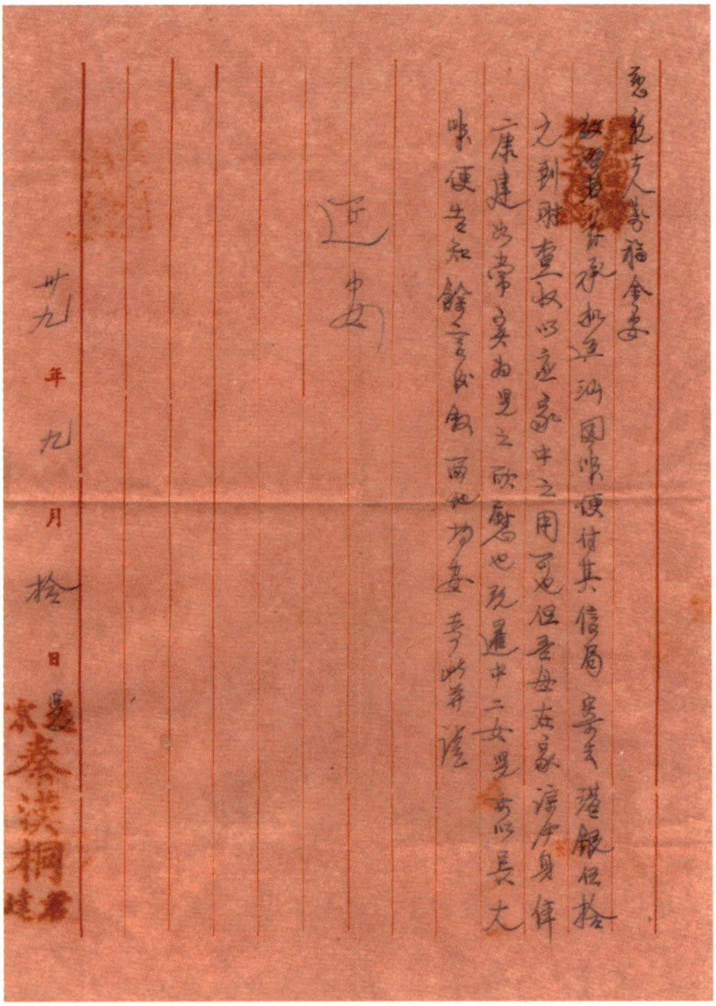

1950年10月12日暹秦汉桐寄澄海隆都白砂宫乡母亲

1952 年 2 月 14 日泰国秦汉桐寄澄海隆都白砂宫乡母亲

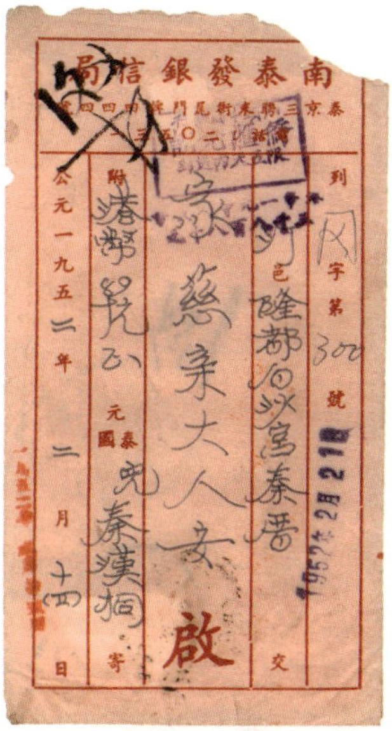

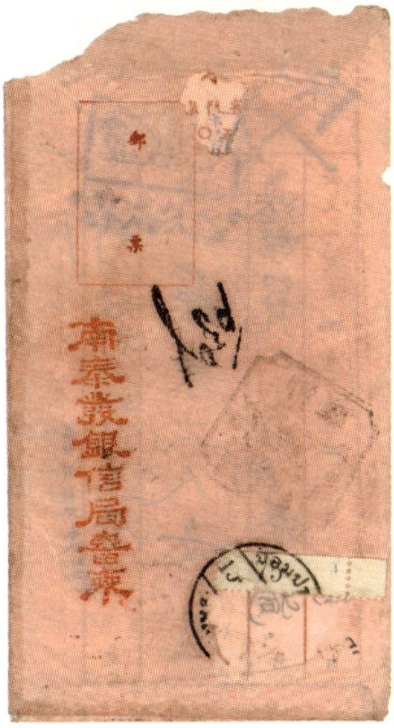

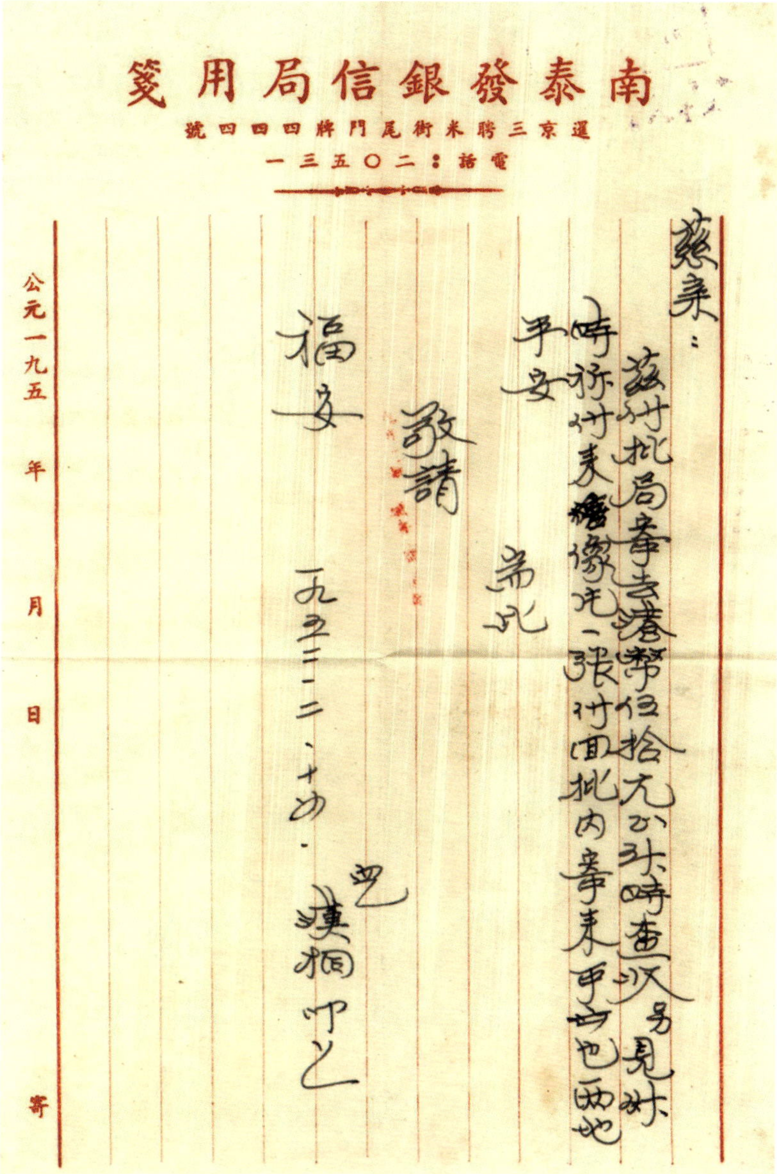

南泰發銀信局用箋

暹京三聘米街尾門牌四四四號

電話：二〇五三一

慈亲：

兹付批局奉去港币伍拾元，以外时查收。另见[illegible]

时孙付来[illegible]像片一张，付回批内奉来，平安也，两地

平安

常礼

敬請

福安

一九五二、二、十四

儿 汉桐 叩上

公元一九五 年 月 日 寄

1952 年 5 月 1 日泰国秦汉桐寄澄海隆都白砂宫乡母亲

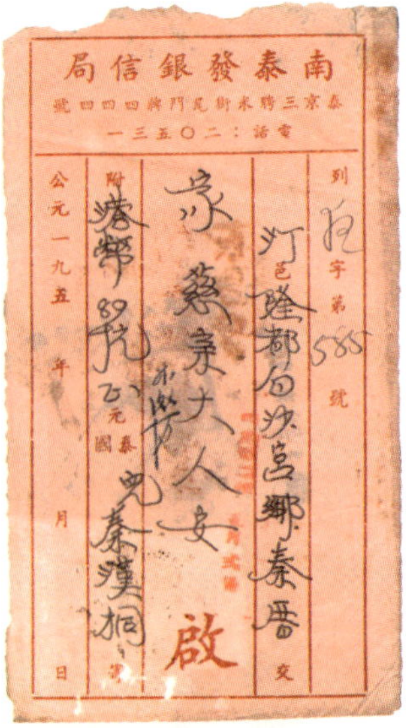

南泰發銀信局
泰京三聘米街尾門牌四四四號
電話：二〇五三一

列 字第 585 號

汀邑隆都白沙宫乡秦番 交

慈亲大人安

附

公元一九五 年 月 日

兒 秦汉桐 啟

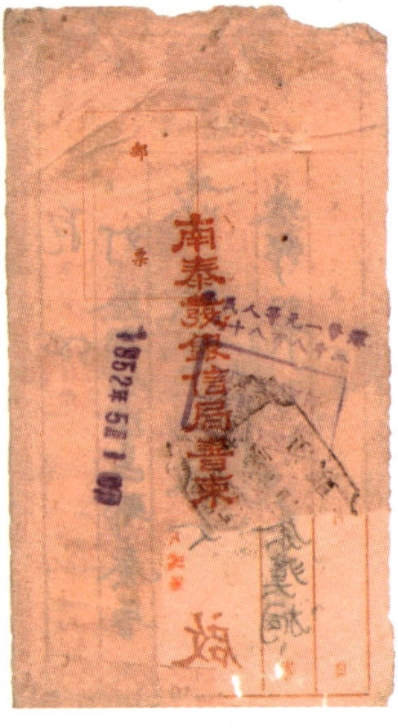

南泰發銀信局營業

1952年5月1日

啟

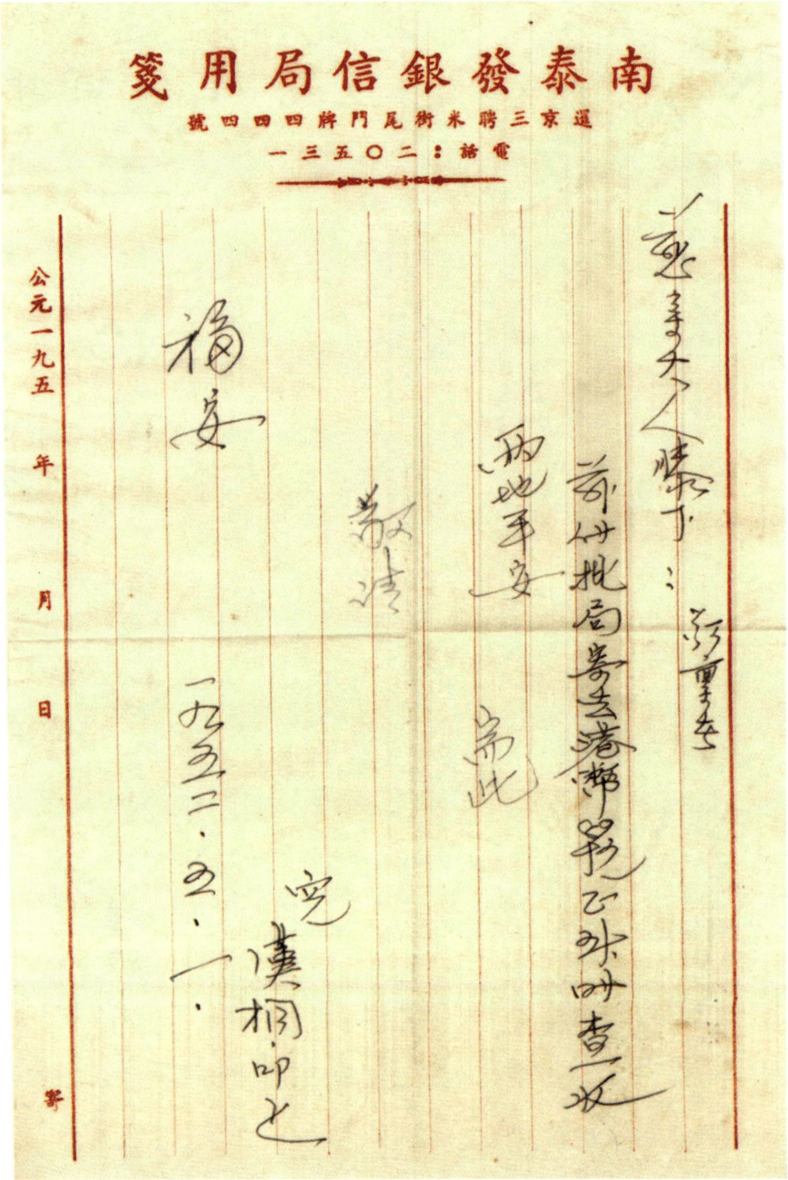

南泰發銀信局用箋
暹京三聘米街尾門牌四四四號
電話：二〇五三一

慈亲大人膝下：

两地平安

敬请

福安

儿 汉桐 叩上

一九五二．五．一

公元一九五 年 月 日

1952 年 11 月 18 日泰国秦汉桐寄澄海隆都白砂宫乡母亲

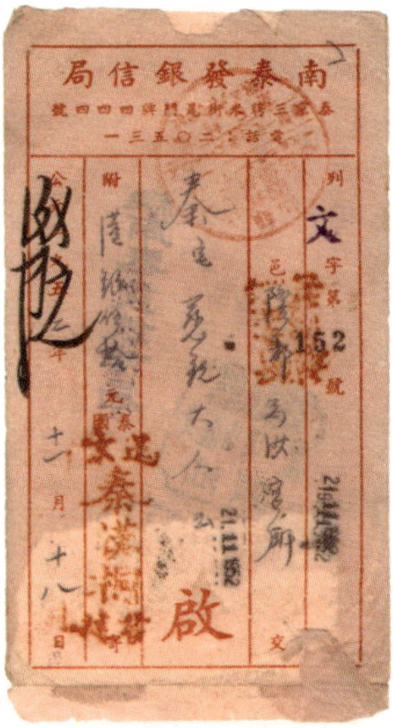

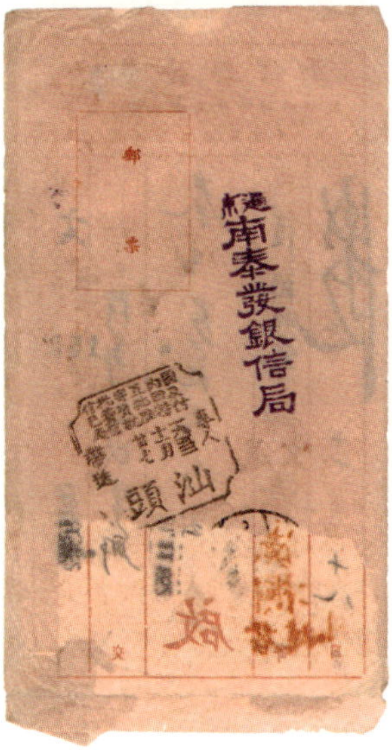

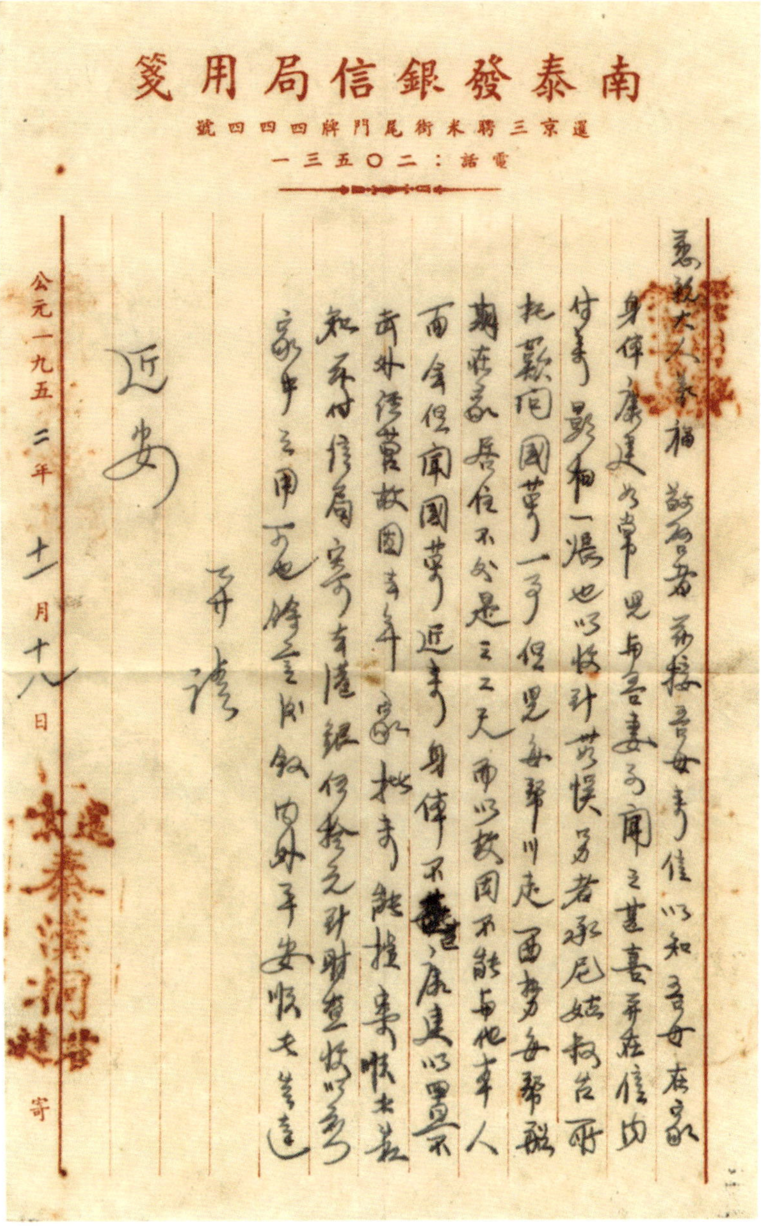

南泰發銀信局用箋

暹京三聘米街尾門牌四四四號

電話：二〇五三一

慈親大人尊福 敬啟者 前接吾母来信 以知吾母在家

身体康建如常 兒与吾妻子聞之甚喜 前在信内

付去影相一張 也可收到 [illegible] 另者承尼姑教告所

批款内國幣一萬 但兒每月 [illegible] 每 [illegible]

期在家居住不分是二天 而以故國不能与他本人

面会 但聞國幣近来身体不 [illegible] 康建 [illegible]

[illegible] 故國来年 家批来能推来 [illegible]

知前付信局寄来 [illegible] 银 [illegible] 元 [illegible] 查收以為

家中之用可也 餘言后叙 肉外平安 [illegible] 達

近安

兒 [illegible] 謹

公元一九五二年十一月十八日 秦漢桐 寄

1953 年 5 月 13 日泰国秦汉桐寄澄海隆都白砂宫乡母亲

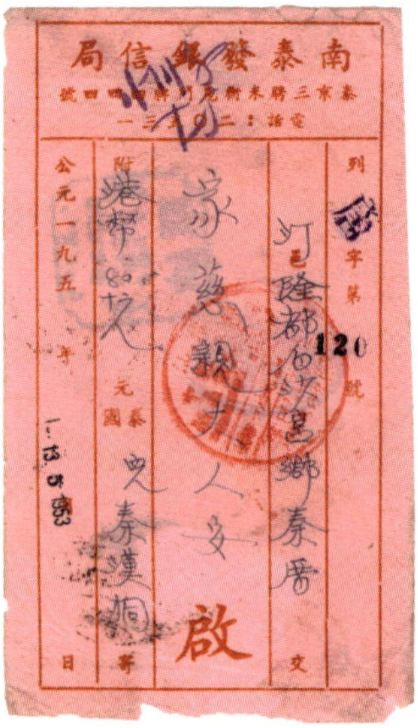

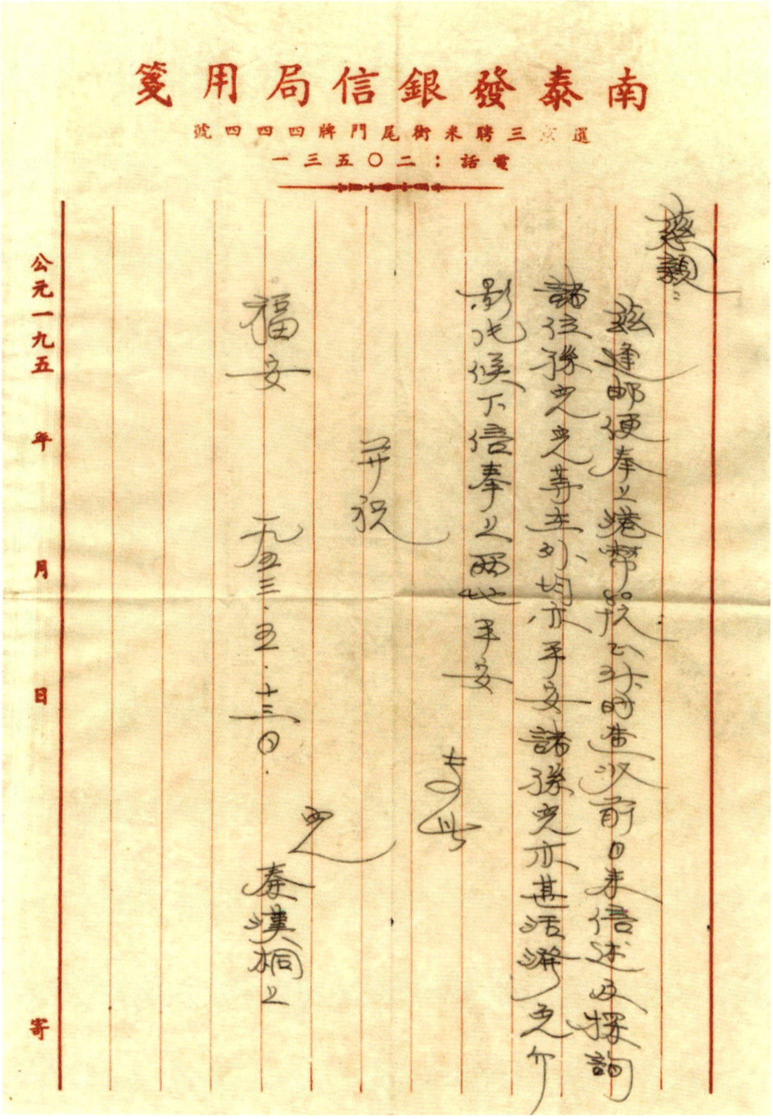

南泰發銀信局用箋

暹京三聘米街尾門牌四四四號

電話：二〇五三一

慈親：

茲逢郵便奉上港幣貳拾大元，此時並及前日來信述及探詢

諸位孫兒，兒等在外均亦平安，諸孫兒亦甚活潑，兒亦

勿念，候下信奉上，耑此 手安

安母

并叙

福安

一九五三.五.十三日

兒 秦漢桐上

公元一九五 年 月 日 寄

1953年11月4日泰国秦汉桐寄澄海隆都白砂宫乡母亲

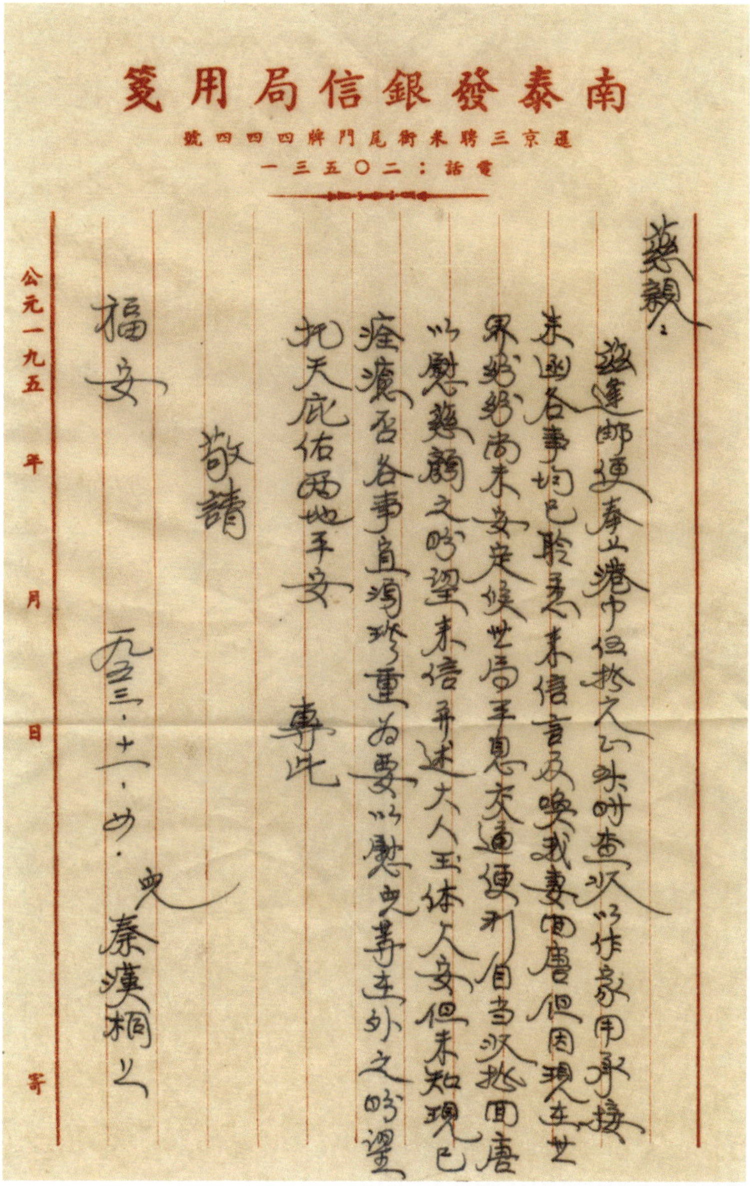
南泰發銀信局用箋

暹京三聘耒街尾門牌四四四號

電話：二〇五三一

慈親：

兹逢郵便奉上港中伍拾元正外附查收以作家用承接来函各事均已聆悉来信言及唤我妻回唐但因现在世界纷纷尚未安定候世局平息交通便利自当叫她回唐以慰慈親之盼望来信并述大人玉体欠安但未知现已痊癒否各事宜须珍重为要以慰兒等远外之盼望托天庇佑两地平安

專此

敬請

福安

一九五三·十一·四

兒秦漢桐上

公元一九五 年 月 日 寄

1953 年 11 月 25 日泰国汉桐寄澄海隆都白砂宫乡母亲

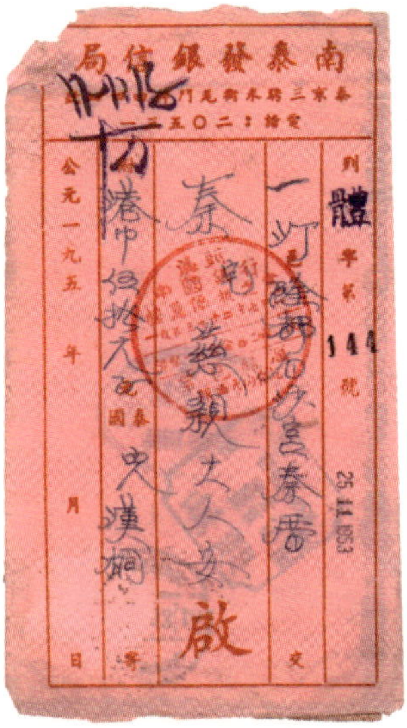

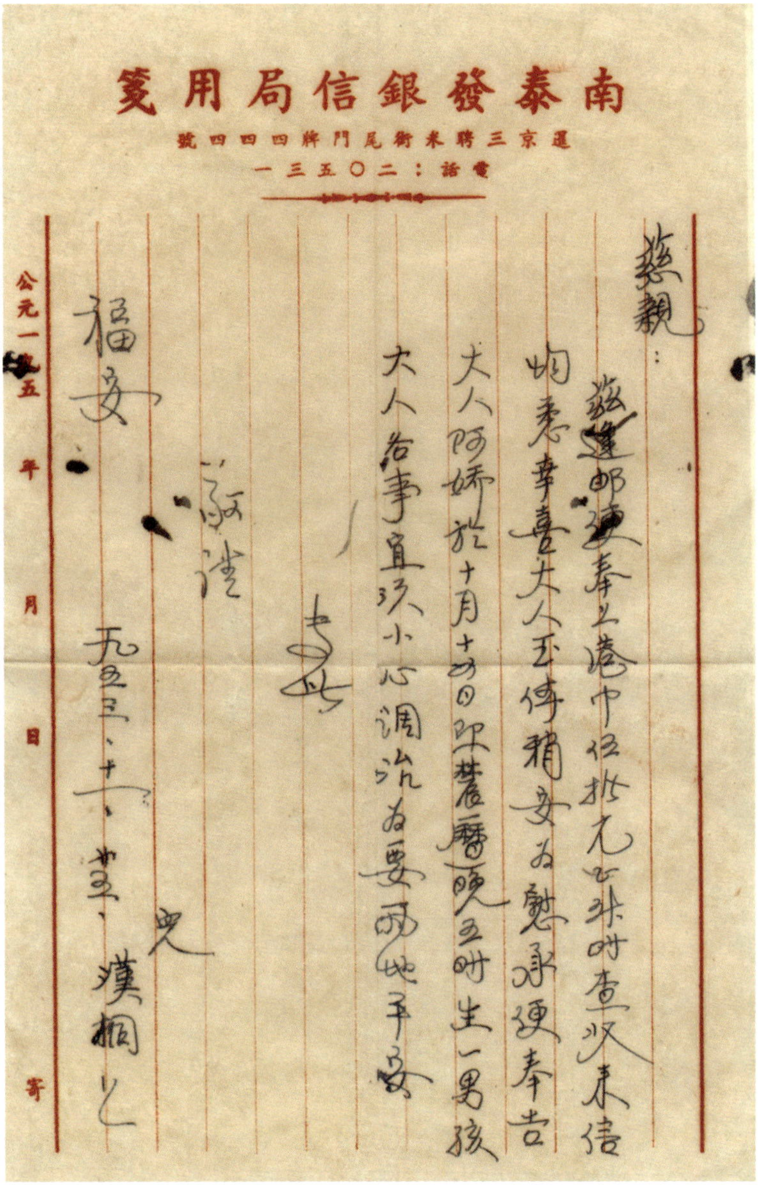

南泰發銀信局用箋

暹京三聘米街尾門牌四四四號

電話：二〇五三一

慈親：

茲逢郵便奉上港巾伍拾元正祈查收。来信

備悉華喜大人玉体精安為慰。承便奉告

大人阿姊於十月十四日即舊曆晚五時生一男孩。

大人各事宜須小心調治為要。耑此并安

福安

兒 漢桐 上

九五三、十一、廿五

公元一九五 年 月 日寄

1954 年 2 月 10 日泰国秦汉桐寄澄海隆都白砂宫乡母亲

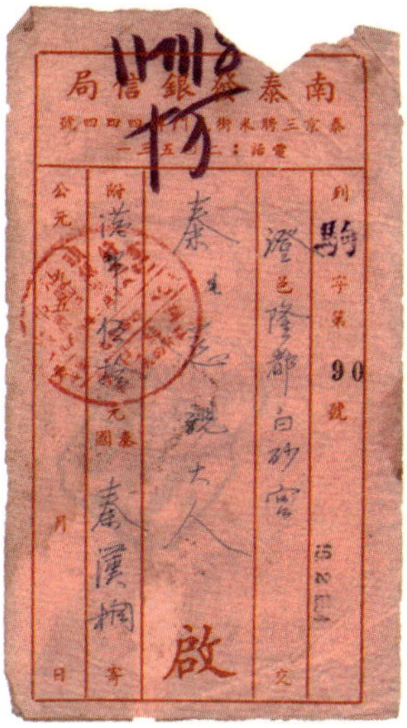

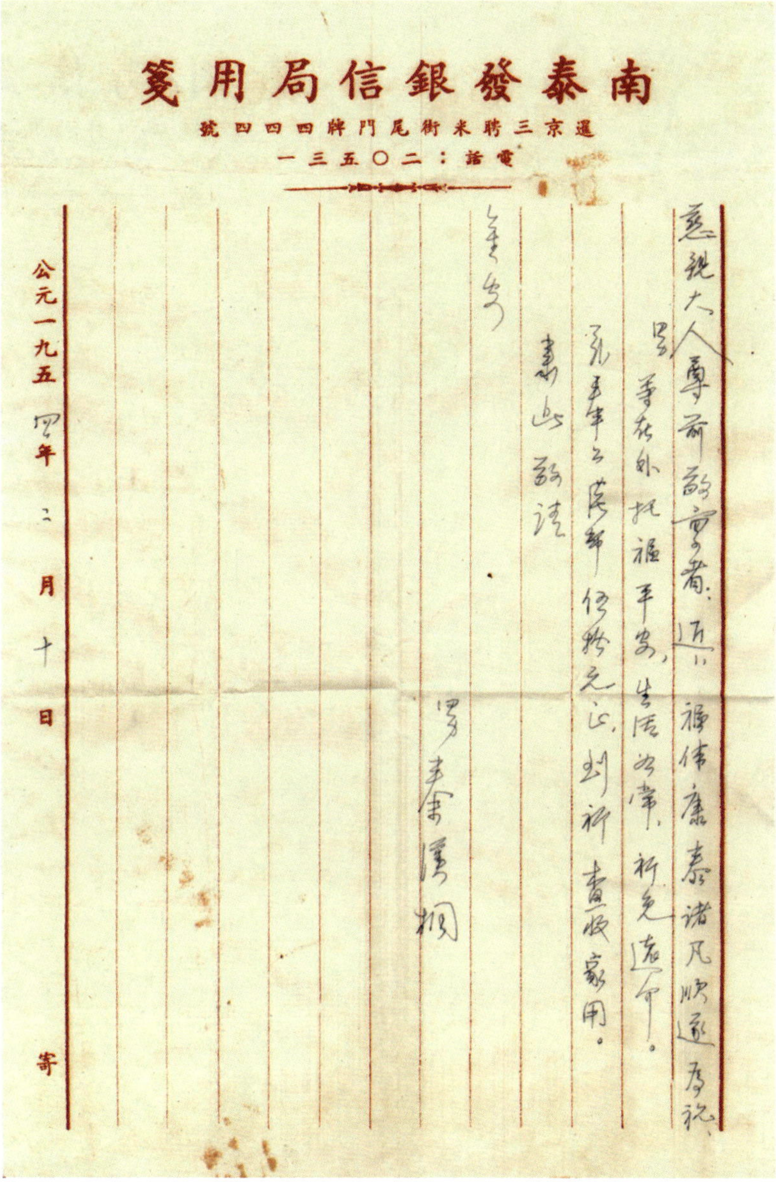

南泰發銀信局用箋

暹京三聘米街尾門牌四四四號

電話：二〇五三一

慈親大人尊前敬禀者：近以福体康泰，诸凡顺遂为祝。男等在外托福平安，生活如常，祈免远念。兹奉上港币伍拾元正，到祈查收家用。

专此敬请

金安

男秦漢桐

公元一九五四年二月十日寄

1954 年 3 月 24 日泰国秦汉桐寄澄海隆都白砂宫乡母亲

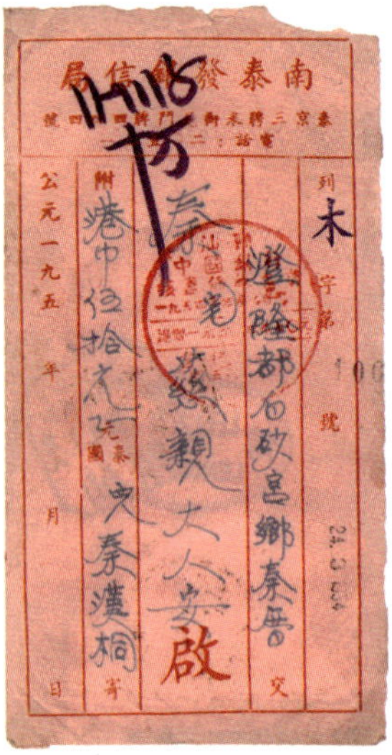

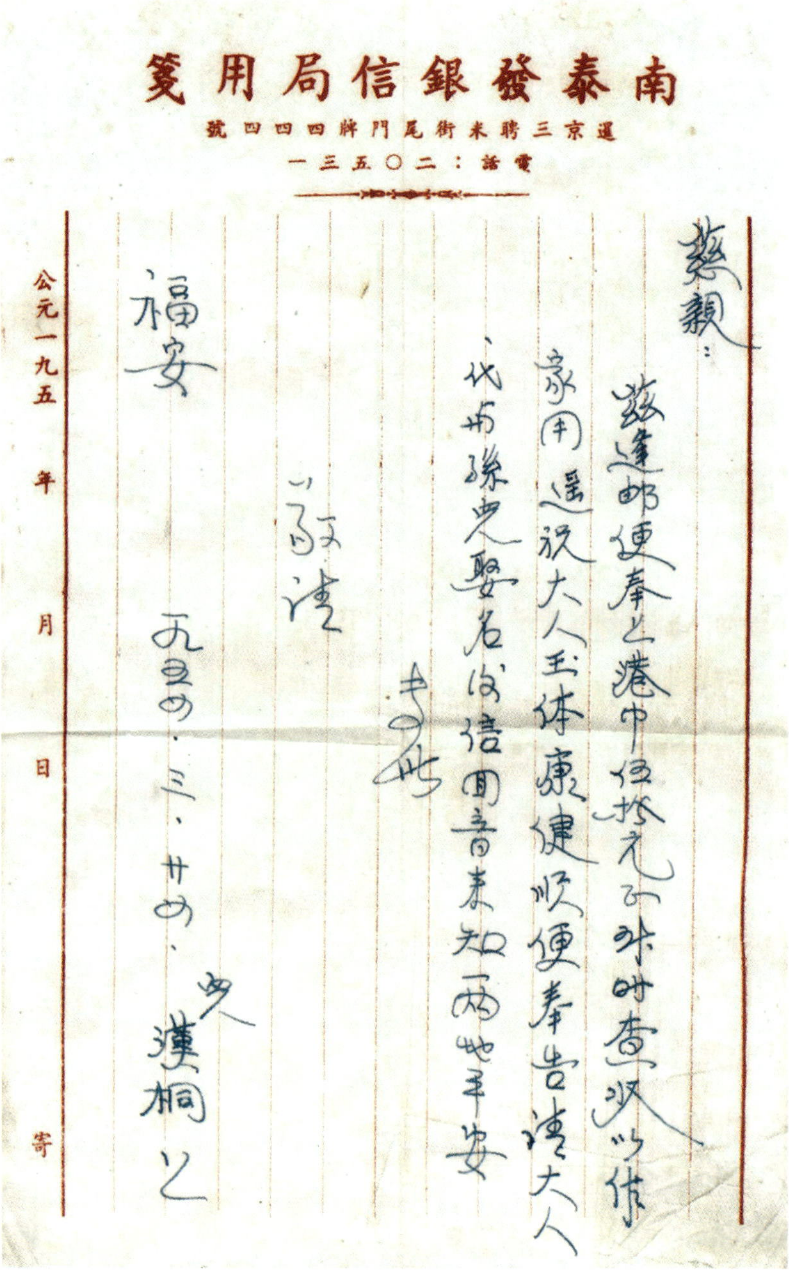

南泰發銀信局用箋

暹京三聘米街尾門牌四四四號

電話：二〇五三一

慈親：

茲逢郵便奉上港中伍拾元正外附壹收以作家用還祝大人玉体康健順便奉告諸大人代为孫兒娶名後信回音来知兩地平安

專此

敬請

福安

兒 漢桐 上

一九五四、三、廿四、

公元一九五 年 月 日 寄

1954 年 4 月 29 日泰国秦汉桐寄澄海隆都白砂宫乡母亲

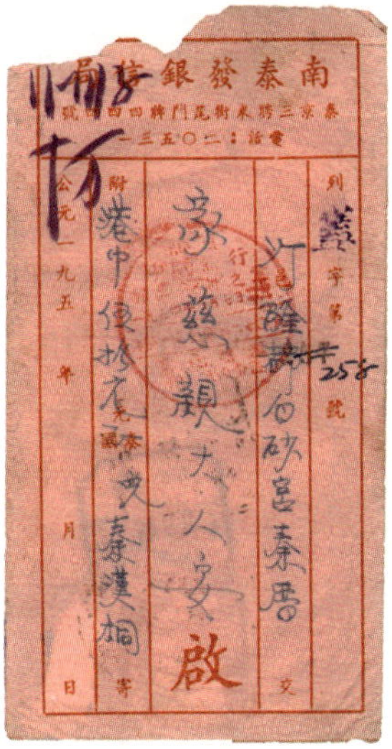

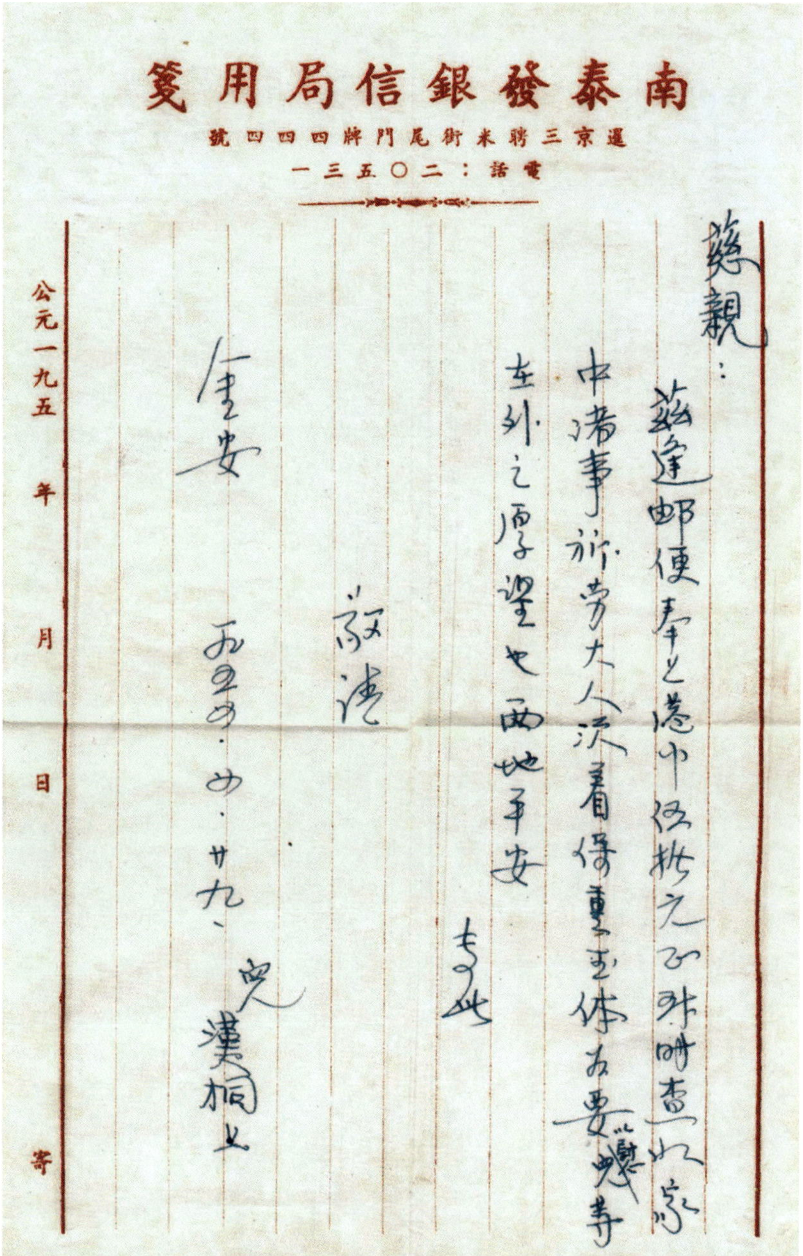
南泰發銀信局用箋

暹京三聘米街尾門牌四四四號

電話：二〇五三一

慈親：

茲逢郵便奉上港中侨批乙[illegible]查收。家中諸事，務勞大人注看，保重玉体為要，[illegible]在外之厚望也。兩地平安。

專此

敬請

金安

五四·四·廿九

兒 漢桐 上

公元一九五 年 月 日 寄

1954 年 6 月 10 日泰国秦汉桐寄澄海隆都白砂宫乡母亲

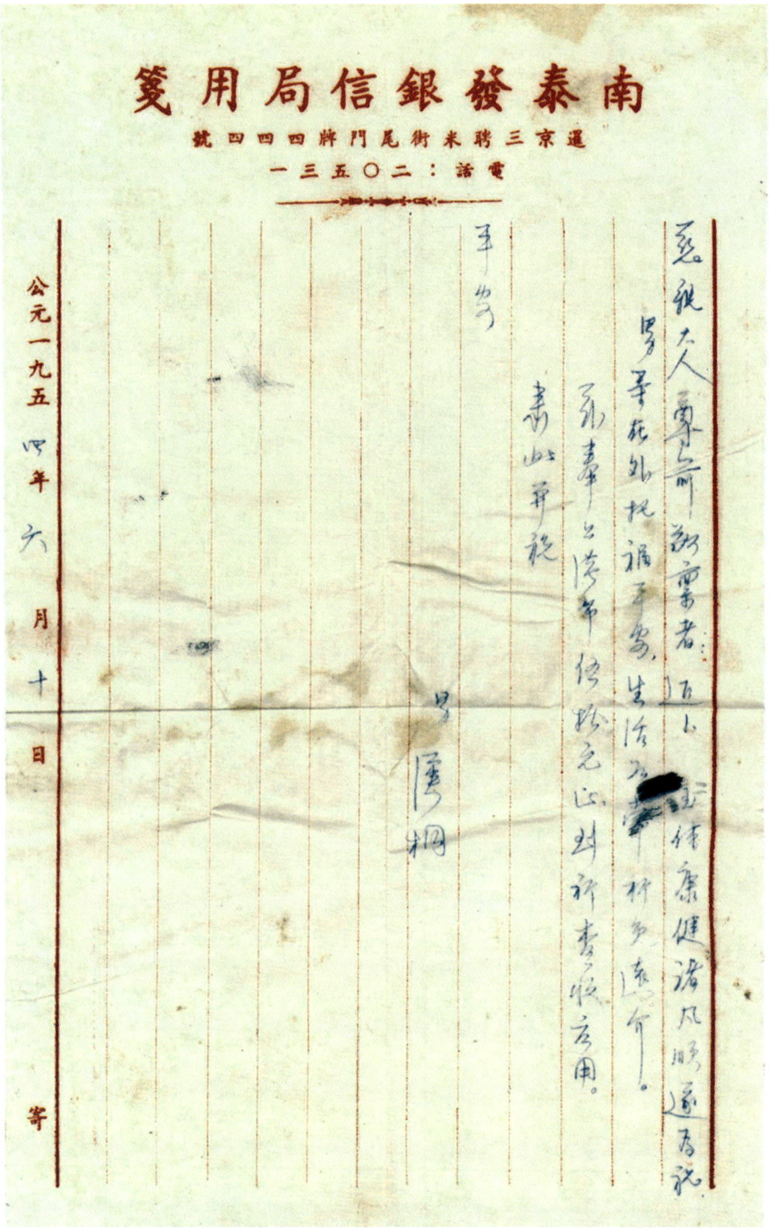

南泰發銀信局用箋

通京三聘米街尾門牌四四四號

電話：二〇五三一

公元一九五四年六月十日寄

1954 年 7 月 7 日泰国秦汉桐寄澄海隆都白砂宫乡母亲

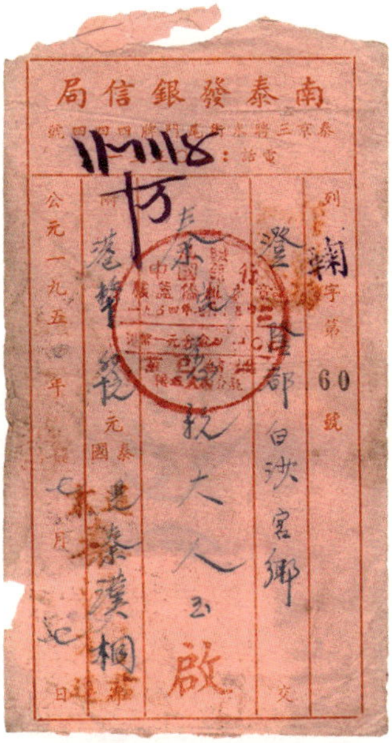

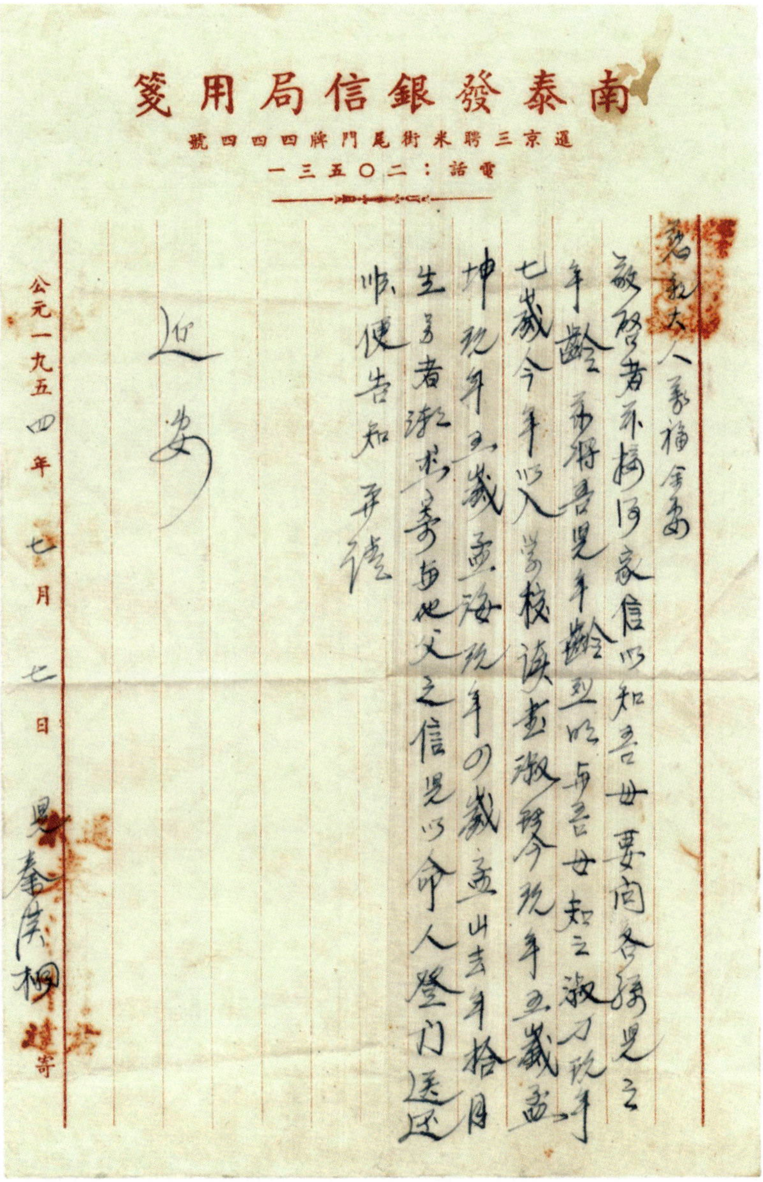
南泰發銀信局用箋

暹京三聘米街尾門牌四四四號

電話：二〇五三一

慈親大人 萬福金安

敬啟者 昨接得家信 以知吾母要問各孫兒之年齡 兹將吾兒年齡列明與吾母知之 淑才現年七歲 今年以入學校讀書 淑鈴今現年五歲 孟坤現年三歲 孟海現年四歲 孟山去年拾月生者 淑求寄與他父之信 是以命人登門送呈 順便告知 并請

近安

男 秦漢桐 寄

公元一九五四年七月七日

1954 年 9 月 15 日泰国秦汉桐寄澄海隆都白砂宫乡母亲

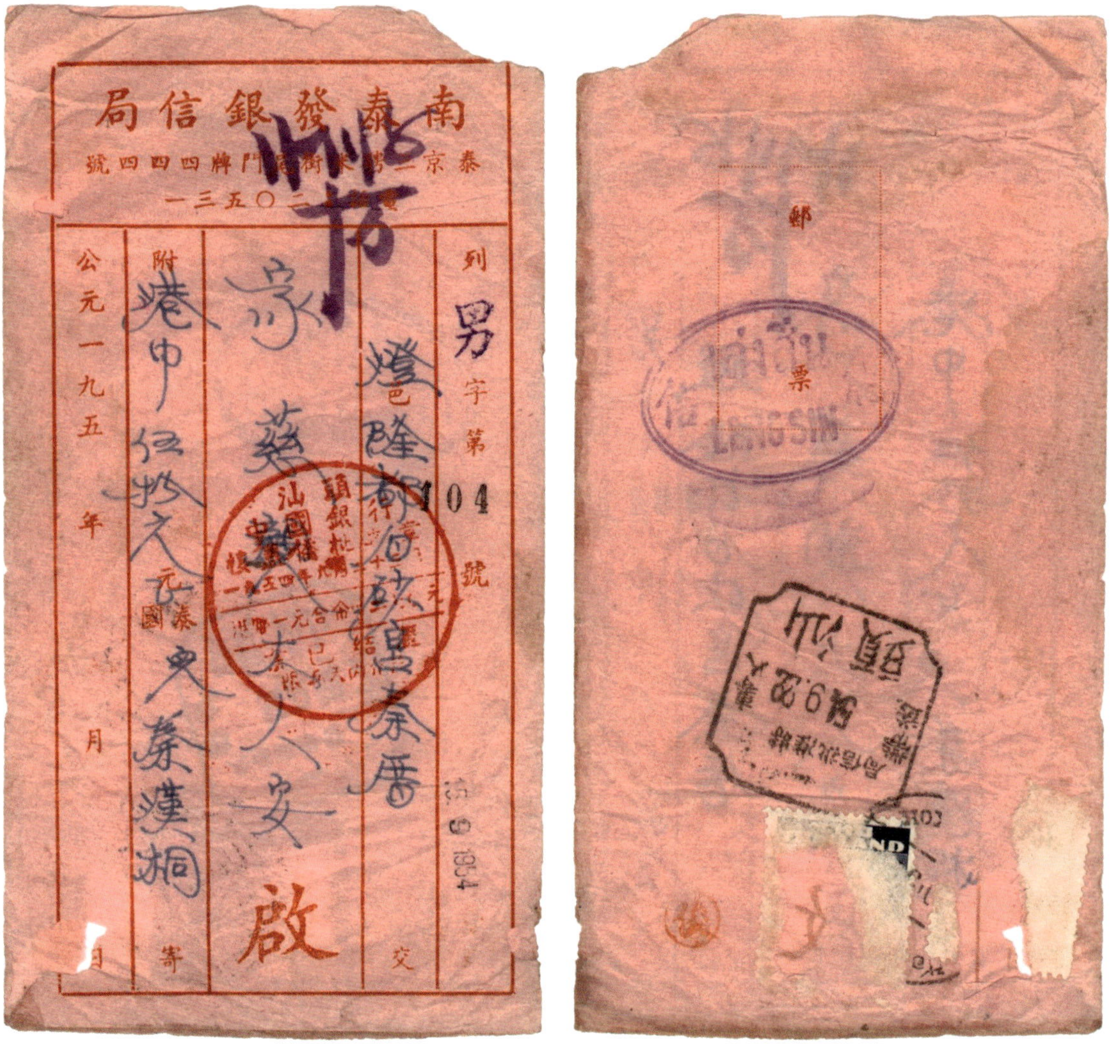

1954 年 10 月 24 日泰国秦汉桐寄澄海隆都白砂宫乡母亲

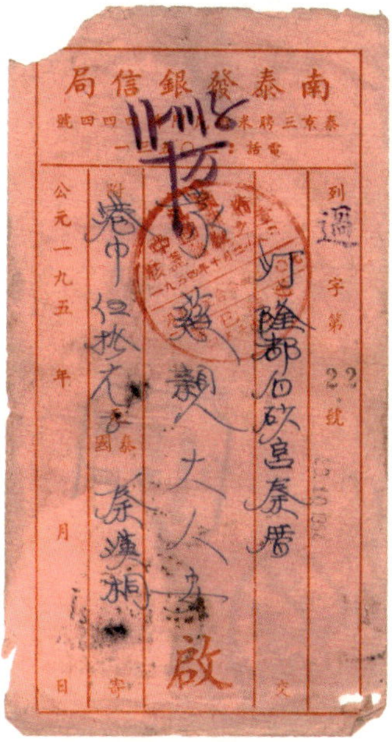

南泰發銀信局
暹京三聘米街尾四四四號
電話

到暹字第 22 號

汀隆都白砂宫秦厝

慈親大人安啟

附港币捌拾元正

泰國 秦漢桐

公元一九五 年 月 日 寄

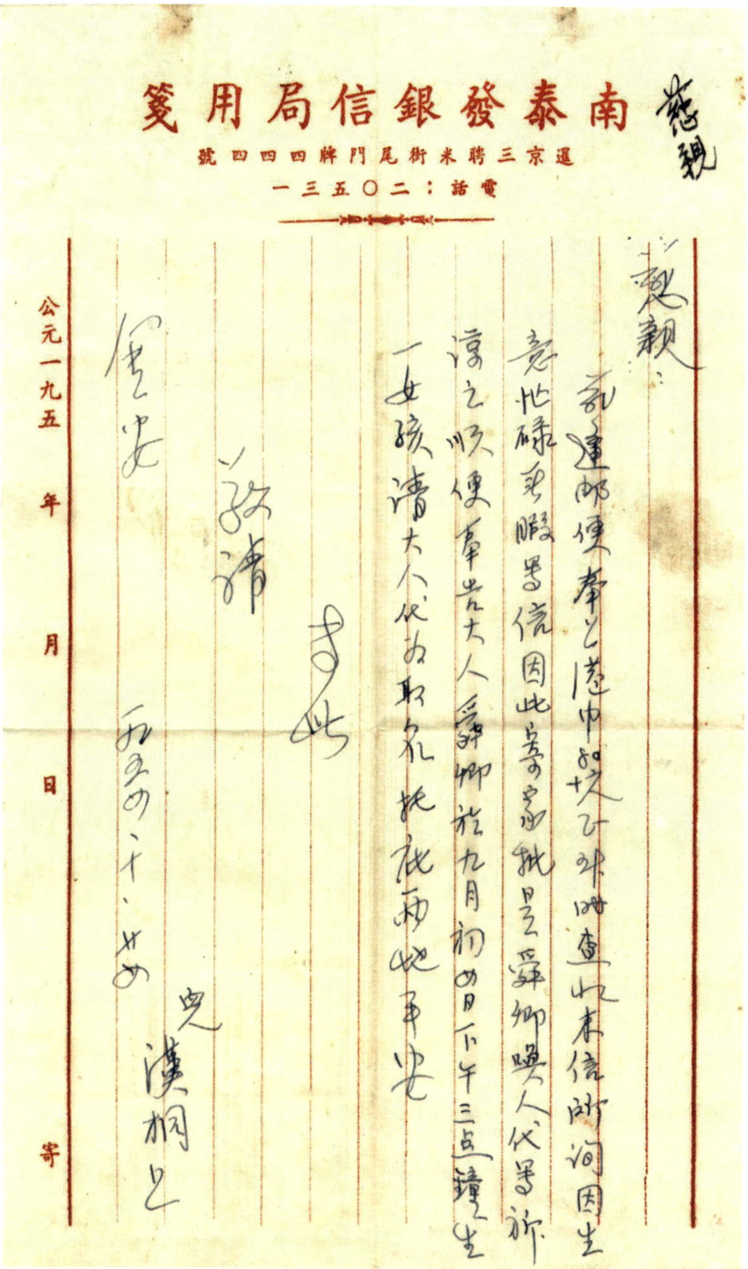

南泰發銀信局用箋
暹京三聘米街尾門牌四四四號
電話：二〇五三一

慈親：

敬達郵便奉上港币80元正外，附查收。來信所詢因生意忙碌無暇寫信，因此寄家批是舜卿與人代寫，祈諒之。順便奉告大人，舜卿於九月初四日下午三点鐘生一女孩，請大人代為取名。此批祝兩地平安。

專此

敬請

金安

男 漢桐上

五四、十、廿四

公元一九五 年 月 日 寄

1954 年 11 月 17 日泰国秦汉桐寄澄海隆都白砂宫乡母亲

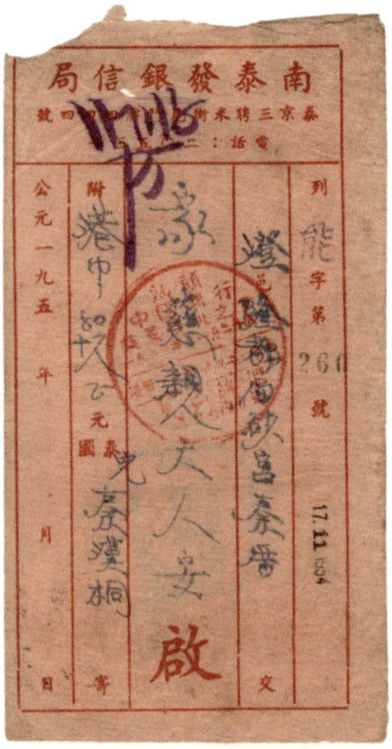

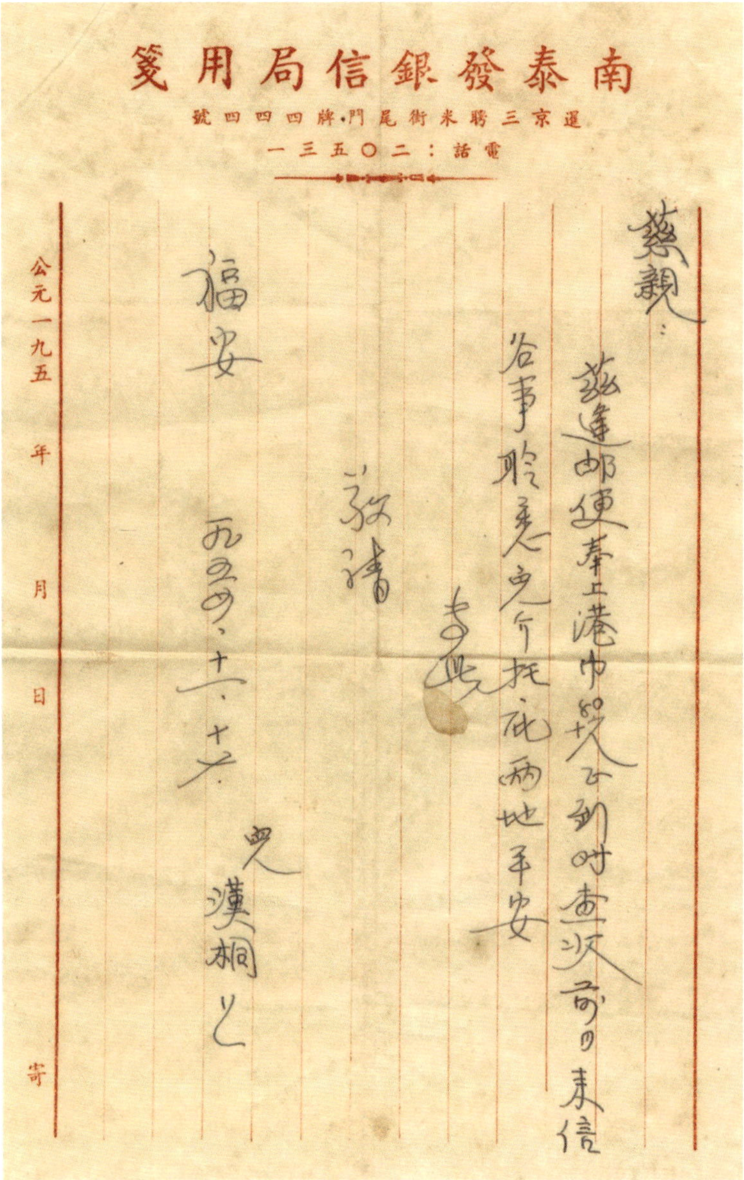

南泰發銀信局用箋

暹京三聘米街尾門牌四四四號

電話：二〇五三一

慈親：

茲逢郵便奉上港币30元，到时查收，前日來信

各事聆悉，兒在托庇两地平安

敬请

福安

兒 漢桐上

五四、十一、十七

公元一九五 年 月 日 寄

1954 年 12 月 22 日泰国秦汉桐寄澄海隆都白砂宫乡母亲

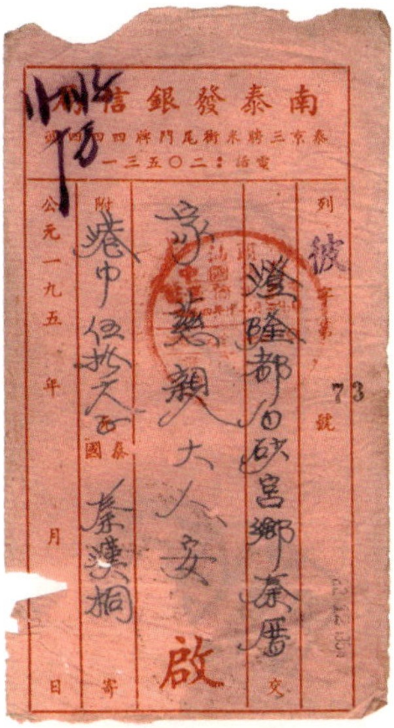

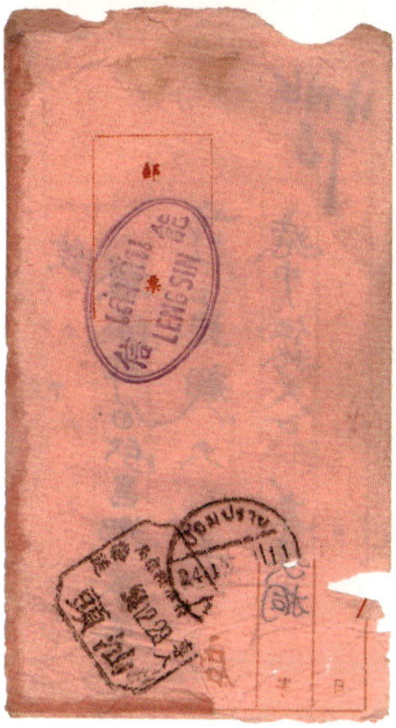

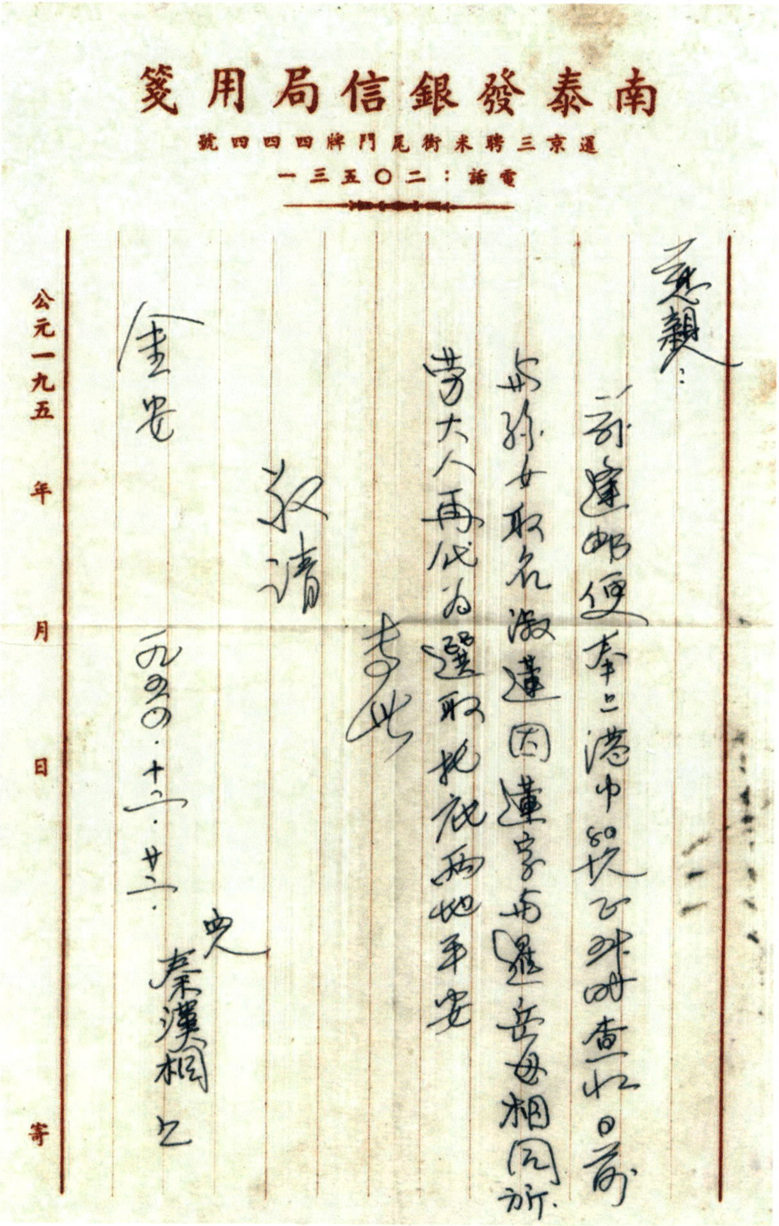

南泰發銀信局用箋

暹京三聘米街尾門牌四四四號

電話：二〇五三一

慈親：

前逢郵便奉上港中80元，諒以查收，日前為孫女取名淑蓮，因蓮字與安母相同，祈勞大人再代為選取，批仔兩地平安

專此

敬請

金安

兒 秦漢桐 上

五四．十二．廿二

公元一九五 年 月 日 寄

1955 年 1 月 12 日泰国秦汉桐寄澄海隆都白砂宫乡母亲

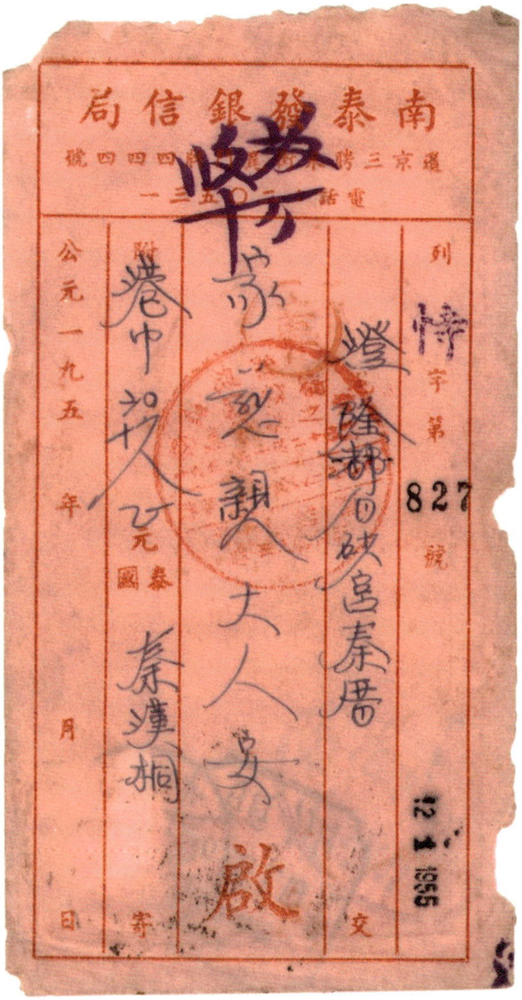

1955 年 2 月 9 日泰国秦汉桐寄澄海隆都白砂宫乡母亲

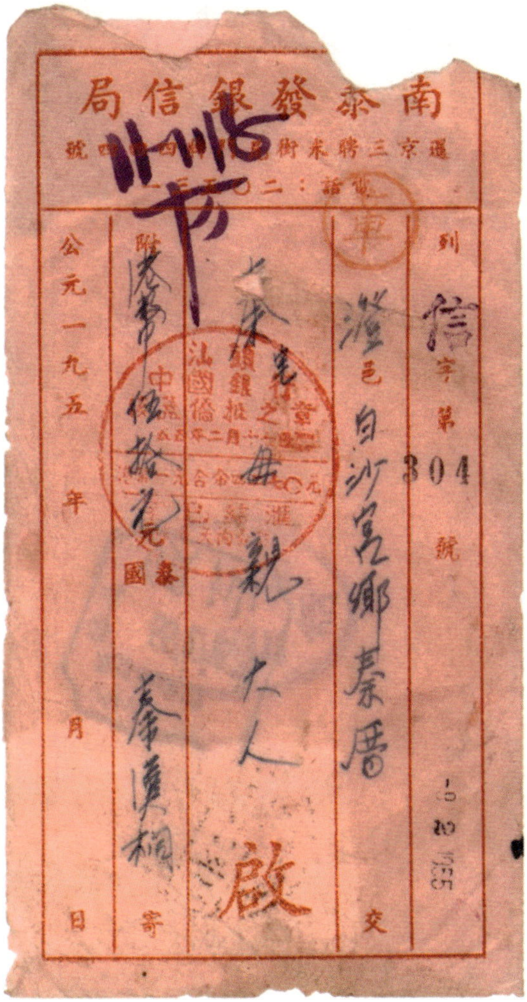

1955 年 3 月 16 日泰国秦汉桐寄澄海隆都白砂宫乡母亲

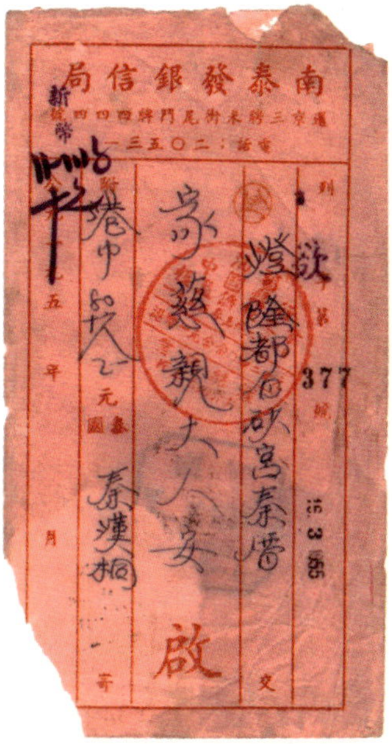

南泰發銀信局
暹京三聘米街尾門牌四四四號
電話：二〇五三一
新幣
澄海隆都白砂宫秦
慈親大人安
啟
港币……元
秦漢桐
377

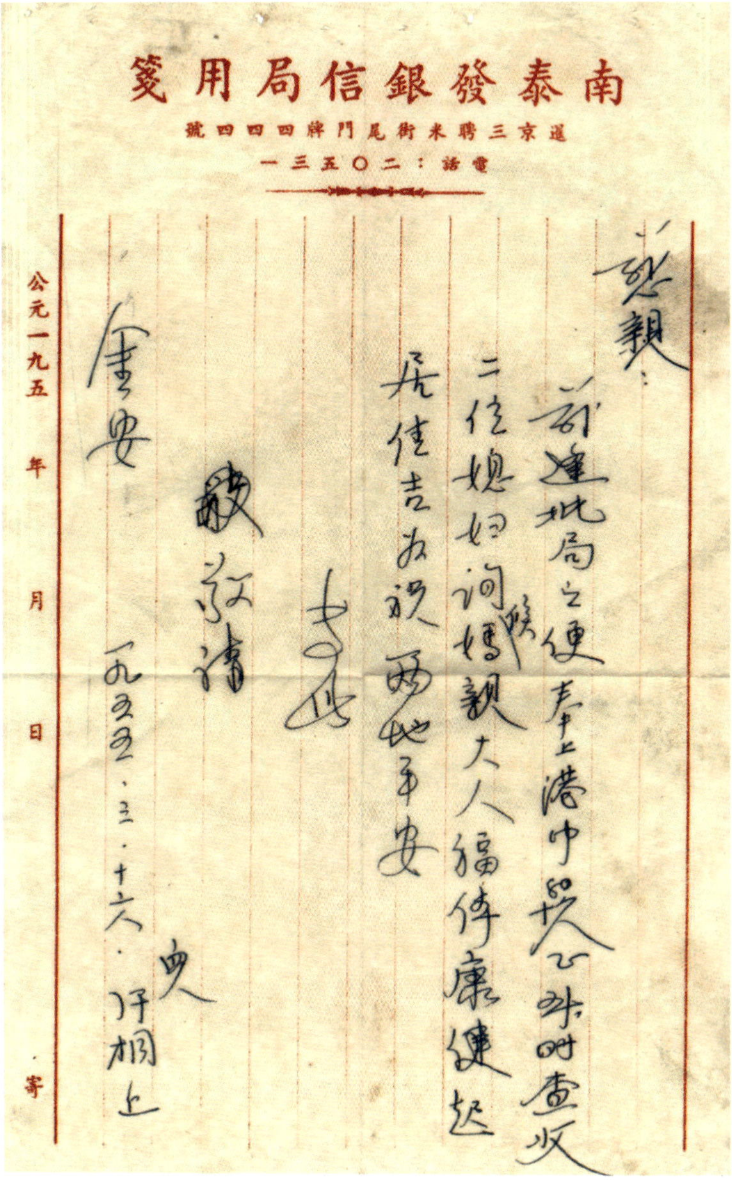

南泰發銀信局用箋
暹京三聘米街尾門牌四四四號
電話：二〇五三一

慈親：
前逢批局之便奉上港币……元，外附查收。
二位媳妇询候妈親大人福体康健，起居佳吉为祝，两地平安。
专此
敬请
金安
一九五五．三．十六．
男汉桐上

公元一九五 年 月 日 寄

1955 年 4 月 27 日泰国秦汉桐寄澄海隆都白砂宫乡母亲

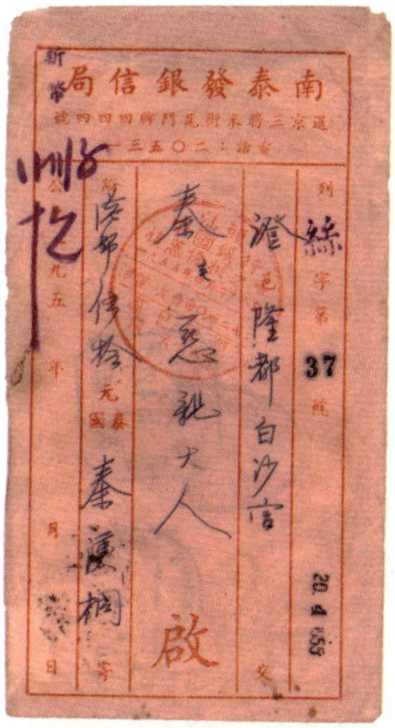

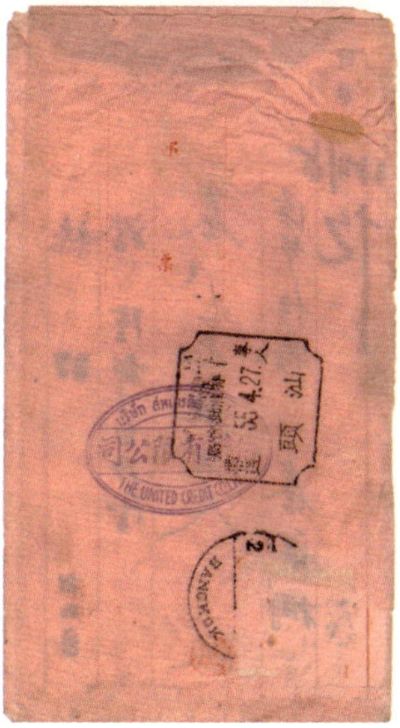

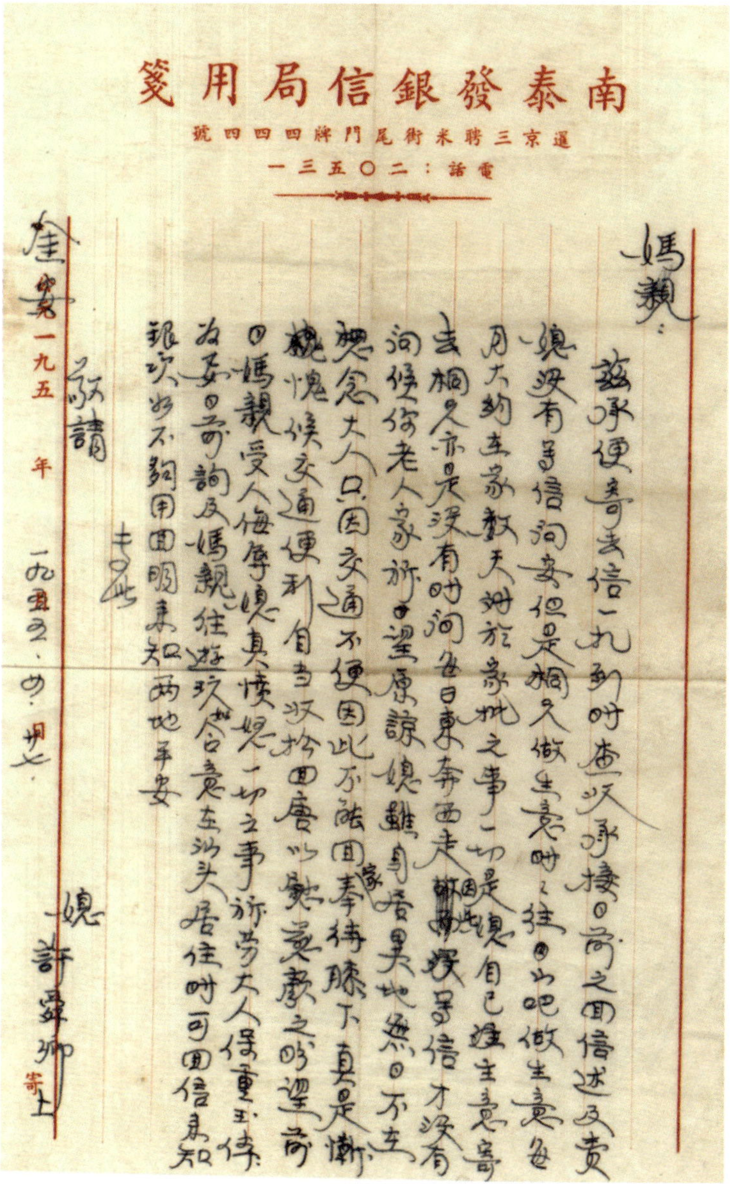

南泰發銀信局用箋
暹京三聘米街尾門牌四四四號
電話：二〇五三一

媽親：
茲承便寄去信一九封，此时未收，接到前之回信述及責
媳没有多信询安，但是桐久做生意，时之往曰山吧做生意，每
月大约在家数天，對於家批之事一切是媳自己作主意寄
去，桐亦是没有时询，每日東奔西走，所以少有信，才没有
询候你老人家，祈望原諒。媳雖身居異地，無日不在
想念大人，只因交通不便，因此不能回奉侍膝下，真是慚
愧。候交通便利，自当收拾回唐，以慰慈親之盼望。前
日媽親受人侮辱，媳真慚愧，媳一切之事祈勞大人保重玉体
為要。日前詢及媽親往遊汕头，如合意在汕头居住，时可回信来知。
銀次如不夠用，回明来知。兩地平安。

敬請
金安

媳 許舜卿 寄上
一九五五、四、廿七

1955 年 7 月 6 日泰国秦汉桐寄澄海隆都白砂宫乡母亲

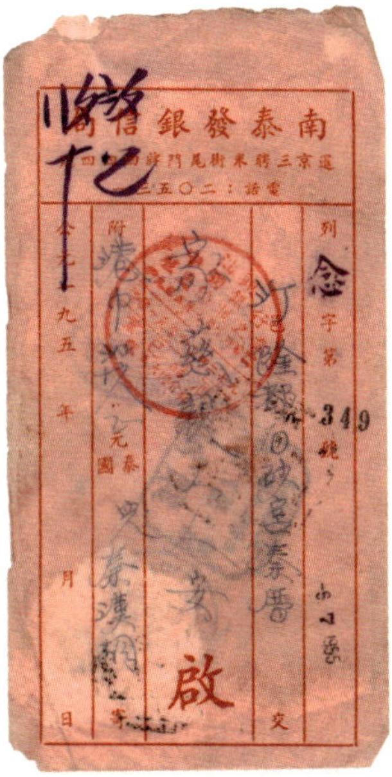

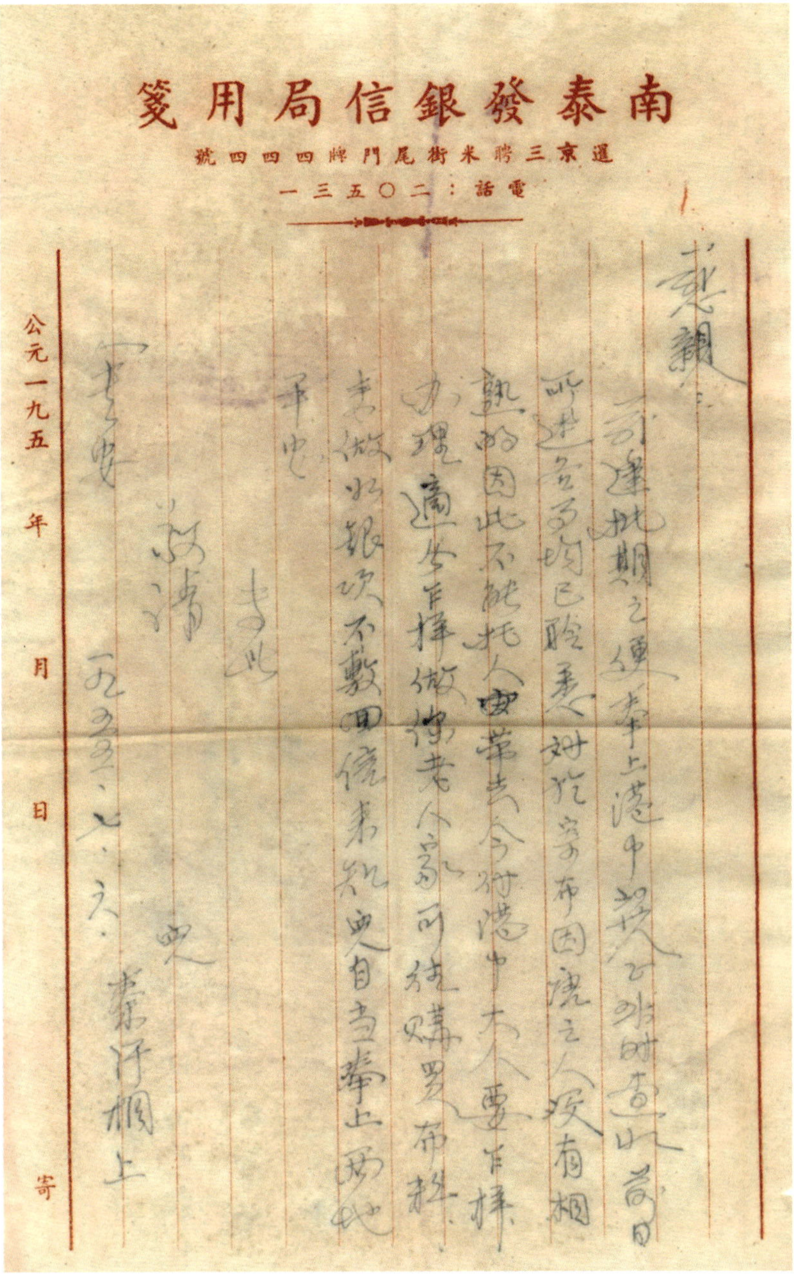
南泰發銀信局用箋
暹京三聘米街尾門牌四四四號
電話：二〇五三一

公元一九五 年 月 日 寄

1955 年 8 月 6 日泰国秦汉桐寄澄海隆都白砂宫乡母亲

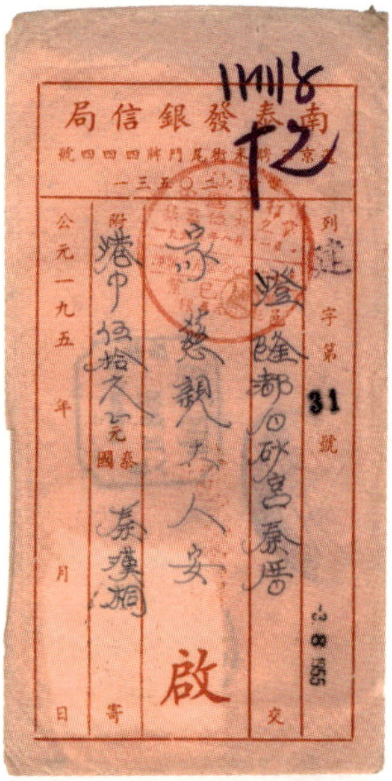

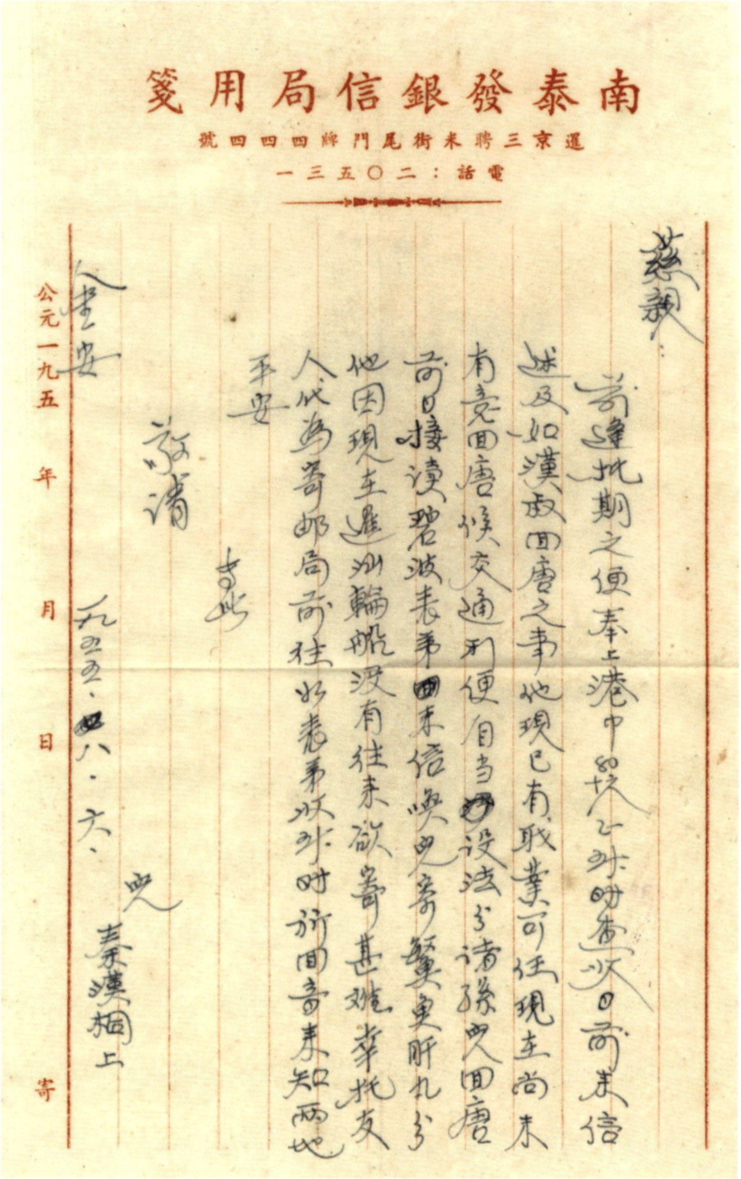
南泰發銀信局用箋

暹京三聘米街尾門牌四四號

電話：二〇五三一

慈親：

前逢批期之便奉上港币伍拾元外附函一件，谅日前未信述及如漢叔回唐之事，他現已有職業可任，現在尚未有意回唐，候交通利便自当设法令请孫兒回唐。前日接讀碧波表弟回來信與兒寄……他因現在暹羅輪船沒有往來，欲寄甚难，拳托友人代為寄郵局前往，如表弟收来时，所回音來知兩地平安。

专此

敬請

金安

兒 秦漢桐 上

一九五五、八、六、

公元一九五　年　月　日寄

1955年8月24日泰国秦汉桐寄澄海隆都白砂宫乡母亲

1955年10月19日泰国秦汉桐寄澄海隆都白砂宫乡母亲

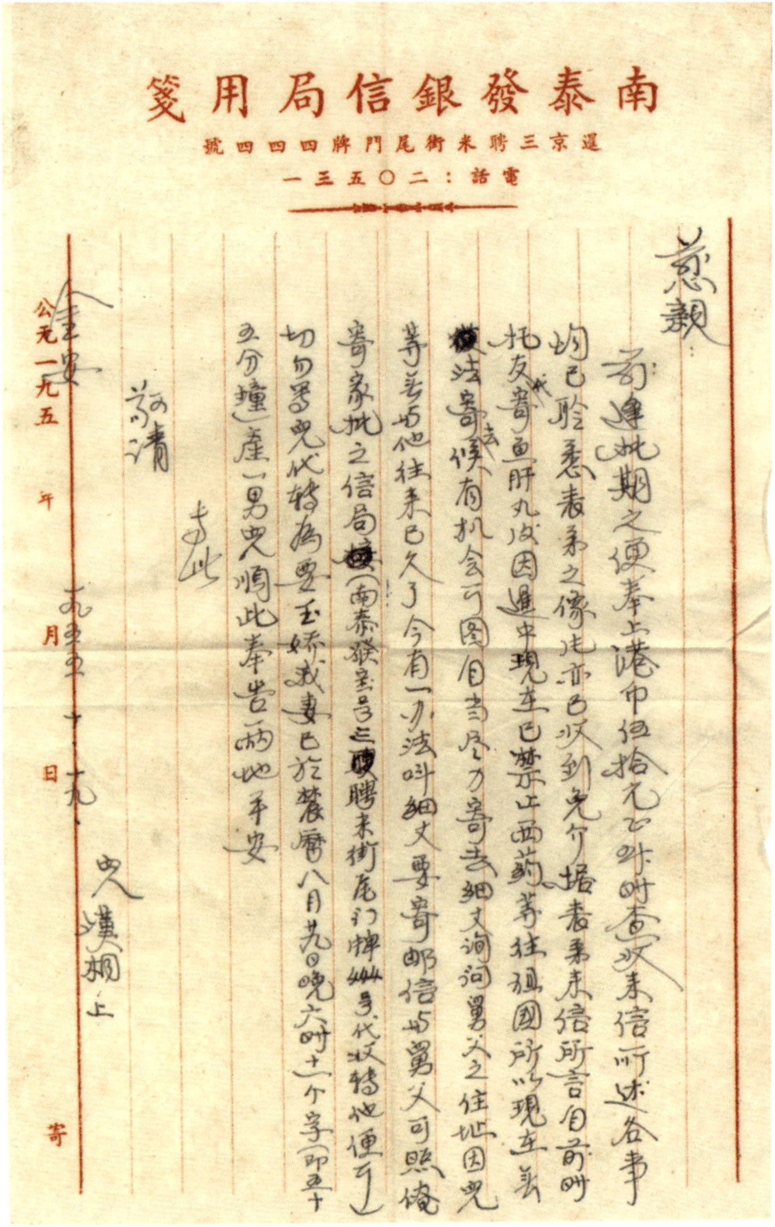

南泰發銀信局用箋

暹京三聘米街尾門牌四四四號

電話：二〇五三一

慈親：

前逢批期之便奉上港币伍拾元正外附函文来信所述各事均已聆悉表弟之像片亦已收到免介据表弟来信所言自前时托友寄鱼肝丸收因暹中現在已禁止西药寄往祖国所以現在無法寄候有机会可图自当尽力寄去细文询问舅父之住址因兒寄去与他往来已久了今有一办法叫细文要寄邮信与舅父可照俺寄家批之信局（南泰發宝号三聘来街尾门牌四四四号）代收转他便可了切勿畧兒代转为要玉娇我妻已於農曆八月廿九日晚六时十一个字（即五十五分）鐘産一男兒順此奉告两地平安

專此

敬請

金安

兒 漢桐 上

公元一九五五年十月十九日寄

1956年1月18日泰国汗桐寄澄海隆都白砂宫乡母亲

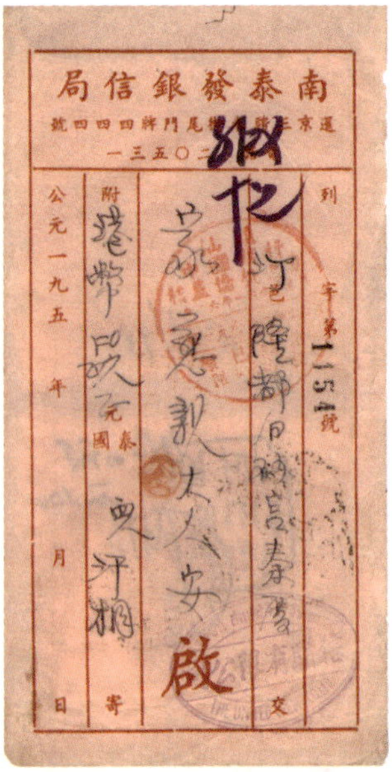

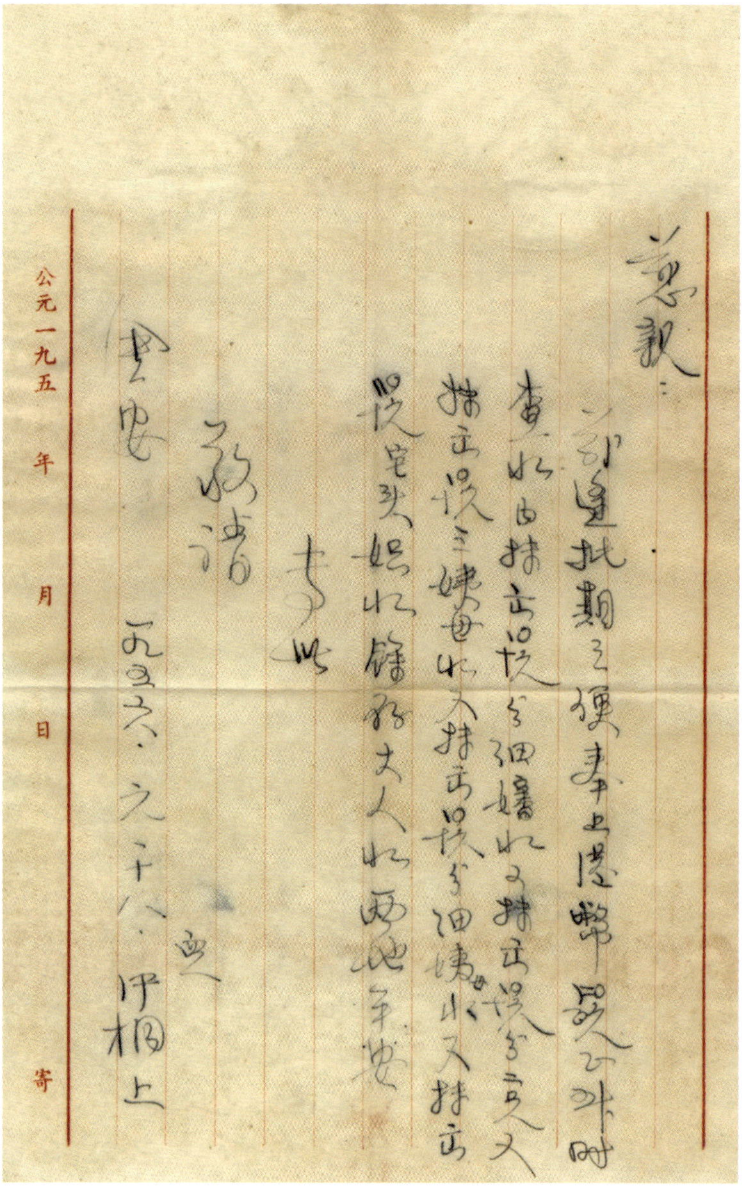

1956 年 3 月 28 日泰国秦汉桐寄澄海隆都白砂宫乡母亲

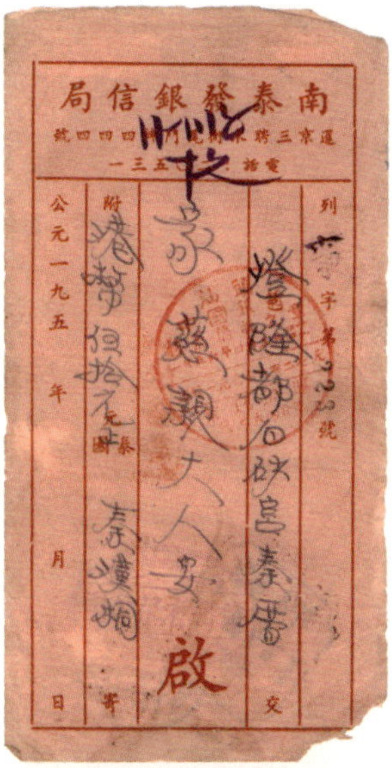

南泰發銀信局
運京三聘米街尾門牌四四四號
電話二〇五三一
列 字第 號
澄海隆都白砂宫秦厝
慈親大人安
啟
附港幣伍拾元
秦漢桐 寄
公元一九五 年 月 日

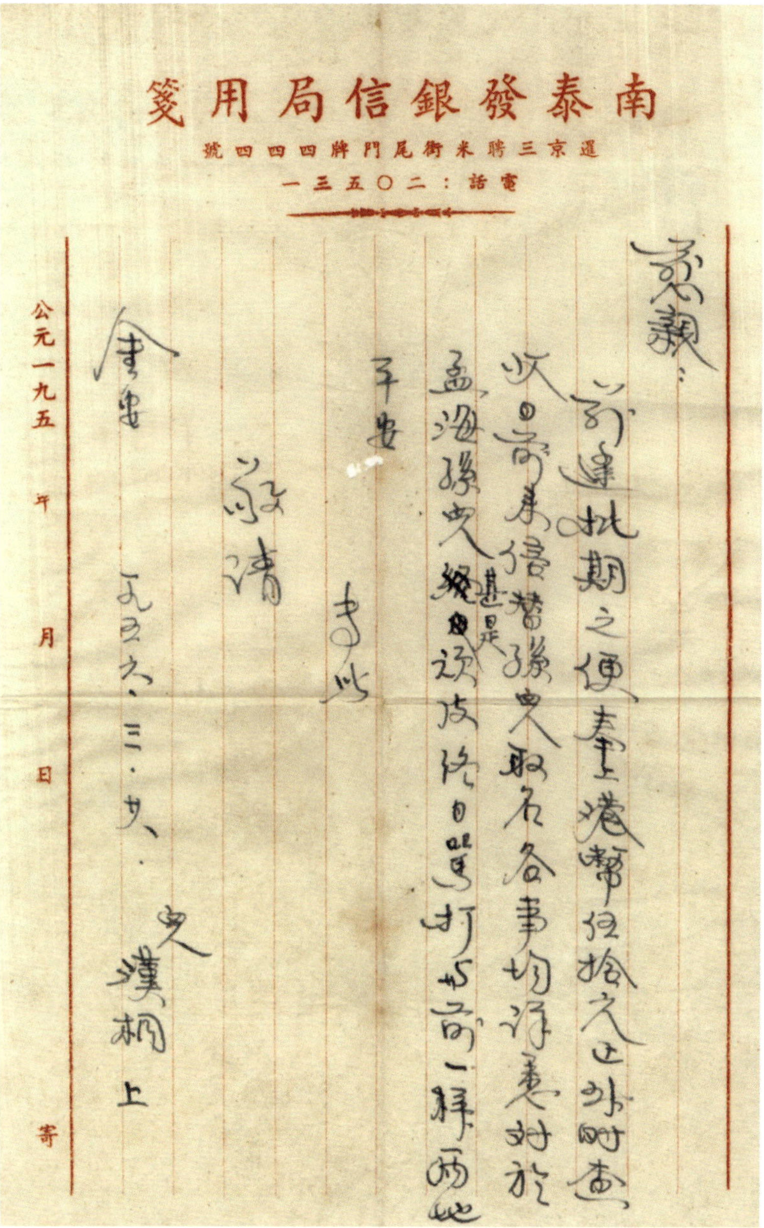

南泰發銀信局用箋
運京三聘米街尾門牌四四四號
電話：二〇五三一

慈親：

茲逢批期之便奉上港幣伍拾元正外附函收目前來信替孫兒取名各事均得悉好於孟海孫兒甚是頑皮現日異打如前一樣兩地平安

專此

敬請

金安

五六、三、廿八

兒 漢桐 上

公元一九五 年 月 日 寄

1956 年 6 月 20 日泰国秦汉桐寄澄海隆都白砂宫乡母亲

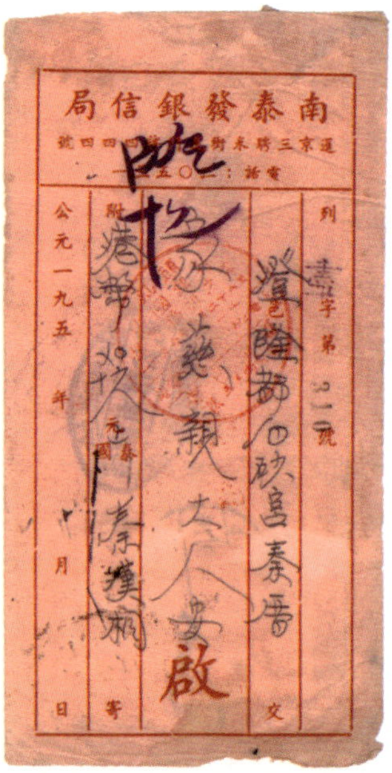

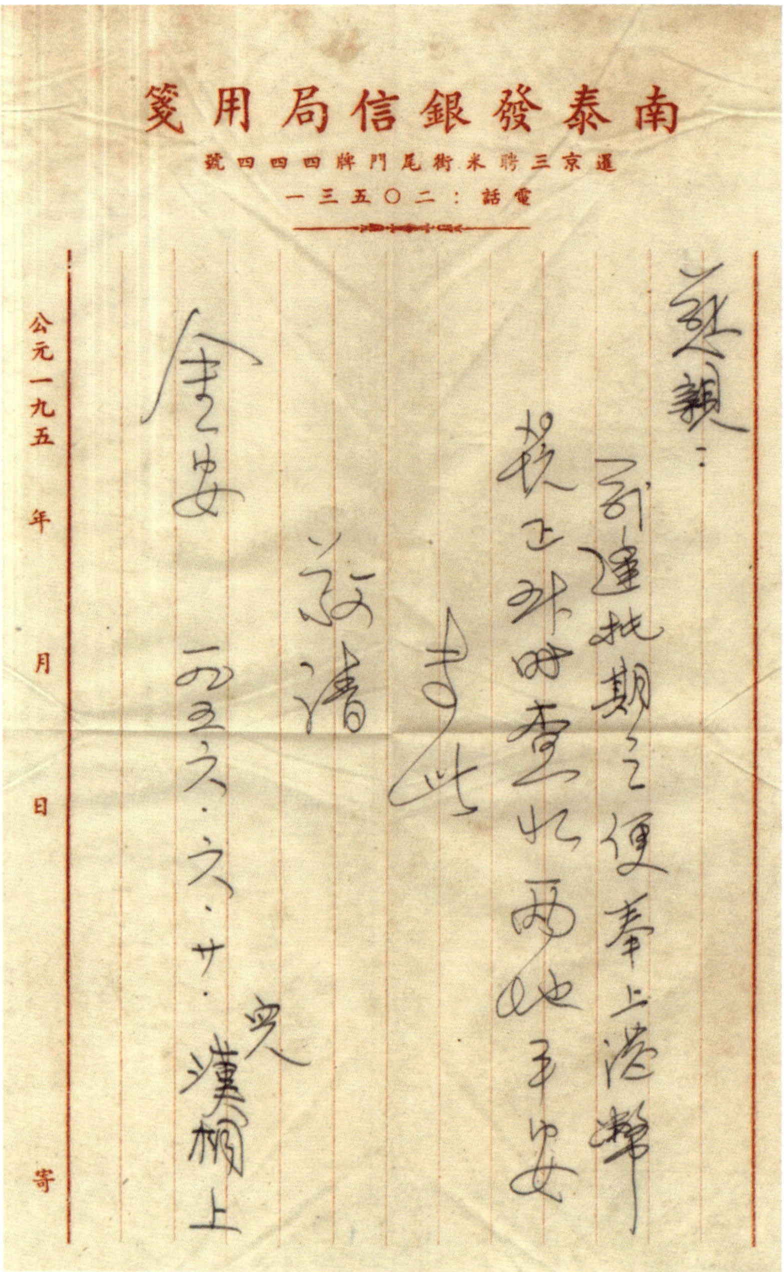
南泰發銀信局用箋
暹京三聘米街尾門牌四四四號
電話：二〇五三一

慈親：
茲逢批期之便奉上港幣
拾元正，收時查收，兩地平安
手此
敬請
金安
兒 漢桐上
一九五六．六．廿．

1956 年 7 月 18 日泰国秦汉桐寄澄海隆都白砂宫乡母亲

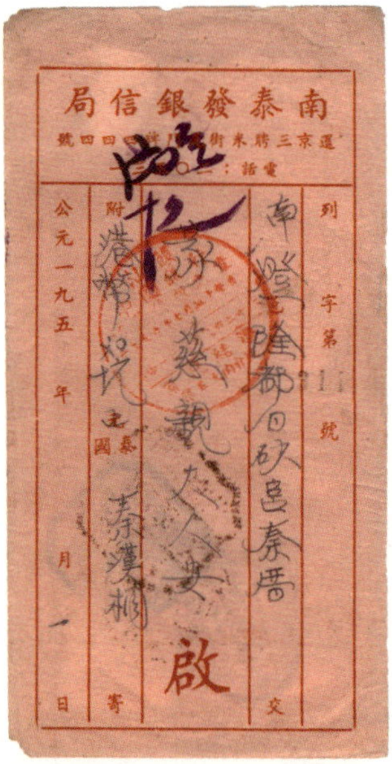
南泰發銀信局
暹京三聘米街尾門牌四四四號
電話：
列　字第　號
南澄隆都白砂邑泰厝
慈親大人安
啟
附港幣貳拾元
泰國 秦漢桐
公元一九五　年　月　日　寄

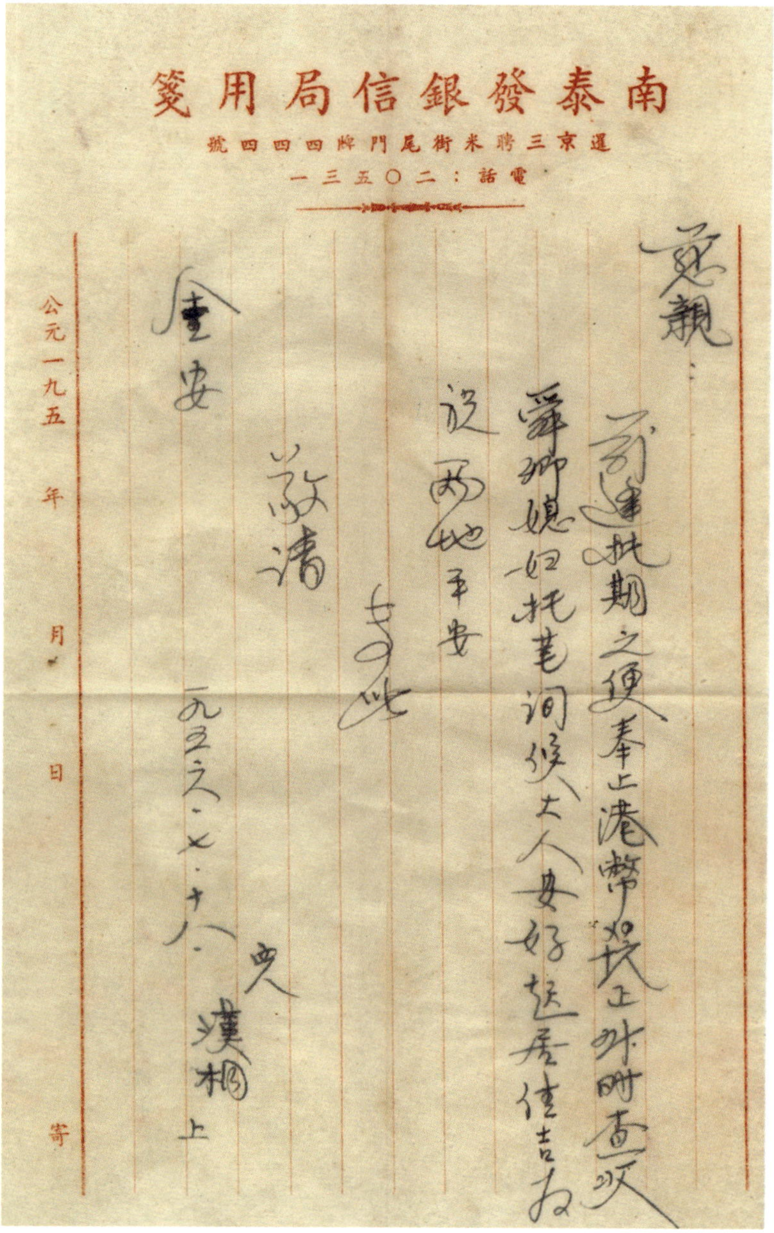
南泰發銀信局用箋
暹京三聘米街尾門牌四四四號
電話：二〇五三一

慈親：
前逢批期之便奉上港幣貳拾元正外附查收。
舜卿媳妇托笔问候大人安好起居佳吉。
茲說兩地平安，
免念。
敬請
金安
一九五六·七·十八
兒 漢桐 上

公元一九五　年　月　日　寄

1956 年 8 月 22 日泰国秦汉桐寄澄海隆都白砂宫乡母亲

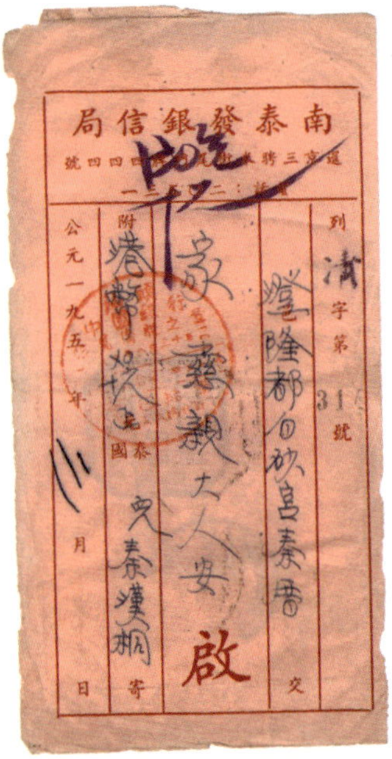

南泰發銀信局
暹京三聘米街尾門牌四四四號
列 潢 字第 31 號
澄海隆都白砂宫乡
慈親大人安
啓
附港幣
暹國泰
兒秦漢桐 寄
公元一九五 年 月 日
交

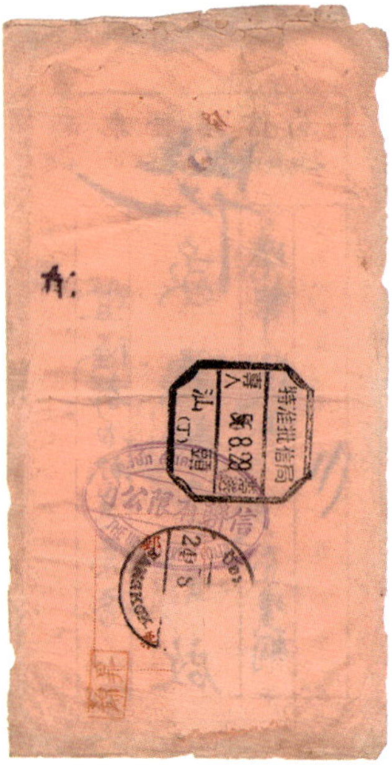

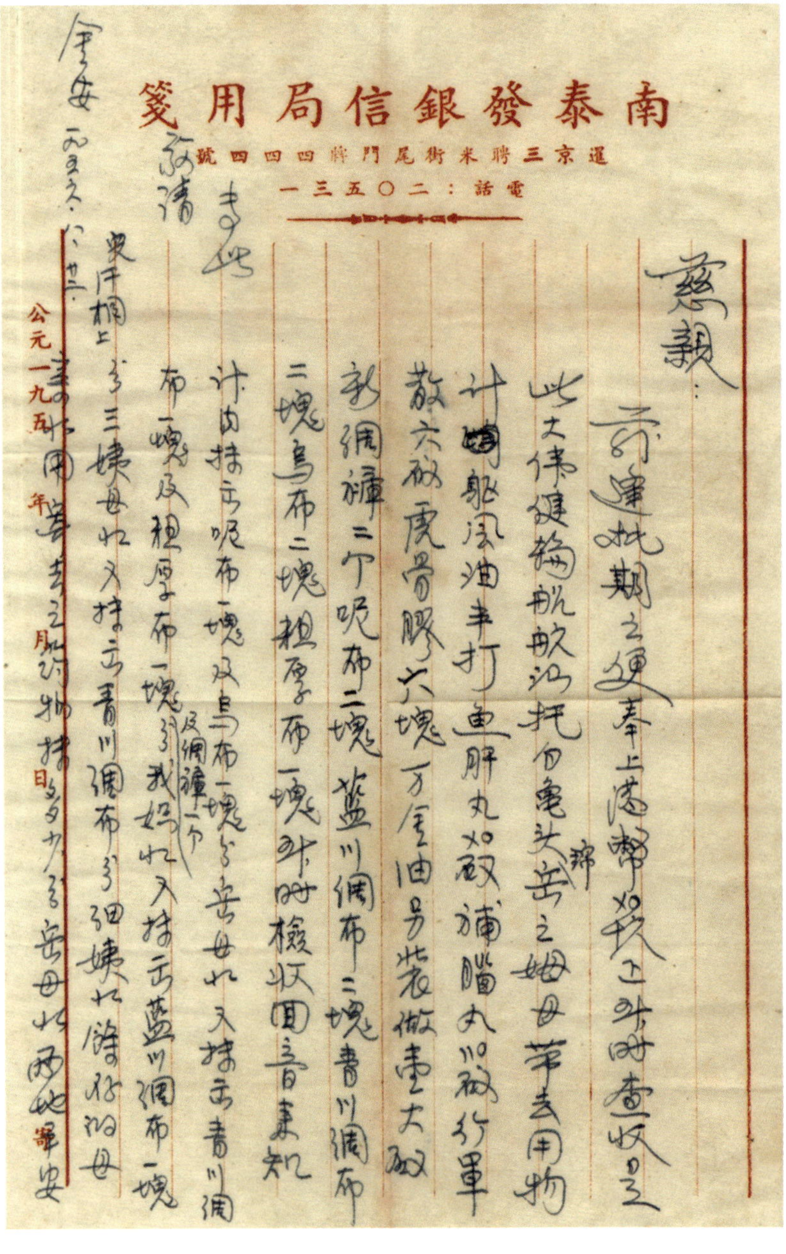

南泰發銀信局用箋
暹京三聘米街尾門牌四四四號
電話：二〇五三一

慈親：
前運批期之便，奉上港幣[illegible]元正，外附查收是
此次偉健輪航船托白龜头安之姆母帶去用物
計[illegible]風油半打、魚肝丸[illegible]、補腦丸[illegible]、行軍
散六瓶、虎骨膠六塊、万金油另裝做壹大瓶
新綢褲二个、呢布二塊、藍川綢布二塊、青川綢布
二塊、烏布二塊、粗厚布一塊，外附[illegible]回音來知
計内抹去呢布一塊及烏布一塊予安母收，又抹去青川綢
布一塊及粗厚布一塊（及綢褲一个）予我媽收，又抹去藍川綢布一塊
[illegible]桐上：予三姨母收，又抹去青川綢布予細姨收，餘存給母
[illegible]
敬請
金安
公元一九五六年八月廿二日

1956 年 10 月 18 日泰国汉桐寄澄海隆都白砂宫乡母亲

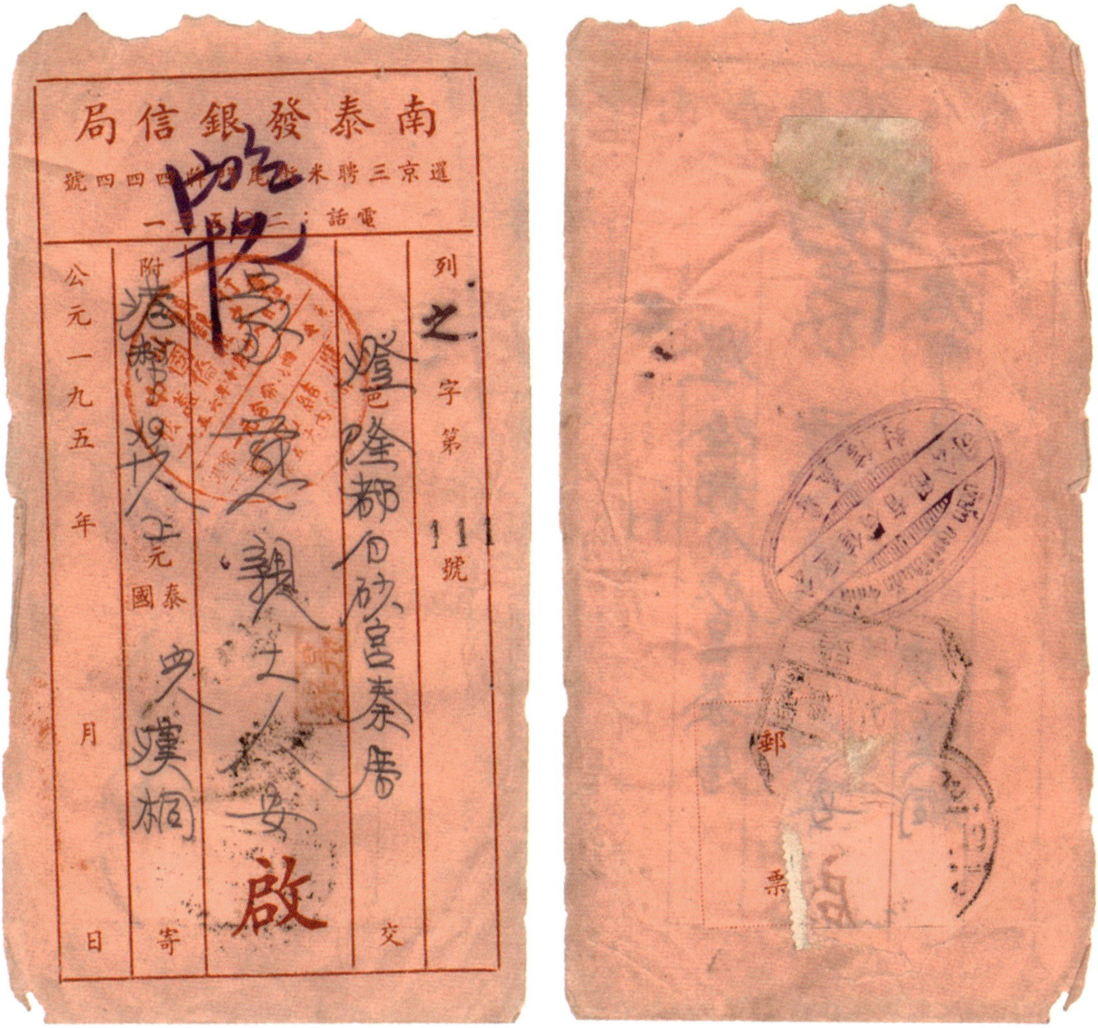

1956年11月15日泰国秦汉桐寄澄海隆都白砂宫乡母亲

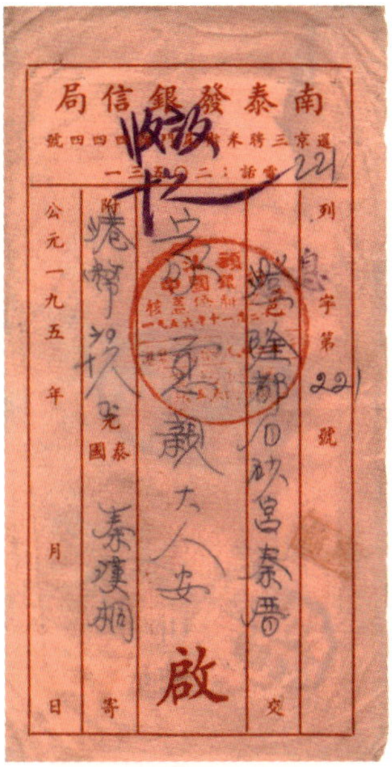

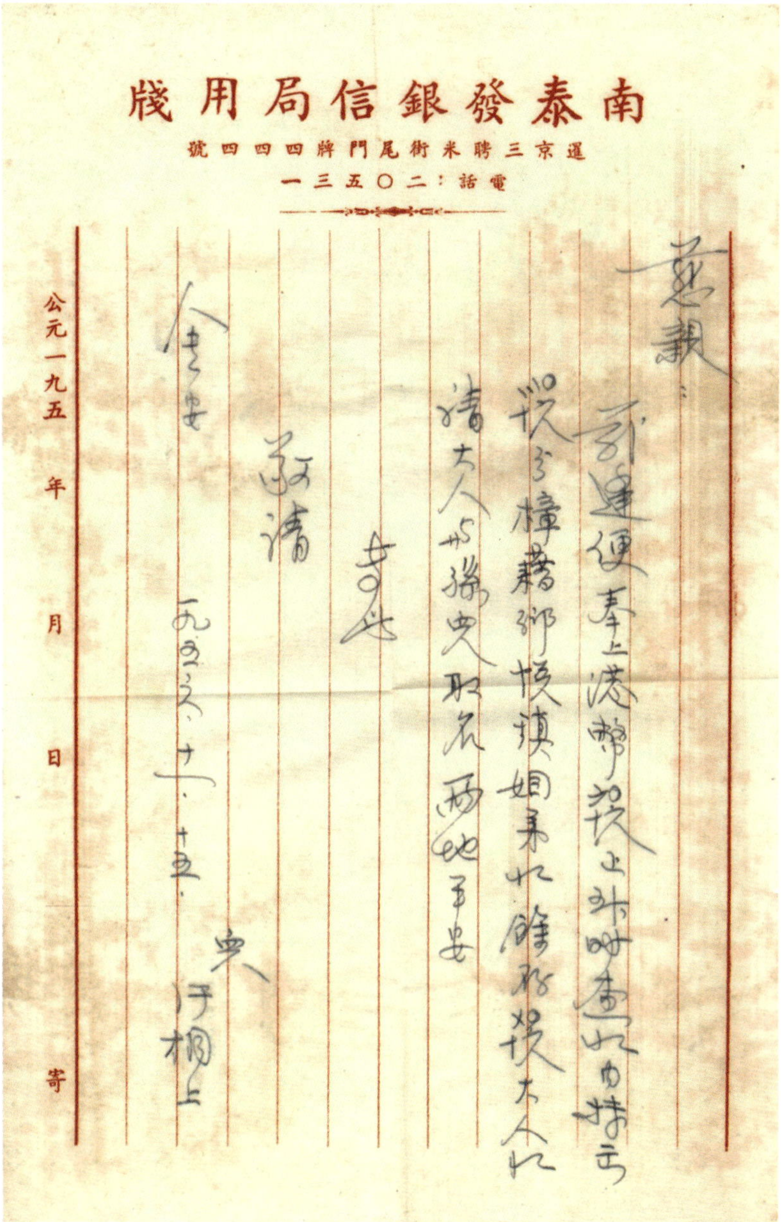
南泰發銀信局用箋

暹京三聘米街尾門牌四四四號

電話：二〇五三一

公元一九五　年　月　日　寄

1956 年 12 月 13 日泰国秦汉桐寄澄海隆都白砂宫乡母亲

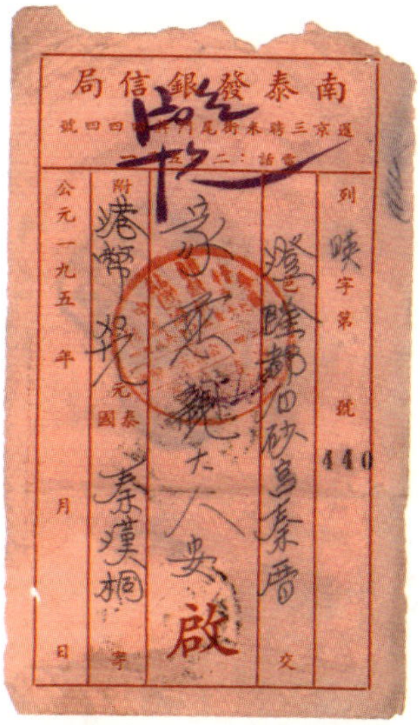

南泰發銀信局
暹京三聘米街尾門牌四四號
電話：二〇五三一
列 暎字第 440 號
澄海隆都白砂宫秦曆
母親大人安啟
附港幣弍佰元
泰國 秦漢桐 寄
公元一九五 年 月 日

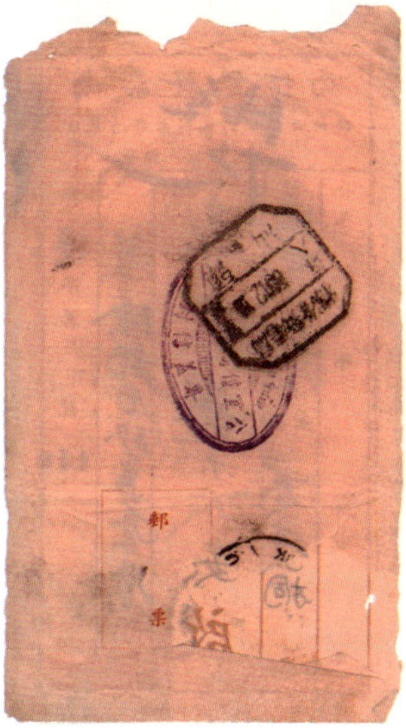

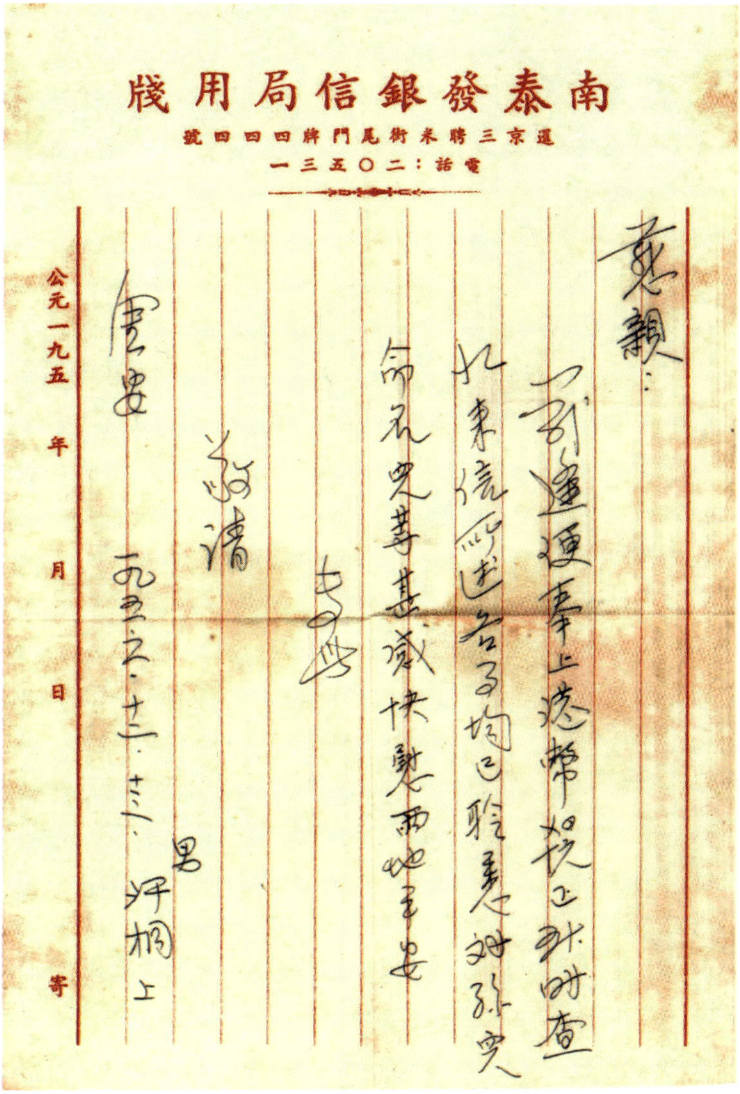

南泰發銀信局用箋
暹京三聘米街尾門牌四四號
電話：二〇五三一

萱慈親：
前逢便奉上港幣弍佰元正，諒必收到。查
此來信所述各事均已聆悉，兒媳孫等
俱各安好，甚感快慰，兩地平安
勿念
敬請
金安
男 坪桐 上
一九五六、十二、十三
公元一九五 年 月 日 寄

1957 年 2 月 7 日泰国秦汉桐寄澄海隆都白砂宫乡母亲

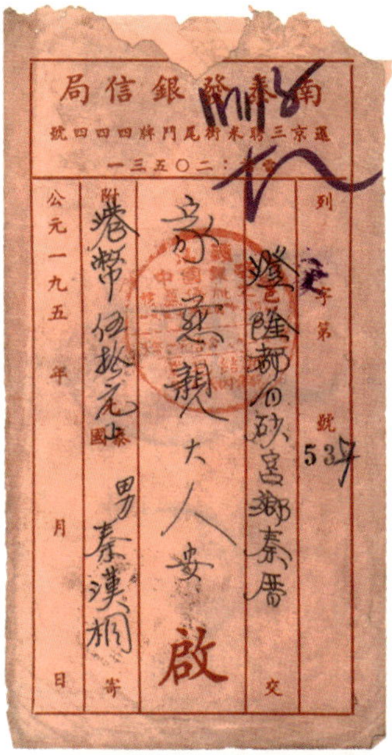

南泰發銀信局
暹京三聘米街尾門牌四四四號
電話：二〇五三一
列字第 537 號
澄邑隆都白砂宫鄉秦厝
家慈親大人安啟
附港幣伍拾元
泰國 男秦漢桐 寄
公元一九五 年 月 日 寄 交

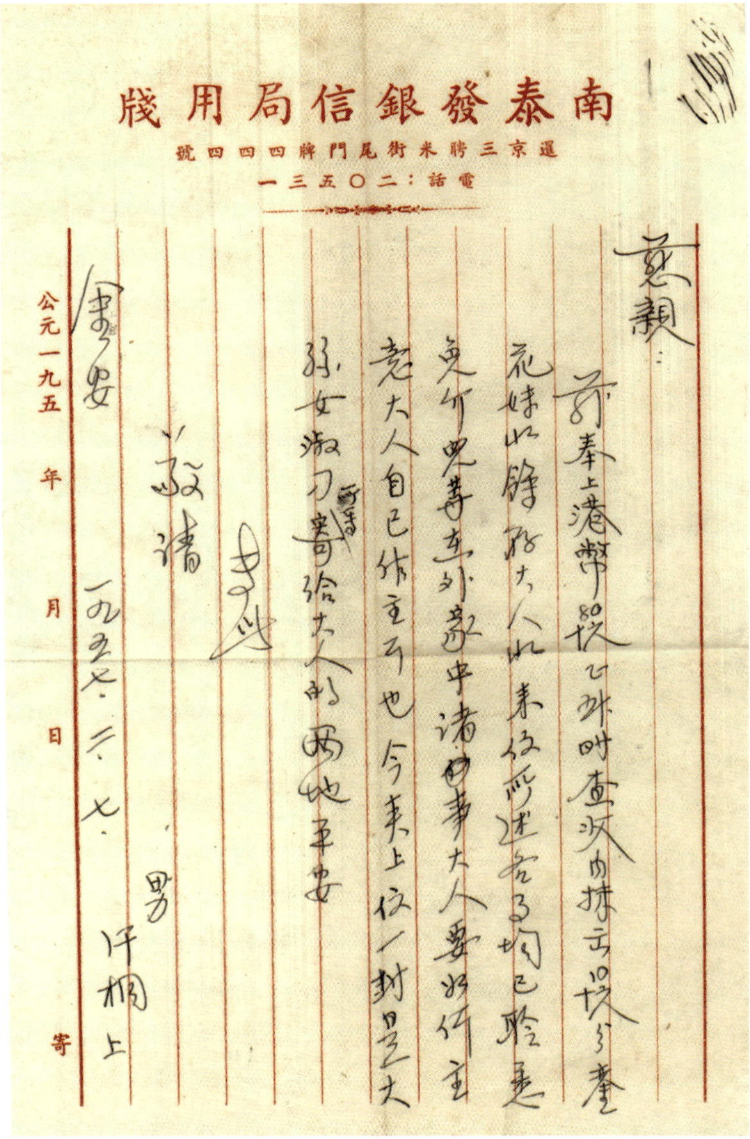

南泰發銀信局用箋
暹京三聘米街尾門牌四四四號
電話：二〇五三一

慈親：
前奉上港幣80元乙紙，盼查收，内扣去10元[illegible]
花妹以[illegible]孫大人的来信所述各項均已明悉
[illegible]在外家中諸事大人要好作主
慈大人自已作主可也。今奉上信一封是大
孫女淑[illegible]寫給大人的，兩地平安
金安
敬請
男 漢桐 上
一九五七.二.七.

公元一九五 年 月 日 寄

1957 年 3 月 12 日泰国秦汉桐寄澄海隆都白砂宫乡母亲

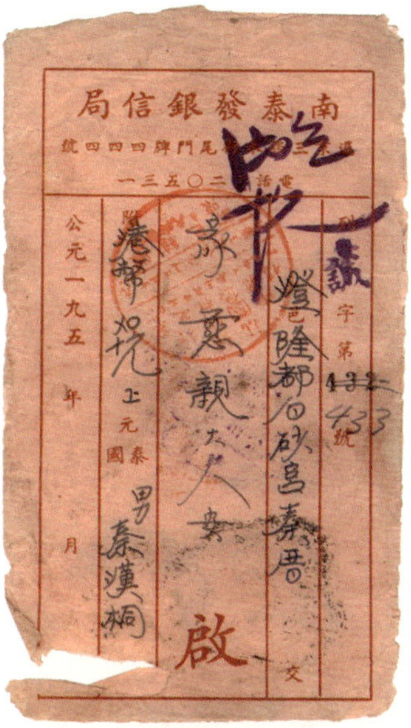

南泰發銀信局

電話 二〇五三一

澄邑隆都白砂宫寿居

慈親大人安 啟

附港幣 元 上

男 秦漢桐

公元一九五 年 月

第 433 號

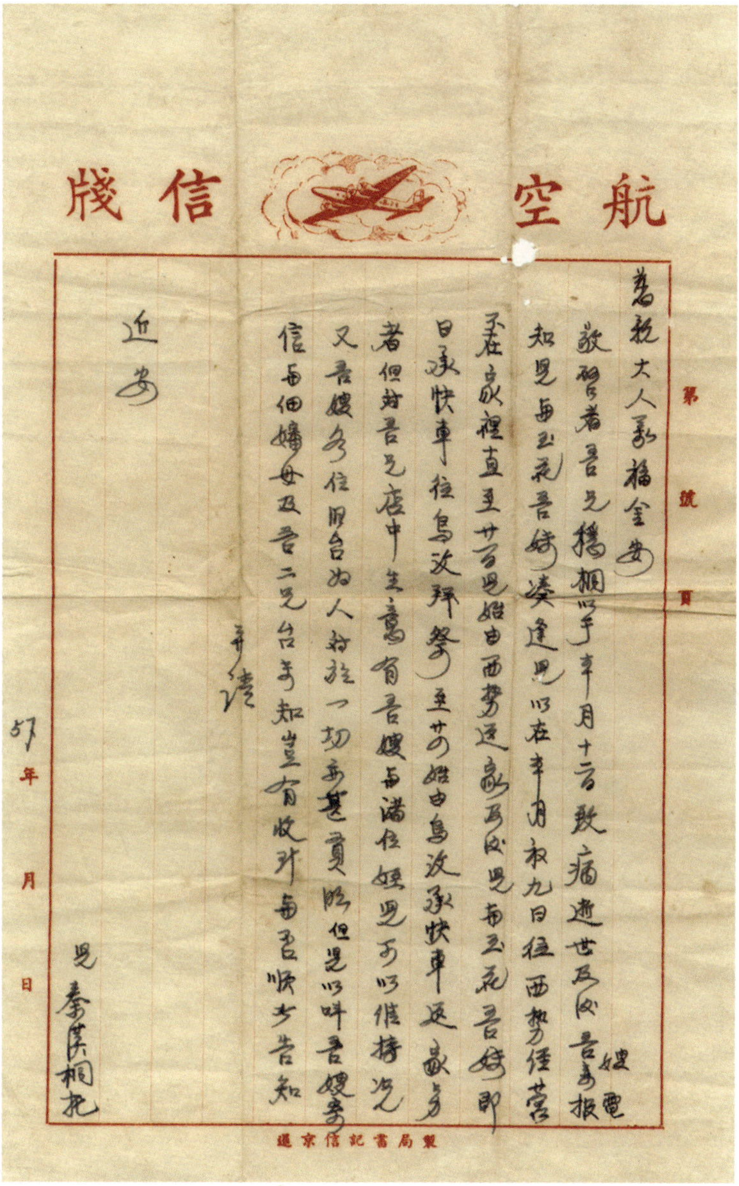

航空信箋

慈親大人慕福金安

敬稟者：吾兄携桐以本年月十二日致痛逝世，及收吾嫂電報知，兒每五元吾姊凌逢兒以本年月初九日往西势经營，不在家，往直至廿二日兒始由西势返家，而后兒每五元吾姊即日承快車往烏汶拜祭，至廿四始由烏汶承快車返家身者。但對吾兄店中生意有吾嫂每潘住，姪兒可以維持。況又吾嫂多住朋台，為人對於一切亦甚貢盼，但兒以叫吾嫂寄信每佃婿母及吾二兄台等知，豈有收所每否，順步告知。

并請

近安

兒 秦漢桐 批

57 年 月 日

暹京信記書局製

1957 年 5 月 8 日泰国秦汉桐寄澄海隆都白砂宫乡母亲

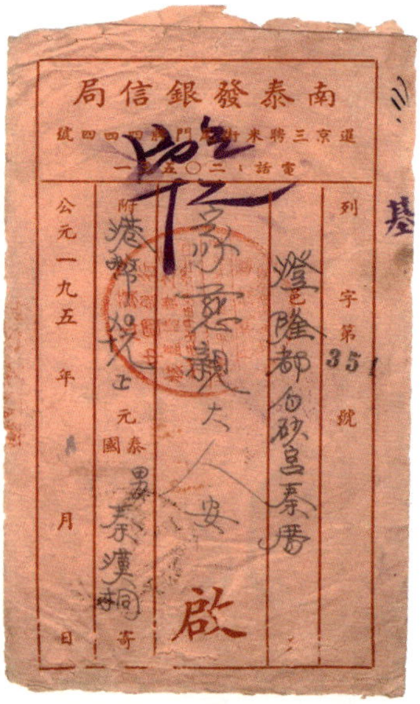

南泰發銀信局
暹京三聘未街尾門牌四四四號
電話：二〇五三一
列字第351號
澄海隆都白砂宫秦厝
家慈親大人安啟
泰國 男秦漢桐寄
公元一九五　年　月　日

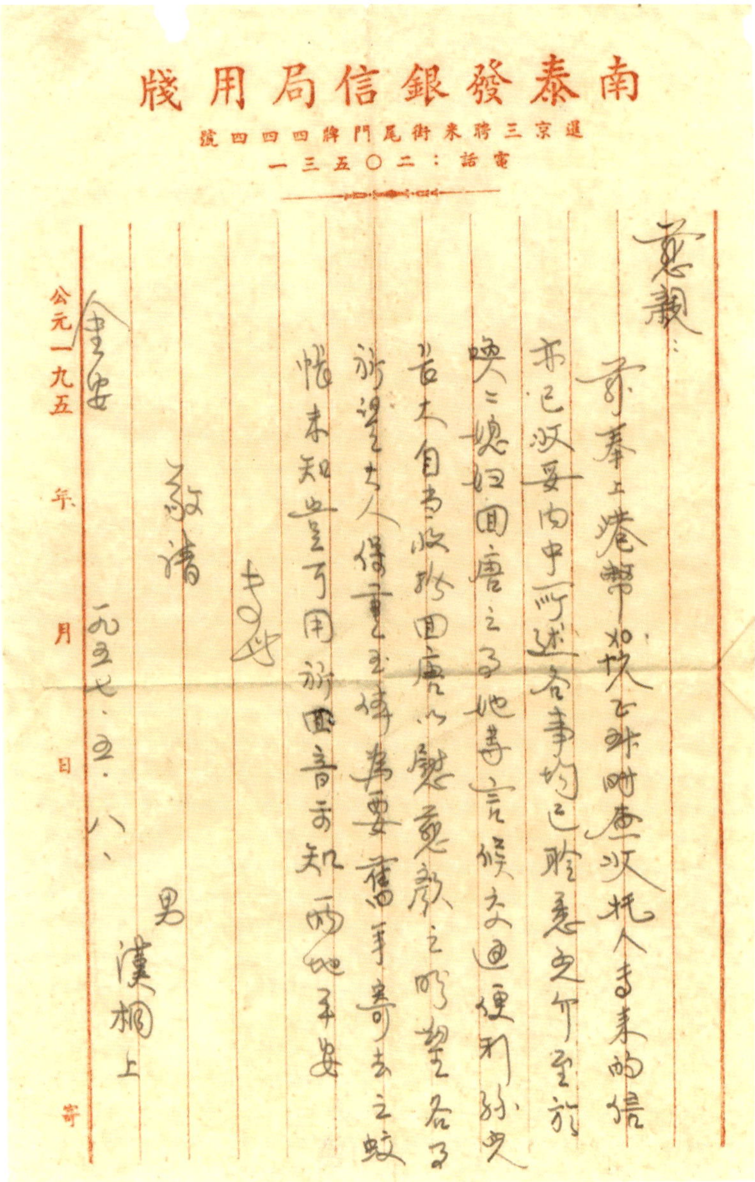

南泰發銀信局用箋
暹京三聘未街尾門牌四四四號
電話：二〇五三一

慈親：
敬奉上港幣　　正外附函一次托人专来的信
亦已收妥内中所述各事均已瞭悉也至於
唤之媳妇回唐之事地方言候交通便利才决
吾大自当收拾回唐以慰慈亲之盼望各事
务望大人保重玉体为要儿寄手寄去之较
恨未知是否可用请回音示知两地平安
敬請
金安
男 漢桐上
公元一九五七.五.八

1957 年 6 月 13 日泰国秦汗桐寄澄海隆都白砂宫乡母亲

南泰發銀信局
暹京三聘米街尾門牌四四四號
電話：二〇五三一
列學字第387號
澄海隆都白砂宮寧唐
慈親 收
內付港幣[illegible]
泰國秦汗桐寄
啟
公元一九五　年　月　日

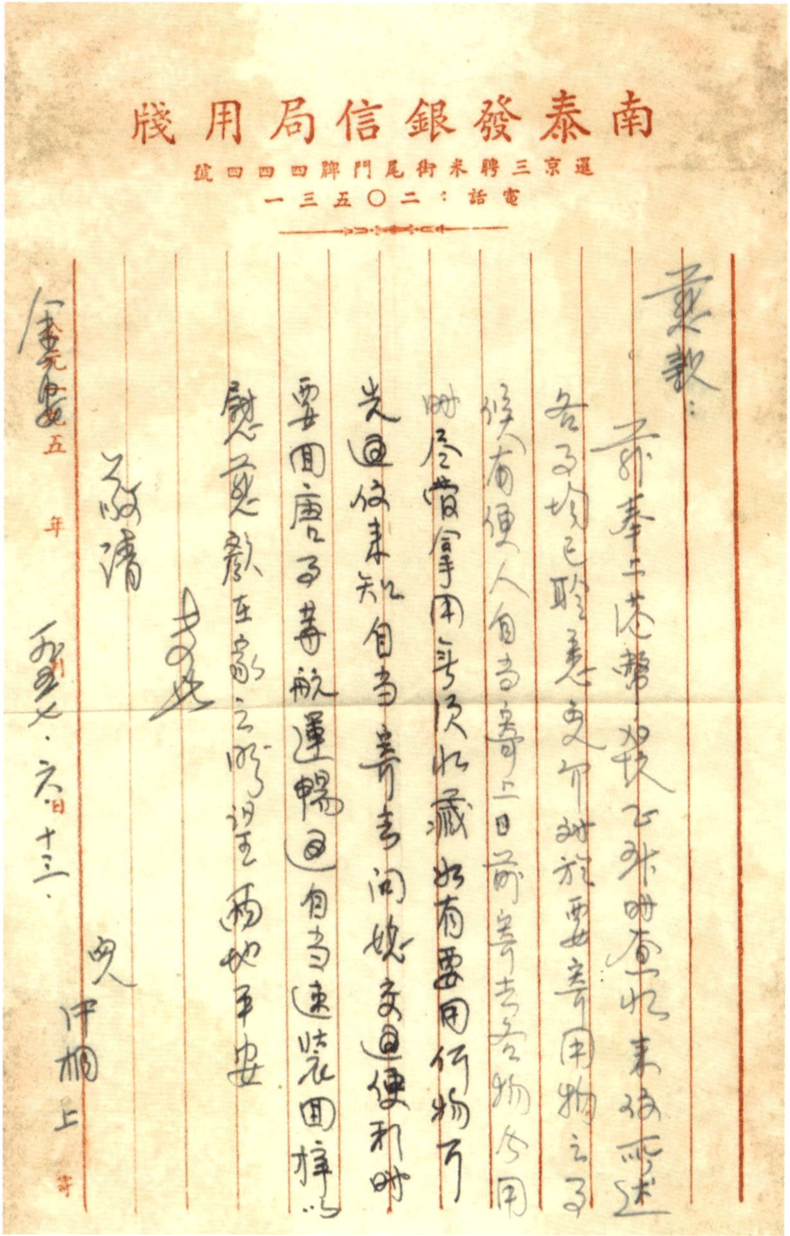

南泰發銀信局用箋
暹京三聘米街尾門牌四四四號
電話：二〇五三一

慈親：
前奉上港幣[illegible]收來[illegible]述
各子均已聆悉。又前所託要寄用物之子
俟有便人自當寄上。目前寄去各物今用
此信當會曉用，無須收藏，如有要用何物可
先通信來知，自當寄去。聞娘親通便利，此時
要用唐山各樣航運暢通，自當速裝回梓。
謹此並敬在家之[illegible]兩地平安
敬請
安好
兒 仲桐 上
公元一九五七年六月十三日

1957 年 7 月 11 日泰国秦汗桐寄澄海隆都白砂宫乡母亲

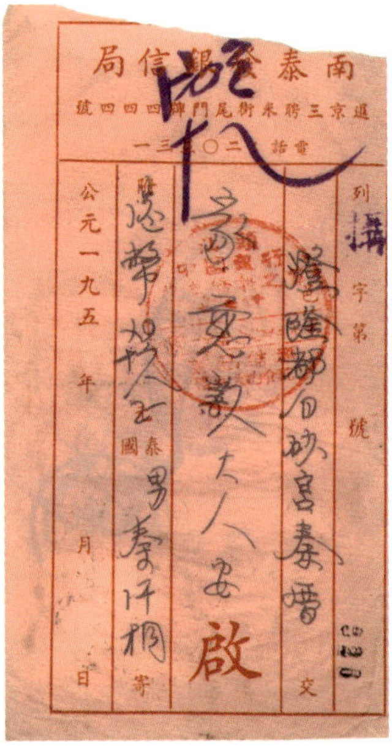
南泰發銀信局
暹京三聘米街尾門牌四四四號
電話：二〇五三一
列 字第 號
澄海隆都白砂宮秦厝
交
慈親大人安啟
泰國 男秦汗桐 寄
公元一九五 年 月 日

郵票

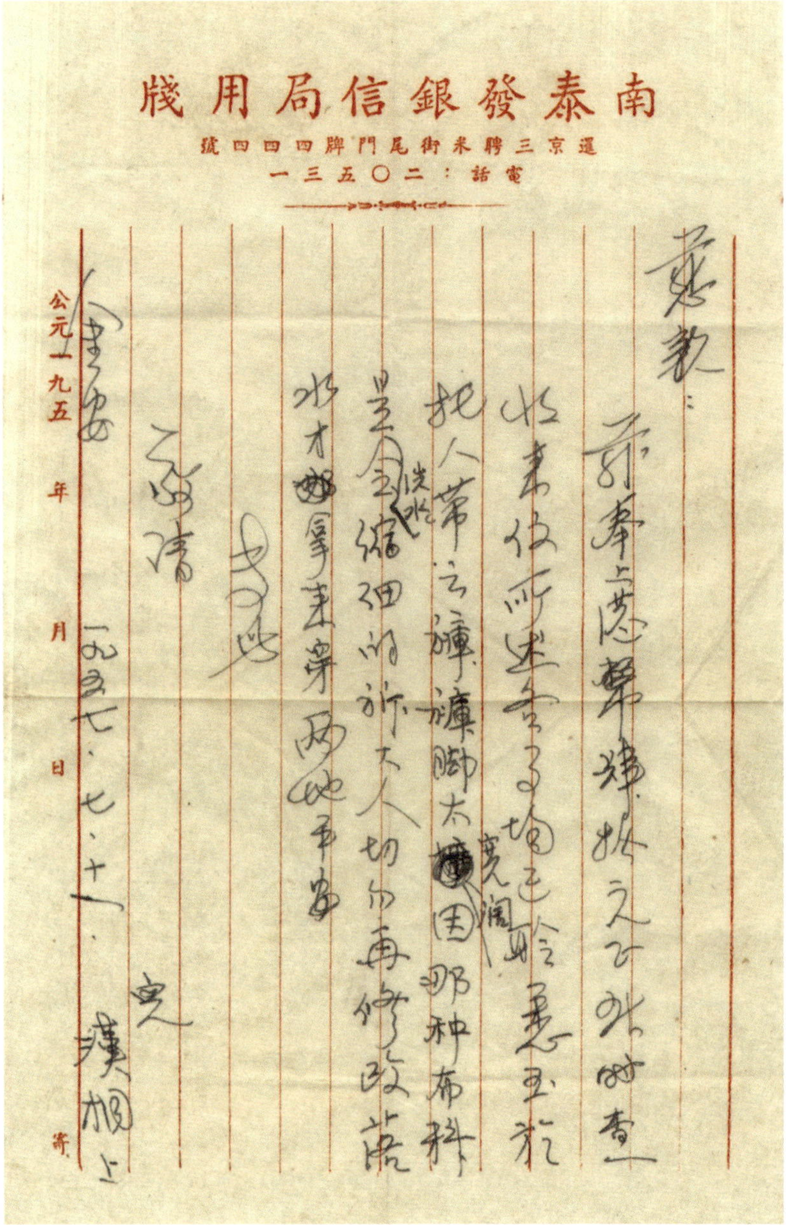
南泰發銀信局用箋
暹京三聘米街尾門牌四四四號
電話：二〇五三一

慈親：
敬奉上慈幣拾伍元正外附壹
收來信所述之事均已聆悉。至於
批入第六褲，褲腳太寬闊，因那种布料
是全（洗水）縮細的，祈大人切勿再修改。
收才寄來家兩地平安
此請
金安
男 漢桐 上
一九五七、七、十一

1957 年 7 月 31 日泰国秦汉桐寄澄海隆都白砂宫乡母亲

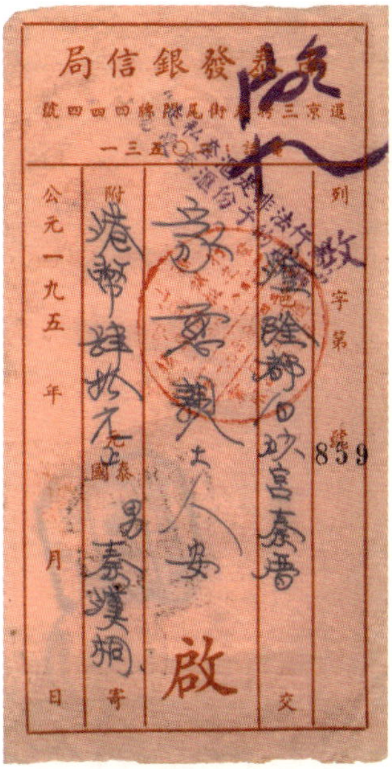

南泰發銀信局
暹京三聘米街尾門牌四四四號
電話：二〇五三一

列 字第 859 號

交 澄海隆都白砂宮秦厝
家慈親大人 安 啟
附港幣肆拾元正
泰國 男秦漢桐 寄
公元一九五 年 月 日

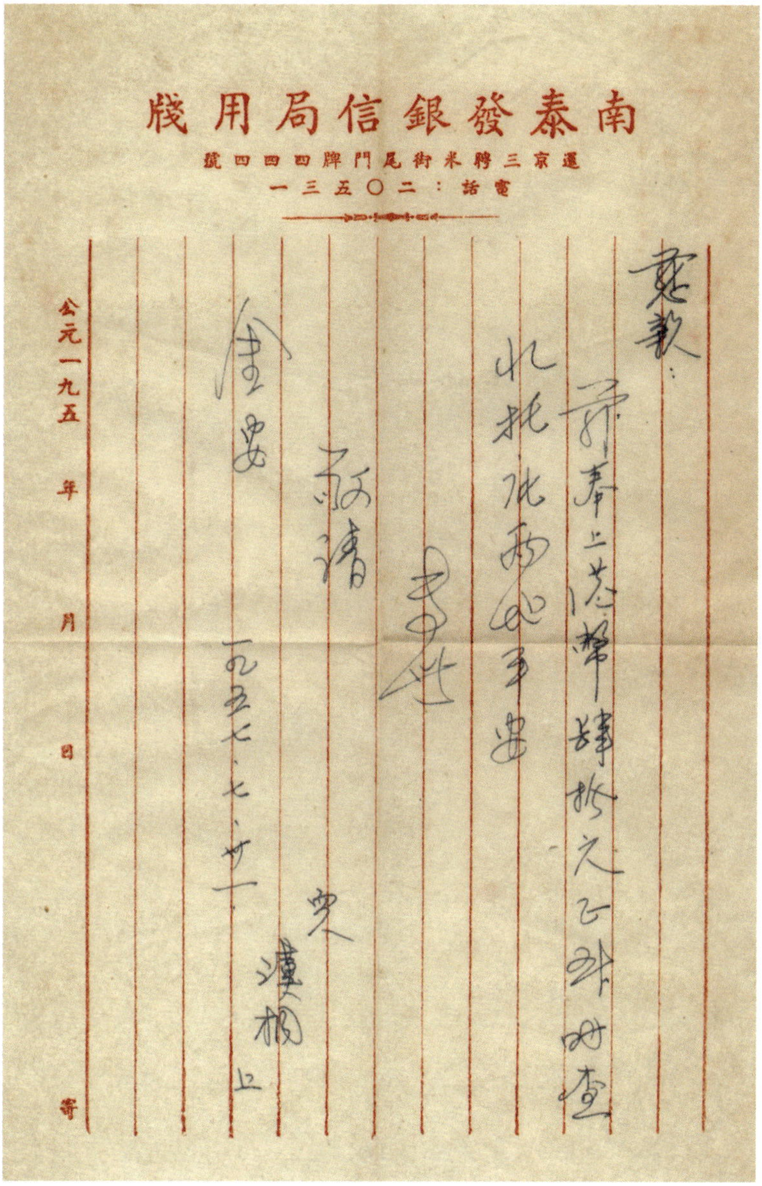

南泰發銀信局用箋
暹京三聘米街尾門牌四四四號
電話：二〇五三一

慈親：
茲奉上港幣肆拾元正，外收查
此批係兩次手寄
專此
敬請
金安
兒 漢桐 上
一九五七、七、卅一
公元一九五 年 月 日 寄

1957年10月2日泰国秦汗桐寄澄海隆都白砂宫乡母亲

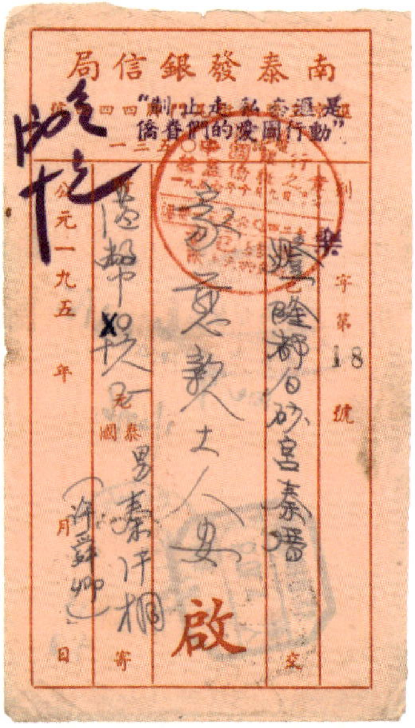
南泰發銀信局

澄海隆都白砂宫秦潘
慈親大人安
啟

泰國男秦汗桐寄

公元一九五　年　月　日

字第18號

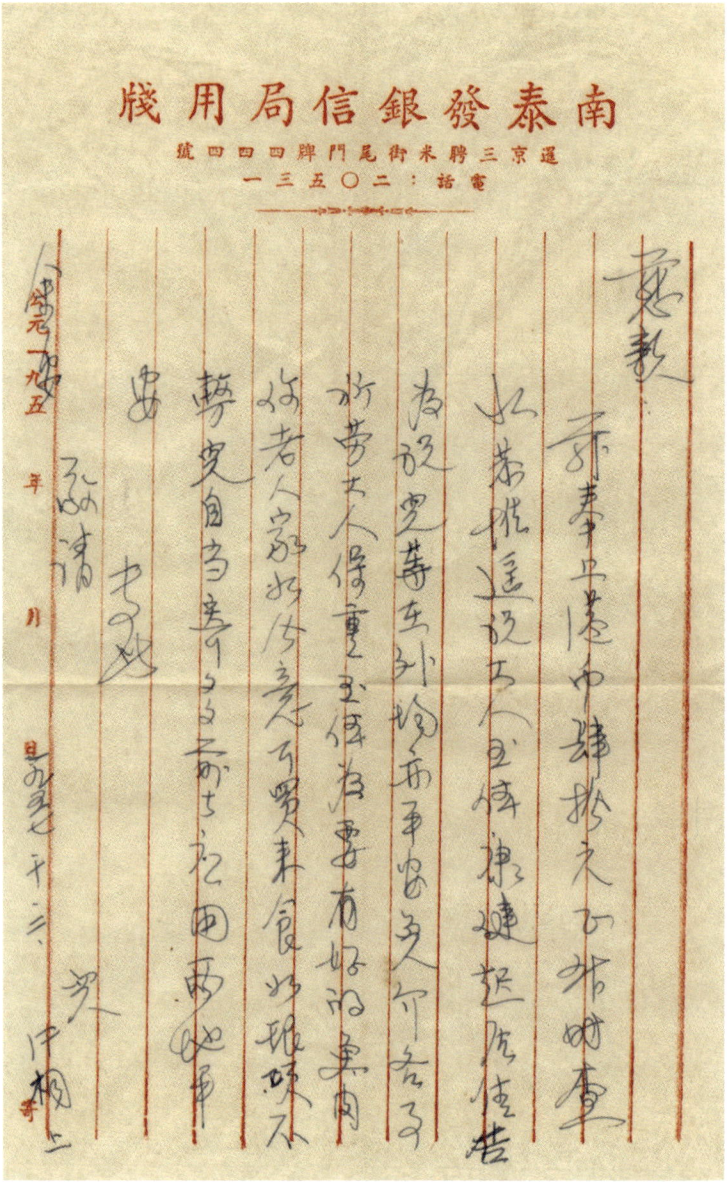
南泰發銀信局用箋

暹京三聘米街尾門牌四四四號

電話：二〇五三一

1957 年 12 月 5 日泰国汉桐寄澄海隆都白砂宫乡母亲

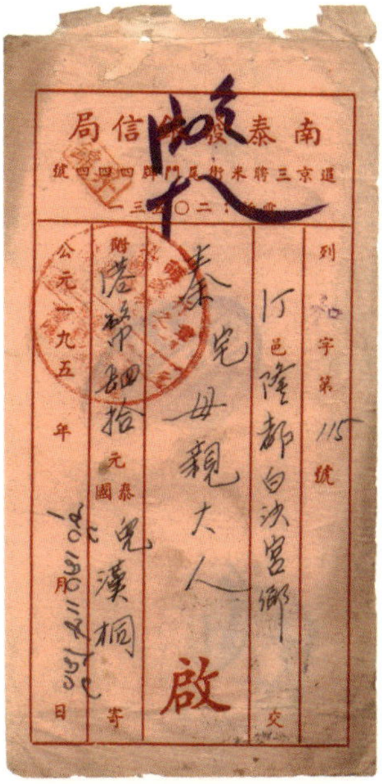

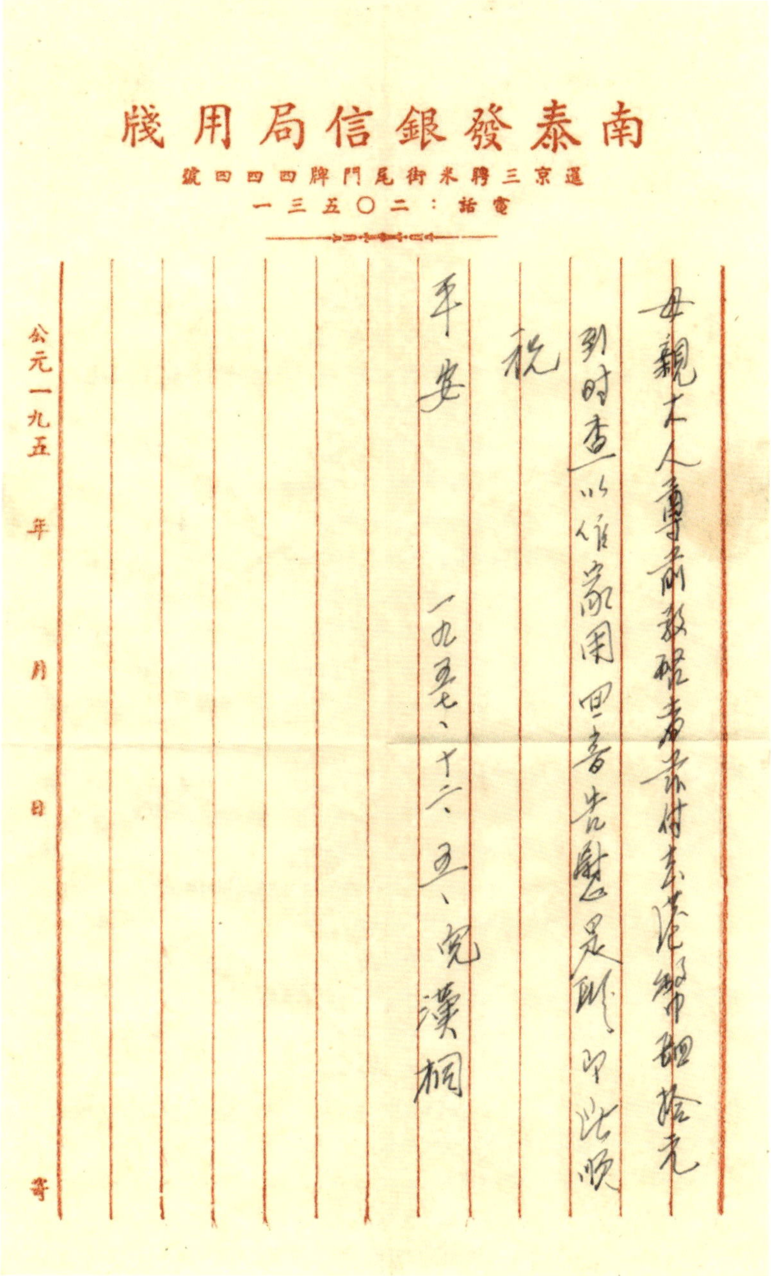

南泰發銀信局用箋

暹京三聘米街尾門牌四四四號

電話：二〇五三一

母親大人尊前敬稟者兹付去港幣捌拾元

到时查收以作家用回音告慰是盼 即此順

祝

平安

一九五七、十二、五、兒漢桐

公元一九五 年 月 日 寄